新世纪新闻传播学系列教材

世界电影史概论

SHIJIE DIANYINGSHI GAILUN

曹毅梅　主编

河南大学出版社
HENAN UNIVERSITY PRESS

图书在版编目(CIP)数据

世界电影史概论/曹毅梅主编. —开封:河南大学出版社,2010.3(2019.8 重印)
ISBN 978-7-5649-0149-3

Ⅰ.①世… Ⅱ.①曹… Ⅲ.①电影史—世界 Ⅳ.①J909.1

中国版本图书馆 CIP 数据核字(2010)第 045058 号

责任编辑 赵海霞
责任校对 王亚辉
封面设计 王四朋

出　版 河南大学出版社
地址:河南省开封市明伦街 85 号　　邮编:475001
电话:0378-2825001(营销部)　　网址:www.hupress.com
排　版 郑州市今日文教印制有限公司
印　刷 郑州市运通印刷有限公司
版　次 2010 年 3 月第 1 版　　**印　次** 2019 年 8 月第 8 次印刷
开　本 787mm×1092mm 1/16　　**印　张** 22
字　数 522 千字　　**定　价** 36.00 元

(本书如有印装质量问题,请与河南大学出版社营销部联系调换)

《世界电影史概论》编撰人员

主　编　曹毅梅

副主编　燕　俊　齐　浩

编　委　(按姓氏笔画排列)

王　轩　冯莉颖　齐　浩　张　成　张永洁

张海欣　范晓丹　赵红玲　曹毅梅　燕　俊

目　录

序

（邓烛非[①]）

从 20 世纪 80 年代开始，电影艺术进入大学课堂，至今已经快 30 年了，当年的涓涓细流已经汇成浩浩荡荡的长江大河，数以万计的学子在大学校园里接受影视方面的教育。我们欣喜地看到，在我国高等院校中不仅有了一支相当完备的师资队伍，而且影视教材也已是林林总总、蔚为大观，数位河南高校教师撰写的《世界电影史概论》的出版，将为中国电影史论的星空又增添一抹绚丽的亮色。

我国当前出版的电影史书中，像中国电影史、外国电影史一类的著作数不胜数，但是涵盖中外各国的世界电影史著作仍然非常少见。20 世纪 90 年代中期第一次出现了两本中国人写的世界电影史，但仅是按地区和国别纵向的论述，无法对同一时期不同国家的电影做横向的比较。本书纵向以电影艺术发展为纲，分为初创、成熟、创新和多元化发展四个时期，每个时期横向以国别划分，对那些为电影发展作出贡献的艺术家和影片一一作了介绍，为读者提供了一幅比较完整的世界电影的全景图。类似的框架虽然在新世纪的其他世界电影史著作中也能见到，但我认为这本书所展示的内容要更为完整和丰富。

我要特别指出的是本书第四章所描述的电影艺术的多元化发展时期，对 20 世纪 90 年代至今近 20 年间世界电影的发展作了全方位的、系统的归纳，这在中国人写的世界电影史中还是头一次，应该说这是电影史著述的一次大的突破，他们所表现出的理论上的勇气是值得大大称道的。比起其他发达地区的影视教育，不可否认河南起步较晚，就其教学规模、师资队伍诸多方面还存在不少差距，但我认为《世界电影史概论》的出版正是河南影视学者急起直追的一项崭新成果，它也为“中部崛起”作出了应有的贡献。

当然，本书也存在一些不足之处。在表述那些主要电影大国时，如果能改变既往偏重或专写重大电影运动的模式，由点到线到面对其电影发展的历程作全过程的扫描，那就更好了。另外，本书对大师和经典作品的介绍偶尔也有所遗漏，在引用经典著作的篇幅上还可再减少些。相信这些年轻的作者未来会不断地打磨和修正，把这本著作打造成一部经

① 邓烛非，资深电影理论家，任教于文化部中央文化管理干部学院，著有《世界电影艺术史纲》(1996)及《电影蒙太奇概论》(1998)。

得起时间考验的精品。

本书的作者对他们所从事的影视教育做了这样的定位:“它既不像北京电影学院、中央戏剧学院、中国传媒大学所要求的那般专业、深入,又要高于非专业的本科生及民间的电影艺术爱好者。”如果说前者是“第一世界”,后者是“第三世界”,那么本书的作者是把他们自己划定在“第二世界”的范畴,作为“第二世界”的作者,竟然给我们奉献出这样一部洋洋大观的中外电影史相互交融的专著,这使我们不仅对他们刮目相看,而且我相信这本书定会在中国人编写的世界电影史中占有一席之地,值得引起我国电影史学界的注意。

邓烛非　2009.4.20

绪　论

参与编撰此书的人员多为在河南省内各高校从事广播影视相关专业教学工作的在职教师，无论执教时间长短，我们几乎都会遇到学生问同样的问题：老师，什么样的电影史教材更适合我们？

面对这样反复出现的疑问，我们在耐心解答之余，内心总还有一种复杂的感受：一方面，市面上与电影史有关的教材、专著已经相当丰富，令学生眼花缭乱；另一方面，针对具有“边缘性质”或“交叉性质”的普通高校广播影视相关专业的学生所编的教材、专著却又寥寥无几，甚至可以说这是一个盲区。要解决这个问题，首先要对授课对象的“边缘性质”或者“交叉性质”做一个解释说明：在学生的文学基础、艺术修养和学习目的上，它既不像北京电影学院、中央戏剧学院、中国传媒大学所要求的那般专业、深入，又要高于非专业的本科生及民间的电影艺术爱好者，这就要求我们必须为他们提供介于专业和非专业之间的、能够帮助他们敲开电影世界的大门但又不过于深奥以致造成理解障碍的教科书。基于以上要求，我们萌发了编一部适合这些大学生的电影史教材的愿望，这就是我们撰写此书的动机。

本教材的编写采取“纵横交错”的结构体例：

纵向以电影艺术的发展阶段为纲分为四章：第一章为电影艺术的初创期，时间是从19世纪照相术发明到20世纪一战前后；第二章为电影艺术的成熟期，时间是从一战结束到20世纪40年代；第三章为电影艺术的创新期，时间是从二战结束到20世纪80年代；第四章为电影艺术的多元化发展时期，时间是从20世纪90年代至今。

横向以国别为纲，进行专题论述。国别的选择标准有两个：其一是在每个阶段中对于电影艺术的发展起到过重要推动作用、作出过较大贡献的国家或地区；其二是其他电影史书籍较少涉及的国家或地区，力求视野宽广，为学生编织一幅完整的世界电影地图。

我们还在书后附设了“延伸阅读”部分，为学生推荐更多的电影史论专业书籍，帮助他们进行比较阅读，探索更广阔的电影世界。

本着满足省内各高校电影史课程的教学需求，让学生在有限的付出下获得尽量多的知识回报的目的，我们要求这本教材具有如下特点：

1. 全面性：在有限的篇幅内尽量涵盖较多内容，不但包括了外国电影史，也包括了中国电影史，并打通了同一时代中外电影之间的壁垒，为学生建立电影史的全局视野及对中外电影史进行比较提供了较为便利的条件。在外国电影史部分，尽量涉及较多国家，除了常规电影史都会涉及的电影大国（如美、法、德、意、英）之外，更囊括亚洲、澳洲、拉丁美洲、非洲一些中小国家的电影状况，力求为学生建立一个全面的电影史视野，让他们在一本书中掌握电影“纵贯百余年，横揽全世界”的清晰面貌。

2. 基础性：作为一本电影史，尽量与其他理论书籍区别开来，以叙述、整理、概括、归纳客观的历史事实为主要内容，力求让学生通过客观真实的材料本身得出结论，避免将结论强加给他们。在一些专业术语和背景知识的使用上，尽量做到浅显易懂，特别艰涩或重要的则以脚注方式加以阐释说明。

3. 创新性：本教材的“创新”主要体现在三个方面：其一，中外电影史互相交叉融合，这在电影史的写作中比较少见；其二，电影大国和电影小国兼顾，很多以往只在网上有少量介绍的电影小国第一次走进电影史的教材；其三，在对电影史上的重大事件、人物、作品的评价和分析上，力求体现出作者自己的观点，尽量避免复述“官方说法”、“权威意见”或者“人云亦云”。

本书适用于以下对象：

1. 普通高校中影视专业的学生；

2. 普通高校中的电影爱好者；

3. 业余电影爱好者。

尽管编撰者对于本书有较高的期待和严格的自我要求，但是由于主客观条件的限制，如编撰者自身知识范畴的局限、第一手资料（文字、影像等）的匮乏等，都使得本书不可避免地存在不少问题，比如前述特点中的第三点“创新性”，在编撰实践中并没有达到预想的效果，希望在今后的科研活动、教材编写中进一步改善，也请阅读此书的领导、同行、老师、同学们予以批评指教。

第一章　电影艺术的初创期

（19 世纪照相术发明～20 世纪一战前后）

1895 年 12 月 28 日。巴黎。

在卡普辛路 14 号大咖啡馆的地下室里，成功的商人卢米埃尔兄弟第一次向人们展示了一个新奇的玩意儿，这就是后来被人们称为“电影”的发明。97 年后的 1992 年，美国电影大师科波拉在电影《惊情四百年》中，表现了人们最初看到火车在银幕上向自己驶来时仓皇逃窜的情形，用电影的方式表达了对卢米埃尔的致敬。

100 多年来，这个新奇的玩意儿已经成为全球性的娱乐方式，无论遭遇贫穷、疾病或战争，人们总能在幽暗的放映厅里寻找到片刻的解脱和欢愉。

在最初的几十年间，银幕上是无声的黑白画面，从卢米埃尔到梅里爱，从埃德温·鲍特到大卫·格里菲斯，从先锋派到布莱顿学派，他们“无中生有”，用光影编织起属于每一个人的梦想和荣耀。

即使在遥远的东方，也没有被电影世界所遗忘，1896 年，上海徐园“又一村”第一次放映了电影，之后的几十年间，中国与世界电影保持着共同的呼吸。

现在，让我们回转头去，探寻电影最初的微笑。

第一节　电影的诞生：从凝固的瞬间到活动的影像

【本节提要】19 世纪末电影的诞生并非偶然，它与科学技术的进步息息相关，凝结着各个时期不同领域的科学家、发明家们的执著追求和伟大贡献。从 11 世纪到 19 世纪前期，科学家们揭示了“针孔成像”和“视觉暂留”现象的奥秘，为照相技术和活动视盘的发明奠定了理论基础；19 世纪后期活动照相术逐步完善，穆布里奇拍摄的“运动中的马”，马莱发明的“摄影枪”以及赛璐珞胶片的研制成功都推动了爱迪生“电影视镜”的发明；法国人卢米埃尔兄弟在前人的基础之上逐渐完善了电影的摄影与放映技术，发明了“活动电影机”。1895 年 12 月 28 日，在法国巴黎一家咖啡馆的地下室里，卢米埃尔兄弟第一次用

“活动电影机”成功地放映了他们的影片，电影从此被宣告诞生。

【主要内容】

1. 电影诞生前的理论准备和技术准备

2. 活动照相术的发明，爱德华·穆布里奇与艾蒂安·朱尔斯·马莱

3. 爱迪生的“电影视镜”

4. 卢米埃尔兄弟的“活动电影机”

人类文明的发展与科学技术的进步密不可分，无论是物质文明还是精神文明，人们在对神奇、未知的自然界探知的同时也不断创造着自身的奇迹，电影艺术的发展历程再次证明了人类伟大的创造力。

一、电影诞生前的理论准备和技术准备

早在电影发明之前，人类对各种由于光影产生的奇特现象进行了长期的关注与研究，光学玩具、影子显示、魔术幻灯和视觉幻术等与影像有关的尝试已经存在了数千年之久，为电影的诞生做好了必要的理论准备与技术准备。

（一）从“黑箱”到“魔术幻灯”

11 世纪，科学家们发现将一线阳光穿过孔洞射进黑暗的房间，可以在与之相对的墙壁上映出外界的倒像，这种现象叫“针孔成像”。利用这一原理制作的“黑箱”最早出现在阿拉伯国家，作为天文学家观察天象的一种工具。

15 至 16 世纪，“黑箱”流传到了欧洲。意大利博学者、伟大的艺术家列昂纳多·达·芬奇概略地描绘出“黑箱”的概念：它是一个类似镜头式的暗箱，里面射出的光线可以在其对面的墙上形成颠倒的影像。欧洲人将“黑箱”不断地加以改进，先后在暗箱上加装了反光镜，并用玻璃透镜替代了进光孔，使暗箱中的倒像变成了正像。观察者从“黑箱”中看到的外部投影，无论是颜色还是形状，都与外景完全一致。画家们则利用“黑箱”进行写真作画。

17 世纪，耶稣会教士、德国人阿塔内休斯·基歇尔在罗马发明了“魔术幻灯”。“魔术幻灯”是个铁箱，箱子里放置简单的光源（如蜡烛），在箱子的一端开有小洞，绘有图案的玻璃板经由灯光的照射，可以通过透镜将图案投射在墙上。

（二）幻觉与“视觉暂留”

通过前人对“针孔成像”、“黑箱”和“魔术幻灯”的摸索尝试，发明家、科学家、制造者们都曾观察到一种奇怪的视觉现象，如果将一系列单幅静止的画面运动起来，便可看到一个动态的影像。

1824 年 12 月 9 日，英国医生彼得·马克·罗杰特发表文章《通过垂直的小孔看到转动的车轮》对这种动态影像做出了解释，提出人眼看到的这种“运动”其实是视觉产生的假象，即幻觉。由于当时科学水平的局限，罗杰特并没有找到产生这种幻觉的真正原因，甚至有些分析可能是错误的，但是他所提到的眼睛产生的运动幻觉对于以后幻影转盘、幻透镜、西洋镜（即回转式画筒或走马灯）的发明产生了深远的影响。这些与运动幻觉有关的

光学玩具和机械装置为电影的发明奠定了基础。

1824年,英国人约翰·艾尔顿·帕里斯博士发明了“幻影转盘”,即在一个圆盘上一面画鸟笼,一面画一只鸟,旋转时产生“鸟在笼中”的感觉。

1829年,比利时著名物理学家约瑟夫·普拉托发现了“视觉暂留”原理,为此他曾长时间对着强烈的日光凝视,结果导致双目失明,但他发现的太阳的影子却深深地印在了他的眼睛里。实验证明,人眼观看物体时成像于视网膜上,并由视神经输入人脑,感觉到物体的像;但当物体移去时,视神经对物体的印象不会立即消失,而要延续0.1～0.4秒的时间,人眼的这种特性被称为“视觉暂留”。普拉托进一步揭示了罗杰特提出的人眼产生运动幻觉的原因。

1832年,普拉托为证明“视觉暂留”原理发明了“幻视器”,也称为“诡盘”。这是一个模拟运动装置,将一系列单幅图片按照动作的先后顺序沿着一个有开槽的圆盘周边排列,这个圆盘被放置在镜子前,随着它的转动,观众可以在镜子的反射中看到一个运动的图像。这些图片的内容大多是舞台表演的动作,如杂耍或舞蹈。

到了20世纪60年代,电影理论家和教育家对“视觉暂留”现象提出了新的异议,他们发现银幕上的全部运动现象实际上是跳跃的、不连贯的,但观众却意识到那是一个统一、完整的动作连续。由此证明,真正起作用的不是“视觉暂留”,而是“心理认可”。

(三) 早期的活动视盘——“西洋镜”

1834年,“活动连环画转筒”由英国人威廉姆·乔治·霍纳发明。它是一个空的、可旋转的鼓形圆筒,有一个可以转动的曲柄,在圆筒状的内环中贴上绘制的一系列连续分解动作的图片。随着这个圆筒的旋转,观众通过规则排列在圆筒表面的狭窄缝隙可以观察到一个连续动态的影像。在此之后的1867年,这个装置被美国人威廉·林肯更名为“西洋镜”。

1861年,美国费城人科尔曼·塞勒斯发明了名为Kinematoscope的专利产品,这是个改良转轮运动方式的机械装置,依靠一个手动摇柄操控。观察者透过盒子上面的小窗口,去观看内置在盒子中的玻璃板,上面贴附着一系列连续动作的静态图片。这些玻璃片可以像轮桨一样连续转动,观察者便可看到一个连贯的动态影像。

1877年,法国人查尔斯·埃米尔·雷诺发明了“光学影戏机”,这是“西洋镜”的改良版。它拥有镜面的圆筒形幻灯设备,将动作连续的图片连接成条带状,围绕着圆筒的内壁放置,转动圆筒中心的镜面,透过镜面反射,就可以观看到连贯的动态影像。这个圆桶中心的镜片替代了原来“西洋镜”上的狭槽,人们开始可以看到几分钟的活动影戏,比如《可怜的比埃洛》、《更衣室旁》等等。这些图像完全是由雷诺一个人亲手一张张绘制而成的,那不过是早期的动画放映,距离真正的电影还相去甚远。

(四) 照相技术的发明

1725年,德国解剖学家舒尔茨发现银盐的感光现象。银盐可以将受光部分的化合物变成黑紫色,为后人研究照相技术奠定了基础。

1802年,英国人托马斯·韦奇伍德在涂有硝酸银溶液的纸上覆盖一块绘有图像或写上字迹的玻璃板直接曝光,纸上显现出了影像,但由于无法定影,影像不能保持。他在友人汉弗莱·戴维的协助下,又尝试将映现在暗箱上的图像摄取下来。他们把涂有硝酸银溶液的纸放入暗箱进行试验，由于曝光不足试验以失败告终，但韦奇伍德和戴维可以说是最早试图将暗箱和感光材料结合起来的探索者。

1826 年，德国人尼普森将涂有沥青粉和熏衣草油的金属板置于暗箱内，经过 8 小时的曝光，获得了世界上第一张不褪色的外景照片。之后，他又尝试在金属板上用先镀银再喷碘的方法进行曝光，随即将这一发现告诉了他的法国同行达盖尔。尼普森去世后，达盖尔继续此项研究。

1839 年，银板照相法由法国画家兼发明家路易斯·雅克·曼丁·达盖尔发明。这是第一个有商业前途的静止照相术，是一种在镀银铜板上捕捉固定影像的方法。他用碘蒸气处理镀银铜板，然后将其置于暗箱内曝光，曝光后再用水银蒸气进行显影和用食盐液定影，用这种方法获得的照片清晰稳定，可永久保存。

1841 年，光力照相法(也称碘化银纸照相法)由英国发明家威廉·亨利·福克斯·塔尔博特发明，能够将照片负片显示在高质量相纸上。这种使用硝酸银和碘化钾的光力照相法也称塔尔博特照相法，与银板照相法相比，虽然成像不如银板清晰，但感光速度快，用料低廉，而且可以用一张底片洗印出很多张照片，其形式更接近于现代照相术。

1851 年，英国人阿切尔发明了一种新的照相技术“胶棉湿版法”。他在一种叫做胶棉的黏性透明液体中加入碘化钾，制成碘化胶棉，均匀地涂在透明玻璃板上，浸入硝酸银溶液中形成碘化银，使之具备感光性能。“胶棉湿版法”吸取了银板照相法和光力照相法的优点，不仅成像清晰，而且能够多次洗印，曝光时间也大为缩短，缺点是玻璃感光板必须在拍摄现场加工制作，每次拍摄都须携带大量用品，很不方便。

1868 年，英国人 W. H. 哈里森提出了使用胶棉明胶来替代胶棉乳剂的设想。

1871 年，英国医生 R. L. 马多克斯发表了一篇论述制造明胶乳剂的文章，研制出新的感光乳剂的配方，发明了“明胶干版法”，也称“玻璃干版法”。其制作方法是把溴化银溶于明胶中，利用溴化银光性较强的特点，使拍照时间大为缩短，只需 1/16 秒。拍摄前只需把乳剂涂在玻璃上使用，或带上涂好的玻璃干版拍摄，大大提高了工作效率。

1873 年，英国人伯吉斯在伦敦首次出售明胶乳剂。1878 年，英国人 C. 贝内特发现将明胶乳剂加热能增加感光度。1879 年，英国人范·蒙克·霍芬又发现在明胶乳剂内添加阿摩尼亚(氨) 同样能增加感光度。1880 年，当溴化银明胶乳剂初具生产规模之后，“明胶干版法”取代了 1851 年以来风靡一时的湿版法。至此，照相术逐步走向完备，为电影的发明奠定了坚实的基础。

（五）其他技术的准备

1831 年，英国科学家迈克尔·法拉第发现了电磁感应，为供电设备和其他机器(包括电影设备) 的发明奠定了基础。

1877 年，美国科学家托马斯·阿尔瓦·爱迪生发明了留声机、录音机。

1879 年，爱迪生第一次公开展览白炽灯泡，后来用于电影放映机。

二、19 世纪后期活动照相术的发明

人们在活动视盘的机械原理和光学幻觉的意识面前，已经不可能满足于手绘的、静止

的单幅照片了，而是幻想着有一天能够将它们相互联系起来，忠实地复制形象动作和自然空间的物质现实。

（一）爱德华·穆布里奇的"运动中的马"

最先将"照相法"运用于连续拍摄的，是英国人爱德华·穆布里奇，他是一个早期的摄影家和发明家。在19世纪末期，他对人类和动物的动作进行研究，以拍摄动态物体的影像而闻名于世，如1882年所发表的"运动中的马"成功地用一组镜头拍下了一匹奔跑中的马的分解动作。

1872年，美国富商利兰·斯坦福与人打赌：马奔跑时蹄子是否同时离地？斯坦福认为奔跑的马在跃起的瞬间四蹄同时离地。为了证明自己的正确，他请来了英国摄影师穆布里奇通过实验来证明。于是在1872年至1878年6年多的时间里，穆布里奇和他的助手们吃尽了苦头，付出了大量劳动，多次运用多架照相机给一匹正在奔跑的马进行连续拍摄的实验。他们将24架照相机排成一行，每架照相机的快门上连接一根线，当马跑过的时候，照相机的快门就被打开，马蹄腾空的瞬间姿态便被依次地拍摄下来。之后，他们再将这些照片按次序看下去，以便观察马蹄是怎样跃起，又是怎样着地的。终于在1878年这项试验获得成功，证实了斯坦福的预言是正确的，马在奔跑的时候四蹄同时离地。天才摄影师穆布里奇为此也获得了"拍摄活动物体的方法及装置"的专利权。19世纪后期，穆布里奇拍摄的照片被大量发行，在"光学影戏机"中普遍应用。

然而，穆布里奇的成功又向人们提出了一个新的问题：如何才能连续摄影？因为他用24架照相机仅仅能拍摄奔马的一段动作，如果奔马跑一公里的长距离，就得用成千上万架照相机，胶卷的长度将会绕地球一周了。所以，如何运用一架单镜头的摄影机来代替多镜头的摄影机或者一组摄影机，就成了解决连续摄影的关键问题。

（二）艾蒂安·朱尔斯·马莱的"摄影枪"

1882年，法国人艾蒂安·朱尔斯·马莱发明了"摄影枪"。他利用左轮手枪的间歇原理，让摄影者扣动扳机连续拍摄，记录运动中的动物或者人，又被称为"计时摄影"或"连续摄影"。与穆布里奇工作的相似之处是，它可以对奔跑中的马拍摄若干照片；不同之处是，它是在同一个相机上记录物体运动的若干图像，而穆布里奇的照片是由多个相机拍摄的独立图像。

这种摄影装置形状很像枪，在扳机处固定了一个大圆盒，前面装上口径很大的枪管，圆盒内装有表面涂有溴化银乳剂的玻璃感光盘。拍摄时，感光盘做间歇圆周运动，遮光器与感光盘同轴，且不停地转动，遮断透过镜头摄入的光束。整个机器由一根发条驱动，可以用1/100秒的曝光速度以每秒12张的频率摄影。马莱于1888年又发明了"软片式连续摄影机"，他用绕在轴上的感光纸带代替了固定感光盘，当感光纸带通过镜头的聚焦处时，两个抓色机构固定住感光纸带使其曝光。后来，马莱又用感光胶片代替了感光纸带。马莱的摄影机不断改进，最终可以在9厘米宽的胶片上以每秒60张的频率拍摄，这表明现代的摄影机和摄影技术已经诞生。

（三）赛璐珞胶片

赛璐珞是塑料的老祖宗，透明，易曲，有柔韧性。它有两个意思：一是假象牙，二是电影胶片。

1868年，美国的阿尔邦尼地方有一位叫约翰·海阿特的印刷工人，是一位台球爱好者，他试图找到一种可以代替象牙制作台球的材料。反复尝试之后，1869年他发现，在硝化纤维中加进樟脑，硝化纤维就变成了一种不仅柔韧性相当好，而且又硬又不易破碎的材料，将它命名为“赛璐珞”。这种材料可热压成各种形状的制品，既可以做台球，也可以做马车和汽车的风挡及电影胶片等。1872年，他在美国纽瓦克建立了一个生产赛璐珞的工厂，从此开创了塑料工业的先河。

此前，一位牧师出身的美国人汉尼巴尔·古德温首先设想将感光明胶乳剂涂覆在极薄的可卷曲的透明材料上，并通过简单的工艺就能得到高素质照片。赛璐珞的发明为这一设想提供了可能。

1877年，一种以赛璐珞胶片作为片基，上面涂有感光乳剂的轻便的可绕成卷装在相机里连续分段拍照的感光胶卷问世。

1884年，美国的伊斯曼工厂开始成批生产赛璐珞胶卷，并研制出了使用这种胶卷的小型照相机。从此，美国人乔治·伊斯曼把柯达胶卷投放到了市场。

1888年，海阿特生产出了只有0.254毫米厚的海阿特赛璐珞片。同年，伊斯曼公司开始采用赛璐珞作为片基，试制出了新型赛璐珞透明片基胶卷，使该公司成为世界首家商业化生产赛璐珞胶卷的公司，并为在赛璐珞片基上使用的胶片乳剂申请了专利。伊斯曼柯达公司又根据英国物理学家麦克斯韦所发现的原理，在赛璐珞胶片上涂上三层能分别感受红、绿、蓝三色的感光剂，制成了彩色胶卷，使彩色摄影终成现实。

1889年，伊斯曼将感光乳剂涂在赛璐珞长条上，这种感光胶片不仅便于拍摄长时间的活动影像，而且也使放映这些影像成为可能。

1889年，爱迪生在参观巴黎世博会时看到法国摄影家马莱发明的“摄影枪”，还有当时伊斯曼发明的新型感光赛璐珞胶片，利用人类的“视觉暂留”现象发明了电影机。

真正意义上的电影(不是手绘的动画)是在电影胶片赛璐珞得到改良和发展之后才出现的。使用赛璐珞取代玻璃板作为片基，能够记录瞬间发生的影像，促进了连续摄影的发展。在早期值得关注的试验中，发明家马莱在19世纪80年代就尝试使用赛璐珞胶片记录人体运动和大量飞行动物的动作，比如鹈鹕的活动等。这种片基直到20世纪50年代后才被新型的醋酸纤维、涤纶等透明片材取代。

三、电影的诞生

(一) 托马斯·爱迪生和威廉·迪克森的“活动摄影机”与“电影视镜”

19世纪后期，美国著名发明家托马斯·爱迪生和他年轻的英国助手威廉·迪克森在位于新泽西州西橙市的实验室里，开展了“活动电影摄影机”与“电影视镜”的研发工作。在早期穆布里奇、马莱和伊斯曼的工作基础之上，他们的目标是发明一个能够在胶片上记录动作的设备，并且运用另一个设备去显示胶片中的影像。

尽管爱迪生因“活动摄影机”与“电影视镜”的发明经常被人们提及和记录，但这些在19世纪90年代中期完成的工作，主要贡献应当归属于他的助手迪克森。迪克森凭借他强大的创造力和革新精神赢得了爱迪生的充分信任，爱迪生只是为这项研究工作提供了研究计划和实验室。19世纪90年代，爱迪生的实验室非常有名，被称之为爱迪生制造公司(1894～1911)。

1890年11月，迪克森设计了一个不成熟的、以电机驱动的摄影机。这个摄影机能够拍摄连续、动态的照片，被称之为"活动电影摄影机"。它依靠同步快门和链轮齿系统来实现对动作的捕捉，这是迪克森的独特发明。这个系统使用35毫米胶片，为了使胶片在摄影机中进行移动，他在胶片两边打上孔洞，链轮齿穿过胶片上的洞口，由电力带动胶片以同样间隔向前移动。在摄影机快门关闭之前，链轮齿系统能够及时地停顿胶片，拍摄一张照片。1892年10月，"活动电影摄影机"正式被介绍给公众，但是电动摄影机体积非常大，还很沉重，随着手摇摄影机的普及，被逐渐淘汰。然而，由它设定的电影摄影机的35毫米标准胶片却一直沿用到今天。"活动电影摄影机"的发明解决了机械传动的技术问题，"活动照相"的"摄影术"得以完成。

1891年，迪克森还设计了一个基于西洋镜基础之上的电影放映机(一个光学的幻灯观赏机)，被称之为"电影视镜"。这是一个落地的长方形立柜式箱子，重约500磅，外面有一个2.5毫米的透镜。柜内的胶片首尾相接，依靠干电池驱动，可以连续循环放映50英尺长的35毫米电影胶片。它利用胶片的连续转动造成活动的幻觉，其放映速度大约是每秒46画格。这个"电影视镜"是投币式的，一次只能有一人透过放大镜来观看。

1891年5月20日爱迪生在美国向国家联盟女子俱乐部成员展示了第一部使用"电影视镜"公开放映的影片。这是一部非常简短的测试影片，内容是迪克森向大家表示祝贺，他鞠躬、微笑并且郑重地举起自己的帽子。1897年8月31日爱迪生取得了"电影视镜"的专利权。这个显示动态影片的装置很快流行起来，在狂欢节、"电影视镜"放映室、游乐场里作为杂耍节目持续了好多年。

爱迪生"电影视镜"的不足之处有两点：一是它只能供一人观看，没能将影像放大到和真人一样的大小，并且不能以投影的方式放映影片；二是由于没解决胶片传送过程中的间歇问题，画面虽然是动态的，但不清晰。

虽然有很多人建议将单人视镜改成投影机，但爱迪生却坚持认为这无疑是杀鸡取蛋，他们发明的视镜每次只供一人观看，才能吸引观众，才能挣到更多的钱；并且他还认为这种小玩意儿不可能流行太长的时间，国内、国外的需求量也不会很大，因此他们只生产了大约1000台，目前存留下来的只有6台。

1893年，世界上第一个摄影棚"黑玛丽"(也称"黑囚车")被建造在爱迪生新泽西州西橙市实验室的空地上。这是一座由木头搭建的、覆盖着涂有柏油的黑色防水纸的建筑。它有一个可活动回收的铰链，随时可以吊起屋顶，使阳光进入屋子内，并且能够转动，以适应它在白天去追随自然的光线。

1893年5月9日爱迪生在布鲁克林艺术和科学学院公开放映了由黑玛丽摄影棚拍摄的影片《铁匠》。这部长34秒的影片，拍摄了三个装扮成铁匠的人在打铁。1894年1月，迪克森在黑玛丽摄影棚拍摄了短片《奥特的喷嚏》，影片记录了爱迪生的一个雇员奥特得了重感冒，对着摄像机滑稽地打了个喷嚏的画面。这个长5秒钟的短片是尚存的最早受版权保护的活动的动态影片。

在"黑玛丽"拍摄的早期电影中，大部分记录了魔术、戏剧、歌舞杂技(跳舞的女孩和强壮的男子）的表演片段和来自布法罗（美国纽约州西部城市）的展示狂野西部的表演以及各种各样的拳击比赛、斗鸡表演和穿着暴露的女性等，还有一部分非虚构的、未经编辑的原生态纪录片，展示日常生活中的片段，如家庭生活、街道场面、警察或消防员的活动，或者记录一辆呼啸而过的火车等。

1894年4月中旬，在美国纽约百老汇大街1155号，荷兰两兄弟开设了第一家“电影视镜”放映室，首次商业性地公开放映电影。在这个小小的电影放映室中放置了两排五个一组的“电影视镜”，观众需要支付25美分，可以观看5本片子，相当于当时一个熟练工人每小时的工资。有10部电影组成了最初的商业电影，都是由爱迪生的黑玛丽制片厂拍摄的，这批电影名为《理发店》、《Bertoldi(mouth support)》、《Bertoldi(table contortion)》①、《铁匠》、《公鸡》、《高地舞》、《蹄铁》、《Sandow》②、《秋千》和《格斗》。根据历史学家查尔斯·马瑟的描述，一个“美国人生活和表演文化重大的变革”开始了。这种用投掷硬币观看电影的方式成了非常吸引人的新娱乐形式，更多的“电影视镜”放映室在其他城市，如旧金山、大西洋城和芝加哥等地迅速普及开来，后来发展成风靡全美的“镍币剧院”。

早期“电影视镜”放映室里的观众对那些短片充满了好奇心，虽然只有短短的30秒到60秒钟，但那些大量的平凡世界中的动态影像足以让他们感到很震惊。一辆逼近的火车、游行者的队伍、舞蹈的女人、狗恐吓老鼠、柔软体操表演等，都能吸引他们争先恐后地来观看。1895年，爱迪生展示了手绘彩色电影《安娜贝丽》、《舞蹈者》两部影片。1896年，爱迪生拍摄了影片《接吻》，这是由梅·埃文和约翰·C.赖斯表演的百老汇音乐剧《寡妇琼斯》的最后一场戏，表现一个近距离的接吻。

19世纪90年代早期，爱迪生和迪克森也试图设计有声电影摄影机和有声电影视镜，但要设计一个有效的装置能使声音和画面同步起来，对他们似乎很困难，他们始终解决不了音画同步的问题。1895年，爱迪生制造公司推出了一款有声电影视镜，但是很快被证明是一次失败的尝试。尽管如此，爱迪生与迪克森还是推动了电影声音技术的发展，声画合一依然是电影技术发展的必然趋势。

1895年，迪克森离开了爱迪生，成立了自己的美国电影放映机公司，此后许多国家的发明家都在此基础上做了研究。“1895年是放映技术方面取得惊人进步的一年。同年9月，托马斯·阿马特在佐治亚州亚特兰大的产棉博览会上放映了活动图片。11月，迈克思·斯克拉达诺夫斯基在德国柏林的温特加登放映电影”③。“放映术”成为人们这一时期相互竞争的目标。然而，在所有的放映技术中，唯有卢米埃尔兄弟所发明的“活动电影机”获得成功。

（二）卢米埃尔兄弟的“活动电影机”

法国的卢米埃尔兄弟奥古斯特·卢米埃尔和路易·卢米埃尔在里昂经营着一家照相器材制造厂。他们从爱迪生的工作中得到灵感，创建了自己的团队制造、销售电影摄影机

① 埃娜·贝托尔迪(Bertoldi)是一位英国杂技运动员，括号内是其所演节目的名称。

② 欧根·桑多(Sandow)是一位德国健美先生。

③ 【美】约翰·霍华德·劳逊：《电影的创作过程》，齐宇、齐宙译，北京：中国电影出版社1982年版，第5页。

和投影机。

奥古斯特·卢米埃尔说："我弟弟在一夜之间发明了活动电影机。"1894年末的某个深夜，路易·卢米埃尔忽然想到缝纫机运作时是一动一停的，机针插进布料不动，机针上收布料向前挪动，于是他借用缝纫机的机械原理设计了胶片传送装置，解决了电影胶片在传送过程中的间歇问题。这种装置的功能与人眼"视觉暂留"现象相吻合，视神经对物体的印象要延续0.1～0.4秒的时间才能在大脑中留下清晰的图像，因此他设计的"活动电影机"的画面很清晰。

此外，他们设计的"活动电影机"是一种轻便的手动控制设备。这种设备由手动曲柄控制，可以将影像投放在大屏幕上给多个观众观看，比爱迪生的"电影视镜"更有利可图。它合并了摄影、显影和投影的功能在同一个机身中，是一个双重作用的电影放映机和电影摄影机，并在1895年取得了专利权。卢米埃尔的"活动电影机"使用35毫米宽的胶片，采用每秒钟16帧画格的速度，这样一个工业化的标准一直沿用到20世纪20年代后期有声电影的出现(有声电影出现以后，电影的帧率为每秒24帧，成了当今的标准)。

使用卢米埃尔发明的"活动电影机"拍摄并公开放映的第一部影片是《工厂大门》，又称《离开卢米埃尔工厂的工人们》。普遍公认的电影诞生日是1895年12月28日，这是第一次真正意义上的电影的商业放映。在法国巴黎一家咖啡馆的地下室里(巴黎卡普辛路14号大咖啡馆的"印度沙龙"内)，卢米埃尔兄弟收费放映了20多分钟的影片。这次放映由10部短片构成，并且在一天之内连续放映了12次。

卢米埃尔放映的影片主要是展现现实生活的场景，都是些记录现实生活的短小片段，也可以称之为小型的纪录片。1895年12月28日放映的短片包括以下几部：

1.《工厂大门》，1895年，46秒。

2.《马戏演员》，1895年，46秒。

3.《捞金鱼》，1895年，42秒。

4.《代表们的登陆》，1895年，48秒。

5.《铁匠》，1895年，49秒。

6.《水浇园丁》，1895年，49秒。

7.《婴儿午餐》，1895年，41秒。

8.《在毯子上跳跃》，1895年，41秒。

9.《里昂的科尔得利广场》，1895年，44秒。

10.《海水浴》，1895年，38秒。

与爱迪生和迪克森所拍摄的影片不同，卢米埃尔兄弟的影片将摄像机的视野扩展到了室外更广阔的自然空间，也没有采取舞台剧的虚拟模式，而是去记录现实生活的即景，正如法国电影史学家乔治·萨杜尔所说：从路易·卢米埃尔的影片中人们了解到，电影可以是"一种重现生活的机器"，而不是像爱迪生的"电影视镜"那样，仅仅是一种制造动作的机器。

卢米埃尔兄弟的"活动电影机"在今天看来跟照相机差不多。拍摄时，摄影师用手摇动把柄，以每秒钟摇两圈的速度，每圈胶片走8格拍摄；拍摄时的节奏根据一个特定的曲子而定；拍摄前还要选好场景，测准焦距，定好演员、物体的位置，固定机位拍摄。从摄影机上看到的影像全是倒像。就是利用这样的工具,卢米埃尔兄弟献给了人类一份厚礼!

卢米埃尔"活动电影机"的特点:其一,是一架既可以拍摄又可以放映、使用赛璐珞软胶片的机器;其二,机器重量较轻,远远低于爱迪生和其他发明家们的那些设备;其三,爱迪生的"电影视镜"是1/48秒的画格,卢米埃尔兄弟的"活动电影机"则是1/16秒的画格,更接近于1/24秒画格的正常速度,画面清晰;其四,价格比同类产品便宜;其五,是投影到屏幕上,供多人同时观看的电影设备。

卢米埃尔兄弟"活动电影机"首次售票公映的这一天不仅仅标志着"放映术"的完成,同时也标志着电影的真正诞生。之后卢米埃尔兄弟又转入新的研究工作,1903年发明了第一代彩色胶片,1937年又研制出了立体电影。有人评价他们的功绩,说他们把爱迪生关在"魔柜"里的影像解放出来,投射在银幕上,让成百上千的人们同时观看;也有人说,他们成功制造了动的幻觉。总之,电影之父的桂冠落在了卢米埃尔兄弟的头上,让法兰西人骄傲不已。

在此之后有关电影前途的一项重大的改良技术是"莱瑟姆卷盘",由奥特韦·莱瑟姆、格雷·莱瑟姆兄弟和他们的父亲伍德维尔·莱瑟姆投资研制。它给电影胶片运行中的路径增加了一个松散形式的回路,抑制了罗盘转动时产生的惯力,使胶片的定位孔不被撕开,并且能够播放时长超过3分钟的影片。这个回路一直到今天仍然在所有的电影摄影机和电影放映机中使用,使电影从1分钟的局限中解脱出来,从简单的"动作写真"开始走向叙事。

可见,电影不是某个人的天才创造,而是经过无数科学家、发明家、制造者们长期不懈的努力而取得的成果,是科学技术发展的必然产物。

思考与练习

1. 电影诞生前的理论准备和技术准备有哪些?
2. 试述电影成像的原理与动态影像产生的原因。
3. 爱迪生"电影视镜"的不足之处有哪些?卢米埃尔兄弟"活动电影机"的革新之处是什么?

第二节 法国:从现实记录到艺术表现

【本节提要】电影诞生初期,卢米埃尔兄弟和他们的摄影师拍摄了大量影片,其中包括家庭生活情趣片、城市景象与观光旅游片、新闻报道片、纪录片等,并且不断尝试着电影拍摄的新技术。他们主张在现实中捕捉生活,认为电影是重现生活的机器。与卢米埃尔兄弟不同,天才艺术家乔治·梅里爱则认为电影能够创造艺术,银幕即舞台。他将戏剧引入电影,发明了多种电影特技,他的作品多是沉迷于幻想的、浪漫主义和改变现实的表现主义影片。与此同时，法国的一些电影公司，如百代、高蒙和艺术电影公司都对法国电影作出了杰出贡献。第一次世界大战开始之后，法国电影受到美国电影业的冲击，从此失去了对世界电影的领袖地位。

【主要内容】

1. 卢米埃尔兄弟——现实生活的记录者
2. 梅里爱——从魔术师到电影艺术的先驱
3. 法国早期的电影公司

一、卢米埃尔兄弟——现实生活的记录者

卢米埃尔兄弟不仅是电影技术的发明者，而且还是优秀的摄影师，尤其是路易·卢米埃尔摄影技术精湛，擅长快速摄影，对画面的组织和构图很有自己的见解。他们拍摄的影片更像是系统的“活动照片”，他们摆脱了照相馆封闭式的人为空间的束缚，将镜头面向广阔的自然空间，内容多是表现和复制现实生活中的即景。其中著名的影片包括《工厂大门》、《火车到站》、《婴儿午餐》、《水浇园丁》、《代表们的登陆》、《出港的船》等，题材多取自工作场景、家庭趣事、自然风光、街头风景等方面，还包括新闻传记式的纪录片。卢米埃尔兄弟将“从实地捕获自然的景象”作为自己的拍片方针，是世界电影史上写实主义传统和纪实美学的最早尝试者。

（一）卢米埃尔兄弟的纪录电影

卢米埃尔兄弟亲自编导的影片多数完成于 1895 年，大致分为以下几类：

1. 工作场面和家庭生活情趣片

《工厂大门》被称做世界电影史上第一部真正意义上的影片，也是第一部由很多人同时观看的影片。作品以卢米埃尔兄弟自己家的工厂为背景，拍摄下班工人们的情况。据电影史学家考证，卢米埃尔兄弟为了让这部短片拍摄得生动自然，曾指导百余名工人排练了 4 个多月，拍摄时他们又把摄影机安放在大门对面的房间里进行偷拍。当工厂大门打开时，从工厂里走出了一群腰系围裙、手提饭盒的女工和骑着自行车或迈步前行的男工，他们有说有笑，可能是为了回家也可能是为了午休吃饭。当工厂主乘坐一辆两匹马拉着的马车驶进工厂之后，守门人又重新关上了大门。平凡的形象、活动的人群初次出现在银幕上，令人感到惊讶和感叹，同时也感到亲切和自然，即使是今天的观众也会被其朴素的艺术魅力所感染。这部短片倾注了卢米埃尔兄弟丰富的感情，他们以后的作品多是以普通劳动者为拍摄对象，热情、真实地表现他们的生活。

《拆墙》是由奥古斯特·卢米埃尔导演的关于拆墙情景的影片，事情发生在卢米埃尔的工厂内。这部短片的特别之处不在于拍摄的内容或技巧的好坏，而是在影片放映时放映师采取不时停顿放映机和倒回放映的方式来取悦观众，使原本拆掉的墙又重新在一片灰尘中竖立了起来。这种倒放的手法在今天的影视作品中也很常见。

《婴儿午餐》记录了奥古斯特·卢米埃尔和妻子喂孩子进食的生活片段。摄影师路易·卢米埃尔为了使观众能够很好地欣赏三位人物简单、自然的表情而采取了近距离拍摄，画面景别为“中近景”。从这部短片中能够看到作为摄影家的路易严谨的构图功力。

《水浇园丁》是一部早期的喜剧短片，影片中一个调皮的儿童用脚踩住了正在浇水用的皮管，园丁以为水龙头出了毛病，打开水龙头来检查，这时儿童抬起脚来，水从龙头里突然喷射出来，溅了园丁一脸。影片拍摄的技术并不高明：光线昏暗，构图平淡，被树叶所遮盖的自然背景显得很杂乱；然而它的剧情却很成功，萨杜尔曾评价这部影片为“最早用影片叙述故事”的作品，并且该题材在后来的电影中也屡见不鲜，为以后的电影艺术开辟了道路。

2. 城市景象与观光旅游片

《火车到站》的拍摄体现了纪录影片的本色魅力。人们首先看到空无一人的车站（远景），只有一个搬运工人推着行李车出现在月台上。接着地平线上出现了一个黑点，火车越来越近，呼啸着冲向观众，不一会儿火车头便占满了整个银幕（从远景到特写）。列车停稳后，许多旅客走近车厢（全景），围着苏格兰式披肩的奥古斯特·卢米埃尔夫人带着两个孩子夹杂在旅客中间。车门打开，旅客们上下车，其中一对像是情侣的青年从摄影机前走过：男的是一个年轻农民，手里拿着木杖；女的是一个身着雪白衣服的漂亮少女。这位天真的少女流露出对摄影机的羞涩，迟疑了一会儿，才走过摄影机登上火车。农民和少女接近摄影机时留下了清晰的特写镜头。

这部影片的成功之处有两点尤为突出：首先它将观众的感知与摄影机的视角融合起来，使观众感觉到火车好像要从银幕中驶出，冲向自己，使许多观众为此惊呼不已，慌忙离开自己的座位。另外，它采用的景深镜头达到了我们今天所用的蒙太奇镜头的连接效果，也就是镜头内部蒙太奇。

《出港的船》在摄影方面表现得很成功，它对光与影的强调与刻画对日后法国“印象派”电影有着一定的影响。背光的反射作用赋予海浪以立体感，画面构图独具匠心，将两位卢米埃尔夫人和她们的婴儿巧妙地安排在画面的右上角，整幅画面带有浓厚的诗意。

3. 新闻报道、纪录片

《代表们的登陆》可以说是世界上第一次拍摄的新闻纪录片，也是对有声电影的第一次有趣尝试。1895 年卢米埃尔去参加一个照相会议，拍摄了会议的现场情况，并且在 24 小时之后就让人们看到了该片。当银幕上的拉格兰奇议长对天文学家约翰逊说“约翰逊先生，你的观察和试验需要时间、需要资金、需要安静，还需要什么”时，代表们都惊呆了，以为无声片变成了有声片。但这只是卢米埃尔的别出心裁和美好愿望，他邀请拉格兰奇议长在幕后对着口型把会见约翰逊先生时的话又重复了一遍。这为有声电影的到来注入了一支催化剂，促使科学家们不断努力，早日使电影到达“声画合一”的效果。

《消防队员》是由《水龙出动》、《水龙救火》、《扑灭火灾》、《拯救遭难者》（每部一分钟）四个片段组成的记录消防员生活的影片。受当时放映设备、胶片长度的限制，只好先将作品分切开来，而后再将作品重新连接起来，结果从不同角度、不同地点拍摄下来的里昂街头消防队员救火、救人的动人情景，却形成了一种“蒙太奇”形式，产生了富有戏剧性的变化。

1896 年，卢米埃尔开始雇用摄影师为其公司拍摄影片招揽顾客，其中有普洛米奥、梅斯吉希、杜勃利埃等人。与以往不同，卢米埃尔与他的摄影师们更偏向于新闻片、纪录片的制作。《尼亚加拉瀑布》即是其中一部，由卢米埃尔的摄影师菲利克斯·梅斯吉希拍摄，奔腾的瀑布与边上活动的人群造成强烈的视觉对比，精湛的构图更增加了画面的平衡与美感。《沙皇尼古拉二世的加冕》是最早的报道片，由弗兰西斯·杜勃利埃和夏尔·姆瓦松摄制。这是由10多部影片结合在一起的作品，通过一些主要的插曲来叙述事件，这种叙事方式并不是从戏剧中学来的，而是从很久以前描绘官方典礼的版画中得到的灵感，并且通过截取事件中有代表性的片段，概括描述整个事件。1897年，卢米埃尔的摄影师从索术尔带回了记录当地有名的骑兵学校马术表演的影片，将近30本，将其连接起来就是一部能够连续放映30分钟左右的纪录片。卢米埃尔的摄影师在1897年还尝试拍摄了一些类似于《水浇园丁》似的闹剧，他们在户外搭景，由一些演员化妆并穿上服装来演出一些故事。遗憾的是这所有的一切在卢米埃尔公司决定专门经营摄影机和影片拷贝业务时被放弃，卢米埃尔的摄影师们被解雇，与经营照相企业距离极远的导演工作也被取消。

（二）卢米埃尔的电影技巧①

1. 单镜头为主

卢米埃尔的影片大都由一个固定的机位去拍摄生活中的场景，每个故事只用一个镜头来表现，时长不足一分钟，没有分镜头处理，其早期作品被称为单镜头影片。虽然电影理论家日后对景深镜头做了"镜头内部蒙太奇"的解释，但对于卢米埃尔而言这只是一种自然主义式的记录。他们是受到放映设备与胶片长度的限制，被迫将拍摄的短片连接起来，如《消防队员》和《沙皇尼古拉二世的加冕》等，那只是一种机械的连接，并没有将单个镜头置于整体的视觉语言之中。卢米埃尔的电影实际上只是一种新技术的显示和简单的游戏而已，其作品里没有蒙太奇的运用。

2. 放映技巧

1896年1月，卢米埃尔在巴黎"大咖啡馆"将影片《拆墙》倒过来放映，是借用了"走马盘"里已经用过的一种方法。倒塌的墙突然从一片灰尘中竖立起来，增加了影片的趣味性。之后卢米埃尔的摄影师尤金·普洛米奥在影片《迪安娜在米兰的沐浴》中也用同样的特技表现了跳水者先把脚从水里面伸出来，然后很快地跳上了跳板。这种回放式技巧的应用将时间的顺序性打破，拓展了影视创作的空间。

3. 移动摄影

卢米埃尔的摄影师普洛米奥被认为是移动镜头的创始人，他曾经这样解释发明"移动摄影"的经过："当我乘游艇回到旅馆的途中，我看到河岸好像从船面前溜走似的，越离越远了。于是我就设想：电影既然能使不动的形象产生运动，那么我们也许可以改变这种办法，用移动的电影摄影机来使不动的东西发生运动。"这种手法获得了很大成效，摄影师可以把人们在火车上、爬山电车上、氢气球上以及巴黎铁塔的升降梯上所看到的风景拍摄下来，在有限的银幕空间中展现出更多的景色。

虽然卢米埃尔及其摄影师们在电影摄影与放映技巧上都作出了许多重大贡献，但只是停留在技术层面，并没能在电影艺术的内容与表现手法上有所创新。电影诞生后的18

---

① 此部分参考两本书籍。【法】乔治·萨杜尔：《世界电影史》，徐昭、胡承伟译，北京：中国电影出版社1995年版。【美】克莉丝汀·汤普森、大卫·波德维尔：《世界电影史》，陈旭光、何一薇译，北京：北京大学出版社2004年版。

个月，观众对于卢米埃尔的“活动电影机”已经不感兴趣了。这种一次只能放映一分钟的活动照片只是纯粹的平铺直叙，它把电影导向了死胡同。要想从这种情况下摆脱出来，电影必须应用与其相似的另一种艺术，即戏剧艺术来叙述故事，乔治·梅里爱所做的就正是这一方面的工作。

（三）卢米埃尔的电影观念

卢米埃尔兄弟始终认为自己是制造家、科学家，而不是艺术家。他们使用“活动电影机”拍摄和放映影片，更多的只是为了向世人展示自己的科学发明和机器的性能。他们没有意识到电影的叙事潜能，更无意于将电影发展成为一种叙事的艺术。卢米埃尔的摄影师梅斯吉希曾谈到，卢米埃尔兄弟已经很恰当地规定了影片的真正领域：小说、戏剧主要是表达人类的心灵，而电影表现的乃是生活的动态、自然界和它的现象、人群和人们的变动，凡是运动的东西都在电影机的拍摄范围之内，电影机的镜头是向世界开放的。这段话既准确地概括了卢米埃尔的电影观念，同时也体现了电影与生俱来的记录本性。50 年后，法国电影理论家巴赞和德国电影理论家克拉考尔主张从“电影本体论”出发，深入探索电影美学，并将卢米埃尔“活动电影”所具有的“当场抓住的自然”的“照相性”视为电影的本性。乔治·萨杜尔也认为，卢米埃尔的活动电影机是一部重现生活的机器，这种现实主义是他们成功的关键。他们的方式是记录，他们的作品叫纪录片。

二、梅里爱——从魔术师到电影艺术的先驱

乔治·梅里爱曾是电影诞生日在咖啡馆地下室放映时的第一批观众。这位时年 35 岁的巴黎人擅长绘画，喜欢魔术，有很好的文化艺术修养，十几年来一直经营着罗培·乌坦剧院，专门上演“魔术剧”。他过着富裕的生活，不仅从父亲经营的鞋厂继承了一大笔遗产，而且与妻子结婚时，妻子还给他带来了 2.5 万金路易的财产。罗培·乌坦剧院生意兴旺，梅里爱从中也赚了不少钱。他第一次接触“活动电影机”时就对它产生了浓厚的兴趣，提出要购买卢米埃尔的电影机，但遭到卢米埃尔父亲的拒绝。几周以后，梅里爱从伦敦的光学家威廉·保罗那里买到了一部放映机，并向柯达公司购买了价值 1400 金路易的胶卷。

梅里爱是一位天才的艺术家，他可以一个人编剧、导演、绘景和制作木偶。1897 年，他在巴黎郊外建立了蒙特洛伊摄影棚，1900 年以后就几乎没有离开过那里，工作内容涉及电影制作的全过程。他使用舞台演员、道具、布景、化妆等手段，将戏剧引入电影；他发明创造了大量电影特技，如多次曝光、停机再拍、叠印等。梅里爱擅长拍摄神话故事、科幻片，将电影与魔术、现实与梦幻结合起来，创造了一个个光怪陆离的魔幻世界，代表作有《灰姑娘》、《月球旅行记》、《太空旅行记》等。他把电影引向大众喜爱的娱乐演出，是“故事影片”的先驱者与奠基人。

（一）梅里爱的创作：新闻片与童话故事、科学幻想片

1897 年以后，诞生不久的电影很快就遭到了观众的冷落，在世界范围内面临着严重的危机。造成这种情况的原因有以下三个方面：首先是爱迪生在美国为了独占电影的发明权，展开了一场“专利权的战争”，并且取得了胜利，其竞争对手一个接一个地退出了电

影业，由于缺乏竞争，美国出品的故事片在质量上一直没有什么起色。其次是 1897 年 5 月，法国巴黎“义卖市场”发生了一场意外火灾，电影放映师不慎将放映机用的乙醚灯打翻，烧着了一间堆木柴的小屋，造成了 200 多位上层人士的死亡，于是法国和其他欧洲国家的人们把看电影当成一种危险的娱乐。更重要的原因是人们已经厌倦了老一套的影片，对于一味模仿卢米埃尔《火车到站》、《婴儿午餐》、《工厂大门》、《水浇园丁》一类的影片逐渐失去了兴趣。

人们对电影的厌倦，引起电影院无人光顾的现象，梅里爱的罗培·乌坦剧院也遭到同样的影响。为了改变这种状况，他在剧院的宣传广告里说，他的电影院里放映的是一些“与众不同”的影片。

1. 早期排演的新闻片

(1)《哈瓦那湾战舰梅茵号的爆炸》(1898)

1898 年，就在美西战争爆发的同一天，梅里爱在罗培·乌坦剧院上映了他的《哈瓦那湾战舰梅茵号的爆炸》，这是他根据土希战争排演的几个片段。这部表现梅茵号战舰爆炸的影片放映时间不到 5 分钟，其中最吸引人的一幕是透过玻璃鱼缸拍摄的鱼群游动、海藻浮动的海底景致。

(2)《德莱孚斯案件》(1899)

这是梅里爱导演的第一部长片，能够放映 15 分钟之久。德莱孚斯是犹太人，法国军官，1899 年被诬叛国，冤屈地被判刑，引起法国舆论的抨击。当时德莱孚斯事件正值炽热时期，梅里爱作为德莱孚斯的一个左袒者，在影片中故意用了能够引起人们同情的一些“插曲”，如德莱孚斯的褫职、德莱孚斯和他妻子在狱中的会面、德莱孚斯的律师受到了袭击等等。梅里爱的摄影风格在这部影片中有所突破，他参照真实的照片，运用新闻片的拍摄方法进行制作。摄影机摆脱了“乐队指挥”的视角，置身于演员与事件之中，那些混乱的人群在镜头周围不时地出现，镜头画面的景别也不断地变换。虽然这是经过搬演的现实，但它却以独特的形式表现，反映了作者对这一事件的立场和态度。在这一部影片中，梅里爱极为努力地再现着事件的真相，他对于现实主义的追求，使他开创了电影“再现历史”的先河。

(3)《爱德华七世的加冕》(1902)

巴黎一位新闻记者指责这部影片是一种“可恶的伪造”，原因在于梅里爱的这部影片是在加冕典礼举行前拍摄的。他特地请来伦敦的典礼专家作为指导，爱德华七世由一个卖肉的小伙计扮演，女王则由一个洗衣妇人扮演。威斯敏斯特教堂、服装和典礼仪式都是参照实际的画面或者照片来拍的。典礼举行的前几个星期，梅里爱在伦敦一家大游艺场里放映了这部影片，事实上他并不想把这部“纪录片”当做真实情况来放映。

2. 童话故事、科学幻想片

(1)《灰姑娘》(1899)

这部影片原本是在罗培·乌坦剧院里上演的一部神话剧，是梅里爱利用原来的舞台剧演员、服装和幕景拍摄的。梅里爱借用戏剧舞台的叙事方式将影片分为 12 个镜头，每一个镜头相当于舞台上的一幕，创造了银幕上的“多幕剧”。剧中情节的发展也是按照舞台演出的方式进行的。比如，将灰姑娘从厨房里出来的动作与灰姑娘走进舞厅的动作连接起来，梅里爱称它为“场面的转换”。童话故事所具有的独特的叙事特征，如仙女的出现、老鼠变成马、南瓜变成马车、灰姑娘变换服装等等，在电影中则采取了“调换的特技摄影”方式来表现。

《灰姑娘》是一部拍摄下来的哑剧，它只是原封不动地将舞台上演员们的表演照搬到银幕上。摄影机被安置在乐队指挥的位置，镜头能够将整个舞台纳入到画面之中，没有景别的变化，一幕剧拍摄下来只有一个镜头。这说明梅里爱拍摄的《灰姑娘》虽然由 12 个镜头组接而成，但他只是将舞台上的 12 幕戏连接在一起而已，并没有使用蒙太奇的概念。这种方法在梅里爱以后导演的神话片或大场面的影片中也同样被用到，这些影片有《圣女贞德》、《圣诞节之梦》、《小红帽》、《蓝胡子》、《鲁滨孙漂流记》、《格列佛游记》等。

(2)《月球旅行记》(1902)

《月球旅行记》是梅里爱的巅峰之作，取得了艺术上与商业上的巨大成功。它改编自儒勒·凡尔纳和 H.G. 威尔斯的两部有名的小说，梅里爱还在影片中加入了幼稚的幻想和轻松的幽默。影片描述了一群天文学家去月球冒险旅行的故事。他们来到一家奇怪的工厂，美丽动人的女海员搬来了一枚大炮弹，天文学家们钻进炮筒被发射到天空。当他们冲着月亮飞去的时候，画面改变了，炮弹落在火山口的平原上，他们来到了美丽而明亮的月球。6 个手持星形道具的美妙女郎扮演北斗星，星星用叠印的方法在舞台黑暗的背景上连续出现。天文学家们躺在地上做着美梦，结果被冷风吹醒，他们钻到洞窟去避寒，但是在洞里又遇到了很多稀奇古怪的生物，如巨大的蘑菇、月亮神和贝壳之类的动物等。这些冒险者仓皇逃出洞窟，找到炮弹，离开了月球。最后，影片在一个揭幕典礼中宣告结束。全片 30 场，共 15 分钟，梅里爱几乎调动了所有的艺术手段去制作这部影片，他夸张地宣称这部影片花去了他 1500 金路易的制作费。

在当时的情况下，影片销售没有出租的方式，只有卖拷贝。要想收回成本，梅里爱需要卖出 30 部左右的拷贝。他不仅要面向国内的市场，而且也要将影片销售到国外。梅里爱尝试了多种销售方法，起初因为每部影片要 550 法郎的价格，放映商们一致认为太贵，无人购买。之后，梅里爱决定将影片无偿地交给一个设在“王座市集”的临时影棚去放映，并且还亲自绘制了宣传画，结果大获成功。消息马上在放映商中传开，梅里爱仅在法国就将拍摄的成本收了回来。

在美国销售时，梅里爱遭遇到了爱迪生的盗版。他销售到美国的拷贝仅有五六部，可是实际的销售量却有几十部甚至上百部。但爱迪生并不以此为耻，因为梅里爱的影片曾利用了爱迪生发明的凿孔办法，在爱迪生看来他只是在收回自己的财产。梅里爱虽然在经济上受到了损失，但是在美国从此名声大振，之后拍摄的影片几乎统治了美国和欧洲的市场。此外，《月球旅行记》还促使第一个经常性的影院在美国洛杉矶城设立，这个边远城市的郊外后来就是著名的“好莱坞”。

(3)《太空旅行记》(1904)

在《月球旅行记》大获全胜之后，梅里爱乘胜追击，又拍摄了几部同类题材的影片，如《太空旅行记》、《海底两万里》、《北极征服记》等。其中《太空旅行记》表现了一群宇宙科学家去太阳探险的故事。他们乘坐一辆飞翔的火车驶进云层，最后落到太阳的嘴里。太阳如同吃了一粒难吃的药丸，将火车吐了出来。探险者无法忍受太阳的高温，只能躲进冰山里，可是他们却又被冻成了冰块。解冻后的他们乘坐潜水艇又落入海底，在海底经历了一番磨难之后，终于回到了陆地。与《月球旅行记》相比，《太空旅行记》的剧情要复杂得多，想象力和表现力也更为丰富。影片中的布景全部由手工绘制，这也是布景第一次在电影中显得极其重要。

法国电影史学家乔治·萨杜尔形容梅里爱的电影"代表着一个惊奇的孩子眼中所看到的一个充满科学奇迹的世界……是以原始人的那种聪明、细致的天真眼光来观察一个新世界"①。梅里爱就这样将科学与魔术、现实与幻觉结合起来，创造了一个充满魅力的光怪陆离的幻想世界。

（二）梅里爱的贡献之一：将戏剧引入电影②

1900 年以后，梅里爱将他的蒙特洛伊摄影棚改造成了一座玻璃摄影场，那时梅里爱的"明星影片公司"生意鼎盛，当摄影场建成和布置妥当以后，他就从未走出摄影场一步。蒙特洛伊摄影场如同一个大剧场，当时的夏特莱剧院就是梅里爱模仿的理想对象。他在摄影场一头的套间里放着摄影机，另一头是舞台。梅里爱安装了各种精巧的舞台机械装置，如陷阱门、吊桥、活动门窗等。为了使剧中的神仙能够在空中飞行，他还安置了铁索。日光是蒙特洛伊摄影场的唯一光源，透过玻璃的屋顶或墙壁射进摄影棚去的日光可以利用遮阳光的幕布进行调节。1906 年，梅里爱曾说：我的摄影场乃是照相室和剧院舞台的结合体。

梅里爱天才的创造，在于他能够系统地将戏剧的创作手法应用到电影上来，如剧本写作、演员表演、服装设计、化妆、舞台布景、机关设置以及场景或剧幕的划分等。他的影片往往由几个片段组成，每个片段如同舞台剧中的一场戏、一幕戏；为了适应无声电影的需要，梅里爱为演员设计了一种新的表演方式，着重夸张和手势，重视肢体动作的表演，而对面部表情却不太重视。梅里爱借用舞台剧中的装置和照相馆里的幕布背景来制造气氛、塑造人物或表现某种感情和情境，为了使背景和人物协调，梅里爱用颜料画出光影的效果，把一切描绘得真假难分。

梅里爱忠实于戏剧美学，将摄影机放置在摄影场的最后端，如同坐在安乐椅上的观众一样，一动不动地拍摄所有的幕景——从顶棚到脚灯。他从摄影机这位想象的观察者所在的角度出发，将由远及近的一切景象统统都拍摄进去，从未利用景别的变换和视角变化的蒙太奇。在他的影片中偶尔会出现特写镜头，但他只是当做特技来使用。另外，在梅里爱的影片里，故事情节的发展不是按照实际生活的顺序展开，而是根据戏剧的习惯来编排的。例如《太空旅行记》的第一个场面表现了车厢内部的情形，第二个场面表现了车厢外部的情形，于是"火车停止，旅客们下车"的内容在影片中出现了两遍，只是摄影机拍摄的视角不同罢了。两场戏所描述的场景都发生在同一时间，这完全是神话剧里的习惯，这种习惯在 1908 年以后已被电影所摒弃。

（三）梅里爱的贡献之二：从魔术师到电影特技的创新者

除了将戏剧引入电影之外，梅里爱对电影的另一个伟大贡献是他对电影特技的应用。

---

① 【法】乔治·萨杜尔：《世界电影史》，徐昭、胡承伟译，北京：中国电影出版社 1995 年版，第 27～28 页。

② 此部分参考【法】乔治·萨杜尔：《法国电影》，徐昭译，北京：中国电影出版社 1987 年版。

在一次偶然的情况下,他在放映从巴黎歌剧院广场拍摄的影片时,发现一辆行驶于马德兰-巴斯底的公共马车忽然变成了灵柩马车。这种奇怪的现象立即引起了他的注意,魔术师出身的他意识到电影也可以变魔术。很快他就找到了发生这种变化的原因:原来摄影机拍摄时胶卷被挂住了,过了一会儿胶卷又运转正常继续拍摄。就在胶片被挂住的时间里,公共马车继续前行,而灵柩马车恰好来到了公共马车的位置。这对梅里爱来说是一个惊喜的发现,使他由舞台魔术师变成了银幕魔术师。

1896 年 10 月拍成的《贵妇失踪》,就是利用这种技术摄制的第一部影片。在拍摄《贵妇失踪》时,蒙特洛伊还只是一个露天摄影棚,梅里爱将一张布景挂在花园的墙上,他用停拍一分钟的方法,让原本坐在椅子上的贵妇人离开镜头。影片放映时,观众看到贵妇人突然从椅子上消失了。一年后,梅里爱将这种消失的方法延伸为把贵妇人变成魔鬼、花瓶或者花束。这种方法也就是我们常说的"停机再拍"。

1897 年梅里爱从霍布金斯写的《魔术》一书里学到了很多关于幻术和特技照相的知识,将照相的技巧应用到了电影胶片的拍摄中,于是发明了"叠印"、"合成照相"、"二次或多次曝光"、"画托"或"黑魔术"等技巧。梅里爱是第一个将模型和透过玻璃鱼缸拍摄的方法应用于电影中的人,还将移动摄影和特写镜头当做特技来应用。

这些特技摄影成了梅里爱拍摄电影的主要元素。他的目的只有一个:吸引观众,使人感到惊讶。为了展现他的特技摄影,除了拍摄长篇电影以外,梅里爱还拍摄了不少短片,如《橡皮头人》(移动摄影)、《魔窟》(叠印法)、《多头人》(遮盖法)、《音乐狂》(多次曝光)、《乔治·梅里爱的魔术》(变形法)等等。这些影片在今天来看,人们也会为梅里爱在 20 世纪初所创造出的奇异绝技而惊叹不已。

(四)梅里爱的局限性

梅里爱把银幕当成舞台,用电影的技术和手段作为他戏剧创作的工具,证实了电影不仅仅是一个"重现生活的机器",也是一个无所不能的戏剧大师。但是他认为的"无所不能"却也有自己的局限性,没有能够摆脱舞台、戏剧对于他的束缚。他一直死守着一套戏剧纪录片的美学。在他看来,摄影机只是一场戏剧表演的忠实记录者,整场戏都从一个机位拍摄,没有景别的变化。虽然在他的电影中也出现了不同场景的镜头连接,有了最初的分解镜头,使电影开始具有"分解与组合"的特征,距离蒙太奇的分解、组合近了一步,但这只是一种最简单的连接,他并没有理解到这种连接组合的巨大意义。

梅里爱一生拍摄了 500 多部电影,只有很少数影片被保留下来。从 1900 年直到他 1912 年前后结束电影事业为止,梅里爱在影片艺术上没有显著的进步。第一次世界大战以后,他手工作坊式的电影制作模式被大制片厂、大工业式的生产所淘汰。1913 年,梅里爱因投资拍摄的新片落入俗套,卖不出去,导致彻底破产。之后他在巴黎火车站附近开了一家小铺,以卖糖果、玩具为生,1938 年在一家养老院里与世长辞。

作为世界电影艺术的先驱者,卢米埃尔兄弟和梅里爱对待电影有着两种截然不同的态度,他们的电影作品分别代表了电影创作中两种不同的美学观念。卢米埃尔兄弟认为自己只是一个科学家、发明家、"活动电影机"的制造商,而不是艺术家。他们认为电影只是重现生活的机器,主张在现实中捕捉生活,真实地记录和再现生活,他们的作品是写实的、记录性的,是倾向自然、模拟现实的再现主义。梅里爱对待电影则是出于艺术家的偏爱，他认为电影能够创造艺术，可以展现生活中一切“有”与“没有”的东西，银幕即舞台。梅里爱的作品是沉迷于幻想的、浪漫主义的，是倾向技术、改变现实的表现主义。因此，我们可以这样认为：卢米埃尔是世界电影纪录片的先驱，梅里爱则是世界电影故事片的先驱。

三、法国早期的电影公司

（一）百代公司

百代公司的创始人查尔斯·百代在创业初期只是一个卖留声机的商人和表演者。1895 年他购买了一些 R. W. 保罗仿造的放映机。1896 年成立了百代公司，主要经营留声机赚钱。1901 年，百代公司开始电影制作，借鉴、抄袭梅里爱和美国、英国电影公司的创作理念，如百代公司最重要的导演费尔迪南·查加拍摄的《阳台景色》模仿英国流行影片中的镜头，呈现由望远镜或显微镜看到的景物特写等。百代公司的影片后来逐渐受到欢迎，仅一部影片就可卖出 350 个拷贝。它还不断开辟海外市场，1904～1905 年间，在伦敦、纽约、莫斯科、柏林等地都开辟了销售点。1903～1904 年间百代发明的手绘着色技术一直沿用到有声电影的早期时代。20 世纪 10 年代末期，他们销售的百代摄影机成为世界上使用最广泛的一种。百代公司从成立之初到 1910 年，飞速发展成一个全世界最大的电影公司。

1905 年到 1906 年法国电影工业迅速增长，电影院不断增加，影片的需求量很大，即使美国影片开始进入欧洲市场，法国本土的电影工业依然蓬勃发展。百代公司实施垂直整合的经营模式，独自掌控电影的制作、发行和放映，他们制造摄影机、放映机、电影胶片，并收购电影院放映自己的影片。除了垂直整合，他们还实施了横向整合策略，将电影工业中的某一环节在不同的地区拓展，如在意大利、俄国、美国等地纷纷建立电影制片厂等，完全取代了梅里爱“不与人合作”的手工作坊式的生产，把电影变成了一个庞大的、独立的、享有巨额利润的托拉斯企业，百代也由集市上的小商贩转眼成为“电影王国的拿破仑”。

不幸的是，1913 年百代开始调整经营策略，压缩对电影生产的投入，主要将资金集中投放在影片发行和放映环节。他们放弃了美国电影专利公司的成员资格，成立了一家独立的专门经营电影发行的公司。1914 年第一次世界大战爆发后，百代专门发行美国电影公司的影片，尤其是美国独立电影公司生产的影片，这样的做法后来导致了法国电影在美国市场的严重萎缩。1919 年，百代不仅退出了法国电影生产领域的领导地位，而且随着美国电影业的迅速成长，百代公司也被美国电影公司排挤到了电影业的边缘位置。1929 年查尔斯·百代卖掉了他的财产，退休后来到摩纳哥，1957 年在那里逝世。

百代生产的影片类型多样，既有纪实性、历史性的影片，也有歌舞、戏剧、魔术片，还有追逐打闹的喜剧电影等。百代研究观众情绪，制作观众需要的影片，聘请职业导演，造就电影明星。最为突出的是造就了世界银幕的第一位喜剧大师麦克斯·林戴，他创作了百代电影最受欢迎的麦克斯·林戴系列影片。1908 年林戴与百代签约，自己编写电影剧本，以每周一部的速度拍摄电影，他在绝大部分影片中都是扮演一个名叫麦克斯的公子哥儿，这位主人公心地善良，挥金如土，喜欢吹牛和追逐漂亮女人，但常常遭受恋爱的挫折。

林戴系列以中产阶级的生活为基础，迎合了社会大众的心理，他所表现的痛苦和难堪，都是社会情境的典型。他优雅的礼服、大礼帽、时髦的小胡子，后来成了众多喜剧演员模仿的标志性打扮。卓别林曾经提到林戴是他的“老师”，他是林戴的“学生”。林戴从1909年开始在法国和美国两地工作，直到1925年因精神失常自杀身亡。此外，百代公司成功的系列电影还有“鲍尔林”系列，由安德鲁·第德主演；“里佳丁”系列，由音乐厅明星普林斯主演等。

（二）高蒙公司

高蒙公司的创建要早于电影的诞生，成立于1895年7月，创建人莱昂·高蒙是生产电影放映仪器的商人。1900年，高蒙公司的女秘书爱丽丝·居伊·布朗茜摄制了公司的第一部剧情电影，她是世界上第一位女电影导演。1906年，高蒙公司改制为集团，建立了摄影棚，开始电影制片业务。布朗茜创作了当年高蒙公司几乎全部的影片，如神怪片《浮士德和摩菲斯特》、喜剧片《吊钟》、情节片《被流浪汉拐走的男孩》等。

此外，高蒙公司早期的电影制作还有两位重要的导演李昂斯·皮瑞和路易·费雅德。李昂斯·皮瑞是一位有名的喜剧演员，他执导的影片有“李昂斯”系列和若干重要的剧情影片。其中两部描述诱拐儿童事件的影片《巴黎的小孩》和《小屋男孩的故事》以其优美的摄影而著称，影片中采用了罕见的逆光摄影。皮瑞还较早地使用分镜头拍摄，并且变化摄影机的位置，这些手法开发了电影的表意功能。20世纪10年代，他在美国拍摄了《永远不要忘记》、《拉斐特在我们中间》、《光荣之星》，20年代他回到法国拍摄史诗电影，其风格逐渐趋于公式化。路易·费雅德是法国默片著名导演，在高蒙公司早期负责电影生产，期间他编写、导演、制作了数百部电影，基本上涵盖了今天所有的电影类型，有喜剧影片，也有自然主义风格的“就那样生活”系列片，如《真实的生活》、《贝贝》与《布德玷》、《芳托马斯》等。

1911年，高蒙公司开始由销售改为出租影片，并建立了一家大型的宫殿电影院“高蒙电影宫”。高蒙公司成为当时世界上最大的电影公司之一。第一次世界大战爆发，高蒙公司与其他公司一样，面对来自美国的竞争对手，失去了许多市场。1925年，由于路易·费雅德去世，高蒙公司停止了制片工作，并与米高梅公司合作，联合发行影片，将他所属的所有影院都改名为高蒙米高梅，高蒙公司至此跌到低谷。

莱昂·高蒙用妻子的名字“la marguerite”（意为雏菊）作为公司的标志，这个标志历时多年，经过多次变化，但其雏菊形象始终没变。

（三）艺术电影公司

艺术电影公司成立于1908年，这家公司把自己定位于制作高雅品位的电影，由拉菲特兄弟组建，拍摄过《吉斯公爵遇刺》、《俄狄浦斯王》、《哈姆雷特》、《麦克白》等影片，这些影片代表了当时法国电影的最高成就。1908年，由艺术电影公司拍摄的《吉斯公爵遇刺》邀请了法国著名剧作家亨利·拉夫担任编剧，聘请了具有戏剧舞台经验的查尔斯·勒·巴尔吉和亚伯特·卡尔梅特作为该片导演，雇用了法兰西剧院的著名演员扮演角色，还选择了优秀的音乐家和布景师共同合作。影片表现的是亨利三世国王亲自策划刺杀吉斯公爵的故事。其中血腥的暴行通过人们最熟悉的故事触动观众，即使不用语言，观众也能完全了解。《吉斯公爵遇刺》成为电影艺术史上一部划时代的重要作品，也被认为是电影由杂耍向艺术过渡的重要标志。这部影片在电影艺术史上的意义在于:第一,它在演员的表演方面有很大变革,首次进行了在银幕上表现人物心理的尝试,用人物的性格代替了电影中传统的手舞足蹈的动作。这部影片成功以后,就开始了一个用名作家、名导演、高尚题材和富丽场景来拍摄影片的时代。第二,它第一次采用了圣·桑作曲的专门的伴奏音乐,包括序曲和为其中五个场面编配的五段音乐,每一段都配合影片情调。《吉斯公爵遇刺》的成功是当时电影工作者们所公认的,也曾在后来得到过美国电影导演格里菲斯和丹麦电影大师、默片时代最伟大的导演卡尔·德莱叶的赞誉。但是艺术电影公司在艺术上取得的最高成就并不代表其商业运营的成功,也许是因为曲高和寡,艺术电影公司的大部分影片都赔本,只好在1911年被拍卖。

当时的法国电影都纷纷从文学作品和舞台戏剧中汲取灵感,力求提升电影的艺术品位,拍摄所谓"优秀的艺术电影"。虽然在影片中注重安排戏剧性的场面,但由于缺乏镜头语言的表现,这些影片都只不过是梅里爱"银幕戏剧"的延伸。

第一次世界大战后,法国电影受到战争的严重挫伤。百代公司不得不全面清理,关闭了电影制片厂、发行机构和电影胶片生产厂。法国电影业由此完全停顿,电影的对外输出几乎为零。此后,美国电影业迅速崛起,不仅占领了本土市场,而且席卷了整个世界。从此,法国电影失去了对世界电影的领袖地位。

思考与练习

1. 结合卢米埃尔的影片分析卢米埃尔的电影观念。
2. 试述梅里爱对电影艺术的贡献和他艺术观念的局限性。

第三节　美国:早期电影业的成长

【本节提要】19世纪末到20世纪前20年,是美国电影发展的初期阶段。"镍币影院"的普及激励了美国电影工业的发展,成为美国电影工业成长的重要标志。这一时期的默片电影由原来的一本短片逐步转向剧情长片,影片类型多样,有史诗片、西部片、喜剧片、探险片、系列片等。爱迪生公司企图垄断电影的发展,组建电影专利公司来限制竞争对手,独立电影制片人与其展开了殊死较量,期间美国的电影中心逐步由东海岸转向位于西部加利福尼亚州的好莱坞。1918年电影专利公司被迫宣布解散,东海岸电影制片公司的主导权彻底丧失;另外,第一次世界大战导致欧洲电影几乎瘫痪。这一切使得美国好莱坞的电影产业逐渐强大起来,出现了一批优秀的电影制片人、电影导演、电影明星和经典的电影作品。好莱坞电影制片厂创立了一套类似于工厂或装配线结构的生产体系,制片人制度初步确立。制片人掌握电影制作的重要环节,并利用明星制度赚取高额利润。一些好莱坞著名的电影公司在激烈的竞争中成长起来,成为美国电影产业的支柱力量,为美国电影在世界影坛的霸主地位奠定了坚实的基础，"好莱坞"成为"电影"的代名词。

【主要内容】

1. 埃德温·鲍特——电影"故事片之父"
2. 伟大的先锋导演格里菲斯
3. 电影专利公司(MPPC) 与反托拉斯行动，好莱坞的形成
4. 好莱坞主要电影公司的建立
5. 早期好莱坞的电影明星与明星制度
6. 好莱坞初期的电影作品与优秀电影工作者

一、美国早期电影业的竞争与发展(1896～1906)

1896 年 4 月，爱迪生公司推出维塔斯科普放映机，并在纽约城中的音乐厅进行了第一次公开放映。维塔斯科普放映机是一个银幕放映系统，取代了原先的"电影视镜"。在此之后，电影的放映很快遍及了美国，也推动了美国电影工业的发展。

(一) 美国早期的电影公司

19 世纪末至 20 世纪初，是美国电影工业发展的关键时期。爱迪生的公司与其他新兴电影公司之间产生了激烈的竞争。这些早期电影制作公司的先驱者大部分集中在美国东海岸地区，他们控制了美国的电影工业。当时激烈竞争的对手有：

1. 爱迪生制造公司。初建于 1891 年，最早是爱迪生为了给他的"电影视镜"生产影片而建立的，公司总部和生产基地设在新泽西州的西橙市。爱迪生制造公司正式成立于 1894 年。随后，爱迪生为控制他在电影业的主导地位，开始紧锣密鼓地控告和骚扰任何他认为威胁他公司专利的企业。

2. 塞利格电影公司。成立于 1896 年，由美国伊利诺伊州芝加哥的威廉·塞利格创建。这家公司成立之初最擅长拍摄闹剧、历史片、系列片、旅游片等，并且拥有一位早期西部片电影明星汤姆·米克斯。

3. 美国维太格拉夫公司。由出生于英国的美国人 J. 斯图尔特·布莱克顿和艾伯特·E. 史密斯在 1896 年成立。该公司第一部虚构式的电影是《屋顶上的窃贼》(1897)。在美国电影业发展的早期，维太格拉夫公司是美国最大的电影公司，是爱迪生电影公司的主要竞争对手。该公司因长于拍摄历史事件而闻名，一年可以制造 200 多部影片，包括 1900 年的加尔维斯顿洪水、1901 年对麦金利总统的暗杀、1904 年罗斯福总统的就职典礼、1906 年旧金山大地震的善后工作等。

4. 美国幕镜公司。1895 年成立于纽约，由爱迪生前助手威廉·迪克森和赫尔曼·凯瑟、亨利·马文及袖珍打火机的发明者伊利亚斯·库普曼合伙成立。他们最早的电影放映机 Mutoscope 是一个类似于爱迪生"电影视镜"的设备，但不使用胶片，只是将动作连续的照片装在鼓状物的内部，通过一个自动绕转设备和窥视孔观看动态的影像。此后他们又研制了新的电影放映机，名为 Biograph Projector，并于 1896 年在纽约市首次展出。他们还设计了名为 mutograph 的摄影机，为了防止爱迪生对其专利权的控诉，他们没有使用链轮孔或穿孔的电影胶片。

1896 年，该公司上映了第一部电影《纽约的表达》。1898 年，爱迪生向幕镜公司提出了专利侵权的法律诉讼，使幕镜公司遭受了很大的打击。1899 年，幕镜公司正式更名为美国幕镜与比沃格拉夫公司（简称 AM&B）。1902 年 AM&B 胜诉，公司借机加快发展。1903 年，美国幕镜与比沃格拉夫公司开始使用 35 毫米胶片拍摄影片。1908 年，他们雇用了默片时代的先驱人物大卫·格里菲斯担任导演。1909 年，美国幕镜与比沃格拉夫公司正式更名为比沃格拉夫公司，成为美国最热门的电影公司，创造了电影史上许多众所周知的第一：

（1）1899 年，第一次拍摄了教宗在梵蒂冈。

（2）1899 年，第一个与美国白宫签约，第一个记录了当政美国总统威廉·麦金利。

（3）1903 年，在纽约建立了世界上第一个人工光源的摄影棚。

（4）1906 年，拍摄了第一部美国西部片《一个美国加州的强盗》。

（5）1906 年，比沃格拉夫公司旗下的演员佛罗伦萨·劳伦斯成为好莱坞第一位电影明星，被称为"比沃格拉夫女郎"。

（6）1910 年，第一个尝试在好莱坞拍摄电影，这是一部名为《在古老的加利福尼亚》的"拉美"闹剧。

（7）1913 年至 1914 年，拍摄了美国最早的剧情长片，即由格里菲斯导演的史诗片《朱迪思的伯夙利亚》。

（二）美国早期的"镍币影院"

从 1898 年开始美国的电影工业逐渐稳定地成长起来，电影已不再是创新的实验品，它很快成为工薪阶层逃避现实的娱乐工具或媒体。人们可以花很便宜的价钱整晚呆在电影院里消磨时间。原来的"电影视镜"放映厅、演讲厅、临街的铺面都被改造成了 5 分钱的"镍币影院"，通常开放的时间是从清晨至午夜。

美国最早的"镍币影院"是由一个临街的小戏院或者舞厅改建的，1905 年 6 月在匹兹堡（美国宾夕法尼亚州西南部城市，是美国的钢铁工业中心）由哈利·戴维斯开办。影院放映的第一部影片是鲍特的《火车大劫案》。城市居民和外来移民等工薪阶层的普通百姓都非常喜爱这种廉价的娱乐方式，成为电影院里的常客。影院通常放映一本长的无声电影，内容大多是情节剧、喜剧或新奇事件，放映时还需要钢琴伴奏、歌曲演唱、图片说明等辅助手段。除了电影之外，早期影院的演出还包括"魔术幻灯"、幽默短剧、歌舞杂耍等形式的表演。

专门放映影片的影院是美国电影工业稳定发展的真正源泉，并且成为电影工业成长的重要标志。1908 年美国有 8000 多家电影院。电影院的建立，使得电影制片人不再将影片卖给那些从一个城市到另一个城市、一个游艺场到另一个游艺场的巡回放映商，而是通过永久性的电影院发展固定的观众。通常情况下一场电影节目要持续一小时左右，当时每部影片只有一本，大约 10 分钟，因此至少需要 6 部一本的影片来组成一套完整的节目，并且一天还要更换两次节目。因此，电影院的经营者需要更多的影片来维持经常光顾的客人。这种情形一方面使得电影制作的本数增加，提高了电影生产者的利润；另一方面由于影院经营者大多采取租借影片的方式，并不购买影片，所以催生了在制片公司和电影院（或放映商）之间担任中间人的新职业："发行商"或"发行交换商"，他从制片商手里购买或租赁影片，然后再把拷贝租给影院。

为了招揽生意，有些制片公司或制片人有意拍摄一些引起观众好奇心和寻求刺激的电影，比如涉及诱惑、犯罪、性和不贞行为的影片。但这种行为很快遭到了报纸的公开批评，有作者指责这些内容在道义上令人反感，是引起社会动乱和违法犯罪的主要原因，并呼吁应当有相应的审查机构和制度来制约这种为了纯粹商业目的而损害社会公德的行为。他们还批评了在不卫生和不安全的条件下凑合经营的镍币电影院。

（三）埃德温·鲍特——电影"故事片之父"

爱迪生在与AM&B和维太格拉夫公司的专利诉讼案惨遭失败后，为了抗衡来自他们和其他电影公司的竞争，有效地实施了一个成功的策略，就是在摄影棚内拍摄更长的影片，这一努力成就了美国早期电影最重要的电影工作者埃德温·鲍特。

鲍特曾是电影技术的发明家和最初的电影放映员。他在1898年获得了一项专利，改进了放映机的稳定性，使电影图像更为清晰明亮。1900年末，他开始为爱迪生的电影公司工作，起初是作为一名被长期雇用的放映员，1901年开始在公司操作摄影机。在那个特定的历史阶段，摄影师的地位就相当于导演。1902年他创作了10分钟长的短篇叙事电影《杰克和豆茎》。1903年他导演了6分钟长的电影《一个美国消防员的生活》，这部影片被称为美国的第一部纪录片、文献片、小说化的人物传记或现实的叙事电影等。鲍特采用人物扮演的方式重新再现火灾的场面，如拍摄一个熟睡的消防员在梦中看到一个妇人和小孩正在遭受大火的威胁，影片中的梦境通过叠印的方法用银幕上方的一个圆形装饰图案——"幻想气球"来展示。他又从库存的纪录片中找到了现实中的火灾场面，结合拍摄的片段，经过戏剧化的剪辑，从不同的视角展现燃烧着的房子的内部与外部画面，运用了非线性的方式叙述事件。在这部影片中，鲍特对叙事影片的贡献在于他增加了影片的长度，采用了流畅的叙事形式，并且第一次开始对影片进行剪辑。但是爱迪生对于鲍特的剪辑感到很不舒服，包括他使用的特写镜头手法。

电影史上，鲍特影响力最大、最重要的影片是他在1903年拍摄的《火车大劫案》。他通过电影剪辑和讲故事的方式，在一本长的胶卷中组接了14个场景，利用10分钟的时间叙述了一个虚构的故事。这是根据一桩真实的抢劫案和一台受欢迎的舞台剧简单改编而成的影片。《火车大劫案》所塑造的电影艺术形象，用今天的标准来看没有什么特别，但在当时却具有里程碑式的重大意义。

1. 它是第一部真正意义上的"西部片"，以故事线索描述剧情，包括了日后西部片电影里的各种陈腔滥调（如开枪、劫案、追赶等）。

2. 它是一部具有突破性意义的电影，打破了现实生活中的时间顺序，不再按照时间的先后来排列镜头，在两个同时发生的事件之间使用革命性的平行式剪辑，让两个场景先后出现（但时间上有重复），并且没有使用梅里爱式的渐隐或溶化的特技来进行场景的转换。

3. 它有效地使用了背景投影，使观众可以通过窗户看到火车的行驶，并在影片中成功运用了两个摇镜头。

4. 它第一次使电影成为非常流行的东西，确立了一个观念，即电影是一个有商业价值的媒体。

5. 它造就了未来西部片中的英雄——电影明星吉尔伯特·M.安德森（又名"布朗丘·

比利”)①,他在《火车大劫案》中扮演了重要的角色。

在鲍特的《火车大劫案》中我们可以看到充满银幕的令人毛骨悚然、印象深刻的特写,如强盗用枪直对着观众射击,演员骑在马背上追逐,表演者走近或远离摄影机,摄影机与逃走的土匪同时移动,将摄影机安装在移动列车上所拍摄的运动景象等。此外,鲍特还拓展了一个关键的电影技术,即镜头剪辑。这一切都促进了电影艺术的发展。

然而,鲍特的影片还有一定的局限性。他虽然采用了分镜头拍摄的手法,但单个镜头只是一个完整的场面段落,是一个类似于远景的长镜头,他还不懂得将每一个场景划分成若干个镜头来表现。

《火车大劫案》之后,鲍特又在1905年拍摄了一部社会批评片《窃贼癖》,描述了两个贫富不同但同为盗贼的妇女,将她们的遭遇进行对比,富有的窃贼癖者在百货商店偷东西没有被判刑,而因为饥饿偷面包的穷妇人却被判了刑。1906年鲍特还拍摄了影片《一个醉鬼的白日梦》,在这部影片中他通过叠印的影像和摄影机摇晃拍摄的手法表现出一个酒鬼眩晕的状态,并且效仿梅里爱的风格,展现出酒鬼飞行于城市上空的离奇梦境。1909年鲍特离开了爱迪生的公司成为独立制片人,之后不久就被电影界的新秀所超越。

从1902年到1905年,鲍特和其他电影工作者都不断地尝试叙述性故事电影(也称为“剧情影片”)的拍摄。与新闻片、时事片、风光片不同,剧情影片可以事先精心策划、设计情节,并且不必远途出行,只在摄影棚内或附近就可以拍摄完成,免去了高额的经费。它有效地、稳定地保证了影片的放映。更重要的是这种有情节和故事性强的影片受到了观众的欢迎,电影工作者开始逐渐使用系列镜头来描绘喜剧性的追逐场面、富有幻想和紧张的情节,剧情影片成了电影工业的重头产品。

同时,由于影院经营者以租赁的方式获取影片,带动了生产、发行和放映三个部门的分立,从而推动了电影业的发展。在电影作为赢利的商业活动的头10年,美国电影工业规模性发展的条件已经形成。美国电影工作者也将电影作为艺术,不断地开拓这一新兴媒体的无穷空间,这些都为美国电影发展的下一个10年打下了坚实的基础。

二、美国电影工业的成长(1906～1918)

(一)剧情长片的诞生和豪华影院的出现

为了吸引观众,美国早期的影剧院调整了仅放映短片的做法,转而放映更长的节目和更有声誉的影片。在1909年之前,这些影片的内容多是职业拳击比赛或宗教史诗,并且只在正规的影剧院放映,而不在简陋的5分钱的“镍币影院”放映。20世纪初,美国的“剧情影片”起初有“常规影片”、“故事片”的含义,通常是一本,大约放映15分钟。随着影片长度的逐渐增加,“剧情影片”延伸为“较长的故事片”、“较长的影片”,我们称之为“剧情长

① 吉尔伯特·M.安德森,美国电影演员,生于美国阿肯色州小石城,原名马克斯·阿伦森。1903年在埃德温·鲍特导演的著名影片《火车大劫案》中扮演重要角色。此后他勤学骑马、射击,1908年在《布朗丘·比利和婴儿》中扮演西部英雄比利,颇受观众欢迎。后又先后主演了《布朗丘·比利的赎买》(1909)、《布朗丘·比利历险记》(1911)等其他西部短片共367部之多。

片”。为了更长时间地将观众留在电影院里，制片人要求导演拖延剧情发展的进度，将影片延长为60～90分钟。

大量资料显示，世界上第一部连续的完整长度(至少一个小时)的叙事性故事片是澳大利亚作家兼导演查尔斯·泰特拍摄的5本传记电影《“凯利帮”真史》(1906)，影片讲述了一个居住在丛林中的逃犯、众人皆知的民间英雄的故事。整部电影时长60～70分钟，只有部分片段被保存至今。1911年之前，澳大利亚是唯一规定影片长度的国家。

到了1909年，一些美国的制片公司开始拍摄多本的剧情长片。其中第一部剧情长片是维太格拉夫公司拍摄的《悲惨世界》(1909)，共4本；第二部剧情长片是维太格拉夫公司斯图尔特·布雷克顿导演的5本影片《摩西的一生》(1909)。因为电影专利公司(MPPC)苛刻的发行制度只允许单本影片上映，较长的影片一周只能放映其中的一部分，因此这些多本影片被分开发行，在几周内连续上映。

在欧洲，电影放映制度相对具有弹性，多本影片也很普遍。当这些影片进入美国后，通常可以在正规的影剧院完整地放映。美国第一部被完整放映的剧情长片是意大利影片69分钟的史诗剧《但丁的地狱》(1911)，灵感来自但丁14世纪的诗《神的喜剧》。1911年12月10日，这部影片在纽约曼哈顿剧院公开上映。影片由弗朗切斯科·贝尔托里尼、朱塞佩·德·利果罗、阿道夫·帕多瓦3名导演历时2年，花费了大约18万美元拍摄完成。

第一部被完整放映的美国剧情长片是H. A. 施帕努特导演的5本《雾都孤儿》(1912)，改编自英国作家查尔斯·狄更斯的同名原著。从法国进口的默片——4本舞台戏剧电影《伊丽莎白女皇》(1912)由莎拉·伯恩哈特①主演，她在电影中的表演提升了人们对电影艺术的关注。此片于1912年7月在纽约市的兰心大剧院首映，是第三部在美国被完整放映的电影。此外，还有5本《理查德三世》(1912)被认为是美国拍摄的现存最早的完整的剧情长片。虽然美国制作和放映剧情长片从1912年才缓慢开始，可是在后来几年却表现出巨大的生命力，在与国外电影(往往是优秀的国外电影)的激烈竞争中逐渐发展起来。

除剧情长片外，系列片在第一次世界大战前较短的时间里，也成为广受观众欢迎的电影放映形式之一，这是以分期发布的形式放映的电影，内容是不畏死亡的惊险表演，紧张、悬疑的情节和处于危难中的令人爱怜的女子等。美国第一部系列片是爱迪生公司1912年拍摄的《玛丽奇遇》，共12集，由女明星玛丽·富勒主演。“悬疑”是系列片的标志性特征，尤其体现在塞利格公司的《卡瑟琳历险记》中。这部影片在1913年至1914年间共拍摄了13集，由卡瑟琳·威廉姆斯主演。此外还有1914年拍摄的20集系列片《波林的危险》，由珀尔·怀特主演以及同年拍摄的14集系列片《伊莱恩的罗曼史》等。

与此同时，成功的影院经营者把他们的利润再次返回到业务中，为观众提供影片以外

① 莎拉·伯恩哈特(1844～1923)是19世纪至20世纪初最有名的法国女演员，她以优美的嗓音、优雅的举动和热情而著称，代表着浪漫式的戏剧风格，这种风格在她去世后逐渐消失。有些评论家认为她的成功在于她运用自己的智力，不惜一切地进行完美的演出，而不在于对角色感觉的深度。当代人认为莎拉·伯恩哈特也是一个有天才的画家和雕塑家。她翻译过剧本，写过小说，1907年还发表了一部自传。

的娱乐设施，以提高他们的上座率，包括舒适的坐椅，放映前的娱乐和出售花生、爆米花等。从1912年开始，5分钱的“镍币影院”逐渐被豪华、现代的电影院所取代，收费10到15美分，受到广大城市居民的欢迎。这种豪华的电影院当时被称为“电影宫殿”。美国第一家豪华电影院是纽约市的丽晶电影院，1913年开放，能够容纳1800人，揭开了美国豪华电影院20年的全盛期，促进了美国电影工业的进一步发展。

（二）伟大的先锋导演格里菲斯

1. 格里菲斯早期的电影（在比沃格拉夫电影公司）

美国最伟大的先锋导演是出生在肯塔基州的格里菲斯，被誉为“电影故事大师”或“电影之父”。他是第一位拥有自己独特风格的导演，被后来的电影工作者称为以电影特有“文法”说故事的人。青年时期的格里菲斯是一位并不成功的舞台演员和剧作家，服务于爱迪生公司，出演过许多爱迪生的短片，其中由埃德温·鲍特导演的《鹰巢援助》(1907)是现存最早的由格里菲斯主演的影片。

1908年至1913年间，格里菲斯加入美国幕镜与比沃格拉夫公司担任导演。他从早期经验中获取灵感，每星期拍摄两部一本的电影短片，题材广泛，是一位高效率、多产的导演。格里菲斯签约的第一部电影是由比沃格拉夫公司发行的12分钟短片《多莉历险记》(1908)，改编自弗兰克·诺里斯的小说《章鱼》。他还拍摄了一本《红色男子和儿童》(1908)，这是他第一部被美国《综艺》杂志①评论的作品。1909年，他拍摄了描写资本家贪婪的影片《A Corner in Wheat》，改编自弗兰克·诺里斯的另一部小说《小麦交易所》。

20世纪初，格里菲斯带着莉莲·吉许、玛丽·璧克馥等演员来到了洛杉矶，在那里拍摄了他在好莱坞的第一部电影——拉丁美洲情节剧《在古老的加利福尼亚》(1910)。比沃格拉夫公司发现此地条件不错，又在那里陆续拍了好几部电影。许多业内人士渐渐知道了这块宝地，到好莱坞拍片的剧组越来越多，从此开始了美国电影业向好莱坞的大转移。

在1911年和1912年间，格里菲斯的作品还有《战斗的血液》(又名《浴血奋战》) 和《在燃烧的天空下》等。尽管格里菲斯的名字从来没有出现在银幕上，但是他在短短4年间为比沃格拉夫公司制作了450多部一本或者两本长15～30分钟的影片。他早期的电影大多是西部片、城市生活剧、浪漫传奇故事、喜剧、犯罪故事、内战时期的情节剧、史诗、社会评论和冒险故事等。

在这些短片的创作中，格里菲斯和他的摄影师比利·比泽尔逐渐地意识到电影作为新媒体的创作潜力，为电影艺术语言的建立作出了杰出的贡献。他们不断改进摄影技术，如移动摄影、跟踪拍摄、分画面拍摄、特写镜头、使用挡板、转换拍摄角度、运用软焦距、使用镜头过滤器等；在照明技术上也不断创新，如选取逆光和利用低强度的软调光源拍摄，还采取自然主义的表现手法使用自然光，并增加了外景地的使用等。

格里菲斯还在电影后期制作中大胆尝试各种剪辑手法，如闪回、交叉剪辑(让两个同时发生的行为交替出现，营造一种紧张的气氛，并且逐步推向剧情的高潮)、淡入淡出、镜头交切、平行剪辑、溶化、渐变、着色等。在前人经验的基础上，格里菲斯系统化地运用了

① 《综艺》创刊于1905年，隶属于瑞得商讯集团，是美国领袖级娱乐商业媒体，有“好莱坞圣经”之美誉。

这些手法，并将这些电影表现技法更加艺术化、更加完善，使它们成了电影独有的叙述手段。在由玛丽·璧克馥主演的一本短片《孤独的别墅》(1909) 中，为了表现追捕的场面，格里菲斯使用他最先进的"交叉剪辑"技术，成功地营造了紧张的气氛，这种剪辑手法至今还在使用。格里菲斯借鉴鲍特的前期经验，恰到好处地运用了特写镜头，在 15 分钟、一本惊悚片《看不见的敌人》(1912) 中，由年轻女演员莉莲·吉许和多萝西·吉许表演的受到恐吓被枪指着的特写镜头给观众留下了深刻的印象。格里菲斯在比沃格拉夫公司工作的最后一段时间里，最有成就的艺术电影是两本 23 分钟长的电影《母亲的心》(1913)，由莉莲·吉许主演。

格里菲斯在为比沃格拉夫公司工作期间还培养了一批新人，其中不乏未来的电影明星，也为以后自己电影公司的发展打下了基础，著名的有莉莲·吉许、多萝西·吉许、玛丽·璧克馥、布兰奇·斯维特、梅·马素、哈里·凯里、亨利·B. 沃尔索尔、麦克·赛纳特、佛罗伦萨·特纳、康斯坦斯·塔尔梅奇、唐纳德·克里斯普和莱昂内尔·巴里摩尔等。

2. 格里菲斯的标志性史诗电影

1912 年由意大利导演恩利可·奎索尼拍摄的影片《暴君焚城记》①取得了巨大的成功，这个长达 2 个小时的意大利史诗电影对格里菲斯产生了深远的影响，促使他对剧情长片进行尝试，这些尝试使得格里菲斯对电影艺术的发展作出了不可磨灭的贡献。

1913 年，格里菲斯的第一部四本长的影片《朱迪思的伯夙利亚》在加利福尼亚查兹沃斯拍摄完成，由明星布兰奇·斯维特、亨利·B. 沃尔索尔和吉许姐妹主演。影片取材于圣经故事，讲述一个迷人的寡妇，也是一位殉难者和女英雄，为了挽救他们被围困的城市伯夙利亚而牺牲自己，去引诱并杀死了入侵的亚述人的将军。这部早期的美国史诗电影由于影片时间过长，前所未有，制片商担心不能够被观众接受，以至在一年之后才得以放映。这部电影是格里菲斯由电影短片向剧情长片过渡的转折点，并表现出更多的格里菲斯的电影艺术手法，如交叉并行的叙述方式等，影片中壮观的场面在当时备受瞩目，是格里菲斯为比沃格拉夫公司拍摄的最后一部影片。

不久之后，由于比沃格拉夫电影公司目光短浅，不愿意拍摄高花费的剧情长片，格里菲斯与其产生了意见分歧与冲突。1913 年，格里菲斯离开比沃格拉夫，加入了位于好莱坞的共同电影公司，还带动了摄影师比利·比泽尔和其他艺术家一起加入，包括莉莲·吉许、多萝西·吉许、布兰奇·斯维特、梅·马素、亨利·B. 沃尔索尔等优秀演员。1914 年，他成功拍摄了一部心理惊悚片《报复之心》，改编自美国神秘小说家埃德加·艾伦·坡的小说《泄密的心》。这是一部极具想象力的作品，在这部影片中格里菲斯运用了一些幻想的场面。之后两年中格里菲斯的电影事业达到了顶峰，他于 1915 年和 1916 年先后创作了 2 部史诗巨作《一个国家的诞生》与《党同伐异》，由此奠定了他在电影史上的重要地位。

(1)《一个国家的诞生》(1915)

格里菲斯冒着巨大的风险，将自己 10 多万美元的资产投入到影片《一个国家的诞生》

① 《暴君焚城记》是描写罗马暴君尼禄时代的历史小说，由波兰作家显克维支创作于 1859 年。1912 年恩利可·奎索尼就以它为蓝本拍摄了一部同名影片，成为电影史上第一部创造票房奇迹的史诗巨片。

中，拍摄了美国历史上第一部史诗巨片。虽然这样金额的投资现在看起来不算什么，但在当时却是名副其实的高投资。这部影片长达 12 本，原名为《同族人》，在 1905 年上演的同名舞台剧的基础上改编而成，原作者是牧师小托马斯·狄克逊①。这部长达 3 个小时的关于南北战争和战后重建的史诗电影是一个辉煌和令人惊叹的新的电影成果，是近代银幕杰作，将电影艺术提到了一个新的高度。它所构建和展现的壮美的战斗场面，演员华丽的戏服和精彩的表演，令人信服的有效的故事叙述手法以及革新式的剪辑、摄影技术（如移动摄影、使用蒙板、闪回、交叉剪辑和淡入淡出效果）都令人折服。这部打破旧习的电影由格里菲斯从比沃格拉夫带出的男女演员担任主角。电影中不仅有抒情浪漫的情感瞬间，还有尖锐激烈的矛盾冲突，尤其在影片结尾处，令人震惊的具有强烈冲击力的故事高潮“最后一分钟营救”是真正标志格里菲斯成功的顶点。“最后一分钟营救”描述三 K 党②骑兵为了营救被围困的白人农场主与黑人民兵展开激烈的追逐和搏斗的场面，格里菲斯成功地运用了交叉式蒙太奇的剪辑手法，使并行的两条故事线索交织在一起，形成了强烈的对比，营造出紧张、悬疑的气氛，紧紧抓住了观众的心。在这部影片中格里菲斯还精选户外场景进行拍摄，并较早使用了对一列火车的跟踪拍摄。

1915 年 2 月 8 日电影首映式在洛杉矶格劳曼剧院举行，票价 2 美元。尽管价格较高，但是由于电影时长 3 个多小时，因此这样的价格还是能够被观众接受的。此后，在纽约百老汇大街，差不多一年的时间里，前来观看这部影片的观众络绎不绝。

在票房收入取得成功的同时，格里菲斯的这部杰作也引起了相当大的争议和抗议。影片中弥漫着强烈的种族主义气息，白人演员刻意丑化黑人的夸张表演以及影片中对三 K 党的支持、同情和歌颂，都引发了重大争议。据报道，威尔逊总统在白宫观看影片之后说：“宛如闪电般刻画历史。我唯一的遗憾是，这一切竟是如此真实。”然而，在此片引发的争议扩大之后，威尔逊却在私人通信中表示不赞成这一“不幸的产品”。这部影片遭到了（美国）全国有色人种协进会的强烈谴责，影片中的种族歧视还在几个城市（如在亚特兰大、波士顿、芝加哥等）引发了骚乱，导致了三 K 党的死灰复燃。

（2）《党同伐异》（1916）

1916 年《一个国家的诞生》取得成功之后，格里菲斯对于他煽动种族歧视的批评做出回应，并为自己辩护，创作了另一部杰作《党同伐异》（又名《忍无可忍》）。这部影片时长 3 个多小时，在纽约首映，得到了褒贬不一的评论。《党同伐异》在票房上遭遇了惨败，使得格里菲斯债台高筑，欠下的债务到死都没有还清。

与《一个国家的诞生》相反，这是一部提倡和平主义的电影，四个故事相互交织，讲述了由于歧视偏见而导致牺牲的故事。影片失败的主要原因是其异常复杂的套层结构和被打破的时间线，超出了当时观众的理解能力和接受能力，影片在时间和空间上的交错使观

① 小托马斯·狄克逊（1864～1946）：美国基督教会牧师、北卡罗来纳州立法机关成员，同时还是律师、演讲者、剧作家，最著名的作品是小说《同族人》。这部小说给格里菲斯带来灵感，创作了著名的史诗巨片《一个国家的诞生》。无论是原著还是影片，都因内容上严重的种族歧视倾向备受指责。

② 三 K 党（KuKluxKlan，缩写为 KKK）是美国种族主义的代表性组织，奉行白人至上主义，历史悠久。

众觉得晦涩难懂。此外,影片放映时正是第一次世界大战爆发前夕,到处充斥着赞成战争的情绪,提倡和平主题的《党同伐异》显得与现实格格不入。

影片中展现了华美壮丽的历史场面以及令人难以置信的摄影技术,由格里菲斯的御用摄影师比利・比泽尔完成,他在片中较早使用了摄影升降机。《党同伐异》是格里菲斯最具雄心的作品,他将不同历史时代的四个故事交织在一起,叙述了贯串在人类发展历程中的一些不能容忍的偏执和非人道的事件。影片中所描述的 20 世纪初美国的劳资冲突、巴比伦的没落、耶稣基督的受难、法国的圣巴托罗米宗教大屠杀都在某种程度上与影片的标题及影片的象征意义相吻合。格里菲斯最喜爱的演员莉莲・吉许在影片中扮演一位母亲,她轻轻摇动摇篮的场景充当了一个贯串全片的形象。电影结尾也以交替出现的平行式剪辑作为叙述手段,最后的画面仍回到母亲和摇篮,呈现出"人类从不容异已到宽容的进化"的主题。

格里菲斯对电影的剪辑、叙事节奏、情节结构和移动摄影等技巧的大胆尝试和大规模群众场面的拍摄都极大地影响了后辈艺术家的创作,并为后期电影理论的研究积累了丰富的经验。特别是前苏联的爱森斯坦和普多夫金等人在格里菲斯电影实践的基础之上深入研究和探索,最终建立了蒙太奇理论,将电影艺术提高到了一个新的水平。

(三) 电影专利公司(MPPC) 与反托拉斯行动,好莱坞的形成

1909 年 1 月 1 日,在爱迪生的领导之下,美国国内的 7 个电影公司(爱迪生制造公司、比沃格拉夫公司、维太格拉夫公司、塞利格公司、艾萨内公司等)联合两个在美国设有分公司的外国公司——法国的百代公司及梅里爱公司联手成立了电影专利公司(Motion Pictures Patents Company,缩写为 MPPC)①。从 1909 年开始,他们汇集资源,以合法的手段垄断了成长中的美国电影业,特别是在纽约和东海岸地区。他们的主要目标是去抑制那些逐渐成长起来的独立的电影制片人,通过聘请律师和采取强硬手段限制他们的发展。他们还提高入场券的价格,并阻止电影业的股票进入非成员的手中。

MPPC 的建立是为了合法地控制电影的生产、发行、放映与代理,以合作的方式去加强行业规范。MPPC 成员共享主要的专利,如摄影机、放映机和其他电影技术设备,而对任何想利用他们的设备或租用他们影片的人收费,其目标是限制国外进口,打击电影盗版,保护电影版权,削弱新兴发行人的力量,将竞争对手挤出市场。

电影专利公司限制电影的长度,规定影片的标准长度为一本或两本;电影放映商使用他们的设备,其收费标准为每星期 2 美元;拒绝演员的名字出现在电影银幕上;对电影的发行设立了每英尺的标准价格,以每周为基本单位出租影片,而不是出售;设置制裁措施去威胁放映商,阻止他们放映非成员公司的影片或租用非成员公司的放映设备。MPPC 企图威胁和关闭那些有竞争力的制片公司、发行公司、放映机构;限制导演的艺术自由,并要求电影制作人购买联合公司的电影胶片。MPPC 还与乔治・伊士曼的柯达公司签订了一项合同,由他独家经营、供应电影胶片的专有权。在 1910 年,MPPC 成立了大众电影公司,以进一步管理成员公司的电影发行,打压非授权的独立电影企业。

---

① 参见【美】刘易斯・雅各布斯:《美国电影的兴起》,刘宗锟、王华、刑祖文、李雯译,北京:中国电影出版社 2000 年版,第 87~88 页。

从一开始，MPPC 的垄断就受到未经授权（被称为“盗版”或“非法”）的独立电影制片人的冲击，其中包括独立电影公司（简称 IMP）的创办者卡尔·莱梅尔（环球电影公司奠基人）、威廉·福克斯（福克斯电影公司奠基人）、阿道夫·朱科尔（著名制片人，派拉蒙电影公司奠基人）等。他们机智灵活，富有冒险精神，敢作敢为，为了摆脱 MPPC 强制性的限制，想尽一切有效的办法进行反抗。他们使用未经授权的设备，获取拍摄电影的器材和胶片，在秘密的情况下拍摄电影；要求美国政府开展反托拉斯行动；与法国卢米埃尔公司签订电影胶片供应协议；不断地寻找新的地方，以摆脱爱迪生托拉斯集团的压制、武装干预及律师诉讼等。

这些独立的电影制片人在 1908 年至 1912 年间离开了位于东海岸中心的纽约和新泽西州，走向靠近墨西哥边境的南加州，也就是现在的洛杉矶好莱坞地区。那里有充足的阳光、便宜的物产、廉价的非工会劳工、协力合作的商业交易和建造摄影棚的廉价土地及丰富多样的异国情调景观，如海洋、沙漠、山地等。这些独立的电影制片人和电影公司在好莱坞充分发挥创新精神，反对 MPPC 规定一本长度的电影标准，创作出更长时间的多本的剧情长片。制片厂制度逐步完善，商人和企业家开始接管电影院，明星制度也迅速发展起来。1911 年，对话字幕被普遍使用（首次使用在 1910 年），明星的姓名表开始出现在影片里。

早在 1903 年，好莱坞就已经正式合并成为直辖市。1910 年，原本只有 5000 人的好莱坞，人口增长到 3.5 万人。1911 年 10 月，一批从新泽西来的电影工作者在一家叫布朗杜的小客栈创建了好莱坞的第一家电影制片厂——内斯特影片公司。1912 年，已有 15 家电影公司在好莱坞经营，影片的制作数量快速增长。1915 年，好莱坞电影的生产量占美国所有电影制作的 60％以上。美国的电影生产在东部和西部海岸之间被划分开来。好莱坞市发展成了一个“电影殖民地”，它同时也标志着那些电影制作者和艺术家们鲜明的无忧无虑的生活方式。“好莱坞”很快以其独特的方式成为世界电影的首都。

1913 年，在威廉·福克斯的鼓动下，美国政府第一次代表包括派拉蒙、福克斯和环球电影公司在内的多家公司，对 MPPC 电影专利公司提出诉讼。1915 年 10 月，电影专利公司和它的电影附属公司被宣布为非法垄断组织。这个托拉斯联盟被命令支付超过 200 万美元的赔偿金。在此之后，反对托拉斯及其限制贸易的诉讼使得电影专利公司于 1917 年终于被美国最高联邦法院下令解散，并于 1918 年正式解体。在东海岸电影制片公司的主导权丧失之后，好莱坞成了电影制作的中心，许多位于西海岸的独立的电影制作公司合并，组成了更大的电影制作集团。

（四）好莱坞主要电影公司的建立

1914 年至 1918 年间，爆发了第一次世界大战。在美国加入战争之前，人们为了逃避现实，对娱乐电影的需求剧增。观众强烈要求更复杂的剧情、多本的影片和更为公开的明星信息。由于欧洲深陷战争，美国的电影工业因此得以崛起，好莱坞超过纽约，成了美国电影工业的代名词。在欧洲战争结束时，海外的电影制作已基本瘫痪，世界各国 90％的影片来自美国，好莱坞成为一个优秀的电影制作基地和世界电影制作的中心。

为了满足国内外的需求，保持处于萌芽状态的美国电影业的蓬勃发展，建立先进、完备、有组织的生产方式十分必要。为此，美国的电影公司纷纷建立，形成了一套类似于工厂或装配线结构的生产体系，最大限度地有效地进行电影的生产创作。一些特定的电影工作者、主要的电影制片人成为中心角色。这一时期具有影响力、竞争力的电影公司及核心人物包括：

1. 独立电影公司(IMP)的先驱卡尔·莱梅尔与环球电影公司

环球电影公司的创始人卡尔·莱梅尔是一个精明的犹太商人，原先在纽约做洗衣店生意，后来在芝加哥旅行时第一次在镍币影院看电影，并从中看到了赚钱的商机。1906年，莱梅尔在芝加哥开设了一家镍币电影院，后来成为活跃的叛离者和特立独行的电影大亨，涉及电影发行和电影制作两个领域。1909年，他在纽约与人合伙创立扬基(美国佬)电影公司，不久又改名为独立电影公司(简称IMP)。独立电影公司第一部电影是一本的《海华沙》(1909) ①，这也是第一部独立电影。1910年，莱梅尔游历到美国西部，在那里开始扩展他的电影事业。1911年，独立电影公司在好莱坞开设了西海岸电影制片厂。在他们搬离纽约、永久驻扎在好莱坞之前，独立电影公司的最后两部影片是在纽约制作的两本的《内特的曙光》(1912) 和一本的《护士》(1912)。《内特的曙光》是由新成立的环球电影公司发行的第一部影片。

1910年，莱梅尔聘请了前独立电影公司的演员托马斯·英斯经营和管理他们位于好莱坞的电影制片厂，将其称之IMP电影制片厂(或独立电影制片厂)。然而，英斯在1911年离开了莱梅尔。

1913年，独立电影公司发布了第一部剧情长片——6本的情节剧《灵魂交易》(又名《睡梦中的纽约》)，影片揭露了世纪之交纽约拐卖妇女为娼的丑恶勾当。这是美国第一部较长的色情电影，独立电影公司以色情为卖点，在广告中大胆使用情色来引诱观众。它也是当时最昂贵的故事片，投资5.7万美元，票房收入45万美元。

1912年，莱梅尔受到爱迪生电影专利公司的排挤，为了与其抗衡，成立了环球电影公司，这是1915年成立的环球影业公司的前身。它由一些独立的电影公司联合而成，包括卡尔·莱梅尔的独立电影制片厂、威廉·斯旺森的雷克斯电影公司、查尔斯·鲍曼的纽约电影公司等。

环球电影公司1914年在洛杉矶花了16.5万美元征购了230英亩的内斯托牧场。1915年莱梅尔又在好莱坞北部的圣费尔南多谷创立环球影城，建立环球影业公司，这是世界上第一个设备齐全、专门用于电影制作的场所。它允许游客参观，只要支付一些费用就有机会在那里看到拍摄电影的过程，这也是今天环球影城之旅的前身。环球影城的第一部剧情长片是6本的史诗剧《生死之交》(1914)，由威廉·沃辛顿主演。

该公司影片的成功之处是将古典文学改编成电影，如影星金·巴格特一饰二角出演的最早版本的《哲基尔博士》(1915) ②，洛伊斯·韦伯关于控制生育的说教电影《我的孩子在哪里》(1916)，埃立克·冯·斯特劳亨导演的第一部电影《失明的丈夫》(1919) 等。

① 海华沙是美国诗人朗费罗所作长诗《海华沙之歌》的主人公。

② 哲基尔医生和海德先生是英国小说《化身博士》的主人公。

环球电影公司最成功的默片是《巴黎圣母院》(1923)，由朗·钱尼饰演卡西莫多①。环球第一部有声电影是沃尔特·皮金主演的《爱的旋律》(1928)。20 世纪 30 年代,西部片、喜剧片、动作片和恐怖片电影成为该公司默片时代的标志性产品。

2. 阿道夫·朱科尔、杰西·L. 拉斯基与派拉蒙电影公司

1912 年 7 月 12 日,阿道夫·朱科尔在他的 5 分钱影院里开始放映从欧洲引进的影片《伊丽莎白女王》,这部影片长 40 分钟,是较早在美国完整放映的剧情长片之一。虽然 5 分钱影院的放映设备并不先进,效果也未尽如人意,但朱科尔在电影事业上的突破由此开始。1912 年,朱科尔成立名人名剧电影公司,利用明星制度和将高尚文学改编成电影获利,这是派拉蒙电影公司的前身。

1914 年,杰西·L. 拉斯基与他的连襟兄弟塞缪尔·戈尔德温和导演塞西尔·B. 德米勒共同创立了杰西·L. 拉斯基影片公司,将流行戏剧拍摄成电影版的剧情长片。年轻而没有知名度,但充满活力的导演德米勒从纽约来到西海岸,成为新公司负责电影生产的总管。1914 年,他与奥斯卡·阿普菲尔为拉斯基拍摄了首部影片《异种婚姻》(Squaw Man)②,这是好莱坞第一部西部题材的剧情长片。影片共 6 本,每本长 18 分钟,是杰西·L. 拉斯基影片公司的第一部剧情长片。这部电影取得了极大的成功,振奋了当时死气沉沉的好莱坞电影。不仅如此,它的成功还应当归属于该公司总经理戈尔德温在市场营销方面的努力。这部影片的投资仅 4.5 万美元,但在票房上却赚取了大约 25 万美元。《异种婚姻》后来于 1918 年和 1931 年两次被翻拍,并同样获得成功。

在取得初步成功之后,1916 年拉斯基的公司与竞争对手朱科尔的名人名剧电影公司合并,成立了名人拉斯基电影公司,并且迁移到好莱坞,在日落大道建立了一家电影制片厂。1916 年,在合并之后的数月内,戈尔德温辞职(或是被解雇),他以 90 万美元的高价出售了他 0.75 万美元的初始投资。随后,朱科尔控制了拉斯基和派拉蒙电影公司。当时的派拉蒙还只是一个发行公司,隶属于名人拉斯基电影公司名下。名人拉斯基电影公司不断壮大,后来演变为派拉蒙影业公司,成了全美最大的电影公司,从事剧情长片的制作与发行。

1917 年,德米勒为名人拉斯基电影公司创作了他的第一部大规模史诗电影《琼女士》,作为对格里菲斯史诗巨作《党同伐异》的回应。这是第一部历史名人传记电影,是德米勒版本的圣女贞德的故事,由歌剧明星杰拉尔丁·法勒和华莱士·瑞德主演。这是一部宣扬世界反法西斯战争的影片,放映时正值美国加入第一次世界大战,迎合了当时民众激愤的斗争情绪,为协约国起到了很好的宣传作用,放映后受到一致好评,其票房收入取得了圆满成功。

朱科尔迫使剧院业主接受捆绑销售的方式,收取一组或一批电影的租金,以保证公司生产的所有电影的发行。从 1916 年至 1932 年,朱科尔和拉斯基统治派拉蒙 16 年之久。

3. 塞缪尔·戈尔德温、路易·B. 梅耶与米高梅电影公司

---

① 朗·钱尼(1883～1930),美国电影演员,以擅长表演恐怖片中骇人的角色而闻名,尤其是在《巴黎圣母院》(1923) 和《歌剧魅影》(1925) 中的表演为他赢得了声誉。

② Squaw Man 原意为娶印第安女人为妻的白人。

1916年,塞缪尔·戈尔德温被迫离开名人拉斯基电影公司之后,1917年与合伙人埃德加·塞尔温共同建立了戈尔德温电影公司。1918年,这家电影公司在斑鸠城成立了自己的电影制片厂。不久,戈尔德温受到制片厂权力机构的压制,又被迫将自己在戈尔德温公司的股份卖给米特罗电影公司。米特罗电影公司成立于1916年,由理查德·A.罗兰德和路易·B.梅耶建立。几年之后,梅耶也离开了这个合伙公司,于1918年创立了自己的路易·B.梅耶电影公司。在1920年,米特罗电影公司被早期的戏院放映商马尔科斯·洛夫收购。1924年,洛夫将他的米特罗电影公司与戈尔德温电影公司及路易·B.梅耶电影公司合并,成立了米高梅电影公司。作为协议的一部分,洛夫同意由梅耶领导米高梅。在梅耶的领导下,米高梅在此后30年中的好莱坞黄金时期一直处于主导地位。电影《挨了耳光的男人》(1924)是米高梅发行的第一部电影。从1928年起,那只著名的米高梅狮子很快被大家记住,成为米高梅电影开始的标志并经常在电影中看到。

在米高梅的黄金时期,梅耶作为明星制度的创建者之一,受到了广泛的称赞。他的座右铭是"增进身心健康的娱乐"和竭尽全力致力于米高梅"拥有比在天空中还多的明星"。1951年,梅耶获得奥斯卡终身成就奖,奖励他为电影产业作出的巨大贡献。

1918年,越来越多的独立制作人成立了自己的制片厂或工作室。好莱坞电影主导了欧洲市场,并且对战争给予了极大的支持。除上述几家主要的电影公司外,其他一些在此期间组建的公司在美国电影工业中也占有重要地位,如华纳兄弟影业公司、福克斯电影公司等。

华纳兄弟(哈利、艾伯特、萨姆和杰克),犹太人,原本是俄亥俄州扬斯敦的肥皂推销员,他们曾在匹兹堡附近考察、分析了镍币电影院的潜力。1904年(或称1907年),他们成立了一家总部位于匹兹堡的娱乐供应公司(华纳兄弟影业公司的前身),有资料称这是美国的第一个电影发行公司。他们买来了爱迪生的电影放映机,在宾夕法尼亚州西部和俄亥俄州巡回放映,大多放映鲍特1903年拍摄的《火车大劫案》等。1907年,他们还在宾夕法尼亚州新城堡的矿业城市开办了第一家默片影剧院,这是一家拥有99个座位的阶梯形剧院,一直经营到1911年。1912年,萨姆·华纳在洛杉矶创办了电影制作公司,即华纳兄弟影业公司。20世纪20年代之前,华纳兄弟影业公司较其他公司而言规模较小,直到1923年才正式注册。

威廉·福克斯,匈牙利移民,曾在纽约先后成立了两家电影公司,一家负责制片,一家负责发行,同时还拥有多家电影院。他于1914年把自己的两家电影公司合二为一,成立了福克斯电影公司。新公司成立后事业蒸蒸日上,福克斯成了当时纽约的电影大亨之一。与其他电影大亨不同的是,他最大的兴趣在于建造新电影院和收购他人的电影院,对制片并没有太大关注。1917年,福克斯被加州充足的日照和低廉的制作成本所吸引,也在西海岸开设了制片部门,并于1926年在好莱坞的贝弗利山西面一次买下了300英亩土地,建造了一座庞大而且设备先进的制片厂。这段时期,福克斯出品了获得奥斯卡最佳影片奖的《第七天堂》和《马路天使》,还有有声片《在老亚利桑那》。

好莱坞的电影公司常被称为"工厂",它建立了一套能够发挥最大效益的电影拍片模式。1914年,许多公司开始把导演和制片人的职责分开,导演只负责电影的拍摄,而制片人则掌控电影生产的全过程,整部电影的制作过程的专业化分工越来越细。剧作家着力于剧本的创作，专注于情节的设计、对话或插卡字幕的安排。他们创作的“拍摄脚本”或“拍摄手稿”也称为“连戏剧本”，将每个动作分解成若干独立的镜头，并编排序号，一方面有利于制片人估算成本，另一方面为参与拍摄的工作人员提供参考，便于协调彼此的工作。摄影师、美工师、剪辑师等也都各司其职。

制片厂制度的建立奠定了日后几十年内美国电影工业的基础，当时没有任何其他国家的电影工业能与其相匹敌。很少有公司能够聘请那么多的专业人员。大的电影公司当时多集中在洛杉矶一带，并且建立了自己的电影制片厂，搭建摄影棚，采用人工照明，在电影厂附近的外景地进行拍摄，大大节省了经费，美国电影的销售也几乎垄断了全球的市场。

（五）好莱坞的明星制度和早期明星

在早年的电影制作中，演员通常身份不明，甚至由没有受过训练的普通人担任。最早的电影演员被称为“墙上摇曳的影子”，他们参加电影拍摄只是为了补充舞台剧表演收入的不足，出演电影的收入也被规定低于舞台剧表演的费用。电影专利公司 MPPC 严格要求演员不署名，以防止他们索取更高金额的薪水和成为制约电影生产的障碍。最初，没有署名的电影明星受欢迎的程度是由他们收到的邮件重量来确定的。美国第一家建立“明星制度”的电影公司是莱梅尔的独立电影公司，1910 年他们开始张贴明星画像和海报来为自己的影片做广告。

1909 年，莱梅尔劝说佛罗伦萨・劳伦斯（第一个“比沃格拉夫女郎”）离开对手格里菲斯所在的比沃格拉夫电影公司，与他的独立电影公司合作。此时的劳伦斯还是一个不太出名的童星。1910 年初，莱梅尔编造了一个低级但引人入胜，引起高知名度的“宣传噱头”，传说她在圣路易斯死于由路面电车引起的一场车祸。1910 年 3 月，劳伦斯在她出演的第一部独立电影公司的影片《破碎的誓言》中复活，并在这部电影中第一个将姓名公开在银幕上。

莱梅尔每星期支付劳伦斯 1000 美元薪金，经常带领她参加各种宣传活动，夸大劳伦斯的个人魅力，塑造她的明星身份，确切地说，劳伦斯是“美国第一位电影明星”。劳伦斯的成功给莱梅尔带来了巨大的财富，也使得其他电影公司随即效法，建立了各自的明星制度，推出自己的电影明星，并在电影院展示明星照片，张贴海报，进行广告宣传。

有“小玛丽”之称的比沃格拉夫演员玛丽・璧克馥在劳伦斯之后也来到了独立电影公司。她拥有螺旋形卷曲的金色长发，很快就被命名为“拥有金色头发的女郎”。1912 年，她短暂回到比沃格拉夫之后，又成为朱科尔旗下的演员，被称为“美国甜心”，受到普遍欢迎和享有高薪。5 年间她的薪水从最初每周 175 美元增加到每周 1000 美元。玛丽・璧克馥利用各公司对女演员的激烈竞标，于 1916 年接受了一项为期两年的 100 万美元合同，还包括一定比例的利润分成，成为收入最高的独立演员。

1918 年，玛丽・璧克馥离开朱科尔的名人名剧公司，加入第一国家电影公司，达成了价值数百万美元的交易。与此同时，演员查理・卓别林也与第一国家电影公司签署了合作协议。1917 年，第一国家电影公司在伯班克①开设了一家大型的电影制作机构，并迅

① 伯班克是位于美国加利福尼亚州洛杉矶县中部的一个城市，是大洛杉矶地区的组成部分之一。

速成为好莱坞大型电影公司中的一个。

20世纪10年代末到20年代初，获取高薪的电影明星有玛丽·璧克馥、查理·卓别林、艾拉·内吉姆瓦、汤姆·迈克斯和罗斯科“大胖”阿巴克尔等。罗斯科“大胖”阿巴克尔是第一个保证年收入至少100万美元的电影明星。

1915年11月，福克斯电影公司的影片《一个傻瓜》上映之后，女主角希妲·芭拉(Theda Bara)很快成为好莱坞第一位诱人的“性感象征”，塑造了“妖姬”的典型形象。电影的宣传人员为了激起观众的兴趣，声称希妲·芭拉的名字是由“Arab Death”(意为阿拉伯人之死)颠倒字母顺序而组成的，他们把她装扮成古埃及绝世美人克利奥帕特拉女王。实际上，这个女演员是来自俄亥俄州辛辛那提的一个犹太女孩，她成功塑造了第一个公开虚构的、摄影棚里创造的人物形象，常以东方异国情调的装扮出现，并频繁出现于好莱坞电影银幕之上，是影史上最早的“妖姬”，以“荡妇”形象闻名。

1910年前后，电影爱好者杂志和有关电影的专业性报纸也陆续出现。1911年2月，美国第一电影爱好者杂志《电影故事杂志》正式创刊。1911年，劳伦斯成为第一位接受该刊采访的电影明星。此外，《电影世界》和《电影新闻》也提供了有关明星个人生活和工作的访谈类栏目。1912年推出的《电影剧本》是第一个真正的电影爱好者杂志，并提升了整个名人文化的概念。

1919年，超级明星卓别林和璧克馥担心他们所在的电影公司与强大的派拉蒙合并后，会失去在事业上的自主权。为了维护创作自由，卓别林、璧克馥与导演格里菲斯，还有随后加入的演员道格拉斯·范朋克一道成立了自己的电影公司——联美公司，从这一事件可以看出这一时期的电影明星和电影导演已经有了相当重要的地位。

(六) 好莱坞初期的电影作品与优秀电影工作者

除格里菲斯外，为早期好莱坞电影作出杰出贡献者还有托马斯·哈珀·英斯、麦克·赛纳特、查理·卓别林、洛伊斯·韦伯等人，他们是早期美国电影史中不可忽视的人物。

1. 托马斯·哈珀·英斯的西部片与电影工业化生产体系的建立

托马斯·哈珀·英斯，著名制片人、导演，是早期电影生产工业化革新的领军人物之一，以拍摄西部片和发展“工业化电影拍摄体系”、生产大量电影而闻名。他曾经在比沃格拉夫公司短暂地做过演员与导演，之后加入莱梅尔的独立电影公司，并在1911年搬到西部加利福尼亚州，在洛杉矶附近的伊登代尔为纽约电影公司和芝加哥塞利格电影公司服务，建立电影制片厂，为西海岸电影生产组织机构的确立奠定了基础。

1912年，英斯负责管理纽约电影公司的子公司“野牛公司”(或称“野牛生活电影公司”)。他购买了米勒兄弟的101牧场和牛仔戏所用的道具，雇用牛仔演员，组成了一条电影生产装配线，大规模地进行电影生产。野牛公司既是一个电影制片厂，也是个大农场，专门拍摄西部片，后改名为野牛101公司。在此之后，他还买下了大约2万英亩的沿岸土地和周围的山丘为电影拍摄所用。

英斯为电影工业化生产体系的建立作出了极大贡献。他开发了一个先进的规划和预算系统，采用合理的拍摄方法，即参照具体的“拍摄脚本”或“拍摄手稿”来拍摄影片，将一场戏断开分别拍摄。这一生产体系成了未来好莱坞分部门、专业化组织影片生产拍摄模式的原型。在同一组织下，制片厂主管(或老板)、导演、经理、生产人员及作家等共同合作。将这一模式或体系组织发挥得最好的代表是大卫·塞尔兹尼克和塞缪尔·戈尔德温。

英斯有效利用和划分电影生产的过程,使相同的时间内在一个规范的装配线中可以生产一部以上的影片,能够应对电影院日益增长的需求。他的做法虽然导致了电影拍摄过于公式化、机械化,没有新意,然而,直到今天好莱坞的大型制片厂依然在使用。

英斯重振了西部片电影,拍摄的影像看起来真实可信。他使用真实的道具,从米勒兄弟的101农场和牛仔戏中雇用现实生活中的牛仔和印第安人作为临时演员。1914年,他发掘出了威廉·S.哈特,到1925年,哈特主演了10多部西部片电影。

1915年,英斯联合格里菲斯和麦克·赛纳特(启斯东电影公司奠基人)组成三角影业公司(又名三角电影公司),并在华盛顿大街的斑鸠城建立了一家电影制片厂。第一次世界大战后,英斯中断了与三角电影公司的合作,联合竞争对手朱科尔,与他一起成立了派拉蒙。1919年,他与朱科尔合作结束,同年参加了一个独立的电影联盟"联合制片人"组织,之后于1922年与第一国家电影公司合并。

英斯被保留到今天的电影为数不多,最著名的一部是《意大利人》(1915)。他的主要作品有《他们的第一次误会》(1910)、《新来的厨师》(1911)、《横越平原》(1912)、《逃兵》(1912)、《印第安人大屠杀》(1912)、《星条旗与合众国永存》(1913)、《双枪将希克斯》(1914)、《神的愤怒》(1914)、《铁链》(1915)、《文明》(1916)等。

2. "喜剧之王"麦克·赛纳特和启斯东电影公司

此时,除了西部片和剧情长片之外,一本长的滑稽喜剧也很受欢迎。在当时的喜剧电影中,最具影响力的人物是加拿大的杂耍演员麦克·赛纳特。他原是一位作家、导演和学徒演员,在新泽西州为格里菲斯所在的比沃格拉夫公司工作。赛纳特是"身体喜剧"(也称"闹剧")的标志,并以此成名,其喜剧特点是制造追逐、撞击和庸俗的笑话。格里菲斯唯一的"闹剧"是1909年拍摄的由赛纳特主演的影片《窗帘杆》,这种喜剧形式的出现推动了滑稽演员职业的发展。

3年后的1912年,赛纳特在财政援助的支持下,在东海岸与人合作开创了纽约电影公司,其中包括启斯东电影公司(或称吉斯通电影制片厂)。赛纳特自称为"喜剧之王",他不谙世故的形象和启斯东式的幽默被大众所喜爱。1913年以后,他以装配线式的电影生产方式创作了大量影片,那个时期被誉为"喜剧的黄金时代"。赛纳特的第一部启斯东式影片是1912年拍摄的《科恩收集的债务》,第一部以启斯东警察为主角的短片是《霍夫麦叶的遗产》(1912)。"倒霉"是启斯东警察电影的特色,他们不断地撞车、不断地侥幸脱险以及依靠身体语言表现的滑稽模样,使启斯东电影显得特别搞笑。

1914年,赛纳特拍摄了第一部美国长篇喜剧电影《蒂莉被揭穿的艳事》,之后又拍摄了1000多部制作粗糙、低成本、通常一到两本长度的类似喜剧片。他还在影片中首次推出穿着暴露泳装的美女。大部分早期的喜剧电影多是基于动作表现的小丑式滑稽影片,充满了即兴表演,如疯狂的打闹、肢体打斗等,有固定套路。演员举止夸张,伴随着冲动、鲁莽的追逐和常见的投掷馅饼等恶作剧行为。

早期著名的喜剧演员罗斯科"大胖"阿巴克尔、查理·卓别林、玛丽·德雷斯勒、格洛丽亚·斯旺森、梅布尔·诺曼德、哈利·兰顿、哈罗德·劳埃德和切斯特·康克林等都来自启斯东电影公司。

3. 查理·卓别林和流浪汉形象

英国杂耍演员查理·卓别林是美国电影史上伟大的电影明星，他塑造的银幕形象成为人们最熟悉的角色之一。1912 年，卓别林随卡尔诺亚剧团进入美国演出；1913 年，卓别林作为赛纳特的学徒，在启斯东警察影片中扮演小角色。1914 年，他首次以标志性胡子和松垂袋状裤的“流浪汉”形象在影片《赛车记》中登场，同年又在麦克·赛纳特的短篇喜剧《谋生之路》和长篇喜剧《蒂莉被揭穿的艳事》中出演角色，这 3 部电影确立了他在票房上的号召力。

1914 年底，卓别林为期一年的合同到期，由于赛纳特支付不起这位明星的工资，卓别林被艾萨内电影公司以惊人的每周 1250 美元的高工资挖走。卓别林争取到了更大的自由创作空间，先后拍摄了《流氓》、《工作》、《女人》、《在银行》和《警察》等影片，运用喜剧表现底层劳动人民的生活，具有极强的讽刺意味，为“共产主义倾向”打下基础，赢得广大民众的掌声。

1916 年，卓别林离开艾萨内电影公司到谬区尔电影公司工作，在影片《流浪汉》中进一步丰满了流浪汉“夏尔洛”的形象，增加了其著名的步行姿态，令人备感亲切。通过实践积累，卓别林很快集导演、写作、制片、主演于一身。此后 10 年，他不断地完善着“夏尔洛”的形象，与同时期其他喜剧演员不同的是，他把痛苦酸楚的风格元素引入到打闹喜剧片中，让观众在嬉笑怒骂之后产生深思。期间他创作的短片有《溜冰场》(1916)、《当铺》(1916)、《移民》(1917) 和《安乐街》(1917)。

1917 年，卓别林在好莱坞建立了自己的查理·卓别林电影制片厂。1918 年，卓别林与第一国家电影公司签署了百万美元的电影合约。在 1918 年至 1920 年间，他先后创作了 4 部影片：《狗的生涯》、《夏尔洛从军记》、《田园诗》和《一天的欢乐》，其中《狗的生涯》、《夏尔洛从军记》、《田园诗》堪称完美。《狗的生涯》表现了被警察穷追不舍的流浪汉。《夏尔洛从军记》则以喜剧的形式无情地讽刺了 1914 年发生的第一次世界大战，是他后期创作的影片《大独裁者》(1940) 的先声。《田园诗》洋溢着乐观的浪漫主义情怀，饱受剥削的青年雇农梦见自己在一个盛大的芭蕾舞剧中被一群仙女包围着，但他也只能借做梦来逃避现实的痛苦。

当然，仅凭这些作品还不足以证明卓别林卓越的才华，直到 1921 年卓别林完成了他的代表作《寻子遇仙记》。这是一部取材于卓别林童年流浪生活的作品，影片描述了流浪汉夏尔洛与一个弃儿之间的父子深情。天才童星杰克·库根扮演的弃儿天真可爱，他不但承担所有的家务，还与养父夏尔洛一起挣钱养家糊口。卓别林塑造的玻璃工夏尔洛情感细腻，是位身份卑微却充满爱心的慈父，他帮助弃儿逃避警察的追踪，以免弃儿被送进孤儿院。在影片结尾处，弃儿的母亲找回了弃儿，善良的夏尔洛也和她们团聚在一起。

揭示小人物的酸甜苦辣，使人欢笑中有眼泪，眼泪中有欢笑，这就是卓别林悲情喜剧的特点，它比纯粹的喜剧、悲剧更接近生活，更能打动观众，成就了卓别林“影坛常青树”不可动摇的地位。

此后，卓别林的代表作还有《淘金记》(1925)、《城市之光》(1931)、《摩登时代》(1936)。1940 年，卓别林拍摄了有声片《大独裁者》，无情地讽刺了当时不可一世的希特勒。1952

年，受到美国军团等右翼组织的打压，卓别林被迫离开美国定居欧洲瑞士的沃韦。1967年，在完成了影片《香港女伯爵》之后，卓别林终止了他的电影生涯。1972年，美国影艺学院向他颁发了荣誉奥斯卡奖"艺术成就奖"，表扬卓别林对影坛的特殊贡献。1975年，英国女王伊丽莎白二世授予他爵士封号。1977年12月24日早上，85岁的卓别林在瑞士的家中安然辞世。

4. 好莱坞早期成功的女导演洛伊斯·韦伯

尽管直至1920年美国的《第19宪法修正案》才使妇女们有了投票权，但她们在20世纪初就已经参加到早期好莱坞的工作中，广泛涉及写作、导演、表演、制片和剪辑等领域。

20世纪前10年到20年代初，好莱坞最早和最成功的女导演是洛伊斯·韦伯，她由演员逐渐成为环球电影公司薪资最高的导演，并于1917年成立了自己的电影公司——洛伊斯·韦伯制作公司。1914年，她作为美国第一位女性导演创作的故事片《威尼斯商人》使其名声大振，在这部影片中她还和丈夫菲利浦·史摩利一起，分别扮演了波西亚与夏洛克两个角色。韦伯最具争议性的电影是寓言《伪君子》(1914)，在影片中她展现了一个赤裸裸的女子，并称之为"真理小姐"。她最成功和最有名的电影是1921年为派拉蒙电影公司拍摄的反映社会问题的《污点》，讲述了一个贫穷但骄傲的家庭拒绝接受慈善机构援助的故事。

韦伯是一位社会改革派和女性问题的关注者，这些都反映在她率直的社会电影及与道德有关的影片中。她在电影中提出的挑衅性问题有堕胎、节制生育、死刑、滥交、种族主义、童工等。1916年，在电影《我的孩子在哪里》中，她明确反对堕胎，主张控制生育。韦伯在作品中坦率直白地宣扬着自己的观点，以至于她的作品经常面对听证会的检查和引起强烈的社会争议，不过这也使得她声名远扬，直到20年代后期观众对其失去兴趣为止。

第一次世界大战不同程度地破坏和损害了欧洲各国的电影业，却促成了美国电影业的兴起。20世纪前10年，美国电影占领了国际市场。好莱坞电影制片厂制度初步形成，好莱坞电影拍摄的基本原则自成型以来几乎没有什么大的变化，其极为专业化的分工至今还在沿用，对世界电影的发展产生了深远的影响。这一时期的"好莱坞"和"电影"几乎成为同义词。

思考与练习

1. 试述埃德温·鲍特与格里菲斯对电影艺术的贡献。
2. 简要概述电影专利公司(MPP)与反托拉斯行动。
3. 分析早期美国好莱坞制片厂制度与明星制度对美国电影工业发展的影响。

第四节　英国布莱顿学派：镜头的运动与思维的组接

【本节提要】1900年前后，与法国隔海相望的英国城市布莱顿，出现了世界电影史上最早的一个电影流派——布莱顿学派，他们中有阿尔伯特·史密斯、詹姆士·威廉逊、埃斯美·柯林斯、希赛尔·海普华斯等人。在“我把世界摆在你的眼前”的口号下，他们敢于打破并抛弃戏剧的成规，追求因改变视点而带来的新奇体验，对电影的表现手法进行了大胆而富有成效的探索。例如，分镜头的拍摄原则、内外景相结合的构思、形象交替的追逐意识、远景与特写的组接方式等，在电影语法的深层为蒙太奇的真正诞生奠定了基础，这是布莱顿学派开创性的重要贡献。另外，这一电影流派主张表现真实生活，尤其是表现普通人的命运和日常生活，并对社会问题进行关注，对欧美各国的无声电影也产生了广泛影响。

【主要内容】

1. 布莱顿学派诞生的历史背景
2. 布莱顿学派电影的形式技巧、叙事手法及艺术主张
3. 布莱顿学派的代表人物及其主要作品
4. 布莱顿学派的影响

纵观电影艺术发展的100多年历史，期间涌现出的电影流派可谓层出不穷。每一个流派的存在都有其合理性，也都带来了相关技术与艺术的融合。“所谓流派，是指在一定的历史阶段内，由一些思想倾向、艺术主张、创作方法、艺术风格等方面相接近或相似的艺术家，自觉或不自觉地形成的艺术家群体”①。在电影艺术的初创期，受电影技术的影响和电影工业的制约，此时的流派主要集中在欧美一些电影事业相对繁荣的国家。布莱顿学派是世界电影史上有据可考的第一个流派。在世界电影似乎要走下坡路、电影语言千篇一律的情形下，法国的近邻英国则呈现出“风景这边独好”的态势，这主要应归功于布莱顿学派。

一、布莱顿学派诞生的历史背景

一般认为，世界电影流派的开山鼻祖当属英国的布莱顿学派。那么，它为什么会出现在英国？对于这个岛国来说，电影艺术此时的百家争鸣又意味着什么呢？

19世纪末20世纪初，世界范围内遭遇了电影危机。此时的法国，电影已经从最初诞生时的令世人惊奇转而走向中落：卢米埃尔过于强调电影的照相本性，认为电影只能被动地记录真实的生活，在很大程度上排斥了电影艺术的创造性；梅里爱则紧紧抓住舞台的假定性不放，拍摄视角单一，又成了戏剧原则的俘虏，两人都走向了各自的极端。布莱顿学派则兼得两者之长，让世界电影在绝望中看到了曙光。

可以说，这个时期在这个地点形成了这样一个流派并非偶然。首先，英国早已率先跨入工业时代的大门，有充分的经济技术条件支撑其电影艺术的发展。其次，英国与法国是近邻，而法国是电影的发源地，独特的地缘优势便于英国最快地了解世界电影发展的前沿情况。早期电影极大的吸引力提高了英国摄影家普遍的认识水准。另外，这个学派很多

① 王宏建：《艺术概论》，北京：文化艺术出版社2000年版，第361页。

人都曾从事过摄影职业，如布莱顿学派的代表人物詹姆士·威廉逊曾在卢米埃尔的公司担任过摄影师，法国纪实性作品的耳濡目染，有利于他们日后的继承与创新。

既然称之为流派，必定是因为这些先驱导演的艺术风格和创作方法具有一致性，然而该流派的命名却不是因为他们都有某种艺术主张，而是由于拍摄这些影片的创作群体起源于英国南部海滨城布莱顿。1900 年左右，布莱顿学派就诞生在这里。这一学派具有影响的主要代表人物有阿尔伯特·史密斯、詹姆士·威廉逊、埃斯美·柯林斯、希赛尔·海普华斯等人。他们汲取诸家之长，融会贯通，逐渐形成了独具魅力的电影艺术语言，为电影艺术的发展作出了自己的贡献。

二、传承与变异——对电影语言的初步探索

解决问题才能进步，因循守旧只能停滞不前。布莱顿学派初步解决了卢米埃尔和梅里爱所未曾想到的三个问题：①同一场景里的镜头可以分割；②一个场景内的镜头可以运用不同景别；③场景间可以互相转换。他们中的代表人物拍摄了很多重要作品，如阿尔伯特·史密斯的《祖母的放大镜》(1900)、《望远镜中所见的景象》(1900)、《玛丽·珍妮的灾祸》(1903)，詹姆士·威廉逊的《中国教会被袭记》(1900)，埃斯美·柯林斯的《汽车中的婚礼》(1903) 和希赛尔·海普华斯的《义犬救主记》(1905) 等。

(一) 形式技巧的借鉴

布莱顿学派对电影的形式技巧进行了卓有成效的追求。

阿尔伯特·史密斯最早是海滨照相师出身，后来才成为拍摄新闻片的摄影师。正是由于这个原因，他对拍摄静物、人像照片及摄影技术有着自己的实践经验，可以说是他首创了叠印这一特技摄影。叠印又叫叠画，是指把两个或两个以上不同内容的画面，叠合印成一个画面的制作技巧。早先的叠印技术主要用于照相领域，依靠多重曝光配合冲洗来完成，可以达到一种特殊的艺术效果，这已不足为奇。1898 年，梅里爱将叠印术用于自己的影片中，而史密斯在还没有看到梅里爱的影片时就已经将照相的叠印技法借鉴到电影中来，运用此法进行创作。“在根据大仲马的一部闹剧拍摄的影片《科西嘉弟兄》(1898 年摄制) 里，为了将剧中人物分成两人，应用了这一方法。斯密士(摘注：即“史密斯”)对这种旧照相方法的新的应用很感得意，他把这一方法注册，变成自己的专利”①。在这个时期，英国的专利制度已经成熟，这样做有利于保护他的技术不被剽窃。之后，他大量摄制了像《幽灵的照片》(1898)、《催眠术者》(1898) 等魔术影片，获得了很大的成功。影片中镜头虽然“跳来跳去”看似很乱，可观众不但看得懂，而且觉得十分惬意，因为这样虽然将原来的故事分解为不同的段落和场面，但当导演运用叠印技巧再将这些画面组接起来后，会产生对比、呼应、联想等其他艺术形式难以表现的效果。在默片时期，叠印技术主要成为展现幽灵、鬼魂、魔术等惊奇效果的手段，可是由于技术原因，这种非常昂贵的特技发展得十分缓慢。

---

① 【法】乔治·萨杜尔：《世界电影史》，徐昭、胡承伟译，北京：中国电影出版社 1995 年版，第 40 页。

另外，史密斯也对彩色电影做了大量实验，1906年制作出第一部自然色彩的影片，在画面形式上比先前的黑白电影前进了一大步。第一部用于商业目的的自然色彩的影片《A Visit to the Seaside》(1908) 也来自于他对双色电影系统的研究。

（二）叙事手法的创新

1900年左右，电影已经在世界各地初步发展，尽管每年拍摄了大量电影作品，但整体而言，这些电影大多为短片，摄影机不动，单镜头全景一拍到底，即使有一些情节上的创新，也始终没有摆脱对于戏剧的依附，显得非常幼稚，并未形成自身的艺术语言。“在最初人们笑话电影不是艺术的年代里，其实就是笑话它只是一种记录手段——用影像记录生活（如卢米埃尔兄弟拍摄的影片《火车到站》等），或者用影像记录演员表演的一段故事（如梅里爱在棚内搭景拍摄的《月球旅行记》等)。……至于影像本身呢？似乎没有什么创造性，照拍就是了”①。从卢米埃尔的纪实主义到梅里爱的技术主义，许多电影人盲目并机械复制着他们的作品，而布莱顿学派的年轻导演们并没有被常规所束缚，他们宣称要拍摄“真正生活的片断”②，提出“我把世界摆在你的眼前”③的口号，分别在自己的影片中对电影语言的丰富和叙事手法的创新进行了大胆的尝试，拍摄出区别于以往电影作品的一系列影片。

1. 角度的变化——戏剧性蒙太奇的出现

前面提到，威廉逊曾经在卢米埃尔的公司做过摄影师。他和史密斯一样，最初也是海滨照相师，后来有志于电影事业，改行拍摄新闻片。早先的经验告诉他，只有重视外景和实景的利用才能更生动真实地表现生活。

由于早期胶片长度的限制，卢米埃尔的“停机拍摄”是不得已而为之，常常没有什么连贯性，给人一种跳动和混乱的茫然感觉。梅里爱意外发现了“停机拍摄”所产生的神奇效果，他把这一发现变成了一种有意识用来制造种种“魔法”的摄影技巧。在描写赛船情形的影片《莱亭赛船》(1899) 中，威廉逊也采用这一方法，分别拍摄了聚集在一起的人群、出发的船只、竞赛中的划船队、在移动的船只上的观众、获胜的船只到达终点等一共七八个景象。他根据事件的发展顺序和逻辑关系，把这些由“停机拍摄”产生的单个镜头剪辑在一起，生动地表现了比赛的情景。更重要的是，他这种多角度的拍摄方式，打破了梅里爱被定点摄影束缚的舞台限制，从这一细微的变化中我们可以粗略地看到戏剧性蒙太奇的诞生。他本人当时或许并未意识到这一新方法的使用对后来的电影语言会产生多么大的意义，而这仅仅只是开始。

2. 追逐和救援——第一次用电影手法叙事

此后，威廉逊又用这种方法拍摄了一部歪曲义和团的影片《中国教会被袭记》(1900)，以形象交替的方式展开了十分典型的追逐与救援的场面。这部电影可放映5分钟，分4

---

① 宋家玲：《影视叙事学》，北京：中国传媒大学出版社2007年版，第4页。

② 【法】乔治·萨杜尔：《世界电影史》，徐昭、胡承伟译，北京：中国电影出版社1995年版，第45页。

③ 【法】乔治·萨杜尔：《世界电影史》，徐昭、胡承伟译，北京：中国电影出版社1995年版，第47页。

个场景(镜头)描述这个营救事件:①义和拳师在教会门口出现,撞开大门;②教会花园内发生打斗,牧师被杀死;③危险中,牧师的妻子站在高楼阳台上挥舞手帕,发出求救信号;④英国皇家军队在一个骑马军官的率领下向教会奔来,正当义和团纵火焚烧房屋,从屋里把牧师的女儿拖出来时,那位军官冲进花园营救了牧师的女儿,把她放在马背上,然后面向观众驰来,几个水兵爬上高楼从大火中救出牧师的妻子。"这部影片在电影初创时期标志着一个重要阶段,因为这部影片是用典型的电影手法去叙述故事的第一个范例,它比同时期的任何美国影片或法国影片要高明得多。剧情很灵便地从一个地方转到另一个地方……"①

德国文艺批评家瓦尔特·本雅明说:"画家提供的形象是一个完整的形象,而电影摄影师提供的形象则是一个分解成许多部分的形象,它的诸多部分按照一个新的原则被重新组接在一起。"②这部影片正是如此,它和梅里爱的固定视点反其道而行之,在一定程度上突破了舞台对于摄影机的限制,以蒙太奇的手法交替表现同时发生在两处的剧情,从而为大型的惊险片,特别是为美国的"西部片"和格里菲斯的一些杰出作品(如 1915 年的《一个国家的诞生》、1916 年的《党同伐异》)开了先河。这种典型的叙事方式,在 1900 年,似乎除英国外还没有哪一个国家使用。从 1903 年到 1909 年英国的追逐片统治了整个电影界。

3. 景别的交错——分镜头原则的建立

威廉逊在他的影片中虽然有意识地打破了固定视点的拍摄方法,但在景别的运用上显得比较单一,多是全景和中景,史密斯在一定程度上弥补了这一缺憾。在以往长期的摄影工作中,史密斯经常拍摄一些半身人像,在他早期的影片中也使用与照相类似的特写镜头是再自然不过的了。能使观众看到各种面部表情的特写镜头,在当时的电影中已不新奇,而且显得很合理。但经过深思熟虑后,史密斯发现特写镜头固然有很多优点,但不能表现一切,即使在一些最简单的题材的把握上仍有很大的局限性。在后来的电影中,他有意识地抛弃了这种合理的做法,"但是,在这以前还没有人敢于在一部故事片里毫无理由地改变视点……这种技术就是现代意义的蒙太奇,也就是特写镜头与全景的交替出现,而中间没有任何说明来为这种视点的骤然改变寻找理由"③。

在他拍摄的《祖母的放大镜》(1900)中,首先用中景来表现祖母和她的孙儿,孩子掏出了一块钟表并拿起桌面上的放大镜进行观看;接着画面上出现了一个圆圈,里面很清晰地展现出钟表里面机械运动的状态,这是一个特写镜头;之后,又用一连串交错的剪辑表现孩子不断拿起并透过放大镜看到的笼子里的金丝雀、祖母的眼睛、猫的头部这些形象。

在这部影片中,中景与特写镜头交错出现在同一个场面内,放大镜的圆圈效果也符合观众好奇与窥视的心理。先用中景表现人物和环境之间的关系,让观众能更清楚地看清

---

① 刘宏球:《电影学》,杭州:浙江大学出版社 2006 年版,第 187 页。

② 【德】瓦尔特·本雅明:《摄影小史十机械复制时代的艺术作品》,王才勇译,南京:江苏人民出版社 2006 年版,第 135 页。

③ 【法】乔治·萨杜尔:《电影通史(第二卷电影的先驱者 1897~1909)》,唐祖培等译,北京:中国电影出版社 1982 年版,第 136 页。

人物的动作，为下一个镜头的衔接做准备，这其实是一个客观镜头，是以客观视点为机位拍摄的具有记录叙事性质的镜头；然后顺其自然地用特写镜头表现放大镜中的物体，这是一个典型的主观镜头，是以孙儿的视点为拍摄对象的镜头。这种采用多种镜头叙述的观念，既清楚地表达了影片的内容，又完成了镜头间的转换，使得表现手法细腻真切。

“事实证明随后构成的分镜头拍摄原则，极大地挖掘了电影叙述和表现生活的能力，比起早期卢米埃尔的单镜头叙述观念更为进步”①。这对于将电影从戏剧中区分出来也有着很大的作用。戏剧是舞台表演，幕与幕之间虽然可以变换场景，但讲究一气呵成的剧场性；而电影艺术讲究“分镜头”、“蒙太奇”，它可以根据创作构思和剧情的发展把不同景别的镜头组接起来，即使将不在同一个地点拍摄的画面组接起来后依然可以讲述一个完整的故事。

史密斯的另一部影片《望远镜中所见的景象》(1900) 描写一个上了年纪的轻薄汉通过望远镜窥视远处一对年轻夫妇的小故事：轻薄汉拿望远镜窥探远方（全景）——→一只正在系鞋带的女人的脚（特写）——→年轻男人将轻薄汉推倒在地（全景）。这里也运用了和《祖母的放大镜》相同的手法，借用望远镜从全景转到特写，这也是最初采用宏观场景与微观细节描写相结合的手法的典型。在这个基础上也启发了后来“两极镜头”的构想，即利用远景镜头和特写镜头的组接，产生令人震撼的效果。

后来，史密斯更进一步，不再借用放大镜等视觉器具来构成蒙太奇。在影片《小医生》(1903) 中，开头是几个扮演医生的小孩把一只小猫当做病人给它喂药的全景镜头，接着我们立即看到小猫头部的特写镜头，小猫正在一勺一勺地喝牛奶，神态可爱有趣，连嘴边滴落的牛奶都看得非常清楚。

4. 视点的改变——自由运用一切手法

卢米埃尔过于强调照相的本性，认为电影只能被动地摄录真实的生活；恪守戏剧原则的梅里爱为了使影片地点统一，紧紧抓住舞台不放，其摄影机也始终固定在“乐队指挥”的视点上，画面的边框相当于舞台的边框。而布莱顿学派在长期实验中发现摄影机并不一定都要固定在一个位置上，既可以把它推到对象面前拍摄细节，也可以远离对象展现空间环境。在史密斯的上述影片中，摄影机的视点可以像人的眼睛一样自由活动，这在他的《玛丽·珍妮的灾祸》(1903) 中集中表现了出来，显示了他自由娴熟地运用一切摄影技法的特点。

这部影片开头表现女厨工玛丽·珍妮一大清早起来忙于家务，用中景表现她困倦的神情，用全景交代厨房内的环境，又用近景描绘她将皮鞋油不小心擦到脸上的可笑情景。随后，她将煤油倒在火炉中引火，火炉突然发生爆炸，将她抛进烟囱，我们看到她的尸体从屋顶上的烟囱里飞了出来，手脚一块一块散落在屋顶。接着在一个特写镜头中看到了玛丽·珍妮的墓碑，一个老妇人在墓碑前告诫别的女厨工，要她们引以为戒。而后这群人被玛丽·珍妮阴魂的出现吓跑了，这里用的也是一个叠印的手法，显得非常逼真。玛丽·珍妮从坟中出来寻找她的煤油炉，找到后又重新走入墓中安息。

通过这部朴素而充满英国人那种面对死亡的幽默感的喜剧片，我们可以注意到摄影

① 陈南：《外国电影史教程》，上海：同济大学出版社 2004 年版，第 24 页。

机紧紧地跟随着女主人公移动，根据剧情发展的需要而随时改变视点，而且是不同景别间镜头的组接，没有任何过渡用的视觉器具或说明，导演的随意接近或远离迅速得和玛丽·珍妮从生到死的爆炸一样。他超越了卢米埃尔和梅里爱，从此，摄影机可以像人的眼睛一样自由移动，导演可以使观众从各式各样的角度看电影，“乐队指挥”可以坐在飞毯上到处飞翔了。

埃斯美·柯林斯曾经是游艺场的喜剧演员，后被英国高蒙公司雇用。成为导演后的他发展了喜剧式的追逐片，抛弃了戏剧的一切成规，自由地运用各种电影语言来叙事。他的《汽车中的婚礼》(1903) 是这一样式的最初范例。影片描写一对开车的青年男女被另一个开车的老头儿追赶的可笑情节，有这样几组镜头：① 两辆飞驰的汽车逐渐远离(摇拍)；② 交替出现一辆汽车追赶另一辆的紧张情景(移动摄影，反拍)；③ 一只手把结婚戒指套在另一只手的指头上(大特写) 代替教堂结婚仪式。柯林斯在这部影片中运用的电影语言虽然没有格里菲斯那么复杂，但的确让我们看到了他自由运用电影的一切手法来叙事的技巧和一种超前的现代省略意识。特别是“反拍”镜头，后来被好莱坞充分加以利用，发展为经典情节剧的主要叙事语言。

以上这些让摄影机动起来的观念所包含的艺术价值在于表明了电影不仅是一门艺术，而且是一门运动的艺术。布莱顿学派的电影区别于以往电影之处就在于他们大胆地进行镜头间的跳跃，并用电影的语言将这些镜头串联起来，而后融合为一部电影。这实际上也就意味着最初意义上的真正蒙太奇的诞生。

三、纪实与批判——对现实生活的美学追求

法国电影史学家乔治·萨杜尔说：“英国影片的内容，和它的形式一样，也令人感到新奇。如果说外景电影培养了英国电影的技术，那么，英国的观众则是从主题方面对它提出了某种社会现实主义的要求。”①布莱顿学派的影片在内容上也吸取了卢米埃尔纪实主义的美学思想，但他们并未止步于此，而是同样吸收了梅里爱艺术加工的情节魅力，可以说在一定程度上兼得两者之长。

(一) 注重反映现实生活，尤其是普通人的命运和生活，反对拍摄矫揉造作和豪华的影片

19 世纪下半叶，英国的经济已十分繁荣，但从中得到好处的主要是统治阶级，广大群众劳动强度大，生活非常贫困。像柯林斯的影片《衣衫褴褛》(1905)、《贫民窟的孩子们》(1905) 和《矿工一天的生活》(1910) 等，都转换视角，将镜头对准并深入到普通人群中。这些大多是短短几分钟的影片现在看起来十分粗糙质朴，但透过镜头，我们看到的是社会最底层人的生活状态。影片中所表现出的现实主义萌芽，非常可贵。

(二) 在反映社会问题的同时带有批判的眼光

有战争就有伤亡，1899～1902 年的英布战争(南非战争) 中，英国投入的总兵力达

① 【法】乔治·萨杜尔：《世界电影史》，徐昭、胡承伟译，北京：中国电影出版社 1995 年版，第 44 页。

44.8万余人,战争还导致许多人无家可归。威廉逊的影片《士兵的归来》(1902)和《一个战前和战后的后备兵》(1903)就取材于这个重大的主题。片中除了有很多动人的细节外,还尖锐地提出了那些被派去镇压南非人民反抗英国殖民斗争的士兵回国后面临的严峻社会问题,一定程度上抨击了当时社会的剥削、压迫本质。这些影片正是当时社会矛盾的一个缩影。

艺术源于生活而又高于生活,在电影艺术的初创阶段,布莱顿学派的先驱们把现实生活和社会问题搬到银幕上,塑造出了一些典型人物,在普通百姓中产生了强烈的共鸣,达到了引人入胜的艺术效果。

布莱顿学派对电影语言形式的探索以及他们反映社会问题的倾向,都对日后英国电影的发展和英国电影传统的形成有着深远的影响。

思考与练习

1. 布莱顿学派采用多视点、多空间的方法处理现实,主要解决了哪些叙事问题?这些问题对未来的电影产生了哪些影响?

2. 尝试总结并区分布莱顿学派与卢米埃尔、梅里爱电影观之异同。

3. 简要说明分镜头手法在现代电影中的应用。

第五节　中国:迈出姗姗来迟的第一步

【本节提要】中国电影较世界电影的诞生晚了整整10年的时间,尽管如此,电影在中国拍摄之初却和世界电影具有相同的追求——获得商业盈利。在这一时期,中国完成了从放映他国影片到独立拍片,从简单地"记录"京剧艺术到自编剧本,从短片拍摄走向长故事片拍摄的历程,并诞生了第一家电影公司。

【主要内容】

1. 电影诞生之初与商业的不解之缘

2.《定军山》诞生的意义

3. 早期故事电影的创作状况

一、中国电影的准备时期(1896~1904)

世界电影诞生之初的10年,中国本土虽然也开始了电影的放映活动,但中国民族电影的诞生时机还不成熟。虽然从某种意义上说,中国也是世界电影的源头之一,"灯影戏"、"皮影戏"在13世纪便已传入南亚,但中国的影戏只是一种技艺,它主要通过光与影的作用来表现,对西方电影的影响更多的是在心理和视觉上,想象的空间比较大。而电影发明的关键在于光影技术，从发现"视觉暂留"原理到照相技术的发明，再到连续摄影的成功，电影对科技的依赖十分突出。清朝闭关锁国的政策和对科技的极度不重视，使得电影不可能诞生在封建时期的中国。

（一）电影与商业的不解之缘

电影的商业特性是它从诞生之日起就有的。在卢米埃尔兄弟之前，就有很多有关拍摄与放映的资料，如曾有资料记载法国人勒潘斯在 1888 年用单镜头摄像机拍摄了 3 部世界上最早的电影，而不久又拍成的《穿越利兹桥的车辆》在 1890 年曾公开放映过很多场。人们之所以把卢米埃尔兄弟拍摄的《工厂大门》作为世界第一部电影，原因就在于它是第一部公开售票的电影。其实《工厂大门》拍摄于 1894 年，但人们却把它公开售票放映的那天 1895 年 12 月 28 日作为世界电影的诞生日，可见，电影从诞生之日起就与商业结下了不解之缘。

（二）电影在中国的放映

早在中国电影诞生之前的 10 年间，电影放映活动就不断增多。上海作为中国最早开放的商埠，电影的放映也是从那里开始的。1896 年 8 月 11 日，在上海的徐园"又一村"（徐园在上海苏州河北的唐家弄，是浙江富商徐棣山宅院的后花园。徐氏父子徐棣山、徐贯云、徐凌云都是昆曲爱好者，"又一村"是其唱昆曲的地方）中放映了电影。当时的上海还没有专门的电影院，电影初入时只是在茶楼、戏院这样的场所放映，而且都是间杂在"戏法"、"烟火"之类的杂耍节目之中。1908 年，西班牙商人雷玛斯见中国放映电影有利可图，便在上海虹口建立了一座可容纳 250 人的虹口大戏院，这是中国第一个电影院，雷玛斯也从电影放映中获得了过百万的利润，所以享有"电影大王"之称。

1902 年，北京打磨场的福寿堂茶馆第一次放映了电影，并很快传入宫里。1904 年慈禧 70 大寿，英国驻北京公使想以放映影片来为其祝寿，谁知只放映了 3 本，胶片机便起火爆炸，慈禧下令宫中从此不得放映影片。虽然如此，电影作为当时的新奇玩意儿，在民间的很多戏院、市场仍有放映，而这也为后来中国第一部电影的诞生创造了条件。

二、中国电影的萌芽时期（1905～1921）

电影对声、光、电等科学技术的特殊要求，使得它与其他七种艺术（绘画、雕塑、建筑、音乐、文学、舞蹈、戏剧）不同，它是"八大艺术"中唯一有诞生日的。中国电影的诞生较之世界电影整整晚了 10 年，1905 年由北京丰泰照相馆拍摄的《定军山》是中国电影的开山之作。20 世纪初的中国，社会动荡不安，极度缺乏文化营养的中国人开始寻求新的休闲方式来调剂生活。从 1896 年世界电影创始人卢米埃尔兄弟的助手第一次到香港拍摄街景开始，美国、日本、法国、意大利的摄影师于 1898 到 1910 年先后 11 次来到中国。外来电影人的刺激，商业利益的驱使，使中国电影进入了萌芽时期。

（一）中国第一部电影

中国的第一部电影《定军山》是由北京丰泰照相馆的老板任景丰投资拍摄的。他早年在日本学习照相术，照相馆的生意十分兴隆。随着电影在北京的放映日益增多，他便投资在前门外兴建了大栅栏大戏院，由于外国片片源有限，就产生了自己拍片的念头。他从东交民巷德国人所办的洋行里购买了一台木壳手摇摄影机，邀请谭派艺术创始人谭鑫培做主角，由照相馆技师刘仲伦掌镜拍摄了京剧传统剧目《定军山》中几个武打和舞蹈动作较强的片段，包括“请缨”、“舞刀”、“交锋”等。由于任景丰和刘仲伦都是照相出身，他们在拍摄电影时也几乎套用了照相的原理，固定机位，日光拍摄，人物也仅仅是站在同一个位置上做一些简单的京剧动作。《定军山》在丰泰照相馆院中的露天广场拍摄了3天，片子总共有3本。这部以中国的国粹京剧为表现内容的中国电影开山之作也透露出我国电影试图传达独特民族文化的意愿。

比起丰泰照相馆，商务印书馆对电影作为文化事业发展的眼光更具长远性。印书馆从1917年开始兼营电影业，短短几年时间，便建成了电影拍摄所需的主体工程，如成立活动影戏部(即制片部门)，拍摄有放映价值的影片，租售电影器材和影片，建立电影市场等。

商务印书馆是从拍摄新闻短片开始的，从1918年便开展了广泛的摄制活动，拍摄的影片大概可分为风景片、时事片、教育片、新剧和古剧五类，其中1920年为梅兰芳拍摄的《春香闹学》和《天女散花》虽然是和《定军山》一样的戏剧短片，但拍摄技巧已有了突破性的进展，如运用特写镜头、叠印画面，跳出舞台框架实现实景拍摄等，使影片的拍摄达到了当时的较高水平。

(二) 中国第一家电影公司

中国最早的电影公司如同中国最早的专业电影院一样，是由西方人建立的。那时的中国有4亿人口，已经被认为是世界最大的电影市场。很多西方的冒险家纷纷来到中国，想靠拍摄电影赢利。经过一段个人的零散拍摄活动，中国第一家正式的电影公司“亚细亚影戏公司”于1909年在上海成立，创始人是美籍俄裔商人本杰明·布拉斯基。尽管该公司的事业并不成功，但它提供的资金和设备却方便了张石川和郑正秋这两位早期中国电影的代表人物走上影坛。

如果为中国早期电影划定界限的话，那么1909年无疑是关键性的一年。这一年，中国电影界有两件大事发生，一是北京的丰泰照相馆失火，二是本杰明·布拉斯基在上海创办了中国第一家正规性的电影公司——亚细亚影戏公司。值得一说的是，这两件看似毫无关联的事，却暗中验证着中国电影在地域上的首次重心转移：由威严排场的帝都北京转向开放且市井化的上海。在亚细亚起步创建的两年间，电影放映已在上海普遍发展，观影人群日益扩大，甚至引起了当时清政府的注意。1911年夏天，上海的“自治公所”公布了“取缔影戏场条例”，规定了电影放映与观看的相关规则，也就成了中国电影审查制度的最早雏形。

像很多外来淘金者一样，布拉斯基只是一个希望能利用新鲜事物在中国冒险的西方人，却在不经意间成为改变中国电影进程的某个关键人物。事实上，亚细亚在经营方面算不上特别成功，布拉斯基也没能像那些开办影院的外国老板们一样聚沙成塔，积累下一笔可观的财富。而从另一个角度来看，布拉斯基与亚细亚的拍摄活动也确实成为中国早期电影的启蒙之师，比如在北京拍摄纪录片《中国》，布拉斯基就成了第一个被允许拍摄紫禁城的白人；亚细亚在香港投资的短片《偷烧鸭》一直被视为香港电影的开山之作；而布拉斯基后来回国时带走《庄子试妻》等片，更完成了中国电影的首次出口……

1911年清王朝覆灭，中国的纪年进入民国元年，各地的形势并不明朗，布拉斯基感受到社会动荡对电影的冲击，便将整个亚细亚公司转让给了另两个洋商人依什尔和萨弗。一年之后，中国政局基本趋于稳定，依什尔让歇业一年的亚细亚恢复运转，并将拍摄制作的工作交给两个中国人张石川与郑正秋组建的新民公司处理，亚细亚自身只负责影片的投资、发行及提供相关的电影设备。

新民公司创下了同演员签订合约的先例，对演员在具体拍摄期间的要求有非常明晰的规定，这也为日后中国民族电影机制留下不少值得借鉴的地方。在这样的机制下，亚细亚与新民接连拍摄了10余部影片，直到1914年第一次世界大战爆发。

（三）中国第一部短故事片

中国的第一部故事片《难夫难妻》（又名《洞房花烛》）是由始建于1909年的亚细亚影戏公司在1913年拍摄的，也是张石川和郑正秋第一次合作拍摄的影片。张石川于1913年被亚细亚影戏公司聘请为顾问，他本人并不懂电影，却对电影有极大的热情。

《难夫难妻》是郑正秋编写的第一个剧本，由他和张石川共同导演（张石川指挥摄影机机位的变化，郑正秋指挥演员的表情动作）。该片在上海香港路亚细亚影戏公司的露天广场上拍摄，全片共4本，1913年9月在上海新新舞台第一次上映。影片以郑正秋家乡潮州的封建买卖婚姻习俗为题材，表现了从媒人撮合开始，经过种种繁文缛节，直到把一对互不相识的男女送进洞房为止的故事。该片对封建婚姻制度的不合理进行了讽刺，体现了郑正秋改良社会和教化群众的思想。《难夫难妻》是中国第一部具有故事情节的短片。

（四）中国第一位女演员

1909年，曾在香港经商的广东新会人黎北海在亚细亚影戏公司出品、梁少坡导演的《偷烧鸭》中扮演角色，该剧是香港电影史上最早的短故事片之一。1913年，黎北海的弟弟黎民伟也因爱好摄影，与黎北海和本杰明·布拉斯基在香港合办了华美影片公司。公司由布拉斯基出资和提供设备，利用黎民伟主持的香港“人我镜剧社”提供演员和布景，由黎民伟自编自导了仅有两本的短故事片《庄子试妻》①。该片是根据戏曲《蝴蝶梦》中的“扇坟”一折改编的，黎民伟在片中扮演庄周，他的妻子严姗姗也因在片中扮演扇坟的侍女成了中国电影中的第一位女演员。影片讽刺了庄子之妻在丈夫尸骨未寒之时为了讨好新情人而不惜骚扰丈夫坟墓的恶行，含有道德教化的意义。

（五）中国第一批长故事片

从短故事片到长故事片的出现，经历了7年多的时间。1920年到1921年，上海开始了第一批长故事片的拍摄。

1. 凶杀片《阎瑞生》

这是中国的第一部长故事片，1920年由“中国影戏研究社”拍摄。影片由杨小仲改编，任彭年导演，是根据1920年发生在上海的洋行买办阎瑞生谋财害命勒毙妓女王莲英的轰动事件而创作的文明新戏，共拍摄了10本。虽然该片渲染犯罪，演员表演拙劣，但由于与社会事件紧密联系，事件本身的影响力和凶杀内容让当时的市民津津乐道，受到观众的喜爱，在夏令配克影戏院上映一周，票房达4000余元。

---

① 李道新：《中国电影文化史》，北京：北京大学出版社2005年版，第63页。

2. 爱情片《海誓》

《海誓》是由“上海影戏公司”在1921年春季开始拍摄，1922年完成，全剧共6本。影片表现了一个曾与穷画师山盟海誓的女子因被财物迷惑改与表兄结婚，却在婚礼上良心发现，再次投奔画师，遭拒绝后投海自杀。该剧的导演但杜宇是学美术出身，在拍摄此剧时因光线不足而在电影中首次运用了反光板。

3. 侦探片《红粉骷髅》

片长12本，由“新亚影片公司”在1921年投资拍摄，管海峰编导。影片以一本外国侦探小说为蓝本，按照美国侦探武打片的要求改写而成，表现了黄菊英和其兄为了营救被骷髅保险党囚禁的情人鲍医生，乔装进入虎穴，历经艰险，成功救出情人的故事。

虽然这三部影片的思想性不高，但它们使中国电影的类型逐渐多元化，长故事片的探索对中国电影的成长有着不可忽略的意义，所以它们的出现标志着中国电影初创时期的可贵成果。

这两个时期的影片正处于中国电影从无到有的阶段，虽然和世界电影还有较大的差距，却同样经历了从单纯的纪录片到有情节的故事片，从短片到长片，从无导演到有导演，从无剧本到开始编剧和有粗略的剧本的过程。在拍摄技术上也不再是固定机位一拍到底，而发展为停机再拍、移动摄影机拍摄等多种手法。中国的早期电影除受到世界电影的影响之外，中国观众的接受传统和早期电影人的习俗观念也同样影响着中国电影的风格特点。

思考与练习

1. 简述影片《定军山》在中国电影发展史中的地位和作用。
2. 中国第一批长故事片有何特点？
3. 简述亚细亚影戏公司的状况。

第二章　电影艺术的成熟期

(20 世纪一战结束～20 世纪 40 年代)

格里菲斯通过自己的作品确立了电影作为一种叙事艺术的基础，标志着电影艺术走过初创期，进入成熟期。第一次世界大战结束之后，欧洲艺术家们用超现实主义、达达主义等极端的艺术形式表现战争导致的人类精神危机，其中就包括电影领域的“先锋派”运动。该运动以其反常规的影像和直指内心深处的丰富内涵，把无声电影艺术推向一个崭新的高度。与此同时，崇尚技术的美国也在努力尝试为电影加入新的元素，有声电影蓄势待发。

1927 年，《爵士歌王》为华纳兄弟公司大赚了一笔，“talking movie”(会发声的电影)成为好莱坞流传最广、使用频率最高的词汇，1952 年好莱坞歌舞片巨星金·凯利在自己的经典作品《雨中曲》中，以喜剧方式带领观众回顾了那段既爆笑有趣又混乱不堪的历史。当年大牌明星们曾经遭遇的尴尬如今已成过眼烟云，有声电影在银幕上的地位坚如磐石，在视觉之外，我们又获得了听觉的享受。

20 世纪的三四十年代被称为好莱坞的黄金时代，他们用画面和声音为观众编织了无数的银幕童话，帮助普通人度过最艰难的岁月，秀兰·邓波儿、克拉克·盖博，这些名字永远铭刻在历史的书页，只因他们曾带给我们欢乐。

不能遗忘的还有孜孜不倦的艺术家们。在欧洲，风起云涌的先锋派运动把电影从奇技淫巧的街头杂耍提升到与音乐、美术、雕塑、文学等比肩的第八艺术；在前苏联，蒙太奇的力量被发掘到极致；在电影的故乡法国，导演们正以摄影机为笔，用光影谱写一首首充满诗意的现实主义篇章；在中国，电影成为渴望和平与正义的人们最震撼的呐喊。

电影，在起起落落中度过了充满躁动与激情的青春期。

第一节　欧洲先锋派运动：现代主义与电影的邂逅

【本节提要】欧洲先锋派电影兴起于 20 世纪头 10 年的后期，盛于 20 年代，前后大约延续 10 年。电影中商业与艺术的矛盾以及电影的无声特点引起了一部分先锋艺术家们对这一新兴艺术的虚妄幻想，这是导致先锋派电影流派产生的深层原因。先锋派主要包括表现主义、达达主义以及超现实主义等电影流派。先锋派电影强调无理性、无情节和无人物性格，具有实验性和过渡性，表现为西方文艺中现代主义各流派的掺杂与融合。随着有声电影的出现以及社会现实环境的变迁，先锋派电影作为一种抽象的、前卫的和封闭的艺术终于被淘汰，但其留下的关于电影的大量理论和突破传统的创作观念等对电影发展所起的重要作用不容抹杀。

【主要内容】

1. 法国印象派电影
2. 欧洲先锋派运动的历史背景
3. 德国表现主义、达达主义与法国超现实主义的概念、作品风格及电影美学观
4. 欧洲先锋派电影代表人物及其主要作品
5. 先锋派电影流派的历史局限性

电影发展到20世纪20年代发生了新的变化，这些变化打破了之前所建立的艺术形式。电影传统叙事的单向发展被突破，电影人开始通过其他视角探索和发掘电影的表现力和新的艺术特性，这就是电影历史上出现在欧洲的先锋派电影运动。先锋派电影出现于20世纪头10年的后期，在20年代发展到顶峰，并主要出现于欧洲的德国和法国，是现代主义在西方电影中的第一次兴起。欧洲的先锋派电影主要有德国的表现主义、达达主义以及法国的超现实主义等。先锋派对电影传统的挑战与创新不但丰富了电影语言的表现艺术，同时也丰富了相关理论及研究的发展，它的出现也意味着电影已开始被人们认可为一门独立的艺术。

一、法国印象派电影

法国印象派电影出现于20世纪20年代初，可以说是欧洲先锋派运动的先声。这一时期，在法国电影人路易·德吕克周围，聚集了一批富有才华和创新精神的导演，他们是阿贝尔·冈斯、谢尔曼·杜拉克、马塞尔·莱皮埃以及让·爱浦斯坦等人。在电影理论上，他们以德吕克的“上镜头性”为主，并提出内涵比“上镜头性”更为复杂的“影像精灵”观点。这一理论几乎作为电影创作的基础。电影创作中，印象派在某些场面中体现出造型、用光上受印象派绘画风格影响。

（一）印象派电影——先锋派运动的先声

在1914年以前，法国电影的工业水平和艺术水平在欧洲还具有明显优势；但在第一次世界大战期间，法国电影开始逐渐走下坡路，到1918年的时候，其优势已经被美国电影所取代了。为了高额利润，法国一些大的电影公司牺牲了本土电影，将美国电影输入本国，与因资金缺乏而显得平庸的本国影片相比，好莱坞的商业电影显然更能吸引观众。一战结束后，百代公司宣告将其所属的制片机构以及海外的电影公司进行清理，其后又将国内的百代联营公司卖掉，查尔斯·百代匆匆解散了这些曾经具有世界性优势的法国电影工商机构，获得了利益，同时也结束了自己的事业。其他一些大的制片公司也效仿了百代的做法。这样，从1921年开始，法国电影数量锐减，在国际影片的贸易方面也急剧下降。

法国电影的这种现状引起了一些年轻艺术家的焦虑。他们尝试与一些在商业电影上已取得成就的电影导演合作，想在影片公司老板出于商业考虑而拍摄的影片中进行改革，以提升在第一次世界大战后日渐衰微的法国电影。

在艺术上，印象派电影主要受印象派绘画的影响。印象派绘画诞生于法国19世纪后期，其代表画家有爱德华·马奈、雷诺阿和克劳德·莫奈等人。这些艺术家认为绘画追求的主要是在"光"和"色彩"方面的造型艺术，是西方写实绘画的深化与发展。印象派绘画打破了传统的棕褐色调，并倡导对自然景物的描绘。该画派主要特点与成就是发现和表现自然光下的色彩，以捕捉自然景物的瞬间变化。艺术家们为追求画面自然与生动，通过迅速的手法以把握瞬间印象，其构图随意，目的在于凸显对内心主观意象的表达。该画派因莫奈的《日出·印象》而得名。印象派电影对表现形式的过于关照及对以题材为中心的创作方法的突破与印象派绘画是一致的。在一些场面中，电影人在造型与对光的应用和处理上都明显地具有印象派绘画的影子。电影的故事情节在很大程度上是作为一种视觉表现手段的依托存在，而这些表现手段又是以表达心理及主观态度为目的的。

（二）印象派电影行进之路

在印象派电影产生以前，法国电影思想贫乏，题材多是从古典戏剧中得来，表现方式也沿袭着舞台剧的风格。这种情节模式和表现方法因老旧和陈腐而不受欢迎，法国的观众们将注意力与兴趣更多地分给了美国电影。也就在这一时期，处于危机中的法国电影业中出现了一批年轻的电影艺术家，他们在电影理论与实践中尝试创新，努力寻找具有突破性的电影题材与表现手法。年轻的小说家兼剧作家德吕克在其主办的《电影》杂志封面上以标语的形式呼吁："法国电影必须成为真正的电影，必须成为真正的法国电影。"这一时期，阿贝尔·冈斯、谢尔曼·杜拉克及马塞尔·莱皮埃等一些年轻导演的才华已经初露端倪。20世纪20年代初期，法国出现了以德吕克为理论家和中心人物的印象主义电影学派。

1. 主要人物及其代表作

印象派较为重要的作品有德吕克的《狂热》(1921)、马塞尔·莱皮埃的《黄金国》(1921)、谢尔曼·杜拉克的《微笑的布德夫人》(1923)、阿贝尔·冈斯的《车轮》(1923)以及让·爱浦斯坦的《忠实的心》(1924)等。

(1) 印象派电影领袖——路易·德吕克

路易·德吕克是法国印象派电影的核心人物。他1890年生于法国多尔多涅省的卡杜安，1924年卒于巴黎，曾做过新闻记者、作家和剧作家，后来成为电影编剧。德吕克是一个善于将电影理论与实践相结合的电影艺术家，其电影理论在一定程度上受意大利人乔托·卡努杜观点的影响。卡努杜认为，首先，电影是一门独立的第七艺术①，即确认了电影作为一种新的艺术形式所具有的美；其次，电影是一门动态的造型艺术，电影人可以利用光线的变化来实现一种表现力，展现出内在的精神状态。德吕克提出"上镜头性"的概念，也就是指电影所具有的那些独特手段，用它们可以表现出人物的艺术性状态。他认

① 关于电影是"第七艺术"还是"第八艺术"，迄今为止仍没有统一的说法。卡努杜认为电影是"第七艺术"。

为电影作为一门艺术的同时也是一门商业,优秀的作品应该具有"上镜头性",即通过导演的主导作用,达到电影和照相术的和谐结合。

德吕克的主要作品有1919年的《西班牙的节日》(由杜拉克导演,德吕克编剧,该片是印象主义学派最初的代表作品)、1920年的《沉默》(根据他自己所写剧本导演的影片),1921年的《狂热》和1922年的《流浪女》是德吕克最杰出的两部影片。1937年,法国的莫黎斯·贝希和马塞·伊兹柯夫斯基创立了路易·德吕克奖,以纪念法国这位第一个专职评论电影艺术的影评人和导演。该奖用于奖励当年发行的法国影片,设最佳影片以及最佳首部作品奖。

德吕克于1921年导演的《狂热》以较少的摄制费用获得了商业上的成功。该片以社会平民为视角,讲述了马赛一家小旅店的女主人在投宿的水手中间发现了自己从前的情人,由此带来了一场激烈的争吵以及最后导致的凶杀。影片在环境描述上体现出真实、具体、直接的风格,如拥挤的水手酒店,对人物性格的塑造和表现也恰如其分。影片的形式风格是由内容来决定的,摆脱了只注重形式的倾向,是一种新风格的尝试。

此外,德吕克在该片中创造性地使用了一种与舞台化调度不同的电影化调度手法,这种手法使远景与近景同样清楚,使得电影中的景物、人物处于一个立体的空间中,这种场面的获取首先使电影情节与电影物质空间更具有一体性,具有整体感;同时,这种整体感也使得电影所创造的生活空间与现实生活更加接近,也更加真实。

(2) 马塞尔·莱皮埃和《黄金国》

马塞尔·莱皮埃生于巴黎,曾是象征派诗人,第一次世界大战期间入伍,参加了法国陆军摄影队的编剧工作。1918年他编写了《激流》与《布克莱特》两部电影剧本。1919年后,导演了《法兰西的玫瑰》(1919)、《真理的狂欢节》(1920)、《海上的人》(1920)、《命运山庄》(1921)、《黄金国》(1922) 等。1931年后,莱皮埃又继续摄制了许多有声片,1954年起开始为电视台摄制影片。在印象派时期,莱皮埃的杰出作品是《黄金国》。

《黄金国》描写了一个为孩子而牺牲自己的西班牙舞女,她偷偷爱上了一个漂亮的北欧画家,而这个画家却已经与一个富有的西班牙姑娘订了婚。舞女被一个头脑简单的男子强奸后,将孩子托付给一对年轻夫妇后自杀而死。整部影片表现出完美和精练的摄影技巧,在风格上有强烈的主观主义倾向,其中表现出来的从人物眼中看到的各种景象在一定程度上可发现导演受印象派绘画的影响。如画家看到格拉那达城的阿尔汉勃拉宫时,画面反映出的是一幅模糊变形的法国印象派画家莫奈的油画。另外,该片在电影技巧的运用上也具有一定的表现主义倾向,如女人自杀时出现的那幅映出舞女们巨大阴影的幕景,运用这一技巧使激动的感情得以表现。在后来的《唐璜与浮士德》(1922) 中,莱皮埃也继续尝试了表现主义的手法,但由于过于夸张的表现方式,使影片显得很不协调,没有获得成功。

(3) 阿贝尔·冈斯和《车轮》

阿贝尔·冈斯1889年生于巴黎。冈斯热爱文学,曾是一名诗人和作家,同时也是一位哲学家。1912年他在百代公司担任编剧,编写《祖父的犯罪》、《黎希留时代的一个月夜》、《蒙娜·丽莎的哀史》三个剧本,导演了《恐怖的面具》一片。1915年以后,冈斯摄制了很多故事片,其中,1919年拍摄的《我控诉》是他的成名作品。在该片中,冈斯用了一种今天看来近乎幼稚而夸张的描写手法,如采用叠印等方法使战死的战士从坟墓中站起,指引通往胜利的方向;但在当时,这正赋予了影片以真诚感人的魅力,并成为影片的价值所在。1922 年,冈斯继续拍摄了印象派风格的电影《车轮》(又名《铁路的玫瑰》)。1927 年,冈斯拍摄了长达 235 分钟的无声片《拿破仑传》,1935 年又制作了该片的有声版。有声片出现以后,冈斯继续进行电影创作,直到 60 年代末期仍有作品问世。

冈斯的《车轮》是印象派电影较重要的代表作品之一,原版接近 9 个小时。影片讲述了一个铁路工程师在一次车祸中捡回一个女孩,并将其抚养长大。后来,他与儿子都爱上了这个女孩。工程师失去了理智,将女孩另嫁他人,但儿子和养女之间的爱情并未结束,并在与女孩丈夫的一次争执中意外死亡。老人最后双目失明,养女回来照料他,直至其去世。影片有名的片段是在开场的火车事故中,冈斯成功地运用了加速蒙太奇的快速剪辑方法,制造出不断加速的节奏,强烈的气氛渲染使影片获得了极大的震撼力。另外,他还通过镜头的高速和慢速摄影创造了一种形象化的节奏,展现了电影作为一种动态造型语言的表现力,也为后来先锋派对电影形式的重视提供了理由与现实基础。

这时期的其他印象派代表人物还有谢尔曼・杜拉克以及让・爱浦斯坦。杜拉克曾经与德吕克合作拍摄了印象派早期的代表作《西班牙的节日》。她最杰出的作品是《微笑的布德夫人》(1924),该片也是法国印象主义心理叙事的代表作品。以后,杜拉克主张"纯电影"的美学,并从印象主义转向抽象主义,开始进行实验短片的创作。让・爱浦斯坦曾因《红色旅店》(1922) 中出色的蒙太奇技巧而获得成功,之后的《忠实的心》(1923) 将一个自然主义的古典主题通过高超的唯美主义表现手法来体现,也获得了观众的认可。但其后的电影并没有明显进步,其美学也渐渐显示出落后于时代等局限,1924 年以后,爱浦斯坦走向了电影商业化的道路。

2. 印象派电影的尾声

印象派电影从 1920 年开始到 1925 年结束,其存在时间较短。1924 年德吕克死后,这一运动便告失败,其中一部分电影人走向商业片,另一部分则走向与之相反的前卫派道路,如杜拉克等人。

印象派电影不重视社会性题材,因此得不到商业上的支持,其形式上的革新所产生的美学价值不足以扩大电影受众的范围。法国这一时期的电影摄制成本又十分昂贵,印象派电影在商业上的失败失去了电影企业对其继续支持的可能性。另外,印象派电影关于电影画面所能创造出来的表现力和重要性已经提供了一种暗示,为后来先锋派对电影表达形式的更深层探索指出了道路,这正是那些狂热的先锋艺术家们感兴趣的,因此可以说,印象派电影必然为先锋派所取代,先锋派在印象主义电影学派的基础上对电影表现形式的抽象化及对反逻辑、反叙事的提倡已注定成为电影发展过程中不可避免的趋向。

(三) 关于印象的美——印象派电影的美学观

印象派是将电影作为一种艺术来进行实践的最早的艺术流派,他们承认了电影是一种艺术,并将电影作为一种审美的对象和创造美的工具。

1. 对形式印象的偏爱

印象派电影对形式极其关注,而轻视故事情节。艺术家们从印象派绘画中得到灵感,将其运用于电影这一动态的造型艺术中。他们更加重视电影镜头创造出来的画面给人们造成的印象和感染力，这种感染更多地来自光与节奏创造出来的瞬间的、凝聚感强的冲击力，而非故事情节带给人们的喜怒哀乐情绪。对于电影叙事来说，印象派的表现是平淡的，涉及的多是没有新意的关于男女婚恋的冲突，如《车轮》中的父子同时爱上了一个女孩，《黄金国》中的舞女因爱上一个已心有所属的男人而未得到好的归宿等。但印象派电影的美学价值就在于对电影表现形式的探索，如《车轮》中覆车段落对蒙太奇的完美运用等，都在观众心理上造成了深刻的印象。

2. 自然主义与主观性的互照

印象主义的美学观既有崇尚自然、追求真实感的物质性和客观性，又具有明显的表现精神和意识的主观性。印象派电影很多时候放弃了布景，将镜头直接面向自然与现实生活。德吕克赋予了布景、照明、节奏及演员等以物质性内涵，认为这些都是基本视觉表现的形式因素。莱皮埃的关于自然主义的观点主要体现在强调摄影机前的素材具有真实质感的照相性。另一方面，印象主义通过对自然界物象变换的把握和创造，用经过光和节奏等修饰的画面来尝试作用于人的视觉，以进一步刺激人的主观情绪，并产生一定的心理效应；或通过这种方式来尝试对某些心理活动进行描述与解释，如杜拉克的《微笑的布德夫人》通过闪回等方式来表现人物的幻想。

（四）印象派电影的借鉴意义

德吕克的电影理论和创作观念与法国先锋派的电影运动有着相当紧密的联系，可称为先锋派电影的准备和前奏。它一方面提供给后者大量可借鉴的电影语言表现方式，另一方面也为后者提供了一条可以进行尝试的道路。

1. 多样的表达方式

印象派电影的贡献首先是对摄影手段的探索。艺术家们以新创造的摄影技巧来对应人物的心理和精神视觉表现，如德吕克对景深镜头的创造性使用，这种电影化的调度手段后来得到了雷诺阿的创造性发展。另外，镜头的高速和慢速形成的节奏感创造了与现实世界不同的电影时空，带给观众以特殊的情绪体验。印象派电影人还有意识地使用和发展了主观摄影与移动摄影等技术以表现人的主观情感和心理意识。这些风格和形式作为一种电影表达语言一直影响后来的电影发展，并得到不断的创新和开拓。

2. 形式的魅力

印象派对电影表现形式的探索，使形式具有相对独立的意义。电影能够上升为艺术，很重要的一点就在于创作者对电影的艺术性表达，使得被创造后重新呈现的物质脱离并超越了现实而富有欣赏价值。后来发展起来的欧洲先锋派电影正是以此为着眼点对电影进行了大胆的创新与实验。

二、德国表现主义电影

19、20 世纪之交，德国电影虽然受到以“百代”、“高蒙”等大公司为首的法国电影业的影响，取得巨大经济利润，虽然有 1902 年奥斯卡·梅斯特拍摄的《莎乐美》及 1905 年马克斯·斯克拉达诺夫斯基拍摄的《奥尔良的圣女》等影片，但与欧洲其他国家相比，发展还是相对缓慢。

1913年左右，德国出现了所谓的“作者电影”，主要由剧作家、小说家编写或改编文学名著等，开始进行确立电影艺术地位的努力，比如麦克斯·麦克拍摄的《另一个他》(1913)、马克斯·莱因哈特拍摄的《威尼斯之夜》(1913)、保罗·冯·沃林根拍摄的《乡村小路》(1913)、丹麦人施泰兰·雷伊在德国拍摄的《布拉格的大学生》(1913)等。

1914年7月第一次世界大战前夕，出于政治和战争宣传的需要，德国政府和一些资本家联合创办了“宇宙电影股份有限公司”（即“乌发公司”，缩写为U.F.A），生产了大批影片。马克斯·莱因哈特的学生、喜剧演员出身的恩斯特·刘别谦从中脱颖而出，1918年他拍摄了规模浩大的《卡门》，成为拍摄史诗巨片的高手。此时德国战败，乌发公司成为私营企业。刘别谦接连拍摄了《杜巴莱夫人》(1919)、《牡蛎公主》(1919)、《木偶新娘》(1919)、《爱妃苏姆隆》(1920)、《野猫》(1921)、《女后安娜传》(1921)、《法老之妻》(1922)等影片。他善于融汇德国传统喜歌剧因素，将戏剧调度手法运用于宏大场面的处理，形成了富于感染力的镜头表现。1923年刘别谦前往好莱坞，为美国喜剧片和有声片的发展作出了积极的贡献。

第一次世界大战后，德国的社会环境发生了变化，在社会经济文化等多种因素作用下，德国电影界出现了一种与刘别谦等人拍摄的影片风格不同的、全新的电影形式——表现主义电影。

（一）危机年代催生下的德国表现主义电影

电影作为一种文化现象，其产生与发展必然与特定的时代背景有着密切的联系。第一次世界大战之后，德国面临着政治动荡、经济萧条等社会问题，面对诸多严酷的现实，德国传统社会结构、社会价值体系等受到了强烈的冲击。这些影响很快便延伸到艺术领域，德国文学艺术家的思想和艺术观念等发生了相应的变化。面对动荡和萧条的社会现状，艺术家们被失落感与危机感所困扰，无不感受到个人的渺小和外界力量的不可抗拒。他们在对现实采取逃避态度的同时，又怀着对社会问题的深深焦虑，通过电影这一艺术形式表达自己对现实既选择逃避又不想放弃反抗的矛盾情绪。艺术逐渐将视角从外部世界转向内心世界，采取以自我为中心的内向态度，开始强调个人与个人经历的重要作用，以此来表达艺术对社会现实的拒绝与否定。

表现主义艺术最先体现在绘画上，它开始于1910年德国的慕尼黑，是一种反对印象主义及自然主义的流派。该流派主张原始艺术非实在的、装饰性的美，画家致力于绘画语言的革新，重视研究光线、色彩、空间结构等造型问题。这一流派对理性及现实的描摹不感兴趣，艺术家通过在平面化的简单构图上施以浓重色彩等夸张形式来外化或触发人的心理体验及主观感受。这一反传统的艺术倾向产生于第一次世界大战前，战后在欧洲再度兴起，并于德国形成新高潮。当时无声电影的纯粹画面特性与绘画艺术具有相似性，都是以图像诉诸人的视觉，因此首先引起了画家的关注，成为电影创作的主要力量，并将活的图画作为电影的美学基础。德国的艺术家一直具有对人类精神及内心关注的传统，并且百年来受到具有野蛮、恐怖、落后等因素的“哥特文化”的浸润，拍摄了很多关于英雄与魔鬼间斗争的幻想题材，表现人的两面性所造成的内心冲突，这些都表达着恐惧等强烈的心理感受。如战前的电影《布拉格的大学生》就已涉及这样的内容，而恰恰在战后，德国的社会精神状况与这种题材表达的意境相切合，因此这既是一种继承，又是借用表现主义手段使这类古老题材获得新的发展，并形成高潮。

1919年至1924年这段时间，德国社会虽然面临众多问题，然而在文化上却是一个不寻常的繁荣期。在战前及战中，政府对电影业的支持及大量投入极大地提高了德国电影的科技水平，并已经生产出世界上性能最好的电影放映机，其制造的爱克发胶片可与柯达胶片相媲美；同时，德国的孤立和政治上的需求刺激了影片生产，大批技术家和演员被德国从中欧聘请而来。战后德国电影的发展不可能以模仿好莱坞为出路，德国人必须另辟蹊径寻找新的电影风格。一批有艺术追求的电影工作者聚集在一些小电影公司或新建的制片厂，在一些较开明的制片商帮助下获得了一定的创作自由，拍出了许多富于艺术性的、独具风格的影片。在当时，德国的街道、广告海报、商店招牌及装饰品都蒙上了表现主义色彩，这一文化现象在德国作为一种流行艺术被接受，为表现主义电影培养了一定规模的潜在受众群，使它具有了客观的消费市场。

（二）由《卡里加里博士的小屋》掀起的表现主义电影浪潮

在表现主义影片出现之前，德国电影主要是由乌发公司出品的一些场面宏大的以意大利电影作为蓝本摄制的故事片，这些电影通常根据一些戏剧、经典著作及传统喜歌剧等改编拍摄，带有自然主义倾向，避免严肃性的主题。其后出现的德国表现主义电影则表现出与之对立的倾向，具有更多的独创性与典型的民族性。

1.《卡里加里博士的小屋》——表现主义电影的开山之作

1919年，在表现主义绘画与戏剧的影响下，德国拍出了第一部具有表现主义风格的影片《卡里加里博士的小屋》，该片也是先锋电影的代表作。影片编剧是奥地利青年剧作家卡尔·梅育与捷克作家汉斯·雅诺维茨。在第一次世界大战中服过兵役的两个青年知识分子通过该剧本，表达了对战争的憎恶及对使德国陷入战争困境的精神权威的讽刺和抨击。

（1）故事梗概

《卡里加里博士的小屋》的电影剧本讲述的是小镇上来了一个古怪的卖艺人卡里加里博士。博士表面上摆出一副权威的姿态，并向大家展示一个具有预言能力的、名叫“凯撒”的梦游者，这个人其实是由卡里加里博士暗地里利用催眠术进行控制的。在小镇上，博士将他变成了杂耍节目的玩偶和在市集上供人观看的玩意儿。“凯撒”预言青年学生艾伦死期将至，当晚，卡里加里指使“凯撒”做可怕的杀人勾当，艾伦在梦中被杀害。艾伦的朋友弗朗西斯为朋友的死去深感悲痛，并立誓抓住真凶。在剧作中与卡里加里博士作斗争的大学生弗朗西斯被刻画成一种理性的象征。通过调查，他终于发现幕后的凶手正是卡里加里博士。博士在又一次作案时被当场抓获，关进了疯人院。“凯撒”也终于精力耗尽，被迫害致死。雅诺维茨曾指出他们创作这一剧本的初衷是以卡里加里象征将德国拖入残酷战争的失去理性的国家权威，“凯撒”则是一个被权威所奴役的丧失了自我的工具，以此来表达战争的残酷及个人对丧失理性的权威的反抗。

当时的德克拉电影公司接受了这个剧本，并将其交由导演罗伯特·维内负责拍摄。维内接受了制片人的意见为影片增加了一个序幕和结尾，将原剧本情节作为一个精神病患者口中的幻想故事进行描述，待到故事讲完，影片结尾回到开场的场景上来，讲故事的精神病患者弗朗西斯冲向前来巡视的精神病院院长，并指责他是杀人犯，而最终被制服的弗朗西斯被关进了屋子。院长对他的助手说:"现在我终于了解了他发疯的原因,原来他把我当成了那个卡里加里博士了,现在我也知道了该怎样把他治好。"经过改编后,电影的革命性与社会意义被削弱甚至抹杀了;但该片的民族性和故事所赋予的含义较之当时德国的其他电影来说仍是一种很大的进步,特别在表现形式上开创了德国这一时期电影的新风格。

(2) 影片特色

影片通过布景、摄影、服装、化妆等手段的象征性与夸张性手法创造了一个扭曲的现实世界和精神世界,营造了典型的表现主义风格效果。

影片视觉布局的表现主义基调由负责该片的三位美工师赫尔曼·瓦尔姆、瓦尔特·吕利希和瓦尔特·莱曼建构出来,他们都是深受表现主义画风影响的画家,是表现主义组织狂飙社的成员。他们利用该影片开始了一场艺术实验,为电影设计了充满幻想色彩的表现主义特征。

首先,电影采用表现主义风格画成的布景,全部场景都在摄影棚内拍摄。小镇是由三角形的房屋堆起来的,一切客观事物,如房子、街道、树木等线条弯曲,角度倾斜,光影亦通过怪异的线条展现在布景上,亮处与暗处形成强烈反差。当"凯撒"精疲力尽逃亡在镇上的小路时,他伸开双臂的姿态恰与布景上那些干枯的树木合为一体,树枝漆黑、狰狞、弯曲、倾斜,像是没有灵魂的人举着干枯的胳膊,疯狂绝望地攫取一切。该片使得布景不再是电影的补充与背景,而是充满生机地走到前台,成为影片主要的、甚至是具有决定意义的表现手段。

其次,为了配合表现主义风格布景的气氛,演员也身穿奇特的风格化的服装,其化妆、神态与举止也都追求怪异的风格。卡里加里博士穿着黑色的斗篷,白手套上三条黑色的粗杠分外显眼,大而无朋的礼帽下散乱地飘动着几缕白发,厚得出奇的眼镜后是四处张望的双眼。"凯撒"脸色苍白,眼睛大而空洞,眼睑周围被施以浓重的黑色,仿佛僵尸一般令人不寒而栗。演员的面部表情极不自然,扭曲而怪异,他时而疾走、时而呆立。如一些镜头展示的"囚犯蹲在一根尖三角形的木桩顶端,强盗站在烟囱林立的屋顶上面彷徨,梦游病人黑而瘦长的影子停留在一堵阴暗的高墙构成的变形而模糊的远景中的白色圆圈中间"①等都是表现主义色彩强烈的画面。

另外,从剧情上来说,该片描述的是一个令人恐怖的关于精神控制与谋杀的故事,剧情离奇而荒诞,带有强烈的幻想色彩,是主观的和无理性的,这都是表现主义的鲜明特征。

最后,该片反映了当时德国社会中普遍存在的对某种权威力量的恐惧心理和对个人难以左右命运的悲观情绪,具有典型的民族性、严肃性和现实意义。

该片于1920年2月27日在柏林公映,受到了国内外的众多赞誉,在经济上也获得了成功。评论家们认为这是一部全新形式的电影,让绘画参与到表演艺术中来,成功地创造出一个完全非真实的梦幻世界。但同时,批评与斥责也接踵而来,批评者认为该片夸大了布景的作用,完全忽视了人及健康的人性成分,只是表现了一个死气沉沉的关于图画的幻

---

① 【法】乔治·杜萨尔:《世界电影史》,徐昭、胡承伟译,北京:中国电影出版社1995年版,第162页。

觉。《卡里加里博士的小屋》作为表现主义电影的代表作，在艺术形式上的创新对德国当时的电影起到了不小的影响。

2. 其他主要表现主义电影

《卡里加里博士的小屋》之后，德国影坛上又相继出现了很多表现主义风格的影片。

(1)《泥人哥连》

1920 年，保罗·维格纳以表现主义手法重新拍摄了战前在布拉格的自然背景中拍摄的现实主义影片《泥人哥连》，描写了一个由社会政治所造就的专制暴君的残酷。影片讲述了 16 世纪的布拉格，一位犹太拉比(传教士)用黏土制造了一个巨人“哥连”，为的是保护布拉格的犹太人不受侵扰，到了 20 世纪，复活了的哥连却变成了极度凶残的暴君的故事。该片突出了表现主义影片的恐怖和幻想特色，布景属于典型的表现主义设计，具有戏剧舞台式的浓重化妆和夸张表演。维格纳曾是战前德国聘用的著名舞台导演马克斯·莱因哈特手下最有名的一名演员，在战前曾主演《布拉格的大学生》等影片，是德国电影艺术的主要开创者之一。

(2)《诺斯费拉图》

1922 年，被称为早期德国最佳导演的弗莱德立希·瓦·茂瑙根据勃拉姆·斯托克的小说《德古拉伯爵》拍成了第一部吸血僵尸电影《诺斯费拉图》。该片由德国柏林普拉纳影片公司摄制，描述了吸血鬼利用其邪恶魔力伤害无辜的人，最后终于被人类消灭的故事。影片沿用了充满神秘主义的表现手段和风格。吸血鬼诺斯费拉图身形枯槁，面容瘦削，脸色苍白，神情阴沉，走起路来身子直挺、僵板。导演在光影运用方面体现出鲜明的表现主义风格，吸血鬼出现时身上抖动闪耀着反射光，他投在墙壁上的不断扩大的黑色阴影最后突破银幕空间，给观众心理造成威胁和压迫感。影片中还有黑黝黝的森林、奇形怪状的树木、弥漫的雾气与阴森的夜幕等，这些背景共同增强了影片的恐怖气氛。该片未完全拘泥于舞台布景的表现形式，部分具有法国超现实主义影片中实景拍摄的特点。这是电影史上第一部以吸血鬼为题材的恐怖电影，其中很多造型特征成为日后同类恐怖电影的创作源泉。

茂瑙是默片时代最有艺术成就的电影大师之一。他出生于德国北莱茵河畔威斯特伐利亚地区的比勒费尔德城。茂瑙完善了德国表现主义摄影流派的表现方式，不仅在文学改编、叙事手法上对电影的表现手法进行了探索，还利用移动的摄影机与光线的巧妙结合，为摄影机从静止到灵活应用奠定了基础，为德国留下了许多至今仍是经典的巨作。他拍摄的《最卑贱的人》(1924) 成为“室内剧”的巅峰之作。1926 年，在好莱坞拍摄的首部作品《日出》成为默片时代的经典作品，获得了第一届奥斯卡电影最佳艺术、最佳女主角和最佳摄影等三项大奖，可惜在票房上惨遭失败。茂瑙于 1931 年在美国纽约的高速公路遭遇车祸去世，一生共拍摄了 21 部电影，其最后的作品是《禁忌》(1931)。

1924 年，由保罗·莱尼拍摄的《蜡像馆》是以“卡里加里”风格拍摄的最后一部经典作品，在这部表现主义的幻想影片中，三个蜡人起死复生，各自讲述他们以残酷的刑罚残暴统治人类的故事。另外，这一时期的其他表现主义电影还有罗伯特·维内的《盖努茵》(1920)、弗立茨·朗格的《疲倦的死》(又译《三生记》，1921) 以及 K. H. 马丁根据乔治·凯泽的表现主义同名话剧拍摄的《从清晨到午夜》(1920)、H. 柯贝拍摄的《托尔古斯》

(1920) 等。

3. 无法突破自我而趋于消沉的表现主义影像

1924 年,德国战后的危机年代基本结束,新形势下,德国的精神与文化发生了新的转变,这样,20 年代中期的德国表现主义电影便失去了存在的社会基础和心理基础,随着战后表现主义运动高潮的结束,表现主义电影流派也进入了尾声。最后两部表现主义风格的影片是 1926 年茂瑙的《浮士德》和 1927 年弗立茨·朗格的《大都会》,巨额开支给电影制作公司的财务运转带来了困难,茂瑙在完成《浮士德》之后离开德国,一些主要演员和摄影师,甚至美术设计师也被美国网罗去了好莱坞。表现主义代表人物弗立茨·朗格也在 1927 年《大都会》首映后辞职,1933 年当纳粹逐渐掌握政权时离开了德国。

从这一时期的电影创作来看,大部分表现主义作品是对《卡里加里博士的小屋》一片的模仿,虽然在形式上发展或完善了某些表现主义手法,但始终未能在艺术性与思想性上实现真正的超越。还有一些影片仅仅是单纯的模仿表现主义的外在形式,抹杀了表现主义的先锋性意义,而成为一种符号和装饰。

德国表现主义电影从一开始就未能摆脱商业化的束缚,电影公司之所以采用表现主义手法,除了室内摄影棚低廉的开销外,还因为表现主义在当时是一种比较流行的艺术形式,作为一个先锋派运动,很快影响到文学、戏剧、建筑等领域,有很好的接受心理基础,具有一定规模的需求和消费接受市场。果然,《卡里加里博士的小屋》一片除了表现形式的突破与创新之外,经济上取得的成功亦十分可观。这也是造成这一时期表现主义影片形式模仿多、艺术内涵突破少的原因。

在 20 世纪 20 年代中期,德国的经济文化复苏并趋于稳定发展后,电影需求情况和观众接受心理都发生了变化,该电影流派由于未能实现艺术上的突破与创新,在商业电影等因素的挤压之下必然会被其他的文艺思潮和流派所取代。

(三) 封闭环境下的自我开拓——表现主义电影的美学观

表现主义电影突破了德国电影单纯改编传统作品及以意大利电影为蓝本进行创作的状况,带有典型的民族性,在表现形式等方面也做出了很多创新,为电影的审美领域增添了新的内容。

1. 热衷于对梦幻世界的营造

虽然很多人不能理解,比如前苏联电影学家爱森斯坦认为《卡里加里博士的小屋》是一次野蛮人的狂热节,是无声的歇斯底里、杂色的画布、乱涂乱抹的影片、涂满油彩的脸、一群恶魔般的怪物矫揉造作的表情动作的一次难以容忍的结合,但对于表现主义电影的崭新表现形式来说,却体现了创作者对电影这一图像性艺术的认可与推崇。表现主义电影反对关于电影的自然主义艺术观点,并尝试利用其图像失真、夸张的表现作用于人的视觉,进而刺激人在头脑中关于图像的印象,用扭曲变形的对自然事物的再造,使观众进入一个梦境的、非现实的电影世界。影片中的世界是个人心中对世界的反射,是不真实的和梦幻式的,这是表现主义电影在电影美学上的一大突破。

2. 偏重于表现形式

表现主义绘画艺术与戏剧艺术的美学原则是表现主义电影流派的美学基础,电影创作者不断学习借鉴二者的表现手法。在《卡里加里博士的小屋》中,三个美工师决定了整部电影的艺术风格，也同时奠定了整个表现主义电影流派在这一时期的总体视觉基调。他们为影片的式样甚至为每个镜头都做出了设计，光与影都事先由美工师们画好，电影的背景成为需要表达的主要视觉元素，演员们怪异的造型与表演都成了契合电影背景的视觉符号的一部分，导演及摄影的作用反而成了第二位，并一直处于被动地位，而电影也恰恰利用这种夸张变形的视觉效果来实现其表达目的，即表现一种扭曲的来自心灵的梦幻世界，因此，表现主义电影的大部分镜头都是在摄影棚内拍摄的。

表现主义电影造型的另一个特征是光和阴影的处理，如利用脚灯造成使人物变形的巨大投影。在《泥人哥连》中制作者们精心设计了手提灯光、煤油灯光、火炬等一系列光源效果来表现人物心理状态，营造环境气氛。由此可见，表现主义电影将绘画与戏剧的元素融入了电影的表现方式之中，使电影成为一种综合性艺术。虽然对形式的过度追求以及对自然景物的拒斥掩盖了电影作为一种叙事艺术的本质，但在另一方面却是对电影利用画面手段来表达意境的认可与实践。

3. 浓重的悲观主义色彩

表现主义影片的题材多为荒诞恐怖的富有幻想性的故事，其中的人物经常置身于一种暴力、混乱的情境之中，有的表现狂人征服社会，有的表现残暴者对他人进行暴力的集权统治，通常这些可怕势力被赋予了强大而不可抗拒的力量，反抗者却总是势单力薄，抗争无望，给人以消极和悲观的暗示。

4. 封闭和崇尚主观现实的美学观念

表现主义电影创作者们分外强调艺术家个人和与个人相关的那些经历，希望借助电影艺术来表现自我，抒发个人感情或观念，影片中的人物塑造表现出创作者强烈的主观性，人物的设计性、象征性、抽象性十分明显。正因为创作者们为这些表达内容创造了与之相适应的表现形式，所以他们对外景抱着拒绝排斥的态度，认为摄影棚里才具有按照他们的设想来创造世界的理想条件，只有在封闭的环境中才能实现完整统一的艺术构思，形成纯正的艺术风格。因此，表现主义电影的大部分镜头是在摄影棚里拍摄的，这一流派的电影人甚至认为自然景色是艺术家进行创作的一种影响和障碍。

（四）表现主义电影的艺术贡献

表现主义电影作为先锋派电影运动的一部分，虽然历时很短，但创作者们在电影艺术道路上不懈探索而获得的成就以及对其后电影发展所产生的影响却是不能抹杀的。

1. 电影表达手段上的突破

表现主义流派对电影进行的实验主要体现在电影表达手段的突破上，他们在电影表现形式等方面开创了许多新的方法，发展了电影语言。表现主义电影是多种艺术形式相互渗透的一种尝试，电影的主要艺术塑造者是一些表现主义画家等艺术家们，他们在电影中融入了绘画和戏剧等因素，并把现代主义的观念通过电影这一崭新的艺术形式表现出来，以特有的表现手段作用于人的主观精神，开创了电影的新功能，增强了电影的独特表现力。

2. 对电影成为独立艺术的推动作用

表现主义电影具有超现实的特点，它不再是对客观事物运动过程的真实记录，而是以现实的客观事物为素材，在此基础上进行抽象化，将具体的物象形而上化，于是，电影展示给观众的画面便不再是一个真实的世界，而是通过电影银幕变幻出来的一个崭新世界。它来自于现实而高于现实，使电影从某种意义上成了具有独特表现力的、独立的艺术形式。虽然艺术家们的初衷可能只是想利用电影来探索绘画等其他艺术形式可能的表现途径，但是，电影被当做一种艺术而非单纯媒介载体或娱乐工具的相对独立性被显现出来，并对后来发展为更加极端的“纯电影”起到了一定的导向作用。

3. 对德国“室内剧”电影的启发作用

表现主义之后在德国形成的一股室内剧影片潮流是从表现主义的小剧场戏剧演变而来的，这类戏剧情节简单，场景真实，是表现主义变化与过渡时期的产物。观众在表现主义热潮过后，热情渐渐转向现实生活题材，室内剧具有的现实风格迎合了观众的口味，另一方面，这类电影又延续了表现主义电影关于人物内心活动的传统做法。室内剧后出现的街头电影成为表现主义电影向纪实性转化的代表，而德国先锋派在表现主义基础上所做的另一个选择则是形式的极端，产生了抽象主义电影。

4. 对世界电影的贡献

德国的表现主义电影不仅对战后的德国电影产生了重大影响，对世界电影，特别是美国20世纪30年代的恐怖片等也产生了一定的影响。德国表现主义导演在20年代中期将其常用的表现主义手法带进了美国电影，此外，40～50年代的“黑色电影”在题材和风格上都受到了表现主义电影的影响。

三、达达主义电影

达达主义文艺流派出现在第一次世界大战期间。1916年，法国诗人特里斯唐·查拉在苏黎世的一个咖啡馆内偶然发现了“达达”这个词，这一象声词在法语中是迷恋执著的意思，在儿语中则为摇动木马的意思，用它来为一种文艺流派命名，没有任何意义。其代表人物有先锋派画家马塞尔·杜尚、马克斯·恩斯特、奥托·狄克斯等。在1918年《达达运动的第一宣言》中，达达主义者表现出绝对的否定性，主张否定一切迷恋过去的做法，摧毁艺术的模仿功能和一切与资产阶级价值观及与自然相关的传统美学规则，主张进行文学和艺术上的彻底革命。达达主义的宗旨表现为颠覆和破坏，与传统决裂，推崇个性的彻底自由，甚至采用俄国无政府主义者巴枯宁的口号：破坏就是创造！达达主义的主张在20年代中期对电影也产生了影响，他们反对电影承袭文学和戏剧的叙述传统，不重视故事及逻辑，期望利用电影本身的特性，运用嘲讽、无理性、游戏的手法来呈现自由、即兴、纯粹的电影技巧。

（一）达达主义电影溯源

达达主义电影运动的中心在法国，法国的印象派电影首先给法国电影注入了先锋性意识。印象派以德吕克的“上镜头性”理论为主，强调照相与自然的和谐结合，用光和节奏来揭示电影的诗意。达达主义电影继承了印象派不注重故事情节、追求新奇视觉效果等电影艺术观念，并将这些主观倾向很强的个人艺术观念发展到绝对化和极端化。达达主义电影是一种反艺术流派与超现实无理性倾向的电影美学结合的产物。如果说达达主义电影源于某种流派，不如更确切地说它是一种姿态，一种精神压抑下的爆发，是达达主义艺术主张在电影上的一次释放。由于电影素材来自真实世界,因此通过电影对现实进行戏谑与嘲讽就更为直接,其破坏力更加明显,于是电影也吸引了众多达达主义艺术家们的关注和参与。

就广阔的社会环境来说,达达主义产生于第一次世界大战时期,动荡的战争环境给社会文化发展带来了巨大的震荡,以美为宗旨的艺术受到了重大挫折,先锋艺术家们开始怀疑艺术对现实生活的把握与解释能力,反传统的现代主义思潮进一步高涨起来。达达主义电影表明了艺术家们以批判的姿态重新审视现实,并希望通过破坏从主流文化形式中解脱出来。在达达主义电影中,普通的物体被赋予艺术含义,而对传统美学所赋予的美的东西给予解构和戏谑。达达主义电影的表现已经超越了对传统艺术的破坏,显示了更深层次的价值观的瓦解。电影是将这种破坏意义形象化的最好媒介,因为它取材于自然物象的画面更易于心理上的接受,也更进一步影响或改造人们原有的对世界、艺术和价值的心理认知。

从电影业自身状况上看,美国商业电影占据了欧洲电影市场,电影商业化日趋严重的现象引起艺术家们的忧虑,于是,先锋电影在与商业电影决裂的基础上,运用现代主义电影文艺的各种主张和手法另辟道路,探索电影的艺术特征并希望以此振兴法国的电影业。

(二) 达达主义电影运动之路

达达主义电影以巴枯宁的打倒一切,排斥一切,精神大于作品,形式大于内容以及破坏即是创造为哲学基础,以杜拉克的"纯电影" 理论为艺术依据。"纯电影"(也称"完整电影") 理论倡导电影不需要情节和表演,应成为形式和光的融合,完全摆脱戏剧情节和其他叙事因素。超现实的"纯电影"理论将电影界定为视觉、音乐的纯粹抽象,通过眼睛来触动情感,以画面来主宰一切。

1.《回归理性》——达达主义电影的起步

曼·雷伊的《回归理性》(1923) 可视为达达主义电影的第一部作品。雷伊将实物投影技巧用在电影拍摄上,有的镜头完全是类似灰尘的小物体盖在电影胶卷上曝光后的影像。作者通过将钉子、纽扣、照片和带子等不相关联的物体在胶片上感光,创造出许多杂乱的轮廓,其画面也有如万花筒般杂乱无章,互不相连。

《回归理性》是在巴黎达达主义领导人特里斯唐·查拉的指定下,为了让 1923 年 7 月 6 日在巴黎一家剧院内举行的达达主义盛会"胡须心之夜"有巴黎达达主义的电影作品出现而开始创作的。雷伊在展出前一天接下这个任务,拍摄了这部 3 分钟长的短片。这些画面让雷伊在欧洲前卫电影工作者中成为风云人物。雷伊的电影作品基本上与杜尚等达达主义及超现实主义者一样,带着一种戏谑及无政府主义者的轻狂。电影《回归理性》的标题本身就是对电影理性常规进行的嘲笑和发起的挑战。

雷伊是出生于美国的著名达达主义和超现实主义艺术家。他是一个擅长于绘画、电影、雕刻和摄影的艺术大师。由于他的主要创作基地在巴黎,常给人一种法国人的错觉。在先锋运动时期他拍摄的影片还有兼具达达主义和超现实主义色彩的《埃马克·巴吉阿》(1926) 和《海星》(1928)。

2. 达达主义电影主要作品及代表人物

继《回归理性》后,达达主义艺术家又继续拍摄了一系列具有鲜明达达主义色彩的影片。

（1）“纯电影”《机器的舞蹈》

1924 年法国立体主义画家费尔南·莱谢尔拍摄的抽象电影《机器的舞蹈》是一部典型的以“纯电影”理论为依据的电影视觉节奏的实验。影片表现了物体和齿轮的舞蹈，即用动作节奏和相似形状将许多被简化的物象连接在一起，使自然物体成为仿佛被赋予了生命力的具有节奏感的活动影像。全片共 300 多个镜头，由一系列杂乱无章的生活中常见的客观事物形象构成，如活动木马、游艺场的气枪、白色的圆圈和三角形、银色玻璃球、数字、镀铬的机器零件、齿轮、运动着的机器杆件、杂技表演中的马术场面、商店里的服装和摇彩的轮盘等。这些形象主要是物和机器，唯一的人物是一个总也爬不上楼梯的洗衣妇。

莱谢尔在影片中摒弃了叙事的元素，而通过一系列快速组接的独立画面，表现出富于节奏的物件与机械的运动，以构成一种“视觉的舞蹈”和“看得见的音乐”。这里表现了达达主义者喜欢用无政府式的混乱状态，以即兴、滑稽、粗俗、反道德、反美学的方式解构传统价值的风格。

（2）《幕间休息》

1924 年，雷内·克莱尔拍摄的《幕间休息》成为达达主义电影最杰出的一部代表作品，其编剧为达达主义运动的领导人弗兰西斯·皮卡比亚。这是一部充满幻想、荒诞不经的典型的达达主义电影作品，自始至终没有任何逻辑与情节。第一部分像是一场关于梦的内容，几乎完全从类比和对照中引申出来，如一只纸船在巴黎一片屋海的上空中飘荡，竖立着的香烟变成了一座希腊庙宇的柱子，一个芭蕾舞女的裙子变成了一朵盛开的花等①。

影片中大量使用了达达主义鲜明的离奇古怪的隐喻、惊人的效果和故作神秘的手法。如影片中那个著名的镜头：当芭蕾舞演员的面孔从仰摄的舞裙边显露出来时，观众所看到的不是女演员的面孔，而是嘴上长着浓密胡须、眼睛上带着夹鼻眼镜的男人的脸。片中还短暂出现几个达达主义者的娱乐性镜头，如雷伊和画家杜尚下棋，皮卡比亚和音乐家艾力克·萨蒂在搬运一尊大炮等画面。

当皮卡比亚用枪把瑞典舞蹈团的明星让·布尔林打死后影片进入第二部分——出殡和追逐场面。出殡葬礼像是在杂耍场中进行的，但却以庄严的节奏开始。一匹骆驼拖着殡车，打扮得像银行出纳员的牧师跟在车后，一个花圈酷似奶油面包。这些淡淡的讽刺与幽默是达达主义的典型细节。送殡行列穿过一个公园后步伐渐紧，最后在灵车后狂奔起来，灵车以不断加快的速度前进，越过山冈，穿过海岸，载着棺木在大自然中奔驰。影片结尾布尔林死而复生，身着魔术师的服装用魔术使追赶他的人消失，自己随即也消逝在银幕上。导演通过电影化的手法创造了缓慢的和快速的运动，实验了慢镜、溶镜等电影技法，从而造成了节奏感。

从《回归理性》到《幕间休息》有了新的发展和变化，虽然风格同一，但《幕间休息》已非单纯利用抽象形式，而是选取现实生活中的素材，但这些素材以一种反逻辑的形式出现，

① 王宜文：《世界电影艺术发展史教程》，北京：北京师范大学出版社 2004 年版，第 19 页。

因而失去了现实性，与达达主义对无理性的推崇相统一。

雷内·克莱尔是最富于法国特色的电影工作者。他的影片剧本一般都出于自己之手，富于画面形象感。1927年有声电影出现后，他执导了影片《巴黎屋檐下》(1930)、《百万法郎》(1931) 和《自由属于我们》(1931)、《七月十四日》(1933)等，在国际影评界得到了很高的评价。

达达主义影片的主要作品还有费尔南·莱谢尔的《爱玛克·巴基亚》(1926)、马塞尔·杜尚的《贫血的电影》(1926)及德国人汉斯·里希特的《影片探究》(1926) 等。达达主义是戏谑的、嘲讽的和反叛的，有些影片甚至是无聊的，达达主义影片虽然高产，却少见具有探究价值的经典之作。

3. 短暂的达达主义电影

达达主义电影流派的热潮仅持续了两三年的时间便逐渐消退。在《幕间休息》公映后不久，达达主义发生了分裂，被超现实主义电影所取代。

首先，从社会环境上看，达达主义电影与其所属的整个艺术流派被作为一种“颓废”、“堕落”的艺术，受到了当权者的压制。

其次，达达主义电影在经济上始终摆脱不了困窘处境。艺术家们为电影的艺术前途担忧，在对资本加在艺术身上的沉重枷锁感到焦虑和愤怒的同时，采取了与商业彻底决裂的极端化做法，其中就包括了力图撇开大众而独立解决商业和艺术的矛盾。电影创作者们决定从那些优秀的作家、艺术家、知识分子中间来寻找他们的观众，并将观众仅限于此，这样做的同时也将自己孤立了起来。达达主义电影以如此鲜明的姿态反对商业化，忽视了电影作为一门艺术的特殊性。与绘画及音乐的艺术创作不同，电影兼有艺术性和大众性，它无法仅靠艺术家个人单枪匹马进行创作，且不能脱离观众而独自存在，因此，得不到经济支持的达达主义先锋派电影难以维持自己的生存。

最后，从电影的理念上看，达达主义艺术家们敏锐地发现了电影对其他艺术的强大接受力，并为此进行积极的探索和实践是值得肯定的，但他们忽略了电影作为一种独立艺术本身有其特殊的内部规律是不能容忍的。事实上，他们单纯地将电影抽象为绘画和音乐的本质是对电影的工具化，即将电影仅仅作为一种表达其音乐或绘画理念的媒介，利用这一媒介的特殊手段使这些现有的艺术呈现出别具一格的新面孔，试验其新的可能呈现在艺术家眼中的超乎想象的新奇的视觉效果，并为此感到欣喜不已。因此，这一时期的电影理论认为影片应该彻底放弃故事情节与表演等叙事元素的主张也就不足为奇了。达达主义的抽象化和无理性的电影仅仅是对电影表现形式的某一方面的探索和创新，并非对电影本质的全面把握，所以这种电影形式只能是过渡性的和实验性的。

(三) 我想去搞破坏——达达主义电影的美学观

达达主义者的美学原则具有破坏性，且没有一致的方向性，他们致力于在表现技巧方面标新立异，通过对传统美学原则的戏谑与颠覆来确立自身的地位。

1. 对传统美学审美原则的反叛

如果说表现主义是将审美融入了电影艺术中的话，达达主义者则是以反叛与疏离传统美学观念的姿态显示其存在。如典型的达达主义代表作《幕间休息》表现一些梦境似的视觉的碎片，像是将一场胡闹的游戏搬上了电影银幕。达达主义艺术家们搬运大炮的游戏场面以及最后变成了魔术戏法的葬礼等奇异的视觉效果被设计出来的目的仅在于引起观众哄堂大笑，这里能感觉到达达主义艺术家们对传统美学中审美和谐等概念的戏谑和嘲讽意味。

2. 反叙事、反逻辑的无理性美学原则

达达主义者的电影作品通常没有主题，展示的画面是无逻辑的，追求视觉上与思维上的反常规和反理性。与德国先锋派电影的抽象主义不同，那些电影虽然没有主题和逻辑，甚至排斥人的表演而将物放在首要的位置上，但德国先锋派的电影如德裔瑞典人达达主义画家维金·艾格林的抽象动画片《对角线交响乐》(1921）和《平行线交响乐》(1924），抽象派画家、音乐家汉斯·里希特的《第二十三号节奏》(1923），画家华尔特·罗特曼的《第四号作品》(1925）等创作时都有明确的意图和较严肃的态度，意欲赋予一些几何图形以节奏，让抽象的图形或物活动起来创造一种沉默的旋律，通过视觉来传达音乐的感觉。达达主义者并不拒斥人物和自然的素材，他们更多的是利用这些东西来打破电影的叙事逻辑，如《幕间休息》具有类比性物体的转化，一些古怪的情节等都是在引起观众的思维惯性后又打破这种思维惯性，造成新奇的、意想不到的视觉体验和心理感受。这是蓄意地对传统叙事规则的破坏和解构，其目的可能不在于严肃地对电影表现力的探索，而仅仅是站在破坏的立场上对传统的逻辑与理性进行拆解，并将这种行为以画面展示出来，展示的仅仅是一个经过，没有任何具体的创作目的。这种漫无目的的探索，最终导致了达达主义电影在创作上的文化虚无主义。

3. 对奇异视觉效果的偏爱

达达主义风格的电影通常通过电影素材的运动和碰撞来进行创造，尝试以此方法激发观众情绪和感受等心理状态的改变。如《机器的舞蹈》中采用木马、楼梯、玻璃球等日常生活中常见的东西，使它们在电影里动了起来，仿佛被赋予了生命，让观众的眼前闪动着现实生活无法给予的神奇的视觉体验；又如《幕间休息》中让人难以有心理准备的芭蕾舞演员的"变脸"等。这些视觉效果可能通常是具有讽刺、游戏和嘲弄性的。

（四）有限的达达，无限的主义

达达主义风格的电影虽然经历的时间很短，也少有艺术性较强的经典作品问世，但对于欧洲乃至世界电影的发展仍具有不可抹杀的作用，达达主义对传统的反叛和批判的精神也对后来的电影创作者产生了很大的影响。

1. 达达主义者的艺术反叛精神

商业化的运作在某种程度上破坏了电影的艺术性。达达主义者们敏锐地感觉到了这种矛盾，认为只有拒绝商业化，艺术家们才能获得解放，获得创作自由。克莱尔的《幕间休息》便是对商业电影的一次滑稽模仿，为的是对之进行讽刺和嘲笑。先锋派们的另一种做法则是从知识分子精英中寻找观众，拒绝承认电影具有大众文化性质的一面。这些都体现了艺术家们对现实的批判精神和反抗精神。虽然达达主义者们只是展现一种反抗的姿态，并未获得什么实际性的成果和找到一条切实可行的道路，但是这种观念的提出本身就是对电影的艺术价值以及对电影人进行艺术创作的维护，并使人们关注到电影艺术与商业之间矛盾的存在。

2. 对超现实主义电影的影响

达达主义电影中超现实性的美学追求最终导致超现实主义电影的诞生。达达主义电影流派的一部分艺术家雷伊、杜拉克等将其创作手法运用到后来发展起来的超现实主义电影中,使电影技术、表现手段进一步得到了继承和发展。

3. 达达主义电影的世界性和现代性

达达主义的无理性、无情节和无人物性格等艺术观念迄今仍是西方现代主义电影所奉行的"三无主义"。现代主义电影与先锋电影相比已不只是非商业性的短片,抽象化被大大削弱,而20世纪50年代后的后现代主义等电影艺术都是达达主义的变奏和展开,从中我们仍能找到达达主义当年的影子,只是不同时代的电影具有不同的时代特征,但达达主义的精神及表现方法仍存在于现代电影中,不断地得到丰富或创新。

四、法国超现实主义电影

达达主义之后的法国电影走上超现实主义的道路。创作者借用文学、绘画上的超现实主义创作方法,反对叙事和理性,强调无理性行为、梦境、不协调形象的结合及个人快感在电影中的重要意义。超现实主义成为许多先锋派艺术家的最终归宿。

(一)超现实主义电影的萌发土壤

超现实主义的产生是在20世纪20年代,与其他先锋艺术流派一样有着大致相同的社会背景。战争破坏了既有的社会秩序,而19世纪末开始的科学技术的发展和各种新思潮的涌现使人们的生活方式和内容发生了巨大的变化。人们对艺术模仿人生的能力从根本上产生了怀疑,认为艺术对人类行为的外部描写和对现实生活场景的逼真再现已不能充分反映人生的真相,必须要创造出一种存在于艺术家内心的、超越了现实的、绝对真实的电影作品。

就艺术本身来说,超现实主义电影的艺术源流来自达达主义与超现实主义等先锋派的文艺运动。超现实主义艺术运动发轫于文学,原是哲学上的术语,最初称为"超自然主义",后来被用于绘画上。该文艺流派认为文学艺术应在人的复杂性后面发现它的统一,现实的东西不足以反映事物本质,超于现实之上存在着某种形式,这种形式一是潜意识,二是梦境。超现实主义的电影创作者也认同现实生活中的表面事物及现有的礼俗道德等社会规范都是对于人的精神和其本能需求的一种束缚羁绊,只有否定和抛弃这些才能获得精神上的解放。因此,唯一的道路是抛下理性、道德、社会、宗教等观念对人的桎梏,唤起心中那些被压制已久的潜意识。

法国诗人、小说家、理论家安德烈·布勒东可以说是超现实主义的创始人。1919年他发表第一部诗集《当铺》,并同路易·阿拉贡、菲力浦·苏坡合办《文学》杂志,参与达达主义运动。1922年结识奥地利心理分析家西格蒙德·弗洛伊德,转而提倡超现实主义。1924年他发表了第一篇《超现实主义宣言》,宣称"超现实主义,阳性名词,纯粹的、无意识的精神活动。人们通过口头、书面或任何其他方式表现出思想的真正作用。它只接受思想的启示,而没有任何理智的控制,没有任何美学和道德上的偏见……超现实主义根源于一种信仰,相信某些被忽略的联想形式存在于现实之外,它们存在于梦境中,存在于不受控制的思想中”。同年成立“超现实主义研究会”后，主持出版《超现实主义革命》杂志。

超现实主义电影的心理基础主要来源于以法国主观唯心主义哲学家柏格森的直觉主义与奥地利精神分析学家弗洛伊德的“潜意识”学说为代表的多种社会思潮。直觉主义是一种强调直觉或直观在认识中的作用的思潮和学说，认为直觉是比抽象的理性更基本、更可靠的认识世界的方式。这种学说或思潮通常带有强烈的反理性主义、反实证主义和反唯物主义倾向，主张直觉可以深入事物的内部，得到的认识是绝对的。伯格森认为，直觉是使人得以体验事物本身运动的精神状态和洞察终极实在的非概念性认识，他所推崇的直觉观带有一种反理性的神秘主义色彩。弗洛伊德将其心理学说扩大应用到文艺上，并将文艺归结为研究和表现潜意识的工具。他认为文化产生的结果是对人的本能进行压制，而艺术则是人的原始欲望得不到满足时的替代品，当艺术家回到梦幻中寻求其本能的满足时，以其热爱的艺术形式来体现梦幻，因此艺术便是梦幻。

（二）超现实主义影像的回顾

从电影的发展状况来看，抽象电影与达达主义电影实质上是利用电影的特殊技巧而作的形式上的游戏，缺少艺术价值可言。达达主义的艺术家们在对电影探索的道路上一直漫无目的，他们提出了破坏一切和否定一切的理念，却无法建立一个艺术准则，在解构了传统美学原则的同时，也解构了自身作为独立艺术流派建立相应美学原则的可能性。为此，先锋派电影开始寻求对达达主义电影的超越并开拓电影表现形式的新出路，回到了艺术对人的关注上来。

1927 年前后，超现实主义电影逐渐取代了达达主义电影，成为先锋派运动最后阶段登场的电影流派。

1. 第一部超现实主义电影——《贝壳与僧侣》

1927 年，谢尔曼·杜拉克根据诗人安东南·阿尔都所写剧本摄制的《贝壳与僧侣》是超现实主义电影的第一部作品。该片尝试以一系列的幻觉画面来揭示人的心理状态与隐秘，剧本过于天真地追求诗意和心理分析等因素使得它当时并未引起人们过多的注意。

谢尔曼·杜拉克早先是戏剧评论家，1914 年前后参加电影工作。她曾是路易·德吕克创办的“电影俱乐部”的主要成员，是先锋派电影运动的领袖人物。这位法国女导演对一切新的倾向都非常敏感，并在对电影的不断理解和探索中完成了从印象主义到超现实主义艺术风格的转变。她的主要作品还有《微笑的布德夫人》(1923)、《第 927 号唱片》(1927)、《主题与变奏曲》(1930) 等。1930 年至 1940 年间担任“法国新闻片”的导演。她的“纯电影”理论将电影界定为视觉、音乐的纯粹抽象，一定意义上体现了电影艺术从自为走向自觉。

2. 主要作品及代表人物

继第一部超现实主义电影《贝壳与僧侣》问世后，超现实主义流派的电影人以此风格继续进行创作，1928 年，《一条安达鲁狗》引起了广泛的关注，并掀起了超现实主义电影运动的高潮。

(1) 布努艾尔的《一条安达鲁狗》

1928 年，侨居法国的西班牙导演路易斯·布努艾尔的电影《一条安达鲁狗》开始引起人们注意，并被视为超现实主义的典型代表作品。在这部作品中，创作者首次将立场放在纯粹精神层次上，画面与剧情具有鲜明的反造型和反艺术特点。

该片通过描写一个精神困顿的流浪汉的一连串梦境进入对人类潜意识的探索，试图激起观众的内心冲动。影片由一系列梦境似的画面组合而成：一双男人的手在磨剃刀，他仰望天空，看见浮云从圆月上飘过；一个姑娘的面部镜头，明亮的眼睛，剃刀的刀口接近眼珠，云彩遮住月亮；刀刃把姑娘的眼睛划开，一片浮云划破圆月；一个阴阳人站在巴黎街头，用木棍拨弄路边的一截断手；男人抚摸女人的乳房；男人的手被卡在门缝中，突然手上出现黑洞，四周爬满了蚂蚁；男人闯进屋子，想要抱住他所渴望的女人，却被两根系着南瓜的长绳子绊住，绳子的另一端绑着两个修道士和两架钢琴，钢琴上放着两头死驴；书变成了枪；男人被他自己的化身开枪打死；血迹中飞出蝴蝶；男女主人公被埋在沙中，只露出头部①……

电影情节的展开完全符合一种潜意识的心理自动机制，是思想上的精神分析学说和艺术上的超现实主义的结合。作者试图用狂乱和富有刺激性的画面去表现纷乱的内心活动，表面上看该片像是一堆素材的堆砌，但创作者相信直觉。影片将现实与梦境、自由与束缚、欲望与隐忍等对立的情绪和完全不能调和的东西并列展示出来，并将它们富有诗意地融为一体，暗含着创作者希望观众从漫无头绪、安排荒诞的画面中领悟出其精神实质。这种奇特而不协调的结合也表现了创作者对于一种无缘无故、荒诞不经和富于诗意的新的比喻形式的探求。

布努艾尔是西班牙著名导演，一生拍摄了 32 部影片。他的作品思想深刻，艺术手法新颖。超现实主义与叙事体完美结合的隐喻和象征风格是他的电影美学原则。布努艾尔一生关注社会，他的很多作品充满了对宗教虚伪和欺骗的批判精神及对资产阶级虚伪道德观念的无情抨击，拍摄的影片中至少有 10 部曾经遭到禁演。1950 年拍摄的《被遗忘的人们》是布努艾尔重要作品中最优秀的一部，并获得了当年戛纳电影节的金棕榈奖。1979 年进行的 100 部世界最佳影片评选中，布努艾尔的《一条安达鲁狗》、《无粮的土地》(1933)、《毁灭天使》(1962) 等 6 部影片中选，留给了电影界丰富的宝贵财产。

(2) 其他作品

其他超现实主义风格的电影作品还有让·科克托的《诗人之血》(1930) 及布努艾尔的《黄金时代》(1930) 等。

《诗人之血》与《一条安达鲁狗》相比，已经感觉不到超现实主义的那种令人不安的发疯似的绝望、无政府主义的骚乱以及对资本主义文化的一律诅咒，该片只是在造型方面受到某些超现实主义电影或诗歌的影响，更多的是借用了特技摄影及技巧效果来表现创作者所惯用的主题，对艺术形式本身的过于关注使影片失去了精神上的张力。

《黄金时代》一片加强了《一条安达鲁狗》中先锋派初期那种无故炫耀技术的做法，影片在格调平凡而近乎庸俗的画面中间协调地穿插了一些从新闻片和一部描写蝎子生活的纪录片中剪下来的片断，超现实主义者把这些平庸的形象剪接在一起，用来表现他们所谓

① 黄文达：《世界电影史纲》，上海：上海古籍出版社 2003 年版，第 43 页。

的“优美的骸体”的奇特蒙太奇①。布努艾尔和萨尔瓦多·达利所写的《黄金时代》剧本试图用弗洛伊德、劳特雷阿蒙、萨德和卡尔·马克思这些人的学说来说明世界，导演甚至想借用《共产党宣言》中的一句“利己主义计较的冰水”来作为这部作品的名称②。影片表现了性的本能与种种外部和内部压制力量的冲突，创作者有意识地在影片中应用暗示的手法来表现一种愤怒的情感和泛性欲主义。该片虽然内容和风格混杂，时间上完全跳跃，人物和事件也没有直接联系，但它却标志着一种思想觉悟的开始，在注重精神和道德含义的同时更加富于时代政治和社会的暗示，在这些超现实主义风格的隐喻中，充分体现了创作者对资本主义文明批判的锋芒。《黄金时代》一片宣布了超现实主义电影的结束。

3. 超现实主义电影的归宿

超现实主义电影处于欧洲历史上电影先锋运动的末期。20世纪20年代末，法国社会状况发生了很大变化，爆发于美国的经济大萧条很快波及欧洲，法国与其他欧洲国家相比，危机持续的时间更长一些。在严峻的社会现实下，电影开始关注现实和平民生活，先锋派的电影人受到前苏联“电影眼睛派”的影响，从超现实主义演变为纪录主义倾向，体现了先锋派艺术家们开始在无政府主义的盲目反抗与绝望中寻找新出路的努力。

另外，超现实主义电影的主观色彩过于浓重，基本上属于艺术家用来表达内心的个人化艺术品，将表现幻觉、潜意识等深层次心理活动当做创作的主要目的，表现形式过于抽象和难以理解，虽然包含着对现实的嘲弄和不满，包含着对社会的批判，但由于对客观现实完全排斥，并以纯粹的非理性活动代替对客观现实的反映，在其表现内容失去客观依据的同时，也使得这种对现实生活的批判只能作为艺术家个人的情绪宣泄而不具有代表性，因此不能引起广泛的关注和共鸣。

最后，以大众为受众目标的商业电影吸引了更多的目光。超现实主义电影由于仅将观众界定为少数精英知识分子，必然缺少经济上的资助；由于电影的非理性和纯粹的形式化追求过于极端地打断了电影的叙事传统，造成观众的接受心理断裂；先锋电影没有统一的艺术标准和艺术追求，难以很快培养出规模化的稳定的受众群体。20世纪20年代中后期有声电影出现以后，电影已不再是纯粹的画面艺术，新的技术改变了电影的艺术特征，打断了先锋艺术家们对电影在形式方面发展的艺术狂想。

（三）潜意识的视觉碎片——超现实主义电影的美学观

超现实主义电影的美学原则依然建立在无逻辑、反理性的基础上，但与其他先锋电影流派相比，又具有自己的独特风格。

1. 无逻辑反理性的美学观

超现实主义电影主要以达达主义电影无逻辑反理性的美学观为基础，强调电影不应该受到理性和逻辑的支配。超现实主义先驱劳特雷蒙曾说：一把雨伞和缝纫机在手术台上相遇，这也是美。他们的电影通常利用一系列没有逻辑的、抽象的画面来营造一个梦的情境，任何想要找出各个段落间的逻辑关系和线索的想法都是徒劳的。虽然超现实主义

---

① 【法】乔治·杜萨尔：《世界电影史》，徐昭、胡承伟译，北京：中国电影出版社1995年版，第236页。

② 同上，第238页。

电影均取材于现实生活，但其中所表现的这些现实生活中的人与事物已经超越了一般的生活经验，人物在影片中的行为没有理性和逻辑可言，情节是断裂的、跳跃的，甚至是荒谬的和不可思议的。但超现实主义电影与达达主义电影的风格又有所不同，达达主义电影中充满着愉快的即兴式描写，影片表现的是无所顾忌，对任何事物都持有一种漠视和无所谓的轻松，超现实主义的梦境却明显带有一种焦虑不安的骚乱与愤怒。

2. 以梦境求索思想的真实过程

超现实主义电影受到弗洛伊德关于潜意识等学说的影响，试图将梦境、无意识、潜意识等变化的过程通过影像进行外化，他们认为梦幻、潜意识等才是真正的精神活动，而电影的任务就在于表达思想的真实过程。如杜拉克的《贝壳与僧侣》，在情节开展中理性的、美学的东西都被作为无关紧要的内容而排除在外，影片通过僧侣的一系列幻觉来进行一种心理和精神的分析，以揭示人深层次的潜意识状态，体现出因欲望不能满足而产生的压抑、痛苦、挣扎以及愤怒等情感，暗含对社会生活的不满与嘲弄，创造出一系列令人费解和震惊的画面。影片强调精神自动性，寻求潜意识的暗流，以无意识运动过程作为创作线索，具有自动写作的特点。而布努艾尔的《一条安达鲁狗》本身就根据创作者的梦境编写而来，剧本的创作原则就是：不要可能得出理性的、心理的和文化的解释的任何思想和任何形象，除了令我们震惊的画面，别的都不要，也不打算知道为什么。

3. 对性问题的迷恋

超现实主义电影以弗洛伊德学说为基础建立思想根基，显示出对于性问题的迷恋。弗洛伊德的精神分析法极其强调人的性欲，人的行为的性动机和人的性生活在生活总体中的地位被极端地扩大。且弗洛伊德认为梦是表达某种潜在的希望或动机的象征方式，因此，这种从性的角度来描绘人物的主张使超现实主义电影热衷于采用各种性爱题材。

（四）超现实主义电影的意义

1. 拓展了以影像来体现精神世界的技巧

超现实主义电影利用电影所特有的照相纪实性与结构蒙太奇生动有形地表现了人的梦境，使人的内心世界和梦境等无意识状态充分外化，在这方面拓展了电影的表现领域。该流派的创作者对电影这一特殊媒介的表现力给予了充分认可，这也是艺术家利用电影本身的内部规律来运作获得的成果。电影艺术的表现潜力得到了进一步发展，为其后的创作者提供了值得借鉴的经验。

2. 体现出探索电影艺术性的创作倾向

超现实主义电影的表现形式与内容是无逻辑、反理性的，但在看似混乱的表象下却具有明确目的性，即展现人的无意识、潜意识等。较之达达主义来说，它首先体现了一定的艺术责任感，在表现幻觉与梦境、抨击理性的过程中触及了一定的社会现实。其次作品强调了电影的艺术功能，有了明确而严肃的创作目的。最后超现实主义电影体现了创作者们对电影艺术规律及其标准的探索，而非单纯对传统表现方式的破坏。

3. 暗示了电影作为一种媒介所具有的传播双向性

超现实主义由达达主义电影以单纯刺激人的感受和情绪体验等为目的，转变为对表现人们真实精神世界的探求，这一创作行为本身涉及并要求精神互动的加入，也要求观众在接受电影画面时在心理和精神上更深层次地介入和参与。于是观众被赋予一定的角色期待和重视，这暗示着先锋派艺术家们“个人的艺术”开始具有了一定的开放性。

4. 对后来心理分析故事片的影响

在无声电影时代，电影只能通过画面向人们展示各种故事情节与意义，因此，在没有声音作为辅助的情况下，如何利用现有技术手段刻画形象以作用于人的心理和精神世界便成为电影探索的主要内容。超现实主义电影在这方面进行了很多实验和研究，这些表现手法对后来表现变态心理、潜在性冲动及无理性行为一类故事片的产生有一定影响。

欧洲历史上的先锋派电影是西方文艺中各种现代主义流派的大汇合。虽然现代主义进入电影较晚，但电影表现出的极强的接受力吸引了众多艺术家参与到作品创作与理论研究上来；另外，电影与商业的矛盾以及电影的图像性特点也激发着艺术家对电影进行艺术探索的强烈欲望。先锋派电影运动经历了表现主义、达达主义、超现实主义最后走向记录反映现实的演变过程，持续时间大约10年，运动具有理论多、实践少和全盛时期短促的特点。在30年代初，由于种种因素影响，先锋派电影运动开始走向尾声。

先锋派电影的各个流派并不是孤立的，它们互相影响，互为补充，在具有一定承接性的同时，也在相当范围内产生交集。如超现实主义在先锋派电影运动初期达达主义盛行时就已经出现，雷内·克莱尔的《沉睡的巴黎》(1924) 已蒙上了超现实主义电影的色彩。该剧讲述科学家采用某种神秘手段使巴黎停止一切活动，当一切东西醒来的时候又处于一种疯狂活动的状态，通过幻想的故事表现了一种狂乱的精神现实，并暗示着精神恢复正常的困难；另外，该片还明显受达达主义风格的影响，导演用轻松的讽刺描绘了几个人物生活在死寂的巴黎的状况，影片也因此获得了更多的艺术价值。

在先锋派运动中有不少电影人活跃于不同的电影流派之间。如谢尔曼·杜拉克曾是印象派的主要成员，后来提出的“纯电影”及电影并非叙事艺术，不需要情节和表演等观点是达达主义和超现实主义等抽象电影所倡导的创作理论。《贝壳与僧侣》上映后，杜拉克成为一名超现实主义电影运动的艺术家。让·爱浦斯坦曾是法国20世纪20年代印象派电影的重要代表人物之一，1924年法国印象派电影随着创始人路易·德吕克的去世而宣告结束，爱浦斯坦受表现主义影响转而拍摄先锋派的影片。布努艾尔在欧洲超现实主义刚刚萌芽的时刻来到巴黎，开始了超现实主义电影创作。1928年拍摄了电影《一条安达鲁狗》，这部17分钟的短片用梦境、幻想的方式将人的内在精神呈现出来，成为超现实主义电影的经典之作。20年代末，布努艾尔作为先锋派电影人继续进行探索，从电影《无粮的土地》开始向具有社会意义的纪录片转变。艺术家进行的电影实践不断丰富和改进了电影语言和相关的电影理论。

作为无声电影时期一次对电影艺术形式的探索运动，先锋派的创作及理论使电影扩展到艺术领域，人们对电影的认识获得了新的发展。先锋派的作品改变和超越了电影传统表现形式平铺直叙和简单复制现实的方法，促进了蒙太奇理论的形成，电影视觉语言的表现方式有了极大的丰富提高，给后来的创作者留下了许多宝贵的经验；同时，先锋派的批判精神和对艺术的狂热追求是电影艺术不断获得发展和丰富的精神动力。

思考与练习

1. 欧洲先锋派电影运动是现代主义在西方电影中的第一次兴起，分析其兴起和发展的特殊因素，可与绘画及诗歌等艺术形式进行联系比较。

2. 尝试总结表现主义、达达主义、超现实主义电影创作方式及电影理念的异同。

3. 自选一部先锋派作品，解读其影片拍摄特色。

第二节　前苏联蒙太奇学派：镜头创造意义

【本节提要】本节主要介绍前苏联蒙太奇电影学派的产生背景和运动经过。电影在前苏联成立之初，被作为社会主义国家文化的重要内容而受到重视。蒙太奇学派就是这一时期在前苏联政府的支持下发展起来的，其题材是现实主义的。文中对这个学派的几位主要代表人物库里肖夫、爱森斯坦、普多夫金等的电影创作和理论成果进行了介绍和总结，并涉及战争与群众运动。该电影学派的主要贡献在于确立了将蒙太奇作为基本电影语言的叙事原则，并将蒙太奇由电影技术上升为一种电影美学与哲学的高度，为后人留下了大量可供研究的电影作品与理论著述。

【主要内容】

1. 库里肖夫的电影实验
2. 爱森斯坦的吸引力蒙太奇和理性蒙太奇
3. 维尔托夫的电影眼睛派
4. 普多夫金的抒情蒙太奇和杜普仁科的诗意蒙太奇
5. 蒙太奇学派的艺术观念及贡献

电影蒙太奇出现在20世纪10～30年代，是法文montage的译音，原来是建筑学上的一个名词，意为装配、安装。在电影创作中，蒙太奇是一种将不连续的镜头进行组接的电影叙事技巧，使不连贯的镜头元素被组装起来，并在相互关联中获得意义。蒙太奇的发现开启了电影叙事的种种可能性，打开了电影的艺术创造空间，从此，电影不再是对现实事物的简单复制，它拥有了特殊的时空存在形式，并逐渐步入艺术领域。电影史上，美国蒙太奇学派对电影艺术的探索主要在于叙事蒙太奇，即如何使电影叙事更合理、巧妙和吸引观众。真正把蒙太奇提升到理论层面，对其进行认识并总结的是前苏联蒙太奇学派。该学派在研究美国电影先驱格里菲斯剪辑技术的基础上，全面总结了关于“蒙太奇”的概念，强调客观影像与主观认识的统一。前苏联蒙太奇学派不仅创立了丰富深邃的电影蒙太奇理论，而且付诸电影创作的实践，是电影史上第一个系统的、自觉的电影美学和哲学理论流派。

一、应运而生的前苏联蒙太奇电影学派

1896年，电影传入了俄国，俄国人也开始尝试拍摄影片。自1908年起，俄国的制片商德朗科夫开始制作影片，他比较注重从俄国历史、人民生活和俄罗斯文学作品中汲取题材，比如根据冈察洛夫的剧本拍摄了影片《斯捷潘·拉辛》(1908)，该片由洛马斯可夫导演。

蒙太奇学派产生以前的俄国电影主要有两种趋向：一是直接采用丹麦等北欧国家电影公司的题材，二是把与本国传统、文化有关的俄国历史名著与文学作品改编为文艺片。1914年的世界大战使法国对俄国的控制有所放松，这一时期外国影片输入也大幅削减，使俄国影片的产量大为增加，艺术水平也有所提高，出现了像伊凡·莫兹尤辛那样的优秀演员。当时的人们热衷于阴森可怕的虚无主义影片以及分外注重形式的浮华剧等。

1917年二月革命以后，布尔什维克逐渐取得政权，国内的矛盾斗争严重影响了电影事业，大电影院的老板们宣布罢业，私营电影制作公司抵制私有财产国有化，拒绝向国营影院提供胶片，一些电影人也流亡到国外，电影并未获得好的发展。1919年8月27日列宁签署法令，政府将沙俄的电影企业收归国有。此时，前苏联电影无论在人力方面还是物力方面都处于极度困难的境地，值得一提的作品只有热里雅布日斯基导演的《包里库什卡》(1920)，这部影片被认为是前苏联第一部比较成功的影片。1922年，前苏联国民经济在和平环境下开始恢复，列宁发出了"在所有艺术中电影最为重要"的行动纲领，制片厂恢复生产，战前的电影人重新走到一起。值得注意的是，在这一时期，出现了一些先锋派电影团体，他们在政府的支持下，开始了新的电影理论的探索和实践，其中就有库里肖夫的"实验工作室"、柯静采夫等组织的"奇异演员养成所"和维尔托夫的"电影眼睛派"。这些组织以及前苏联的国立电影学院为这一时期的前苏联电影，特别是为蒙太奇学派培养了大量人才。

同一时期，欧洲的先锋派电影艺术家们在电影表现手段以及蒙太奇运用方面进行了大量探索，内战后，格里菲斯的《党同伐异》(1916)给前苏联年轻的电影工作者以极大的触动。这既使前苏联蒙太奇学派获得新高度的理论与实践基础，也同时激发了前苏联年轻电影艺术家们振兴本国电影业的激情。由于当时前苏联国民的文化素质普遍较低，出于政治宣传、教育及提高人民素质等方面考虑，电影画面的叙事性成为最有利于实现这些社会功能的媒介。因此，前苏联电影在这一时期对传播效果极为重视，主要着意于如何让普通人看懂并触及其认知。它既不同于美国好莱坞的商业电影，也不同于欧洲先锋派精英自我表达的电影艺术，对旧有的手段只能借鉴，探索一种新的、有效的电影叙事艺术成为一种迫切需要。

拍摄电影需要大量资金，而当时前苏联的电影业在经济上相当困难，西方理论家曾开玩笑地说，苏联人之所以发明蒙太奇，是因为他们找不到整卷的胶片。无力随心所欲拍摄电影的前苏联电影人更多地只能对国内外已有的成功电影文本进行研究，在格里菲斯蒙太奇技术的基础上，通过分析、剪辑实验等来研究电影镜头。如"库里肖夫实验室"曾经用几个月的时间将《党同伐异》的几千个镜头拆分，再进行新的组接尝试，通过这些试验获得

许多电影剪辑方面的新认知。这种特殊的条件，反而给电影技术的理论研究创造了较大空间，培养了前苏联电影艺术家在对蒙太奇的探索中将理论与实践相结合的思路，他们既是电影创作者，也是电影艺术的理论家。

二、蒙太奇的变迁——从美学基础到哲学概念

前苏联蒙太奇学派泛指在20世纪20年代初到30年代初活跃于前苏联影坛、将电影蒙太奇提升到理论层面来概括和认识并将理论结合于具体电影实践的艺术家群体，其中主要有库里肖夫、维尔托夫、爱森斯坦、普多夫金等。该学派没有统一的艺术宗旨，几位主要艺术家在电影蒙太奇观念和方法上都具有很大差异，他们在不断的争论、改变、充实中逐步将电影蒙太奇从电影美学基础上升为电影哲学理论。

（一）作为电影美学开始起步的蒙太奇

对影片进行剪辑实验获得的经验和认知是前苏联蒙太奇理论最早的理论前提。在最初阶段，艺术家们揭示了画面剪辑和意义叙事的关系，指出了蒙太奇的技术特性，提升了蒙太奇的电影美学高度。

1. 库里肖夫和他的创造性实验

列夫·库里肖夫是前苏联蒙太奇学派的第一位理论研究家。他原是一位画家，内战时曾和维尔托夫、基赛等人一起在前线拍摄新闻纪录片。1919年莫斯科国立电影学院成立后，在那里组建了“库里肖夫实验室”，对电影蒙太奇理论产生很大影响的“库里肖夫效应”、“创造性地理”、“电影模特儿”等实验都是在这时完成的。在这些实验的基础上，他提出蒙太奇原则是电影特性的基础。他拍摄的前苏联新学派影片有《西方先生在布尔什维克国家》(1924)和《遵守法律》(1926)等。

(1)“库里肖夫效应”

库里肖夫将沙俄时期著名演员伊凡·莫兹尤辛的一个没有特定表情的脸部特写镜头与另外三个镜头并列剪辑在一起，让观众发表各自的观感。第一个组合里，脸部特写后紧接着桌上摆放一盆冒着热气的汤的镜头，观众认为，从这一镜头看出演员那全神凝注、如饥似渴的样子；第二个组合是将镜头与一个棺材里躺着的女尸剪辑在一起，这时观众在莫兹尤辛的脸上读出了沉痛、悲伤和激动的神情；第三个组合是特写后面紧接着一个小女孩玩玩具狗熊的画面，观众又无不感到演员在观察孩子玩耍时脸上轻松愉快的微笑以及犹如慈父般和蔼可亲的表情。这一实验探讨了不同镜头间组接的可能，并使库里肖夫得出这样的结论：电影中演员的表演是不重要的，不同镜头组接在一起获得了联系，正是这种联系才使单个镜头获得了意义，获得了一种新的艺术的质。因此，镜头的组接是产生意义的基础，他据此提出了“库里肖夫效应”。

(2)“创造性地理”实验

在这个实验中，库里肖夫将五个镜头加以连接。这五个画面分别为：一个男人从右向左走（在莫斯科国营百货大楼附近拍摄）；一个女人从左向右走（在果戈理纪念碑近旁拍摄）；两人相遇握手，男子举手指向画外（在莫斯科拍摄）；镜头中出现一栋白色的建筑物（美国白宫）；两人走上楼梯（地点是莫斯科大教堂）。镜头连接在一起后，互不关联的场

景却在观众的脑海中创造了关于一个完整行为过程的印象，这一过程是观众的逻辑思维主动参与的结果。库尔肖夫据此认为，影片之所以产生意义，在很大程度上还与观众的联想能力和日常经验有关。

(3)“电影模特儿”的训练方法

库里肖夫在他的实验室中还为电影培养了一些能以最富表现力的方法为故事片服务的“电影模特儿”。这一训练方法要求演员在做出准确形体动作的同时，必须传达出相应的心理状态。为了使得演员们能像模特儿那样做出准确而标准的动作，他坚持对演员进行严格的形体训练。库里肖夫反对斯坦尼斯拉夫斯基强调内心活动的“体验派”表演，莫兹尤辛的实验证明，演技可以依靠蒙太奇手法来加以深化，所以他认为在单一的镜头中，演员的地位等同于电影道具，只要在需要出现的时候给出规定的姿态和表情即可。

通过大量的实验并结合电影创作的经验，库里肖夫对蒙太奇这一术语做出了解释：电影艺术的素材是影片的片段，其构成方法是按照一种创造性的次序把片段连接起来，不同的组接次序将产生不同的和单个镜头不具备的新的意义，这就是电影中的蒙太奇。库里肖夫的理论指出了蒙太奇作为一种电影语言的技术特性，他认为蒙太奇的原则是电影特性的基础，也就是说，蒙太奇在库里肖夫这里是一种电影美学基础意义上的电影表达手段。

2. 普多夫金——剪辑创造新意义

普多夫金是前苏联著名的电影艺术家和电影理论家。他大学期间攻读的是化学专业，在1920年进入前苏联国立电影学院学习之前曾参加红军，在德国被俘后逃出。他曾是库里肖夫的学生，但由于电影观念上的分歧于1925年离开了库里肖夫实验室独立拍片。1926年，普多夫金导演的《母亲》震动了世界影坛。他在创作中也是理论与实践相结合，同年发表的《电影导演与电影素材》和《电影剧本》阐释了蒙太奇揭示生活中存在的一切联系的能力和目的以及用蒙太奇思维进行创作的电影艺术观，进一步发展了关于蒙太奇的理论。

在蒙太奇发展的初期，普多夫金还发表了一篇关于创造性剪辑的论文。文章通过对格里菲斯在影片中采用的剪辑方法的分析，指出了格里菲斯在特写镜头上的局限性。他认为格里菲斯的特写镜头尚缺乏独立意义，只是在全景画面含义较多时作为全景镜头的一种补充、说明或强调时才出现，仅仅在时间上和空间上起了一个分段的作用，因此认为格里菲斯的特写镜头太少。普多夫金认为，每个镜头都应该提出一个新论点，将一些镜头并列起来能创造出新意义，含义存在于多个镜头之中，单独的镜头不能表意，进而阐释了蒙太奇是电影艺术的客观的根本性法则的论点。这一阶段是对蒙太奇作为电影手段的技术特性的确认，揭示了画面剪辑和意义表达之间的关系。

3. 维尔托夫的“电影眼睛”观

吉加·维尔托夫早年在圣彼得堡学习医学和心理学，也是一个未来主义诗人和音乐家。1916年，维尔托夫建立了一个“声音实验室”，试验声音的各种蒙太奇效果。十月革命后的1918年，维尔托夫加入了莫斯科的电影委员会，任新闻片《电影新闻周报》的编辑和剪辑师，1919年起领导一个电影小组在国内战场上拍摄新闻纪录片并从事宣传鼓动工作，在此期间，维尔托夫剪辑出《革命周年纪念》(1919) 和《内战史》(1921) 两部文献纪录片。1922年5月,他的三人小组创办了一份《电影真理报》,按月发行新闻片,也出产一两部纪录片,主要作品有《电影眼睛》(1924)、《在世界六分之一的土地上》(1926)、《持摄影机的人》(1929)及后来的有声电影《关于列宁的三支歌曲》(1934)等。但在《摇篮曲》(1937)一片以后,他的理论受到猛烈攻击,以至到他去世之前只拍了几部作为任务的影片。

电影眼睛派最初是由维尔托夫与其二弟米哈依尔·考夫曼及剪辑师伊丽莎白·斯维洛娃组成的小团体,起名为"三人会议",1920年起开始宣传"电影眼睛"的优越性。不久在这个小团体周围汇集了一批富有挑战精神的纪录片艺术家贝黎亚科夫、列姆别尔格、科巴林、罗德欣柯、布什金等,形成了具有世界影响的电影眼睛派。

维尔托夫对场面调度、电影剧本、演员、摄影棚等统统加以排斥,主张用"实况拍摄"来捕捉"生活即景"。他们通过宣言《电影眼睛派·改革》提出了"通过电影眼睛来把握宇宙"的美学观,声明"我们的出发点是:利用比人的眼睛更加完美的眼睛——电影摄影机,来研究充满空间的庞杂视觉形象……"他否定故事片,推崇新闻片,认为电影的作用在于如实地记录事实,可以把摄影机隐蔽起来进行拍摄。他认为记录事实并不是简单地呈现现实生活,而是强调通过电影工作者的创造性劳动,采用多种多样的拍摄角度、快速摄影、动画摄影、显微摄影、放大摄影、倒摄、移动摄影等方法,通过对镜头进行选择、剪辑、加字幕等将生活素材给予特定意义,探索纪录片表现方式的多种可能性。在他看来,电影艺术只存在于片内字幕和电影蒙太奇之中,他创造了电影世界里新的时间和空间。

维尔托夫的这种理论在实践上必然会遇到些不可逾越的困难。摄影机不同于人眼可以敏感而灵活地捕捉周围景物,并对所看到的景观做出反应,且摄影机需要一定的拍摄条件,在表现情感等方面会显得力不从心。

虽然这一理论存在一些局限和偏颇,但电影眼睛派将蒙太奇视为电影创作的基本原则和主要手段,强调并使人们开始注意到了蒙太奇的重要性。该学派在电影创作中客观表现事物的同时,还重点强调了电影的分析,提出了"真实的诗意"观念,认为诗意在很大程度上需要依靠电影的蒙太奇技巧来创造和展示。

在前苏联蒙太奇学派的起步阶段,这些主要的电影艺术家们通过进行实验、理论分析及具体的电影实践从不同角度提出了关于电影蒙太奇的观点,主要的创造性工作是确立了蒙太奇作为主要电影叙事语言的地位,使蒙太奇不再像过去那样只是作为一种简单的电影技巧,而上升为一种艺术手段,上升到电影美学的高度,成为电影艺术研究的一个领域,引起人们的关注和研究热情;另外,艺术家们站在理论高度对蒙太奇进行的总结和概括,为后续的电影实践提供了相应的理论基础。

(二)理论成熟阶段——蒙太奇与电影哲学

在对电影继续进行的理论和实践探索中,前苏联蒙太奇学派将蒙太奇概念逐渐上升到一种电影哲学的高度,其中作出主要贡献的是爱森斯坦、普多夫金、维尔托夫和杜普仁科等人。

1. 爱森斯坦——吸引力到理性的蒙太奇观

谢尔盖·爱森斯坦出生在一个建筑师家庭,从小接受了良好的教育,受传统俄罗斯文化影响很深。大学期间在攻读工程建筑专业的同时,大量接触了沙俄时代有关造型和戏剧的艺术。十月革命时期参加了红军，1920年开始投身戏剧，是著名戏剧家梅耶荷德的学生。1923年转入电影界拍摄了《罢工》，1925年的《战舰波将金号》给他带来了世界性的声誉。爱森斯坦将艺术创作与理论分析结合在一起，从20世纪20年代初开始发表论文，在国立电影学院任教期间，对蒙太奇理论作了进一步的深入探索和研究。他对电影事业充满激情和创造力，但其一生事业曲折，有影响世界的成功作品，也曾有惨败的经历。

(1) 主要理论

1922年，他在先锋派杂志《左翼》上发表了《吸引力蒙太奇》(又译"杂耍蒙太奇") 一文，这是其蒙太奇思想的开端。他认为"吸引力"是指给观众以强烈的感觉，而蒙太奇则是把在时间和空间里随意拍摄下来的一些"吸引力"结合起来。这一概念最初是针对戏剧而言，爱森斯坦也在实践中运用了这一创意，如在风俗喜剧《一个聪明人》中，原有表现小丑、卖艺人和走钢丝的场面，爱森斯坦却在这些场面中插进了一部名叫《格鲁莫夫的日记》的短片。

他认为"吸引力"是使观众受到感性或心理感染的重要因素，互不关联的画面被并列在一起就是为了刺激观众以获得心理震动，这样观众就能够进一步接受演出的思想内容。吸引力蒙太奇忽视叙事，认为具有明确目的的、随意挑选的和独立的感染手段自由结合起来就能达到最后表达主题的效果。这一理论将爱森斯坦引入了电影领域。在电影创作中，他依然强调蒙太奇的煽动性，并认为电影是传播思想的，不受剧本和逻辑的束缚。他认为，电影吸引力包含了三层含义：蒙太奇元素的异质性和视觉的震撼性；影片主题的扩张性和自由联想性；电影对观众注意力的牵引性①。这一阶段，爱森斯坦的蒙太奇理论主要还是诉诸人的情绪，即刺激观众的感性认知，以达到吸引观众获得传播效果的目的，还未上升到对观众理性认知的触动层面。1924年所拍摄的《罢工》是其第一部电影作品。在该片里，爱森斯坦运用吸引力蒙太奇的理论，将帝俄统治下屠杀罢工工人的镜头和屠宰动物的镜头联系在一起，交替出现。

后来，爱森斯坦从《罢工》中得到启发，认为电影不仅要创造新事物及其新属性，而且要从思想本质上认识它们。他提出了理性蒙太奇的概念，这是吸引力蒙太奇的延伸。这一时期他认为，理性电影将是概念的电影，电影蒙太奇的运用就在于将逻辑语言和形象语言协调统一在一起，用简洁的图像叙述抽象的概念。镜头不是元素，而是细胞。镜头内部所含的潜在因素不断积累，相互冲撞，首先发展为两个并列镜头间的冲突，随着冲突的加强，它终于像细胞一样突破自己的四角形细胞膜而分裂重组，形成一个新的质；冲突被扩展为多个镜头间的冲撞，利用这些镜头，将已分解的事物依据我们的观点和态度重新组合成新的整体——具有具体概念的蒙太奇句子。爱森斯坦强调了蒙太奇的有机性和典型化职能，将蒙太奇从一般技术手法上升到电影美学高度，并将蒙太奇与辩证思维联系在一起，步入到哲学领域。可见，不论是吸引力蒙太奇还是理性蒙太奇，其核心都是冲突，在冲突中使观众受到情绪的震动，在冲突中镜头展现的图像被赋予新的思想和概念。爱森斯坦强调剪辑不同画面给观众造成震撼以产生新的理性认识，这种在对立冲突中传达抽象

① 杨远婴：《爱森斯坦及其蒙太奇学说的理论模态》，载《当代电影美学文选》，北京：北京广播学院出版社2000年版，第70页。

理念的想法使他沉迷，甚至希望能用影像和剪辑拍摄马克思的《资本论》。

1930年以后，爱森斯坦在理论上更侧重于从综合和有机统一的角度研究电影内在的语言问题。爱森斯坦关于蒙太奇的一些理论被现代电影创作继承下来，其中一些极端的观点和方法则在其他诸如后现代的视觉艺术形式中得到继续。

(2) 代表作品

《战舰波将金号》(1925)是爱森斯坦蒙太奇理论最杰出的代表作。影片是根据1905年一次真实事件改编而成的。波将金号原是沙皇海军的一艘战舰，1月9日是俄国历史上著名的"血的星期日"，沙皇政府镇压和平示威群众的暴行激怒了全国人民，罢工浪潮遍及全国，人民的革命情绪也传到了黑海水兵中间。舰上水兵的反抗情绪暗流涌动，直接的导火线是水兵们拒绝吃生了蛆虫的肉，于是军官用武力镇压，矛盾被激化，水兵在华库林楚克带领下愤怒起义，该片讲述的就是那段关于水兵哗变的历史。起义成功，华库林楚克却牺牲了。船靠岸后，水兵和市民们在敖德萨为英雄举行葬礼。在群众往船上运送补给时剧情发生转变，欢乐的音乐被不祥的鼓声取代，预示着一场暴风雨的来临……在敖德萨码头，荷枪实弹的沙皇军队将枪口对准了手无寸铁的人们开始了血腥的大屠杀。此时，影片也进入了高潮，并完成了影片最经典的段落。实际时间只需两三分钟便可走完的敖德萨阶梯，被电影蒙太奇语言延长至10分钟左右才走完，爱森斯坦在这里倾注了自己对蒙太奇理论的全新理解和完美诠释。最后，在水兵们的感召下，被派来执行任务的12艘沙皇军舰保持沉默，拒绝向同伴们开炮。波将金号甲板竖起象征革命不可战胜的红旗，缓缓驶向大海，驶向自由。

《战舰波将金号》片长74分钟，由1346个镜头组合而成。爱森斯坦对原剧本进行了大胆的改编和重新整合，并将自己全新的电影蒙太奇理论付诸实践。该片严格按照经典的五幕悲剧的结构规律来安排：① 人和蛆虫；② 后甲板上的戏；③ 为死者呼吁报仇；④ 敖德萨阶梯；⑤ 与舰队相遇。一些经典段落充分体现了他关于蒙太奇就是镜头内部冲突的理论。影片每一部分都被分成近似相等的两段，每次转折都是极端相反的动作而非单纯的过渡。爱森斯坦认为，在一切特征上都充满激情的作品其结构必须做到使动作有力地爆发并不断转为另一种"质"。在影片中，就是这些不断转化的"质"构成了激情的强烈参与。如经典的石狮子镜头，从俯伏沉睡、苏醒到昂首站起的三个画面，以贴切的隐喻手段将观众的激情激发起来，并参与到了影片的情绪构建当中，结构的激情与观众的情绪体验互相补充和推动。

在该片中，爱森斯坦用多个镜头拍摄一个动作，并使用了不少跳接的拍摄方法，从多角度观察和表现同一事物，创造了视觉节奏，延长了表现时间，单个镜头具有有机性，产生分裂，创造出新事物，这在巡逻军官鞭挞熟睡水兵以及敖德萨阶梯的屠杀场面中都有所表现。

《战舰波将金号》充分体现了爱森斯坦以冲突为核心的理论，每一部分的内部转折都从相反角度给出，产生冲击力量。如在后甲板上的戏里，先是水兵等待的沉默，然后是起义的激昂；第三部分开始表现宁静的海岸，人们从四面八方汇聚而来，悲伤的人们祈祷的手变成了拳头，悲伤的面孔转变为愤怒的表情。在高潮段落敖德萨阶梯的第一部分中，前一段表现市民们支持水兵的祥和欢腾气氛，接着，插入画面的字幕"突然"使剧情立刻出现了转折，屠杀开始了。前一部分出现的镜头中，持阳伞的女性画面对应旋转着顶到镜头前的阳伞，推摇篮车的母亲的画面对应中弹身亡的母亲和从台阶上滚落的摇篮车，一起看红旗的母子对应孩子倒地呼号和母亲惊恐的表情等，这些剧烈的冲突性画面极大地渲染了气氛，给观众的情绪以突袭，使人体验了猛然被激起的紧张和恐惧。在画面结构上，群众的混乱与军队的整齐相对立；在情绪渲染上，欢庆气氛与恐怖气氛相对立；包括镜头的组接，远景与特写、立体与交叉等都体现了画面内部结构的种种冲突和对立，这些蒙太奇手段的出色使用产生了震撼人心的力量。

该片充分发挥镜头组接和画面造型功能，达到了无声电影的艺术高峰。影片的画面气势宏大，惊心动魄，对蒙太奇手法的运用成为电影技巧的经典范例。这部影片被美国国家电影委员会授予金质大奖，法国也授予爱森斯坦金质奖章，至今仍享有世界声誉。

影片的成功使爱森斯坦获得较好的条件继续拍摄其他电影。他的主要作品还有《十月》(1928) 和《旧与新》(在法国上映时改名《总路线》，1929)。《旧与新》体现了爱森斯坦电影观念的继续发展，除了蒙太奇构图以及“吸引力”外，对造型更加注重，群众也让位给主人公，并有对主人公个性的描写。

2. 普多夫金——抒情蒙太奇

普多夫金的蒙太奇手法比较温和、折中。他接受了库里肖夫和爱森斯坦的部分观点，但突出强调电影的叙事性，更倾向于现实主义传统，具有修辞色彩。

(1) 理论观点

普多夫金认为蒙太奇既是一种电影的基本语言，也作为一种电影分析的逻辑存在；蒙太奇是关于镜头画面的组合语法，就好像语言一样由不同的单词按特定的顺序排列产生一定的意义。普多夫金主张通过蒙太奇手段来创造电影的时间和空间，进而创造“新的现实”，这一新的现实根据电影的逻辑思路来显示其表现力。他曾与其他艺术家创立了“苏联摄影技巧学派”，并强调对角色形象进行探索，这是爱森斯坦所忽视的。

普多夫金认为电影的基础在于表现，蒙太奇为演员的表演服务。他指出，表现性要依靠于分析，而蒙太奇就是寻找思想深处关于整体的综合观念的有效手段；蒙太奇要充分描述细节，细节是深入研究的入口。他将蒙太奇归纳为技术蒙太奇、艺术蒙太奇及思维蒙太奇三个发展阶段，认为思维蒙太奇是蒙太奇的最高形式，电影能形象地反映出人类辩证思维的过程和结果，揭示现实生活中的内在联系，从表面的到最深刻的联系。普多夫金又把重要的蒙太奇方法分成两部分——结构蒙太奇与对比蒙太奇。前者包括场面蒙太奇与段落蒙太奇，后者包括对照蒙太奇、平行蒙太奇、隐喻蒙太奇、交替蒙太奇和强调主旋律的复调蒙太奇。他与爱森斯坦在蒙太奇观念上虽然存在较大分歧，但其电影时空观念的哲学基础是一致的，即马克思主义的对立统一辩证法，强调通过对经验时空的切割和重组创造出具有特别含义的电影时空。普多夫金重视和强调镜头间的连接艺术，而爱森斯坦则更在意单镜头内部的张力以及镜头间冲突的构建。

(2) 代表作品

普多夫金于 1926 年拍摄的《母亲》是他最著名的一部影片。

该片根据高尔基的同名小说改编，表现了女主人公尼洛夫娜走上革命道路的经历。她的丈夫酗酒成性，破坏罢工，最后在贫困潦倒中死去，儿子巴维尔受进步思想熏陶参加了革命。由于母亲的疏忽,沙皇宪兵发现了儿子藏匿武器的地方,巴维尔被捕入狱。生活的磨难和斗争的经验使尼洛夫娜提高了觉悟加入革命行列,并参加了营救被捕同志的行动。巴维尔越狱成功,母子在游行队伍中相逢,但在军队的镇压中,巴维尔不幸牺牲。母亲悲愤难当,勇敢地挺身而出,高举红旗走到游行人群的最前面,终于也不幸牺牲。

普多夫金和编剧扎尔赫伊重新处理了原作的素材,在充分体会原著革命主题和激情的基础上,将复杂的长篇小说转变为电影语言,在以诗意手段概括地表现革命群众的同时,注重对人物个性的细致刻画,通过情节的删改添加了戏剧色彩,使形象的某些性格特征强调出来,更鲜明、生动并具有感人的力量。该影片充分体现了普多夫金对电影蒙太奇的理解和运用,更注重叙事和表现情绪。普多夫金认为,蒙太奇只是镜头的组合,这种组合是为阐明主体而设计,将一个个蒙太奇片段以恰当的次序组合起来创造出一定的节奏感,从小片段中创造出整体和活生生的形象来。他认为分割和切断的目的在于突出细节,通过对事件的分解和重组再现情节与事件,蒙太奇的作用就在于通过这些分割和组合使剧情连续,增强电影的叙事力量。在影片最为经典的结尾部分,除了剧情中需要出现的街头和监狱以外,普多夫金还加入了溶化的冰河这一与情节没有具体和直接联系的场景。春天来临,冰河开始溶化,预示着像巴维尔一样被捕入狱的革命者即将获得解放,群众将开始行动起来。巴维尔击倒守卫后一直跑到河边,从一块浮冰跳到另一块浮冰上,幸运地逃过了守卫的子弹后精疲力竭地躺在浮冰边缘。这时,游行队伍和冰块在水面飘荡的镜头交替出现,蒙太奇加快了影片节奏,预示着就要爆发的高潮。接着母子相遇,士兵向游行的人群开枪,巴维尔中弹,在母亲怀中死去。游行队伍被武力镇压,母亲在为儿子的死而悲痛哭泣的同时变得勇敢和坚毅,面对死亡威胁高举红旗。最后,又出现互相撞击的冰块、炊烟及向着阳光的红旗,这些风景渲染了气氛,甚至直接参与了叙事,既充满抒情的魅力,又蕴含着悲剧性的诗意的隐喻。

此后,普多夫金继续导演了《圣彼得堡的末日》(1927) 和《成吉思汗的后代》(1929)两部电影,继续发展了在《母亲》一片中的美学原则。这两部影片是前苏联20世纪20年代电影的杰出之作,奠定了普多夫金的导演风格及在世界电影界的地位。这三部电影作品在创作思想、路线和方法上有许多共同点,如:都是关于"思想觉悟"中心主题的表现,都是对于饱经磨难的政治意识觉醒式的普通人物的描写,都是同样的剧作线索的叙事方式等,体现了普多夫金在苏维埃国家体制创立初期投身于富有革命内容与形式的电影艺术创作中的激情。

3. 维尔托夫——电影眼睛理论到声画蒙太奇

维尔托夫继"电影眼睛"理论后,提出蒙太奇不仅是连接运动的手段,更要把电影的构成要素统一起来,从可听、可见、可感的真实材料出发,将这些与思想统一起来,"出其不意地拍摄人的思想"的声画蒙太奇观点。在默片时代,他已经发现并尝试了电影听觉表现的可能性,他认为声画蒙太奇不仅具有连接作用,还可以把影片的构成要素与其思想的构成要素相统一。

在有声电影初期,他拍摄了《关于列宁的三支歌曲》,搜集了所有关于记录列宁的影片及唱片,用蒙太奇手法在第二支歌曲中将这些材料剪辑在一起。

从20年代后半期开始,电影眼睛派被指责为小集团等而受到电影当局官僚们的打击，维尔托夫的文章发表和影片拍摄受到阻挠或禁止，甚至1926年被排挤出莫斯科，电影眼睛派实际上已经名存实亡，但维尔托夫的"电影眼睛"理论及声画蒙太奇观点对世界电影的影响是巨大而深远的。

4. 杜普仁科——诗意蒙太奇

杜普仁科出现在无声电影的末期，是前苏联乌克兰加盟共和国电影传统的奠基人。杜普仁科生长在农民家庭，在从事电影创作以前曾当过教员、领事馆职员和画家等，1926年进入了敖德萨电影制片厂。杜普仁科最早试拍的电影是《爱情结晶》(1926) 和《外交信差的提包》(1928)。1928年的《兹文尼郭拉》引起关注，开始显示出充满诗意和浪漫主义色彩的抒情导演风格，爱森斯坦和普多夫金给他的评价是一种"新生力量"的显现。在1929年拍摄的《兵工厂》一片中，诗意性的叙事结构得到了更强的统一，奠定了他关于电影的整个思想和艺术风格的基础。1930年创作的《土地》是杜普仁科最杰出的代表作，充满了抒情诗的意味，对法国和英国的年轻创作者产生了很大影响。卫国战争期间，杜普仁科又拍摄了一系列纪录片，他的最后一部影片《米丘林》(1945) 在前苏联传记片中占有一席之地。总的说来，杜普仁科对前苏联电影的最大贡献就是诗意蒙太奇的叙事结构，这种美学观点对世界电影的影响也是显著的。

《兵工厂》描写了1917年被德军占领的乌克兰兵工厂爆发的罢工事件。杜普仁科以乌克兰民间叙事诗及民歌的经典形式为观众描述了兵工厂工人们的斗争生活。影片中，出色的三个片段"铁路上的覆车惨剧"、"罢工爆发"和"起义失败"为杜普仁科在当时影坛上形成的新风格开了头。

导演首先给观众展示了一列满载复员士兵的列车，车上的人们兴高采烈、谈笑风生，欢快地弹奏着手风琴；而后情况发生突变，火车失去了司机的驾驭，加速蒙太奇的运用使人们看到了一列车速愈来愈快地失去控制的火车，惊惶的士兵们纷纷跳车，很多被轧死。此时，列车脱轨的场面被导演插入一个富有感染力的形象：滚落在坡道上的一架手风琴。与之前火车的失控狂奔相比，时间获得了一种延伸，静物体现出了一种诗意的忧伤。另外，在对罢工的描写中，停止不转的机器与奸细侧耳倾听外面动静的画面交替出现，动静切换的蒙太奇剪辑产生静中有动的感觉，使影片表现得富有张力。最后，中弹的罢工工人在生命最后一刻仍继续向前，抒情的笔调和诗意的画面表现得淋漓尽致。

三、应时代而消歇的前苏联蒙太奇电影

1935年以后，蒙太奇学派被作为形式主义流派受到当局批判。1934年的全苏作家代表大会明确提出社会主义现实主义的创作原则，蒙太奇学派的理论化和哲学气质显然与此时的社会需要不相适应。前苏联电影的勃兴在于政府的支持，因此，从发展之初就具有很强的依附性和社会实用性。这一时期国内提倡的主要题材是革命和建设，要塑造社会主义新时代的典型代表人物，以榜样的力量带动人民群众满怀激情地投入到国家建设中来，满足这种需要成了第一要务。蒙太奇学派的偏重理论、对形式的精心刻画以及许多关于战争的主题都不再能起到直接的迅速的社会传播效果。

无声电影时代即将结束时，蒙太奇学派的主要艺术家们都遇到了不同程度的失败和

艺术上的困境。普多夫金从德国回来后，拍摄了《普通事件》(1932) 一片，其音响对位理论的运用因观众难以理解而遭到失败，后来的《逃兵》(1933) 也一样效果不佳，自此，普多夫金很长一段时间未再拍摄电影。爱森斯坦离开国内后先是到法国，后又前往好莱坞，在西方，前苏联蒙太奇学派并未得到足够的重视，他在好莱坞的拍片计划也没有获得成功。1931 年他在墨西哥拍摄了一部近 5 万米胶卷的影片，寄往好莱坞后被剪辑成一部商业性影片《墨西哥万岁》，其中许多很有价值的段落被破坏了。回国后，爱森斯坦与普多夫金一样，开始专心从事电影理论的研究和教学工作。维尔托夫在 20 年代后期开始受到电影当局的打击，被指斥为形式主义，也停止了创作。杜普仁科的事业也遇到了困难，他的电影《伊凡》(1930) 由于难以被观众理解也惨遭失败。蒙太奇学派的主要代表人物此时虽然都走入了事业低谷，却为前苏联新的电影人创造了发展的机会，使前苏联的电影发展有了新的趋势。

有声电影的出现给电影探索带来了新目标，声音的加入改变了电影单纯的画面性，给电影的叙事语言和叙事手段带来了变化。虽然默片时代的艺术家们创造了丰富手段来增强电影的表现力，并努力赋予电影以无声的音乐，但声音出现后，许多能用音响解决的问题使得有些表现手法不再那么引人注意，因而某种程度上淡化了对图像表现领域的开拓。

四、前苏联蒙太奇学派的电影审美旨趣

蒙太奇学派是前苏联早期最有成就的电影流派，虽然并没有统一的艺术宗旨，各个艺术家在观念和方法上也存在着差异，但总的来说他们的美学观点依然具有很多共性。

（一）现实主义的电影美学观

前苏联蒙太奇学派的电影艺术家都共同的致力于电影叙事的理论和实践，将蒙太奇视为电影艺术创作的基础。欧洲同时期的先锋派更注重的是将电影作为一种抽象艺术来表现，或通过电影使抽象的概念视觉化。前苏联蒙太奇学派所倡导的艺术目标与之大相径庭，他们更加注重现实主义的题材，以电影的特有语言进行叙事，特别是普多夫金突出地强调电影的叙事性，爱森斯坦在其吸引力蒙太奇阶段拍摄的电影情节结构显得松散，但《战舰波将金号》正是因将蒙太奇纳入叙事主线，融入情节与主题中后取得成功的。这一时期的前苏联电影都取材于现实，将现实生活艺术化，主要是为社会生活服务。

（二）对电影传播效果的重视

前苏联蒙太奇电影学派尤其强调电影的传播效果，无论是爱森斯坦的蒙太奇冲突结构还是普多夫金的诗意化叙事，目的都在于增强影片的感染力，以使观众发生情绪上的变化，受到触动。到后期，蒙太奇学派对传播效果的影响上升到逻辑思维领域，将生活中复杂的辩证思维过程用图像加以描绘。

（三）对战争与群众运动的历史题材的偏爱

鉴于前苏联政府对电影的支持在很大成分上出于社会宣传和教育目的，这一时期的电影以历史题材居多，体现出鲜明的意识形态性，具有宣传教育色彩。反抗旧社会压迫的战争题材受到青睐，工人阶级成为主角和被表现的主要对象，同时也是对工人阶级走上政治舞台这一现实在艺术中的反映与推动。如爱森斯坦的《战舰波将金号》展示的是群众与

士兵共同反抗沙俄压迫的斗争，普多夫金的《母亲》则将视角对准了普通工人家庭，平凡的母亲从胆小怕事的劳动妇女转变为勇敢的革命者。这些电影塑造了很多工人阶级和具有革命精神的普通群众的英雄形象，讴歌了他们勇敢无私的精神，这些搬上银幕的人物形象体现了前苏联这一时期文化的大众化倾向，起到了宣传、教育和鼓舞人心的作用。

（四）大众性与艺术价值的双重美学观

前苏联蒙太奇学派的电影创作既不同于好莱坞的娱乐产品，也不同于欧洲先锋派艺术家的个人艺术品，而是作为一种大众艺术，具有既强调大众性又重视艺术价值的双重美学观念。艺术家们不但将蒙太奇上升为一种美学概念，在理论上做了大量工作，同时又将电影作为一种大众媒介看待，考虑了它的接受性问题。爱森斯坦在他的电影中因为经常需要考虑观众的接受程度而将电影叙事作一定的简化处理，有时甚至需要牺牲部分艺术性以迎合观众的接受心理。

五、前苏联蒙太奇学派对电影艺术的贡献

前苏联蒙太奇学派将蒙太奇作为一种重要电影语言进行了深入的理论探索和实践，几位电影大师以不同的方式和视角创立了各具风格的理论观点和电影作品，为前苏联电影的发展带来了高潮。他们的很多成果对世界电影也产生了影响，许多蒙太奇表现手法沿用至今。

（一）蒙太奇由美学到哲学的变迁

蒙太奇学派在发展期间将理论与实践紧密结合在一起，在拍摄了很多成功影片的同时，还进行了关于蒙太奇叙事的大量理论研究。前苏联蒙太奇学派对电影发展最直接的贡献就是在总结与丰富电影蒙太奇的基础上，强调并确立了蒙太奇作为电影语言的重要地位，将蒙太奇由技术上升到蒙太奇思维和电影美学的高度，其理论影响深远。

（二）使电影艺术摆脱了商业的桎梏

国有的前苏联电影企业能够摆脱商业的压力，使艺术家们有更多的空间进行艺术创作。虽然影片具有过于浓重的政治色彩，有的电影为了观众接受的需要在艺术性上做出了不同程度的牺牲，但是这些电影的主题和它所体现的观念仍具有很强的社会意义和艺术价值。爱森斯坦强调以镜头间的冲突来制造效果，渲染情绪，但其电影叙事始终坚持现实主义。杜普仁科的《土地》更具有浓厚的田园诗意，叙事简单却有一种朴素的穿透力。这些电影既是艺术，又与生活有着密切的联系，源于生活而高于生活，具有良好的社会效益和艺术价值。

（三）受众的地位受到重视

前苏联蒙太奇学派对电影受众的重视程度很高，创作者们有明确的创作目的，着力于传播效果的满足，通过电影述说主观立场并影响受众观念，揭示了电影作为一种大众媒介在传播上的互动性质以及受众在电影意义形成过程中的能动性。艺术家们对电影艺术价值和受众接受心理的并重就体现出这一点。

（四）为电影事业培养了新生人才

蒙太奇学派为前苏联电影事业的进一步发展培养了人才。库里肖夫、爱森斯坦和普

多夫金等人都在电影学院任过教，且库里肖夫等建立的实验室、奇异演员养成所等吸引了很多年轻的电影人，如尼古拉斯·埃克、柯静采夫、尤特凯维奇等，他们很多成为后来前苏联社会主义现实主义电影的主将。

（五）对世界电影的影响

电影眼睛理论是纪录片创作的初期理论基础，其实践则成为现代意义纪录片的滥觞。法国先锋派、意大利新现实主义、英国自由电影运动（强调艺术家的社会责任，要求重视日常生活题材和创作中个性的表现）、真实电影等都不同程度受到前苏联蒙太奇学派的影响①。20世纪60年代法国新浪潮的主将戈达尔曾把他的摄制小组命名为“吉加·维尔托夫”小组，以吉加·维尔托夫为精神偶像，其创作理念为“不在于拍政治电影，而在于如何政治化地拍电影”。前苏联艺术家们对蒙太奇这一电影语言的实践和理论探索，如对情绪的渲染，对电影节奏的构建，对时间空间的重组和分割等都为现代电影的发展提供了丰富的经验和理论成果。

前苏联蒙太奇电影学派在前苏联政府予以经济和政策扶持的基础上，在前苏联电影人的共同努力下取得了很多艺术成果，除了优秀的作品外，还包括了很多宝贵的实践经验与理论总结，特别是电影在这一时期摆脱了商业的影响，有利于艺术家在艺术上对电影的表达形式与手段进行更多的探索和发现。因此，这一时期的前苏联电影人对电影蒙太奇的创新与改进不仅是技术上的，而且站到了美学的高度来看待这一电影所独有的语言形式。爱森斯坦等电影大师对影片剪辑技巧的出色运用不但使他们的作品获得了世界性的声誉，更重要的是这些表达手段和电影美学理念对现代电影发展作出了突出的贡献。另外，这一时期问世的作品充分考虑到受众的接受心理，导演们不仅为了达到好看的目的而做足工夫，更将其主观立场诉诸影片中，通过艺术的手段来影响受众的主观感受和理性认知，通常都获得了良好的社会效益，这在电影发展史上是少有的和可贵的。但同时也应该看到，蒙太奇学派是应社会现实需要而产生的，因此具有鲜明的现实主义色彩。艺术家以现实生活中的原材料为素材，爱森斯坦等人甚至排斥个人化色彩，他们影片中的主角往往是作为一个整体出现，其局部细节也是为了体现整个电影主体的需要，有的艺术家追求演员的自然流露，通过蒙太奇的手段来构造新的画面，使演员的表现获得新意，因此，有些影片的拍摄显得过于呆板，过于注重形式。这也是由于艺术家们过于强调电影蒙太奇的作用，以致其创作方法和画面表现具有一定的局限性。

思考与练习

1. 为何前苏联艺术家对电影蒙太奇抱有极大的研究热情？这一电影技术的发展对前苏联这一时期的电影具有何种意义？

2. 选择一部前苏联蒙太奇学派艺术大师的作品，分析其蒙太奇技术的运用手法。

3. 蒙太奇作为一种电影特有的语言，在电影创作中的地位和意义如何？

---

① 王宜文：《世界电影艺术发展史教程（第二版）》，北京：北京师范大学出版社2004年版，第172页。

第三节　法国诗意现实主义：崭新的电影风格

【本节提要】 在电影技术新进展及社会现实新变化的催生下，20世纪30年代初法国形成了诗意现实主义电影流派(1930～1945)。该流派的主要人物多是法国年轻的知识分子，他们抛弃了20年代欧洲先锋派的抽象电影艺术，走向现实主义，电影创作具有浓郁的人文关怀和诗意的文学色彩。诗意现实主义电影的发展大体经历了乐观向荣时期与黑色电影时期。1940年德军入侵法国后，在艰难的创作环境下法国的诗意现实主义也进入了尾声。该流派是法国人文主义电影的滥觞，同时，在电影技术方面，艺术家们对长镜头、景深镜头等拍摄方法进行了大量的探索和实践，其创作理念和创作方式对战后的欧洲电影产生了一定影响。

【主要内容】

1. 诗意现实主义产生的背景
2. 诗意现实主义初期主要代表人物雷内·克莱尔与让·维果的现实主义倾向和人文色彩
3. 乐观向荣时期的让·雷诺阿与黑色电影时期的电影大师马赛尔·卡尔内
4. 诗意现实主义电影将文学化的诗意与社会现实相结合的电影审美艺术观

20世纪30年代，法国出现了诗意现实主义电影。这一电影流派继承了20年代先锋主义电影运动中旺盛的创新和实验精神，艺术家们通常以诗意的对白及视觉影像来审视和透析现实社会，并以哲理性的暗示进一步从艺术家的视角揭示出现实与艺术、现象与本质的内在联系，表现了法国电影在思想上的成熟。法国的电影艺术家在其电影作品中表现出鲜明的个人气质，影片在成为真正艺术品的同时，也具有一定的商业价值。

法国诗意现实主义电影艺术大师主要有雷内·克莱尔、让·维果、马赛尔·卡尔内、让·雷诺阿等。他们作品的旨趣和表现方式各有不同，但在30年代法国诗意现实主义的光影历史里都留下了浓重的一笔。他们继承了法国民族的感性审美传统，以诗性的情感倾注于现实生活，揭示了社会现象的深层渊源。电影在作为一种艺术品的同时具有鲜明的社会意义，艺术家们用影像表达了他们对现实生活的理性思考。

一、在现实中寻求诗意的法国电影流派

诗意现实主义的出现与社会现实及电影的发展有着密切关系。20世纪20年代的人们刚从第一次世界大战的漩涡中摆脱出来，在精神生活上获得了更多的空间和自由，在艺术上则表现为对传统艺术观念及审美价值的突破、改变甚至破坏，电影作为一种新的视觉艺术更是得到了先锋派艺术家们的青睐，激发了他们关于电影的艺术狂想。然而，随之而来的社会经济危机、电影新技术及电影业的市场竞争等因素对法国电影界产生了较大影

响,先锋派运动散场,诗意现实主义电影成为主流电影学派。具体情况如下:

(一)萧条的社会经济状况

30年代经济大萧条等社会状况的变化,影响了电影的发展。法国与欧洲其他国家相比,经济萧条和危机的时间还更长(1929~1935)。这时电影关注的目光开始转向社会现实,艺术家们只能从日常生活中去寻找一点有限的乐趣和诗意;而这一时期政治运动的高涨使得工人阶级和平民的利益开始受到普遍关注,反映现实的题材成为必需。另外,在经济危机等因素影响下,法国的百代和高蒙两大电影公司解体,使得法国出现了一些独立的小制片商,虽然在信誉上存在危机,却为电影市场提供了一些比较自由的竞争,让一些电影人获得了摄制新作品的机会。

(二)大众文化消费市场的形成

30年代初期正是大众文化在欧美形成趋势的时期,报纸等廉价传播媒介的兴起培养了很大的信息文化消费市场。有声电影的兴起,使电影这种有观众参与的媒介的叙事性和大众性更加鲜明。电影的产业化和商业性,也使得关注现实、考虑大众需要等题材成为创作的重要课题。此时,影片不仅在“电影俱乐部”中为少数艺术家观赏,也能够在普通影院中放映,并被广泛的大众群体所接受。

(三)电影业的境内外竞争

法国电影技术在这一时期相对落后,为装置音响设备不得不向美国和德国支付昂贵的租金。此时的美国在巴黎建立了制片机构,派拉蒙公司在这里摄制了许多多语种电影销往欧洲市场。德国也同样采取了行动,在巴黎和柏林都拍摄了法语影片。美国投入的大量资金虽然没有取得满意的效果,但技术进步带来的译制片还是对法国电影业产生了很大影响。

(四)诗意现实主义电影的艺术溯源

法国人丰富细腻的情感、浪漫的性格特征、19世纪20~30年代法国纪录片的诗意传统、欧洲先锋派所留下的关于表现事物的丰富经验以及自然主义、表现主义、印象主义等各种元素是法国诗意现实主义的艺术源泉。一些电影还借鉴了前苏联蒙太奇学派关于电影蒙太奇的理论和实践的经验,如诗意现实主义导演让·维果的摄影师鲍利斯·考夫曼是前苏联纪录电影大师,还是前苏联电影眼睛学派创始人吉加·维尔托夫的胞弟,拍摄风格具有鲜明的前苏联纪录电影的特色。

二、诗意现实主义电影的光影记录

诗意现实主义大致从1930年开始至1945年结束,创作高峰期大致在1934~1939年间,持续6年左右。当时法国主流电影的制作者是一批杰出的知识分子,他们所共同创造的这一电影流派被认为是最具法国特色的电影流派。1940年,由于德国入侵,法国已基本上没有了自己的电影。二战后,法国电影企业完全陷入瓦解和衰败,诗意现实主义电影也随之消歇。

(一)诗意现实主义电影的萌芽与过渡

法国诗意现实主义电影的发端,正是法国有声电影的最初5年。这一时期的主要代表人物是雷内·克莱尔和让·维果。克莱尔由先锋派的实验电影转向现实主义题材，电影中声音技术的加入使克莱尔对电影的认识有所改变，并积极地投入到对新技术的探索中。维果的电影则明显具有前苏联电影眼睛派的纪录电影风格。

1. 雷内·克莱尔

雷内·克莱尔曾立志于文学，一战时从军，战后做过新闻记者。1919年后克莱尔进入电影界，参与了《生活的百合花》、《孤儿》、《巴黎塞特》、《死亡的意义》和《一夜幽情》等电影的演出，并做过导演助理。他导演的第一部电影是《沉睡的巴黎》(1924)，同年的《幕间休息》使克莱尔成为默片时期达达主义先锋派电影运动的杰出代表。克莱尔在先锋派电影时期对电影与视像的发展估计过高，但电影新技术的到来使克莱尔的认识发生了改变，从有声电影出现时的慌乱愤怒转而很快投入到对现实题材的创作中。克莱尔执导了影片《巴黎屋檐下》(1930)、《百万法郎》(1931)和《自由属于我们》(1931)等，在国际影评界都得到了很高的评价，这些电影同时也将法国电影引向了诗意现实主义之门。1934年，克莱尔去英国和美国寻求新的发展，但收获并不理想，于1946年重返法国继续进行电影创作。克莱尔一生创作影片40余部，由于大部分电影具有较强的民族色彩而被称为法国导演中最有法国气派的电影大师。另外，克莱尔的影片富有幽默感，善于运用讽刺和诙谐的表现手法体现主题。克莱尔一直坚持在理论与实践的结合中探索电影艺术，其电影理论著作有《电影随想录》(1951)、《昨天的电影，今天的电影》(1970)等。1960年，克莱尔成为第一个被选为法兰西学院院士的电影艺术家，在授予院士时法兰西学院说，他不缺少任何荣誉，而我们的荣誉中却缺少他。他执导的最后一部电影是1965年的《风流的节日》。

《巴黎屋檐下》是克莱尔的第一部有声片。故事情节很简单，讲述一个流浪巴黎的街头歌手、他的好友以及一个两人都心仪的姑娘之间的恋爱故事。克莱尔沿用幽默诙谐的喜剧手法展示了对爱情和人性的探索，长镜头下的巴黎郊区中，普通人日常生活景象的细节被展现出来，显得亲切和真实，他"让拥挤的巴黎充满了抑制不住的浪漫"。影片在音画表现上具有特色，剧中的歌曲是一大亮点。有声片初期，这些音乐的运用可能更多意义上是出于一种好奇和实验的心理，剧情通过音乐来承接的手法具有很强的创造性，但又因表现得过重而有覆盖主题之嫌。《巴黎屋檐下》在商业上获得很大成功，其发行引起了世界的轰动，是法国最受欢迎的电影之一。

《百万法郎》比《巴黎屋檐下》更为精彩。影片主人公追寻一张中奖的彩票，在他后面跟着一大群傻头傻脑或者存心不良的朋友和前来要账的各种小商人：肉店老板、牛奶铺伙计、面包房老板等，这些商人都用一些小道具标志出他们的身份。影片的节奏、对白、主题、讽刺和柔情表现新颖，剪辑完美，剧情安排上对称、巧妙①。

1931年摄制的《自由属于我们》描写了一个越狱犯靠经营留声机生意变成了一个百万富翁，另一个则成了工人，但是看似自由的新生活反而使他们陷入了另一种监狱人生。克莱尔借用喜剧的讽刺手法来抨击社会问题，如生产制度、机械主义以及他比作牢狱苦工的传送带的生产方法等，富有魅力的布景、吸引人的外景摄影及优美的配乐给这部影片增

① 【法】乔治·萨杜尔：《世界电影史》，徐昭、胡承伟译，北京：中国电影出版社1995年版，第321页。

添了不少价值。不足的是，影片缺乏深入观察，表现出导演不现实的乌托邦思想。

继这三部影片之后，克莱尔继续拍摄了《七月十四日》(1933)、《最后的亿万富翁》(1935) 等影片。《七月十四日》与《巴黎屋檐下》、《百万法郎》、《自由属于我们》三部电影一起被称为他在这一时期的"四部曲"，国际影评界将它们评价为法国电影的高峰。影片富有幽默感，手法精练。《最后的亿万富翁》描写资本家为了解决生产过剩而把咖啡投到海里，把草帽沉到海底。该片也涉及通货膨胀、经济危机和独裁政治等社会问题，但与之前作品相比在水平上并没什么进步，也未有创新，在商业上也遭受了失败。

2. 让·维果

让·维果生于巴黎，父亲米歇尔·阿尔梅列达为当时法国著名的无政府主义者，加入法国社会党后积极投身反战运动，小时候的维果经常需要改变住所，并用假名。后来，父亲被绞死于狱中，他被送入寄宿学校。这些经历对他以后的电影创作具有很大的影响。

维果是法国诗意现实主义电影早期的杰出代表，其作品思想独特，探讨严肃的社会问题，具有很高的艺术性，并对电影艺术的发展产生了深远影响。1934 年，维果在巴黎因肺结核去世时年仅 29 岁。维果一生只留下了不过 200 分钟的 4 部作品，分别是《尼斯印象》(又译《尼斯的景象》，1930)、《法国游泳冠军塔里斯》(1931)、《操行零分》(1933) 和《驳船亚特兰大号》(1934)，却几乎影响了后来整整一代法国新浪潮导演。他的电影创作方法自由，表现方式和主题都极富诗意。法国电影界自 1959 年起设立"维果奖"，用于表彰有才华和富于创新精神的青年导演。维果的影片既注重准确地捕捉现实生活影像，又不满足于机械地摹写现实，而是力争将现实影像升华到诗的境界，同时将艺术家的内心感受转化为可见的视像。

《尼斯印象》以法国南部海滨城市尼斯为主要对象，内容大致为三大部分，分别表现尼斯的大海、土地和天空。在一年一度的尼斯狂欢节上，富有而赋闲的人们纷纷来到这里度假，悠闲地享受沙滩和阳光，生活在老城区的贫民却过着一贫如洗的日子。维果在影片中融入了更多的社会和政治因素，通过狂欢节上华丽花车的游行与衣不蔽体的穷人及尼斯旧城贫民窟的对比，强烈地讽刺了上流社会的穷奢极欲。拍摄时，维果经常让摄影师考夫曼坐在车椅上，把伪装起来的摄影机放在腿上进行移动拍摄。拍摄过程中，如果被拍对象有所察觉，他们便立刻停拍，但在剪辑时作相应弥补。影片被誉为纪录电影杰作，开创了"观点纪录片"的先河，它清楚地含有作者的观点。维果认为，这种社会纪录片需要一种立场，因为它要详细说明事实并表现观点。为了体现纪实性，人物应出其不意地来摄取，只有这样的纪录片才有力量。维果所说的"有观点的纪录"后来逐渐演变成了"观点纪录片"。

《操行零分》讲述的是假期过后，一群学生乘火车返回寄宿学校。学校如牢笼般的单调生活令人窒息，蛮横的学监由于几个孩子不听从他的训令就宣布他们操行零分，将他们关了禁闭。由于无法忍受清规戒律的束缚和乏味的生活，在学校校庆之日孩子们开始了反抗行动。影片从儿童的视角，审视一场寄宿学校的儿童"造反"事件。这是维果的第三部作品，表现出构图、剪辑、用光方面的天才。其中，孩子们撕破枕头，羽毛像雪片一样飞舞起来的场景已成为经典。该片由于隐喻资产阶级统治者以教育为名扼杀孩子的天性，把他们塑造成为规范中的人，直到 1945 年才获准放映。本片堪称电影史上儿童题材的扛鼎之作，是表现少年反叛主题的先驱。法国新浪潮电影运动的开山之作《四百下》、林赛·安德森的《假如》以及美国著名影片《无因的反叛》和《死亡诗社》中也都能发现这部影片的影子。

维果去世的同年，克莱尔也离开了法国去英国寻求更大的发展。法国有声电影的最初5年里，还出现了另外一些成功的作品，如让·舒的《月球上的让》(1930)、让·格莱米永的《小丽丝》(1930)、让·雷诺阿的《母狗》(又名《娼妇》，1931)、叙利恩·杜维威尔的《胡萝卜须》(1932)等。但这些影片都少有观众问津，因而在商业上并没有起色。在这之后，法国电影几乎陷于完全衰落，电影产量明显降低，暂住法国的一些出色的外国导演也纷纷离开了。

(二) 诗意现实主义电影的兴起

20世纪30年代左右，法国衰落的电影界出现了一些小的制片商，有些私营公司在获得拍片贷款后不久就携款逃走，与风险并存的是他们带来了比较自由的市场竞争，使一些有创作实力和天赋的电影人获得了机会。这一时期摄制的影片虽然不多，却构成了法国的新学派，即诗意现实主义电影学派。诗意现实主义的发展又可大致分为两个阶段，1934～1937年间可视为诗意现实主义发展的乐观时期，1937～1940年间法国的社会环境发生变化，诗意现实主义的主题等都发生了相应的变迁，被称为"黑色电影"时期。这个学派的代表人物有雅克·费戴尔、让·雷诺阿、叙利恩·杜维威尔等。

1. 诗意现实主义的乐观向荣时期

从1935年开始到1937年的两三年间，诗意现实主义的题材开始更多地表现社会中的普通人和工人阶级。左翼人民阵线的执政，使得艺术上出现了一种乐观的欣欣向荣的局面。这一时期的主要代表人物是雅克·费戴尔、让·雷诺阿和叙利恩·杜维威尔。

(1) 雅克·费戴尔

雅克·费戴尔进入电影界较早，他在1912～1915年间曾做过演员，后来任加斯东·拉威尔的副导演。1915年便开始独立导演影片，《亚特兰梯德》(1921)、《柯兰格比尔》(1923)、《梯丽莎·拉更》(1928)等是他拍摄的几部比较优秀的默片。1928年费戴尔离开法国去好莱坞谋求发展，结果并不理想，5年后又回到法国开始自己新的创作。

1934年初，费戴尔推出新作《大赌博》，虽然在剧情上并无新意，但其中对殖民地驻军区酒吧、脏纸牌、廉价的卖淫以及土人的愚昧等现实生活场景的描述充分而深刻，影片中那个因经营失败而失去社会地位的角色成为后来法国电影中常见的主人公。

《米摩莎公寓》(1935)以描写依靠赌博为生的社会群体为背景展开，其间穿插了一个女人与其养子的感情纠葛，费戴尔将人物置于特定场景和背景下进行刻画与描述，这种手法成功地塑造了典型的人物形象。这两部影片使费戴尔成为法国诗意现实主义学派早期的重要人物。从1935年起，这一学派又吸引了让·雷诺阿、马赛尔·卡尔内、叙利恩·杜维威尔等人参与其中，推动了法国诗意现实主义电影运动走向高潮。

(2) 让·雷诺阿

让·雷诺阿从20世纪20年代中叶起成为法国巅峰级的电影导演。其父亲为印象派画家奥古斯特·雷诺阿。雷诺阿求学时期的专业是哲学和数学，第一次世界大战期间为陆军候补军官，一条腿负伤致残后退伍，1924年成为导演。20年代曾经拍摄了《水上姑娘》(1924)、《娜娜》(1926)等先锋派色彩的电影。1931年拍摄的《母狗》开始具有写实主义倾向。雷诺阿是法国诗意现实主义最重要的代表人物,他拍摄的优秀作品主要有:由他自编自导的《托尼》(1934)表明了严格的现实主义倾向,是雷诺阿的电影创作进入成熟期的标志,成为现实主义罕见的作品之一;1935年的《兰基先生的犯罪》体现了"人民阵线"的政治路线,颂扬了普通民众的联合和团结;取材于自身经历的《大幻灭》(1937)取得了国际性的成功;1939年的《游戏规则》思想深刻,具有较高的艺术价值,但因涉及问题敏感而被长期禁映。第二次世界大战爆发后,雷诺阿辗转到了美国,战后返回法国,继续进行电影创作,其不同时期的作品具有不同的风格。雷诺阿的作品现实主义倾向明显,很多影片中表现了导演对社会、人及物质生活的思考;雷诺阿的现实主义作品还具有超现实色彩,它们通常与导演的想象相结合,成为极具诗意的艺术。

《托尼》描述了一个法国农民由于爱情上的犯罪和司法误判而杀死了一个外国工人。影片以一件真实事件为蓝本,雷诺阿借助于这个剧本描写了法国工人的生活,并触及了当时侨居法国的外国劳工问题,这种主题从前在法国电影里一直被忽视。影片意义深远,格调简洁,真实的笔调是其最重要的特点,该片用这种真实的造型手法描绘了法国的社会状况。《托尼》一片在商业上成果平平,但对于雷诺阿和当时的法国电影来说,这部影片是一个转折点,在法国电影史上是一部关键性的作品,影响深远。

《兰基先生的犯罪》刻画了一个恶毒的企业家企图欺压正直的人,为了反抗这种压迫,工人们团结起来组织了一个合作社进行斗争,终于取得了胜利。影片营造出一种温情、亲切的环境氛围,并饱含幽默感,充满了胜利和乐观的格调。片中涉及了巴黎郊区的贫民、洗衣房的女工、贫苦的作家等下层社会人物,表现了团结和斗争最终能获得胜利的乐观思想。

《大幻灭》的编剧查尔·斯派克曾参与第二次世界大战前法国许多成功影片的摄制工作,如费戴尔的《英雄的狂欢节》、《大赌博》,杜维威尔的《同心协力》等。斯派克对这些影片的导演有一定影响。在编写《大幻灭》的剧本时,他尽量利用了雷诺阿和战友班萨尔在第一次世界大战期间的亲身经历。影片讲述第一次世界大战期间一架法国侦察机被德国空军歼击机击落,侯爵出身的参谋博瓦尔迪和工匠出身的驾驶员马雷夏尔都成了俘虏。他们先是被关押在集中营里,越狱失败后被押解到德国贵族出身的监狱长冯·劳芬斯坦管辖的监狱。在这里他们遇到了被俘的犹太人、前银行家罗森塔尔上尉。再次越狱时,监狱长劳芬斯坦不顾自己与博瓦尔迪的旧交,在其掩护难友时将他击毙。后来,在德国农妇埃尔莎的帮助下,马雷夏尔和罗森塔尔逃到了瑞士。影片公映后在获得成功的同时也引起不少争议。在墨索里尼政权控制的威尼斯国际电影节上,此片因"反犹太主义"倾向而获奖,在纳粹德国此片却因"亲犹太主义"遭到禁映。但雷诺阿在影片中反战的创作意图非常明显,他站在和平主义者的立场上对战争进行了更深层次的思考。影片一方面表现了士兵对于和平以及军队中不分阶级的战友情谊在和平时期仍会一成不变的幻想,另一方面更关注于将世界上的人们分割开的种种隔断及其造成的人物之间的复杂关系,并认识到这种羁绊难以逾越。有时阶级关系超越国家界限,如博瓦尔迪与平民出身的马雷夏尔相比,更容易和贵族出身的劳芬斯坦建立融洽的关系,马雷夏尔对德国农妇的好感,胜过他与犹太资本家罗森塔尔的友情;有时种族关系超越社会阶层,如劳芬斯坦不顾与博瓦尔迪的私交而开枪打死了他;有时友爱之情超过一切,如博瓦尔迪为掩护难友不惜牺牲自己。

雷诺阿擅长运用纪录片的朴素风格,同时也注意必要的形式,他将人物和自然结合在一起,用长焦距镜头来拍摄,使近景和远景都同样清楚,通过典型细节及生动的视觉形象将具有普遍性的困境用现实主义的表现手法展现出来,令人深思。

(3) 叙利恩·杜维威尔

叙利恩·杜维威尔曾任奥狄翁剧院的舞台监督,后成为亨利·埃第望的编剧,1920年后开始独立摄制影片。杜维威尔是一个高产的电影创作者,并且一生从影,在其生命的最后一年里仍有作品问世。杜维威尔在法国诗意现实主义时期的主要作品有1936年拍摄的《同心协力》和1937年拍摄的《逃犯贝贝》。

《同心协力》与《兰基先生的犯罪》一样,也是一部要求工人权利的影片。片中描写了几个失业工人幸运地中了奖,他们想用这些奖金在巴黎郊区建立一个合作社性质的乡村酒店,当他们的努力即将达到目的时,由于警察将其中一人驱逐出境而使努力功败垂成。该片反映了当时严重的失业问题,主题虽然灰暗,但仍然蕴含着一种乐观进取的精神,工人阶级为了解决个人的失业问题而团结起来面对困难。影片中合作企业失败的结局意义有些模糊,但却具有现实性和群众性,杜维威尔把这一问题和法国的社会现实联系了起来。影片有几个很优美的场面,如巴黎人对酒店前那片沐浴在阳光中的灌木林的欣赏,合作的伙伴卧在瓦片上以免他们的屋顶被大风刮走,失业工人在他们的电源被切断后的愤怒表情,他们站在一张写着“为了健康去做冬季运动吧”的招贴画下面所说的辛酸的对白等①。

2. 诗意现实主义的黑色电影时期

从1937年开始,法国电影学派发生了变化。西班牙内战进一步扩大,人民阵线受到了重创。德国发动“魔火”运输行动,向西班牙弗朗哥叛军运送物资。同时,德意法西斯也为即将发动的第二次世界大战做准备。西班牙成立了法西斯政权,法国则腹背受敌。战争阴影的不断扩大使得法国的艺术家们深感不安,他们消极失望,甚至抱着怀疑的态度。悲观和失望成了1937年以后大部分法国电影的特征。这一时期优秀的电影作品主要有雷诺阿的《游戏规则》(1939),杜维威尔的《逃犯贝贝》(1937),马赛尔·卡尔内的《雾码头》(1938)、《北方旅店》(1939)和《太阳升起》(1939)等。

(1) 马赛尔·卡尔内

马赛尔·卡尔内是法国诗意现实主义黑色电影时期的主要代表。卡尔内5岁丧母,父亲又经常不在身边,他主要由外祖母和姨母带大。17岁时,卡尔内迷上了电影和音乐。他在朋友的帮助下进入摄影棚,成为《新来的绅士们》(1929)的摄影和导演助理,并曾在《电影杂志》、《电影周刊》上发表文章,对德国表现主义电影和美国警匪片表现出浓厚的兴趣。卡尔内拍摄的第一部影片《诺让市,星期天的乐园》(1929)引起克莱尔的注意,邀他作为助手参加了《巴黎屋檐下》的拍摄,1934年后他继续参与《大赌博》等片的拍摄工作。

① 【法】乔治·萨杜尔:《世界电影史》,徐昭、胡承伟译,北京:中国电影出版社1995年版,第332~333页。

1936年，卡尔内独自执导影片《珍妮》，此后导演了诗意现实主义的几部电影《雾码头》、《北方旅店》和《太阳升起》等。其中，《雾码头》获得了当年威尼斯国际电影节的最佳导演奖，使他一举成名。他在1945年完成的《天国的孩子们》是诗意现实主义的代表作。1979年法国评选50年来法国有声电影十大佳片时，《天国的孩子们》名列榜首，《雾码头》位居第九。由于他对电影艺术的贡献，1971年的威尼斯国际电影节授予他荣誉奖，意大利在1979年发给他国家电影大奖。卡尔内的作品具有宿命论倾向，表现了30年代末法国的社会氛围。

卡尔内从拍摄街头纪录片进入电影界，提出一种走上街头直接展现生活的电影拍摄观念。他继承了前人关于取景、描述人物和细节的现实主义手法，人物刻画逼真，镜头富有诗情画意，叙事平稳流畅。卡尔内的诗意现实主义主要包含导演的表现与诗意的剧情两个主要因素，除极少数影片外，对白几乎全部都是由雅克·普莱卫写作。电影总是表现坏人欺压善良纯真的人，好人和穷人等小人物总是遭遇不幸，失去爱情甚至生命。善良的人们执著地反抗，寻求真爱，在困境中挣扎，但结果往往是宿命的。

《雾码头》这部影片的剧本是普莱卫根据皮埃尔·麦克奥伦的小说改编的。影片讲述了逃兵让在勒阿弗尔港想乘船逃离法国。在一个流浪汉的指引下，他遇到姑娘奈莉并爱上了她，但他们的恋爱却卷入了一群歹徒的凶杀阴谋中。为了救心爱的姑娘，他杀死其中一个歹徒，当他将要搭上那只象征到“另一个世界”去的轮船时，却被另一个歹徒开枪打死。这部影片表现了善良和富有勇气的流浪者在阴暗的现实世界中的可悲困境，同时又力求融入诗意，富于生活气息。本片充满灰暗、压抑的情绪和氛围，弥漫在码头上的浓雾象征着主人公晦暗的未来，同时也映射了法国社会及思想的混沌状况，卡尔内通过诗意的画面表达了对主人公宿命的悲叹和忧伤之情。

《北方旅店》与卡尔内的世界观更加吻合。该片讲述了一对伤心恋人相约到位于圣马丁运河畔的北方旅店殉情，男主角向女主角开枪后，却没有勇气自杀。这时候旅店老板发现了他，男主角逃离现场。旅店老板救了女主角并爱上了她，但女人怀念昔日情人，最后，旅店老板以自杀的方式结束了自己的生命。影片中的人物始终摆脱不了命运的制约，而其对新生活和希望的追寻也只能以死亡作为最终归宿，令人绝望和不安。由于演员问题，普莱卫并未参加制片工作，出现对白随便等缺陷使得影片没有获得成功，但片中对巴黎郊区的悲惨气氛等某些场面的表现还是有可圈点之处。

《太阳升起》是卡尔内黑色诗意现实主义电影一贯主题的继续。影片主人公因为爱情偶然间杀了人而被警察包围，他困守在郊区简陋公寓的一间狭小的阁楼上，无法逃脱死亡或监牢，只能借回忆来逃避现实。当黎明到来太阳升起逃脱无望的时候，主人公选择以自杀方式来表示他对社会的反抗。卡尔内在这部影片中采用了“室内剧”对物的利用的表现方法，如表现主人公所在的那间小阁楼里各种带有象征意义的物件：铁铲、绒布做的狗熊、墙上的累累弹痕等；同样，影片结尾时的闹钟声也好像讽刺地告诉倒在地上的主人公尸体说：“太阳出来了。”影片在表现主人公因气愤而犯罪时，那个瞎子摸着楼梯一步步地走上来的镜头也具有象征的意义①。这部影片比《雾码头》更进一步的地方在于对片中那些流氓的批判具有规劝意义。

(2) 其他作品

其他主要作品有杜维威尔的《逃犯贝贝》(1937)、《穷途末路》(1939),雷诺阿的《游戏规则》(1939) 以及费戴尔的《北方的法律》(1939)等。

《逃犯贝贝》是杜维威尔作品中最具感染力且最激动人心的影片。该片以阿尔及尔城郊为背景。逃犯贝贝是巴黎一个盗匪集团的首领,一直生长在贫民窟,躲避了警方的数次追捕后在一次逃离巴黎的途中受了伤,来到阿尔及尔城郊躲藏起来,在那里他遇上一位心爱的姑娘并与之相恋。但贝贝从开始就是一个悲剧性的人物,注定的命运使他遭到了失败。他不能忘怀于巴黎的繁华区,又不能舍弃对爱情的沉溺。后来,警察设计引诱他回乡并逮捕了他。影片结束时,一道铁丝网将贝贝挡住,冰冷的铁丝网同时也冷却了贝贝对新生活的向往之情,他不能和情人会合,那艘富于象征意义的轮船载着情人慢慢离岸,在汽笛声中贝贝愤而自尽。《逃犯贝贝》是法国电影史中堪称经典的作品,该片将诗意现实主义风格与惊悚片相结合,成为法国黑色电影类型的奠基之作。这部作品忠实地沿用了霍华德·霍克斯 1932 年拍摄的经典之作《疤脸大盗》中的某些手法,如摄影风格上大量使用阴影和人物侧面轮廓来营造一种黑社会神秘压抑的气氛,甚至在人物造型上,同谋犯的姿态动作都和《疤脸大盗》中的配角一样。但杜维威尔并非只是单纯的模仿,背景不再是纽约的下层社会,而是优美的阿尔及尔城郊,贝贝也与疤脸大盗有着根本的区别,在这里贝贝不再是野蛮力量的象征,而是一个从开始到结束都充满了悲剧色彩的人物,诗意现实主义的风格已经注定了贝贝作为一个悲剧英雄的结果。本片具有不少极富诗性的场面,除最后一幕外还有一个最著名的场景,即告密人被处死之后,尸体贴着钢琴滑落下去,响起了一阵清脆的琴声。这种音画表现手段充分展示了死亡的可怕和触目惊心。第二次世界大战爆发后,《逃犯贝贝》由于气氛过于压抑而被法国政府禁演,1945 年重新发行,被誉为 20 世纪 30 年代最佳的法国电影之一。

影片《穷途末路》的主人公们是一些年老退休的演员,他们不断受死亡和病魔的威胁。该剧本也是斯派克和杜维威尔共同编写的,整部作品因沉重忧郁而显得压抑。《北方的法律》与这一时期的主要题材一样,主人公也陷入到可悲的失败与绝望之中。《游戏规则》是一部讽刺资产阶级生活及其价值观念的喜剧片,向人们展示了上层社会的虚伪腐化及潜在的生存法则,表现了上层社会男女之间的感情闹剧,包括这些有钱人以及他们的仆人。雷诺阿通过荒诞的喜剧情节,嘲讽了战前法国资产阶级和整个社会的生活及价值观念,人们视生活和性爱如同游戏一般,虚伪和欺诈却是游戏的真实规则和内涵。影片还运用了隐喻的表现方法,如狩猎是一个极其残忍的场面,而上层人的游戏生活恰如一场追逐中的狩猎,谁违犯规则谁就会受到惩罚。另外,打猎中枪声响起,小动物在翻滚和坠落中死去,活像一场死亡的舞蹈。晚会上,舞台演出了令人恐怖的骷髅舞,预示了飞行员在公园里被枪杀的悲惨结局。《游戏规则》可以说是最富雷诺阿的艺术特色的作品。

---

① 【法】乔治·萨杜尔:《世界电影史》,徐昭、胡承伟译,北京:中国电影出版社 1995 年版,第 340 页。

总之,这一时期的法国诗意现实主义电影充满了悲观的情绪,艺术家们在压抑和迷茫的现实主义题材上表达了诗性的艺术。

(三) 诗意现实主义电影的黑暗时代及消亡

1940 年德军入侵法国后,戈培尔在巴黎设立了“宣传总部”,创办了“大陆制片公司”,控制法国的影片生产,可以说法国已经没有了自己的电影,进入了电影创作的黑暗时代,诗意现实主义也因此走到了尽头,克莱尔、费戴尔、雷诺阿等人流亡国外,诗意现实主义的主要导演中,只有卡尔内一人继续留在国内。这一时期导演格莱米永、贝盖尔等秘密组织了“法国电影解放委员会”,在抵制与德国的合作方面起了很大作用。留在法国的电影工作者只能从现实转向神话、侦探故事或历史等题材,迂回曲折地表达爱国思想。让·格莱米永和雅克·贝盖尔是诗意现实主义后期的两位主要人物。

1. 让·格莱米永

让·格莱米永曾参加过先锋派电影运动。在 1924～1925 年间,他与摄影师贝利纳尔共同摄制了 15 部纪录片和 1 部先锋派影片。格莱米永也是一个优秀的音乐家,很多作品的作曲者就是他本人。但他曾因制片人的抵制而没能实现电影的艺术梦想,被人们视为“被诅咒的电影家”。1930 年他摄制的《小丽丝》是一部具有现实主义色彩的电影。在诗意现实主义电影末期他的主要作品是《驳船》(1941)、《夏日时光》(1943) 和《天空属于你们》(1944) 等。他的最后一部电影是 1956 年拍摄的纪录片《织布机》。格莱米永强调电影的形象与抽象的辩证法,即从事物之间的联系当中发现其深层意义和本质。

《天空属于你们》是法国沦陷时期的一部优秀影片,也被认为是格莱米永最好的一部影片。故事取材于一个真实事件,讲述了法国一个小村子里的一对夫妇非常喜欢飞行,妻子参加当地举办的飞行比赛并打破了妇女长距离飞行的记录,获得了比赛冠军的故事。有些影评人认为,导演想借这个事件表达主人公为了实现目标而不惜牺牲财产和生命。这部影片由于嘲笑了德国设在巴黎的“宣传总部”而带有明显的爱国主义思想,近似新闻片的摄影风格谨慎含蓄,在某种程度上预示了战后新现实主义的趋向。但这部影片没有得到应有的重视,可能因为片中存在的意义模棱两可:有人通过此片看到沦陷时期法国人的爱国热情和抵抗情绪,也有人认为该片是为维希政府所做的辩护。

第二次世界大战期间,格莱米永和其他一些导演共同维护了法国电影的真正现实主义传统,反对自然主义的泛滥和神话片的逃避现实。不仅如此,他们还在影片中运用各种手法来暗示法国人民的胜利与解放。

2. 雅克·贝盖尔

雅克·贝盖尔出生于大资产阶级知识分子的家庭,在 1932～1938 年间曾担任雷诺阿的助手,合作过多部影片,曾参加《托尼》的剧本创作。1934 年开始导演《克利斯托巴尔的黄金》,但最终由别人拍摄完成。主要作品有《最后的王牌》(1942)、《红手古比》(1943)、《花边》(1945)、《安东尼夫妇》(1947)、《七月的约会》(1949)、《金盔》(1952) 等,他的最后一部影片是 1960 年拍摄的《地洞》。第二次世界大战期间贝盖尔曾经被捕,后又死里逃生。他对艺术有执著的追求,并有强烈的使命感,因此,贝盖尔一直希望电影能从商业中解脱出来,成为真正的艺术。他与格莱米永一起摆脱诗意现实主义前期悲观阴郁的基调,反对对现实的逃避,将诗意现实主义带入了更加本真的现实。

《红手古比》是贝盖尔的成名作，是法国犯罪片的里程碑，被著名评论家让·米特里誉为“最佳影片”。古比从巴黎回到家乡，发现家族的一笔积蓄被偷，姑妈被人杀害。人们相互猜疑，古比被当做小偷和杀人凶手被父亲囚禁起来。“红手古比”保罗叔叔暗中调查找到了真正的小偷和凶手——“北部湾”，“北部湾”告诉他发生的一切，“红手”对他充满同情，但警察也查清了真相，“北部湾”在逃离警察抓捕时从大树上坠落而亡。最后，“红手”意外地知道了积蓄所藏之处。《红手古比》并未直接接触沦陷期的现实，而以法国一个偏僻的小乡村作为故事发生地，对于敏感的话题都予以回避，使得电影获得了放映的机会。贝盖尔通过很多优美的乡村镜头及片中人物对巴黎如诗如画的赞美表达对国家的热爱之情。结局的一段台词传达出一种希望和力量，不再拘泥于诗意现实主义之前消沉悲观的气氛。

1945 年战争结束后，某些人主张艺术家应该“退回历史”，认为现代题材的影片很快会被观众厌倦，因此，法国在战后这一时期放弃了许多现实主义的生动题材。1946 年与美国的一项协定进一步影响了法国的电影业，加之政府的高税率以及美国电影的入侵，法国电影出现了题材与物质上的困难，开始拍摄一些仿制片或为盈利而摄制的“黑色片”等。法国诗意现实主义的几位主要的艺术家也离开了法国或暂住国外，这个介于诗与自然之间的电影美学流派随之逐渐消失。

三、诗意与现实相结合的审美体现

诗意现实主义流派是法国 30 年代有声电影发展后形成的一个派别。它没有统一的艺术宗旨，主要成果是 1930～1945 年间法国一些优秀的艺术家们创作的一批影片。这些影片由于共同的时代背景、表现方式和剧本创作上的相互渗透，具有很多共通的艺术特色和美学风格。

（一）诗意的自然与艺术的现实

诗意现实主义最突出的审美旨趣在于艺术与现实、诗意与自然的完美结合。艺术家们对现实高度关注，并将其美化上升为艺术，用艺术来解释现实，用艺术的手段将生活中美的元素加以凝结和提炼。电影在对现状关怀与尊重的基础上发出自由的心理诉求。诗意现实主义的电影重视场面气氛的营造，并巧妙地将诗意潜移默化地融于日常生活场景内。

（二）悲剧情结

诗意现实主义电影中的主人公多数为普通贫民、工人或社会底层人物，小人物们对现实的反抗和不妥协是软弱的，并在开始就注定了他们的悲剧命运：有的因为过失而成了逃犯，为社会所不容；有的因为精神长期处于困苦绝望之中，通过自杀的方式来获得解脱；有的则注定无法得到新生活，在与命运抗争的过程中走向死亡。这些电影内容多涉及脏乱的生活场景，死亡是常见的主题和矛盾的解决方式。这种悲剧风格在卡尔内的影片里尤为突出，因此，法国诗意现实主义的作品也被称为“黑色电影”，这是这一电影流派最鲜明的特征。

（三）诗性化的现实主义审丑学

相对于之前的先锋派来说，法国诗意现实主义强调现实，关注生活，其作品具有社会意义。更重要的在于视角的转变体现了审美对象的改变：电影在先锋派的眼中是一种个性化、个人化的艺术，如何将个人艺术通过电影来表述、如何使用特别的表现形式以获得新的视觉效果以及如何将视觉画面概念化和抽象化等是这一派艺术家的主要目的；法国诗意现实主义对下层社会的描述使电影回到叙事的轨道上来，电影不仅是一种艺术，还是一种社会文化，进一步说，电影不仅是审美的工具，也可以是“审丑”的工具，丑的、卑微的个体也可以成为艺术展示的对象，并在这种展示中使艺术得以回归其自身。

（四）以单镜头创造诗性体验方式的电影美学

诗意现实主义电影的艺术家们对电影语言本身也进行了更深入的探索，在深化电影语言叙事能力的同时，通过景深镜头等拍摄手段使画面获得了更丰富的内涵，以诗性的体验方式来自然地传达艺术家个人的观点和态度。如雷诺阿影片的价值在一定程度上表现为对景深镜头和长镜头的发现和强化，这种电影语言的运用使电影更具真实性、画面含义更感性，并使导演意图的暗示性增强。雷诺阿对景深镜头等电影语言的探索与实践将这一电影技术上升为一种电影美学，意义重大。

四、诗意现实主义电影的人文激情与艺术财富

法国的诗意现实主义电影是电影发展的一种过渡形态。它首先是一种技术的革新，即从无声的图像世界走入了音画空间。有声电影在弱化电影画面性的同时，声音的介入使得电影对现实生活的展现更加生动真实，电影的叙事属性也更加鲜明。同时，电影作为一种艺术也开始趋于成熟，艺术家们没有简单地将电影作为一种媒介来描述生活，而是将它视为一种文化，更是一种艺术，来探索生活中所具有的更深刻的内容，其语言和面貌都趋于完整，从而得到了广泛的认可。

（一）人道主义艺术立场的滥觞

诗意现实主义电影首先体现了一种人道主义立场，普通人被搬上了银幕，走进艺术空间，作为一种审美对象被展现。电影让观众们看到普通平民甚至下层社会的人们所具有的善良和勇敢以及他们面对的生存困境。这些主人公们是一种艺术形象，这种艺术形象的原型来自生活本身，不但增强了故事的感染力，也使这些人物成为被社会所关注的群体，并揭示出了现实社会的弊病，引人深省。这种审美对象的延展和突破充分体现出电影创作者的人道主义精神，电影中的主人公给我们留下的整体印象都是向往美好生活，并为此而向命运勇敢抗争的人。虽然他们的结局多数是失败的，但从电影的主题来看能够明显地反映出创作者对这些普通人物所给予的悲悯与尊敬。这种人道的立场和人文精神从那时起便成为电影界的一种传统而被一直延续着。

（二）对电影语言叙事能力的拓展

雷诺阿等诗意现实主义电影大师们在深化电影语言叙事能力上的探索，特别是以景深镜头为主的一整套系统的电影拍摄手法为法国巴赞的现实主义美学提供了丰富的理论与实践资源，巴赞主张的电影本体论、长镜头理论、景深摄影、作者论和真实美学等一系列

概念，形成了与传统的电影蒙太奇不同的理论体系，开拓了电影研究的领域。巴赞后来成为法国新浪潮导演的"精神之父"，其理论也成为这一派导演的理论基石。诗意现实主义所体现的诗性以及驾驭电影语言的能力在很大程度上也影响了意大利的新现实主义电影。

（三）在生活之上建造艺术的现实

现实与艺术的结合体现了创作者开始以电影所特有的叙事方式、叙事语言来进行创作，电影文化趋向于成熟。电影既与现实密切联系，又高于现实而作为一种艺术存在，电影中所展现的故事和人物都是被艺术化的，体现在人物个性被极端化和夸大化，人物又是现实中多个个体特征的集合体，因此，这种艺术现实是高于生活本身而存在的。

诗意现实主义电影是在原有的电影传统上，在技术革新的影响下产生的一种过渡形态的电影。声音的出现使画面的作用被分散和淡化了，电影表现真实生活的能力得到进一步延伸。法国社会的现状又使艺术家们不得不关注社会，他们在关注动荡的现实环境和为此感到焦虑的同时，希望通过电影来描述社会现实，表达艺术家们的生活观念，从而使现实在电影银幕上被升华成了艺术。

由于电影开始关注社会普通人及下层人们的生活，主题往往是悲观和灰暗的，从这一点上说，诗意现实主义具有一定的意识形态性，反映了社会问题，具有发人深省的力量；同时，诗意现实主义又将艺术的元素完美地融合于现实之中，使观众在看到社会中不同角落人的处境的同时，又获得了艺术上的享受。如电影中经常涉及的关于死亡的主题，艺术家们在死的残酷中融入了强烈的诗意，将其变成一种黑色的美学，用诗的力量将死亡恐惧稀释成浪漫的忧伤。

但有些诗意现实主义电影过于倚重对白与剧本等的文学作用，破坏了电影语言的多样性，并且，由于诗意现实主义电影剧本主要出自诗人普莱卫和作家斯派克之手，通常都以下层生活为题材，表现普通人的遭遇，而演员让·伽本又几乎包揽了这一系列小人物的角色，这些都限制了题材和审美对象的丰富性和多样性。

思考与练习

1. 法国诗意现实主义电影流派由先锋派的抽象主义转向了现实主义，分析一下现实主义倾向的电影在这一时期形成的主要原因。

2. 赏析让·雷诺阿在 30 年代的最后两部作品《大幻灭》和《游戏规则》，对比分析两片中导演在长镜头运用上的异同。

3. 诗意现实主义电影既是电影拍摄形式的一种转变，也体现了电影艺术家创作观念及电影理念上的变化，请对这些变化进行总结和归纳，并分析它们之间的联系。

第四节 美国好莱坞系统的建立:梦幻王朝的崛起

【本节提要】声音与色彩进入电影是电影史上的大事件,从此,电影作为一门独立的艺术,以圆熟的技巧和巨大的表现力正式进入生命的成熟期。而20世纪30至40年代是好莱坞的"黄金时代",这一时期,好莱坞经过技术改造和艺术探索,建立起庞大的、以生产大众化商业影片为主的电影工业,形成了独特的叙事模式和风格。好莱坞系统的建立,预示着一个梦幻王朝的崛起。发展至今,好莱坞经典电影已经成为美国文化的象征和代表,并不断向其他国家进行输出和渗透,不仅为美国创造了巨大的经济财富,而且还影响了其他国家的意识形态和民族文化。可以说,好莱坞电影已经成为当今世界最重要的精神文化产品之一。

【主要内容】

1. 声音与色彩进入电影
2. 好莱坞梦幻王朝的建立
3. 好莱坞电影的主要类型
4. "好莱坞的陌生人"奥逊·威尔斯和《公民凯恩》

一、声音与色彩进入电影

(一) 声音进入电影

早期的电影是没有声音的,这无论对电影创作者还是观众来说,都是一个极大的缺憾。我们身处其中的现实世界充满了各种各样的声音,可是一旦进入电影就变得鸦雀无声。无声,成为电影创作者完整、真实地反映生活的巨大障碍。为了说明或者表达某种声音,人们只能用价格昂贵的胶片来表现声源,例如为了表现喇叭声,就得出现吹喇叭的画面,这种做法实际上在一定程度上减少了电影内容的"含金量";而对观众来说,这个无声世界的吸引力也在一定程度上降低了。

事实上,在电影诞生之后不久,人们就尝试过多种添加声音的方法,如请人站在银幕旁或银幕后按照银幕上角色的口形现场配音,在放映影片的同时播放唱片以及请钢琴师或乐团为影片现场配乐等等。格里菲斯在《一个国家的诞生》拍摄完成后就请作曲家专门为影片作曲,并邀请一支管弦乐队在首映式上进行现场伴奏。但是这种"外加"的声音终究不能成为一部电影的有机组成部分,因此这类影片也不能被称为"有声电影"。1927年由华纳兄弟公司拍摄、阿兰·克劳斯兰德导演的《爵士歌王》才标志着有声片的真正诞生。

有声片的诞生受到普通观众的热烈欢迎,但是却遭到了来自电影创作者自身的反对。盼望电影发声由来已久,可是在声音出现之初却遭到了多方面的阻力。

首先,导演和电影理论家反对。他们认为电影是画面的艺术,导演的工作就是挖掘画面的表现力和表意力,而声音的出现打乱了画面叙事系统,比如剧情的交代和发展让演员说话就可以讲清楚，无须再在画面上精雕细琢。事实上这种担忧是有一部分道理的，因为当时创作者对电影声音的规律都不熟悉，只会一味地让演员在银幕上喋喋不休地讲话，再加上当时录音技术还不完善，录制的噪声非常大，使得观众很快就对声音失去了新鲜感。

其次，其他创作人员如演员、音乐演奏员等反对。有声电影出现以后，很多声音条件不好的演员和担任现场演奏的音乐人员一夜之间失去了工作机会。

最后，独立影剧院的老板们反对。有声片的放映需要投入大量资金改装影剧院的播音设备，对于独立影剧院的老板来说，获得资金的唯一方式是出让股权或经营权，而其结果必然是遭到大集团的吞并。

但是，无论有多少反对的声音，声音在电影中的出现是不可阻挡的，因为"在电影中应用语言，无论从美学上或者从商业上来说，在当时都成为一种必要。无声艺术的精益求精导使它自身的毁灭"①。尽管有声片的不成熟大大损害了电影的品位，但说到底这并非声音本身的问题，而在于如何艺术地表现声音、运用声音。

声音的出现使电影艺术更接近现实生活，再也不必"当导演想表现工人放工出车间时，他就必须插入一个表现正在喷气的汽笛的特写镜头"，"当他想使观众'听到'钢琴家演出德彪西的作品时，他就需要放上一个表现落叶或平静的水面的镜头"②。画面终于摆脱了解释声音的责任，可以更集中、更深入地发掘自身的表现潜力。

声音的出现也改变了电影的本性，使其从纯视觉的艺术变为视听结合的艺术，镜头的组接也由原先较为单纯的画面与画面、镜头与镜头的组接，变为包含画面、镜头与声音的多种复杂关系的蒙太奇组接。总之，电影因为增加了声音的维度可以叙述更加复杂的内容，形成更加复杂的时空结构。

美国好莱坞电影的蓬勃发展与有声电影的出现有着极为密切的关系。因为有了声音，好莱坞电影的情节更趋曲折复杂，人物形象更为完整丰满，情感表现更加丰富细腻；因为有了声音，才出现了三四十年代最流行的片种——歌舞片，才为强盗片增加了新的表现元素（如枪声、打斗声、器物破裂声等）。可以说，有声电影为好莱坞大制片厂制度的出现和确立起到了重要的催化作用。

（二）色彩进入电影

色彩进入电影是电影发展过程中第二次革命性的变化。1935 年，由美国人马摩里安导演的影片《浮华世界》标志着彩色电影时代的到来。

1935 年以前，有些电影制作者为满足观众观看彩色影片的愿望而不惜耗费大量人力财力为影片人工上色，如 1925 年前苏联影片《战舰波将金号》就曾将军舰上升起的旗子染成红色，中国影片《火烧红莲寺》系列也曾用此法把个别女角色的服装染成红色。正如美国电影理论家斯坦利・梭罗门所说："最早的影片往往是彩色的，而且还可能是很激动人心的彩色，因为这种彩色是用手工加上去的。在 19 世纪和 20 世纪交替之际，法国电影创作者梅里爱使用了生产流水线的着色方法：每个女工只给几个画幅的某些部分着色，然后

---

① 【法】乔治・萨杜尔：《世界电影史》，徐昭、胡承伟译，北京：中国电影出版社 1995 年版，第 273 页。

② 【法】马赛尔・马尔丹：《电影语言》，何振淦译，北京：中国电影出版社 1980 年版，第 88 页。

传给下一个女工，由她再给这些画幅的另外一些部分着色。这种生产过程显然是成本高昂的，而且不适用于大规模生产，因为每个拷贝都必须这样加工。”①

随着色彩技术的日臻完善，彩色电影越来越显示出自己的艺术潜能：“如果我们在技术上已有可能拍下动的彩色，而我们的感受能力也已发展到能够感受动的彩色的高度，那么彩色片将会展现出人类经验世界中许多非任何其他艺术，而尤其不是绘画艺术所能表现出来的东西。”②可以说，电影中的色彩已经超越了自然物的形式外观，上升为一种极为重要的造型元素，它不仅能表现出事物的真实色彩，还能够参与影片的整体结构（如通过色彩的变化来转换时间和空间），甚至表达某种抽象的情感或意义，影响观众的情绪。色彩的隐喻性和象征性正日益成为创作者和观众普遍关注的问题。

至此，电影表现现实的三个基本要素——图像、色彩、声音——已经全部具备，这标志着电影艺术作为一种独立的审美主体已经完全成熟。如果说声音是电影的一只翅膀，那么色彩则是电影的另一只翅膀，有了这两只翅膀，电影已经完全发育成熟，可以展翅高飞了。“在电影发展的以后一段时间里，技术上还是在不断地变革，如宽银幕电影、立体电影等等，但是这些变革都没有声音和色彩那样对电影的本性具有革命性的意义”③。电影与当时正高速发展的广播、报纸一起，深刻地影响和改变了美国乃至世界的文化格局，使美国进入了一个新的时代，即“媒体时代”。

二、好莱坞梦幻王朝的建立

（一）影城好莱坞的建立

在第一章中，我们已经介绍了好莱坞的早期历史。如今的好莱坞在美国文化中已经具有重大的象征意义，其中的日落大道、贝弗利山庄、圣费尔南多河谷、圣莫尼卡和马利布海滩等地因其代表的电影神话而声名远播，很多人都认为好莱坞的发展史就是美国电影的发展史。

1927年，在米高梅公司老板路易斯·B.梅耶的指导下，美国电影艺术与科学学院在好莱坞正式成立。不久，梅耶建议设立学院奖来鼓励并表彰那些对电影事业做出突出成就的电影人。1929年5月16日，在好莱坞的罗斯福大酒店举行了第一届学院奖颁发典礼。学院奖的奖品是一尊身高13.5英寸、锡铜合金的镀金裸体人像。1931年，学院的图书管理员看到这尊金像时吃惊地说：“它真像我的叔叔奥斯卡！”从此，奥斯卡这个名字就传开了。从第七届起，学院奖正式更名为奥斯卡奖。

奥斯卡奖分为三大类：成就奖、特别奖和科学技术奖。其中成就奖包括最佳影片、最佳剧本、最佳导演、最佳表演、最佳摄影、最佳美工、最佳音乐、最佳音响、最佳化妆、最佳短片、最佳纪录片、最佳动画片和最佳外语片等。在当今世界影坛名目繁多的各种奖项中，奥斯卡奖被很多人认为是最具权威、最有影响的电影奖，因为它代表着世界电影强国美国

---

① 【美】斯坦利·梭罗门：《电影的观念》，齐宇译，北京：中国电影出版社1983年版，第60页。
② 【匈】贝拉·巴拉兹：《电影美学》，何力译，北京：中国电影出版社1982年版，第226页。
③ 刘宏球：《电影学》，浙江：浙江大学出版社2006年版，第38页。

的电影艺术最高成就。

从30年代初开始，洛克菲勒财团与摩根财团就开始了对好莱坞控制权的激烈争夺，到1935年，两大财团基本上控制了八大公司。找到了经济后盾的好莱坞制片公司也开始发挥出巨大的创造力，昂首跨入黄金年代。三四十年代，好莱坞创造并发展的类型片深受观众欢迎，涌现了众多优秀作品，如《乱世佳人》、《一个明星的诞生》、《红衫泪痕》、《绿野仙踪》、《呼啸山庄》、《关山飞渡》、《费城故事》、《蝴蝶梦》等等，这些影片在取得巨额票房收入的同时，也获得了艺术上的成功。

（二）好莱坞体制的进一步完善

到了20世纪二三十年代，好莱坞的运转机制得到更加完善的发展，具体而言，好莱坞体制＝"放映商＋制片发行公司＋导演和演员"。观众、艺术家、投资人三者之间"石头、剪刀、布"的关系，就是好莱坞的基本游戏规则。这种相互依存、互为制衡的三角关系，是好莱坞存在并稳定发展的基本结构。

1. 制片厂制度

制片厂制度是由制片人独揽大权的制片制度和流水线式的影片生产方法组合而成。在施行这种制度的制片厂里，制片人是主宰，将题材选定、剧本写作、导演设计乃至影片的摄制和剪辑等大权一人独揽，并且可以随时撤换、解雇他认为不合格的工作人员。一个广为人知的例子是1939年米高梅公司拍摄的《乱世佳人》，制片人大卫·塞尔兹尼克（时为米高梅公司老板梅耶的女婿）首先雇用了擅长女性情节戏的导演乔治·顾柯执导该片，但其偏重女性人物的导演手法很快引起男主角、大牌明星克拉克·盖博的不满。由于盖博是塞尔兹尼克让观众投票选出的男主角，塞尔兹尼克就将顾柯解雇，转而聘请盖博的好友维克多·弗莱明执导，后来弗莱明又因病退出，该片最终由另一位导演山姆·伍德完成。这部影片虽几易其手，最终却依然保持了相当完整的风格，并在票房上获得巨大的成功，这不得不归功于塞尔兹尼克的艺术才华和经营头脑，制片人在好莱坞电影制作中的至高地位也由此可见一斑了①。

制片厂制度的特点不仅表现为制片人独揽大权，还表现为整个影片制作过程的精细分工，编剧、导演、演员、摄影、布景、洗印、剪辑等各司其职，采用流水作业法：制片人提出想法，先由编剧部门编故事，再到噱头部门添笑料，再到对话部门写出能够引起观众共鸣的对话，再由导演负责摄制……制片人可随时检查各个部门的工作质量和进度。

制片厂制度将电影的摄制、发行、放映统一起来，形成"产销一条龙"的"垂直垄断"格局，利润十分丰厚，华尔街的金融巨头摩根、杜邦、洛克菲勒等财团纷纷投资电影，很快使其发展成为几乎可与钢铁、石油、汽车制造比肩的大规模工业，到20年代末，好莱坞形成"八大电影公司"并驾齐驱的局面，包括米高梅、派拉蒙、20世纪福克斯、雷电华、华纳兄弟、环球、哥伦比亚、联美。其中以米高梅、派拉蒙、华纳兄弟、20世纪福克斯和雷电华五大公司的实力最为雄厚，他们规模庞大、设备完善，不仅有豪华的摄影棚和完备的灯光、布景，还有专用的村舍、牧场、市镇、码头等设施。他们控制了制片厂，还控制了电影的发行渠道和电影院，如派拉蒙公司控制了全国2000家影院。当时美国和加拿大以及其他许多

① 游飞、蔡卫：《世界电影理论思潮》，北京：中国广播电视出版社2002年版，第22～23页。

国家的首映影院也控制在八大公司手里。

大公司一般每年生产50多部电影，首先在自己控制的影院上映，保证每周放映一部新片，每年吸引的观众群达数亿人次。小型的独立制片商无法与之抗衡，只好接受兼并或宣告倒闭，这促进了好莱坞垄断程度的不断提高。好莱坞电影还走向国外，占领了以欧美为主的世界电影市场。

2. 明星制度

随着电影业的发展，制片人逐渐意识到明星和影片一样也是一种商品，可以通过销售给观众的方式赚取巨额利润，因而他们开始大规模地制造明星。他们让编剧为明星量身打造剧本，指派适合的导演指导明星拍片，并使影片的整体风格与明星的既定风格相配合、相呼应，把明星打造成为观众心目中最理想的形象，从而让更多的观众走进影院，最终达到捞取巨额票房利润及电影周边产品利润的目的。演员由制作过程中的一个元素、一个环节演变为制作过程的中心，这便形成了“明星制度”。“明星制度”是影片商品化的必然产物，其实质是使明星成为制片商向大众推销标准化影片的工具。无论如何，“明星制度”提升了演员在电影创作中的地位，并缔造了很多著名的影坛传奇。1910年以前美国演员每天的报酬仅为5至15美元，到1914年时已经提高到每周2000美元，而影响最大的明星如玛丽·璧克馥、查理·卓别林等人年薪则高达100万美元，这在当时的美国简直就是一个天文数字①。当然，这些著名的影星也以自己的巨大声誉为制片厂带来惊人的利益。

虽然“明星制度”给明星带来了丰厚的报酬和巨大的声誉，但从根本上来说这种制度对演员是有害的，具体表现在：

第一，严格的合同限制。在明星与公司的签约期内，必须拍摄一定数量的影片，担任的角色也不能由自己决定，必须服从制片人的分配。

第二，类型的限制。演员一旦成为明星，就会被限定在某种类型之中，如玛丽·璧克馥永远作为一个飘零的弱女子吸引观众，约翰·韦恩总是饰演西部的牛仔，丽泰·海华丝则是荡妇的典型，而凯瑟琳·赫本始终是贤妻良母型的女性。这种情况存在着一个潜在的隐患：一旦某种类型的影片不卖座了，或者某种类型的人物不受观众欢迎了，那么此类型的明星也只能随之销声匿迹。

经历了辉煌的黄金年代之后，好莱坞的明星制度在20世纪50年代末开始走向没落。但不可否认的是，电影是一种永远需要明星的行业，明星在电影中的地位是其他因素难以替代的，这不仅因为明星是影片思想情感的主要体现者，同时还因为他们迷人的银幕形象体现了人类的理想和梦幻。

3. 审查制度

第一次世界大战后，美国电影进入了所谓宣扬“新道德”的时代，物质主义、性自由和犬儒主义成为时尚。许多影片热衷于描写通奸、离婚、酗酒、吸毒等内容，引起了统治阶层的不安。好莱坞无节制地虚构巴比伦式的生活神话，报纸杂志、小道新闻每时每刻都在编造和传播明星们高薪、奢侈的生活方式，极大地影响了年青一代。贝弗利山庄彻夜不眠的

---

① 邵牧君：《西方电影史概论》，北京：中国电影出版社1982年版，第25～30页。

舞会、酒宴、醉生梦死成了新的崇拜对象，药、酒、性成了人们追逐的目标。1921～1922年间，好莱坞接连发生了三宗命案：两宗是女明星酒后被杀，一宗是男明星死于过量饮酒。三件丑闻更激化了社会上层、宗教界和民间对好莱坞长期积蓄的不满情绪，而佩恩基金会资助的一个由心理学家、社会学家、教育家组成的调查小组经过五年的研究，提交了令人震惊的数据：1922年美国每周电影观众为4000万，到1929年增加到每周9000万，其中1700万是14岁以下的儿童。电影给孩子们带来了新的观念，影响了他们对世界的认识和对日常事物的判断，也影响了他们的道德标准，特别是形成了与父辈不同的性观念①。

在广泛的社会压力下，好莱坞制片人联合会以15万美元的年薪聘请哈定总统的顾问、共和党领袖威尔·海斯出面组织行业自律机构，后来被称做“海斯办公室”，制定了一系列电影行业的规章制度，即著名的“海斯法典”。法典内容涉及正负两方面内容，负面的否定性内容包括性、暴力、种族，如禁止在银幕上出现裸体、放纵性的接吻、挑逗及表现毒品、渎神、蔑视白人等，正面内容则要求表现巩固家庭制和婚姻传统、维护政府形象、尊重宗教机构等。

1934年正式建立了“法典执行局”，对好莱坞各制片厂生产的影片内容施行全面管制。在此后的20年里，对法典的执行形成了一整套完整的官僚体系，海斯本人后来也被称做是好莱坞的“沙皇”。一直到50年代，面对新的社会问题和电视业的挑战，法典的执行才逐步松弛。1956年对制片规则进行了大规模修改，许多禁忌才被逐步冲破。

1966年法典办公室决定废除法典，组织新的机构。由制片人协会主席杰克·瓦伦蒂提议，经由制片人协会的九大制片厂、全国影院老板协会及美国国际电影发行人和进口商协会的许可，制定影片分级制度，并于1968年秋成立“分级委员会”。

所谓分级制是根据影片内容设定若干等级，按照等级规定适宜观看的观众年龄。分级制在1970年和1990年曾两次修改，现分为5级：G，一般观众，各种年龄均可观看；PG，10岁以下儿童须有家长陪同方可观看；PG13，13岁以下儿童须有家长陪同；R，17岁以下儿童须有家长陪同；NC17，禁止17岁以下儿童观看。

不能否认，电影的审查确实有其合理性、正当性和必要性，也确实在一定的条件下取得了一定的效果，但也有极大的负面影响。电影审查制度在美国的实行过程中，执行人员基本上没有一个完整统一的标准，而是根据自己的好恶决定取舍，导致执行主管“一言堂”；另外，执行者通常采取“宁严勿松”的态度，在禁止一部分影片的负面内容和画面的同时，也禁止了一部分可能更有价值的内容和画面。正如法国电影史学家萨杜尔所指出的，《海斯法典》“所禁止摄制的影片并不是描写犯罪或性生活之类的影片，而是禁止摄制接触到社会问题的影片”②。

审查制度施行的结果之一是促成了好莱坞类型片在编剧方面一个标准策略的诞生——大团圆结局。为了通过审查，影片中的坏人无论作恶多大，最后都必须死掉；一个反社会的人无论多么狂妄，最后必定失败；正义必须得到伸张，好人一定要有好报。有趣

① 黄文达：《世界电影史纲》，上海：上海古籍出版社2003年版，第64页。

② 【法】乔治·萨杜尔：《世界电影史》，徐昭、胡承伟译，北京：中国电影出版社1995年版，第303页。

的是，这个迎合审查人员的策略也得到了观众的认可，因为它满足了观众的情感需要。反过来说，这种策略也造成了好莱坞影片缺乏批判性、创新性，陷入千篇一律的模式化的怪圈。

三、类型电影

（一）电影的类型化

类型片是好莱坞商业电影生产机制下的一种特定产物。类型电影一般有固定的构成元素，有雷同的故事情节，有一套独特的电影语言及语法，场面调度也有一定的程式，人物造型、道具之类都有特定的含义。按照电影理论家邵牧君先生的看法，因为类型电影并不是对社会、人生的直接模仿而只是对第一部成功影片的模仿，所以往往缺乏个性而只有类的共性。邵先生将其共性归纳为三点：

一是公式化的情节。如西部片中的铁骑劫美、英雄解围；强盗片里的抢劫成功、终落法网；科幻片里的怪物出世、危害一时等。

二是定型化的人物。如除暴安良的西部牛仔或警长，至死不屈的硬汉，仇视人类的科学家等。

三是图解式的视觉形象。如代表邪恶凶险的森林，预示危险的宫堡或塔楼，象征灾害的实验室里冒泡的液体等①。

上述三大特征在西部片、科幻片、歌舞片中表现最为典型，对于大多数类型片来说，它们所须遵循的原则要宽泛得多，因此又出现了“七项特征”说②：

第一，二元性。类型电影倾向于建立一个二元性的世界：文化价值与反文化价值相对立；好人与坏人相对比；文明的价值与一些被社会谴责的价值相冲突；人类的善良与外星球的魔鬼相抗争，或者相反，外星人的善良与地球人的贪婪相抗争。

第二，相似性。每一种类型电影都有相似的故事架构、视觉图谱和人物类型。如西部片中的西部小镇、塞外风光、西部英雄，歌舞片中的舞台、街道广场、歌舞明星，科幻片中的外星球太空、虚拟的未来世界、外星人，战争片中的两军对峙、战地英雄，强盗片中的城市地下强盗和警察等。

第三，模式性。即情节的模式化和叙事策略的定型化。类型电影是工业生产机制与艺术创作互动的产物。电影艺术诞生不久，就以非常快的速度相互仿效，向几种类型集中，其结果是形成了类型片的模式性。比如，在情节上更注重矛盾冲突的累积性，依靠主题和视觉图像的累积，形成视觉的冲击力；在叙事策略上更多地显示出可预见性；在人物刻画上表现出明显的“类”的标志性，特定角色与其个性紧密联系，某一角色代表着一种风格、一种状态。

第四，梦幻性。类型电影一般都迎合观众某种感官和情感的需要，或呈现给观众一场视觉盛宴，或宣泄观众的某种情绪，或表现他们的某种理想和欲望，为在现实中烦躁不堪

---

① 邵牧君：《西方电影史概论》，北京：中国电影出版社 1982 年版，第 33 页。

② 沈国芳：《观念与范式：类型电影研究》，北京：中国电影出版社 2005 年版，第 14～23 页。

的人们创造一个可以暂时忘却一切的梦境，所以好莱坞也被认为“梦幻工厂”。

第五，大众性。类型电影属于典型的大众文化范畴，而大众文化最基本的特征就是能够通过某种作品最大限度地承载大众的观念、趣味、欲望，并以此获得广泛的认同。

第六，怀旧性。类型电影在题材的取向上一般倾向于早期的文化题材，热衷于以某个时期的历史史实为背景来展开故事。

第七，娱乐性。尽管每种类型电影都有不同的创作模式，但是它们至少有一点是相同的，那就是通过娱乐性场景的架构实现娱乐功能。

类型影片虽然因其模式化受到很多诟病，但不可否认的是，这类电影总是在调查观众的欣赏要求和欣赏心理的前提下拍摄的，它密切了电影制作者和观众的联系；同时，虽然类型电影有着较为稳定的规范，但也要求发挥电影工作者的创造个性，在规范的框架里创新，否则类型电影将失去其不断发展的活力和动力。实际上，在标准化、规范化的前提下，制片人并不排斥个人或某些部门的创造性。

关于类型片的概念历来众说纷纭，较为简洁的说法是美国学者 M. 格杜尔德等在《电影术语图解》一文中所下的定义：“类型是由于不同的题材技巧而形成的影片范畴、种类或形式。”对具体影片做类型学上的分类往往是一件困难的事，既可以从题材内容上划分，也可以从形式技巧上划分，还可以从表演方式上划分，一部影片有时可以兼及几种类型，甚至有人得出结论：最容易划分类型的电影往往是最差的①。本节划分类型的依据是影片的题材内容与叙事风格，同时以约定俗成为重要前提，选择经典年代的几个主要类型进行介绍和分析。

（二）主要类型电影

1. 西部片

犹如意大利的歌剧、中国的京剧和前苏联的芭蕾舞，美国的西部片堪称美利坚表演艺术的“国粹”。西部片是最能反映美国人的开拓精神和某些狭隘民族意识的电影类型，往往以19世纪下半叶美国东部白人开发西部荒野土地为题材，反映文明与野蛮、个人与社会、本民族文明与异域文明的矛盾和斗争。

西部片的故事来源一般有两个：一是19世纪通俗文学作品中常见的贞洁的女主人公、善良勇敢的男主人公和威胁女主人公的歹徒之间典型、老套的故事；二是19世纪到20世纪初发生在西部的犯罪和暴力新闻，一般是善良的白人移民受到暴力的威胁，牛仔或警长除暴安良。

西部故事的诞生是以巨大的移民潮为背景的，移民既是故事的经历者，又是故事的接受者，他们从中看到自己的影子，并且进一步认清了自己，同时也在充实甚至创造着这个民族的意识和性格。

20世纪初电影刚问世不久，西部片就诞生了。电影史上第一部西部片是鲍特的《火车大劫案》(1903)，影片描述了西部大开发时期的社会场景和生存环境，包含了后来西部片的几个重要元素：旷野、火车、强盗、左轮枪、宽檐帽、马……但影片的故事线索单一，情节直白，人物只有行动没有个性。

---

① 黄文达：《世界电影史纲》，上海：上海古籍出版社2003年版，第66页。

真正意义上的西部片是在1915～1924年间形成并确立的。这一时期推出的两部经典作品詹姆斯·克鲁兹的《篷车》(1924)和约翰·福特的《铁马》(1924)为西部片奠定了风格基础。《篷车》描写了征服西部的史诗式的胜利,表现了定居者的巨大车队从东部向西部横贯美洲大陆的运动;《铁马》则是反映第一条横贯美洲大陆的铁路建设情况的长故事片。两部影片都展现了西部广阔、雄伟、壮丽的自然风光:旷野、沙漠、山崖、阳光和草木;塑造了强悍、坚忍、富有责任心的男子汉和敢作敢为、不避风雨而不失优美的女性形象;更重要的是,西部开拓代表着这个国家的精神胜利神话,它们讲述的是"一个国家的诞生"的故事,表现了西部开拓的艰难、希望与梦想。

西部片最重要的导演是约翰·福特,他是公认的西部片大师,不仅确立了西部片的构成要素,而且创建了西部片的经典叙事模式。从1917年至1970年,福特共执导了125部影片,曾四次荣获奥斯卡奖。

1939年他拍摄了《关山飞渡》,主要情节取自莫泊桑的著名短篇小说《羊脂球》。19世纪末,美国西部蛮荒地区,车夫巴克驾车来到当途镇换马,准备前往罗特斯堡。八个不同的人物共同乘一辆马车,由于其中一名是妓女达拉斯,引起了其他乘客的议论。越狱的牛仔灵果也准备搭车到罗特斯堡,去找杀害了他父母和弟弟又陷害他入狱的伯鲁姆三兄弟报仇。但当他登上这辆人员混杂的驿站马车后,人生观发生了变化……"这是一个典型的福特式的主题:在极端的压力下,人类性格中最弱、最卑劣的一面同最高尚、最有价值的一面的冲突"①。影片将故事时空安置在这辆马车穿过亚里桑那峡谷敌对的印第安领地的整个过程中,展示了西部壮丽的风光与严酷的斗争现实,被法国电影理论家巴赞誉为"……达到了经典性的、风格臻至成熟的、相当完美的代表作。约翰·福特把西部片中的社会传奇、历史再现、心理真实和传统的场面调度格局糅合在一起,做到了完美和均衡"②。

西部片的第三个阶段从50年代开始,以弗莱德·津纳曼的《正午》(1952)为标志,这是一个西部英雄没落的年代,西部在片中只是一个剧情的发生地,男子汉的精神犹在,但风光不再;壮心不已,但神光已褪,西部片由此走向更加现实主义的表现道路。

2. 歌舞片

第一部有声电影《爵士歌王》是歌舞片,此片一出,各大公司纷纷仿效,相继推出各自的歌舞片,其中《百老汇旋律》(导演哈里·博蒙特,1930)最引人注目。影片讲述的是两位默默无闻的女配角因救场有功,一夜之间功成名就。这一故事架构立即被其他歌舞片编导套用。整个30年代是歌舞片的黄金时代,很受观众欢迎,也极为繁荣。

当时的歌舞片可以分为两大类,一类以唱为主,一类以舞为主。以唱为主的歌舞片又有两种不同的情况:一类由欧洲来到美国的导演拍摄,明显带有西洋歌剧的意味,如德国导演恩斯特·刘别谦的《蒙特卡罗》(1930)及在英国伦敦剧院当过学徒的鲁平·马摩里安的《爱我今晚》(1932)都属此类;还有一类是把当时的一些喜剧演员演唱滑稽歌曲拍成影片。

---

① 黄文达:《世界电影史纲》,上海:上海古籍出版社2003年版,第71页。

② 【法】安德烈·巴赞:《电影是什么》,崔君衍译,北京:中国电影出版社1987年版,第242页。

在歌舞片中数量最多、产生影响最大的是以舞为主的歌舞片。这类影片也包括两种不同的风格：一类突出个人的舞艺，其特点是载歌载舞，舞者的舞姿潇洒自如；另一类则注重队列、图形的变化，场面豪华，气势非凡，这类影片的出现标志着歌舞片的成熟。1937年华纳兄弟公司出品的《1933年的掘金女郎》和《第42号街》以气势的恢宏和场面的壮观开拓了歌舞片的新领域，著名的歌舞片明星弗雷德·阿斯泰尔和秦吉·罗杰丝则以他们潇洒、优雅的舞姿征服了观众。

金·凯利是歌舞片黄金年代最著名的歌舞明星，他的代表作有《银城春色》(1949)、《一个美国人在巴黎》(1951)等。1952年的《雨中曲》更是歌舞片中的经典之作，其中的独舞段落"雨中曲"堪称美国歌舞片中的经典，其乐曲、叙事、视觉元素也都成为其他类型影片模仿的对象。1944年米高梅公司拍摄的《出水芙蓉》也是一部引起极大轰动的歌舞片。影片的情节同样是一个浪漫而老套的爱情故事——历经种种波折，有情人终成眷属，但是影片中豪华的包装、如梦如幻的场景、强烈的喜剧色彩，都给观众带来极大的享受，特别是结尾的"水上盛典"气势宏大，又优美得如同一场水中芭蕾表演，令观众如痴如醉。

3. 乖僻喜剧

乖僻喜剧在20世纪30年代的美国影坛盛行一时，影片主人公一般性格乖僻、行为古怪，行事原则有悖常理，由此引发种种引人发噱的趣事。不过在主人公看似荒谬反常的行为背后，实则是坚持了人生的种种基本原则，是对"人之常情"、对媚俗行为的挑战和反叛。故事的中心人物往往是行为夸张的浪漫情侣，影片通常通过动作激烈的打闹方式来表现他们的爱情。浪漫的情人或者是互相敌对的，如乔治·顾柯的《费城故事》(1940)；或者是来自不同的贫富阶层，然后有钱的父母必须回心转意，如弗兰克·卡普拉的《浮生若梦》(1938)；或者被外力阻挠，如顾柯的《假日》(1938)。

乖僻喜剧开始于1934年两部截然不同的影片。霍克斯的《20世纪特别快车》以极端玩世不恭的方式处理片中的主要演员卡罗尔·朗芭和约翰·巴里摩尔。一个行为夸张、非常戏剧化的剧院老板把一名漂亮的女店员捧成明星，然后追求她；不久，她的行为举止也跟老板一样富有戏剧性。影片的后半段有一场发生在火车上的戏，男女主人公互相争吵而至大发脾气。

另一部是卡普拉的《一夜风流》，叙述一个充满温情的浪漫故事——年轻貌美的富家女埃莉负气离家出逃，路上与失业的穷记者彼得·沃恩邂逅，得到了后者各方面的照顾和帮助，两人在漫长的旅途中产生了真挚的爱情，就此演出了一部情节紧张、曲折多变、妙趣横生的爱情喜剧。影片可以说是一部把陈旧神话《灰姑娘》翻新的影片，只是角色的性别发生了倒置——一夜之间，彼得由一个失业的穷记者变为亿万富翁安德鲁斯的乘龙快婿，是个名副其实的"灰小伙"，而角色的倒置又为影片增加了独具一格的幽默感。片中，埃莉的行为看似荒谬任性，实际上是表达了她要主宰自己命运、追求纯真爱情的强烈愿望；彼得看似油腔滑调，但他不乘人之危，不图名利，不趋炎附势，恪守着自己的人生信条，与"花花公子"金、流氓推销员夏普利及安德鲁斯的秘书亨德森等人形成了鲜明的对比。本片讲究戏剧性，以矛盾冲突构成影片的核心，追求情节的丰富性和多变性，浪漫超凡而又不失热闹豪华，囊括了当年奥斯卡奖最佳影片、最佳导演、最佳改编剧本、最佳男演员、最佳女演员五项大奖。

早期的乖僻喜剧都对经济危机有所涉及。在《一夜风流》中，那名记者要努力撰写离家出走的富家女的报道才能挽回他的工作；在《我的男人格德福瑞》中，一名无家可归的男子受雇于一个古怪的富裕家庭当男佣，片中常常提到"被遗忘的人"，在经济危机时期这个词语特指失业者，其中大多数是第一次世界大战的退伍军人。然而，到了乖僻喜剧的晚期，很多影片却丧失了这个现实主义的闪光点，开始回避社会问题，尤其是失业问题。在《假日》中，男主人公一心想辞去条件优越的工作，寻找生活的意义，片中所有的正面人物都崇尚个人主义，蔑视权势和财富；《浮生若梦》也是一首张扬个性的赞美曲，肯定了人们为追求个人兴趣而辞去沉闷单调的工作的行为。

乖僻喜剧在1934年到1945年之间极为盛行，1945年之后逐渐走向衰落，但并没有销声匿迹。1948年，史特吉拍摄了《背叛你的人》，讲述一名管弦乐团指挥深信自己的妻子另有情人，在一场音乐会中幻想以三种不同的方式杀害她，每次谋杀都配以恰到好处的音乐。霍克斯也创作了两部乖僻喜剧片，1948年的《战时新郎》中，一名法国军官在第二次世界大战后为了陪同未婚妻前往美国不得不男扮女装，从而遭受了很多侮辱；1952年的《妙药春情》则描绘了出身名门的年轻人的疯狂行为。

4. 强盗片

强盗片是20世纪30年代开始在好莱坞发展起来的又一种类型片。它与西部片似乎有些相同之处：同样有强烈的追逐和持枪格斗的场面，剧中人物也同样是一个类似西部牛仔那样的具有复仇心理、强悍而又孤独的男人。不同的是，在西部片中起着明显作用的是大自然与文化的矛盾，而强盗片则突出了社会秩序的冲突。在强盗片中，那被水泥墙包围的、看不到地平线的现代城市，那雨渍湿漉的柏油马路，以及那摆来摆去的黑色汽车，既构成了这类影片的符号特征，又作为对抗、竞技的叙事空间体现出来①。

强盗片以强盗为主人公，以强盗的犯罪行为和最终被惩罚为表现题材，以都市为背景，以表现暴力为要旨，枪战、电话、汽车追逐更是不可或缺的元素。此处的"强盗"只是一个广义的名词，它泛指一切不法之徒和犯罪分子，如杀人抢劫、走私盗窃、勒索诈骗、私造酒精乃至有组织的犯罪集团如黑手党等。

强盗片的源头可以追溯到1903年鲍特的《火车大劫案》，它既是西部片的源头，也是强盗片的源头。一般认为强盗片产生于禁酒时期(1919～1933)，当时法律禁止私自酿酒和售酒，然而黑社会不顾禁令，继续组织私酒买卖，尤以芝加哥为甚，于是同政府形成对立；同时，不同帮派之间为了抢地盘、争利润，明争暗斗不断，强盗片就是反映这两类矛盾的作品。如1927年出品的《黑社会》就是以当时芝加哥的黑帮枭雄艾尔·卡彭为原型，以其传奇经历为故事蓝本的。继而这部电影又成了"样板"，影片中出现的帮主、帮凶、律师、小偷、妓女及帮主的情妇，都成了同类影片必不可少的人物，剧中人交谈的芝加哥腔调也被后来者刻意模仿，以示"正宗"。

30年代是强盗片的黄金时期。1930年，茂文·勒洛埃的《小凯撒》问世，影片的主人公里科·班德罗由一个穷乡僻壤里不出名的拦路抢劫犯变成一个大城市里犯罪团伙的首领，最后死于警察的枪口之下。1931年，好莱坞拍了50部强盗片和其他描写敲诈勒索、

① 郑亚玲、胡滨：《外国电影史》，北京：中国广播电视出版社1995年版，第98～99页。

贪污盗窃之类的影片，其中由威廉·韦尔曼导演的《人民公敌》最为著名。1932年，霍华德·霍克斯再次以艾尔·卡彭为原型拍摄了《疤脸大盗》，故事简洁，情节紧凑，显示出有声电影初期少有的优美风格，被认为是有声电影初期强盗片的代表作。

强盗片在30年代的盛行有其必然性。30年代的美国正处于经济危机之中，社会动荡不安，犯罪事件层出不穷并常常见诸媒体，为拍摄强盗片提供了取之不尽的题材；而当时的《海斯法典》对于色情描写有十分严格的限制，对犯罪描写的限制相对宽松得多，这也为强盗片的兴盛提供了客观条件。从社会心理上来说，处于经济危机中的人们渴望通过电影看到不法之徒如何反抗不公平的社会，从而间接体验正统文化和道德规范之外那种无拘无束、为所欲为、充满刺激和活力的“越轨”生活。

从30年代末到40年代，由于受到严格的电影审查，也由于经济危机和战争的影响，强盗片销声匿迹；直到战后“黑色片”开始兴起，才又出现了一些色彩阴暗、情绪低落的强盗片，如《杀人者》(1946)、《执法人》(1951)等。1967年阿瑟·佩恩的强盗片《邦妮与克莱德》成为“新好莱坞”诞生的标志，而根据长篇小说《教父》改编的同名系列电影则成为当代强盗片的顶峰之作。

四、“好莱坞的陌生人”奥逊·威尔斯和《公民凯恩》

(一)“好莱坞的陌生人”奥逊·威尔斯

奥逊·威尔斯出生于1915年，20岁以前就曾出演舞台剧，20岁任“水星剧院”导演，后来在CBS广播网制作广播剧。1939年他在广播节目中制造了“火星人向地球宣战”的特大新闻，在全美引起轩然大波，知名度大大提高。不久，受雷电华公司聘请担任电影导演兼制片人，拥有完全的创作自由。当时威尔斯看着大批制作设备兴奋地说：“这是人们能给予一个孩子的最好的机械玩具！”或许连他自己也没想到，自己电影生涯的第一部影片《公民凯恩》竟成为美国和世界电影史上最重要的里程碑，甚至被很多人称为“有史以来最伟大的影片”。也正因为《公民凯恩》的风格与好莱坞其他影片截然不同，威尔斯被电影史学家们亲切地称为“好莱坞的陌生人”。下面详细分析一下《公民凯恩》。

(二)《公民凯恩》

影片以倒叙的手法，通过记者汤姆逊的采访，从六个不同的角度介绍和评说了报界巨头凯恩的一生。影片的开头是凯恩已经在自己的庄园里奄奄一息，手里握着一个玻璃球，临终遗言是谁也无法理解的神秘词语“玫瑰花蕾”。为了解开谜底，汤姆逊采访了五个人。这五个曾经同凯恩有过密切关系的人带着各自的爱与憎，从不同的角度讲述了自己心中的凯恩，构成了一个完整而又多元的故事，也塑造出一个非常复杂、一言难尽的人物——凯恩，有的人恨他，有的人爱他，有的人对他好奇，有的人先忠实于他而后又背叛他……除此之外，影片还通过电影中另外一些人物之口以及报界传媒发表的对凯恩五花八门的评价，称他为一个不折不扣的共产党、一个只爱自己而没有信念的人、一个法西斯主义者、一个和平主义者等等。

除了内容上的现代性，影片在艺术形式上也具有鲜明的现代性特征。

首先是影片结构的开放性。本片打破了有序、完整的时空结构和以情节的因果关系为主线的传统叙事模式，巧妙地借助记者的采访活动，把与凯恩有关的人一一串起，把围绕主人公凯恩的纷繁生活事件按照不同人的视角分成若干片段。这些片段在电影中也许是破碎的、片面的，甚至是互相矛盾的，但在观众的观影活动中，在积极的完形心理运动中，凯恩的形象无疑又是完整、立体、复杂而鲜活的，所以，这种结构的本质是把思考空间还给观众，以一种叙事民主化的精神取代了传统的将观众置于被动接受地位的权威叙事，不仅是对观众最大的尊重，而且也完成了电影叙事语言的现代化转换。

其次是镜头语言的革新上，影片中有许多为人称道的经典性镜头：

令人耳目一新的长镜头技巧：片首，摄影机从凯恩庄园的外景逐渐向里推，节奏缓慢而沉稳，当穿过带有K字的大铁门时，一块"禁止入内"的木牌赫然而立，喻示着一场艰难的、探索人的复杂心灵奥秘的旅程即将开始。与片头呈呼应态势的是片尾，摄影机从庄园渐渐向外拉，逆向穿过带有K字的铁门，停留在栏杆上写着"私人领地，闲人免入"的木牌上，喻示着这场心灵之旅没有终点，没有答案。

还有在一个完整的画面内呈现多种复杂人物关系及丰厚内容的景深镜头：

远景：小凯恩在户外雪地中玩耍雪橇，浑然不知自己的命运即将发生重大变化。

中景：懦弱无能的父亲搓着双手，满脸无奈，不知所措。

近景：刚毅、倔强的母亲，冷静得让人感觉到近乎阴冷，毫不犹豫地签下改变小凯恩命运的文件；旁边站着监护人撒切尔。

此外，穿过海报、霓虹灯、天窗进入夜总会的升降长镜头、歌剧院中评价苏珊无可救药的唱歌水平的"镜头内部蒙太奇"等等，都成为研究者们津津乐道的经典。

精彩的蒙太奇段落：通过早餐桌上凯恩与前妻爱米丽空间距离与心理距离的变化，用几个连续剪辑的画面生动地叙述了两人感情破裂的事实：

镜头一：凯恩与爱米丽穿着春天的服装在餐厅用早餐，一边吃一边亲昵地注视对方，并微笑着。

镜头二：凯恩与爱米丽穿着夏天的衣服用餐，爱米丽看凯恩，凯恩低头看报，不予理睬。

镜头三：凯恩与爱米丽穿着秋天的衣服用餐，爱米丽与凯恩都埋头用餐，谁也不看谁，好像急于吃完离开。

镜头四：凯恩与爱米丽穿着冬天的衣服用餐，两人冷眼相视，互不理睬。

诚如美国电影理论家路易斯·贾内梯在《认识电影》中所评价的："威尔斯是电影界最杰出的抒情诗人之一，绚丽多彩的视觉形象、令人眼花缭乱的移动镜头、错综复杂的音响、千变万化的剪辑风格、非常零碎的叙述和大量象征性的主题，最能说明他对风格的着迷。这部影片以它在手法上的大胆见称。"①《公民凯恩》的影响是世界性的，它不仅直接影响了许多美国电影的叙述结构，更重要的是在叙述观念上对世界电影产生的启发和影响：法国导演特吕弗认为它与法国"新浪潮"有精神上的传承关系；法国电影理论家巴赞引用它的电影语言来印证自己的电影理论，如"长镜头"或连续摄影的理论，他认为不是蒙太奇和

---

① 【美】路易斯·贾内梯：《认识电影》，胡尧之、胡晓辉、富澜等译，北京：中国电影出版社1997年版，第332页。

画面的连动性表现出叙事的真实性，而是镜头内部的调度、画面内的空间变化决定了电影叙事的真实性。威尔斯因此被认为是这一理论的奠基者，就像爱森斯坦是蒙太奇理论的奠基者一样。

在世界各地无数的电影评选、排名中，《公民凯恩》几乎从未落选，如 1998 年 6 月 16 日美国 CBS 电视台公布的“美国电影学院百年百片”，《公民凯恩》名列第一；英国《画面与音响》杂志每年邀请国际知名影评家评选“世界电影十大佳作”，《公民凯恩》常年位列第一。

值得注意的是，在《公民凯恩》之后，威尔斯再也没有达到这个巅峰水平。他的《安倍逊大族》(1942) 及一些惊险片、黑色片都表现出相当的水准，但都无法重现《公民凯恩》的辉煌。这并非因为他江郎才尽，而是因为《公民凯恩》的票房失败逼得电影公司撤销了对他的支持，使他再也无法进行“自由创作”。电影艺术创作需要资本的支持，而资本却只瞄着市场，所以只有偶尔几次历史的误会培育出几个大制作的精品，《公民凯恩》是这种误会的一个制高点。

思考与练习

1. 声音与色彩进入电影的意义是什么？
2. 怎样理解好莱坞体制？
3. 试比较西部片与强盗片的异同。
4. 以《一夜风流》为例说明乖僻喜剧的特征。

第五节　中国:从摸索到辉煌

【本节提要】从 1905 年中国电影诞生到 20 世纪 20 年代初，各大电影制片公司的建立都是冲着商业利益去的，追逐高额的商业利润也使得这一时期商业片的拍摄成为中国电影史上最初的热潮。经过了 20 年代的摸索，到了 30 年代，由于时代背景的改变，使得风行一时的商业片逐渐淡出人们的视线，取而代之的是具有现实主义风格特征的左翼电影，并进而形成了轰轰烈烈的左翼电影运动。在这一时期，默片和有声片佳作迭出、交相辉映，把中国电影推向诞生以来的第一次辉煌。随之而来的战争虽然再次使中国电影面临举步维艰的局势，但是在抗战胜利以后，一大批优秀影片迅速面世，把中国电影推向更宽广的未来。

【主要内容】

1. 20 世纪 20 年代各大影业公司的制片方针及制片情况
2. 30 年代的左翼电影运动
3. 默片和有声片交相辉映

4. 抗战时期及战后的中国电影创作

一、中国电影的摸索时期(20 世纪 20 年代)

20 世纪 20 年代电影开始远离杂耍，和戏剧也有了明确的分离，它开始进入艺术领域，成为真正的电影。

这一时期的电影人不同于 20 年代之前只是为了个人兴趣而进行拍摄，而是把电影作为一种事业来从事，不仅有资金投入，还有相当完备的创作团体和营运机构来完成。随着工业和投机事业的衰败以及电影票房的良好前景，进入 20 年代的中国电影逐渐具备了成为一种事业的条件，许多商人纷纷把目光投向了电影业。据 1927 年的《中华影业年鉴》统计，在 1925 年前后，全国各大城市开办的大小电影院就有 175 家，其中作为电影重镇的上海就有 141 家。商人投拍电影的目的很明确，就是为了赚钱，所以如何让更多的人走进影院，如何获得最大的商业利润，是这一时期电影人考虑的首要问题。

在商业利益的驱使下，这一时期的电影类型以取悦市民的商业片为主，也有一些电影人主张电影应该引导观众的欣赏趣味，发挥改良社会、教化民众的作用。在他们的倡导下，20 年代中期，社会片曾盛行一时。可惜好景不长，由于社会片题材单一，不能长期吸引观众，20 年代末期，影坛又几乎成了武侠片、神怪片的天下。除了类型的固定化，20 年代电影的数量也达到了前所未有的程度。

(一) 时代背景

五四运动的发生，给中国社会造成了巨大冲击，其所波及的文化界更是发生了革命性的变革，五四新文化运动和"文学革命"甚至改变了中国文化旧有的走向。但即使如此，电影作为舶来文化的一部分，却没有直接受到五四运动的影响，在整个新旧文化相互冲击的背景中，中国电影偏安一隅，仍旧心安理得地做着远离现实的银色梦。

(二) 20 年代电影制片情况

20 世纪 20 年代，中国电影在摸索中前进，先后成立的主要电影公司及社团有：

1. 明星影片股份有限公司(简称"明星"公司)

明星影片股份有限公司在中国电影史上占有极其重要的地位，它是真正意义上的第一家民族电影企业，也是中国电影艺术故事片的开创者。

1922 年，张石川等人在经营股票生意的大同交易所投机失败后，以剩余资本为基础，与郑正秋、周剑云、郑鹧鸪、任矜苹等发起组织了明星影片股份有限公司，同时设立了明星影戏学校，安插交易所中的部分失业人员。"明星"公司创办的初衷，一方面是创办者看到了电影是一种有利可图、大有可为的事业，另一方面也有一些创办者还把电影看成是一种"改良社会"的工具。关于"明星"公司的制片方针，在公司成立之初意见并不统一：郑正秋坚持艺术应注重社会教化作用，认为公司应摄制"长片正剧"，而"明星"公司决策人张石川作为商人，却认为电影应该"处处唯兴趣是尚，以冀博人一粲"。当时郑正秋的主张虽然也得到任矜苹等人的支持，却并未得到决策人张石川的认可，于是郑正秋只好附和他的"处处唯兴趣是尚"，编写了一批无聊的滑稽短片。

"明星"公司拍摄的第一部短故事片是《滑稽大王游沪记》(1922，共 3 本)，表现了美国著名喜剧演员“卓别林”来中国后的笑料：追汽车、掷粉团、踢屁股、和胖子打架、坐通天桥……应有尽有。当然这里的“卓别林”并不是真的卓别林，而是由英国旅沪侨民李却·倍尔模仿了卓别林的形象和演技。第二部《掷果缘》（又名《劳工之爱情》，1922，共3本）表现水果商人向医生女儿求爱的故事，其中夹杂了很多滑稽的噱头。第三部《大闹怪剧场》（1923，共3本）描述一个厨师为当演员大闹剧场，终被导演看中的故事，更是异想天开地让“卓别林”和“罗克”（也是当时有名的美国滑稽明星）的形象同时出现在片中互相打斗追逐，只是这次的主角“卓别林”和“罗克”都是“假洋鬼子”，由郑鹧鸪和严仲英扮演。这三部影片都由郑正秋编剧、张石川导演，他们拍摄的初衷很简单，就是以迎合小市民趣味来牟利。这类影片作为一种新型的娱乐形式，在放映之初受到观众的热烈追捧，但新鲜感过去之后，就不能再满足人们的需求了。“明星”公司随后投资的几部滑稽片都没有取得很好的票房，张石川开始寻求新的发展途径，而当初郑正秋拍摄正剧的想法在这时得以实现，“社会问题片”《孤儿救祖记》（1923，共10本）顺时而生。

1923年，“明星”公司总共用了8个月的时间将由郑正秋编剧、张石川导演的《孤儿救祖记》拍摄完成。电影讲的家庭内部遗产争夺的故事，尽管在今天看来已是陈词滥调，但在当时却掀起了一场罕见的观影热潮——据史料记载：影片于1923年12月28日在上海爱普庐影戏院开始上映，“未二日，声誉便传遍海上，莫不以一睹为快”，且“营业之盛，首屈一指；舆论之佳，亦一时无两”。

影片讲述了一个曲折动人的故事：女主人公余慰如在丈夫死后受到诬陷，被赶出家门。她含辛茹苦地带大了遗腹子，后来孩子长大后进了祖父办的学校，并在一次意外的机会中从坏人手里救了祖父，使祖孙、翁媳得以重逢。

在主题方面，影片是“善有善报，恶有恶报”的因果报应思想和主张和平教育的改良思想的混合体，这在当时的中国电影创作中颇具代表性。在题材方面，影片开了中国社会题材电影的先河，引来了很多跟风者，包括“明星”公司在内的众多制片机构在三四年的时间里拍摄了大量涉及家庭道德、教育、妇女等题材的影片，契合了五四以后中国社会希求变革的大背景，受到观众的欢迎，从而使得“社会问题片”在20世纪20年代中期的中国影坛盛极一时，直到1927年前后古装片开始盛行，“社会问题片”热潮才告一段落。在艺术形式上，该片没有像当时大多数中国电影那样盲目模仿西方电影，而是从中国传统的叙事艺术和舞台戏剧中吸取了很多表现方法并运用在创作之中，是中国电影成为一种有民族特色的、独立的艺术形式的开端。

作为早期中国电影里程碑式的作品，《孤儿救祖记》在票房上取得的巨大成功不仅改变了“明星”公司经营上的窘境，而且刺激了众多投资者的热情，引发了一波创办电影公司的热潮，促进了对电影的投资。同时，该片也在艺术上奠定了郑正秋在早期中国影坛的核心地位，并推动了他“电影教化社会”的艺术主张的传播。该片的成功还进一步确立了“影戏”风格①在早期中国电影中的主流地位。

在这部影片中，郑正秋把自己劝善惩恶、宣扬教化、倡导教育等思想贯串到整个故事

---

①　所谓“影戏”风格，即注重电影的“戏剧性”，强调冲突在叙事中的重要性，同时，继承中国传统文化中“文以载道”的功能论观点，注重电影的社会改良作用。

里，电影的社会意义和文化功能开始出现。曲折的情节，引人入胜的故事，生活化的表现，使该片有了比较鲜活的人性色彩。《孤儿救祖记》的成功，从某种意义上挽救了“明星”公司的危机，使其得以发展下去，另外，它也改变了中国电影的无聊走势，使中国电影有了生活化、社会化的倾向。

在这之后，“社会问题片”的创作成了“明星”公司的重要支撑。1924 年的《玉梨魂》、1925 年的《上海一妇人》、1926 年的《一个小工人》、1927 年的《盲孤女》和《二八佳人》等影片都在反映社会生活和妇女生活方面表现了评价现实的倾向，这在那个时代是值得赞许的，和“明星”公司 1928 年开始制作武侠片、神怪片的纯粹商业企图有很大区别。

1928 年，“明星”公司拍摄了神怪片《火烧红莲寺》，它是 20 年代末神怪片热潮的滥觞之作。离奇的情节、阴森恐怖的环境、扑朔迷离的暗道机关是这类影片的主要特点。《火烧红莲寺》在 1928 年 5 月公映后远近轰动，各个影业公司随之也开始了“火烧片”的拍摄：《火烧青龙寺》、《火烧百花台》、《火烧剑锋寺》、《火烧九龙山》、《火烧七星楼》、《火烧灵隐寺》等等不一而足，而“明星”公司也把《火烧红莲寺》拍摄到 1931 年，达到 18 集之多。神怪片的出现使 20 年代的中国电影走向了没落的窘境。

“明星”公司的创始人张石川可称中国电影的第一人。他幼时丧父，家境贫寒，13 岁即随舅父赴上海赚钱养家，由于他的聪慧好学，17 岁就学得一口英语，当了买办和经理。从 1913 年 24 岁开始从事电影事业至 1953 年去世，他为中国电影献出了毕生的精力。

1913 年他成立“新民公司”，承包“亚细亚影戏公司”的业务，次年公司随着一战的爆发而倒闭。1916 年又成立了“幻仙电影公司”，拍摄出中国第一部由短片向长片过渡的揭露国人受鸦片毒害的影片《黑籍冤魂》(1916，共 4 本)，同年该公司又倒闭。后来张石川又经手“新世界游艺场”和“新新世界游乐场”，他在分隔“游艺场”和“游乐场”的马路下修了地道，这个巨大的工程在当时引起了轰动，人们蜂拥而来，结果造成了踩踏事故和刑事案件，加上地道渗水，不但地下通道赔本，连“游艺场”和“游乐场”都先后赔了进去。1920 年张石川又创办了“和平新剧社”，同年也倒掉了。1920 年前后，张石川任“瑞慎洋行”经理，组办“大同交易所”，在交易所即将营业时，上海突然刮起了交易所倒闭之风，张石川立即决定停止“大同交易所”的运作；之后利用交易所 1 万元的资金，对外号称 5 万元，组建了明星影片公司。

张石川不但是个商业上的冒险家，同时又是一个颇有建树的电影导演。在与亚细亚影戏公司合作时，他完全出于兴趣拍摄了《难夫难妻》，之后便一发不可收拾，在 1913 到 1914 两年间一口气拍摄了 10 多部通俗短片(后因第一次世界大战爆发，德国胶片来源断绝，亚细亚影戏公司歇业才不得不停止创作)，其中的《一夜不安》运用了特写镜头和动画特技，在《横冲直撞》(又名《脚踏车闯祸》)中又使用了多机位剪接的手法，这在当时是非常先进的。作为“明星”公司的总经理，张石川非常重视影片的娱乐性和商业价值；作为一个电影企业家，他又同时注重社会效益与市场效益，主张以娱乐为主，寓教于乐。他对公司的管理以及与同事的合作也非常人性化，每筹拍一部新片，必将全厂演职员召集在一起，宣读、研讨剧本，全体通过即投入拍摄；他又十分重友情，倡仁义，非常关怀演职员工。除了影片摄制外，他也重视发行，着力发展院线；还改进拍摄设备，力求与国际接轨。在此期间，张石川导演了《火烧红莲寺》，开启中国武侠神怪片的先河，还导演了中国第一部蜡盘发音的有声片《歌女红牡丹》(洪深编剧,1930) 等。

1937 年"八一三"日军攻打上海,明星影片公司毁于战火,张石川毕生的心血也毁于一旦。他曾力图恢复明星影片公司,但时局的变化,人事的变动,财力的枯竭,使他没有回天之力。之后他只好在其他影业公司从事导演工作,以求生存。

郑正秋是中国"第一代导演"中成就最大的人。曾担任《民言报》剧评主笔的他比同时代的导演更有艺术主见与追求,提出影片不仅要迎合观众,而且要引导观众的欣赏趣味,发挥改良社会、教化民众的作用。1913 年编导了中国第一部短故事片《难夫难妻》(与张石川联合执导),1922 年编写、主演了被誉为中国短故事片"压轴之作"的《掷果缘》,1923 年完成了由他编剧的第一部"社会片"《孤儿救祖记》,1924 年又创作了第一部妇女题材的电影剧本《玉梨魂》,1928 年创作完成《火烧红莲寺》的剧本,大获成功。

特别值得一提的是郑正秋晚期编导的《姊妹花》(1933)。影片讲述了一对孪生姐妹的不同遭遇:妹妹做了姨太太,过着骄奢淫逸的生活;姐姐嫁给农民,生活辛劳贫困。由于天灾人祸,姐姐被迫到妹妹家里为妹妹的孩子当奶妈,由此引发了诸多令人心碎的情节。郑正秋在这部影片中将视野扩展到社会,反映了阶级对立、贫富悬殊、军阀混战、农村破产的现实,故事雅俗共赏,导演手法自然流畅,使得该片在上海新光影院连映 60 天,创造了当时中国票房的最高纪录。1935 年 3 月该片参加了前苏联的莫斯科国际电影展览会,也受到热烈欢迎。

郑正秋一生共编、导、演影片 53 部,为中国电影从无声到有声花费了大量心血,为中国电影的启蒙和发展打下了基石,在我国电影史上写下了光辉的一页。

2. 大中华百合影片公司

大中华百合影片公司由"大中华影业公司"和"百合影业公司"在 1925 年 6 月合并而成。其中,"大中华影业公司"成立于 1924 年,由常熟人冯镇欧投资创办,主要创作人员包括陆洁、卜万苍、顾肯夫等,他们大多受过西方教育,深受好莱坞电影的影响,拍过《人心》(1924) 和《战功》(1925) 两部作品。"百合影业公司"是由颜料商吴性栽投资、上海影戏研究会的朱瘦菊于 1920 年创办的,该公司深受鸳鸯蝴蝶派小说的影响,拍摄有《采桑女》、《苦学生》、《孝女复仇记》和《前情》四部影片,由于这四部影片都是封建说教式的作品,很不受观众的欢迎。

合并后的大中华百合影片公司由朱瘦菊担任总经理,拍摄的五十多部作品呈现出不同的思想倾向①,既有为资产阶级利益辩护的《小厂主》(1925,陆洁编导) 和渲染半殖民地生活方式的《透明的上海》(1926,陆洁编导),也有描绘半封建社会生活,表现封建思想和迎合小市民趣味的《呆中福》(1926,朱瘦菊导演)、《马介甫》(1926,朱瘦菊导演),还有结合两种思想的所谓揭发隐私的黑幕影片《风雨之夜》(1926,朱瘦菊导演)、《连环债》(1926,朱瘦菊导演) 等。1928 年之后,大中华百合公司也卷入了武侠神怪片的拍摄潮流,此类作品大多由王龙元编导。公司坚持经营到 1929 年停止拍片,在经济危机中于 1930 年 8 月并入了联华影业公司。

在大中华百合影片公司中,史东山是一位具有唯美主义艺术观的编导。他早年学过

① 周星:《中国电影艺术史》,北京:北京大学出版社 2005 年版,第 45 页。

绘画,喜爱音乐,曾参加过但杜宇等人主办的上海晨光美术会,并在但杜宇导演的影片中担任过角色。晨光美术会的唯美主义主张对史东山艺术观的形成影响很大。他1925年创作了剧本《柳絮》,后来将其搬上银幕,片名改成了《杨花恨》。1926年,史东山编导了进入大中华百合影片公司之后的第一部影片《同居之爱》,表现了两对男女的恋爱故事。随后又创作了《儿孙福》(1926),这也是史东山的代表性作品。该片描写一位慈母生了两子两女,含辛茹苦将四人养大之后,他们娶的娶,嫁的嫁,各奔东西,却把老母亲丢在了一旁,母亲无人照顾,只得到街头乞讨。在老母亲病危之际,儿女们前来探望,她训诫儿女,试图使他们有所觉悟。影片对父母为子女费尽心思而自己到了老年却无人照管的社会现象进行了质疑,在表现创作者对旧社会世态炎凉不满的同时,也在不自觉中宣扬了"人生牺牲太大,不如及时行乐"的消极思想。1927年,史东山也随潮流编导了自称为浪漫派武侠古装片的《王氏四侠》,描写王家寨的寨主作恶多端,激起乡民公愤,最后王氏四侠联合民众将寨主铲除。该片的思想内容还是比较积极的,但由于他极力追求画面、布景、服装和造型设计的"美",甚至到了不考虑剧情需要与生活真实性的程度,致使有些场面给人不中不西的感觉。到了30年代,史东山经过"九一八"事变和"一·二八"战火的洗礼,在左翼电影工作者的帮助下,克服了早期的唯美主义倾向,积极投入进步电影的创作,走上了现实主义的道路。

3. 天一影片公司

天一影片公司的创办人是邵醉翁及其兄弟,他因经商失败,改行搞文明戏,在1922年办了一个和平新剧社。后来看到"明星"公司拍摄的《孤儿救祖记》大获成功,便抱着投机的心态,以原来有关系的文明戏演员班底为创业资本,在1925年6月创办了天一影片公司。

"天一"公司是中国早期电影制片企业中最重视市场利润的代表。最初拍摄的影片是《立地成佛》(邵醉翁导演)和《女侠飞飞》(邵醉翁导演),前者宣扬隐忍、赎罪和"放下屠刀,立地成佛"的思想,与当时的时代气息不太符合;后者宣扬狭义的贞节观,维护封建婚姻制度,相当典型地表现了"天一"公司注重旧道德、旧伦理的创作主张①。

1926年,在各大影片公司竞相牟利的情况下,"社会片"、"伦理片"、"言情片"拍来拍去都是千篇一律,引起了观众的腻烦。于是,"天一"公司就想到了窜改民间故事内容,盗用古典小说情节这一招,仅这一年摄制的8部影片中,就有6部是根据民间故事或古典小说改编的,包括胡蝶主演的《梁祝痛史》、《义妖白蛇传》、《珍珠塔》、《孟姜女》、《孙行者大战金钱豹》和陈玉梅主演的《唐伯虎点秋香》(又名《三笑姻缘》)等。由于民间故事家喻户晓,这些粗制滥造的影片在放映时居然得到了很多观众的喜爱。"天一"公司向来注重市场,公司开办不久,邵醉翁就派邵仁枚、邵逸夫去新加坡和马来西亚等南洋地区进行市场考察,在那里,他们对这些影片进行了许多夸张宣传,受到了南洋华侨观众的喜爱。1927年,"天一"公司还和南洋片商开设的青年影片公司合资拍片,把"天一"公司改名为"天一青年"影片公司,1928年下半年拆伙后又恢复"天一"原名。

在这之后,"天一"公司基本没有改变先前形成的拍片套路和注重的"韵事"、"玄机"、

① 周星:《中国电影艺术史》,北京:北京大学出版社2005年版,第46页。

“艳迹”等思想倾向,他们一方面附庸观众的猎奇心理,一方面宣扬封建思想,同时由于拍片的速度过快,很多影片在艺术处理上十分粗糙,在当时已受到批评。“天一”公司从1927年拍摄《花木兰从军记》开始,也投入了“古装片”的拍摄浪潮当中,相继又拍摄了《刘关张大破黄巾》、《西游记女儿国》、《铁扇公主》等八九部影片。

4. 长城画片公司

1920年春,美国纽约放映了两部辱华影片《红灯照》和《初生》,其中恶意地丑化中国人的生活,激起了旅美华侨的义愤①。基于爱国热情和对电影的爱好,1921年5月,梅雪俦、刘兆明和李泽源等人在纽约招股,购置了摄影器材和灯光设备,布置了一个小规模的摄影场,创办了长城画片公司。1922年,他们拍摄了两部介绍中国民族服装和民间武术的短片《中国的服装》和《中国的武术》,最终却因为在美国拍片困难重重,于1924年携器材回国,在上海徐家汇建立了摄影棚。

长城画片公司的创办者主张拍片不能“贻害社会,玷污国家”,不拍“诲淫诲盗的影片”,要用电影来提出社会问题,以此来“移风易俗,针砭社会”。他们回国后做了一项重大决定——接纳刚从南京东南大学毕业的侯曜担任编剧主任兼导演。侯曜学的是教育,却喜欢戏剧,受易卜生戏剧的影响,参加过文学研究社,服膺“为人生而艺术”的主张,认为艺术必须“表现人生”、“批评人生”、“美化人生”、“调和人生”。侯曜的这种艺术观,很符合长城画片公司创办人的制片主张,因此公司最初两年的作品大都是侯曜参与编剧、编导或导演的,如《弃妇》(1924)、《摘星之女》(1925)、《一串珍珠》(1925)、《春闺秋梦》(1925)、《爱的玩偶》(1925) 和《伪君子》(1926) 等。侯曜创作了这6部影片后,在1927年离开长城画片公司,转入了民新影业公司。

长城画片公司在侯曜走后,先后聘请了程步高、杨小仲、孙瑜等人参与制片工作,但在时潮面前,他们还是无力避开创作古装片、武侠片和神怪片的诱惑,从1927年拍摄第一部古装片《哪吒出世》开始,长城画片公司也陷入电影的时代病中无法自拔。1930年,长城画片公司由于营业失利,经济更加困难,公司内部也产生分歧,在创办人把厂址和一部分器材盘出转卖后,公司便宣告结束了。

5. 神州影片公司

和长城画片公司一样,神州影片公司也是由外国留学生创办的。创办人汪煦昌是专门学习电影摄影的法国留学生,家境富裕。从法国归来后,曾在明星影片公司担任过摄影主任。1924年7月,他和留法时的同学徐琥合办了昌明电影函授学校,同年10月初,又以不足5万元的资金在上海新闸路辛家花园办起了神州影片公司。在创作主张上,公司反对粗制滥造,提倡“不尚浮华,而唯主义是崇,其所采主义,不为格言式提倡,而自能收提倡之效”的“潜移默化”的制片方针,这也导致了神州影片公司的影片十分重视艺术形式,在当时获得了“神州派”的美誉。

1925年,神州影片公司拍摄了第一部作品《不堪回首》(裘芑香导演),表现被救助的落魄少年为声色所诱,丢弃了对他有救助之恩的卖菜翁女儿的感情,在对方病逝后黯然神伤,后悔不已。影片在摄影、布景处理、字幕说明上都很讲究,特别在以传统艺术来刻画人

---

① 程季华、李少白、邢祖文:《中国电影发展史》,北京:中国电影出版社2005年版,第90页。

物的内心世界方面真切动人。1926年，李萍倩拍摄了神州影片公司后期最主要的电影《难为了妹妹》，影片对不公道的冷酷现实的激愤和对兄妹情深的同情溢于言表。

神州影片公司总共拍摄了8部影片，这些影片在当时的知识分子和青年学生观众中颇受好评，1927年4月神州影片公司因营业失败而宣告结束。

6. 民新影业公司

在长城画片公司从美国迁到上海后不久，由黎民伟等人创办的原本在香港的民新影业公司也迁到了上海。

黎民伟自1913年试拍《庄子试妻》后就有从事电影事业的打算，但由于缺乏资金和器材设备未能如愿，直到1921年，在取得堂兄黎海山、黎北海的支持和懂得一点电影技术的梁少坡等人的参与后，黎氏兄弟在1921年7月集资5万港币建立了放映电影的新世界戏院，同年又着手筹组民新制造影画片有限公司（后改名为民新影业公司），并于1923年5月14日在香港铜锣湾威非路正式成立，由黎北海任经理，黎民伟任副经理，以后陆续拍摄了《中国竞技员赴日本第六届远东运动会》、《香港风景》、《香港足球赛》等新闻片。在香港多次申请摄影棚无果的情况下，1924年春，黎民伟携带摄影机到北京为梅兰芳拍摄了《西施》中的"羽舞"、《霸王别姬》中的"剑舞"以及《黛玉葬花》等片段，这些片段的精彩部分曾被剪辑成一部2本长的戏曲短片，多次在影院放映，颇受欢迎。

1925年6月广州发生了沙基惨案，6月29日又爆发了省港大罢工，在这些不利形势的影响下，民新影业公司的制片工作就停顿了。1925年8月，黎民伟兄弟合资经营的新世界戏院由于亏蚀太大而转让给了别人，于是他们商量除了留下部分器材在香港归黎北海继续经营外，把公司迁往上海。1926年2月，民新影业公司在上海当时的法租界杜美路建立了场地，除了摄制影片外，还开办了民新影戏专门学校，培养从业人才。

"民新"在上海刚一成立时，制作态度还是比较严肃的，也试图拍摄一些比较好的影片，正如欧阳予倩在公司的宣言中所说，"宗旨务求其纯正，出品务求其优美"，通过影片把中国固有的"超迈之思想、纯洁之道德、敦厚之风俗"介绍给欧美。

"民新"迁往上海后摄制的第一部影片《玉洁冰清》，由欧阳予倩编剧，之后，欧阳予倩又为民新影业公司拍摄了《三年以后》(1926) 和《天涯歌女》(1927)，他的作品具有较为突出的现实意义。与欧阳予倩同时在"民新"担任编导工作的还有从"长城"转入"民新"的侯曜。侯曜在"民新"一共拍摄了7部影片：《和平之神》、《海角诗人》、《复活的玫瑰》、《月老离婚》、《西厢记》、《木兰从军》和《战地青天》。如果说侯曜在"长城"拍摄的"问题片"还多少接触了一些现实，那么他在"民新"拍摄的影片则缺少了现实意义。

1927年以后，"民新"也走上了拍摄古装片和武侠片（如《五女复仇》）的道路，甚至还拍摄了像《再世姻缘》、《观音得道》这类提倡封建迷信的影片。1929年，黎民伟和另一位负责人李应生分手后，无力独自经营公司，"民新"便与罗明佑的华北公司合作拍片，最后并入了联华影业公司。

7. 南国电影剧社

1926年，著名的戏剧家田汉开始从事电影活动，创办了南国电影剧社。

田汉，字寿昌，出生于湖南长沙，从长沙师范毕业后在舅父易梅臣的资助下到日本东京高等师范留学。他虽然学的是教育，却喜爱文学、戏剧和电影。1927年1月，田汉写下长文《银色的梦》，开头引用了日本唯美派作家谷崎润一郎关于电影的文字："无论何种庸俗不堪、荒唐无稽的故事，一演成电影便会使人感到一种奇妙的幻想。"①从该文中，我们可以明白地看出，田汉当时是用唯心主义来观察现实世界和电影艺术的。南国电影剧社成立后不久，田汉便着手准备影片《到民间去》，该片的主题据田汉自己说是从日本明治时代诗人石川啄木的《到民间去》中得到的启发。影片描写了中国一些知识青年受到日本武者小路实笃倡导的"新村运动"的影响，发起了一个到民间去的运动。显然，田汉是由于不满意当时的军阀统治，同情生活在水深火热中的人民，因而要求采取实际行动到民间去，但仅仅从小资产阶级浪漫主义的热情和幻想出发，是不可能看到正确的革命道路和方向的。

1928年，南国电影剧社改组，简称"南国社"，范围扩大到文学、绘画、音乐、戏剧和电影五个领域，其宗旨是"团结能与时代共痛痒之有为青年，作艺术上之革命运动"②。"南国社"一直活动到1930年，因演出田汉改编的舞台剧《卡门》而被国民党反动派解散。

田汉早期的电影活动，表现了一个追求真理的小资产阶级知识分子前进道路的曲折性和复杂性。早期田汉的一个显著特点就是他的浪漫主义情怀和幻想。为了反抗当时的反动统治，他勇于接受自己在国外留学时看来是新鲜的东西；但是，从实践中，他发现无论是脱离现实的唯美主义还是脱离群众的民粹主义思想对当时的中国革命都是无益甚至有害的，所以1931年5月，他发表了《从银色之梦里醒转来》，该文不仅彻底否定了谷崎润一郎和自己原先把电影作为人类用机械制造出来的梦的观点，而且初步运用马克思主义的阶级分析方法来观察生活、观察电影艺术了。

综上所述，我们可以清晰地看到在涉及商业与艺术、形式与内容、时代特征和创作思想等方面，20年代的中国电影有其独特的特点：

1. 时代造就电影的造梦之路。20世纪初动荡不安的时局让身处苦难中的中国人民需要在电影的梦幻中寻求解脱，而那时期从事电影事业的人大都是为了商业利润而来，他们制造着银幕梦幻，而观影人也享受着这些影片为他们带来的片刻远离现实的快乐。

2. "影戏观"的确立。当电影这种新奇的玩意儿在中国的戏院、茶楼出现的时候，人们首先想到了"戏"，在他们眼里，电影就是影像的戏。张石川谈到自己当初应约去拍电影就是"为了一点兴趣，一点好奇的心理，差不多连电影都没看过几张的我，却居然不假思索地答允下来。因为是拍影'戏'，自然很快地就联系到中国固有的旧'戏'上去"。这也是中国电影人创作初期最为典型的观念。

3. 强烈的商业色彩。从电影传入中国之日起，和其他商品一样赚取利润的见解就相伴而生。20年代商业投机性质的电影制片机构风起云涌即起源于此，由此也引起了影片类型的起伏变化。

4. 制片方针上的探求和摸索。20年代电影制作的指导思想一开始就有分歧，有的主张"唯兴趣是尚"，能吸引观众即可；有的则主张电影还应劝善惩恶，移风易俗，发挥"教化社会"的作用。在实践中，这两种思想的主导作用此起彼伏，时而社会片盛行一时，时而

---

① 程季华、李少白、邢祖文：《中国电影发展史》，北京：中国电影出版社2005年版，第113页。

② 同上，第117页。

神怪片统治影坛，前进的道路曲曲折折，而且在20年代末期呈现出衰落的景象。

20年代的中国电影在摸索中前进着，徘徊着，终于在新的时代风云中迎来了30年代的第一次辉煌。

二、30年代的中国电影

我们通常所说的“30年代的中国电影”其实在时间上并不是指从1930年到1939年这整个10年，而是指从1932年左翼电影运动开始到1937年夏抗日战争爆发这五六年间的中国电影。在这短短几年里，中国影坛不仅出现了一大批优秀的电影人，而且在作品的思想性和艺术形式上都发生了革命性的变化，呈现出空前繁荣的局面。

（一）时代变革的影响

进入20世纪30年代，相继发生了两件对中国社会产生重大影响的事件：1931年的“九一八”事变和1932年的“一·二八”事变。日本帝国主义的侵略，导致了国内社会矛盾的转化：民族矛盾逐渐上升为主要矛盾。民族意识的觉醒使得中国电影界发生了重大变化：20年代广受欢迎的商业片在此时因为脱离社会现实和人民生活而遭到批判和唾弃，电影观众向电影界提出了“猛醒救国”的要求。

一个典型的例子就是“明星”公司花费巨资投拍的改编自鸳鸯蝴蝶派小说《啼笑姻缘》的同名电影(1931)在上映后票房惨淡，使公司陷入严重的经济危机，其他在20年代收入颇丰的电影公司也相继出现了类似的窘况。

（二）左翼电影运动

1932年夏天，“明星”公司的老板之一周剑云听取编剧洪深提出的请进步作家创作剧本的建议，找来了同乡阿英(钱杏邨)，并通过阿英的介绍请来了夏衍、郑伯奇等人。随之郑正秋、洪深和这三个人组成了“明星”公司的编剧委员会。差不多在同一时间，田汉、阳翰笙等人也进入“艺华”、“联华”公司开展编剧工作。在这些进步文艺工作者的努力下，中国电影界掀起了左翼电影运动。

中国共产党也加强了对电影工作的关注，开始间接或直接地参与电影的创作。1931年9月，左翼戏剧家联盟发表的《最近行动纲领》提出了对中国电影批判、关注和参与的要求。1933年3月，在瞿秋白的领导下，一个包括夏衍、阿英、司徒慧敏、王尘无、石凌鹤5人并由夏衍负责的党的电影小组成立。此后，左翼电影迅速兴起，出现了一批思想观点鲜明、艺术上也颇有建树的影片。特别是1933年，郑正秋的《姊妹花》和蔡楚生的《渔光曲》分别创下了连映60多天和80多天的纪录，掀起了左翼电影的第一个高潮，因此有人称这一年为“中国电影年”。

但是，由于左翼电影工作者对当时政治斗争形势的严重性估计不足，很多影片都存在革命内容的表现过于直露的问题，引起了反动当局的注意和普通观众的不满。此后，《女性的呐喊》(1932)、《上海24小时》(1933)、《中国海的怒潮》(1933)等影片因为直接表现残酷的阶级压迫，在拍完后被反动当局剪得面目全非。

1933年11月，一群暴徒捣毁了拍过一些进步影片的艺华影片公司，并到处散发反共传单，恫吓进步电影工作者，形势的恶化使电影公司的老板开始往右转。夏衍、田汉、阳翰笙等人先后被捕或者退出电影公司，转入地下活动。他们开始用比较隐晦的题材、叙事方法和视听语言来表达自己的政治主张，《神女》(1934)、《桃李劫》(1934)等优秀影片就是在这样的形势下拍摄出来的，这也是左翼电影运动的第二次高潮。

1935年“华北事变”和“一二·九”运动以后，民族矛盾再次升级，人民的抗日要求越发迫切，左翼电影运动也重新高涨，进入“国防电影”的新阶段。1936年5月，“国防电影”作为一种口号被左翼电影工作者提出。这一时期的电影工作者虽然仍受到当局的压制，电影还不能直接宣传和表现人民的抗日要求，但创作者已经可以更多地尝试以隐喻方法来进行曲折的表达，如《大路》(1934)、《狼山喋血记》(1936)等就是运用了诸如浪漫主义、象征主义等手法来表现的影片。

（三）默片和有声片交相辉映

20世纪30年代电影的繁荣不仅表现在思想内容上的进步，更表现在艺术上的创新。20年代到30年代之交，世界电影的艺术手法飞速发展，一方面是无声电影日渐成熟，电影的视觉表现能力大大加强，另一方面是有声电影诞生，声音的出现使电影艺术的表达更趋完美。

1. 默片

据统计，在1932年到1934年的3年中，中国共拍摄了265部影片，其中有声片不足30%，无声电影仍是中国影坛的主角。究其原因，一方面是技术上的不成熟使得有声片盲目追求声音却忽略了创作质量，另一方面是观众长期形成的默片欣赏习惯。

在20年代默片发展已经较为成熟的基础上，30年代的默片迅速达到创作的高峰，并在和有声片的相互促进中完成了自己的使命。

(1) 默片的特点

① 叙事功能较表现功能更为突出

中国默片主要以叙事为本，它的表现性镜头常常和叙事性相结合，典型的例子如《神女》中阮嫂的三次接客镜头：第一次以街头男客和她一起离去的背影和次日早晨从旅馆出来的正面画面显示了卖身；第二次以女人脚步踱入画面，而后男脚加入，四脚一起出画再次显示了阮嫂的特殊职业；第三次以顶拍女人头顶与一位男性头顶进入画面，继而两头同时出画为结束。这种简洁的表现方法不是为了揭示阮嫂的心情，而是在叙述她悲惨的卖身生涯在日复一日、年复一年地进行。

② 以动态画面表现相对完整的故事

一般而言，为了弥补没有声音的缺憾，也为了传达故事的进展信息、交代人物的关系，默片的画面要具有较强的动作性或者说动态感，比如《小玩意》(1933)中女儿引导孩子做体操致使裤子被撕破的动态画面，《神女》中孩子教母亲做体操的画面，都显得动态十足。

③ 用字幕加强叙事

在默片中，字幕是不可或缺的部分。每部电影的时间是有限的，故事发展中的很多情节必须省略，又因为没有声音，这些省略的部分无法通过人物对话或者画外音的形式表现出来，只能采用字幕。例如影片《神女》中，在章老大闯入阮嫂家喝酒后，出现字幕“从今以后，被章老大视为占有品”，简简单单一句话，交代了阮嫂此后备受章老大欺压的生活状况。

(2) 默片的制片情况

① 明星影片公司

进入30年代,明星影片公司的创作受到社会走向和市场变化的严重冲击,在几年时间里经历了巨大的起伏变化。《啼笑姻缘》在票房上失利后,公司聘请的左翼电影工作者创作的影片也没能使"明星"公司扭转乾坤。1933年,由夏衍编剧、程步高导演的《狂流》虽然使"明星"公司获得了一时成功,但随后沈西苓编导的《女性的呐喊》被国民党反动当局剪得支离破碎,销路大减。"明星"公司在1933年和1934年的亏损额分别为4.7万元和8.5万元。1934年下半年开始,"明星"公司开始制作有声片。抗战爆发后,公司的枫林桥制片场被"八一三"的战火捣毁,生存了15年的"明星"公司也结束了自己的历史。

在"明星"公司拍摄默片时期,夏衍是不得不说的人物。

夏衍,原名沈乃熙,字端先,中国左翼电影运动的开拓者,杰出的剧作家。30年代,他在默片和有声电影的创作中都有优秀的作品,默片杰作当属《狂流》(1933)和《春蚕》(1933)。

1932年,夏衍应邀加入"明星"公司担任编剧顾问,同年他以1931年波及长江流域16省的大水灾为背景,编写了揭露农村阶级矛盾、表现农民斗争的电影剧本《狂流》,1933年3月由程步高搬上银幕。该片是"明星"公司摄制的第一部左翼电影,被誉为"中国电影新时代"的开山之作。影片"不同于旧现实主义只用同情的笔调描写人民的疾苦,而是透过天灾来揭示人祸的深刻根源,剖析世道的不公平,揭示人民群众是具有反抗意识和斗争潜力的社会力量"①。它开辟了中国电影创作的革命现实主义道路和电影配合革命斗争的光荣传统。

1933年,夏衍又把茅盾创作的《春蚕》改编成电影剧本,这是中国新文学作品改编成电影的第一部作品,也是夏衍的第一部改编作品。相比于《狂流》着眼于"天灾"的描写,《春蚕》站在了"丰灾"的更高境界上,表现了浙东蚕农老通宝一家尽全力养蚕,本以为丰收的蚕茧能改善一家人的生活,谁知时局的艰险、外敌的入侵和江南丝绸业的衰败最终酿成了"丰收成灾"的惨剧。影片中,导演没有采取戏剧化的手法把剥削压迫物化为一种具体可见的恶势力,而是把它还原成本来面目,细腻地展示了平静的生活流程如何把人们引向无情灾难的过程,深刻地揭示了资本主义裹在"公平交易"外衣下的巧取豪夺。

《春蚕》的出现标志着左翼电影创作进入一个比较成熟的阶段,而夏衍也由此奠定了自己作为中国电影史上最出色的改编新文学作品的杰出作家的地位。在《春蚕》前后,夏衍编剧的默片还有《前程》(1933,程步高、张石川导演)、《同仇》(1934,程步高导演)、《上海24小时》(1933,沈西苓导演)等。

夏衍在中国电影史上不仅仅是作为编剧出现的,他的工作范围还涉及外国电影论著翻译(曾和郑伯奇等人翻译了前苏联电影大师普多夫金的重要理论著作《电影导演论》)、电影批评等方面,此外,作为党的电影小组的负责人,夏衍也对中国革命电影理论作出了开拓性的贡献。

② 联华影业公司

---

① 钟大丰、舒晓鸣:《中国电影史》,北京:中国广播电视出版社2005年版,第30页。

联华影业公司是由当时的"大中华百合"、"民新"和"上海影戏"等多个公司在1930年组合而成的,早期曾打出"复兴国产片"的旗号,引起国人的注目。由于该公司分厂过多,各分厂领导者的管理思想不同,以致陷入了管理上的混乱;加之闸北分厂在"一·二八"战火中被毁,营业收入减少,筹资又出现困难,公司几度出现危机,最终于抗战爆发之后的1937年8月宣告终结。

"联华"公司共拍摄故事片94部,其中默片创作成绩辉煌,许多影片被公认为经典之作。

a. 田汉和他的《三个摩登女性》(1933)

《三个摩登女性》(田汉编剧,卜万苍导演)是联华影业公司出品的第一部左翼电影,也是田汉世界观、艺术观转变后第一部拍摄成影片的电影剧本。影片表现了国难之际一位男性和三位女性的生活状态和感情纠葛,厘清了什么才是"摩登女性"的认识。

青年大学生张榆因不满家庭包办婚姻只身从东北来到上海,成了专演无聊爱情片的明星。在一系列的巧合中,他先后遇到了三位女性:他逃避的未婚妻周淑贞,南国姑娘虞玉以及崇拜他的影迷陈若英。就在他和虞玉热恋时接到了周淑贞的电话,劝他不要再演那些无聊的爱情片了,周的劝告使他对民族危机有了全新的认识,并在"一·二八"战争爆发后参加了前线工作。此时,陈若英特地从江南一个小城市跑来向他表白自己的心意。而后负伤的张榆又与已成为战地救护员的周淑贞相遇,看到周的进步,张榆表示了想与她恢复婚约的愿望,但遭到了拒绝。战后,面对从香港归来的富孀虞玉、与自己演戏时假戏真做自杀的陈若英及参加电信工人大罢工而被公司开除的周淑贞,张榆终于明白了世上最摩登的女性应该是自食其力、勇于斗争和关心劳苦大众的人。

影片充满了田汉奔放的革命热情。三位女性代表了当时社会上三种典型的人物:虞玉是追求物质享受的资产阶级妇女的典型,陈若英是绝望、空虚、感伤、爱情至上的小资产阶级的代表,周淑贞则是一个进步的正面形象①。田汉很明显地肯定了周淑贞。

除此之外,田汉还创作了《母性之光》(1933年联华影业公司出品,卜万苍导演)、《民族生存》(1933年艺华影片公司出品,田汉导演)等剧本。田汉是一个具有独特气质的艺术家,他创作的一系列作品实现了从现代主义向现实主义的转变。在题材选择上,他有直面人生的勇气,敢于揭露现实的黑暗;在艺术格调上,他的作品洋溢着充沛的浪漫主义激情。

b. 费穆和他的《城市之夜》(1933)

费穆,字辑止,原籍苏州,生于上海,1916年举家迁往北京。他小学毕业后曾在法文高等学堂读书,通晓法文、英文。1924年到河北矿务局工作,因为爱好电影,经常写一些观影杂感,还与贺孟斧合办过电影刊物。后因发表的一篇电影评论被罗明佑的华北电影公司看中,担任该公司翻译字幕和编写电影说明书的工作,还担任过侯曜的导演助手,也就是从这时起他开始钻研导演艺术。

1933年,年仅27岁的费穆导演了处女作《城市之夜》。影片从住房问题入手,揭示的却远非衣食住行等普通生活现象,而是剥削者与被剥削者之间的阶级矛盾和对立。整部

① 程季华、李少白、邢祖文:《中国电影发展史》,北京:中国电影出版社2005年版,第252页。

影片的气氛是压抑和悲伤的，很多段落都运用了对比的手法。例如：一场雨过后，穷人屋里到处漏雨无处安身，而富人庭院则被洗刷一新，生机盎然。

《城市之夜》初现了费穆的导演才华，他很注重布景、道具、镜头和光线的设计及其综合运用，能用不多的画面较为准确地传达出主人公的内心世界，而1934年到1935年的《人生》、《香雪海》、《天伦》则体现了他注重表现家庭伦理和人间亲情的倾向。

c. 吴永刚和他的《神女》(1934)

吴永刚是30年代崭露头角的优秀导演。他幼时读书很多，深受五四新文化作品的影响，1925年入上海百合影片公司当美工练习生，开始电影生涯。1928年转入"天一"公司担任美工师，同时半工半读于上海美专西洋画系。1931年加入联华影业公司。1934年，在田汉的帮助下，编导了自己的第一部影片《神女》。

《神女》的主人公阮嫂身处社会最底层，靠卖身养育独生子。虽然她付出了巨大的努力，甚至受尽凌辱，最终还是无法在那个黑暗的社会立足生存。通过她的悲惨经历，吴永刚向社会的不公、道义的丧失和压迫的无处不在发出了血泪控诉。

在拍摄技巧上，《神女》达到了很高的水平，创造了很多令人难忘的镜头：如阮嫂三次接客的镜头，毫不渲染地交代了她的皮肉生涯，平静中充满了对人物苦难的同情。章老大威逼阮嫂就范的场景，镜头从其胯下穿过，稳定巨大的三角形前景和后景中惊恐地蜷缩在一起的母子构成强烈的对比，产生了震撼人心的效果。

d. 蔡楚生和他的《渔光曲》(1934)

蔡楚生的电影事业是从自学开始的，他12岁当学徒，通过自修文化课开始参与业余戏剧活动，因所在剧社曾协助影片公司拍外景而对电影产生了浓厚的兴趣。21岁来到上海，从临时演员、场记等工作做起，开始了倾其一生的电影事业。两年后，蔡楚生进入"明星"公司，担任郑正秋的副导演，并深受其电影风格、艺术观念的影响，甚至被称为"郑正秋第二"。

1934年，蔡楚生编导了《渔光曲》，这是一部无声音对白、有配音歌唱的影片，总体上仍属无声片范畴。影片通过一个东海渔民的悲惨生活，揭示出20世纪30年代中国社会经济凋敝、底层人民痛苦不堪、阶级矛盾尖锐的真实状况，在上海创下连映84天的纪录，超过了此前连映60天的有声片《姊妹花》。影片还于1935年3月参加了莫斯科国际电影博览会并获得"荣誉奖"，成为中国电影史上第一部获得国际奖项的影片。

e. 孙瑜和他的《小玩意》(1933)

孙瑜20岁就读于清华大学文科，受到五四运动的影响，具有反帝爱国的思想。大学毕业后去美国留学，刚开始学的是文学戏剧，后改学电影学，于1926年回国。自1927年进入电影界后，先后加入了长城画片公司和"民新"公司，创作了一些影片，如武侠片《渔叉怪侠》(1928) 和《风流剑客》(1929)，都未跳脱当时商业片的局限。

进入30年代，孙瑜拍摄了《故都春梦》(1930) 和《野草闲花》(1930)，以现实主义的内容和清新的风格获得广泛的赞誉，出品这两部影片的联华影业公司也为中国电影打开了新的局面。

1933年，孙瑜执导了《小玩意》，影片讲述了生活在太湖边上的手工艺人叶大嫂从第一次世界大战到1932年"一·二八"外敌入侵这一时期内的生活遭遇，把"国破"和"家亡"

联系起来，并借叶大嫂制作的小玩意巧妙地喻示了主题：手工艺枪炮愉悦了邻人，而帝国主义的真枪真炮却打进中国残害百姓。影片的抒情浪漫主义风格也非常独特动人，诗意化的桃叶村被表现得生趣盎然，在一派乡野风光的衬托下，人们彼此坦诚相待，用欢乐来自我慰藉，其乐融融，宛如天堂。

作为一位精通中国诗文化的知识分子和电影人，孙瑜的创作风格十分突出，充满了浓郁的浪漫诗意和强烈的主观情感，有"诗人导演"之称。

2. 有声片

中国有声片的出现经历了从片外发声到片上发声，从部分段落有声到只配音乐、音响、歌唱而无对白的配音片，最后再到完全有声的过程。片外发声即蜡盘发声，主要是影片放映时配合发声，1930 年"联华"公司拍摄的《野草闲花》（孙瑜导演）中有一段"寻兄词"就是蜡盘发声。"明星"公司 1930 年拍摄、1931 年公映的《歌女红牡丹》虽然也是蜡盘发声，但由于该片有 12 张蜡盘，声音贯串全片，所以人们一般把它作为中国第一部有声片。这一时期的电影声音主要是作为一种商业现象出现的，拍摄有声片的多为老导演，他们大多是想用声音来弥补默片的某些缺憾，如"补充某些表情和境地，更使观众感受到加强印象与感触"，这种较强的目的性也直接导致了初期的中国有声片并不十分重视和强调声音的真实感、空间感，而是把较多的注意力放在了声音的表现性上。

1934 年之后的几年里，有一些导演开始对有声片的艺术规律做出较深入的探索，其中最重要的一位是袁牧之。

袁牧之早年从事话剧编剧和表演，善于在舞台上扮演各种不同类型的角色，被人们称为"千面人"。他的电影作品不多，但质量普遍很高，由他编剧兼主演的《桃李劫》(1934)，编导的《都市风光》(1935) 和《马路天使》(1937) 都是 30 年代比较突出的优秀作品。《桃李劫》由"电通"公司拍摄，是国产录音机录制完成的第一部完全有声片。片中多次出现的歌曲《毕业歌》让电影中的声音第一次发挥了具体而重要的作用。

1935 年袁牧之自编自导了《都市风光》，并在该片中扮演一个拉洋片的老艺人。该片是我国第一部有专门配乐的影片，也是第一部音乐喜剧故事片。影片通过 4 个农民的眼睛，从西洋镜里展开五光十色的都市生活，使西洋镜中的"幻"和现实生活的"真"达到了有机的统一，显示出作者总体构思的巧妙，使观众与审美对象产生了一定的"间离效果"。影片结尾，农民在看完光怪陆离的西洋镜之后，如同做了一场梦，不知所终也不知所往，迷失在两节车厢之间，颇耐人寻味。

1936 年，袁牧之转入"明星"公司，并在第二年创作了自己的代表作品《马路天使》，该片是 30 年代左翼电影运动的最后一部影片，由赵丹、周璇等主演。影片从一个婚礼队伍的行进开始，分别介绍了不同角色的身份和性格特征。妓女小云是从东北流亡到上海的姑娘，为生活所迫落入魔掌，做了"马路天使"——暗娼。她沉默寡言，过着非人的卖身生活，最后竟被恶势力所杀。小云的妹妹小红天真纯情，爱唱歌曲，小小年纪就被老板带着四处卖唱，任人调戏，甚至被老鸨卖给了流氓古成龙。吹鼓手小陈、报摊老板、剃头师傅以及水果小贩、失业者等五个"把兄弟"也属于"下九流"的人物，互相帮助，过着流浪街头的生活。小云暗暗喜欢小陈，而小陈爱的却是小红。由于流氓看上了小红，企图将她占有，使小陈有所误会。虽然最终两人冰释前嫌，但却遭到了流氓的追赶，关键时刻小云伸出援手,牺牲自己帮助妹妹逃出魔掌。

《马路天使》的出现,为中国电影的第一个高峰画上了圆满的休止符,它不仅真实地再现了底层生活的艰难困苦,同时也对底层人物的高贵品质作了动人的表现,因此被法国电影史学家乔治·萨杜尔称为"新现实主义电影的先驱"。特别值得一提的是影片中插曲的运用:根据人物情绪、情感的变化,插曲也有不同的节奏变化。比如《天涯歌》的两次出现:一次出现在小陈和小红亲密无间时,节奏欢快;另一次是在小陈误解小红时出现,小红的演唱悲伤哀婉。而由田汉作词、贺绿汀作曲的《四季歌》则以优美的民歌曲调串联起沦陷区人民的悲惨生活画面,直观地交代了时代背景和东北人民流离失所的悲痛心情。

三、抗战时期的电影

抗战时期的电影指的是从1937年"七七"事变、抗战全面开始到1945年"八一五"抗战胜利为止这一特殊历史时期的中国电影。

"七七"事变之后,抗战全面爆发,中华民族生死存亡的危机感震撼了全体中国人民,当然也包括电影人。1937年7月28日上海文化界救亡协会宣告成立;7月30日,上海电影界工作人协会成立,欧阳予倩、蔡楚生、沈西苓、史东山、程步高等39人为常务理事。"八一三"后,上海戏剧界救亡协会组织了13个救亡演剧队到前线和内地进行抗日宣传演出,大批电影人参与了演剧队,其中包括袁牧之、陈波儿、洪深、应云卫、赵丹、崔嵬等。1938年1月,中华全国电影界抗敌协会在汉口成立,这是电影界的一个广泛的统一战线组织。

在抗战的大背景下,这一时期的电影创作也主要围绕抗战主题展开。随着战事的变化,不同战况的各个地区在电影创作方面也大不相同。

(一) 国统区电影

抗战时期国民党统治区的电影绝大多数是服务于民族战争的抗日宣传片。由于战争形势的变化,这些影片已经不必再采取寓言、象征、暗示、影射等隐晦的方式进行抗日宣传,而是可以对抗战主题进行正面的、直接的描写。国民党迁都武汉后,中国电影制片厂(简称"中制")在1938年拍摄了第一部正面描写抗战的宣传片《保卫我们的土地》(史东山编导),该片对侵略者进行强烈谴责,对民族败类进行无情鞭笞,对人民团结一致共同保家卫国的精神进行热情歌颂,公映后受到热烈欢迎,被评论界誉为"第一部献给后方民众的作品"。

此外,这一时期国统区主要的电影成果还有:"中制"出品的由阳翰笙编剧、应云卫导演的《八百壮士》(1938)和《塞上风云》(1940年拍摄,1942年公映)、由何非光编导的《东亚之光》(1940),"中电"(中央电影摄影场的简称)出品的由沈西苓编导的《中华儿女》(1939)、由孙瑜编导的《长空万里》(1941),西北影业公司出品的由贺孟斧编导的《风雪太行山》(1936)等。

(二) 上海"孤岛"电影

这是指从1937年11月至1941年12月太平洋战争爆发期间上海在"孤岛"时期的电影创作。

1937年"八一三"事变后，上海处在日本、英国、美国和法国的重重包围中，常年的战火使最负盛名的明星和"联华"等电影公司停止制片，"新华"公司和随后成立的十余家私营小公司在1938年之前也多是拍摄一些恐怖、神怪或者色情的影片，由于当时的市场无别的影片可看，这些公司也挣了不少钱。

在进步电影人的努力下，1939年，上海开始出现借古喻今的影片，如欧阳予倩编剧、卜万苍导演的《木兰从军》(1939)，费穆编导的《孔夫子》(1940)和万氏兄弟(万籁鸣、万古蟾、万超尘、万涤寰)历时一年四个月、汇聚百十人力量绘制而成的中国第一部长动画故事片《铁扇公主》(1941)等。

(三) 香港电影

20世纪30年代的香港电影大多是粤语片。抗战爆发后，"中制"于1938年在香港成立了大地影业公司，并在第二年拍摄了由蔡楚生编导的《孤岛天堂》。该片是蔡楚生根据流亡学生赵英才的原著改编的，描写的是上海沦为"孤岛"后的故事。

(四) 沦陷区电影

所谓沦陷区电影指的是在日本侵略者占领区所拍摄的影片。

东北、华北等地相继沦陷后，日本侵略者在这些地方建立所谓"远东制片厂"，拍摄为侵略战争服务的影片。特别是1937年8月在长春成立的"满洲映画协会株式会社"(简称"满映")与日本军部关系密切，拍摄的大部分影片都是宣扬日本侵略政策的"启民影片"和麻醉中国人民的"娱乐电影"。

前三个区域的电影创作情况虽然不尽相同，但是因为大的创作背景相同或相似，所以在创作特点上还是具有一些比较明显的共性：

1. 抗日爱国的主题比任何时候都强烈

特殊的时代背景使得这一时期的影片在内容上高度集中，普遍表现外敌的残暴、入侵造成的屈辱、抗敌的悲壮、团结御侮的可贵等，具有十分明显的宣导意味。

2. 追求纪实风格

为追求纪实风格，这一时期的很多影片经常穿插一些纪录片或新闻片镜头来增强真实性，如《东亚之光》、《中华儿女》、《孤岛天堂》等，而抗战题材的新闻纪录片的繁荣也成为这一时期的独特现象。

3. 对艺术的追求退居其次

虽然不能笼统地说抗战电影不追求艺术，但我们必须承认的是，与战前的左翼电影相比，抗战电影在艺术水准上陷于停滞甚至倒退的状态，这一方面是因为抗战的氛围决定了影片必须"急功近利"地强化抗敌救亡的宣传，去鼓舞民心和士气，另一方面是因为电影创作者自身也渴望用作品表达强烈的民族情绪，从而淡化甚至放弃了对于电影艺术的精雕细琢和沉淀思考。

四、战后电影

战后电影是指1945年8月抗日战争胜利后到1949年10月中华人民共和国成立前这段时间里所拍摄的影片。这是一个特殊的历史时期，其特殊既指时间的短促，又指其背景的特定性:人民刚刚赢得了抵抗外敌入侵的胜利,却又陷入了国、共两党政治角逐导致的战火之中;出现了政府控制电影的绝对优势局面。在这样的特殊背景下,中国的电影艺术却恢复发展甚至超越了30年代电影的水平。

抗战胜利后,国民党反动派利用接收日伪电影机构的机会控制了全国绝大多数的公有电影制片和放映机构,还以各种政治、经济和法律的手段控制私营电影公司,企图建立对电影事业的全面垄断;但这一切并没有阻止进步电影的蓬勃发展,进步电影工作者一方面巧妙地利用国民党的电影机构创作影片,另一方面积极组建自己的电影公司,其中就包括“昆仑”和“文华”两个民营电影公司。

昆仑影业公司是由联华影艺社和昆仑影业公司合并而成的,是战后进步电影创作的中心基地,这一时期最著名的几部电影,如《八千里路云和月》(1946)、《一江春水向东流》(1946~1947)、《乌鸦与麻雀》(1947)、《万家灯火》(1948)等都是由“昆仑”公司拍摄的。这些电影除了继承中国电影的影戏传统外,还吸收了30年代以来电影和戏剧艺术探索的某些经验,体现出较高的艺术水准。

“文华”公司主要是由战时留在上海的一批电影和戏剧创作人员创办的,其主要创作人员有曹禺、石挥、费穆等,都是很有才华的艺术家,他们创作的影片大都是知识分子气质较明显的社会风情画式作品,如费穆的《小城之春》(1948)等。

(一)情节史诗电影《一江春水向东流》

《一江春水向东流》由蔡楚生和郑君里合作编导,分上下两集,上集《八年离乱》是联华影艺社在1946年开拍的,下集《天亮前后》则由昆仑影业公司在1947年10月完成。

1. 故事梗概

影片上集从一个联欢会开始。女主人公素芬是上海某纱厂的女工,在夜校读书时认识了教师张忠良,两人相爱后便幸福地结合在一起。一年后他们的儿子出世,取名为“抗生”。“八一三”抗战爆发后,忠良参加救护队,奉命随队撤离上海,而素芬和婆婆、孩子则回到乡下老家居住。

在抗战开始的几年里,一家人颠沛流离,受尽战乱之苦,公公也被侵略者打死。素芬不堪忍受日寇的残暴统治,带着婆婆和孩子逃回上海,日子过得很艰难。与此同时,张忠良逃出日寇魔爪,辗转流落到重庆,却未被抗战人士接纳,被迫浪迹街头,无以为生。一个偶然的机会,他发现了战前结识的交际花王丽珍的地址,前往投奔,王丽珍已经成为当地著名的交际花,不仅接纳了他,而且还为他在其干爹庞浩公开设的大兴贸易公司找了一份工作。

王丽珍软硬兼施的拉拢腐蚀,使张忠良对上层社会的种种恶习从厌恶到逐渐适应,最后完全成了对方的精神俘虏。此刻,素芬一家正在上海一个残破的栖息之地经受着狂风暴雨的摧残,翘首企盼着天亮和亲人归来。上集至此结束。

下集伊始,已经完全堕落的张忠良不仅和王丽珍同居,还成了庞浩公的私人秘书,悠然周旋于商人掮客之间,成为追慕虚荣的市侩。抗战胜利后,他抢先飞回上海参与接收,住在王丽珍的表姐何文艳家里。何的丈夫温经理因附逆被抓,张忠良又与她勾搭成奸,过着纸醉金迷的生活。

素芬久等丈夫无果,生活异常艰苦,儿子在街头卖报时又摔伤了,走投无路的她只好到何文艳的公馆里做女佣养家糊口。王丽珍来到上海，何公馆举办国庆宴会，素芬送饮料进大厅时，竟意外听到日夜思念的丈夫张忠良的名字，四目相对，震惊不已，素芬手中杯盘落地，遭到王丽珍痛骂，四座哗然。万分痛苦的素芬在混乱中逃离何家，王丽珍逼迫张忠良和素芬离婚。张母在得知实情后，携儿媳和孙子来到何家教训忠良，诉说素芬8年来所受的苦、所尽的孝，劝诫儿子不能抛弃她，但迫于王丽珍的淫威，张忠良畏畏缩缩、不敢表态。面对此情此景，素芬悲愤至极，最终投江自杀。

2. 艺术成就

(1) 史诗悲剧艺术的典范

看待艺术品的价值，不能着眼于艺术表现的新奇花哨，而要看它在艺术历史的进程中是否具有特别的意义，是否对艺术发展提供了更为厚重的分量①。之所以说《一江春水向东流》是史诗悲剧艺术的典范，主要因为它包含了较大的容量，深刻地表现了一段中国历史的重要变迁：首先是时间跨度大，从战前（“九一八”）、战中（“七七”事变、淞沪抗战、南京撤退）到战后（后方重庆到光复的上海），这是中国现代史上一段重要的历史进程；其次是地域跨度大，从上海顺和纱厂开始，历经南京、武汉、南昌、宜昌等地的颠沛流离，再到沦陷区饥寒交迫的穷困生活和后方重庆花天酒地的糜烂黑幕，最后到战后大上海的丑恶现实；而在表现社会历史内涵的深刻性方面，本片以战争为背景，大到社会历史的变迁，小至家庭情感、伦理道德的纠葛，都进行了全景式、有层次、有深度的观照、表现和探讨。

(2) 戏剧式的叙事结构

《一江春水向东流》是传统戏剧式结构的集大成之作，它在整体上继承了中国文学与戏剧中的叙事传统，层层深入地展开矛盾冲突，并通过戏剧冲突来表现影片的批判性主题。

影片以张忠良为中心，交错表现了他和三个女人自抗战以来生活状态的变化，从而把代表不同社会阶层的角色组织到一个适合剧情容纳的范围之内，并在这一范围内有层次地展开不同人物间的关系。

(3) 现实主义的创作原则

《一江春水向东流》是以典型化方法表现人物形象的代表性影片，在表现人物方面所体现的现实主义原则有三点：①人物所处的历史背景与具体生活情景的典型化；②典型环境中典型人物的性格特征化；③以典型细节衬托人物性格。

(二) 喜剧电影《乌鸦与麻雀》(1947)

在战后反映社会生活矛盾的现实主义影片中，还有一种运用夸张变形的手法进行创作的影片，这就喜剧电影。

中国喜剧电影的创作历史由来已久，如20世纪20年代由张石川导演的《掷果缘》（又名《劳工之爱情》），30年代由袁牧之执导的《都市之光》等，都是比较成功的讽刺喜剧。但30年代以前的绝大多数喜剧电影是作为商业电影而存在的，它们大多带有强烈的闹剧色彩，仅靠一些无聊的噱头来吸引观众。

到了战后，喜剧电影得到了新的拓展，不仅有“文华”公司出品的风俗喜剧，如张爱玲

① 周星：《中国电影艺术史》，北京：北京大学出版社2005年版，第129页。

编剧、桑弧导演的《太太万岁》(1948)，桑弧编剧、黄佐临导演的《假凤虚凰》(1947) 等，还有“昆仑”公司出品的讽刺喜剧，如郑君里的《乌鸦与麻雀》(1949)，赵明、严恭导演的《三毛流浪记》(1948) 和张骏祥编导的《还乡日记》(1947)、《乘龙快婿》(1948) 等。这两类喜剧片在表现手法上都继承了传统喜剧片的主要要素，如编织喜剧性的巧合、误会情节，设置喜剧化的人物性格差异等，同时，在运用镜头语言表现调侃、诙谐、讽刺效果方面又超越了传统喜剧片，把中国的喜剧片艺术推向更加成熟的阶段，其中最为典型的例子是《乌鸦与麻雀》。

这部影片的剧本由“昆仑”公司的多位电影工作者集体创作，包括陈白尘、沈浮、郑君里、赵丹等，在蒋家王朝即将覆灭之时，他们突发奇想创作了这部讽刺剧，由陈白尘执笔，1949 年 4 月由郑君里拍摄成电影。

1. 故事梗概

上海一条弄堂里，贴出了有房子要出顶的消息，一时间，房客们陷入了恐慌。几户人家都希望保住房子，但利益相同却未必有统一行动：后客堂住着的报馆校对孔有文胆小怕事，不敢出面讨回原本属于自己、战后被侯义伯霸占的房子；亭子间里住着的中学教师华洁自视清高，为求明哲保身也不肯出面；前客堂住着的肖老板绰号“小广播”，勇气十足但能力有限，自动打头阵却碰了钉子。面对侯义伯这只“乌鸦”，这些房客像一群麻雀似的，起初各自为政，七嘴八舌叽叽喳喳，却终究于事无补；后来的种种教训和侯义伯的无耻行径终于把大家逼上梁山，麻雀们团结起来，与乌鸦勇敢作战，终于打败了乌鸦。1948 年，乌鸦的后台——南京政权也分崩离析，除夕夜，孔有文的房产物归原主，在迎接新年的鞭炮声中，他贴上了春联：爆竹一声除旧，桃符万户更新。

2. 艺术成就

(1) 讽刺与隐喻结合

《乌鸦与麻雀》用一所房子来隐喻国民党摇摇欲坠的统治，房子里居住的各色人等则代表社会上的各个阶层。标题的“乌鸦”寓意为统治者(黑色统治)，“麻雀”则是房客们的写照(摇摆不定，各自顾念，随风而行) ①。他们之间的关系也颇具意味：叽叽喳喳、各怀心思的“麻雀”单靠个体绝不可能挣脱“乌鸦”的压迫，要想胜利必须团结起来。

(2) 对人物性格的典型刻画

导演对不同角色性格差异的描摹刻画是通过他们对待房子的态度来实现的：肖老板既有一副普通老百姓的古道热肠，也不可避免地沾染了小市民式的市侩习气，他夸夸其谈，对房子的得失最为关切，侦察蛛丝马迹，广播各种消息，期望有人能出面争夺，甚至不惜放低身段讨好他人来获得生存的机会。华先生是知识分子，谨小慎微，虽然富有正义感，但是也有清高孤傲、明哲保身的一面，内心与行动矛盾重重，处境相当尴尬，正如他所住的“亭子间”，不上不下，游移不定。

(三) 费穆和他的《小城之春》(1948)

1. 故事梗概

八年抗战结束了，江南某小城，一个因战乱而变得破落萧条的院落里居住着戴礼言一

---

① 周星：《中国电影艺术史》，北京：北京大学出版社 2005 年版，第 149 页。

家三口和仆人老黄。妻子周玉纹和戴礼言结婚已经八年了,丈夫长年患病,她的生活毫无生气可言,每天的工作就是买菜、煎药、绣花……只有在途中破败的城墙上她才能获得片刻的释放。对于丈夫,她有的不是爱,而是责任。妹妹戴秀还是个正在上学的天真烂漫的女孩子,喜爱花草盆景,每天蹦蹦跳跳,洋溢着青春的朝气。仆人老黄忠心耿耿地照顾着家人。

一家人沉闷的生活因为戴礼言昔日的同学、青年医生章志忱的突然到来被打破。更出人意料的是,章志忱和周玉纹是十年前分别的初恋情人。这种久别重逢接上的微妙关系在一次次城头的约会中被加强,两人在理智与情感之间陷入深深的矛盾和痛苦之中。在戴秀 16 岁的生日聚会上,礼言察觉到这一切。夜里,周玉纹乘着酒意约会章志忱,并激动地向他吐露了自己内心炽热的爱意。章虽然也爱周,但出于对病中老友的尊重,他克制了自己的感情冲动。

由于无法接受现实,戴礼言决意自杀,可是他误把维生素当做安眠药服下,让大家虚惊一场。虽然只是一场虚惊,但是每个人的内心都在这巨大的冲击下发生了微妙的变化:周玉纹悔恨自己没有尽做妻子的责任,险些害死了丈夫;章志忱则为自己的到来所引发的家庭风暴而深感不安,决意离去;戴秀也从嫂子对哥哥关切的目光中体会到了她的无奈和善良,并原谅了她……澎湃而纷乱的感情波澜终于渐趋平息,生活又恢复了往日的平静,不同的是,周玉纹将更加积极地面对她和戴礼言的婚姻生活。

2. 艺术成就

(1)“内在的戏剧性”

与传统的情节电影相比,《小城之春》的结构框架非常特别:它摒弃了外在的强烈戏剧冲突,把故事情节的曲折变化放在比较次要的地位,而把冲突和情节的进展集中建立在人物的内心活动上,紧扣人物的内心冲突来展开情节。在结尾的处理上,它也颠覆了传统的大团圆结局,而代之以令人惆怅的开放式结尾。

(2) 旁白的运用

《小城之春》中的旁白在影片的叙事、抒情方面都起到了重要的作用,它有时是周玉纹的第一人称叙事,有时是她的内心剖白,有时又以第三人称的全知视角来叙述(如对戴礼言行为的叙述)或评价(如评价丈夫是“神经病”等),建构起一个复式的叙述和抒情空间。

(3) 寓情于景,借景抒情

影片中与人物活动和人物情绪关系最密切的场景有两个:残墙和破园,它们规定了人物的心境,从某种意义上说也是人物情感的象征。

残墙从电影一开始就出现,既是周玉纹排遣郁闷的地方,又是她的心理象征,同时还隐喻着一道没有尽头的道德“壁垒”。破园则是戴礼言依依不舍、忧郁怀念的地方,也是他千疮百孔的内心的写照。他怀恋这被战火毁坏的家园,感伤地修补着断壁残垣,但我们都知道,即使这破园真的被修补好了,他的心也还是残缺的。

(4) 以结构体现儒家思想

章志忱离开以后,昔日的戴家小院再次恢复平静,波澜起伏的感情也在此止步停息,导演费穆所要传达的“发乎情而止乎礼”的思想也在此时得到了深刻的体现。他既承认人之常情的无法规避,又维护人之常理的不可更易,任凭思绪翻卷,写尽纷纭事态,描画心理波折，最终归结于“道亦不变”的守则。客人怎么来怎么走，主人原先伫立眺望墙头徘徊，现在也照样墙头徘徊伫立远眺，表面上周而复始的结构，传达的正是不变的情怀。

在电影艺术的初创期，中国电影的诞生较世界电影整整晚了10年。经过20年代的摸索、30年代的辉煌和40年代的发展，通过两代电影人30年的努力，中国电影赶上了10年的差距，与世界电影一起，同步迈入了电影艺术的创新期。

思考与练习

1. 简述张石川、郑正秋在中国电影发展史中的作用。
2. 简述明星影片公司的历史及在中国电影史上的地位。
3. 你是如何看待电影商业性和思想性、艺术性的关系的？
4. 简述30年代左翼电影运动对中国电影的影响。
5. 简述战后电影对中国电影艺术发展的贡献。
6. 简述你对中国喜剧电影的认识。

第三章　电影艺术的创新期

（20世纪二战结束～20世纪80年代）

法国作家、存在主义哲学的代表人物萨特曾经写过一本叫做《恶心》的小说，也有人翻译成《呕吐》，无论是哪种译法，这个作品的名字都可以鲜明地表达出萨特对于这个世界的厌恶——这也是经历了两次世界性恐怖战争的人们对于世界普遍的认知。无论在欧洲还是美洲，都弥漫着一种失望的气息：对于政府，对于政治，对于信仰，对于信念……后来的社会学家们发明了一个新的词汇"迷惘的一代"，其实迷惘的又何止一代?!

乱世出英雄。虽然世界形势一片混乱，但是电影却获得了前所未有的发展机遇：现实提供了足够多的素材，技术的进步又提供了足够新的设备，电影美学革命的浪潮便汹涌澎湃地席卷了全世界，当然，这中间花去了几十年的时间。这股浪潮从意大利开始，逐渐蔓延到法国、德国乃至整个欧洲，接着是美国、日本、中国的香港和台湾地区，即使在社会主义的前苏联和中国内地，电影美学革命也都以自己的方式开拓出一片新天地。

然而一个令我们始终无法否认的事实是：虽然这一股电影美学革命的浪潮如此汹涌，但依然无法从根本上撼动商业片的主流地位。革新作品除了小部分获得商业成功之外，大部分只在电影俱乐部或者小型的艺术影院进行放映，而最多数的观众依然选择沉浸在银幕上的梦幻世界里。

第一节　意大利新现实主义：回归写实

【本节提要】二战结束之后，对于战争的反思成为战后所有人文学科、宗教、艺术的根本主题。意大利新现实主义电影运动用影像来表现现实生活，是现代电影史上持续时间最长、影响最大的一次电影运动。他们提出了"还我普通人"和"把摄像机扛到大街上"的创作口号，产生了一大批优秀的电影人和电影作品，对当代电影创作产生了很大的影响。

【主要内容】

1. 意大利新现实主义电影产生的背景
2. 意大利新现实主义电影的艺术主张
3. 意大利新现实主义电影的代表影人和影片

4. 意大利新现实主义电影的演变

5. 意大利新现实主义电影的创作倾向及其影响

在电影艺术还处于初创期的时候，意大利就花费重金拍摄了场面极其宏大的历史巨片，如《你往何处去》(1912)、《卡比利亚》(1913)、《迷失在黑暗中》(1914) 等。这些作品对世界电影的发展产生了巨大影响，格里菲斯在拍摄《党同伐异》时就受到了《卡比利亚》的巨大影响，三四十年代好莱坞盛行的历史巨片也在很多地方借鉴了同一时期的意大利电影。第一次世界大战后，意大利电影逐渐衰落，直到第二次世界大战结束后才再度兴盛，而且形成了与美国好莱坞迥然不同的艺术风格——新现实主义。正如法国著名电影艺术家雷内・克莱尔所说：在电影史，正像在政治史上一样，更简单地说就像在自行车竞赛中一样，各个国家总是轮流领先的。第二次世界大战结束后，领导世界电影新潮流的就是意大利新现实主义电影。

"新现实主义"这个名词最早由意大利著名电影导演维斯康蒂于 1942 年提出。一年后，任教于意大利电影实验中心的温别尔托・巴巴罗教授在罗马的《电影》杂志上发表了《新现实主义宣言》，提出要清除在意大利影片中的"幼稚和公式化的老调"，取消"荒诞可笑和生编硬造的东西"，倡导电影的写实主义，并称这个流派为"新现实主义"。这个"宣言"发表后，意大利电影界掀起了规模宏大的新现实主义电影运动。它从 1942 年开始到 1956 年结束，前后历经 14 年，是西方乃至世界电影史上持续时间最长、影响最大的一次电影运动。其中 1942～1945 年为准备期，1945～1950 年为全盛期，1950～1956 年为终结期。

一、新现实主义电影产生的背景

一个美学流派、一次美学运动的产生，都有着来自时代、政治、经济、文化及观众等诸多方面的复杂的背景因素，意大利"新现实主义"的产生也同样有着一个长期演变的过程：它必须要有客观的物质条件；必须要有意大利自然主义和现实主义文学传统打下的坚实的人文基础；同时，意大利电影在按照自身规律演进的过程中，也汇集了各种现实主义审美倾向的创作流派和群体。

20 世纪最初的 10 年当中，意大利已经成为一个电影大国，年产量仅次于美国。从有声影片兴起直到墨索里尼政府垮台，无论是在产量还是质量上，意大利电影都是欧洲唯一可以同好莱坞电影抗衡的。在墨索里尼统治时期，为了使电影为他的法西斯统治服务，政府加强了对电影的投入和管理的力度，从经济、财政上支持电影企业的发展，建立庞大的电影城(这个电影城拥有 16 个摄影棚) 和一所国家电影学校(电影实验中心)，为他的法西斯思想钳制打下了坚实的物质基础。当时的电影创作主要有以下几个方面：一是美化法西斯的宣传片；二是庞大的历史史诗片和表现上层社会生活的情节剧"白色电话片"；三是注重形式不注重内容、追求纯美学的"书法派"实验片。在墨索里尼的高压统治之下，电影听命于教条，电影艺术的脚步迟滞不前。

第二次世界大战破坏了整个欧洲的经济、文化基础，电影业同样遭受到了严重的破坏,但更为严重的是战争在人的精神、心理和道德层面留下了无法弥补的创伤。在战争中,欧洲共死亡4800万人,2100万人流亡,所有的大城市都遭到了破坏,成千上万的文明成果在战火中消失殆尽,至少35%的西欧人口直接受到战争的蹂躏。在波兰,全国有25%的人口在集中营失踪。德国出生的社会学家、哲学家西奥多·阿多诺曾说过:"奥斯维辛之后写诗是野蛮的。"①第二次世界大战是现代历史的一个转折点,这场战争提出的问题,成为此后所有人文学科、宗教、艺术的根本主题。

战争的结束对于意大利人和对于其他欧洲人的意义大有不同,它不仅意味着短时期战争的终结,也意味着长达20年的法西斯统治的终结,这激发了意大利电影艺术家们的创作热情;而一旦法西斯统治垮台,原有的设备就被人民所用,有了这些物质基础的保障,使得意大利成为二战后欧洲第一个开始电影制作的国家。1943年7月25日意大利独裁者墨索里尼下台,意大利是最早向盟军投降的国家,并且很快成为盟军的领地,所以相对而言它受到的战火毁坏程度较小。当其他国家还在废墟里发掘制片厂和电影院遗址的时候,意大利的电影工作者已经扛着摄像机到大街上去了。美国人的援助和政府的津贴也支持了影片的创作。因此,1950年意大利成为欧洲的好莱坞,以至于好莱坞的不少导演也因其精良的设备和低廉的优秀员工而纷纷去那里拍片。

从电影艺术自身的发展去考虑意大利新现实主义电影的产生,我们可以看到它与有声电影之后趋向于现实主义美学追求的各种风格、流派之间所存在的必然联系。新现实主义的电影制作者,尤其是一些推崇前苏联电影的进步的电影制作者,同时又受到法国诗意现实主义的影响,他们创作的影片紧密贴近当时的社会现实,突出普通人的银幕形象,以最朴实无华的表现方式将电影现实主义的创作方法推向了这一时期的顶峰。

二、新现实主义电影的艺术主张

"新现实主义"的艺术主张,"在废墟还在冒着烟火的时候"就已经在影片中体现出来了。1942年,由卢奇诺·维斯康蒂拍摄的《沉沦》、德·西卡拍摄的《孩子们注视着我们》和勃拉塞蒂拍摄的《云中四部曲》等几部影片的出现,使人们看到了意大利电影的变化。影片的制作者开始走出电影城,到真实的环境中去拍摄影片反映现实。

意大利电影实验中心的温别尔托·巴巴罗教授看到《沉沦》及同年几部影片中的现实主义倾向之后,在1943年执笔写了一项宣言发表在《电影》杂志上,宣言提出了四点纲领:1. 清除在意大利电影中占有很大比例的那些幼稚和公式化的老调;2. 取消不谈人类问题和人道观点的那些荒诞可笑和生编硬造的东西;3. 不要听腻的故事,也不要小说改编的电影剧本;4. 扬弃硬说意大利人都为"同样崇高的情感"所鼓舞的高调。这四点纲领既是最早提出的新现实主义创作主张,同时又为我们展示出意大利电影当时的真实状态 。然而无论是维斯康蒂的《沉沦》还是巴巴罗教授的宣言都没有能真正体现意大利新现实主义电影的独特美学特征,作为意大利新现实主义最初的创作宣言实际是从罗伯托·罗西

① 【德】西奥多·阿多诺:《多棱镜:文化批判和社会》,瞿铁鹏等译,北京:中国社会科学出版社1998年版,第255页。

里尼的《罗马,不设防的城市》(1945) 开始的。由于这部影片的出现从根本上改变了意大利电影的创作道路和创作思想,因此人们便把罗西里尼称为意大利新现实主义的先驱人物,而《罗马,不设防的城市》则成为新现实主义的开山之作。

新现实主义的最大特点就是"真实",与一切"虚假"为敌,在内容和形式上提出了"还我普通人"和"把摄像机扛到大街上"两个响亮的口号。

(一)"还我普通人"

"还我普通人"是新现实主义电影提出的口号,是指人物形象的变化。他们描述普通人的穷苦和不幸,也歌颂他们的团结与斗争。

新现实主义十分重视细节的逼真,即使是很小的细节也力求符合生活的真实,使它尽可能地具有照相机的逼真性。新现实主义电影的著名编剧、也是最重要的理论倡导者柴伐蒂尼认为艺术必须表现真实的而不是虚构的人物,所以新现实主义的影片着力描绘普通的工人、农民、小市民和城市知识分子,影片内容也是反映他们的生活。随着新现实主义美学思想的深入,描绘普通人的深度和广度都在逐步地加强。

一般来说,意大利新现实主义电影运动对于这一口号的展现,大体可以分为三个阶段:

第一阶段,从罗西里尼的《罗马,不设防的城市》开始,集中反映二战期间意大利人民反法西斯的抵抗运动,揭露法西斯势力的凶残,歌颂人民斗争的英勇。影片以其崭新的美学纲领引起了世界人民的广泛关注。

第二阶段,集中反映当时尖锐的社会问题,批判性和现实性比前一阶段更强烈。在这方面以《偷自行车的人》(1948) 和《罗马十一时》(1952) 最为典型。前一部影片描写一个失业工人的谋生工具自行车被人偷了,他急得到处寻找但毫无结果,万般无奈之下偷了别人的自行车却又当场被人抓住,于是陷入了更加悲惨的境遇。《罗马十一时》也真实而深刻地反映了战后意大利严重的失业情况。一个小单位招考一名女打字员,虽然条件十分苛刻,工资不高,但是却有很多妇女去应考,生怕落选。大家拥上六楼,引起楼梯倒塌,伤亡惨重。这两部影片都以质朴的纪实手法,深刻地揭露了战后意大利严重的失业问题。总之,揭露法西斯分子的战争罪行,反映意大利人民在抵抗运动中的英勇斗争,反映人民的失业、贫困、饥饿等不幸和痛苦,已成为意大利新现实主义影片的主要内容。新现实主义反映了现实生活中的各种问题,除了突出失业问题外,还反映农民终年劳作而不得温饱的穷困处境,如德·桑蒂斯的《艰辛的米》(1949),还有反映失业工人大迁移的谢尔米的《希望之路》(1950),反映老工人退休后生活无着、精神孤寂、晚景凄凉的德·西卡的《温别尔托·D》(1952) 等影片。

第三阶段,40 年代后期新现实主义电影在反映"普通人"的生活方面又进入一个深化阶段,导演不仅描述穷人的善良和不幸,而且以明朗的色调歌颂他们的团结、斗争和对幸福生活的向往,把普通人的精神境界提高了。在这方面,维斯康蒂的《大地在波动》(1948)、桑蒂斯的《橄榄树下无和平》(1950) 与德·西卡的《米兰的奇迹》(1951) 很是典型。《大地在波动》主要讲述西西里渔民受尽欺压终而觉悟,尽力挣脱渔商的盘剥。尽管由于势力悬殊,结果斗争失败,渔民们失去了渔船和住房,然而他们并不屈服,依旧坚持斗争。在《米兰的奇迹》中,德·西卡别开生面,以神话的样式表现一个少年在充满矛盾的现实社会中做出种种神奇的事情，宣扬友爱和团结，向往美好的未来。这是柴伐蒂尼根据他的小说《好人托托》改编的，影片富于浪漫主义的想象，突破了新现实主义偏重纪实、样式单调的缺陷。

（二）“把摄像机扛到大街上”

“把摄像机扛到大街上”是意大利新现实主义电影创作者们提出的另一个口号，指拍摄场景的变化。这一口号集中反映了新现实主义电影的美学基础——纪实主义。这个流派最具代表性的剧作家和理论家柴伐蒂尼明确指出：新现实主义不是故事，而是一种实录，一种记录精神，这是意大利新现实主义电影的重要特征。

在此之前的电影生产尤其在好莱坞，几乎完全是工业化的。一切内景几乎都是工厂里以标准化的部件搭配，外景很少，编剧、演员、摄影、布景都有显著的假定性。柴伐蒂尼认为，电影的主要题材在于生活本身，要缩短演出与生活之间的距离，尽可能从生活本身中去发掘冲突和情节，最好用真人真事，所以他提出了“把摄像机扛到大街上”的口号。

新现实主义电影工作者将拍摄视角转向城市的实景里，跟随人物在真实空间中运动，客观忠实地还原自然环境和事件进程的完整性，实现了电影空间观念上的突破，使电影从越来越僵化的戏剧空间中解放出来，获得更为电影化的真实空间。新现实主义的影片多用中景、远景体现人物与环境的有机联系，长镜头在影片当中得到了高度重视。在《大地在波动》、《偷自行车的人》等影片中，有时候每一个镜头都可以成为一个完整的叙事段落。新现实主义电影抛弃了人工照明，摄影师把他们的灯挂在钉子上，用侧光和单一的布光恢复真实形象的力量，更多地采用自然光，力求接近新闻片的质朴。影片的效果也不同于传统影片所追求的美感、修饰或者表现主义的寓意，它的标准是唯一的，那就是真实。

（三）打破情节剧的传统叙事模式

意大利新现实主义电影打破传统电影模式的另一个重要表现就是对影片结构的革新。以美国电影为代表的传统叙事模式将事件的因果关系用起承转合的方式连接起来，这是一种有选择性的虚构的戏剧性结构关系；而新现实主义电影要直接注意各种社会现象，“日常性”是其结构情节时最基本的原则。他们按照生活的实际流程，甚至按照散漫无序的时间积累而结构影片。由柴伐蒂尼编剧的《温别尔托·D》就具有这个特点，影片表现一个退休小职员的凄凉生活，全片实际上没有任何细节，任何戏剧性的事件也没有发生，只是“表现一个人连续90分钟的平凡生活”，以日常的行为取代了叙事，是一部“无事”的悲剧。

打破传统叙事模式的另一个方面是新现实主义电影不再给主人公的命运发展指出方向，这与大团圆式的封闭结构形成鲜明的对比。生活是不会停歇的，实际生活和生活中的矛盾不会随着影片的结束而结束，创作者不能肤浅地看待问题。《偷自行车的人》结束时的情景是整部影片最难忘的、也是最感人的一幕。主人公安东尼奥偷车不成，失去了生计，而当着儿子的面被斥责打骂，亦丧失了做人和为父的尊严，他面部麻木，无言中包含了人生的巨大悲怆。此时，儿子理解地将手伸给父亲，父子手拉手穿过暮色，消失在人群中。这其实算不上是结尾，因为安东尼奥一家人的生活还在继续，他们的问题并没有随着影片的结束而终结。在这里大团圆式的结局已经被抛弃，影片不能给观众答案，观众只能带着问题，怀着沉重的心情离开影院，自己去设想人物的出路。

另外,新现实主义电影反对明星效应和"扮演"角色,所以电影的创作者启用大量的非职业演员。新现实主义的导演常常从生活中寻找非职业演员,特别要求在脸型和外貌上酷似原型。德·西卡曾说:有些角色要求职业演员去扮演,有些角色只有通过在真实生活中找到原型,才能取得生动的效果。《偷自行车的人》中主人公的扮演者就是一个真正的工人,主人公的儿子是由一个小报童来扮演的。维斯康蒂的《大地在波动》则全部由西西里岛的一个小渔村的渔民出演。

当然,正如一些电影史所记载的,战争毁坏了意大利的电影工业基础,使得电影工作者不得不在一片废墟之上,在极为简陋的设备条件下,采用简陋的拍摄方式进行,"把摄像机扛到大街上"也是一种无奈之举。虽然摄影条件是决定影片风格的一个重要因素,但是实景拍摄对于新现实主义电影来说却不是一个可有可无的技术问题,而是写实主义美学追求的必要因素。

三、新现实主义电影的主要作者与作品

意大利新现实主义电影诞生的标志是1945年由罗西里尼执导的《罗马,不设防的城市》,但是1942年由维斯康蒂执导的《沉沦》就已经初步具有新现实主义电影的特点,电影史通常认为1942～1945年是新现实主义电影的准备时期。随着《罗马,不设防的城市》的出现,意大利新现实主义的特点才最终形成,一般认为1945～1950年这五年的时间才是真正的新现实主义电影时期。

意大利新现实主义最重要和最具代表性的作家与作品有罗西里尼拍摄的《罗马,不设防的城市》,维斯康蒂拍摄的《大地在波动》,德·西卡拍摄的《偷自行车的人》,桑蒂斯拍摄的《罗马十一时》等。另外,在意大利新现实主义影片的创作中还有一个非常重要的人物,他就是新现实主义的倡导者、理论家,同时又是杰出的剧作家——西柴烈·柴伐蒂尼。1942年他就参与了勃拉塞尼的影片《云中四部曲》和德·西卡的影片《孩子在注视着我们》的编剧工作,后来又在新现实主义创作的高潮期与德·西卡合作,编写了由德·西卡拍摄的《擦鞋童》(1946)、《偷自行车的人》、《米兰的奇迹》和《温别尔托·D》等所有重要的剧本,同时还为桑蒂斯的《罗马十一时》、维斯康蒂的《小美人》(1952)等这一时期的重要作品进行编剧。他作为意大利新现实主义创作的中坚力量,为新现实主义电影运动作出了巨大的贡献。

(一)罗伯托·罗西里尼

1906年罗伯托·罗西里尼出生于罗马,父亲和祖父都是著名的建筑家。高中毕业时,他突然对电影产生了浓厚的兴趣,于是放弃升大学进入电影界。1934年写了一篇灵感来自德彪西音乐《牧神午后》的电影故事,然后把它拍成电影。1945年的《罗马,不设防的城市》成为新现实主义的第一炮。1948年的《德意志零年》也是一部重要的新现实主义杰作。1959年的《罗维雷将军》获得威尼斯电影节金狮奖。

他曾与瑞典著名演员英格丽·褒曼有过一段婚姻(1950～1958),褒曼为他放弃了好莱坞的事业。60年代后期他开始侧重电视工作,为电视台拍摄了不少历史人物的传记片。1977年逝世。

罗西里尼的创作表现出新现实主义电影创作者最初的题材兴趣，即新现实主义与战争的直接关系。他在战争还没结束时，就已经开始构思影片《罗马，不设防的城市》。故事根据一位抵抗运动领导人的口述改编，是一部真实反映意大利抵抗运动及意大利人民生活和斗争的影片。影片展现出了当时的社会环境，突出罗马贫民区的生活情况，使平民百姓、妇女儿童成为意大利历史中真正的主要人物。罗西里尼在影片中塑造了传教士、共产党人，特别是平民妇女平娜真实感人的银幕形象，其外形和神态都与实际生活中工人妻子的形象气质一致，创造了一种新型的悲剧性角色。影片的高潮段落，是平娜和帮助地下抵抗组织的神父皮德罗的死。对于平娜的死，罗西里尼采用了高度纪实性的表现手法，没有过多地切分事件发生的场面，以一种冷静实录的方式将一位普通妇女的牺牲和法西斯的暴行呈现在观众面前。当时的拍摄条件极为艰苦，战争毁坏了意大利的电影摄制基地，曾是纪录片制作者的罗西里尼却能够变不利为有利，站在摄影机的后面，用另一种崭新的表现方法进行了拍摄。《罗马，不设防的城市》在第一届戛纳电影节上获得大奖——金棕榈奖，同时也使得新现实主义与意大利电影在全世界确立了地位①。

1946 年罗西里尼拍摄了一部反映意大利解放过程中全国人民悲惨生活的《游击队》。影片由 6 个按年代顺序编排的短故事组成，表现人物命运中的痛苦、死亡、不理解和毁灭，在摄影机前重现了游击队员、平民百姓、兵营、修道院等，提供了一幅关于战争最后几个月意大利混乱局势的有文献意义的画卷。在影片拍摄过程中，罗西里尼几乎不使用剧本，并拒绝使用摄影棚、服装、化妆和演员。

之后他还拍摄了《德意志零年》(1948)、《欧洲 51 年》(1951)和《意大利万岁》(1953)等影片，一些影片在电影工作者范围内得到重视，在美学上获得好评，但大部分作品在商业上并不成功。

（二）卢奇诺·维斯康蒂

1906 年 11 月维斯康蒂出生于意大利米兰，父亲是公爵，母亲是大企业家的女儿，他从小受贵族教育，青年时代热爱戏剧。1936 年在法国给导演雷诺阿当助理，自此开始从事电影工作。导演的第一部故事片《沉沦》(1943) 为意大利新现实主义铺了路。1948 年的《大地在波动》是新现实主义的代表作。之后他的作品如《白夜》(1957)、《罗科和他的兄弟们》(1960)、《魂断威尼斯》(1971) 等都是难得一见的佳作。

维斯康蒂由于执导《沉沦》一片脱颖而出，获有“新现实主义之父”的美称。他以一种新的观点、新的风格冲击死气沉沉的意大利电影，并赢得了许多新现实主义的追随者。《沉沦》根据美国小说家詹姆斯·凯恩的小说《邮差总按两次铃》改编，是一个充满情欲并为此杀夫谋财的故事。原著讲述街头咖啡馆神经质的老板娘同一个流浪汉有了私情，后决定杀死她的丈夫骗取保险金，最后陷入自设的骗局。维斯康蒂将故事移植到了意大利外省靠近费拉拉的一个小镇，破败、肮脏、灰蒙蒙的街道，又脏又旧的汽车，小贩、妓女、侍者、普通人之间粗俗的情事，本能的肉欲，原始的仇恨和愤怒以及盲目的犯罪动机……被不加任何掩饰地展露出来。

---

① 【法】乔治·萨杜尔：《世界电影史》，徐昭、胡承伟译，北京：中国电影出版社 1995 年版，第 397～398 页。

拍摄于1948年的《大地在波动》是维斯康蒂另外一部极为成功的影片，被认为是最全面和最彻底地贯彻新现实主义创作原则的一部作品。影片在西西里岛的一个渔村实地拍摄，表现渔民们因无法忍受鱼贩子的剥削、勒索而奋起反抗的故事。全片的内景场面都在当地渔民家里实地拍摄，没有任何人工布景。影片中的渔民也都由当地真正的渔民来扮演，这些都符合意大利新现实主义的形式特征。全片共160分钟，展示了大量日常生活的细节和散漫的平常生活所构成的生活流程，没有一个完整的戏剧性场面。维斯康蒂充分运用深焦距镜头，把人物、背景和风景完美地融合成一个有机的整体，使观众深切体味到渔民与大海相互依存的紧密关系。影片中有许多冗长的、具有静态感的画面与镜头，试图使观众身临其境似的看到渔民的生活环境和生存状态。影片还同时将现实主义和唯美主义结合起来，以异常朴实的风格，创造出审美性的现实主义。《大地在波动》是一部在美学上极有价值的新现实主义的优秀作品，法国新浪潮电影之父、《电影手册》创办人、电影理论家和批评家巴赞认为"维斯康蒂追求的是现实主义与唯美主义的超常规的综合，并且确实实现了这种综合"；另外由于景深镜头的运用，维斯康蒂"不仅自然而然地摒弃了蒙太奇，而且简直是刷新了分镜头原则"①。但是，影片中所包含的那种唯美主义倾向却导致了他在以后的作品中走向了使用豪华布景，运用长镜头表现人物静态等完全追求唯美主义的创作道路。

1960年维斯康蒂继拍摄了根据陀思妥耶夫斯基的名著改编的《白痴》之后，还推出了自己的新片《罗科和他的兄弟们》，影片通过一家人的命运变迁勾勒出60年代意大利社会的一幅全景图。后来又于1963年拍摄了《金钱豹》，1971年拍摄了《魂断威尼斯》等影片，1976年的《无辜》是他最后的遗作。

（三）维托里奥·德·西卡

维托里奥·德·西卡1902年7月出生于意大利，1974年11月逝世于法国，是二战后意大利新现实主义复兴中的重要导演，同时也是一位极具才干与魅力的演员。他16岁登上银幕，21岁跟他人一起搭台演戏，成为舞台剧的偶像巨星。1932年开始成为电影明星，主演浪漫喜剧。1939年初执导影片，后来开始跟罗西里尼和维斯康蒂一起关注老百姓的生活，1942年以《孩子在注视着我们》一片掀起了一场电影的革命。战后执导《偷自行车的人》，将新现实主义美学发挥到炉火纯青的境界。之后因导演的作品在商业上失败，他将主要精力转向表演，一辈子共参演了150多部影片。他的作品对战后意大利底层人民流露出深厚的人文关怀，而且风格极其自然，毫无矫饰。

德·西卡还是一个诗人、评论家。在这一时期的电影创作中，特别是他与柴伐蒂尼的成功合作，使他们的影片成为新现实主义电影创作中最为充分、最为动人和最为重要的一部分作品，他们那一部部真实感人的影片组成了战后意大利社会生活的一幅画卷。1948年拍摄的影片《偷自行车的人》被看做是意大利新现实主义的巅峰之作，对欧洲50年代的电影人产生了巨大的影响。故事取材于一则极其普通的新闻报道，记述一个人和他的孩子在罗马街头奔波了24小时寻找他们丢失的自行车，结果却是一场空。这段只有两行文字的新闻报道在德·西卡的影片中却形成了一个极为感动人的悲剧。影片主人公——失

① 【法】安德烈·巴赞：《电影是什么》，崔君衍译，北京：中国电影出版社1987年版，第304页。

业者安东尼奥好不容易找到一份张贴海报的工作，不料第一天上班便被人偷了他工作所需的自行车，于是他和他的儿子踏破铁鞋到处寻找，最后无可奈何地下手偷别人的车，却被逮个正着。虽然全片故事简单，但是却拍得有笑有泪，将战后罗马的社会面貌鲜活地反映出来。影片揭示了意大利社会失业的困扰、道德的堕落及现实的混乱。正像法国电影史学家萨杜尔所说的那样，影片几乎成为"对某种生活方式、某一政权与失业现象的控诉"①。虽然影片的语调是温和的，但情感冲突却是强烈的；故事虽然简单，但社会意义又极其深刻。影片的结构以现实为依托，以一组组"平民化"的剧情向前推进，展现了一个普通劳动者日常生活中遭遇的一件件事。影片完全在真实环境中进行拍摄，完全依靠非职业演员对于自身生活的深切体验，再次生活在自己所熟悉的实际空间之中。传统的场面调度消失，摄影机跟随着人物运动，使富有吸引力的严谨的结构和富有感染力的"平民化"的情节得到更充分地展现。德·西卡既遵循了新现实主义的创作原则，又将其风格提炼得更为完善。影片揭示主题的方式也极其自然，事件和人物的描写从未直奔一个社会主题，而那个关于"穷人们为了生存不得不相互偷窃"的主题思想是通过具体的剧情捎带出来的。巴赞曾为此做了精彩的比喻，他说：德·西卡没有下赌注，他却……赢得了满贯。

关于影片的制作，德·西卡曾提到：一个美国制片商曾提供他数百万美元来拍摄《偷自行车的人》，还提出让加里·格兰特来扮演男主人公安东尼奥，但他拒绝了那笔资金，也拒绝了那个明星，而是用低成本制作，用一个真正失业的炼钢工人扮演了那个绝望的父亲。德·西卡偏爱新现实主义的创作原则，如评论家麦斯特所说，他宁肯要现实而不是浪漫故事、要世俗而不是闪闪发光、要普通人而不是偶像。德·西卡的《偷自行车的人》无论从哪方面讲，都是新现实主义电影创作最典型和最突出的代表作品。

之后德·西卡又摄制了《米兰的奇迹》，主要讲述米兰郊区弃儿托托多亏老妇罗洛塔的收留才活了下来，罗洛塔死后，托托只得到米兰城外的贫民窟栖身。不料当地发现了油矿，富人为了开采石油而打算收回土地，将所有的穷人赶走。在穷人合力也无法抵抗的时候，已经仙逝的罗洛塔赶紧派了一只"鹰鸽"前来搭救。"鹰鸽"可以听任差遣，帮助穷人如愿以偿，但是它却被"捕猎天使"抓走了，穷人又一次陷入困境。最后罗洛塔寻回"鹰鸽"，让它载负着所有穷人一同飞往幸福的乐土。

1952 年他又拍摄了《温别尔托·D》，影片以一个退休小公务员孤苦伶仃的生活为题材，成为德·西卡《偷自行车的人》之后又一部新现实主义力作。

（四）吉斯帕·德·桑蒂斯

吉斯帕·德·桑蒂斯 1917 年出生于意大利丰迪，从罗马大学毕业后进入罗马电影实验中心学习演员专业，后改学导演专业。1942 年得到维斯康蒂的信任，担任《沉沦》一片的助理导演；1947 年第一次执导影片《悲惨的追逐》，并在威尼斯国际电影节上获奖，自此跻身于意大利一流电影导演之列，并以一系列个人创作成为意大利新现实主义电影的创始人之一。

1952 年拍摄的《罗马十一时》是意大利新现实主义美学风格十分突出的优秀代表作

---

① 【法】乔治·萨杜尔：《世界电影史》，徐昭、胡承伟译，北京：中国电影出版社 1995 年版，第 399 页。

品，德·桑蒂斯将新现实主义的创作推向了又一个高峰。影片的素材同《偷自行车的人》一样取自于一则新闻报道，作者根据罗马沙沃依大街楼房倒塌的真实事件编写而成电影剧本。故事也同样非常简单：战后一家公司招聘一名女打字员，结果却有上百人前来应聘，楼房倒塌酿成了一场悲剧。《罗马十一时》通过人物前来报考打字员，依次交代出影片中十个主要人物各自不同的身份、经历和性格。整部影片着重描写了7位妇女的不同景况：17岁漂亮的姑娘柯乃利亚，她在等待面试的队伍中遇到了一个要去前线打仗在车站等车的小伙儿，他们似乎已经一见钟情；身怀有孕的艾德琳娜怕被占有了她的负心老板辞退；为了深爱的画家丈夫离家出走的富家千金西蒙娜，也想在招聘中试试运气；露仙娜和南多是一对年轻的夫妻，丈夫已经6个月没有找到工作了……每个人物的笔墨并不算多，但人物的个性却极其鲜明。前来应聘的人把几层楼梯全部挤满了，她们都希望得到这份工作来改变自己的命运。

影片的结构也同人物出场一样，自然而又有序地按照事件发生的实际进程组织起来，并不使人感到杂乱无章。由于作品背景的复杂和人物形象的众多，导演使用摄影棚拍片，并采取职业演员和非职业演员混用；楼房倒塌的场面也不可能在危险的实际环境中完成，这显然是出于安全的需要。影片在整体风格上与新现实主义作品相统一，特别是影片的取材方式、主题思想的表现、视听声画的处理以及对人物的现实遭遇、内心痛苦的揭示等等，都与新现实主义的创作原则相一致。除了忠实地描述整个事件外，德·桑蒂斯还希望借此展现意大利当时的社会弊端，许多评论家认为他在这一点上做得非常成功。

除了上述的几位著名导演之外，意大利新现实主义还有许多代表人物和重要作品，比如：比索尔达蒂拍摄的《在罗马的太阳下》(1947)为新现实主义的新型喜剧开辟了道路，并将“外形特征”(如使用真实的外景和非职业演员等)建立在新现实主义电影创作的基础上；吕奇·藏巴的《和平生活》(1946)、《艰难的年代》(1947)等影片，以一种高尚的商业片补充了新现实主义的不足；由五位导演安东尼奥尼、利萨尼、马西里、蒂诺·里西和费里尼联合制作的集锦片《城市里的爱情》(1953)遵循新现实主义的创作原则，以重现真实事件的表述方式，描写了妓女们种种不幸的遭遇，这部影片已经开始转向人物内心的表现，具有新的时代特征了。

四、新现实主义电影的演变：内心现实主义

一般认为意大利新现实主义运动只维持了不到十年的时间就消失了，但是新现实主义却为意大利电影培养了数位著名的导演，使意大利电影在五六十年代依然在国际上保持着崇高的地位，弗莱特里科·费里尼和米开朗基罗·安东尼奥尼就是其中的代表人物。他们是从意大利新现实主义电影中成长起来的，在新现实主义创作的高峰时期曾分别做过罗西里尼、维斯康蒂和德·西卡的助手，并独立编写过剧本或制作过影片。但是，在他们以后的创作和发展中却形成了与新现实主义不同的风格。在费里尼和安东尼奥尼的作品中，往往是以个人的感情来界定外部环境。他们认为电影不是现实问题的写照，而是人物心理的反射。在他们的发展中，费里尼放弃了新现实主义而追求浪漫主义，安东尼奥尼则是模糊现实，强调主人公的主观感知。

（一）弗莱特里科·费里尼

弗莱特里科·费里尼 1920 年出生于意大利米尼市的一个普通小职员家庭，这座亚得里亚海边的小镇成为费里尼一生“演出”的原始场景。高中的时候，费里尼成为佛罗伦萨幽默周刊《420》的画师，之后成为一家报社的图画员，并由此得与当时大名鼎鼎的意大利导演罗西里尼相遇，之后成为他的助手。

费里尼为罗西里尼、谢尔米、拉都达的大部分影片做了卓越的编辑工作后，拉都达邀请他参加《杂技之光》(1950) 的导演工作，这部影片表现一些在意大利城镇中巡回演出的杂耍艺人的悲惨生活，在伤感、苦涩的幽默上已经带有浓厚的“费里尼色彩”。1952 年，费里尼利用他当年画连环画的经验拍摄了《白酋长》一片，得到了公众的好评。1953 年，他拍摄了表现一群游手好闲的年轻人无聊生活的影片《流浪汉》，得到了该年威尼斯电影节的银狮奖，自此跻身于国际大导演的行列。

费里尼拍摄的《道路》(1954)的成功为他赢得了国际声誉，这部影片和以后的《卡比利亚之夜》(1957)虽然在视像感觉上还具有一些新现实主义的特征，但是已经表明了新现实主义的终结。尽管《道路》和《卡比利亚之夜》也涉及了现实中贫困的一面，但是费里尼却不去表现所谓的社会安全感问题，而是去表现人物的某种追求，即对于幸福、爱情、生活意义等方面的追求。成熟的费里尼实际上是一个浪漫主义者，他的作品不是去表现穷人和贫民窟，而是对马戏团、杂技剧场、夜总会等浪漫奇异的场所更感兴趣。他具有个性化的最主要的代表作品是《八部半》(1963)。这是一部令人惊叹的作品，它在戏剧力量、个人视像和电影语言的掌握上都是非常成熟的一部杰作。影片用最质朴的方式展现自己：孩提时代所萌发的性意识，自己与妻子、情人们之间的矛盾等，使得许多电影评论家对其大做文章，也使得许多电影制作者对它产生了很浓厚的兴趣，进行了颇为深入的研究。费里尼曾说：“我拍的一切都是自传式的，即使是描绘一个渔夫的生活，也是自传式的。”他在作品中将内心的矛盾和朦胧的意识以一种随意、灵活的方式表现出来。在剪辑上，影片在时空跳跃中形成了一种独特的风格，即被人们称做“意识流”的风格。这部现代派的经典之作是费里尼创作的高峰和转折点。费里尼从不重复自己，他的每一部作品都是一次创新和一次突破。

《八部半》使费里尼迅速达到了电影生涯的顶峰，但接着他又回到了对妇女生活情况的研究上，1965 年他和妻子合作拍摄的《朱丽叶与精灵》是他的第一部彩色电影，故事依旧延续了《八部半》中关于主人公内心冲突和压力的刻画。

进入 70 年代以后，费里尼非常明确地转向了自传体的导演风格，同时愈加追求神秘主义的创作空间和不可名状的梦境色彩。《罗马风情画》(1971) 讲述导演自己的故事，却常常将梦想与现实混在一起。《爱玛柯德》(1973) 虽遭费里尼否认和自己有关，但片名(意为“我记得”) 却十分清楚地表现了导演的意图。1979 年的《女人城》诡秘荒谬，犹如奇异的梦境。1983 年的《大海航行》描绘了一个荒诞不经的世界。

1985 年费里尼荣获威尼斯电影节终身成就金狮奖，1993 年荣获第 66 届美国奥斯卡终身成就奖，同年 10 月去世。

（二）米开朗基罗·安东尼奥尼

米开朗基罗·安东尼奥尼 1912 年出生于意大利斐拉雷市一个中产阶级家庭，早年在出生地为地方报纸写影评。1939年来到罗马，成为权威电影杂志《电影》的编辑并进入罗马实验电影中心学习，此后安东尼奥尼开始撰写剧本。

1940年安东尼奥尼开始拍摄各种短片和纪录片。《波河上的人们》(1943)被认为是影响后来新现实主义的重要作品，此片也奠定了他在新现实主义导演中的前驱地位。

1942年安东尼奥尼来到法国，担任导演马塞尔·卡尔内的助手，回国后他为导演罗西里尼编写了《飞行员的归来》一片的剧本，其后又为德·桑蒂斯编写了《悲惨的追逐》(1947)，甚至费里尼的《白酋长》一片的剧本也得到了安东尼奥尼的协助。1950年安东尼奥尼拍摄了自己的处女作《某种爱的纪录》，此后又拍摄了《被征服的人》(1952)、《不戴茶花的茶花女》(1953)、《小巷之爱》(1955)等作品。他影片的主题基本上是反映现代生活的烦恼，而他对于人的根本的研究则是人同烦恼的妥协方式。他对"人际关系的破裂、人与人之间和人与周围世界的突然异化"更感兴趣。现代生活构成了他影片的背景，而在这个背景下生活的是一种孤独的、精神空虚的人。他注重人物的探索，并认为世界使他的人物获得色彩，而不是人物从世界中获得色彩，这便是他同新现实主义影片创作的根本区别。他喜爱现代建筑的光滑和坚硬，而那种冷冰冰的异化的表面，便构成人物在戏剧性时刻所感到的那种空虚的隐喻。他认为讲得越多越清楚，也就越没有意味。他的影片着意于对孤独者所生存的环境的设计，在视觉处理上也是不同寻常，拒绝使用很多对白和语言，以这种处理方式来体现人物的孤独。

安东尼奥尼有许多非常重要的代表作品，如"关于人类情感的三部曲"——《奇遇》(1960)、《夜》(1961)、《蚀》(1962)。在这三部影片中安东尼奥尼提出了一个关于沟通和孤独的永恒的命题。《奇遇》表现了一对男女寻找他们失踪的女友，结果却发现了另外的事情；《夜》描写了米兰一对富裕的资产阶级夫妇互不了解，终于分离；《蚀》的主题是一个妇女幻想的破灭，她最初以为自己爱上了一个年轻而自私的金融家，后来她孤苦伶仃地独居在令人窒息的、荒凉的罗马。在艺术上，他以"反戏剧"、"反情节"为基础，创造了新的电影叙事方式。

《红色沙漠》(1964)是米开朗基罗·安东尼奥尼的另一部代表作品。朱莉娅娜和丈夫共同生活在意大利北部的一个工业城市，这座城市经常被烟雾笼罩，这使她感到非常郁闷，整天焦躁不安、神情恍惚。她难以控制自己的感情，和丈夫的一个同事偷情并且一起出去游玩，而见到的都是因受到了工业文明的污染而污浊不堪的环境。她的反常似乎只是因为在一次车祸中受到了惊吓。时间长了，朱莉娅娜发现以前同丈夫和儿子之间的那份亲密不存在了，那位丈夫的同事对她的感情也无法抚慰她寂寞的心灵。她想找到理解、找到感情，但一切都不能实现。在这样一个现代文明社会的丰富的物质生活里，女人彻底地迷失了，内心深处的空虚孤独犹如一片荒芜的沙漠。安东尼奥尼对于色彩的运用超过了常规，大胆的反现实的使用令电影评论界赞叹不已。这个社会的自然色彩是人物的主观感受，它随人物的心理变化而变化，有着非现实、超现实的色彩。法国电影理论家马赛尔·马尔丹称《红色沙漠》是"电影史上的第一部彩色片"。

此后的《放大》(1966)等影片也都保持着安东尼奥尼的个性和特色。从1970年的《扎布里斯基角》开始，安东尼奥尼开始了另一个阶段的创作。从这时开始，他的作品明显减少，从题材到手法都有别于以前的作品，由战后初期的新现实主义逐渐转向表现人物的内心世界，最后接近于隐喻象征。

1972 年安东尼奥尼被中国政府邀请到“文化大革命”的中国来拍摄纪录片《中国》，虽然安东尼奥尼自己认为这是一部不带政治意图的政治片，他仅“是一个观众，一个带着摄像机的旅游者”，但影片完成后却因为没有刻意从正面塑造中国的形象而遭到指责。

1975 年安东尼奥尼拍摄了《职业：新闻记者》，讲述一个记者在迷茫中试图调换身份寻找另一种生活和死亡的故事。之后的《上瓦尔德的秘密》(1980) 是一部具有现代意识的古装片，影片流露了导演的悲观与无奈。1982 年《一个女人身份的证明》为安东尼奥尼赢得了戛纳国际电影节 35 周年大奖。1995 年在德国著名导演文德斯的协助下，根据安东尼奥尼的短篇小说集《泰伯河上的保龄球道》中的四部短篇小说改编的电影《云中的日子》问世，本片可以被看做是对导演一向关注的各个主题进行的一次总结性阐述。

五、新现实主义的创作倾向及其影响

法国电影理论家巴赞认为意大利新现实主义电影的突出特点就是对当前现实的密切关注，曾给以“真实美学”的高度评价。他认为，新现实主义的电影是世界电影中唯一一个表现“拯救着一种革命的人道主义”作品，这是意大利电影的一大功劳，它在重申艺术上的“写实主义”的同时，也要求影片必须具有深刻的“审美性”。新现实主义电影作品更突出地是以写实主义的态度面对那种混乱的社会现实。新现实主义继承和发展了在它之前写实主义的电影传统，并为随之而来的较为完整的写实主义电影美学体系的理论建立了坚实的基础。柴伐蒂尼曾为新现实主义创作原则确立了这样的定义：表现事物的真实面目，而不是表面看上去的样子；使用事实而不用虚构；描绘普通人而不是那些油头粉面的英雄；揭示每天的事件而不是例外的事件；表现人与他的真实社会关系而不是他的浪漫主义的梦幻。他说自己更感兴趣的是在周围生活中亲眼看见的事物中所蕴含的戏剧性，而不是虚构的戏剧性。他认为，诗意应该到生活中去寻找。柴伐蒂尼的这些主张，对于新现实主义的电影创作起到了极其深刻的影响。

(一) 新现实主义的创作倾向

意大利新现实主义的创作倾向大体表现为：

1. 追求真实感

新现实主义的电影艺术家们密切关注现实，并在电影作品中忠实于真实事件与人物的再现，使文学的故事性消失在新闻报道般的实际生活的叙事状态之中。意大利电影工作者的摄影机也如同新闻摄影机那样具有人性，它与手和眼密不可分，几乎与人体等同，随时配合摄影师的注意力，客观地尽可能不侵蚀原有物质的全貌，在观众的脑海中，将银幕现实的表象与真实的现实合二为一。《偷自行车的人》和《罗马十一时》都是这方面最为突出的例子，而《罗马十一时》由于有了新闻记者在叙事上的参与，更像是新闻工作者的一次报道。

运用方言。这一点在译制出来的影片中是听不出来的，但这却是新现实主义追求纪录和写实主义的一部分，也是民族电影追求声音效果表现的极为突出的一种手段。在这种语言处理上，新现实主义制作者是很注重分寸的，他们既保持地方方言的特点，又尽可能地使人们听得懂。

在新现实主义的代表作品中，长镜头的运用作为表现空间真实的手段，起到了突出影片形式与风格的独特作用。这种没有被分割得很碎的视觉处理，似乎使每一个镜头都成为完整的一段。这既体现了创作者忠实于自然的客观性，又使影片获得了现实真实的透明性。另外，在新现实主义的许多代表作品中都运用了非职业演员的表演，职业演员与非职业演员的混用使演员之间相互影响、相互渗透，必然使意大利电影获得绝妙的真实性。

2. 倡导朴实无华的结构形式

新现实主义电影制作者们不使用倒叙、闪回等那样一些令人费解的结构形式，而是选择了一种最为简单、最为鲜明、最为直观的结构形式。电影理论家劳逊曾谈到"由于新现实主义的基本概念是简单的，因此最优秀的新现实主义的影片的结构也是简单和动人的"。这同样是影片的纪录风格所决定的，正如柴伐蒂尼所倡导的那样：新现实主义的影片要从素材本身产生结构。

3. 展现内在张力

取材于当前生活热点，特别是底层贫苦人民的生活状态或者普遍存在的困惑、迷茫的精神状态，情节多是散漫的，甚至是沉闷的；因此影片的魅力不是依靠情节的对立、冲突，而是来自于真实生活本身的力量，生活按其应该发展的方向自然地向前流淌，以此展现事物或人内在的紧张和张力。

（二）新现实主义的影响

新现实主义电影是二战后电影的一次解放，是对以好莱坞为代表的制片厂制度和艺术规范的一次反叛和逃脱。1950年崛起的意大利导演们无法回避这一份遗产和传统，新现实主义产生了罗西里尼、维斯康蒂，也培养了费里尼和安东尼奥尼，他们继承了新现实主义中最具诗意的那一部分，把新现实主义从外部转向内部，把新现实主义中对人物内心关怀的一部分主题发扬光大。

新现实主义的基本要素是实景拍摄、非专业演员的使用、剧本的即兴创作等，这已经成为今天电影制作的一部分。它直接影响了法国的新浪潮电影运动，在西班牙、希腊、印度、伊朗都产生过重要的影响，甚至在中国都可以找到它悠远的回响，如郑洞天的《邻居》(1981)、《鸳鸯楼》(1986)，王小帅的《冬春的日子》(1993)，张元的《儿子》(1995)，贾樟柯的《小武》(1997)，张艺谋的《秋菊打官司》(1992)、《一个都不能少》(1999) 等等。

从更直接的渊源上来看，新现实主义是电影史上现实主义流派发展的一环，从卢米埃尔的纪实→德国"街头"电影的客观主义→前苏联的社会主义现实主义→法国的诗意现实主义→新现实主义→新浪潮，一直到现代的道格玛95，每当在美学上、创作取向上面临一次大突破、一次大解放，总是先表现为对既有创作模式的彻底否定，回归现实主义。

思考与练习

1. 意大利新现实主义电影产生的背景是什么？
2. 意大利新现实主义电影的创作主张是什么？
3. 以《偷自行车的人》为例，说明意大利新现实主义电影的创作倾向。

4. 意大利新现实主义对现代电影有哪些重要影响?

第二节　法国电影"新浪潮"与"左岸派":书写电影

【本节提要】从20世纪50年代开始,现代主义文化冲击着整个欧美世界,电影也在这种背景下形成了声势浩大、影响深远的现代主义思潮,而这一思潮最集中的体现就是法国出现的"新浪潮"运动;与此同时,在法国还出现了一个重要的电影流派——"左岸派"。两者同中有异,构成了现代电影史上又一重大景观。

【主要内容】

1. 法国电影"新浪潮"产生的背景
2. 法国电影"新浪潮"的创作特点及艺术特征
3. 法国电影"新浪潮"的主要代表影人及作品
4. 法国电影"左岸派"的主要代表影人及作品
5. "左岸派"的艺术特征及与"新浪潮"的比较

1958年,当克劳德·夏布罗尔的影片《漂亮的塞尔其》和让·勒鲁什的影片《我这个黑人》等一批较新颖的影片纷纷出现在法国银幕上的时候,法国《快报》周刊的专栏女记者弗朗索瓦兹·吉鲁第一次使用了"新浪潮"这个名词来谈论当时的法国电影。这些由不知名的年轻人制作的影片打破了以导演资历为基础的制片方法,给法国电影带来了一股清新的气息。在1959年的戛纳电影节上,这批新导演的作品集体亮相,其中就有后来电影史上赫赫有名的戈达尔的《筋疲力尽》、特吕弗的《四百下》和雷乃的《广岛之恋》等,令世界影坛为之震惊。《四百下》还夺得了该年度最佳导演奖。1962年法国刊物《电影手册》开辟了"新浪潮"特刊,正式使用了"新浪潮"这一名词。"新浪潮"这个概念就成了在世界电影史上具有重要意义的电影流派的名称。

从1958年至1962年的5年间,法国有200多位新导演拍摄了他们的处女作,像是一股不可抗拒的汹涌潮流冲击而来,势不可当,创造了法国电影史、甚至世界电影史上的一个奇迹。"新浪潮"是继欧洲先锋主义、意大利新现实主义之后的又一次具有世界影响的电影运动。它没有固定的组织、统一的宣言、完整的艺术纲领,这个运动就其本质来说是一次要以现代主义的精神彻底改变电影艺术的运动,它的出现将西欧的现代主义电影创作推向了高峰。

按照习惯的说法,差不多与"新浪潮"同时出现的还有"左岸派"。这次法国的电影运动由于很多人积极热心地参与,形成了一种混杂的创新,即追求相异、风格不同的创新。但既然汇合成一股"浪潮",就必须有共同的目标,这共同的目标就是一致反对当时流行的所谓"优质电影"。"优质电影"实际上是一种被大众兴趣所左右的、按照陈规俗套制作的商业影片,而这一时期的电影新人们要以一种艺术品味来替代商业趣味。他们声势浩大地奋起推翻和打碎旧存的制片秩序，像作家书写作品一样拍摄打上个人印迹的、与众不同的电影，对商业电影形成了极强烈的冲击。所谓"新浪潮"，可贵之处在于"浪潮"二字。综观世界电影史，从未见过有这样一次吸引这么多人共同参与到一场电影革新运动中来。然而，有着共同的"敌人"并不能说明有着共同的美学观念和美学追求，他们之间既有共性又有区别，因此，这里大致分为两个部分进行分析和研究：一是作者电影，即"新浪潮"；二是作家电影，即"左岸派"。

一、"新浪潮"产生的背景

（一）历史文化背景

"新浪潮"的产生有着特定的历史文化背景。第二次世界大战时期，法国处于德国的占领之下，没有属于自己的民族电影。二战之后，长期以来形成的僵化的社会制度造成了青年一代的幻想破灭。首先，法西斯的垮台，历史性的审判，使得国际上的右派势力受到严重打击。其次，斯大林的去世，对他的重新评价，又使得"左派"势力陷入茫然。而不光彩的阿尔及利亚战争和越南战争，再次使中间派开始感到失望。1958年是法兰西历史的转折点。这一年法国人更换了政府，也更换了总统，甚至连共和国也改了名号。这充分表现了当时法国人民变革现实的决心和精神。戴高乐执政后，法国开始进入一个新时期。新时期须要新电影，但战后至50年代末，法国电影一直沿袭旧传统。在内容上，长期以来只局限于两类题材：侦探片与爱情片；在形式上，始终保留着一般的戏剧结构，绝大多数影片演变成后来被"新浪潮"闯将所讽刺的"优质电影"。所谓的"优质电影"是指那些舞台味浓重、台词华丽、注重文学性的传统电影，讲究布景漂亮，演员耀眼，画面鲜丽，但是缺乏电影所特有的艺术内涵。由于银幕上充斥着缺乏新意、雕琢痕迹十足的作品，致使法国电影陷入毫无生气的僵化境地。面对这种情况，一批青年电影工作者和影评家们发出了要求改变法国电影现状的强烈呼声，并勇于投身到电影创作实践中去，于是，在法国掀起了一场规模巨大的"新浪潮"电影运动。

这一时期的青年厌恶政治，拒绝走父兄前辈的老路。他们蔑视传统，要求变革现实，把政治视为"滑稽的把戏"。当时的文艺作品开始注意这些年轻人，描写这些年轻人，形成了这一时期文学艺术的特殊现象。这些年轻人在美国被称做"垮掉的一代"，在英国被称做"愤怒的青年"，在法国则被称做"世纪的痛苦"或"新浪潮"，可见，"新浪潮"运动是在整个欧洲国家的现代主义文化背景下展开的。在"新浪潮"的影片中，从主题到情节，从风格到表现手法都带着这种时代的印痕。19世纪末以后，世界大战、经济危机、信仰危机以及政治制度的僵化、贫富悬殊的加剧、社会问题的增加，对西方以理性崇拜为核心的人类自恋心理带来了沉重的打击。尼采的"上帝已死"成为现代主义文化的思想起点。正如德国哲学家雅斯贝尔斯所悲叹："现在已经再也没有共同的西方世界了，再也没有共同信奉的上帝了……今天西方的共同意识只能用三个否定来加以标志，那就是历史传统的崩溃、主导基本认识的缺乏、对不确定的茫茫将来的彷徨和苦闷。""新浪潮"电影应该说也是现代主义文化的有机组成部分。

(二) 巴赞电影理论的影响

"新浪潮"的主要编导大多是来自法国著名电影杂志《电影手册》的青年评论家，包括让-吕克·戈达尔、弗朗索瓦·特吕弗、克劳德·夏布罗尔、埃里克·罗梅尔、雅克·里维特等人。法国的"新浪潮"并没有形成明确的纲领或统一的创作宣言，因为"新浪潮"推崇的是创作的个性，每个人的风格都不尽相同，但总体来看，他们还是具有较为一致的电影美学观念，其核心是《电影手册》主编安德烈·巴赞的电影理论。

安德烈·巴赞是法国著名的电影理论家和批评家，被誉为"新浪潮运动的精神之父"。巴赞毕业于师范学校，参加过法国的抵抗运动。1944 年至 1950 年，他在电影杂志《法国银幕》担任编辑，后与友人合办《电影手册》月刊。巴赞通过这个刊物和自己的著作培养了不少电影人，指导了当时的电影创作，这个刊物后来成为"新浪潮"电影运动的理论阵地。作为电影理论家的巴赞，他的专著有《奥逊·威尔斯论评》(1950)、《维多里奥·德·西卡》(1951)、《西部片》(1952，与人合著)等。他逝世后，其论文集《电影是什么》(1959)出版，共收入 60 篇论文，这部论文集已成为西方电影美学的里程碑式的著作。

巴赞提出过"总体现实主义"的命题，并以此来概括自己整套的美学观点。"总体现实主义"就是要求艺术家把拍摄对象"照生活原样"整个摄录下来，不能改变其自然面貌，也不要干预其自然进程，更不能把拍摄对象加以分解，认为只有这样才是"现实主义"地反映生活，只有把如此拍摄的若干片段连接起来才是真正的电影。"总体现实主义"是在反对和否定分解法美学的基础上，即在反对和否定蒙太奇作为电影艺术手段的基础上提出来的。巴赞认为，蒙太奇只能起技术性作用，把不得不中断了的时间、空间的几个片段机械地接合起来，它不能起含义性或艺术性的作用。

在"总体现实主义"美学观点的支配下，巴赞进一步提出了"照相本体论"。他认为，电影是从摄影艺术中派生、发展起来的，电影只不过是活动起来的摄影艺术，因此，电影所创造的形象和摄影所创造的形象在美学本性上是一致的，都具有客观性和真实性。巴赞还认为，在其他艺术当中，原型与复制品之间总有艺术家作为"中介"去加以"干预"，因此不够真实；只有在电影中，由于它是"照相功能的延伸"，所以在原型与复制品之间才可能不经过艺术家的"中介"，在没有人为干预下自动形成。巴赞认为自然本身就是一种电影表现手段，纯客观地摄录下来的物象可让观众自己去捉摸其含义，艺术家的解释和强调都是外加的干扰，只会破坏电影的"照相本性"，破坏艺术的真实性。

从照相本体论出发，巴赞强调镜头的时空连续，同时也允许在镜头内部适当改变实在客体，即在镜头内部进行一定的组织，结果引出了"长镜头理论"。巴赞及其拥护者们宣称爱森斯坦所代表的传统电影理论——蒙太奇理论已经过时，只有长镜头理论才能代表现代电影观念。巴赞的长镜头理论是在对蒙太奇理论批评与否定的基础上建立起来的。他对蒙太奇理论的批评几乎涉及这个理论的每一个部分，但主要集中在两点：其一，蒙太奇所遵循的"分解法"是破坏电影真实性的总根源。巴赞认为，蒙太奇是一种人为的创造方法，它依靠分切、组合割裂完整的时空，这就破坏了电影的时空真实和感性真实。按照蒙太奇原则拍片的导演，在拍一部影片时必然会把一定的事件分割成许多零碎的片段(即镜头)，然后再把它们按照一定的需要和方式重新组织起来，这样拍出的影片丧失真实性是不可避免的。为了保持空间的真实，巴赞主张用景深镜头来代替蒙太奇，他认为景深镜头的最大功用在于保持空间的统一性。其二，蒙太奇融进了导演的主观色彩，干预了现实生活，带有强制性和思想含义的单一性，它不让观众有更多独立思考、自我感受的机会。生活现象是极为复杂的，蒙太奇把一个单一的含义和思想强加于任何一个生活现象，都会贬低它所描写的现实，损害生活的真实性，违反了观众的审美心理。

巴赞在批评与否定蒙太奇的同时，列举了长镜头的许多优点：1. 长镜头“遵守事件的空间统一性”，保持时空的完整性、可信性，它构成的“时、空连续流”是保证电影总体性和逼真性的重要表现手法；2. 采用长镜头技巧，能保留生活内涵的暧昧性、多义性、丰富性；3. 观众观看影片时，长镜头能给观众留有充分发挥联想、想象的自由天地，能够饱尝从多种角度看动作的“眼福”。长镜头理论有价值之处在于：首先，巴赞总结了长镜头的美学功能，丰富了电影语言。当电影艺术面临着镜头容量增大的状况时，巴赞从电影语言演进的角度高度评价了长镜头的作用，并力图从理论上对长镜头进行解释，他在理论上的勇气是值得赞赏的。巴赞在理论上总结了深焦距和长镜头的美学功能，就其意义与影响而言，并不亚于爱森斯坦对蒙太奇技巧的美学探讨。巴赞特别看重景深镜头，注意挖掘镜头内部的潜力，进一步扩大和丰富了电影语言。其次，巴赞对蒙太奇的批评虽有偏颇的一面，但也有可取之处。巴赞说，当蒙太奇在破坏时间、空间的连贯性、纪实性时，就应该考虑放弃剪辑。如今，电影文化已在全世界进一步普及和提高，这一提醒是非常必要的。在某些情况下，保持时空的完整性与连续性比分切镜头、重新组合有更为充分的表现力。再次，巴赞理论中着力宣扬的那种纪实风格也是值得肯定的。巴赞对意大利新现实主义的电影作品给予了高度评价，他所推崇的这种风格，即人们常说的“长镜头风格”，对后来的电影创作产生了很大的影响。

50年代，巴赞的理论曾在西方电影界引起轰动，使“蒙太奇”理论受到冲击。虽然巴赞于1958年逝世，没能亲眼看到这个新的电影运动，但他的理论却为“新浪潮”电影开辟了道路，吹响了进军的号角。

二、法国“新浪潮”电影的创作特点及艺术特征

作为一次影响深远的现代电影运动，法国“新浪潮”提高和完善了“作者电影”的观念。早在20世纪40年代，法国作家、记者和电影导演亚历山大·阿斯特吕克就提出了著名的“自来水笔式电影”(摄像机即钢笔）的理论，主张摄像机要像作家的笔那样自由自在地描写事物，作品必须要有作者自己的个性，即要确认电影作者的地位。其后，被称为“新浪潮”主将之一的弗朗索瓦·特吕弗明确提出“作者电影”理论，在1957年的《电影手册》上发表了近乎“新浪潮”宣言的《作家的政策》，指出：“明天的电影较之小说更有个性，如同一种信仰和一本日记那样，是属于个人的和自传性质的，年轻的电影创作者们将以第一人称来表现自己和向我们叙述他们新近的爱情故事、政治觉悟的转变、旅游故事、一场疾病、他们服兵役的情况、他们最后的期限，而且差不多都能从中找到乐趣，因为那将是真实而新

颖的……”①而后，他又与戈达尔、夏布罗尔、里维特等人继续撰文宣传“作者的政策”，进而提出“作者电影”的理论。他们认为：“作者电影”必须具备以下条件：1. 具备起码的电影技能；2. 影片能明显地表现出导演的个性，并且在一系列影片中揭示出其风格特征；3. 影片必须具备某种内在的含义，导演必须通过它使用的素材表现某种个性，这种个性应该贯串于他的整个作品当中。

特吕弗等人确立了电影中导演的中心地位，认为导演决定着一部影片的风格和形式，完全可以像作家一样表现出自己鲜明的个性特点。为了实现这一主张，“新浪潮”电影更倾向于编导合一，认为只有这样才能充分驾驭影片的主题与风格。戈达尔、特吕弗等人的创作和他们的理论一样，跟他们的个人经历及精神气质十分相像，这是“新浪潮”电影最大的特点。

“新浪潮”同“新现实主义”这两次电影美学运动都是对商业电影的有力打击，向传统电影观念发起了挑战。从形式上看，“新浪潮”同意大利新现实主义电影有着不少共同之处，不同的是在影片主题与内容上，“新现实主义”带有重大的社会性，而“新浪潮”却带有强烈的个人色彩。

“新浪潮”电影的艺术特征，概括起来主要有以下几个方面：

第一，在影片的主题方面，为非政治性的电影。新浪潮作品中的人物似乎是随风来到人世，随风在世间漂泊，又随风而离开人世。“新浪潮”的功绩之一在于战胜了某种禁锢，力图真诚地描写男女和爱情，暴露虚伪。他们感兴趣的是真实发生的事情，而不是受制于“善”与“恶”的传统观念。特吕弗拍摄的《朱尔与吉姆》(1961)就是最具有代表意义的。

第二，在题材内容方面，“新浪潮”电影具有强烈的“个人性质”。一种表现方式就是“导演的自述”，例如特吕弗的影片《四百下》(1959)，导演在改头换面的自传形式下叙述了自己的童年。影片中的主人公安托万·杜瓦内尔实际上是导演的化身或代言人。特吕弗后来还以这个人物为中心拍摄过五部一套的影片，继续讲述自己少年时期与服兵役时期的景况和感受。此外，皮埃斯·卡斯特的《美好年华》(1960)和约克·多尼奥尔-瓦尔克罗兹的《馋涎欲滴》(1960)等影片也都是在传达导演自己的体验，带有明显的传记色彩。另一种影片的表现方式虽然不具有直接的自传性质，影片中导演塑造的人物与他本人有很大距离，但这些人物身上仍然有导演的影子，片中人物反映着导演的趣味、爱好乃至社会观念和政治信仰，观众从这些人物身上看到的也还是导演自己，如戈达尔的《筋疲力尽》(1959)，影片反映了导演的人生观，反映了他对资本主义社会传统道德观念的蔑视和反叛。

“新浪潮”电影中的人物，有不少都是染上了“世纪病”的青少年形象。在《四百下》中描写了一个得不到社会、家庭温暖的男孩安托万犯罪的故事。他感到世道不公从而盲目地胡来以反抗社会，用逃跑和奔向大海寻求自我解脱。《筋疲力尽》中我行我素的米歇尔，随心所欲地偷车和偷钱，甚至不惜打昏人来抢钱，他还开枪打死警察，随心所欲地与女人厮混。从传统的道德观念看，这是个胡作非为的歹徒，但影片并不试图塑造鲜明的正反面

① 【德】乌利希·格雷戈尔：《世界电影史》，郑再新等译，北京：中国电影出版社1987年版，第13页。

人物形象，而是力求反映20世纪50年代法国社会中某一类青年人的生活行为，表现他们的真实面貌。影片中塑造的这些人物形象由于没有明确的生活目标，没有信仰，对社会流露出一种冷漠和麻木的情绪。这些人物形象的出现，首先在于他们的认识价值，而不在于教育意义。

第三，具有明显的纪实性风格的美学特征。"新浪潮"电影运动是在巴赞的电影美学思想影响下发展起来的。巴赞提出过"电影是现实的渐近线"的命题，人们视之为倡导"写实主义风格"的口号。"新浪潮"电影追求的是向生活靠拢，深入现实，具有一种真实诚恳的格调。戈达尔说过"新浪潮的真诚之处在于它很好地表现了它所熟悉的事情，而不是蹩脚地表现它不了解的事情"。他在摄影中更多地使用自然光和微弱光线，创造了肩扛摄影机、跟拍、抢拍等类似纪录片或新闻片的拍摄方法，形成一种极强的现实风格。在影片剪辑上，蒙太奇已不再是表达思想和解释心理的手段，而只是作为时空切割的方法。"新浪潮"的导演们对电影的长度、节奏很感兴趣，他们采用了一种快速剪辑的方法，取消遮挡、化出化入、淡出淡入等传统手法，采用镜头之间的直接衔接，并在时空关系上进行跳接。这种剪接无疑加快了观众的视觉节奏，减轻了叙事的繁琐冗长。长镜头的使用增加了影片的真实色彩，而快速剪辑法增加了视觉的节奏感。从"新浪潮"之后，特吕弗和夏布罗尔的长镜头，戈达尔的跳接与快速剪辑，成为当时法国电影的基本艺术手段，为人沿用至今。"新浪潮"大量采用自然音响环境，以增加作品的真实感。有时人物的对白都被淹没在音响中，更能表现出真实的感觉。写熟悉的事情、熟悉的人物，就为电影创作贴近生活提供了前提条件，使电影能真正成为"现实的渐近线"。夏布罗尔的处女作《漂亮的塞尔其》(1958)、《表兄弟》(1959)，特吕弗的《偷吻》(1968)、《夫妻之间》(1970) 等影片都以一种空前未有的真实与诚恳征服了观众。

第四，摄影风格侧重于电影的照相性，拍片方法多用实景拍摄。摄影师们侧重于画面新鲜感，拒绝功能主义或学究式的画面制作。他们以一种全新的自然主义的摄影风格出现，这一点和拉乌尔·谷达尔的名字紧紧联系在一起。谷达尔是戈达尔形影不离的摄影师，拍摄了从1959～1968年间戈达尔的所有影片，还有一部分是和特吕弗合作的影片。在"新浪潮"的作品中，既顾及电影时空的完整性和节奏的运动感，又出现大量的长镜头、景深镜头，特别是运用了一些十分灵活的移动摄影。戈达尔说"摄影移动是个道德问题"，他把美学上的追求上升到理论的高度。从那时起，跟拍、长焦、变焦、定格、延续的全景摄影、成帧调节、摄影机的震颤相继作为艺术手段而运用。戈达尔的这些主张赋予影片以自然、逼真、偶发的创作风格。除实景拍摄外，"新浪潮"电影制作费用低、周期短，导演经常即兴创作，譬如戈达尔的《筋疲力尽》就是他以即兴手法导演的第一部长片。影片摒弃传统的电影语法，镜头自由跳接剪辑，不注意传统的连续性和逻辑性，是第一部打破法国电影语言陈规的影片。在拍摄此片时，戈达尔事先没有准备完整的剧本，只有三页手稿勾画着影片的大体轮廓，更没有分镜头剧本，完全是以即兴手法拍摄而成。到了现场，摄影师还不知道摄影机的位置应放在何处，全由戈达尔临时指定。人物对话也在拍片过程中即兴发挥，演员自始至终进行即兴表演。这部影片是戈达尔用小型摄影机摄制的，突破了以往的拍片"规范"，带来了清新的气息。

第五，在演员的选用上与传统明星制度相对立，大胆起用非职业演员，主张即兴创作。

他们聘请不起大明星，也不想聘请大明星，奉行“不用大明星也可以拍出赚大钱的影片”的原则，大胆起用一大批不知名的年轻人做演员，为电影表演带来了新的活力。同时，他们还吸取了意大利新现实主义电影任用非职业演员的方式以及好莱坞电影明星詹姆斯·迪恩和马龙·白兰度所代表的“不表演的表演”的风格，甚至导演亲自上阵出演角色。实际上，“新浪潮”也创造了自己的明星，如贝尔纳戴特·拉风、让·保罗·贝尔蒙多等。他们的表演完全摆脱了戏剧腔，显得真实、朴素而自然。

总之，“新浪潮”对电影传统的语言、语法规则毫不在意，他们采用十分灵活的制片原则，导演不追求该怎么做、不该怎么做，而是追求个人风格，想怎么做就怎么做，形成了“作者电影”的观念。“新浪潮”的电影艺术家们大多追求创造各种独特、新颖的艺术表现手法，虽然有些探索未必符合电影的艺术规律，但是这种创新却形成了一种强大的冲击波，有力地冲破了因袭已久的传统形式的束缚，给电影艺术家开拓了新路，推动了电影语言的演进。“新浪潮”电影对于世界电影从戏剧化走向纪实化、从形式贫乏僵化到丰富多样的重大变化，起到了巨大的推动作用。

“新浪潮”电影运动前后不过五年，1958 年是诞生年，1959 年是幸福年，1960 年是高峰年，1961 年是没落年，1962 年是危机年。它经历的时间虽短，但影响巨大。这种观念影响了德国、日本、美国甚至全世界，美国、英国、西德、日本等国家也相继出现了“新浪潮”电影运动。

三、“新浪潮”电影运动的主要作者与作品

法国“新浪潮”运动没有公开的宣言，也没有统一的纲领，但都是以《电影手册》为基本阵地，倡导电影个性化和“作者电影”，其中让·吕克·戈达尔、弗朗索瓦·特吕弗、克劳德·夏布罗尔被并称为法国“新浪潮”的三员主将。

（一）让·吕克·戈达尔

戈达尔是法国裔瑞士籍导演，法国“新浪潮”运动的代表人物。1930 年 12 月 8 日出生于法国巴黎的一个富裕家庭，早年在瑞士与巴黎接受教育，并在北美与南美游历三年。

1950 年，他进入法国《电影手册》编辑部专职从事影评。之后的十年时间，他都在电影资料馆，研究和观看了大量各种类型的影片，打下了基础深厚的电影素养。1954 到 1958 年，他尝试导演了 5 部短片，并在特吕弗帮助下拍摄了第一部剧情片《筋疲力尽》。男主人公米歇尔热衷于冒险生活，始终处于被追逐的境遇。他漫无目的地游逛、抢汽车、开枪打警察、与女人厮混。米歇尔与美国姑娘帕特丽夏的关系令人捉摸不透，她与米歇尔同居，后来却把他出卖给警方，接着似乎又有所反悔，敦促米歇尔赶快逃命。影片最后米歇尔仍有活下去的机会，有人还扔给他一支手枪，但他却感到生活得筋疲力尽，对警方的追捕不想进行反抗。这部影片无论从形式还是内容上都完全无视传统的电影理论和拍摄手法，一出现就在电影界引起轩然大波。戈达尔故意不去解释主人公的行为动机，表达一种对于政治、道德和文化的全面反叛情绪。在形式上这部影片也充分展现出戈达尔所奉行的“破坏美学”，并列、拼贴、跳接的手法比比皆是，虽然拍摄手法是纪实的，但其中展示的世界却完全是迷乱、迷惘和非理性的。自此这种电影文法上的革新成为戈达尔的一个

重要标签。这部影片不仅在电影史上被归为法国“新浪潮”最重要的代表作品之一，同时也是戈达尔奠定个人风格的成名作，赢得了柏林影展最佳导演奖。

50年代末至60年代中期是戈达尔创作的高峰期，主要影片有《筋疲力尽》(1959)、《卡宾枪手》(1963)、《疯狂的比埃洛》(又译《狂人皮耶罗》，1965)、《我略知她一二》(又译《我所知关于她的两三事》，1966) 等。这一时期的戈达尔深受存在主义的影响，主题多表现现代西方社会所面临的强烈的精神危机，特别热衷于表现现实社会、人际关系和人格心理的荒谬混乱以及激进的、玩世不恭的、反传统的情绪与思想。影片《筋疲力尽》可以说是对存在主义哲学的一种形象化的图解，在这里人生的荒谬和人行为的无逻辑性得到了充分体现。《疯狂的比埃洛》是这一时期的又一部代表作。影片主人公费迪南厌倦了无聊的中产阶级生活，与保姆玛丽亚娜盲目地踏上了逃亡的道路。一路上费迪南漫无目的地受玛丽亚娜指使，干了许多冒险、犯罪的事情，经历了一段混乱的生活。人生本来就没有逻辑性可言，存在主义标榜“自由选择”，而最好的选择就是死亡，所以主人公最后自杀。影片问世后同样引起很大的争议，持否定态度的人认为这是一盘毫无次序的、由引述所组成的大杂烩，肯定的评论则认为影片体现出“疯狂的抒情”，是一部十分优美的作品。戈达尔在影片中传达出了西方现代社会中精神世界的分崩离析和痛苦绝望。

自1967年拍摄《中国姑娘》以来，特别是1968年法国“五月风暴”以后，戈达尔与当时法国学生运动领导人让·比埃·高兰组织了“维尔托夫小组”，信奉前苏联早期“电影眼睛派”创始人吉加·维尔托夫的理论，“为了摄制革命电影，首先应该对电影进行革命”。该小组拍了一系列“政治影片”，如《真理》(1969)、《东风》(1969)、《意大利的斗争》(1970)、《直至胜利》(1970)、《一切顺利》(1972) 等。在60年代中后期的作品中，戈达尔越来越转向利用电影来评论现实，使影片成为他图解和宣传政治观念的工具。这个时期他的影片被称为“电影化的论文”或“政治化的电影”。在叙事方式上，戈达尔的影片采用多种多样的间离方法，使连贯的故事情节遭到破坏，偏离传统的戏剧式结构。戈达尔1969年开始接受欧洲各国电视台的委托拍摄各类电视短片，包括著名的《英国之声》。在电影中，他也采取了将纪录片镜头、演出场面、宣传鼓动混合在一起，在互不相连的形象中插播字幕、照片、漫画和动画片，使用象征性的隐喻，穿插哑剧场面，使画面与声音故意脱节，大量采用画外旁白提问、议论，引用马克思、列宁、毛泽东语录，演员凝神注视着摄像机直接对观众说话以及摄像机作为剧情的一个组成因素在影片中出现等“破坏性”技巧和间离手法，以此来打破传统银幕的幻觉。戈达尔的影片拒绝观众在戏剧性的情节当中迷失自己，他总是在提醒观众，他们在银幕当中看到的只是电影，而不是别的任何东西。戈达尔的格言是：“一部电影并非发生在银幕上，而是发生在观众和银幕之间。”

70年代，戈达尔因车祸中断拍片，移居瑞士，他对电视等新媒体产生了浓厚的兴趣。1980年重返法国拍片，主要作品有《故事》(1980)、《芳名卡门》(1983)、《李尔王》(1987)、《新浪潮》(1990)、《十二月里的自画像》(1994) 等。在这一时期，戈达尔有意向传统靠拢，影片中注意了叙事成分和情节线索，但依然风格独具，不肯媚俗随流。《芳名卡门》中的主人公依然是反社会、反秩序、反传统的叛逆者，影片躁动着蓬勃的青春激情，“新浪潮”时代的影子依稀可见。

从戈达尔的总体创作倾向来看，很大成就就是始终不渝地向好莱坞电影美学的霸权主义挑战，力图冲破定型的传统叙事模式，打破传统的电影规则。戈达尔在电影艺术上锐意创新的精神引导观众、影评家和电影创作者用新的观点来思考电影，动摇了好莱坞定型化的电影美学。

（二）弗朗索瓦·特吕弗

"新浪潮"主将之一特吕弗是"作者电影"的倡导者和杰出代表，1932 年 2 月出生在法国巴黎的一个普通家庭，然而这个家庭却给他留下了对成人世界强烈不满的回忆。14 岁时特吕弗离家出走，在外干杂活自谋生路。从小酷爱文学和电影的他，15 岁在巴黎发起成立电影俱乐部。这期间他观看了世界各国大量的优秀影片，并初步确立了他的电影观念。1947 年，特吕弗结识了他人生中最重要的人——法国当时最著名的电影评论家安德烈·巴赞，这位博学的电影评论家发现了特吕弗在电影方面的才华，把他真正带进了电影的殿堂。1953 年特吕弗进入法国农业部电影处，后在《电影手册》和《艺术》杂志任编辑和撰稿人，成为著名影评家。《论法国电影的某种倾向》(1954)被视为"新浪潮"运动的纲领与宣言，《法国电影在虚假中死去》(1957)预告了"第一人称"影片的到来。

1959 年特吕弗的精神之父巴赞离开了人世，特吕弗怀着极大的悲痛拍摄了自己的第一部长片《四百下》，用以纪念去世的恩师。该片获得了当年戛纳电影节大奖。特吕弗继承了巴赞的长镜头理论和纪实电影的观念，大量运用长镜头来增强真实效果，尤其是影片结尾那个著名的奔跑长镜头，使《四百下》成为法国"新浪潮"最早的代表影片之一。

特吕弗终身难忘自己的童年生活，早年的坎坷经历，被他一遍遍用非常真切自然而又十分忧郁的影像形式再现出来，影片具有极明显的"自传"色彩。以《四百下》为代表，主角特地选了在外形上与自己颇为相似的少年犯让·皮埃尔·莱奥扮演，包括后来的《二十岁的爱情》(1962)、《偷吻》(1968)、《夫妻之间》(又译《床与板》、《婚姻生活》，1970)、《飞逝的爱情》(1978) 等都是如此。这些电影作品呈现了一个叛逆传统、反抗秩序的电影艺术家以及他的心路历程。

特吕弗影片题材丰富，内容无所不包，如黑色电影《枪击钢琴师》(1960)、伦理片《野孩子》(1970)、幻想片《华氏 451 度》(1966)、喜剧片《美国之夜》(1973)、儿童片《零用钱》(1976) 等等。但他却偏爱对女性世界迷恋的题材，试图探索爱情的本质以及诠释由此引起的人际关系。1962 年他的另一部名作，根据亨利·比埃尔·罗杰的同名小说改编的黑色幽默式的爱情片《朱尔与吉姆》问世。影片讲述了两个好朋友同时爱上了一个女人，最后男女主人公吉姆与凯瑟琳翻车葬身河底，朱尔为他们送葬。导演有意避开一切物质的原因，同时也避开常人所理解的爱情关系中的俗事，而探讨建立在纯性爱基础上的爱情与友情的可能性，第一次深刻探讨徘徊在两个男性之间的女性心理。这一主题成为后来他许多影片的统一主题或者变奏。1975 年，特吕弗根据维克多·雨果女儿的日记改编的影片《阿黛尔·雨果的故事》获得了当年法国电影大奖。该片以浪漫故事为开头，逐步将观众引入女主人公内心疯狂的世界，最后用令人魂牵梦萦的凄绝之美给人以强烈的心灵震撼。此外，《柔软的皮肤》(1964) 中那个因为丈夫背叛而动了杀夫之念的中产阶级女性，《两个英国姑娘》(1971) 中同时爱上一个人的两姐妹，《隔壁的女人》(1981) 中用了 8 年时间依然不能放弃那段炙热恋情，最终只能用一把手枪与情人共同赴死的女人……形形色色的女性，一段段三角四角恋爱，构成了特吕弗影片中最为敏感和温柔的部分。他一再探讨爱情关系的种种状态和可能性，总是摒弃用传统的道德判断来诠释这些无言的感情。在他后期的爱情片中，虽然讽刺性有所加强，但幽默感和人情味并没有减少。

70年代之后，特吕弗逐渐回归到传统的古典主义叙事中来，不但聘请了许多明星出演自己的影片，而且开始注重音响和美术在影片中的地位，他将传统电影的叙事手法融入自己的作品当中，甚至不排斥影片中的娱乐元素。作为“新浪潮”的主将，特吕弗依旧我行我素，从叛逆到创新，从革命到回归，特吕弗的一生可以被看做是“新浪潮”的一段放大并延长的历史。

1984年10月21日，正值创作盛期的他却因脑癌英年早逝，年仅52岁。《华盛顿邮报》赞誉特吕弗改变了整个电影，改变了一代观众。法国政府特别批准以近乎最高的国葬礼仪悼念这位杰出的艺术家。

（三）克劳德·夏布罗尔

夏布罗尔是“新浪潮”电影运动奠基人之一，也是“新浪潮”导演中最商业化的一位。1930年6月，夏布罗尔出生于巴黎一个典型的中产家庭，也曾担任过《电影手册》的编辑和影评撰稿人，1958年拍摄了自己编剧的影片《漂亮的塞尔其》，从此被认为是“新浪潮”的第一个代表人物。

《漂亮的塞尔其》是一部阴暗、悲观的影片，叙述一个人从城市回到郊外孤独地生活在群山环绕的荒村，终因空虚而变得粗野、堕落，并养成酗酒的习惯，他的好友从城市来到这里却帮不了他，连神父也救不了他。后来他和妻子的妹妹相爱，生下小孩后才获得了重生。1959年夏布罗尔拍摄了自己的又一部新作《表兄弟》。与《漂亮的塞尔其》相似的是，《表兄弟》同样取材于夏布罗尔在故乡克勒兹熟知的人和事。影片讲述了乡下的表弟跑到城里来，看到富裕的表兄在大学的读书生活：酗酒狂欢、彻夜玩乐，认为这是城市的堕落。表兄弟俩都是学法律的，表弟不管怎样用功成绩都不如表兄，在情场上也被表兄击败。怒火中烧的表弟决定杀了表哥，不过非但没有得逞，反因意外而丧命枪下。影片不落俗套地刻画了农村青年的颓唐、苦闷。本片被称为“新浪潮”的杰作和“最具代表性的影片”，获得了当年柏林电影节金熊奖。

其后，夏布罗尔又拍摄了《花花公子》（1960）、《恶魔的眼睛》（1962）、《朗德吕》（1962）、《老虎只喜欢新鲜肉》（1964）等更多迎合观众口味、注重娱乐的影片，为此招致了批评，也失去了早期影片中最为鲜明的独特个性。

60年代末到70年代初，夏布罗尔执导了一批非常成功的电影，如《不忠的女人》（1968）、《畜生该死》（1969）、《屠夫》（1970）、《夜幕降临之前》（1971）等。这一系列影片赢得了世界评论界给予的“严谨的、讽刺性的和美妙的人间喜剧”的美誉。

夏布罗尔深受德国表现主义大师弗里兹·朗格和美国导演希区柯克的影响，拍摄的影片多表现中产阶级家庭内部蓄积并最终爆发的暴力悲剧，是“新浪潮”中以多产著称的导演。自20世纪60年代起至80年代，他拍摄了30多部作品，90年代也能维持平均一年拍一部的产量，至今作品已经超过50部。

法国“新浪潮”的重要作家还有埃里克·罗梅尔，代表影片有《狮子星座》（1959）、《女收藏家》（1967）、《我在穆德家的一夜》（1969）、《午后之爱》（1972）；雅克·里维特，代表影片有《巴黎属于我们》（1961）、《爱情疯子》（1968）、《出局》（1971）、《爱吵嘴的美人》（1991）；

路易·马勒，代表影片有《通往绞架的电梯》(1957)、《情人们》(1958)、《扎齐在地铁》(1960)以及雅克·德米和克洛德·勒卢什等人。

四、法国“左岸派”电影的代表作家与作品

“左岸派”是法国又一个重要的现代电影流派，形成于20世纪50年代末。由于其成员大都居住在巴黎塞纳河的左岸，因此被称为“左岸派”。“左岸派”的导演们认为，他们与“新浪潮”有着共同的爱憎，但无法赞同他们的美学思想和人生观，他们公开拒绝“新浪潮”。

“左岸派”的代表作家及作品有：阿仑·雷乃的《广岛之恋》(1959)，路易·马勒导演的《扎齐在地铁》(1960)，亨利·科尔比的《长别离》(1961)，阿兰·罗伯·格里耶编剧、阿仑·雷乃导演的《去年在马里昂巴德》(1961)，阿涅斯·瓦尔达导演的《克丽欧五点到七点》(1962)，阿兰·罗伯·格里耶的《横跨欧洲的特别快车》(1967)，玛格丽特·杜拉斯曾经是《广岛之恋》的编剧，此后导演了《音乐》(1966)及《印度之歌》(1975) 等影片。“左岸派”在创作时间上几乎没有一定的界限。

(一) 阿仑·雷乃

阿仑·雷乃1922年6月出生于法国的瓦纳城，幼年体弱，性情孤独，基本未上学校，在家由母亲教育。后考入法国高等电影学院学习，1943年以优异成绩毕业。早期有反映艺术家的纪录片《凡高》(1948)、《高更》(1950) 等，还有反映纳粹集中营的纪录片《夜与雾》(1955)。在此片中，他首创了用黑白和彩色来代表两个不同时代的表现方法，用黑白纪录片表现过去，用颜色鲜艳的彩色拍摄现在，过去与现在交叉剪辑。雷乃影片中一贯探讨的时间主题——过去对现在的影响，在这部纪录片中就已经被提了出来。

1959年，雷乃根据法国女作家玛格丽特·杜拉斯所写的剧本拍摄了《广岛之恋》。该片犹如一枚重磅炸弹，立即轰动了整个西方影坛。有人认为这是一部“空前伟大的作品”，是“古典主义的末日”。影片通过对一位到广岛拍摄和平主义影片的法国女演员与一位日本建筑师的一段短暂爱情的描写，揭露了战争和原子弹灾难对人类尊严和命运的摧残。在这部影片中，雷乃打破传统影片中时间和空间的明显界限，让影片的镜头在1958年的日本广岛和1944年的法国纳韦尔城之间穿梭、跳跃，让“在头脑中存在的现实”和“眼前面对的现实”在整部影片中平行或者对位地存在，甚至对这两层现实不加任何区分，去掉从内心世界到外部世界、从心理时间到物理时间、从清醒的意识到混乱的意识、从一种现实到另一种现实之间的过渡标志。声音与画面也是以对位的方式相配合，观众看到的是法国的景象，听到的却是广岛的声音。雷乃在影片中首创“闪切”的手法，即极短地闪回，成功地表现人物意识瞬间的流动。影片通过时空的反复交叉，对人物的内心世界进行了深入的剖析。影片要表达的主题，是一个人对过去生活的记忆如何影响他现在的生活。影片始终在暗示观众这位法国女演员虽然与日本建筑师恋爱，但是她怎么也忘不掉战争末期在家乡与一个德国占领军士兵的爱情。这种想要从过去摆脱出来却无论如何也摆脱不掉的进退两难的处境，是由战争造成的。《广岛之恋》是电影史上的一部重要作品，是电影从传统时期进入现代时期的一部划时代的作品。

1961年雷乃又与阿兰·罗伯·格里耶合作编导了一部轰动国际影坛的名片《去年在马里昂巴德》。这是一部没有传统故事和连贯情节，人物身份十分暧昧的影片。故事讲述了在一幢给人以强烈神秘感的别墅里，聚集了一大群客人，A是一位美丽的女郎，常与一个不知道是其丈夫还是情人的M在一起。突然有个陌生人X找A，提醒她说去年他们在马里昂巴德曾经相识相爱，并相约今年在此重逢。起初A十分诧异，拒绝承认，但是在对方的不断“启发”下，她竟然被弄得真假难辨，以至于怀疑自己的记忆力。影片里没有叙事时间，只有影片放映的时间，虽然说到去年，实际上根本就没有“去年”，也没有马里昂巴德。影片的主人公就像观影者一样，电影结束时一切也都结束了。编导用想象编织了一个虚幻的世界、一段时空，或者说是一座时间和空间、现实和虚构的迷宫。迷宫是完全封闭的，与整个外界的环境隔离着，而且没有出口，人们置身其中就会失去时间感和空间感。整部影片肆意地在空间、时间中进行无连贯地跳跃、穿插，完全打破时间和空间的固定界限。尤其是在男主人公X回忆去年与女主角A相遇时，画面频繁地在过去和现在之间切换，同一人物同一空间又不同时间出现，而女主人公A的服饰、房间的布景完全不同于片中的“现在”。《去年在马里昂巴德》被认为是迄今为止最难以理解的一部影片，有“艺术电影典范”之称。雷乃从人物的潜意识出发表现人物的行为，以人物心理的、情绪的连续性来取代行为、逻辑的连续性，将过去、现在和未来，回忆、幻觉和错觉大胆地交织在一起，完全打破传统影片的时间结构，旨在探索和表现人类思想的复杂性。

此后，雷乃又相继导演了《穆里耶》(1963)、《战争结束了》(1966)、《远离越南》(1967)、《我爱你，我爱你》(1968)、《斯塔维斯基》(1974)、《天命》(1976)、《我的美国叔叔》(1980)等影片。

(二) 玛格丽特·杜拉斯

玛格丽特·杜拉斯是法国当代著名的小说家、剧作家和电影艺术家。她于1914年4月4日出生在越南嘉定，18岁时到巴黎求学，获巴黎大学法学学士和政治学学士学位。杜拉斯以小说《厚颜无耻之徒》(1943)开始了她的文学生涯。她的作品不仅内容丰富，体裁多样，尤其注重文体，具有新颖独特的风格。代表作品有《抵挡太平洋的堤坝》(1950)、《琴声如诉》(1958)、《情人》(1984) 等。

杜拉斯在戏剧和电影方面同样成就卓著，分别在1965、1968和1984年出版了三部戏剧集，在1983年还获得了法兰西学院的戏剧大奖。作为法国重要电影流派“左岸派”的重要成员，她不仅写了《广岛之恋》(1959)、《长别离》(1961)等优秀的电影剧本，而且从1966年起亲自担任导演，主要作品有《音乐》(1966)、《她说要摧毁》(1969)、《黄太阳》(1970)、《印度之歌》(1975)、《卡车》(1977) 等。杜拉斯在电影领域不断探索一种文学的表达方法，突破了电影与文学的界限，她的作品被称为“文学化的电影”或者“非电影”。这些电影大都是低成本制作，为她的先锋电影探索提供了可能。《印度之歌》就是一部典型的用电影手法来表现的现代派文学作品，获得了戛纳电影节法国电影艺术奖和评论奖。影片平行地叙述了两个故事：一个故事的主人公是法国驻印度大使的夫人，因为丑闻而投海自尽；另一个故事的主人公是印度女乞丐，在贫穷中病死。影片形式相当奇特，采取一虚一实的表现手法，画面上只出现白种女人安娜，场景是优越的白人社会，而那个女乞丐只是以声音的形式出现，画外音创造了一个完整的、苦难的亚洲殖民地社会。全片由74个长镜头和500句画外音组成。咏叹调式的朗诵、笑声、断断续续的对话、海浪声以及优美的音乐，反映出导演花在声音处理上的时间远比拍摄画面的时间长得多。影片已经远离了传统的电影观念，而更接近于一部文学作品，但又不是传统意义上的文学作品，应该说是一部电影化的文学作品或者文学化的电影作品。

在此后的电影探索中，杜拉斯越来越强调声音而忽视画面。在《她的威尼斯名字在荒凉的加尔各答》(1976)中没有人物出现，只有演员的声音。1977年戛纳电影节上被提名的《卡车》讲述了一个卡车司机和中途搭车的妇女之间的故事，而画面只呈现了一间窗帘紧闭的屋子，演员德帕迪约和杜拉斯在桌前念剧本。杜拉斯的电影从某种意义上说只是她写作的延伸，看她的电影不需要眼睛，需要的只是耳朵。

(三) 阿兰·罗伯·格里耶

阿兰·罗伯·格里耶1922年8月18日出生于法国布勒斯特，是法国"新小说派"代表作家之一。1945年在法国国立农艺学院毕业后，在国家统计院及殖民地热带水果研究所工作，曾到非洲各地从事水果研究。50年代格里耶开始文学创作，1953年发表成名作《橡皮》，1955年因发表《窥视者》获当年法国评论家奖。之后，他在巴黎午夜出版社担任文学顾问，同时从事写作及摄制电影。2004年，格里耶入选法兰西学院，成为40位终身院士中的一员。2005年在第24届伊斯坦布尔国际电影节获得终身成就奖。2008年2月18日凌晨格里耶因心脏病去世，享年85岁。作为法国"新小说"流派的创始人，格里耶反对传统叙事，他被认为是世界上最重要的先锋作家之一，而这名文坛"坏孩子"的辞世，让中外文学人士哀悼"法国新小说时代结束了"。

他的主要作品除《橡皮》、《窥视者》以外，还有《嫉妒》(1957)、《在迷宫中》(1959)、《快照》(1962)、《纽约革命的计划》(1970)、《美貌的女俘虏》(1975)，理论著作有《新小说的道路》(1963)。他的电影小说《去年在马里昂巴德》(1961)曾由著名导演阿仑·雷乃摄制成电影，获得同年威尼斯电影节大奖。有一个时期，格里耶专门从事电影创作，认为电影艺术比小说更适于客观地记录事物，描绘现代人复杂多变的内心活动，表现时间的跳动以及现实、想象、幻觉、梦境的交错。他在1963年单独摄制的影片《不朽的女人》获德路克电影奖，之后还拍摄了《横跨欧洲的特别快车》(1967)、《撒谎的男人》(1968)、《伊甸园及其后》(1970)、《橡皮》(1972)、《欲念浮动》(1973)、《美丽的囚徒》(1983)等片。

格里耶的小说和电影一个最突出的特征，即后现代的重要特征之一——"拼贴"。他所关切的是如何由一个世界穿越到另一个世界，从现实到想象虚构，或是在记忆中的不同房间里穿行，因此他的作品经常呈现真伪难辨的不同的世界。他用文字和影像建构出互不相属，却又相互衔接的世界，或让其他艺术作品或是电影中的人物在他的作品中相遇对话，叙述之后这个世界便不存在了。格里耶的作品试图从人物的潜意识世界出发来表现人物的行为，他鼓励读者和观众从头至尾以自己纯主观的设想来解读他的作品。

五、“左岸派”的主要艺术特征及与“新浪潮”的比较

（一）“左岸派”的主要艺术特征

“左岸派”的主要编导大都来自文学界，深受文学的影响。“左岸派”的导演们由于对人和精神的发展过程感兴趣而走向了电影制作，因此，他们的影片有着明显的侧重人物内心描写的倾向。“左岸派”导演们提出了“双重现实”的问题，即“头脑中的现实”和“眼前的现实”，他们认为这是更高一层的现实。这样一个新的创作追求使“左岸派”电影一方面以探索人物丰富的内心世界而有别于传统的现实主义电影，另一方面又将内心现实与外部现实，即头脑中的现实与眼前面对的现实结合起来，将原有的超现实主义改造为一种易为公众所理解与接受的高级的现实主义。他们尽全力创造一种全新的电影语言，希望在电影影像与文字叙述之间找到一种平衡。“左岸派”电影借助独特的讲述方式，在银幕上创造了一个全新的世界。《去年在马里昂巴德》开始时，摄影机面对的是一座空荡荡的豪华旅馆，摄影机在迷宫一样的长廊中徘徊，与此同时，传来了飘忽不定的画外音，后渐渐出现人物和景致。影片一开始就给人以世界原本并不存在的印象，是摄像机和画外音在逐渐创造出这样一个世界；随着影片的展开，这个世界愈来愈完整，人物就存在于这个构造出来的世界中。

“左岸派”非常关注人的精神状态和精神活动，在主题上偏爱回忆、遗忘、记忆、杜撰、想象和潜意识活动，试图把人的这种精神过程、心智过程搬上银幕。影片善于描写人的责任心和自罪心，记忆总与历史事件相联系，“记忆与遗忘”是最经典叙事主题。如《广岛之恋》里的女主人公以为自己忘记了战争年代自己家乡的痛苦恋情，可是在广岛这个布满战争伤痕的特定时空中这种恋情再次显现，她与日本男子新建立的感情也消失在过去的创伤当中。遗忘是为了告别过去，记忆虽然被理智压了下去，但早已化为潜意识，成为生活中不可分割的一部分。

在艺术表现上，“左岸派”最大的贡献是彻底打破了传统的时空观念，将逻辑的、线性的时间改变为错综复杂的“心理时间”，空间也由具体的物理空间或叙事空间变为“心理空间”，在时空转换方面获得了极大的自由。他们往往从“记录式的现实主义”中使观众一目了然，然后再转向纯精神的现实主义中去。他们赋予某地、某种政治性的历史事件、某一艺术以“见证人式的画面”，同时以个人的见解作为影片的基础，让那些见证人或画面自己说话。他们在表现“双重现实”的思维状态上显得复杂，但他们的手法并不因此而堕入抽象与僵化之中。在《广岛之恋》当中，影片摒弃了传统的故事情节和线性叙事结构，通过大量的闪回和画外音手段，把过去与现在、现实与想象、纪实与虚构以及一种跳跃性的结构自如地联系在一起。由此可见“左岸派”将电影带入人的内心——这个无比宽阔的世界，开拓了现代电影的表现时空，对世界电影艺术的发展产生了重要影响。

“左岸派”对电影语言的探索也颇具特色，摄影十分讲究画面构图和用光效果，在摄影上采用十分灵活的方法，有时侧重镜头的“静止状态”，有时强调画面的流动感。雷乃引人注目的推镜头是别具特色的，摄影机向前推进，使人感到它是向着现实深入和捕捉，它像一双冷静观察的眼睛，层层剥离事物的表象，显出隐藏在深处的东西。

“左岸派”对于声音的探索是与画面齐头并进的，他们在视觉和听觉之间寻求一种平衡。他们强调音乐创作是有意让人感知，同影片共成一体，形成一种纯音乐的杰作。“左岸派”导演比“新浪潮”导演文化修养更高，因此对音乐的思考与处理也就更细腻更复杂，对台词的处理和自然音响的表现也都给予了极大的重视，有些作品中反复重复的台词给人们留下了极深刻的印象。在“左岸派”的影片中，作曲家除了作曲外，还要对音响和环境声音进行设计，在某些作品中被称为“音乐的演出”。他们非常重视语言在叙述层面上和画外空间里的运用，充分发挥了独白、旁白、音乐、音响的作用，寂静也在他们的声音意识和声音设计之内，极大地开拓了声音空间，从而提高了影片的表现力。因此，有人以“沉思的视听艺术”来概括“左岸派”的作家电影。

“左岸派”也十分注重电影的剪辑，他们自称是“电影剪辑派”，认为电影剪辑所能表现的东西是远无止境的。他们在电影剪辑上经常使用的方法有：取消传统电影中的间歇法，如化入化出等；取消过渡镜头，用跳接对时空、事件进行人为的压缩；颠倒镜头的位置；镜头并列出现，先后并不衔接，甚至是对立的，以突出现实的双重性和复杂性；循环剪辑，作音乐上的十二音符式剪辑，也就是在剪辑上有意识地重复或重现。像《去年的马里昂巴德》这类影片百分之七十的价值来源于电影剪辑。

在表演上，“作家电影”出于他们的美学追求，一般选用舞台演员充当演员。与“新浪潮”的自然主义手法相反，他们有意识地拉开艺术与生活的距离，采用的是“间离效果”，突出了演员的身份和“表演中还有表演”的观念，把银幕和观众的距离拉开。

总之，对于“左岸派”的作家电影制作者们来说，现实世界之外还有一个彼岸世界，他们深入探索的就是这样一部分。

（二）“左岸派”与“新浪潮”的比较

“新浪潮”运动始于50年代末期，以1958年为诞生的日期，而“左岸派”电影导演的探索要比“新浪潮”导演早，雷乃在1948年就开始拍摄影片，瓦尔达也于1954年就开始拍摄影片了。

1958年“新浪潮”的几个代表人物还都是年轻的小伙子：特吕弗26岁，戈达尔和夏布罗尔28岁。他们的作者电影不具有社会性主题和政治性主题，从来不去反映重大的历史事件，故事活动范围一般局限在巴黎这个大城市，有着强烈的个人传记色彩，较多采用“第一人称”的叙事手法。而“左岸派”的导演们在1958年大多数已是中年人，雷乃和格里耶36岁，杜拉斯44岁。他们是第二次世界大战的过来人，有的当过游击队员，有的被捕过、流放过，死里逃生。仅此便可以看出“左岸派”导演的经历与阅历比“新浪潮”导演要丰富、复杂，他们对生活有着更为深刻的感触和理解。所以“左岸派”的作家电影反映的是带有普遍意义的全人类性质的主题，拍摄地点也极为广泛，足迹遍及前苏联、日本、朝鲜及欧洲各地。他们是些跨越国界的人，他们的目标是全世界。

“新浪潮”追求的是向生活靠拢，向真实深入；而“左岸派”电影感兴趣的则是人的精神活动，人的思想，人的内心。在他们看来，一个人在头脑中创造的生活远远比生活本身要丰富，他们向内心生活靠拢，向一种新的真实深入。

“左岸派”导演的文化修养要比“新浪潮”导演高一些。“新浪潮”的创作者大都是巴赞创办的《电影手册》杂志的评论员，他们是些影迷，由到电影俱乐部中看影片、在杂志上写评论文章逐步走上影坛，所以“新浪潮”有一种真实诚恳的风格。而“左岸派”的创作者们则是聚集在塞纳河左岸“门阶出版社”这一左翼作家团体周围的一批文人，他们的作品有着强烈的文学、戏剧色彩，艺术的假定性也远远超过了“新浪潮”。

“左岸派”的艺术家采取鲜明的立场直接干预生活，把赤裸裸的社会现状搬上银幕，触发观众的情感与选择，这在“左岸派”之前的法国电影中尚不多见。“左岸派”电影是对商业电影的一次强有力的冲击。从这个意义上讲，“左岸派”导演的作家电影是法国五六十年代的“先锋派”。

思考与练习

1. 法国“新浪潮”电影具有怎样的创作特点？
2. 法国“左岸派”电影的艺术特征是什么？
3. 比较法国电影“新浪潮”与“左岸派”的不同。

第三节 日本电影“新浪潮”：在反思中创新

【本节提要】二战以后，各国民族电影兴起，日本电影走在了前列。20世纪60年代，日本电影已走过了它的黄金时代，进入一个艰难的发展阶段。大制片制度已经不能满足日本电影发展的需要，再加上法国电影“新浪潮”和“左岸派”的影响，日本新建了独立制片人体制，以一批年轻的电影人为代表，掀起了“新浪潮”电影运动。

【主要内容】

1. 日本民族电影的巨匠
2. 日本电影“新浪潮”产生的背景
3. 日本电影“新浪潮”的代表影人及作品

一、日本民族电影的巨匠

第二次世界大战以后，各个国家的民族电影开始兴盛。从意大利新现实主义开始，许多国家涌现出了一系列的优秀人才和优秀影片。正如一位作家在《耶鲁评论》上指出的那样，好莱坞“长期以来影响世界，现在却反过来受世界其他地区的影响”。在20世纪50年代民族电影的发展中，走在最前列的是日本电影。小津安二郎及其同时代的沟口健二、黑泽明三位导演的作品，几乎代表着日本电影的最高艺术成就。小津安二郎的电影专注于反映普通人家的日常生活，致力刻画微观细腻的情感世界；沟口健二侧重于表现含辛茹苦的小人物，尤其是社会下层妇女的不幸遭遇；黑泽明则主要以武士及历史题材的电影著称。

（一）小津安二郎

日本导演中在审美观、价值观、叙事手法等方面都能体现日本民族风格的就是小津安二郎，他以独特的艺术成就成为日本最具世界地位的电影导演之一。

1903 年 12 月 12 日，小津安二郎出生于东京，1913 年，小津兄弟跟随母亲搬到名古屋，父亲则在外经商。从 10 岁直到 20 岁，小津都很少与父亲见面。他从小就不喜欢制度化生活，不守纪律，对学校教育尤其反叛，还染上了饮酒的癖好。年轻时小津就喜欢电影，尤其是美国影片。1923 年获亲人引荐，进入松竹蒲田摄影厂开始担当摄影助手的工作。

1927 年他的第一部作品《忏悔之刃》是他唯一的古装片，之后便开始拍摄"现代剧"题材。1929 年开始在"庶民剧"方面显露出卓越的才华，专门拍摄以日本中下阶层的日常生活为题材的影片。小津安二郎的作品反映的都是现代日本社会的风俗习惯和世态人情，成年的子女因为婚嫁而离开父母，留下家中的老人孤独地面对今后的人生，这是小津电影一个永远的主题，甚至可以说是唯一的主题。

小津的影片以简约的拍摄风格著称，譬如摄影机位距离地面仅三英尺，与坐在榻榻米上的演员持平，非常适合拍摄日式居室的生活场景。小津后期的电影，摄影机完全静止不动，镜头的处理更是朴拙到极致，摈弃了淡入淡出等剪辑语言，画面全部采用直接切换，犹如老僧入定，禅意盎然。

小津的作品经常叫好不叫座，但影评家对他却颇为赞赏。1949 年与编剧老搭档野田高梧重新合作，后来的所有影片都出自野田的手笔。1958 年拍摄《彼岸花》，第一次尝试采用彩色胶卷，获艺术祭文部大臣赏及紫绶褒奖，1959 年获艺术院赏。1961 年以《秋日和》获亚洲影展最佳导演奖，1963 年被选为艺术学院会员，是电影导演首次获此荣誉。

1949 年小津拍摄了他二战后的第一部影片《晚春》，是一部里程碑式的作品。影片延续了小津电影一贯的主题，讲述了大学教授曾宫周早年丧妻，女儿纪子承担起家庭的重担，27 岁仍未婚。曾宫的朋友、京都大学的教授小野寺，一再劝说曾宫再找个妻子，这引起了纪子的反感，没想到姑妈真介绍了一个给父亲，父亲居然同意了，说只要纪子找到伴侣，他就会考虑自己的这门婚事。婚期日近，父女俩最后一次结伴到京都旅行，后纪子就出嫁了。其实，父亲欺骗了纪子，他只是为了能让纪子去寻找属于她自己的家庭和幸福，而说了违心话。在那晚春的夜晚，只有父亲一个人孤独地消磨时光……影片恬淡静谧，舒缓、精致的画面组成一个个精彩的片段，构成了一部精致的电影，简单而情浓。

1953 年的《东京物语》是他最具代表性的作品，依然延续了他一贯的风格。70 岁的老夫妇平山周吉和富子两口子的生活略感孤独寂寞无聊，于是决定往东京一行，探望已经成家立室的儿女。他们兴致勃勃地抵达，但却受到颇为冷淡的招待，只有已故二儿子的媳妇纪子给予了二老热情的接待。周吉去拜访东京的老朋友喝得大醉，受到女儿的责难，伤心的老两口决定回老家。刚到家，老太太富子就去世了。丧礼一结束，赶来参加的儿女们就各自归去了，只有纪子多留数天，陪伴暮年丧偶的老人家。纪子承认守寡对她而言是相当困难的事，老人便劝她改嫁。而平山老先生孤独地守在屋里，想着他将要度过的孤苦的晚年。这本是一个没有情节的故事，一段淡淡的悲欢离合，没有激烈的矛盾冲突，没有人脸上表现出任何激动的表情，然而却将深深的悲戚弥漫到观众的心上。

1962 年的《秋刀鱼之味》是小津最后一部作品。平山的老伴去世后，他和次子和夫、女儿路子一起生活。他经常和中学时代的朋友一起饮酒叙谈，自得其乐。偶尔，他们也谈起平山女儿路子的婚姻，但却舍不得女儿离开自己。直到在一次中学时代的同窗会上遇见中学老师，老师当年漂亮的女儿伴子为了照料父亲至今尚未出嫁，平山这才开始害怕误了女儿婚期，为此内疚不已。良缘终于找到了，但女儿嫁的却不是原来的意中人。婚宴后，平山到了酒馆，孤独的父亲醉倒了……影片始终上仰的镜头唯美修长，画面缓慢流动，将那份历经人生平淡和辛酸之后的泰然情愫娓娓道来。嫁女的题材、战后日本的内伤、老人的寂寞和尴尬，这一切都让人沉浸在那份悲欢交集的素淡情怀中。每个人都在得到与失去之间品尝秋刀鱼一般无奇的家常味道。

小津于1963年12月12日因病去世，那天他正好60岁生日。他的墓碑上，只有一个汉字——"无"。

（二）沟口健二

沟口健二被称为日本电影界的"女性电影大师"，1898年出生于东京，长于浅草，1920年进入日活公司向岛片厂做助导，自此进入电影界。1923年推出处女作《爱情复苏日》。他导演的第5部影片《败军的歌曲悲惨》引起了人们关注。这一时期，他以每年10部的速度拍片，到1934年一共拍摄了50部无声电影，较著名的有1926年的《纸人伤春》和《狂恋的女艺师》，可惜现今存世的只有3部拷贝。

自30年代起，他开始拍摄独具风格的"女性电影"。他拍摄的日本艺道以及传统日本女性悲剧题材的作品，让他立足于世界电影大师之林。其中《瀑布飞泻》为无声片中的佳作。1936年导演的《浪花悲歌》和《青楼姐妹》，被誉为日本女性电影发展史上的里程碑，奠定了日本电影的现实主义风格。1939年沟口转入松竹公司，拍摄了《残菊物语》。

这些影片大都以女性被奴役和被牺牲的悲剧命运为题材，在拍摄技法上也形成了"一个场面、一个镜头"的长镜头表现手法。二战期间沟口健二担任日本电影导演协会会长。1952年导演描写妓女生涯的影片《西鹤一代女》。1953年的《雨月物语》被认为是日本电影史上最重要的作品之一。1955年根据中国古代诗人白居易的《长恨歌》改编了电影《杨贵妃》。从1930年的第一部有声片《故乡》开始到1956年8月25日卒于京都，沟口健二一共完成有声片38部。

1952年的《西鹤一代女》根据井原西鹤的长篇小说《好色一代女》改编而成，以画卷和史诗的形式在银幕上呈现出了日本的一段历史。年轻时的阿春曾是贵族家庭的女佣，因和一武士相恋而牵连她的父母一起被赶到京都郊外。后被江户松平家族的老爷纳为妾，并生下一子。可是由于被松平的夫人嫉妒，她很快被赶出了家门。后来春子被父亲卖到妓院，接着又去一个商人家做女佣。在历经数次磨难后，她总算嫁给了一个老实且爱她的商人。但好景不长，商人在收账途中被劫匪杀死。阿春只好投身尼姑庵里，后又因事而被赶出庵堂。晚年的春子只好再度沦为妓女，甚至沿街乞讨。当她得悉在松平家生下的儿子已继承了家业时，想去看看儿子，但松平家怕有损家族名声，只允许她远远看上一眼。导演用隐忍但悲恨汹涌的基调拍摄了这部女性题材的现实主义佳作，以时代剧的形式实现了对封建体制和礼教的针砭。该片获得第17届威尼斯电影节的最佳导演奖。

1953年的《雨月物语》再次获得威尼斯电影节银狮奖（该年没有金狮奖）。影片讲述的故事发生在1583年日本战国时代末期。陶瓷工源十郎打算烧些瓷器出售，他动员妻子宫木、妹妹阿滨和妹夫藤兵卫和他一起干。后来发现风险很大，不得已宫木带着孩子回乡，藤兵卫去参加羽柴的军队。妹妹阿滨在去追赶丈夫途中被一些士兵轮奸，最后沦为娼妓。源十郎则遇见一个美艳女子要买他的瓷器，他被她迷住，后被一行脚僧告知实情，此女子原为一个全家都已死亡的女鬼。行脚僧替他写了一套咒语，才使他脱身回到故乡。但一夜后，他发现妻子已消失，原来宫木已在回家途中被人杀害变成了女鬼。藤兵卫在战争中拾一敌将首级，拿去邀功，备受重用，但当他得知阿滨已经沦为娼妓后，毅然带着阿滨回到了故乡，去过自食其力的平静生活。影片以两对夫妇在战乱年代的遭遇来折射女性在乱世中被伤害和摧残的悲惨命运，故事大纲出自极具妖异、神秘、幽艳气息的上田秋成的作品，全片镜头运用和特技效果十分出色，使影片充满神秘、朦胧和凄美的气氛，再加上演员生动的演出，沟口"女性电影大师"的名号一时传播开去。

1954 年沟口健二再次以《山椒大夫》获得威尼斯电影节银狮奖。这是沟口健二去世前又一创作高产期中的作品。故事发生在 11 世纪的日本，地方官因不愿同流合污而被放逐，临行前训诫儿子要懂得宽恕别人。不料他的家人在一次远行中被掳劫，妻子被迫当娼妓，一对年幼子女则沦为贪官山椒大夫的奴仆。儿子厨子王长大后，虽然已成为山椒大夫最信任的手下，但他一直没有忘记父亲的教诲，并在妹妹的苦劝及协助下逃离山椒家。厨子王成功逃脱后，为争取公义，冒死向首相申冤。沟口将原著中两个阶级的善恶之争升华为一种体制对人性的迫害，对奴隶社会的残酷制度进行了抨击，主人公的遭遇也成了一种体制下群体悲惨遭遇的缩影。片中的主角处处受到好似天意一般的保护，是一种东方善恶观的表现，使得本片处处洋溢着东方式的人文主义关怀。电影绝佳地体现了其个人的美学追求，对于景色的调控能力达到极致，长镜头对于演员传递人物情感的作用有口皆碑，而对于舞台剧出身的演员们来说正是用武之地。

沟口健二于 1956 年 8 月 24 日因白血病卒于京都。为表彰他对日本电影事业的贡献，日本政府曾授予他紫绶奖章，逝世后，又追赠四等瑞宝章。

（三）黑泽明

黑泽明 1910 年 3 月出生于东京一个武士家庭，初中毕业后热衷于绘画，并立志当一名画家。1934 年进入电影界，拜导演山本嘉次郎为师，学习导演和编剧。之后又以剧作家的身份发表了剧本《达摩寺里的德国人》、《寂静》和《雪》，得到广泛的好评。1943 年，已有多年经验的资深助理导演和写了十几个剧本的知名青年剧作家黑泽明独立执导了处女作《姿三四郎》并一举成名，与《海港花盛开》的导演木下惠介同被视为日本电影的新希望。

1948 年，黑泽明启用三船敏郎担任《酩酊天使》的男主角，从此，黑泽明和三船敏郎开启了"黑泽明黄金时代"，成为日本最强的电影拍档。截至《红胡子》(1964) 为止的 17 年间，由黑泽明导演、三船敏郎担纲的作品包括《罗生门》(1950)、《白痴》(1951)、《蜘蛛巢城》(1951)、《生之欲》(1952)、《七武士》(1954)、《大镖客》(1961) 和《天国与地狱》(1963) 等。1950 年拍摄的《罗生门》，在第二年的威尼斯国际电影节上获得金狮奖，还获得奥斯卡金像奖最佳外语片奖。从此，黑泽明闻名于世界影坛，三船敏郎也先后以《大镖客》、《红胡子》获得威尼斯电影节男主角奖，两人的合作被誉为"国际的黑泽，世界的三船"。

1960 年后半年到 1970 年初期，是黑泽明创作的低潮期，他和三船敏郎的关系突然决裂，从此，两人不再跟对方说话，也没有再合作。1970 年，他根据山本周五郎的小说《没有季节的城市》改编的电影在票房上失利，甚至因而企图自杀。1975 年他导演的日俄合资电影《德尔苏·乌扎拉》获莫斯科电影节金奖和奥斯卡金像奖最佳外语片奖，为他的电影生涯再创高峰。1980 年拍摄的《影子武士》获得戛纳电影节金棕榈奖、奥斯卡导演奖、威尼斯电影节特别奖。1982 年在法国高蒙公司赞助下，黑泽明将《李尔王》改编成电影《乱》(1985)，获得服装设计奖、纽约影评协会奖、美国电影金球奖、奥斯卡最佳外语片奖。1990 年，这位 80 岁高龄"黑泽天皇"成为奥斯卡历史上第一个获得终身成就奖的亚洲电影人。1999 年，黑泽明被美国《时代周刊》评选为"20 世纪亚洲最有影响力的人物"之一。

黑泽明的导演手法非常简练，视觉形象十分生动，蒙太奇技巧干净利落。他的影片大多采用对称手法，深刻揭示人性与灵魂的冲突与撞击。虽然描写的是日本民族的现实与历史，但主旨终究是探寻人类亘古以来无法回避的本质问题：良知、动乱、伪善、伦理、贪婪、恐惧、卑微等。他经常使用长镜头、全景式的表现手法，画面色彩浓郁清澈，构图极富东方绘画神韵。

1998 年 9 月，一代大师黑泽明的逝世标志着大制片厂时代的传统电影正在渐渐地退出历史舞台，向现代电影观念靠拢，从此揭开了日本电影时代更迭的一幕。

黑泽明拍摄的影片《罗生门》在 1951 年威尼斯影展上获得金狮奖，这是西方电影节第一次把头奖给了一位亚洲导演。这无疑是一个里程碑，影片独特的思维和表现技巧所构成的影像，让西方影人叹为观止，从此西方社会不仅认识了日本导演黑泽明，还通过他的影片真正认识了亚洲电影。

《罗生门》根据日本名作家芥川龙之介的短篇小说《筱竹丛中》改编而成。故事发生在战乱、天灾、疾病连绵不断的平安朝代。某日，一名砍柴人和一名僧人同在罗生门避雨，砍柴人向僧人讲述了一个离奇的故事。在都城附近大泽中发现武士金泽武弘被杀，被控杀害的盗贼多襄丸、武弘之妻真砂、召唤武弘灵魂的灵媒及目击证人行脚僧和发现金泽尸体的樵夫壳等人在四个不同的时间、以不同的方式各自说出供词。真相只有一个，但是各人提供证词的目的却各有不同。荒山上的惨案，成了一团拨不开看不清的迷雾。砍柴人向僧人讲述完毕，雨过天晴。砍柴人在罗生门旁发现一个哭泣的弃婴。他决定收养下来，抱着婴孩往夕阳深处走去。影片以一宗案件为背景，描写了人性中丑恶的一面，揭示了人的不可信赖性和不可知性，然而其结尾的转折又将原有的对整个世界的绝望一改成为最终强调人的可信，赞扬人道主义的胜利和道德的复兴。该片上映后，在欧洲引起轰动，又在美国掀起"黑泽明热"。

1954 年东宝映画拍摄了投资巨大的影片《七武士》，本片可说是日本名导演黑泽明第一部真正加入西片趣味的时代剧，被称为日本娱乐片的顶峰之作。因为拍摄时间是原计划的四倍，使东宝映画濒临破产的边缘。但事实证明这次冒险是成功的。影片不仅在日本获得巨大成功，同时也被西方观众认可，为黑泽明赢得了世界级艺术家的美誉。影片讲述了在日本一个穷山村里，每年麦收时，都会遭到强盗的袭击。这一年，村民们决定雇佣 7 名武士：勘兵卫、久藏、胜四郎、五郎、七郎、平八和菊千代来保卫他们的村庄和收成。几经激战，强盗终于被尽数歼灭了，村民们也付出了很大代价，7 名武士中阵亡 4 名，枯山上竖起了无数新的墓碑。导演黑泽明虽然打算将这部片子拍成彻底的娱乐动作片，但事实上，整部作品仍充分流露着黑泽明式的人道精神。1960 年，该片被美国导演约翰·斯特奇斯重拍，取名为《七个高尚的人》。

1980年黑泽明依靠外国资金拍出了一部在日本电影史上制作规模最大，震撼世界影坛的巨制《影子武士》。

影片将观众拉回日本的战国时代，是一部讲述忠诚和两个敌对家庭之间战争的史诗巨作。故事发生在武田家与织田-德川联军作战时，武田信玄急死于军中。为稳定军心，他留下遗言，命三年内严守他已不在人世的真相，而后归天。身为窃贼的影武者貌似信玄，肩负起扮演武田主公的重任。他令武田家人及敌手坚信他就是武田信玄，帮助武田军闯过道道难关。然而三年将至，信玄死去的消息终被曝光，影武者也从气势如虹的主公瞬间沦为被放逐的一介草民。惊险的传奇故事，辽远恢宏撼天动地的战争场面，让人叹为观止。日本民族传统戏剧表演技巧辅以诗化语言，激情典雅，韵味悠长。影片为该年度日本十大卖座影片第一位，曾获1980年《电影旬报》十佳奖第二名及第33届戛纳国际电影节金棕榈奖，并入选日本名片200部。

黑泽明80多岁高龄时仍坚持拍片，1998年9月，黑泽明与世长辞，享年88岁。共有35000多人参加了他的追悼会。黑泽明在他50年的电影生涯中共导演了近30部电影，获得了30多个著名的奖项，他独特的电影表现手段，触及人类情感秘密的电影主题，令西方影人心醉神迷，影响了斯皮尔伯格、卢卡斯、科波拉等一代西方导演。

二、日本电影“新浪潮”产生的背景

战后伴随着日本经济的恢复和高速增长以及西方文化的涌入，日本电影工业迅速崛起，进入了黄金年代，到1960年产量超过了500部；但此时以大制片厂为核心的传统日本电影工业面临了前所未有的危机与挑战：

首先是来自新媒体——电视的冲击。从1953年正式播放电视节目开始，日本电视业迅猛发展，到1960年电视机总数已经达到了680万台。从1958年开始日本电影界表现出明显的颓势，观众连续三年以每年1亿人次的比例开始下降，“电影，再见；电视，你好”成为一股不可阻挡的趋势。

其次是来自电影体系内部新兴力量——独立制片的挑战。早在1950年，刚刚在电影界崭露头角的独立制片就取得了骄人的成绩，山本萨夫、今井正、新藤兼人、龟井文夫等导演创建或者参与的独立制片单位和胡萝卜俱乐部(独立制片社)、新世纪制片社、大东制片社、新星电影社、日本独立制片社、日本纪录电影制片社等都对当时日本电影的发展起到了积极的推动作用。

此外，1960年5月至6月间，反对日美“安全保障条约”的大规模国民运动风暴，严重冲击了大制片厂体系下的传统日本电影企业。除东映公司以外，其他的电影公司特别是松竹电影公司深受打击，甚至导致了“松竹格调”创始人、松竹电影公司老板城户四郎的引咎辞职。

与此同时，世界各国的电影还面临着来自电影的故乡——法国的“新浪潮”及“左岸派”的冲击，欧洲顶级国际电影节也把目光集中在具有新观念、现代感的法国电影上，这股新浪潮很快传到了日本。

在以上因素的作用下，以"松竹格调"、"日活色彩"为根基的"黄金时代"从兴盛高峰逐渐走向衰微。1960年6月5日的《读卖周刊》发表了记者长部日出雄和大沼正为配合大岛渚的《青春残酷物语》首映式所作的专题报道《日本电影的"新浪潮"》，文中首次采用了"新浪潮运动"这一词汇，以大岛渚为首的年轻导演纷纷崛起，宣告日本电影"新浪潮"的开始。

三、日本电影"新浪潮"的代表影人及作品

1959～1960年间，法国电影界被称为"新浪潮"的电影作者成为新电影的世界旗手，夏布洛尔、特吕弗等人的电影作品让年轻的日本电影人兴奋不已。与此同时，"年轻的波兰电影"也开始浮出水面，他们那种不畏强权暴力敢于说出真相的精神也激励着日本新导演们的雄心壮志。在这样的背景下，日本年青一代的电影人大量涌现，在每周上映新片的字幕上，出现的几乎都是战后派导演的名字。为了表达他们的革新精神，这些电影界的新人力图全面否定传统电影，努力创造新的创作手法。

（一）增村保造

在日本电影"新浪潮"刚开始的时候，第一个露面、也最具实验精神的是大映公司的增村保造。

增村保造1924年8月25日出生于山梨县甲府市，毕业于东京大学法学部，是"新浪潮"中年龄最大、最具实力的导演。1947年作为副导演进入大映公司，后再入学东京大学文学院哲学科，1952年赴意大利留学，在著名的"电影实验中心"学习电影理论和制作。回国后，担任沟口健二和市川崑的副导演。

1957年独立执导第一部作品《亲吻》。从第二部作品《天空女孩》起，开始了与编剧若尾文子的合作。1958年拍摄的《巨人与玩具》和1959年拍摄的《泛滥》让他一举成为日本电影界最受关注的新锐导演。

《巨人与玩具》讲述同届毕业的几位同学同时进入几家大公司的宣传部门，成了竞争对手。他们表面上还礼尚往来，实际上已经没有了纯洁的同学之情。为了商战，恋人之间、女婿和岳父之间展开了无情的争斗。影片深刻地揭露了现代资本与宣传机构彻底摧毁人性尊严的残酷现实，并通过情欲场面的渗透，真实地反映了人的动物性。影片风格大胆犀利，影像高度风格化，"成为一部过去任何导演也拍不出的新鲜而华丽的影片"①。

1959年的《泛滥》一片获得了更大的成功。这是一部充满黑色厌世主义的电影。主人公真田佐分是一个科学家，却在金钱和地位面前人格破产，妻子和女儿也为摆脱长期以来的贫困生活而走向堕落。片中另外一个年轻科学家种村恭助和一个同乡的女同学发生了关系，同时又以暴力诱奸了前辈的女儿，他这样做既不是为了爱情，也不是为了性欲，而是完全像他所宣称的成了"追求飞黄腾达的魔鬼"。影片在很多方面证明了增村保造在日本电影"新浪潮"运动中的先驱地位：于连·索绪尔型渴望飞黄腾达的主人公、大胆的性爱描写、低级的男女关系，都可以在这部影片中找到源头。当然，《泛滥》并不属于那种从表

① 岩崎昶：《日本电影史》，钟理译，北京：中国电影出版社1985年版，第303页。

面反映颓废时代的“风俗影片”的范畴，而是企图从正面来接触现代问题，以研究现代社会给人类带来的崩溃和烦恼为目的，尽管片中大量露骨的性爱场面引起了广泛的争议，在某些表现方法上近乎胡闹，但总体上来说仍不失为一部优秀的作品。

1972年增村保造与胜新太郎合作拍摄了后期代表作《新兵队黑社会：火线》，大映公司破产后还在ATG（日本艺术剧院同业工会）的支持下拍摄了《大地的摇篮曲》(1976)、《曾根岬自杀》(1976)等影片。

《大地的摇篮曲》的女主人公叫阿铃，原来和奶奶一起住在四国的深山之中，性格像一个男孩子。在她13岁的时候奶奶去世，她被人骗卖到濑户内海一个小岛上的妓院，最初只是干一些打杂的粗活。每当她感到痛苦之时，就会不由自主地唱起奶奶曾经唱过的摇篮曲。为了获得逃跑的机会，阿铃自告奋勇当起了妓女们在大海上卖淫时的船手，还与岛上的一个少年相识，并产生了淡淡的恋情，但最终依然未能逃脱做妓女的悲惨命运，两人的关系也宣告结束。为此她试图通过发疯似的干活来排遣内心的苦闷，却又造成视神经坏损导致失明。倔强的阿铃没有向命运低头，仍旧努力以自己的方式活着。一位传道士出于对她的深切同情，帮助她乘小船从岛上逃了出来。

1980年，增村保造执导了日本／意大利合拍的电影《伊甸园的庭园》。他1986年11月23日逝世。

（二）大岛渚

大岛渚1932年3月出生于京都市，1950年进入京都大学法学部学习。在学校期间他热心学生运动，先后担任过京都大学学生会副主席、京都大学学生联盟主席。1951年日本天皇访问学校，大岛渚和他的同学被禁止公开提问，于是他们通过张贴大字报的方式要求天皇不要再神化自己，这次“天皇事件”直接导致了学生联盟的解散。1953年时该组织又成立了一次，大岛渚成了公认的领袖，后来发生了大规模的游行，引来警察的干预，学生运动也在事实上走向彻底失败。大学时期这些失败的学运经历使得大岛渚开始更深层次地思考社会形势、政治局势等问题，对他后来的电影创作产生了很大影响。1954年，大岛渚大学毕业进入社会，由于他的学运经历被认为是“赤色分子”，无法得到工作，后来考入松竹公司大船制片厂，此时的他对电影还几乎是一无所知。

1959年，写过大量剧本的大岛渚独立执导了第一部影片《爱与希望的街》。故事围绕川崎贫民街上住着的三口之家展开。擦鞋的母亲生病卧床，精神衰弱的妹妹一直在画死老鼠，正在中学读书的少年常在街头卖鸽子维持生计。这个卖鸽少年虽然出身贫贱，但头脑聪明，在学校是优等生。他卖的鸽子能趁买主不注意时飞回来，让他多次卖出。娇生惯养而又天真善良的工厂董事之女来买鸽子，使得少年对欺骗行为很内疚。少女介绍他参加工厂考试，却因以前的欺骗行为没有被录用。少年一怒之下再次卖鸽，遭到了少女的斥责。影片结尾少年愤怒地砸烂鸽笼，少女让哥哥开枪击落了放走的鸽子。影片一放映就引起了影坛的关注。

1960年执导的《青春残酷物语》公映后，引起了评论界激烈的褒贬论战，助长了“新浪潮”的风行。影片女主角真琴是一个天真烂漫的高中生，有一天遭到一位绅士的骚扰，被大学生阿清解救，两人在你来我往中发生了关系。之后两人合伙设置“美人局”骗钱，被真琴的姐姐由纪发现，遭到训斥。真琴一怒之下和阿清同居，不久就怀了孩子，到由纪前恋人秋本的诊所做了流产手术，并与阿清大吵一架。之后，真琴又去找以前的那个绅士，阿清也去找以前的情人。阿清找到绅士威胁其赔偿损失，却被绅士反咬一口，关进了拘留所，靠阔夫人出钱才获释出狱。出狱之后的阿清感到自己软弱无力，与真琴告别，途中被遭到"美人局"事件连累的流浪汉打死。真琴得知阿清已死，更加自暴自弃，最后从飞驰的车上跳下身亡。

影片以"性"和"政治"为题材，表达所有人都是政治错误的牺牲品的主旨。大岛渚一面审视社会上年轻人的愤怒和反抗，一面伤感地回顾着自己学生时代反抗的失败，并把不屑的目光投向不反抗的父辈，最后得出近乎悲观的结论。阿清在堕胎后熟睡的真琴身旁，和门外的由纪与秋本对话，把两对不同年龄的年轻人的反抗连接到一起，传达了大岛渚感伤无奈但又不甘失败的矛盾心理。接下来阿清在黑暗中大口咬苹果的凝视长镜头，更给人留下丰富的联想空间和不可磨灭的深刻印象。影片结尾处两个试图反抗的年轻人的尸体，无比强烈地表达出大岛渚对无可挽回的青春既悲哀无奈又愤怒彷徨的近乎绝望的心态。

而后的作品《日本夜与雾》(1960) 是一部针对当时国家政治局势赶拍上映的影片，利用松竹公司的资金优势，将学生反对日美"安全保障条约"的游行示威和内部争论过程搬上银幕。影片对于大岛渚非常重要，因为他的导演生涯正是从反对日美"安全保障条约"的斗争开始的。即使多年过去，大岛渚依然无法忘记自己学生时代的历史教训，并试图通过分析这些教训指出学生运动失败的原因及其意义所在。由于形势的紧迫性和影片的特殊性，大岛渚采用了不同寻常的拍摄手法：全片大约 60 个镜头，采用大段大段的台词来表现人物的内心和思考。尽管镜头长而单调，却尊重了现实时空的完整性，与日本传统电影形成鲜明的对比。这种手法在当时的日本影坛极为少见，它很有效地营造出纪实效果，实现了对学运全景式的真实呈现。影片只上映了四天，就发生了右翼少年刺杀日本社会党委员长的政治事件，松竹公司迫于政治和经济(影片票房并不理想) 的压力，将影片停映。几个月以后，大岛渚与一批松竹同事集体退出公司，自组创造社。

离开松竹后的几年，大岛渚以惊人的创作力完成了许多杰作，其中最著名的是 1976 年的《感官世界》。影片根据 1936 年一则轰动日本的桃色新闻改编。女主角阿部定是中野某日本料理店——吉田屋的女服务生，在这以前她是京都的红艺妓。店主石田吉藏看上了阿部定，阿部定也为风流潇洒的主人倾倒，两人常常幽会。不久奸情被石田的妻子发现，两人只好私奔。在度过了一段荒淫无度的生活之后，阿部定在强烈的占有欲驱使下起了杀机，不仅杀死了石田，而且割下他的生殖器带在身边。本片的情节、剧作结构以及人物性格都相对简单，导演的笔墨集中于对两人性关系的描写，虽然在很多国家遭到禁映，但是没有人能否认它的严肃性。

1978 年《感官世界》的姊妹片《爱之亡灵》上映，获得第 31 届戛纳电影节最佳导演奖。1982 年大岛渚拍摄了反映第二次世界大战时日军残害战俘的影片《战场上快乐的圣诞节》，获 1983 年戛纳电影节最佳影片提名及日本《每日电影》最佳作品奖、导演奖、编剧奖。1993 年大岛渚任上海国际电影节评委。

（三）今村昌平

今村昌平 1926 年 9 月 15 日出生于东京，1951 年毕业于早稻田大学文学系，后进入松竹公司大船摄影所担任摄影助理，不久任小津安二郎《早春》一片的助导，并与小津接连合作了三部影片，此外，他还与野村芳太郎、川岛雄三等导演合作过。

1958 年今村昌平为川岛雄三创作剧本《幕末太阳传》，成为川岛的代表作，并获得机会独立执导首部电影《被偷盗的情欲》(1958)。这部影片讲述了一些挖洞的人后来在自己挖的洞中相互猜忌，最终相互残杀的故事，是一部对于人类存在进行思考的寓言，为他后来的创作奠定了基调。同年，他又拍摄了《西银座车站前》和《无止境的欲望》，这三部影片只用了一年多的时间拍摄完成，却中气充沛，张力十足，获得了很大的成功，使今村一跃成为日本的一流导演。

1960 年他拍摄了影片《二兄》。1961 年拍摄了讽刺喜剧片《猪和军舰》，被评为当年十佳影片之一。1963 年自编自导了《日本昆虫记》，讲述一个普通的日本女人从 1918 年到 1962 年的经历，无论遇到什么样的社会环境和政治动荡，她都像昆虫一样顽强地生存下来。影片对日本几十年的历史作了细节丰富的呈现，剖析了日本社会中人的价值，对于经历了二战、原子弹轰炸及战后经济崛起的日本观众来说，影片具有强烈的现实意义，被评为当年十佳影片之一，今村昌平还被评为最佳导演和最佳编剧。

1964 年他导演的《红色杀机》描绘了日本下层市民的劣根性，具有很强的感染力。其后几年间，他又拍摄了影片《人类学入门》(1966)、《人间蒸发》(1967) 和《诸神的欲望》(1968)，其中前两部电影探讨了日本都市的社会风俗，后一部电影则干脆把场景放到了远离人间社会的一个原始小岛上，对日本的性文化进行了深入挖掘。

1970 年他导演了影片《日本战后史》，从名字上就可以看出这是一部反映日本二战后社会状况的影片。1979 年他最富争议性的电影《我要复仇》上映，影片改编自一宗真实的连环凶杀案，罪犯榎津岩(绪形拳饰) 自青少年时期开始就经常入狱，长大后更多次用假冒身份行骗及劫杀。今村昌平用巨细靡遗、极其冷静的手法记录着榎津岩的犯罪过程，但完全拒绝解释他的犯罪心理。影片虽然交代了榎津小时候目睹父亲(三国连太郎饰) 被军队毒打的情形，也细致地描写了在他服刑期间其父与其妻之间的一段不伦之恋，但却没有进一步暗示这两件事与榎津的行凶动机有任何关系，回避了简化的心理分析。影片以彻底的现实主义风格和对日本社会的深刻洞察力为今村赢得了世界性的声誉。

1983 年他改编并执导了深泽七郎的同名小说《楢山节考》，获得戛纳电影节金棕榈大奖。影片讲述在日本信州深山的一个小村子里，由于赤贫而沿袭下来一种抛弃老人的传统：所有活到 70 岁的老人，都要被家人丢弃到楢山上，称为“参拜楢山神”。当年 69 岁的阿玲婆离上楢山的日子已不远，可身体还挺结实，她为此很苦恼，有意在石磨上磕掉了两颗门牙。在上楢山之前，她教会儿子辰平的续弦阿玉捉鱼的方法，说通年长的阿金与次子利助过一次性生活……当一切完成，她心满意足地伏在辰平的背上，踏上去楢山的山路。山顶白骨成堆，辰平依依不舍地告别妈妈，返回村里。天上飘下大片大片的雪花儿，阿玲婆在大雪中平静地等待着死亡。通过这部影片，今村昌平着力探讨了日本人在生、死、性、民族性这几个基本层面上的观念和表现，风格十分冷峻，成为他影响最大、声誉最高的一部作品。

1987 年他导演了影片《淫媒》。1989 年导演了影片《黑雨》，展现广岛和长崎遭受原子弹攻击多年之后对日本国民心理挥之不去的影响，因联合了美国和日本的一线演员出演该片,在票房上获得了很大的成功。

之后一段时间今村昌平停止了拍片活动,直到1997年拍摄《鳗鱼》再夺戛纳电影节金棕榈大奖,掀起自己电影事业的第二个高潮,成为老当益壮的、引人注目的电影大师。四年之后,今村昌平组织《鳗鱼》原班人马拍摄了《赤桥下的暖流》,描绘人的激情在压抑状态下的释放,深入探讨了女性性意识和性文化,在戛纳电影节展映以后,反映不俗。

在日本《电影旬报》评出的"日本最佳100部电影"中,今村昌平入选有6部,仅次于黑泽明和大岛渚。2006年5月30日,今村昌平逝世于日本。

(四)山本萨夫

1910年7月山本萨夫出生于日本鹿儿岛,1930年就读于早稻田大学,在校期间对演剧产生兴趣,并通过演剧积极投身左翼学生运动,是日本战后独立制片运动的先驱。

1937年导演了第一部影片《小姐》,至1943年创作了10多部商业性影片。1946年以后,致力于拍摄反对侵略战争、揭露资本主义社会上层黑暗内幕、抨击资产阶级残酷本性以及描绘劳动人民生活和斗争的影片,如《战争与和平》(1947)、《真空地带》(1952)、《箱根风云录》(1952)、《没有太阳的街》(1954)、《台风骚动记》(1956)、《板车之歌》(1959)、《千疮百孔的山河》(1964)等。

1963年10月,山本萨夫为首的日本电影代表团访问中国。70年代以后,山本萨夫在艺术上更趋成熟,连续导演了表现重大政治事件的影片,如《战争与人》(1970～1973)、《华丽家族》(1974)、《金镶蚀》(1975)、《不毛之地》(1976)等,把矛头刺入资本主义制度的最深处。反映飞机买卖中贪污受贿行为的影片《不毛之地》,在震动日本的洛克希德事件之前已写好剧本,事件揭露出来的时候影片正好公开上演,引起轰动,影片对于政界、财界上层内幕做如此大胆的揭露,在日本电影中是没有先例的。1977年导演了轰动一时的影片《皇帝不在的八月》,1978年导演了揭露资本家残酷压榨工人的影片《啊,野麦岭》及1982年的续集是他最后的两部影片。

1983年8月11日山本萨夫逝世。

(五)木下惠介

1912年12月木下惠介出生于日本静冈县,本名木下正吉。他曾就读于东方照相学校,1933年进入松竹电影公司任摄影助手。1936年转入导演部任助理导演。1943年成为导演,拍摄了第一部影片《热闹的码头》,获得成功,和黑泽明一起赢得该年度新人导演奖。

1946年导演的《大曾根家的早晨》是其成名之作,是日本第一部反战影片,被誉为"日本电影的早晨"。该片被评为当年《电影旬报》十佳作品奖第一名,木下惠介也跻身于松竹电影公司一流导演的行列。影片讲述了在已故大曾根教授的家里,遗孀大曾根房子和五个孩子和睦而平静地生活在一起。1943年年底,日本国内大量征兵,女儿悠子的未婚夫实成明被征入伍。就是这一天夜里,长子大曾根一郎又被指控为政治犯,被捕入狱。教授的弟弟大曾根一成因房屋被炸毁,全家搬入教授家中,可他擅自决定让三子大曾根隆去海军服役,又强迫悠子与实成明解除婚约,要她嫁给军需株式会社社长的儿子。实成明给家里的回信中报告了次子大曾根泰二在前线因病死亡的消息。1945年,一天夜里,房子梦到三子隆回家,醒后她预感到隆已不在人世。一成得知日本要战败的机密情况后,将大批军需米偷运回家，房子再也忍受不了，把他赶了出去。战争结束后，实成明复员归来，与等待他的悠子结了婚，根一郎也获释回家，一家人终于团圆了。

1954 年自编自导的《二十四只眼睛》是他最有代表性的作品之一，影片以美丽的濑户内海为背景，描述了 12 个孩子与女教师之间的感情。影片将个人的悲剧融入了历史的悲剧之中，导演手法朴实、细腻而富于抒情性。该片获《电影旬报》评选的当年 10 部最佳影片第一名、电影导演奖以及《每日新闻》电影奖的导演奖、编剧奖和电影作品奖。

1951 年发表战后第一个长篇彩色电影《卡门返乡》，1958 年以传统歌舞伎手法成功拍摄了由民间传说改编的《楢山节考》，获当年日本《电影旬报》十佳作品奖第一名，木下惠介获导演奖。《永远的人》(1961) 获奥斯卡最佳外语片提名。

1964 年木下惠介从松竹辞职，进入电视界，创办了"木下惠介剧场"，同时制作电视连续剧，1964 年后主要从事电视剧的创作，是日本电影巨匠中最早认识到电视媒体价值的导演。后来又拍摄了反映当代日本社会问题的影片《冲动杀人，儿子啊》(1979)、《父亲啊！母亲啊》(1980)等，获较高评价。

其主要作品还有：《破戒》(1948)、《破太鼓》(1949)、《日本的悲剧》(1953)、《女之园》(1954)、《野菊如君》(1955)、《亦喜亦悲几度秋》(1957)、《笛吹川》(1960)、《永生的人》(1961)、《香华》(1964)等。

木下惠介 1977 年被授予紫色绶奖章。1984 年被授予功劳四等级旭日小绶章。1998 年 12 月在东京家中逝世。

(六) 新藤兼人

新藤兼人 1912 年 4 月出生于广岛，自幼酷爱电影，1934 年进入新兴电影京都制片厂，1944 年进入松竹公司剧本部从事剧本创作，师从沟口健二。

战后编写了电影剧本《待帆庄》，1946 年由牧野正博更名为《久等不来的女人》搬上银幕，获得成功，1947 年被评为《电影旬报》十佳影片第四位，新藤兼人也由此崭露头角。1947 年新藤撰写了剧本《安城家的舞会》，由吉村公三郎搬上银幕，风行一时，被评为当年《电影旬报》十佳影片之首，巩固了新藤在日本电影界的编剧地位。新藤兼人和吉村公三郎 1950 年设立的独立制片组织"近代电影协会"被有关部门授予 1975 年度"朝日奖"。

在他导演的作品中，最具代表性的是根据妻子经历编写的《爱妻物语》(1951)，开创了日本独立制片的先驱模式。1960 年拍摄了超低预算的《裸岛》，获得了意外成功。影片讲述了在濑户内海近海边荒岛上住着一对农民夫妇，他们有两个天真可爱非常听话的孩子。岛上严重缺水，所以每天拂晓，夫妇俩就要从对岸运水以便饮用和灌溉，但是庄稼却收成不好。年复一年，他们开拓了一片又一片荒地。有时懂事的孩子们到海边钓到了鱼，都拿到集市去卖，换点改善生活的钱。一天，大儿子得了疾病，等夫妇俩从对岸赶回来，又驾船到对岸请来医生时，孩子早已断气。夫妇俩怀着悲痛的心情火化了儿子，这使得他们更加痛苦而沉默，但是这样的生活还在继续。该片获当年《电影旬报》十佳作品奖、莫斯科电影节金奖。该片在世界电影史上留下了光辉的一页，被称做"没有台词的电影诗"，同时创造了"新藤方式"的拍摄手法，即"整个日本大地都是我的摄影所"的纯外景拍摄法。

之后《裸的 19 岁》(1970) 获莫斯科电影节金奖，《竹山孤旅》(1977) 获莫斯科电影节导演奖，1995 年创作的《午后遗书》获《电影旬报》十佳作品第一名，并囊括了几乎日本国内所有的电影奖。1999 年创作的《我要活》获莫斯科电影节金奖。

迄今为止，他编写了电影剧本 220 多部，电视剧本 60 多部，执导影片 46 部，还撰写了许多有关剧作的著作，出版了许多小说、随笔作品。1997 年和 2002 年，新藤兼人被授予“文化功臣”的称号和文化勋章。

（七）同时期其他代表人物、代表作品

1. 筱田正浩

筱田正浩 1931 年 3 月 9 日出生于日本岐阜，年轻时就读于早稻田大学文学院。大学毕业后，筱田进入松竹电影公司。1960 年推出了自编自导的处女作《恋爱单程票》，此后几乎每年都有新作问世。

在早期作品中，《暗杀》（1964）获得了京都市民电影节最佳导演奖，《日落之云》（1967）入选《电影旬报》评出的年度十佳作品榜。1969 年的《情死天网岛》是他最杰出的代表作，该片对背景画、美术效果的运用，对黑衣串连情节的实验以及对处于生死关头的男女间狂热情爱描写的探索，在日本电影史上留下了深刻的印记。影片被《电影旬报》和《每日电影》评为最佳影片，筱田也荣膺最佳导演称号，标志着他导演手法的成熟。其后筱田佳作不断，《无赖汉》（1970）、《沉默》（1971）、《盲女阿铃》（1977）、《濑户内少年棒球队》（1984）等都曾名噪一时。1986 年他执导了描绘武士阶层爱情悲剧的《枪之全三》获得柏林电影节银熊奖，为他博得国际声誉。1990 年反映中学生友情的《少年时代》再次横扫日本各大电影奖项。

从 20 世纪 90 年代开始，筱田的作品逐渐减少，但每出一片必是杰作，其中包括 1995 年记述日本传奇画家的《写乐的感官世界》、1999 年刻画忍者精神的《枭之城》和 2003 年的悬疑大片《间谍佐尔格》等。

筱田是日本电影史上的重量级导演，他所拍摄的时代剧严谨优美，而现代故事则真实动人。

2. 吉田喜重

吉田喜重出生于 1933 年 2 月 16 日，师从木下惠介，是“新浪潮”运动中紧随大岛渚的一员干将，曾以独立制片的方式拍摄过《秋津温泉》（1962）。影片以一段残酷的爱情故事反映战后 12 年日本的社会变迁，大胆表现了隐蔽的内心世界的心理活动。电影公映翌年女主角冈田茉莉子嫁给吉田，成就了日本影坛的一段佳话。

与今村昌平一样，吉田喜重的电影以性与政治为主题，用于挑战极限，拍摄了《再见吧，夏天的太阳》（1968）、《爱情与虐杀》（1970）、《英雄炼狱》（1970）和《女优的告白》（1971）、《戒严令》（1973）、《人的约会》（1986）、《暴风小丘》（1988）等多部深具影响的作品。

3. 堀川弘通

堀川弘通 1916 年 11 月出生于京都，曾做过黑泽明的助手。1955 年拍摄处女作《常青树的故事》。1957 年拍摄根据近松门左卫门原作改编的《美男子下地狱》，虽是一部历史题材电影，却给人以强烈的现代感。

1958 年他根据山下清的日记拍摄了一部描写流浪神童画家的影片《赤手空拳的大将》，通过主人公朴素的观察来反映社会现实，以令人开怀大笑的喜剧形式尖锐讽刺了普通人的不诚实、社会的虚伪以及“和平宪法”下重整军备等问题。

1960年的《黑色画集》根据松本清张原作改编，表面看来像是一种流行的推理剧，实质上却尖锐地揭露了现代人的冷酷无情和滋生这种现象的现代社会机构的罪恶。

4. 勅使河原宏

勅使河原宏出生于1927年，早年学习美术，20世纪50年代中后期开始拍摄纪录片。1962年把著名存在主义小说家安部公房的小说《山之穴》搬上银幕，开始受到影坛的注意。

1964年拍摄了同样改编自安部公房同名小说的《砂之女》。影片讲述冈田英次饰演的昆虫学家来到偏远落后的村庄采集昆虫，被村民设计将其和一个寡妇困在沙坑中的木屋里。一男一女宛如笼中的动物，一举一动都在村民的注视之下。无奈的昆虫学家多次试图逃出沙坑均告失败。随着时间的推移，他的情欲、爱恨、恐惧、彷徨、绝望交织在一起，他几经挣扎却始终无法逃脱。勅使河原宏用冷酷的镜头结合怪诞的情节、黑色的格调，使全片笼罩在压抑、阴沉的气氛之中，再加上著名音乐家武满徹的出色配乐，生动地刻画出一个荒诞诡异的世界。整部影片叙事流畅，看似荒谬的表象背后是真实合理的本质，充满黑色幽默，强烈的个人风格令观众耳目一新，上映后好评如潮，引起国内外影坛的轰动，获得戛纳电影节评审团大奖和奥斯卡最佳外语片的提名。

此后，勅使河原宏与安部公房再接再厉，改编了安部的小说《他人之颜》，同样广受好评。

勅使河原宏还组织了一个名为“草月影馆”的电影导演团体。2001年勅使河原宏逝世，他一共执导了10部影片，其中《砂之女》名列20世纪日本百佳电影第82位。

日本“新浪潮”电影运动的其他导演还包括中平康、丸山诚治、野村芳太郎、井上梅次、番匠义彰、泽岛忠、冈本喜八、须川荣三、川头义郎、牛原阳一、井上和男、杉江敏男、村山新治等。

思考与练习

1. 日本电影“新浪潮”产生的时代背景是什么？
2. 以《青春残酷物语》为例，分析大岛渚的电影创作风格。
3. 日本电影“新浪潮”有哪些主要影人，代表作分别是什么？

第四节　前苏联"社会主义现实主义"电影:对人生苦涩的思索

【本节提要】前苏联的电影曾以"蒙太奇学派"之名在世界电影中占有非常重要的地位,20 世纪 30 年代前苏联的"社会主义现实主义"电影流派成为世界电影的主要流派之一,是世界电影趋向于现实主义美学追求的极为突出的一部分。而在这一流派式微的"解冻期"出现的"诗电影"流派也引领了战后电影美学革命的风潮,令世界影坛瞩目。

【主要内容】

1. 前苏联"社会主义现实主义"电影产生的背景
2. 前苏联"社会主义现实主义"电影的分期及代表导演、影片
3. "解冻期"的"诗电影"

一、"社会主义现实主义"电影产生的背景

从列宁开始,前苏联党和政府就从宣传媒介这一角度对电影给予特别的重视。正是在权力中心的大力推动下,前苏联电影有了巨大的发展,涌现出一大批优秀作品,爱森斯坦创立的"蒙太奇学派"更成为世界电影发展史上的一个里程碑。在长期的电影大战中,前苏联逐步形成了"社会主义现实主义"的创作方法,成为世界电影主要流派之一。

社会主义现实主义的创作方法在 1931 年由高尔基倡导,并与文艺界人士和党政领导一起探讨和确定了前苏联文学的这一创作原则,正是前苏联社会经济政治文化的发展要求促使电影艺术转向社会主义现实主义的创作方向。1934 年 4 月前苏联第一个社会主义经济建设五年计划取得全面成功之际,在第一次全苏作家代表大会上,社会主义现实主义的创作原则被明确写入作家协会章程。社会主义现实主义作为前苏联文学创作与文学批评的基本方法,要求艺术家从现实的革命发展中真实地、历史地、具体地去描写现实。作为一种创作方法,它来源于马克思和恩格斯"典型环境中的典型人物"的理论原则。从艺术发展的规律上来看,欧洲先锋派文艺思潮此时也需要找到新的表现方式与表现手段,于是表现普通人的生活成为艺术发展的新需求。前苏联社会主义建设激起了广大工人、农民极大的主人翁意识,成为艺术家关注的焦点。这个首先由前苏联文学界提出的创作方法,此后便成为前苏联文艺创作的普遍的指导原则。

虽然这种创作方法在随后的 60 年里一直在延续,但在不断变幻的政治风云中,前苏联的领导阶层并没有始终遵循其精神实质,而是将其视为政治斗争的工具,把"社会主义现实主义"变成了一个任人打扮的新嫁娘。在文化官僚主义和伪现实主义盛行之下,前苏联早期电影的优良传统被抛弃,个人创造力被扼杀,电影工作者的积极性被压制。如 1952 年,全苏联仅生产 5 部电影,被称为"电影荒年"。

总体来讲,前苏联"社会主义现实主义"电影不仅对于社会主义国家的电影创作起到

了一种推动作用，而且对于一些资本主义国家中的进步电影工作者也同样是一种鼓舞，意大利新现实主义、日本战后独立制片运动都受到它的影响。新中国电影创作的思想和方法同样接受了社会主义现实主义的影响，还有许多民族电影的发展都在不同程度上受到了它的影响。可见，社会主义现实主义的创作方法是一种不容忽视的电影思想和电影文化现象，它成为有声电影以后世界电影趋向于现实主义美学追求的极为突出的一部分。

二、"社会主义现实主义"电影的代表导演及影片

前苏联《真理报》发表了一篇题为《走上布尔什维克的轨道》的社论，文章指出：苏联电影不论在数量上，还是在质量上都曾获得了巨大的成就，但它的发展仍然大大地落后于广大的工人和集体农庄群众的日益增长的需要，落后于社会主义建设的速度。社论向前苏联的电影工作者提出了新的要求，要求他们跟上社会主义建设的步伐，转向社会主义现实主义的创作方向。从提出到结束，"社会主义现实主义"电影大体经历了成功期、电影荒年期、解冻期、紧缩期、公开化时期等五个阶段。

（一）成功期（1930～1945）

1. 瓦西里耶夫兄弟

前苏联著名的导演、编剧，两人长期使用笔名合作，并不真是兄弟。瓦西里耶夫·格奥尔尼·尼古拉耶维奇生于沃洛达，瓦西里耶夫·谢尔盖·德米特里耶维奇生于莫斯科。他们从 1942 年起开始从事电影剪接工作，师从爱森斯坦。

1934 年，由瓦西里耶夫兄弟导演的前苏联社会主义现实主义电影的里程碑之作《夏伯阳》问世，这部战争电影力作是真正意义上的"划时代"的作品，标志着前苏联社会主义现实主义电影开始走向成熟，苏联本土电影学家认为"电影艺术的各个组成部分的有机综合问题，到此时得到了完满解决"①，标志着一个堪与前苏联电影第一个黄金时代相比拟的新兴全盛时代的开端。

夏伯阳是前苏联国内战争时期游击队的首领，也是前苏联历史上一个传奇式的英雄人物。瓦西里耶夫兄弟根据夏伯阳过去的战友、部队政委富尔曼诺夫的小说改编成电影，突出人物性格和环境刻画。瓦西里耶夫兄弟自己在国内战争时期也参加过战斗，他们的经历及在摄制纪录片和剪辑影片上的经验，显然对重现这一重大事迹有很大的帮助。影片成功地塑造了夏伯阳这个富于传奇色彩的英雄人物从一个土生土长的军事天才，一个英勇善战的军官，逐渐成长为一个忠于革命事业的自觉的红军将领。富尔曼诺夫则是一个具有冷静的思考、果敢的判断和坚强的性格的政治工作者，他和夏伯阳的形象在多次的作战成败、思想交锋、性格冲突中得到栩栩如生的展现。电影还塑造了卫兵、通讯员、女机枪手等红军战士以及农民、白军军官等人物，这些人物从不同侧面展示了苏维埃政权建立初期的社会状况。当时的前苏联学术界把《夏伯阳》称做"民族的"、"俄罗斯的"影片，他们认为，在这部战争电影中浸透着俄罗斯民族的勇敢、幽默、痛苦、安宁、理想和热情。影片

① 【苏】苏联科学院艺术史研究所：《苏联电影史纲》，龚逸霄译，北京：中国电影出版社 1983 年版，345 页。

由于对人性直接而有力的表现获得了罕见的声誉，而夏伯阳头戴皮帽、站在一辆疾驶的马车上一挺机关枪旁的游击队长形象，已经深入人心。卫国战争期间，在机枪旁向前方挥着手臂的夏伯阳形象出现在宣传画中，鼓舞着红军战士为保卫苏维埃祖国浴血奋战，“在第二次世界大战中成了全欧洲游击队员一个学习的榜样”①。

《夏伯阳》的成功，促使前苏联电影创作者致力于“歌颂历史上的丰功伟绩”(斯大林语)，把历史上的伟大事件作为典范来表现，同时还努力创造各种历史性或非历史性的英雄人物。这部电影成为“苏联电影史两个时期的重大分界线，它既是最初15年即苏联革命形成时期的总结和顶峰，同时又为新的时期即社会主义现实主义电影艺术的确立和繁荣奠定了基础”②。

瓦西里耶夫兄弟后来还拍摄了《保卫察里津》(1942)和《前线》(1943)等著名影片。

2. 米哈伊尔·罗姆

在《夏伯阳》成功的影响下，出现了一大批优秀的影片。米哈伊尔·罗姆在1937年拍摄了影片《列宁在十月》，该影片是斯大林为了庆祝十月革命20周年而指定拍摄的，人物塑造采用黑白分明的手法，并取得了巨大成功。

影片开头，列宁从火车头跳下来潜回国内，隐藏在秘密寓所中。他不能与人民进行直接联系，只能通过彼得堡工人兼职业革命活动家瓦西里和他送来的报纸了解当时的政治形势。瓦西里忠实地执行党中央委员会交给他的保护列宁安全的神圣使命。临时政府雇了密探四处追捕列宁，都没有成功。中央委员会开了历史性会议。会后，列宁从瓦西里家里接到的家信中了解到农村的情况，又知道了以诙谐幽默的马特维耶夫为代表的工人们如何机智地从车间赶走临时政府的代表，列宁根据革命形势作出了正确的判断。攻打冬宫成功后，列宁出现在斯莫尔尼宫大厅的欢呼人群中，发表了震撼人心的历史性讲话，为今后的革命指出了方向。

前苏联人民艺术家史楚金塑造了一个鲜活的列宁，既有政治家的敏感和坚定性，又富有人情味、幽默感和朴实无华的作风。瓦西里那句著名的台词“牛奶会有的，面包会有的，一切都会有的”让人记忆犹新。1939年罗姆又拍摄了影片《列宁在1918》。

3. 马尔克·顿斯阔依

马尔克·顿斯阔依，前苏联电影导演、剧作家，前苏联人民艺术家，毕业于辛菲罗波尔大学社会科学系法律班。他曾在红军中服役，复员后在乌克兰最高法院任职。1925年出版了一本描写国内战争年代克里米亚地下工作的短篇小说集《被监禁的人们》。1926年转入电影界，先后任助理导演、副剪辑、导演和编剧。30年代改编了高尔基的自传三部曲《童年》(1938)、《在人间》(1939)、《我的大学》(1940)，这三部影片充分显示了他作为年轻导演的才华，也是前苏联电影艺术的一个重大成就，标志着前苏联电影史中的一个阶段，对国内外电影作品都有影响。一、二集获1941年度斯大林奖金；1955年三部曲在爱丁堡

① 【法】乔治·萨杜尔：《世界电影史》，徐昭、胡承伟译，北京：中国电影出版社1995年版，第363页。

② 【苏】苏联科学院艺术史研究所：《苏联电影史纲》，龚逸霄译，北京：中国电影出版社1983年版，348页。

国际电影节获奖。

1942年，他拍摄了著名影片《钢铁是怎样炼成的》，塑造了一个逐渐成长中的青年布尔什维克战士保尔·柯察金的艺术形象，描写他从一个年轻无知的少年，在不断的社会历练中成长为一个优秀的革命战士，影响了整整一代人。

1947年他又拍摄了《乡村女教师》，影片讲述了只身来西伯利亚一个乡村当教师的瓦尔瓦拉的故事。在开学的第一天，没有一个学生来上课，她面对空荡荡的教室大声讲课，门外竟有几个孩子在听。后来学生越来越多，学校终于办起来了。时间一年年过去，通过瓦尔瓦拉的努力，学校越办越好，部分学生也学有所成。然而，学校和她遭到了一些顽固势力的仇恨和报复。经历了数次战争的考验，学校逐渐壮大，瓦尔瓦拉也沉浸于桃李满天下的幸福之中。

这一时期较为著名的影片还有由240位摄影师合作，后成为斯大林格勒大战前奏曲的《在苏联的二十四小时》(1942)及艾尔姆列尔的《她在保卫祖国》(1943)、格拉西莫夫的《伟大的土地》(1944)、爱森斯坦的《恐怖的伊凡》(1945～1946)等。

（二）"电影荒年"期(1945～1953)

进入40年代，由于德国法西斯入侵的战争破坏和政治对文艺的强烈干扰，前苏联电影事业的发展受到严重的挫折和打击。第二次世界大战的胜利和卫国战争的胜利，使前苏联人民付出了巨大和惨重的代价，也极大地鼓舞了前苏联人民的士气。由于战后斯大林继续推行"个人迷信"、"个人崇拜"，前苏联国内生产了一批被称为"斯大林神话"的电影，如《宣誓》(1946)、《第三次打击》(1948)、《攻克柏林》(1949)、《斯大林格勒保卫战》(1949)等。这种对于电影的直接干预，压制了广大电影工作者的创造力和积极性，1952年全年前苏联的电影只生产了5部，因此被称为"电影荒年"，社会主义现实主义的创作方法在这一时期成为一种僵化的模式，前苏联电影进入到一个停滞期。

（三）解冻期与"诗电影"的兴起(1954～1960)

1953年斯大林去世之后，经过几年的酝酿，苏共十二大于1956年召开，开始了全面"非斯大林化"，反映在文艺上表现为反对"个人迷信"，反对粉饰太平，反对文艺创作公式化、概念化，提倡创作的多样化和真实化。与此同时，西方各个流派、思想也被不同程度地介绍进来，电影创作逐渐活跃，涌现出一批优秀的电影作品。这一时期被称为前苏联文化艺术的"解冻期"，出现了一个重要流派——"诗电影"。

"诗电影"由杜甫仁科开创，它往往不是通过逻辑的、哲理的力量来说服观众，也不是通过故事的情节来吸引观众，而是通过画面的、情绪的感染力来影响观众，使观众在整体的诗意氛围中感受到心灵的震动，达到精神的升华。这是俄罗斯文学艺术中的一个伟大传统，也是对电影美学的一个创造性贡献。在斯大林的错误路线下杜甫仁科和"诗电影"曾遭受到严厉的批判，直到50年代"非斯大林化"过程中提倡创作多样化和真实性，"诗电影"才逐渐被人们认识和尊重。

1. 格里高利·丘赫莱依

1956年格里高利·丘赫莱依拍摄了影片《第四十一》，这是一出爱情的颂歌，也是一出爱情的悲剧，影片取材于鲍里斯·拉夫列尼约夫1924年发表的同名小说。故事的背景是前苏联内战时期，红白两方力量正在激战之中，一支红军部队在渺无人烟的卡拉库姆大沙漠里艰难跋涉，在冲出白匪的重重包围之后幸存者已寥寥无几，其中有一位战士与众不同，她就是已经击毙了40个白军的神枪手玛留特卡。沙漠中忽然出现了一个骑着马怀揣秘密情报的白军军官戈沃鲁哈·奥特洛克，他有着一双碧蓝碧蓝的眼睛。玛留特卡只是击中了他的坐骑，军官被生擒。政委命令她与另两个战士把这个白匪中尉从海路乘渔船押送到司令部去受审。途中起了风暴，两名战士被卷入海中，玛留特卡和白匪中尉漂到了孤岛上。美丽的青春在远离战火硝烟的小岛上散发出迷人的气息——本来应该是玛留特卡"生死簿上第41个亡魂"的白军中尉，却成了她"少女爱情簿上的第一个"。他们忘却了仇恨，一起写诗，一起憧憬未来的生活。但他们的观点立场迥然不同，经常发生争吵。电影的最后，一只白军帆船来到了荒岛。"蓝眼睛"是个浪漫的人，他并没有意识到危险的降临。而此刻玛留特卡的身份意识苏醒了，她开枪打死了正在奔向帆船的"蓝眼睛"——她的"第四十一个"敌人，紧接着她又站在海水中抱着她的"蓝眼睛"哭泣……

1959年邱赫莱依又拍摄了影片《士兵之歌》。卫国战争时期，通信兵阿廖沙用反坦克枪击毁了德军的两辆坦克，从而得到了将军的接见。作为奖励，将军同意给阿廖沙6天的假期回家去探望一次母亲，替母亲修补一下屋顶。阿廖沙踏上了归途。一路上他遇到了很多人，表现出他的善良、对人的关心和他的纯洁的心灵。当他赶回家乡时，不巧母亲又在地里干活，待到母子相见时，只来得及匆匆拥抱一下，把头巾送给了母亲，说上三两句话，就连忙返回了前线。临走时，他答应母亲一定回来。然而阿廖沙再也没有回来，他已被埋葬在远离故土的异国。从此母亲总是穿着一身黑衣服，站在村口凝望着远方。《士兵之歌》既是一支悲歌也是一支赞歌，在战争悲剧中，温暖的人性折射出璀璨的光芒——这是更高层次上的英雄主义。战争夺走了阿廖沙年轻的生命，战争使母亲失去了唯一的儿子，战争毁灭了阿廖沙刚刚萌芽的爱情。影片的悲剧气氛在某种程度上淡化了以往战争题材影片的英雄主义色彩，这在前苏联电影中是新的尝试。影片的叙事结构在当时很特别：故事用"旅行片"的模式展开，阿廖沙在路上认识了形形色色的人，影片也借此反映出了卫国战争时期前线和后方生活的横断面，展现出在战争的考验面前表现各不相同的种种人物。散文诗的剧情结构，情绪化的摄影，青涩朴实的表演，生动传神的配乐——《士兵之歌》几乎是一部完美的电影。

2. 米哈依尔·卡拉托佐夫

米哈依尔·卡拉托佐夫出生于1903年12月，是前苏联第一代电影艺术家，也是"诗电影"的倡导者，讲究运用"情绪摄影"的理论，以强烈的情绪色彩来感染观众，在影片总体风格上追求诗意的境界以及散文式的"形散神不散"的叙事结构。

1957年卡拉托佐夫拍摄了代表作《雁南飞》，它改编自剧作家维克多·罗佐夫的舞台剧《永生的人》，是50年代前苏联卫国战争电影的一次空前的成功。影片从一个崭新的角度审视战争对人的影响。主人公薇罗尼卡和鲍里斯是一对年轻的幸福恋人。战争爆发后，鲍里斯主动报名参军，临去前线之前，两人也没能见上最后一面。在敌机一次次的狂轰滥炸中，薇罗尼卡的家被夷为平地，父母双亡，只能寄居在鲍里斯父亲的家中。一下子失去了所有至亲的她悲痛欲绝，终于抵挡不住鲍里斯表弟马尔克的诱骗，失身于他，并不得不与之结婚。人们纷纷指责她的行为，使得本已对生活失去热忱的薇罗尼卡从开朗活泼的女孩变成了郁郁寡欢的少妇，但在她内心深处还依然执著地等待着鲍里斯的平安归来。战争终于结束了，可鲍里斯再也没有回来。当所有人都在庆祝胜利的时候，薇罗尼卡也捧着鲜花来到广场上。此时，天空中一行大雁飞过，她想起了从前和鲍里斯在一起的美好时光，同时，新的生活也在向她招手。影片以这些生活中普通弱者的遭遇来反映战争给人们带来的苦难以及他们怎样去面对灾难、重建生活。他们的身上没有英雄的光环，而是从现实中来，充满了真实感，让观众看到自己的影子，获得情感上的认同感。

影片在构思上打破了传统的叙事结构，注重表现人物的情绪和意念，突出画面的诗情画意。如鲍里斯牺牲时影片采用了“大写意”手法，长长的主观镜头，幻想两个人婚礼的场景，在纯净的美中渲染死亡之悲。另外，影片开头两个人漫步莫斯科河畔的情景，也同样洋溢着青春与诗的气息；而薇罗尼卡试图自杀前的一长段镜头，以越来越快的画面节奏，营造出强大的视觉冲击力和心灵冲击力。该影片获得戛纳电影节金棕榈奖，也为卡拉托佐夫带来世界性声誉。

1959年卡拉托佐夫拍摄了《未寄出的信》。故事发生在西伯利亚的雅库原始森林里，一支由四人组成的地质勘探小分队在寻找金刚石矿床。勘探工作很艰苦，一个夏天过去了，他们仍然一无所获。正当大家开始泄气的时候，女队员丹妮娅在坑底挖到了一块金刚石。然而在大家撤退之际，却遇到森林大火。在恶劣的环境中，向导谢尔盖、队员安德烈和丹妮娅先后倒在树林中，最后只有奄奄一息的队长萨比宁把地图带了回去。

1964年卡拉托佐夫又拍摄了《我是古巴》，凸现当时的贫富差距，延续了他的诗化风格。影片采用游记的形式，展现了富饶的土地、拥挤的贫民窟及豪华的娱乐场所。广大古巴人民被处理成“男主角”，而古巴本身似乎就是“女主角”，美帝国主义当然是反角。

1973年3月27日，卡拉托佐夫逝世。

3. 安德烈·塔科夫斯基

安德烈·塔科夫斯基1932年4月出生于莫斯科，父亲是前苏联著名诗人，3岁时父母离异，虽然一直在没有男人的环境中长大，但依然受到了浓郁的艺术熏陶。1954年考入国立莫斯科电影学院，师从著名导演米哈伊尔·罗姆。罗姆是“诗电影”的传承者，他在对电影美学和人类命运的探索中，表现出一位伟大艺术家的崇高精神气质。

1962年塔科夫斯基拍摄了首部剧情长片《伊万的童年》，获威尼斯电影节金狮奖。电影改编自作家鲍戈莫洛夫的小说《伊万》。影片主人公是一个名叫伊万的少年，他的家人在二战期间被德国纳粹杀害，怀着深深的仇恨，他加入了前苏联红军，当上了一名小侦察员，深入德军敌后，执行危险任务。在一次任务中，伊万再也没有回来。战争胜利后，中校在敌人的材料中发现了伊万的档案。影片的主题依然是反战、反法西斯，其独特性在于影片的真正意义不在于死，而在于生，导演通过一个孩子的命运对反战题材做了更深的挖掘。

影片在艺术技巧上表现梦境与现实的频繁穿插，象征性的景物设置，对水波、倒影、光线和镜像的迷恋，都具有明显的现代主义特征。所以《伊万的童年》不仅是前苏联“诗电影”的代表作，它还可以作为当时在西方兴起的“作者电影”的突出范例，在俄苏电影艺术长廊中闪烁着独一无二的光彩。

其后他的每部作品均获得众多国际荣誉。

1966年拍摄、1971年上映的《安德烈·卢布耶夫》被誉为俄罗斯银幕上最伟大、最有力、最激动人心的历史影片，先后获得了一系列国际大奖，被很多评论家视为塔科夫斯基最伟大的杰作，塔科夫斯基也因此而成为爱森斯坦之后最伟大的俄罗斯导演。影片以15世纪俄罗斯著名圣像画家安德烈的生平贯串当时的俄国历史，表现其理想与野蛮的冲突。主人公穿越俄罗斯的大旅行也是他寻找失落信念的精神跋涉，直到最后他目睹纪念东正教先驱圣·乔治的大钟铸成，在轰鸣的钟声里感受到了民族历史的悠远、神圣与壮阔，领悟到神与艺术的和谐，获得了信念的再生。影片运用史诗手法拍摄，黑白胶片记录的农民起义场面突出了历史性。片尾安德烈重拾画笔、创造永恒艺术时，画面上展现出斑斓的色彩，强调了三位一体的壁画的壮美。整部影片时间跨越23年，表现了俄国历史上一个动荡的年代。安德烈的经历也具有现实意义——一个艺术家、修道士甚或一个普通人，在社会安定与实现自我价值之间究竟应该以自我为中心，还是应该以更广阔的胸怀看到世上更多的东西？自己眼中的社会能不能震撼自己的心灵、灵魂，从而驱动自己的行为以更有利于社会？

1975年的影片《镜子》表达了对于家乡的眷恋之情，其中糅合了塔科夫斯基明显的自传色彩，在艺术处理上采用大量镜头内部蒙太奇的手法，通过象征、幻觉、回忆和梦境，展示诸如回忆与现实、陌生感与怀想感等种种无法解脱的矛盾。

1983年塔科夫斯基为意大利欧佩拉影片公司拍摄了《乡愁》，讲述一位前苏联学者去意大利研究俄国18世纪音乐家萨斯诺夫斯基，最后客死他乡的故事。主人公完全沉浸在自己的世界里，跟周围几乎无法沟通，即便是身旁有女翻译也于事无补。但后来他遇见了一位当地隐士，虽然大家都把隐士当成疯子，学者却在他身上看到了自己的影子。

1986年塔科夫斯基拍摄了生命中最后一部影片《牺牲》。主人公评论家亚历山大在瑞典的家中过生日，他和刚动完咽喉手术的6岁小儿子种下了一株树苗。电台广播了发射一批核导弹的消息，一场全球性的核灾难即将爆发。亚历山大突然感到心力交瘁，他独自躲进书房，绝望地向上帝许愿奉献自己所有的一切，只求恢复正常的生活。入夜，他被邮局职员奥托叫醒，奥托叫他去找女巫玛丽娅，说对方能帮助他改变现状。亚历山大在玛丽娅的农舍里请求她的帮助，甚至威胁着要开枪打死自己，玛丽娅把他搂在怀里……第二天早晨，亚历山大似乎又有了力量，他打发众人出去，放火烧了自己的房子。救护车赶到把他送进医院，小儿子在岸边继续为树苗浇水，一切好像又恢复了正常。影片由树开始，又以树结束，贯串其中的是主人公捍卫自己理念的勇气和坚持。

1986年12月28日塔科夫斯基因肺癌逝世于巴黎，其作品以如诗如梦的意境著称，主题宏大，流连于对生命或宗教的沉思和探索，正如瑞典电影大师伯格曼所评价的那样："他创造了崭新的电影语言，把生命像倒影、像梦境一般捕捉下来。"

4. 谢尔盖·邦达尔丘克

谢尔盖·邦达尔丘克1920年出生于乌克兰，1937年到1938年间在剧场担任演员。1948年开始参加电影的演出，同时从事剧本写作和导演工作，1960年获得前苏联最高文艺奖"列宁奖"，1971年开始教授表演课程，几乎参与了自己导演的每一部影片的演出。

邦达尔丘克非常擅长改编文学史诗作品，如《战争与和平》、《滑铁卢》、《包利斯·戈多诺夫》等。1959年他根据肖洛霍夫的同名原著改编了电影《一个人的遭遇》，反映了作家在新的时代对战争的新的思考。主人公索柯洛夫曾经当过红军，卫国战争爆发后又被征召入伍，离开了妻子和三个子女。他在一次空袭中被俘，尝试逃跑却没有成功，被撵到石场干活，后又被分配为一名军官开车。在一次难得的机会中，他乘着敌人松懈机智地驾车回到了苏军阵地，还俘获了一名德国少校，带来了重要的情报，立了大功。回到家乡，他得知妻子和两个女儿都已经在一次轰炸中遇难，而已经升为大尉的儿子也在他回去不久后殉国。但他并没有因此变得冷酷无情，没有被痛苦折磨得失去生存的意志。他不仅要坚强地活下去，而且还要以破碎心灵中全部的爱去温暖一个无依无靠的弱小生命。

80年代末期，邦达尔丘克开始筹拍肖洛霍夫的名著《静静的顿河》，这是他第三度改编肖洛霍夫的作品。因为资金问题，这部苏俄和意大利合资的超级巨片在接近完成时被停拍。影片叙述在紧靠顿河边上的鞑靼村有几百户哥萨克人，麦列霍夫家的大儿子彼得和媳妇旭妲丽亚已有一个孩子，爱女杜妮亚美丽善良，小儿子格里戈里爱上了邻居斯杰潘的妻子阿克西尼亚，但在父母的高压下被迫跟米伦的女儿娜塔莉雅结了婚。后来格里戈里发现妻子与地主家的少爷勾搭成奸，一番打闹后两人言归于好。一战爆发后，格里戈里应征入伍，他勇敢杀敌，被授予十字勋章。在一次战斗中他救了情敌斯杰潘，两人和好。经过一番思想启蒙，他重返战场，发挥哥萨克的冒险精神，狂热地投身在战斗之中。1994年10月邦达尔丘克病逝于莫斯科，《静静的顿河》则在搁置近15年后完成了后期制作。

5. 安德烈·康查洛夫斯基

安德烈·康查洛夫斯基1937年出生于莫斯科一个艺术家庭，父母都是知名作家。他原本立志学习音乐，最后进入俄罗斯电影学院学习电影，在学校结识塔科夫斯基，并担任《压路机与小提琴》、《伊万的童年》、《安德烈·卢布耶夫》等片的编剧。

康查洛夫斯基原名安德烈·米哈尔科夫·康查洛夫斯基，为了与弟弟尼基塔·米哈尔科夫（《烈日灼身》的导演）区别，各自使用复姓中的一个字。1965年他刻意远赴吉尔吉斯，以改编艾特玛托夫小说的方式拍摄了第一部长片《革命鲜师》（又译《第一个教师》），因为片中对苏俄政权的能力采取模糊的态度而引起当局的注意。第二部影片《亚夏的幸福》终于因为对集体农庄不留情面的、悲观的描写触怒当局，遭到国外禁演的命运。为了避免继续招引当局的目光，他不得不选择屠格涅夫、契诃夫等古典文学作家的作品进行改编拍摄。

1974年他拍摄了电影《恋人曲》。英俊强壮的莫斯科青年谢尔盖·尼基金的生活每一天都充满了爱情的欢愉，在入伍服役后，他跟爱人塔吉雅娜相互思念。后来传来谢尔盖牺牲的噩耗，塔吉雅娜伤心欲绝，最后被好友伊果尔的真心打动，与其结为夫妻。出乎所有人意料的是，6个月后，经过生死搏斗的谢尔盖居然活生生地回来了！起初他想夺回塔吉雅娜，但后来邂逅了善良美丽的柳达并与之相爱，获得了新的幸福。

1978年他拍摄了史诗《西伯利亚颂》，获得戛纳电影节评审团大奖，晋身国际影坛。随后他移居美国，拍摄类型影片，冷战结束后才又回到苏俄拍片。

6. 谢尔盖·帕拉杰诺夫

谢尔盖·帕拉杰诺夫被誉为前苏联最后一位天才导演，1924年出生于格鲁吉亚的第比利斯，父母都是亚美尼亚人。从小他就显示出对色彩的敏感和神奇的绘画天赋，并对电影和音乐有着浓厚的兴趣。1945年他求学莫斯科，进入俄罗斯电影学院导演系学习，成为老师杜甫仁科的助手。毕业短片《摩尔达维亚的仙女传说》令他在影坛崭露头角。1954

年他在杜甫仁科的电影实验室里完成了自己现存最早的短片《Andriesh》。

1964年帕拉杰诺夫拍摄了《被遗忘的祖先的影子》，影片改编自柯秋宾斯基的同名抒情小说，讲述了一个流传在乌克兰遥远的喀尔巴阡山区的民间传说：贫穷的巴利楚克人和富裕的古杰纽克人同属于古楚尔民族，可他们之间世代为仇，常年凶杀不断。巴利楚克小伙儿伊万和古杰纽克姑娘玛丽奇卡相爱了，可家族的仇恨和贫富的差距使他们无法结合。长大成人之后的伊万为了生活远走他乡，他们只能遥望着同一颗星星感应彼此的心灵呼唤。某天，伊万突然有不祥的预感，他尽快赶回家里，却还是迟了一步——玛丽奇卡在寻找伊万的途中不幸坠河而死。在思念情人的痛苦中，伊万每天在丛林里自我放逐，直到他遇到了象征青春美丽和生命活力的巴拉格娜。但与巴拉格娜的结合并未能使他重返社会，在他的脑海中依然有玛丽奇卡的身影。不久之后，妻子背叛了他，与一个巫师偷情。伊万决定选择死亡，与自己的爱人在阴间相会，永远厮守。在与巫师的决斗中伊万死去，在他的葬礼上，人们以欢快的歌声庆祝生命的又一次循环往复。这是一出“罗密欧与朱丽叶”式的古老而简单的悲剧，但帕拉杰诺夫并不想仅仅重述这个故事，而是以它作为载体传达久蓄于心的一种文化体验。影片是“诗电影”的又一次探索成果，获得了极高的国际评价，先后赢得16个国际电影大奖。

1968年帕拉杰诺夫回到亚美尼亚拍摄了《石榴的颜色》，这部色彩鲜艳、具有浓烈的民族风味及强烈宗教感和仪式感的影片被誉为“一部天才的杰作”，也是帕拉杰诺夫最著名的“诗电影”之一。影片根据18世纪亚美尼亚游吟诗人萨特·亚诺瓦的生平故事改编，全片用诗歌作为画外音，没有对白，运用大量象征、隐喻手法，通过亚美尼亚、格鲁吉亚、阿塞拜疆三个民族的生活、传说、宗教等富有表现力的画面，展示一个先进集体的心灵故事，探索人类精神的价值。可以说，这不是一部简单的传记影片，而是一首关于诗人精神影像的诗歌。想要用文字来概括它的努力是徒然的，而欣赏它的过程不仅仅是一次观影过程，更是一次朝圣之旅，一次对诗意精神的膜拜之旅。

1990年帕拉杰诺夫因癌症去世。

(四) 紧缩期到调整期(60年代中期～80年代中期)

在这一时期的20年中，前苏联电影创作中“社会主义现实主义”的创作口号始终没有改变，但是它的内涵却发生了极大的变化，甚至可以说是从根本上开始异化，生产了大量的优秀影片。

1. 斯坦尼斯拉夫·罗斯托茨基

导演斯坦尼斯拉夫·罗斯托茨基在卫国战争中始终战斗在第一线并多次负伤，失去了一条腿。战后，罗斯托茨基以顽强的毅力坚持学完电影学院的课程，把自己的才华献给电影事业，拍摄了一系列优秀的电影作品。1974年获得“苏联人民艺术家”的光荣称号，1970年及1975年两次获前苏联国家奖，1980年获得最高奖——列宁奖。

1972年拍摄的《这里的黎明静悄悄》是罗斯托茨基的代表作品之一。影片改编自鲍里斯·里沃维奇·瓦西里耶夫的同名小说，讲述了发生在1942年的5位女兵的故事：在基洛夫铁路线、白海运河一带的森林中，红军准尉瓦斯科夫带领5个女战士，与德军伞兵破坏小分队展开了殊死的战斗。在实力悬殊的战斗中，女战士们一个接一个地牺牲了，但德国人却始终没有能够突破她们守护的阵地。多年之后，白发苍苍的瓦斯柯夫带着已成为青年军官的丽达的儿子来到当年战斗过的树林，在这 5 个女兵的墓碑前肃立致哀。该影片获 1972 年全苏电影节大奖，1972 年威尼斯电影节纪念奖，1975 年前苏联国家奖。

2. 弗拉基米尔·缅绍夫

1979 年弗拉基米尔·缅绍夫拍摄了影片《莫斯科不相信眼泪》。这一年的前苏联影坛因为它而发生了一场地震，无数观众涌入影院观看此片。结束时，他们含泪微笑着。很快，这成了一部轰动国际的电影，获"奥斯卡"最佳外语片奖。

影片讲述 17 岁的女工卡捷琳娜因天真幼稚和充满幻想而冒充教授的女儿，并爱上了电视台摄影师鲁道夫，进而怀了孕。不久，鲁道夫发现真相并抛弃了卡捷琳娜。但卡捷琳娜并未就此消沉，她一面抚养孩子，一面发愤读书，终于在 16 年后成为莫斯科一家大厂的厂长。此后，卡捷琳娜又结识了电焊工果沙，并一直隐瞒自己的厂长身份。真相再一次暴露，她的感情又一次面临危机。卡捷琳娜第一次撒谎，使她付出了 16 年辛酸；第二次撒谎，又将失去生命中最难遇见的至爱。经过一番周折，卡捷琳娜终于在女友们的帮助下结束了单身生活，得到了一个女人真正的幸福。

3. 埃利达尔·梁赞诺夫

埃利达尔·梁赞诺夫 1944 年进入前苏联国家电影学院导演系学习，1950 年毕业。他先拍纪录片，1956 年导演第一部音乐讽刺喜剧《狂欢之夜》，后拍出一系列喜剧片，有"喜剧教父"之称。后期的喜剧又含有悲剧成分，较著名的有"悲喜三部曲"，即《命运的捉弄》、《办公室的故事》及《两个人的车站》。影片通过滑稽的场景和节外生枝的情节变化让人们瞥见喜剧背后生活忧郁的本质，让人笑中带泪，在轻松调侃的表层叙述下隐藏着生存境况的荒谬与可笑，是一种令人尴尬的真实。

1982 年的《两个人的车站》是最能代表前苏联喜剧电影特色的影片之一，这是一部带有抒情色彩的悲喜剧，既让观众笑声不断，又能在笑声背后感受到小人物的悲哀。钢琴家普拉东为妻子承担了车祸的责任，在法庭审判之前，他动身到戈里巴耶道夫去与父亲告别。在一个小车站上，他遇到生命中的另一个女人——车站餐厅女服务员薇拉。他们从争吵到相互同情、关心、阴差阳错、机缘巧合，尽管两人各方面的条件都相差甚远，经历过情劫的钢琴家已爱上了具有真诚心灵的薇拉。虽然社会地位、文化教养差距很大，但两颗善良的心使他们最终走到了一起。

1985 年梁赞诺夫执导的《残酷的罗曼史》获当年全苏联电影节大奖。在俄罗斯，他被戏称为"每一只狗都认识的人"。

4. 阿·姆克尔特羌

1985 年导演阿·姆克尔特羌拍摄了影片《合法婚姻》。

影片讲述了卫国战争时期，青年演员伊戈尔随同剧院撤退到乌兹别克。在那里他遇见了战前是莫斯科音乐教师的奥丽迦，她不适应乌兹别克的气候，自己认为只要能回到莫斯科，她的病就立即会好。莫斯科的保卫战传来捷报，剧院先得到批准返回莫斯科。善良的伊戈尔为了帮助奥丽迦回莫斯科，劝说奥丽迦与他办理结婚手续，以丈夫的身份带着这位"合法"妻子回到莫斯科去，之后他们的婚姻关系就可以解除。于是在众人的不解中，英俊挺拔的伊戈尔和苍白瘦弱的奥丽迦缔结了"合法婚姻"。到了莫斯科，奥丽迦的家已被炸毁，伊戈尔把自己的住处让给了孤身一人的奥丽迦，同时为申请上前线而奔走，把办理离婚手续的事一再拖延了下来。在相濡以沫的生活中他们渐渐产生了感情，终于决定放弃离婚，生活在一起。伊戈尔上前线的申请在这个时候批了下来。不得不替同事代班的奥丽迦在黎明时分赶回家，只来得及目送伊戈尔乘坐电车在晨雾中远去，画面外响起了坦克的履带声和大炮的轰鸣声。奥丽迦那张泪痕斑斑的脸尚未完全从银幕上消失时，一张死亡通知书赫然映入了观众的眼帘：伊戈尔于1944年在明斯克附近阵亡。影片用淡淡的色彩，展示出淡淡的哀伤。片名为这部干净含蓄的电影添上了令人心酸的点睛之笔：在合法之名下，善良含蓄的爱情虽没有婚姻之实，但是他们的爱情却是不容置疑的。

5. 尤里·奥泽洛夫

1985年，为了纪念伟大卫国战争胜利40周年，由尤里·奥泽洛夫导演拍摄了一部全景战争电影巨作——《莫斯科保卫战》。1941年6月法西斯德国集中了190个师约200万的强大兵力和武器装备，向莫斯科发动代号为“台风”的闪电战，妄图在冬季到来之前攻占莫斯科，以此向全世界显示其威力。影片详细描述了战争初期前苏联军民所面临的严峻考验：猝不及防的战争，红军惨重的失利，一个个城市和村庄的沦陷，实力悬殊的战斗，苏军战俘沉重的脚步，逃难途中群众的艰辛困苦……在巨大的危机面前，前苏联军民在苦难中学会了战斗，在莫斯科近郊同德军浴血鏖战，用鲜血和生命筑起不可逾越的屏障，终于把号称“不可战胜”的法西斯德军挡在了莫斯科城外，取得了莫斯科保卫战的伟大胜利。《莫斯科保卫战》是前苏联全景战争电影中最为杰出的一部作品，是一幅壮观的历史画卷。影片围绕莫斯科保卫战展现了众多历史人物和历史事件，是反映第二次世界大战的经典巨作之一。该片真实还原历史，既有宏大的战争场景，也突出表现了人性光辉，刻画了朱可夫、佐尔格、罗科索夫斯基、卓娅、波多利斯克步兵学校学员等一大批前苏联英雄人物。

奥泽洛夫拍摄的三部表现二战的电影《斯大林格勒保卫战》、《莫斯科保卫战》、《解放》均为全景式、气势宏伟的大场面战争片，连接起来就构成了一部欧洲东线二战战争史。导演在艺术手段上综合了过去几十年前苏联电影的艺术成就，达到了史诗性与叙事性的完美结合。

（五）公开化时期（80年代中期～前苏联解体）

80年代中期，经过多次领导人的变更，前苏联进入所谓的“公开化”和“重建”时期，反映在电影界主要是解禁一部分影片并提倡和西方国家合作拍片，电影制片厂获得了独立制订生产计划的权力，并于1987年取消了电影审查制度。

1990年6月，全苏电影工作者大会投票取消了“社会主义现实主义”的电影创作主导思想。

1991年12月前苏联解体。

这一时期的代表性导演及影片有：

1. 钦吉兹·阿布拉泽

钦吉兹·阿布拉泽1952年毕业于国家电影学院。此后他开始拍纪录片与短片，1958年开始自行拍片，被认为是带动乔治亚电影复兴的主要人物。1967年导演充满诗意与象征的《祈祷》，极受好评。1977年再从纪录片的领域回到剧情片，拍摄哲学寓言《欲望之树》，热情地描绘乔治亚的民族精神。由于对独裁政权的无情批判，1987年的《忏悔》历经前苏联官方两年的行政杯葛，终于得以开拍。完成后代表前苏联参加坎城影展，获得空前的掌声。随后影片在世界巡回放映，被西方世界当成是戈尔巴乔夫重建政策时期的代表作。1994年逝世，他的《祈祷》、《欲望之树》与《忏悔》彼此之间故事并没有关联，但被认为是阿布拉泽的乔治亚三部曲。

1987年的《忏悔》讲述的故事从一个人的葬礼开始。瓦尔拉姆曾经是格鲁吉亚小城的最高统治者，在他下葬的第二天，尸体被人挖掘出来放在了自己家的窗前。这样的怪事反复发生了几次之后，终于抓到了作案者，是一个做蛋糕的女人凯杰凡。她在法庭上的供词和回忆使人们重新回到独裁者瓦尔拉姆残暴肆虐的年代。他摧毁格鲁吉亚的文化，将不计其数的无辜者冠以"人民公敌"的罪名投入监狱，凯杰凡的父母就是其中的牺牲者。多年之后，她终于等到了复仇的这一天。瓦尔拉姆的孙子为祖父的恶行感到羞愧，因而自杀。瓦尔拉姆的儿子最后翻然醒悟，亲自将父亲的尸体从山崖丢下了大河。

本片中导演使用令人惊叹的造型手段，以诗意的语言讲述了一个关于罪恶与惩罚、忏悔与醒悟的故事，被认为是前苏联电影改革的"第一只春燕"，获得1987年第40届戛纳电影节评委会大奖。

2. 瓦·皮楚拉

1988年导演瓦·皮楚拉拍摄了影片《小薇拉》，真实地反映了西方文化影响下一个普通家庭的生活状态，一经问世即引起轰动。

这是发生在俄罗斯南方某个港口城市一个普通家庭里的故事。女主角薇拉是一个热爱摇滚乐、满口脏话、性子火爆、极端叛逆的"坏青年"。她刚念完中学，终日无所事事，向往一种新的生活，可事实上她对自己所向往的生活也感到茫然和困惑。一个偶然的机会，她遇到了大学生谢尔盖并同他相爱了，但他们得不到薇拉父母的理解，两代人的矛盾冲突日益激烈。在薇拉父亲过生日那天，她的父亲捅了谢尔盖一刀，后者伤重住院，薇拉却按照母亲的意愿向检察机关做假证，说谢尔盖负主要责任。对此，谢尔盖表面上漠然处之。薇拉在极度痛苦和矛盾中吞服大量安眠药，多亏抢救及时才幸免于死，但她对生活感到非常空虚无望。影片表现了青年人对传统经验和道德规范的轻视，带有青年电影创作者强烈的逆反情绪，也体现了他们对社会阴暗面的思考，代表了80年代末前苏联青年电影工作者创作的一个新阶段。

此外这一时期的代表影片还有埃利达尔·梁赞诺夫的《被遗忘的长笛曲》(1987)、阿历克赛·普罗什金的《53年寒冷的冬天》(1987)、瓦西里·雷巴廖夫的《我叫阿尔列基诺》(1988)以及前苏联第一部描写切尔诺贝里核电站爆炸的故事片《裂变》(1990) 等。

思考与练习

1. 前苏联"社会主义现实主义"流派经历了哪几个发展阶段？
2. 以《雁南飞》为例，分析一下"诗电影"的艺术特征。
3. 塔科夫斯基的代表作品有哪些？

第五节 新德国电影运动:从没落到中兴

【本节提要】在20世纪初的欧洲先锋派电影运动中,德国电影以表现主义的风格独树一帜,建立起世界性的声誉。但是之后的几十年间,除了室内剧和街道电影的昙花一现之外,德国电影却一直处于沉寂的状态,尤其是第二次世界大战期间,德国电影几乎完全沦为纳粹政权的宣传工具,失去了艺术的独立性和发展空间。直到60年代,德国电影在陷入最低谷的时候出现了转机,一股新电影的力量逐渐凝聚、爆发,再次把德国电影推向了世界电影的最高峰。

【主要内容】

1. 新德国电影运动的背景
2. 新德国电影运动的发展过程
3. 新德国电影运动的代表人物及其作品、特点

一、新德国电影运动的"史前史"——战后德国的经济奇迹和电影工业的重建

(一) 战后德国的经济奇迹

作为第二次世界大战的战败国,德国在经济上遭受重创,电影工业也因此失去了发展的基础,陷入空前凋敝的状态。但是很快,以美国为首的西方国家为了重建欧洲、对抗社会主义阵营,对欧洲各国实施了数目惊人的经济援助,其中,致力于重建欧洲、复兴欧洲的马歇尔计划就使德国受惠2.7亿美元。再加上德国国内推行政治改革、清除法西斯主义、实行非军事化,政局趋向稳定,并实施市场经济的政策,发展科技、教育,缔造了战后德国高速发展的经济奇迹。20世纪50年代,德国经济进入繁荣时期;60年代,德国超过英、法,成为欧洲头号强国。

(二) 战后德国电影工业的重建

随着经济的复苏和高速发展,德国电影也在逐渐恢复元气。单从产量上来看,1953年德国电影的年产量已经超过百部,是1946年的20倍。整个50年代,德国电影始终维持百部以上的年产量。

然而,穿过这些表面看来令人振奋的数字,我们看到的却是一个被好莱坞阴影所笼罩,缺乏生命力、创新性,缺乏国际竞争力的德国电影业。美国带给德国的不仅是数目诱人的经济援助,还有好莱坞的电影文化,大量上映的好莱坞电影正以鲸吞之势不断攻克德国电影市场,本土电影的生存空间急剧缩小。在德国国内,乌发公司一枝独秀的垄断局面已经结束,取而代之的是无数规模偏小、实力有限的电影公司。在大量涌入的好莱坞电影面前,这些公司简直不堪一击,很快就以各种形式宣布投降。好莱坞以它擅长的垄断模

式，控制了德国国内大部分电影的发行、放映，占据了德国电影院近三分之二的放映空间。

除了发行放映方面的影响，德国本土电影的创作也抹上了强烈的"好莱坞色彩"，很多导演模仿好莱坞的类型片创作模式，拍摄了一批艺术价值有限的"田园爱情"影片，但很快就因为重复、单调而被电影市场淘汰。可以说，在战后德国电影业"恢复重建"的表象下，难掩其空虚孱弱的电影创造力。

二、新德国电影运动的曙光和标志：奥博豪森宣言

（一）背景

二战后德国电影的空虚孱弱终于在60年代初彻底爆发：1961年，"德国电影奖"的评选委员们非常遗憾地发现，本年度居然找不到一部本土影片值得授予"最佳影片奖"，也找不到一位本土导演值得授予"最佳导演奖"。国外的评选情况同样不容乐观，就在同一年，德国送往威尼斯国际电影节的五部参赛影片全部被退回！

同时发生的"内耻"和"外辱"使得1961年成为德国电影史上的"耻辱年"，不仅令当时的德国电影人汗颜，也令许多早已作古的德国电影先驱们蒙羞。但同时，这耻辱也如同当头棒喝，惊醒了沉睡在好莱坞阴影下的德国电影人，关于德国电影何去何从的讨论迅速在全国范围内展开，从首都柏林到偏远小镇，电影革命的火种愈烧愈烈。

在革命之前，当然要先分析导致危机的原因，一般认为，导致德国电影在20世纪50年代末、60年代初陷入危机的原因主要有以下几个①：

1. 政府对电影停止经济保险，娱乐税惊人，大公司因失去经济保障而纷纷倒闭或合并；

2. 影片质量下降；

3. 电视业的发展。

（二）奥博豪森宣言

1962年2月，第八届"西德短片节"在德国的奥博豪森市举行，短片节期间，一批来自慕尼黑市的年轻导演们抛出了一纸宣言，宣称要打破德国电影的僵局，开创新的电影时代，史称"奥博豪森宣言"。

这批年轻导演们拥有共同的特质：热爱电影，对德国电影的现状普遍感到失望，同时对于二战后欧洲各国此起彼伏的电影创新浪潮（比如意大利的新现实主义电影运动和法国的新浪潮电影运动）投注了很多关注的目光并且深受其触动和影响，这使得他们的电影革命宣言既洋溢着感性的电影之爱，又充满了对于德国电影创作的理性反思和探讨。在宣言中，他们对于"破旧"和"立新"做了相当具体详尽的描述②：

"因循守旧的德国电影的崩溃终于使我们所摈弃的思想立场丧失了经济基础"；"正如在其他国家那样，在德国短片也已成为故事片的学校和试验场所"；"德国电影的未来在于运用国际性的语言"；"我们现在要制作一种新的德国故事片，这种影片须要自由。我们必

---

① 郑亚玲、胡滨：《外国电影史》，北京：中国广播电视出版社1995年版，第208页。

② 同上。

须打破常规,克服电影的商业性。我们要违背一些观众的爱好,创造从形式到思想都是新的电影。我们准备在经济上冒一些危险";"旧的电影已经死亡,我们相信新的电影"。

归结起来,"宣言"的主要精神不外乎两点:与传统的商业电影进行决裂,用新的、国际性的电影语言创造新的德国电影。具体而言:

1. 对美国和德国的商业片表示强烈不满,试图用新的国际性电影语言拍摄影片;

2. 要打破常规,克服电影的商业性;

3. 要冒着违背一些观众爱好的危险,创造从形式到思想都是新的电影。

"奥博豪森宣言"的声音迅速传遍了德国,原本微弱的电影革命火种开始在德国大地熊熊燃烧起来。

三、新德国电影运动的过程

(一) 先声:青年德国电影

"奥博豪森宣言"发表后的3年间,由于拍摄资金的匮乏,满怀抱负的年轻人们很少获得拍摄的机会,这使得改革德国电影的运动始终处于理论大于实践的尴尬境地。直到1965年2月,联邦内政部资助成立了"德国青年电影董事会",为年轻导演们一展抱负提供了契机。董事会成立后的3年间资助了20部电影的拍摄,最多的一笔资助款达到30万马克。

虽然由于成本有限,导致这些影片在实际拍摄和后期制作过程中遭遇诸多困难,成片或多或少存在不足和缺陷,但是从整体来看,这批影片都体现出与传统商业电影不同的新特点:新的题材、新的内容、新的人物形象、新的手法,并获得机会在世界多个电影节进行放映,使德国电影重新焕发了生机,不仅为即将到来的新电影运动高潮奠定了基础,也为德国电影走出国门、重新参加国际交流打开了局面,因此被德国人亲切地称为"青年德国电影"。

"青年德国电影"的代表人物及其作品有:

1. 让·马里·斯特罗布

在"青年德国电影"的潮流中,导演让·马里·斯特罗布和妻子达尼埃尔·西耶的创作组合分外惹人注目。"西耶的剧作+斯特罗布的导演"几乎成为"政治现代主义电影"的标志。所谓"政治现代主义",指的就是在电影中对德国历史、政治在当时社会生活中的影响进行表现和反思,因而具有鲜明的政治色彩和倾向性。比如他们在1965年拍摄的《没有和解》(又译《决不妥协》)改编自诺贝尔文学奖得主海因里希·伯尔的小说《九点半钟的台球》,被誉为"用历史的闪回镜头直接回顾了纳粹时代……是一部有政治现实意义、风格新颖的先锋派影片"①;1968年拍摄的《安娜·玛格达列娜·巴赫的纪事》是献给越南人民的;1974年的歌剧《摩西和阿隆》则是献给一名恐怖主义分子的。

---

① 郑亚玲、胡滨:《外国电影史》,北京:中国广播电视出版社1995年版,第209页。

在创作理论上，他们深受德国戏剧大师布莱希特“间离效果”论的影响①，反对传统商业电影一味地编织银幕梦幻和露骨的煽情，主张在电影创作中贯串一种“极为克制的禁欲主义风格”，通过高度真实的画面自身凸显情感张力，并引发观众的理性思考。如《安娜·玛格达列娜·巴赫的纪事》所采用的“拼贴美学”、《没有和解》的现场音响、《奥颂》(1969)的手提摄影等，都创造了很好的“间离效果”。他们还曾根据布莱希特的剧作改编了电影《历史课程》(1972)和《西奈狗：诗人札记》(1977)②。

总之，斯特罗布夫妇的创作对于商业元素考虑甚少，而致力于追求题材的严肃、手法的严谨细腻和强烈的社会责任感。因其强烈的个性色彩，他们也被称为是“最少数派导演”。

2. 亚历山大·克鲁格

在成为一名导演之前，亚历山大·克鲁格从事过的职业包括律师和实验写作家，而促使他走上电影之路的，是法国新浪潮电影运动主将让-吕克·戈达尔的代表作《筋疲力尽》。无论从事哪种行业，克鲁格的头脑中始终充满了对于德国历史、政治、社会的高度关注和深入思索，并不断尝试用各种不同的方式表达出来。

1966年，克鲁格根据自己的小说《阿妮塔·G》改编拍摄了电影处女作《告别昨天》，通过一个“奥德赛式”的故事——从民主德国跑到联邦德国寻求新生活的年轻姑娘阿妮塔的遭遇，表现了德国在战后“经济奇迹”年代(20世纪50年代末～60年代初)出现的诸多社会问题，勾勒了一幅立体式的德国社会地图。克鲁格曾说，阿妮塔的故事是“一台贯串我们社会的地震仪”，阿妮塔就是“地震仪上的指针”，他试图通过这部影片“记录下这根指针的偏转程度”③。在形式上，克鲁格采用了戈达尔式的“拼贴美学”，把虚构片段、真实纪录片、手写字幕和其他视听材料交错剪辑，挑战着观众习以为常的电影欣赏模式，同时也实践着自己的电影观念：“电影是在观众的脑海里形成的，而并不是一个存在在银幕上的自足的艺术作品。”④该片被认为是“青年德国电影”浪潮中里程碑式的作品，他本人也因此被认为是“青年德国电影”潮流的旗手和领袖。

在此后的多部影片中，克鲁格始终坚持着这一创作风格，这在德国电影界引发了巨大争议，有些激进的大学生甚至在柏林电影节朝克鲁格投掷鸡蛋，指责他为脱离民众的精英分子。作为回应，克鲁格在1968年拍摄了《顶尖高手的艺术家困惑》。影片中，兰尼·佩克特试图创建一个新式马戏团，但是这个企图却不断被各种杂乱的电影材料所干扰和阻断，“这些东西包括新闻照片、新闻影片、从爱森斯坦《十月》中剪下的镜头、彩色资料片段，以及关于德国只有通过‘哀悼的工作’才能与其纳粹历史达成妥协的当下思潮的一些参考

---

①　间离效果：又译陌生化效果，指的是文艺创作中刻意在创作和观众之间保持一定距离，让观众在欣赏过程中破除催眠般的舞台幻觉，强调观众对作品的理性体认，引起其超越作品的、更为深广的联想和思考。

②　【美】克莉丝汀·汤普森、大卫·波德维尔：《世界电影史》，陈旭光、何一薇译，北京：北京大学出版社2004年版，第560～561页。

③　郑雪来：《世界电影鉴赏辞典》，福建：福建教育出版社2003年版，第427页。

④　【美】克莉丝汀·汤普森、大卫·波德维尔：《世界电影史》，陈旭光、何一薇译，北京：北京大学出版社2004年版，第559页。

书目或论证等等”[①]。通过兰尼·佩克特的形象，克鲁格含蓄而清晰地表达了自己进行电影改革的艰难和不易。

无论是斯特罗布还是克鲁格，对于当时的德国社会都表现出了宝贵的旁观式视角和冷静的审视态度。在他们的影片中，看不到经济奇迹带来的“幸福”生活和安定局面，看到的只有官僚的腐败、青年的叛逆、家庭的破裂和混乱的性关系。通过这种灰色的描绘，他们提醒德国人：纳粹的阴影从来不曾真正从德国消失。

（二）新德国电影运动的鼎盛时期

20世纪70年代，经过“奥博豪森宣言”以来将近10年的酝酿和准备，借助国家电影基金、国内电视台和美国发行商的充裕资助，新德国电影运动终于昂首迈入了鼎盛时期。从创作人才上看，出现了在各大国际电影节畅通无阻、傲视群雄的四大主将——沃尔克·施隆多夫、沃尔纳·赫尔佐格、维姆·文德斯和赖纳·沃尔纳·法斯宾德；从创作成果上看，短短几年间多部德国电影斩获三大国际电影节（意大利威尼斯、德国柏林、法国戛纳）最高奖项，书写了德国电影史上新的辉煌篇章。

1. 沃尔克·施隆多夫

施隆多夫早年在巴黎攻读政治学，后进入巴黎高等电影学校学习电影制作，曾给法国新浪潮电影运动的重要代表人物路易·马勒、阿伦·雷乃和让·比埃尔·梅尔维尔等人担任助手，对于该运动的风格有着比较充分的认识。在他自己的电影创作中，既有对于法国新浪潮电影运动的借鉴，又有对于其创作方法的反思，最终归结于取长补短，把新浪潮运动的社会性内容和好莱坞式的通俗剧创作方法进行结合，开创了崭新的“中间性”电影风格——既具有现实指涉和历史反思的社会学、历史学意义，又具有较高的观赏性和艺术价值。

1966年，施隆多夫拍摄了长片处女作《青年特尔勒斯》，被认为“预示了新德国电影的觉醒”[②]。影片根据罗伯特·穆希尔的同名自传体小说改编，通过对一所寄宿制学校的“地狱式”描写反思了纳粹的历史。抛开这层历史政治的隐喻含义，影片近乎残忍地展现了儿童世界的血腥和暴力，揭示了人性中“本恶”的一面，在德国引起轰动。

虽然德国政府对影片反映出的问题视而不见，但是好莱坞却从中看到了施隆多夫的潜力，就像几十年前对待恩斯特·刘别谦、约瑟夫·冯·斯登堡一样，好莱坞张开双臂拥抱了施隆多夫，邀请他拍摄一些规模宏大的史诗影片。可惜，他们的下场也是一样地相似：在与哥伦比亚电影公司签约的6年间，他在电影艺术的创新方面几乎毫无建树，值得一提的只有1970年拍摄的《科姆巴赫穷人的爆发》，这部描写一伙农民匪帮被抓获和处决过程的影片被认为是当时一度流行并颇成气候的“家乡电影”[③]的代表作。

---

① 【美】克莉丝汀·汤普森、大卫·波德维尔：《世界电影史》，陈旭光、何一薇译，北京：北京大学出版社2004年版，第559页。

② 郑亚玲、胡滨：《外国电影史》，北京：中国广播电视出版社1995年版，第212页。

③ 在当时的德国影坛，政治评论的内容与主流电影程式的结合，形成了两种著名的电影类型——“工人电影”和“家乡电影”。参见【美】克莉丝汀·汤普森、大卫·波德维尔：《世界电影史》，陈旭光、何一薇译，北京：北京大学出版社2004年版，第561页。

1972年，施隆多夫重新矫正了自己的创作道路，开始了新一轮迈向电影艺术高峰的攀登。

与斯特罗布和西耶的合作模式相类，施隆多夫和妻子玛格丽特·冯·特洛塔的合作缔造了新德国电影运动的另一段传奇。他们通过《丧失名誉的卡塔琳娜·布鲁姆》(1975)和《死刑》(1976)等片确立了"政治内容＋通俗剧形式"的创作风格，同时聚焦于女性在社会历史中的遭际，获得了巨大的成功。

《丧失名誉的卡塔琳娜·布鲁姆》改编自海因里希·伯尔的同名中篇小说，原著取材于伯尔的亲身经历①：1971年12月22日，德国小城凯泽斯劳滕发生了一起抢劫银行的恶性案件，13.4万马克被抢，一名警察殉职。右翼媒体把罪责归咎于极左组织巴德－曼霍夫集团，伯尔对这种毫无根据却煽动性十足的臆断给予了驳斥，为此遭到右翼集团的疯狂反扑，甚至他所居住的乡间别墅也遭到警察的搜查，全社会掀起了一场"反伯尔"的浪潮。1974年，伯尔根据这段恐怖经历创作了小说《丧失名誉的卡塔琳娜·布鲁姆》，把一个无辜的普通妇女转变成一个杀人凶手的过程描述得真实、可信，引发观众对于惨剧背后诸多社会现象的思索，比如政治恐怖对于普通人的影响、媒体的立场问题等等，在呈现给观众一个好看的故事之外，更发挥了振聋发聩的警醒作用。该影片让我们想起了1934年的中国电影《新女性》，在这部取材于女演员艾霞真实遭遇的影片中，著名影星阮玲玉扮演了一个被媒体"侮辱和损害"的女性形象，发出了对于社会不公的最强控诉。令人扼腕的是，影片的主演阮玲玉竟重蹈了艾霞的覆辙，自戕于媒体的流言飞语之下。半个多世纪后，香港导演关锦鹏用电影为阮玲玉作传，再次敲响"人言可畏"的警钟。两个国家，两个时代，三个人物，三部影片，竟在主题内容上如此的呼应，不得不引起我们对于社会舆论、媒体立场的反思。

1959年，德国作家君特·格拉斯完成了小说《铁皮鼓》；20年后，施隆多夫将其搬上银幕；又过了20年，君特·格拉斯凭借《铁皮鼓》等作品摘取了诺贝尔文学奖。其实，《铁皮鼓》不仅是君特·格拉斯最重要的作品，也是施隆多夫导演生涯中最重要的作品。小说原著共分三大篇、四十六章，采用"童话体"②，以一个侏儒奥斯卡的传奇经历贯串了但泽半个世纪的历史，折射出德国历史和人民的命运变迁。改编后的影片在忠实原著精神的基础上，对情节、人物进行了增删处理和重新组合，并用精到的视听语言对原著的主题进行了再度阐释，获得戛纳电影节最佳影片金棕榈奖和奥斯卡最佳外语片奖的殊荣。

《丧失名誉的卡塔琳娜·布鲁姆》和《铁皮鼓》收获的荣誉和好评标志着施隆多夫在文学名著改编上取得了巨大的成功，如何在电影有限的篇幅内表现原著的精髓、如何用直观的视听语言阐释间接的文学语言，在他的电影中得到了很好的解决。施隆多夫甚至想在文学名著改编的道路上走得更远，1983年，他根据法国著名作家普鲁斯特的意识流杰作《追忆逝水年华》的部分内容改编了电影《斯万的爱情》，虽然引发了很多争议，但毕竟是一次勇敢的挑战和尝试，就像当年爱森斯坦试图改编《资本论》一样，所不同的是，爱森斯坦

① 郑雪来：《世界电影鉴赏辞典》，福建：福建教育出版社2003年版，第545页。

② 古日尔曼人的一种口头文学创作体裁，所讲述的故事是神奇的、现实生活中不可能发生的，不受客观世界时空和因果关系的制约。

最终没有把企图付诸实施，而施隆多夫却做到了。

近些年，施隆多夫一直与美国合作，虽然获得很多机会拍摄大型影片，但是却再也无法重现当年的艺术辉煌。

除了上述代表作品之外，施隆多夫的作品还包括1967年的《激烈的争吵》、1976年的《死刑》、1981年的《伪造》、1989年的《末世纪女人》、1996年的《乱世启示录》、1998年的《恐怖地带》、2000年的《打开心门向蓝天》等。

2. 沃尔纳·赫尔佐格

如果要用一个词语来概括描述赫尔佐格，那只有"疯狂"二字。在诸多关于他的记述和介绍文字中，虚虚实实的流传委实耸人听闻，比如：在拍《生活的标志》（1968，又译《生命的讯息》）时，他与希腊军事政团发生冲突，他叫嚷要射杀任何一个企图逮捕他的人；在拍《侏儒也是从小长大》（1971）时，他为了说服演员，居然往仙人掌里跳；在南美拍《阿基尔，上帝的愤怒》（1972，又译《天谴》）时，由于财务紧张、天气恶化，以致与坏脾气的明星克劳斯·金斯基用手枪彼此威胁着要杀掉对方；在拍《玻璃精灵》（1976）时，他对所有的演员催眠以得到幻觉效果；为了拍摄纪录片《苏佛里耶火山》（1977），他带着工作人员在火山爆发的边缘冒险；为了那部《陆上行舟》（1981），他甚至耗费了整整四年的时光，历尽磨难，多位演员无法忍受在热带丛林中的拍片之苦，相继离去，工作人员先后受伤，同时，摄制组不断受到印第安人的驱逐与骚扰，国际特赦组织甚至派人来调查……

之所以有这么多疯狂的举动，一方面源于他对于电影近乎畸形的狂热追求和严格要求，另一方面，也与他的生活经历有关。他1942年出生于巴伐利亚，12岁时与母亲迁居慕尼黑，15岁写出第一个剧本，并开始靠打工获得收入进行短片拍摄的实验。赫尔佐格极端热爱探险和游历，广袤无垠的草原、巍然耸立的群山、人迹罕至的原始森林，都成为他征服的对象。这种丰富的游历生活既磨炼了他坚毅不屈的性格，同时也成为他电影创作灵感的主要源泉。

与斯特罗布、克鲁格等电影前辈对于人群集中的社会生活的关注不同，赫尔佐格的镜头始终流连在人迹罕至、风光奇美的边疆、丛林、山川，在他的几部最重要的作品（如1972年的《阿基尔，上帝的愤怒》、1974年的《卡斯帕传奇》、1977年的《史楚锡流浪记》等）中，无不把风光奇美的自然景观作为重要"角色"，花费大量篇幅加以描绘和强调，而生活在这些景观中的主人公，要么是怀揣狂热梦想、理性被感性操控的"狂人"（如《阿基尔，上帝的愤怒》中的僧侣阿基尔和《陆上行舟》中的幻想家菲兹卡拉尔多），要么是社会化程度较低、甚至心智不完全的"准原始人"（如《卡斯帕传奇》中的卡斯帕·豪泽和《史楚锡流浪记》中的史楚锡），在他们身上，除了表达出赫尔佐格对于现实社会的诸多不满和愤怒之外，更寄寓了他对于人类善良本性和和谐的情感关系的诉求。

以《卡斯帕传奇》为例，智障、丑陋的主人公卡斯帕·豪泽被陌生人从塔楼中"解救出来"，毫无选择地被抛在所谓的"文明社会"，在一种看似"人道"的生长环境下，他的原始本性却在被很"不人道"地挤压和剥夺着，最终，连卡斯帕自己也被"文明"谋杀了。通过对这个发生在19世纪20年代的真实事件（有人称之为"卡斯帕·豪泽事件"）的忠实再现，赫尔佐格愤怒地撕去所谓"文明社会"的伪装，使生活于其中的"文明人"显示出连卡斯帕也不如的残忍本性。在影片的主体故事之外，特别引人注目的是影片展现的雄浑壮阔的自然风光，江河、大山、森林，这些在一般电影中仅仅处于故事背景地位的元素，在赫尔佐格的镜头下却变成了有生命的形象，无声地诉说着卡斯帕的不幸，控诉着“现代文明”的野蛮。无辜而无助的卡斯帕让我们想起法国新浪潮电影运动主将特吕弗的电影处女作《野孩子》（又译《狼孩》），两者都表现了对于现代文明的质疑，但是区别也是显而易见的：“沃尔纳·赫尔佐格的作品与特吕弗的《狼孩》所不同的，就是它对社会所持的批判与嘲讽的目光，卡斯帕健全的人的理解能力之所以竟使一位医生的逻辑站不住脚，那完全是由于在这一逻辑的背后，隐藏的不过是一种令人头昏目眩的、无价值的虚无罢了。”①

除了上述重要作品之外，赫尔佐格的电影作品还包括1971年的《沉默与黑暗的世界》、1976年的《玻璃精灵》、1979年的《吸血鬼诺斯费拉图》、1984年的《绿蚂蚁做梦的地方》、1991年的《石头的呐喊》、1995年的《五种死亡的声音》、1999年的《我的魔鬼》、2001年的《纳粹制造》、2005年的《灰熊人》、2007年的《世界尽头的奇遇》等。

赫尔佐格曾经这样描述自己的创作风格：“我拍的影片与其他导演的不一样，有非常强的诱惑力。我在电影中表现我所看到的东西，而其他人从未看到过，也不曾认识它，我塑造的人物是超现实的，带有文学味，也是怪诞的。”②

3. 维姆·文德斯

维姆·文德斯1945年出生于杜塞尔多夫，大学时原本学习医学和哲学，1967年转赴慕尼黑影视学院学习电影。1968～1971年间开始为《电影评论》等杂志撰写影评，同时开始拍摄影片，如1967年的《生活的标志》。1970年拍摄长片处女作《夏日记游》（又译《城市之夏》，以16mm黑白摄影机拍摄而成，长达两个半小时），1971年与同仁成立“作者电影出版公司”，1975年成立自己的“公路电影公司”。

正如他为自己的公司所起的名字一样，文德斯的一生和他的电影，都保持着“在路上”的姿态。他游历各国，拍摄平面图片，举办个人摄影展；他的电影作品则移植了美国公路片的类型，开创了“德国式”的或曰“文德斯式”的公路片。

所谓“公路片”，顾名思义，指的就是在一段旅程中发生的故事。该电影类型始创于美国，英文名称是roadmovie。早期的公路片致力于编织一个极富悬念和视觉冲击力的冒险故事，而到了新好莱坞时代，则把重心转移到“以旅途反映人生”，创作出了以《邦尼和克莱德》（1967，又译《雌雄大盗》，导演阿瑟·佩恩）、《逍遥骑士》（1969，导演丹尼斯·霍佩尔）为代表的一批“新公路片”。20世纪晚期，公路片依然是好莱坞的经典类型之一，出现了诸如《我心狂野》（1990，导演大卫·林奇）、《末路狂花》（1992，导演雷德利·斯科特）、《天生杀人狂》（1994，导演奥利弗·斯通）等优秀的影片。影片主人公在不断延伸的旅途中遇到各种各样的人和事，并与之发生一系列的戏剧冲突，随着冲突的不断累积、激化和缓解，主人公最终多会获得情感的满足、心灵的净化甚至哲理的启迪。

公路片由文德斯引入德国绝非偶然。早在大学期间，文德斯就对美国电影尤其是西部片和公路片产生了浓厚的兴趣。但是文德斯对于公路片的引入并非原封不动地照搬，而是把它与德国人的生活处境和精神处境相结合，向人的心灵更深处挖掘，形成了风格独

① 郑雪来：《世界电影鉴赏辞典》（续编），福建：福建教育出版社1993年版，第388页。

② 郑雪来：《世界电影鉴赏辞典》，福建：福建教育出版社2003年版，第485页。

特的“德式公路片”。具体而言，这种“德式公路片”包含以下要素：

(1) 影像符号

与“美式公路片”相类，文德斯的“德式公路片”在影像上也是以旅程沿途的绮丽风光为主要表征，在绝佳的摄影技术拍摄下，这些广袤、雄浑、壮丽的风光让蜗居于钢筋丛林中的城市观众叹为观止。

(2) 人物形象

人物形象方面，无论是“美式公路片”还是“德式公路片”，都着力于表现游走在主流生活状态(或曰生活常态) 之外的边缘人。不同的是，“美式公路片”的主人公常常带有强烈的“反社会”色彩，而“德式公路片”的主人公常常散发出浓重的“反自我”(或曰“自我反思”) 气息，如《德克萨斯州的巴黎》(1984) 中那个寻找妻子的特拉维斯，他的旅行在很大程度上是自我反思之旅、重生之旅。

(3) 精神内涵

艺术是写人的，并且通过对人的描写传达创作者的立场、观念和理想。“美式公路片”和“德式公路片”在人物形象刻画上的不同就导致了它们在精神内涵上的不同：如果说“美式公路片”侧重于对于美国历史和现实社会的再现、思考，那么“德式公路片”则着力于对德国人灵魂的剖析、追问。换句话说，“美式公路片”向观众展示了一幅关于美国社会横断面的工笔画，而“德式公路片”则向观众展示了一幅德国人的精神肖像。

实践这一公路片创作理论的是他在 20 世纪 70 年代创作的“旅行三部曲”：《爱丽斯漫游仙境》(1973)、《歧路》(1974) 和《时间的流程》(1975)以及 80 年代的重要作品《德克萨斯州的巴黎》。

《德克萨斯州的巴黎》讲述了一个破碎家庭的故事，被誉为“近十年来最动人的一部影片”，不仅为文德斯赢得了戛纳电影节的最高奖项金棕榈奖，而且为他赢得了“当前最重要的德国电影导演”的称号①。影片中的德克萨斯州是美国的缩影，巴黎则是欧洲的象征，而苦苦寻觅爱妻的美国“怪人”特拉维斯则代表了欧美社会“迷惘的一代”：他们生长在没有战争、经济富足的和平年代，却在所谓的“幸福”面前表现出虚弱的一面，疑虑重重，无力把握，乃至痛失“幸福”。痛失后的寻找其实也是茫然的，去哪里找，找到之后又会怎样，乃至究竟找的是什么，似乎都捉摸不定，模棱两可。比社会学、文化学层面的意义更深刻、也更重要的，是影片在人类学层面上的探讨——现代社会人际关系的冷漠隔绝以及人类个体深刻的孤独感。特拉维斯最终找到了妻子，可是这漫长而艰难的旅程早已让他脱胎换骨，他深知时间已经流逝，裂缝再难修补，妻子和孩子所要的是自己无法提供的，所以他选择悄然离去，留给观众无限感伤。

除了上述重要作品之外，他的其他主要作品还包括 1972 年的《罚点球时守门员的恐惧》、1977 年的《美国朋友》、1980 年的《水上回光》、1982 年的《事物的状态》、1987 年的《柏林苍穹下》、1989 年的《城市小调》、1991 年的《直到世界末日》、1993 年的《咫尺天涯》、1995 年的《云上的日子》、2004 年的《迷失天使城》、2008 年的《帕勒莫枪击案》等。

除了电影导演工作之外，文德斯还是一位成功的电影理论家和平面摄影家。他曾把

① 郑雪来：《世界电影鉴赏辞典》，福建：福建教育出版社 2003 年版，第 766 页。

自己的影评文字结集，出版了两本重要的电影著作《情感电影》和《影像的逻辑》，并且在很多国家举办过个人摄影展。同时，他也会拿起摄影机，记录电影人物和社会历史，比如广为流传的纪录片《寻找小津》(1985)、《布鲁斯之魂》(2003) 等。

4. 赖纳·沃尔纳·法斯宾德

在电影界广泛流传着一个关于新德国电影运动主要导演的比喻体系：

如果把整个运动比做一个“人”，那么克鲁格就是“人头”，是运动的先驱和精神领袖；施隆多夫是“四肢”，用《铁皮鼓》那样的讽刺史诗隐喻人类对于未来社会的肌体异化反应；文德斯是“眼睛”，用摄影机引领我们畅游世界各地；赫尔佐格是“意志”，他和他影片中那些疯狂的人物虽然不近人情，但是却表现出无比强大、令人敬畏的意志力；而英年早逝的法斯宾德(1945～1982)则是最核心、最关键的“心脏”，他在短暂一生中所拍摄的 40 余部电影杰作，使新德国电影运动显示出蓬勃的生机，失去了他，整个运动也宣告死亡。

法斯宾德短暂的一生堪称惊世骇俗。幼年时破碎的家庭、孤独的环境养成了他自我封闭的性格和敏感的触觉，这既成为他在电影创作领域获得成功的资本和财富(包括两方面：个人生活经验的积累和幼年时长期在电影院观看电影的艺术积累)，也成为困扰他一生的“童年阴影”，让他始终生活在缺乏保护的恐惧、无法摆脱的孤独和难以缓解的绝望之中，正如他自己所说：“我在幼年时就已经是一个所谓的躁郁症患者了……(我) 根本没有童年，我的童年就这样无迹可寻地失落了。”①他无节制地透支自己的健康和生命，仿佛那躯壳是独立于自身之外的“他者”，可以放肆地利用甚至践踏。这种透支体现在两方面：一方面是他近乎疯狂的拍片速度，13 年间执导 43 部电影，甚至被揶揄“拍片速度快过兔子繁殖”；另一方面则是他私生活的混乱不堪，他不仅抽烟、酗酒，而且吸毒、斗殴，甚至曾经因为贩毒而锒铛入狱；除此之外，他还是一个公开的同性恋者。这些都成为他电影中的绝佳题材，但是，也急速地把他推向了可怕的毁灭。

正如前文所说，无论是作为一个普通人，还是作为一个成功的电影导演，法斯宾德始终无法摆脱深植心底的恐惧、孤独和绝望，无论是对于爱情(包括同性和异性)，对于家庭，还是对于人生。在他的电影中，主角永远都是失败者，这里的失败指的不是经济意义上的，而是精神意义上的，无论他们怎么努力，都无法彻底摆脱精神上的无助、失望甚至绝望，最终走向毁灭。

《恐惧吞噬灵魂》拍摄于 1974 年，片名来自影片中的台词：女主人公、苍老的白种女人埃米和男主人公、年青的黑种男人阿里一夜温存之后，两人有这样一段对话：

埃米(略带羞涩和不安地)：只是像我这样的一个老女人……

阿里：你不老，你很非凡，有一颗伟大的心。

埃米：真的？我的天。

埃米哭起来。

阿里：别哭，求你。为什么哭？

埃米：因为我是如此高兴，同时又充满恐惧。

① 【英】罗纳德·海曼：《法斯宾德的世界》，彭倩文译，广西：广西师范大学出版社 2003 年版，第 1 页。

阿里：别害怕，害怕不好。恐惧会吞噬灵魂。①

正像片名所暗示的那样，埃米和阿里这场大逆不道的爱情以及他们各自的灵魂最终被恐惧所吞噬，不过，这恐惧不是来自于外界的压力，而是根源于他们自身的差异——从一开始，把他们撮合到一起的就只有孤独。一个是独居的老年清洁工，一个是备受歧视的外籍工人，在他们的生活中，没有所谓的尊严、幸福和快乐，有的只是劳累、孤独和歧视的目光。正因为他们如此孤独，所以相互之间短暂的交流才显得那么宝贵，以至于他们要用婚姻的形式将其固定下来，但是这并非真正的爱情。或许会有人认为这种对于他们感情的否定显得过于苛刻，我们可以换一种说法：他们的爱情，是由孤独作为土壤培养出来的花朵，众人对于他们的歧视则是功效强大的肥料，促使他们更加紧密地联系在一起，相互拥有，相互安慰；而一旦孤独的环境不复存在，他们之间因为个体差异而滋生的问题就不可避免地浮出水面，把脆弱的爱情推向消亡的末路。这样的剧情设置具有强烈的现实指涉意义：在现实生活中，我们最大的敌人永远是我们自己。

当然，和法斯宾德所有其他的作品一样，影片描写的绝不仅仅是一场难堪的爱情。埃米和阿里的故事只是影片的主导线索，而在这条线索上附着的，还有法斯宾德对于德国社会诸多痼疾的揭露、反思和批判，比如“空巢老人”问题、受歧视的外籍劳工问题以及小市民阶层趋利避害、趋炎附势的惯性行为等等。正如某些评论家所评价的那样：法斯宾德“透过‘人’的放大，把人作为历史的见证，从世态、人情、道德、心理、风俗等方面补充了被历史学家们所忽略了的历史”②。

拍摄于 1979 年的《玛利亚·布劳恩的婚姻》是法斯宾德著名的“德国女性四部曲”之一③，另外三部分别是《莉莉·玛莲》(1980)、《罗拉》(1981) 和《维罗尼卡·福斯的欲望》(1982)。在这部影片中，玛利亚与丈夫赫尔曼的婚姻成为贯串始终的线索，从影片开始在结婚登记处仓促签字，到最后两个人一起在爆炸声中灰飞烟灭，他们的婚姻经历了诸多苦难——战争、杀人、牢狱、分离，最终却毁灭在自己的手里。除了对于女性命运的关注之外，“四部曲”(其实也包括他的其他作品在内) 还是一次反思德国历史和现实的精神之旅，“第三帝国”的历史罪恶及其严重的后遗症，都在他的影片中展露无遗。

在创作理论上，法斯宾德借鉴了经典戏剧性叙事的“三 S 法”：在情节的开端部要有力地提出“悬念”(Suspense) ④，在情节的发展部要不断地造成“惊奇”(Surprise)，在情节的高潮或结局部则要给观众以最后的“满足”(Satisfaction)。这种好莱坞通行的编剧理论被法斯宾德引入他的电影，做到了观赏性与艺术性的统一，让人们在欣赏一个跌宕起伏的戏剧性故事之外，又引发很多深层的思考：关于德国的历史和现实，关于女性的命运，关于同性恋的生活等等。但是需要强调的是，法斯宾德作品的第三个 S——“满足”——绝不是惯常意义上的“大团圆结局”，在他的电影中，故事大多以我们所谓的“悲剧”结束，比如疾

① 参见《恐惧吞噬灵魂》电影文本。

② 郑雪来：《世界电影鉴赏辞典》，福建：福建教育出版社 2003 年版，第 618 页。

③ 另有一说是“德国女性三部曲”：《玛利亚·布劳恩的婚姻》(1979)、《罗拉》(1981)、《维罗尼卡·福斯的欲望》(1982)。

④ 转引自《世界电影鉴赏辞典》，郑雪来，福建：福建教育出版社 2003 年版，第 619 页。

病(《恐惧吞噬灵魂》中阿里永远无法摆脱的肠胃炎)、死亡(维罗尼卡·福斯,玛利亚·布劳恩和丈夫),但是在法斯宾德看来,这些宁愿死亡也不委曲求全的"悲剧"结局或许是真正"圆满"的,而好莱坞式的"大团圆结局"则是真正的悲剧。

理解这一点并不难,只需引用一个例子:在1977年的一次访谈中,电影史学家克莉丝汀·汤普森询问法斯宾德关于《屈丝婆婆上天堂》(1975)的两种结尾问题:一种是屈丝婆婆被枪杀,另一种是屈丝婆婆爱情圆满,安全回家。汤普森问法斯宾德更喜欢哪个结局,法斯宾德回答说他更喜欢"安全回家"的版本,因为他觉得那更悲惨①。由此推理,在他的大部分作品中,法斯宾德都给了我们他所认为的"圆满"的结局:影片中的角色宁愿选择死亡,也绝不委曲求全。

除了上述重要作品之外,他的其他作品还包括1969年的《外籍工人》(又译《卡策马赫尔》)、《爱比死更冷》,1970年的《R先生为什么杀人》、《神圣的妓女》及1971年的《四季商人》、1972年的《佩特拉·冯·康德的辛酸泪》、1976年的《中国轮盘》、1978年的《德国之秋》、1982年的《水手克莱尔》等。

(三)新德国电影运动的式微

1977年,德国国产电影的收入仅占全部电影收入的4%,这个数据可以说是新德国电影运动走向消歇的标志。从1962年发出改革的声音,到70年代初期取得令世人瞩目的巨大成就,再到运动主将转战国外影坛,新德国电影运动完成了它的使命,逐渐淡出了人们的视线。究其原因,主要有以下几个方面:

1. 经济危机

20世纪70年代,在两次中东石油危机的影响下,西方世界出现了以"滞胀"为主要特征和表现形式的经济危机,从英国开始,扩及美国、西欧和日本。在这期间,西方发达国家工业生产普遍持续大幅度下降,物价飞涨,失业剧增,德国也不例外。作为需要强大经济基础作为支撑的电影制作也不可避免地受到了影响,很多电影制作机构纷纷倒闭,电影的收入几乎无法弥补制作费用的投入,国内的创作环境十分恶劣。

2. 人才流失

出于对本国创作环境的失望和无奈,法斯宾德于1977年发表了今后只在国外拍片的声明,在他去世以后,另外三位新德国电影运动的主将也都转移到国外进行电影创作,更加剧了德国本土电影的恶化状况。到了90年代,德国电影市场几乎完全被好莱坞电影所占领。

3. 创作弊端

尽管新德国电影运动开创了德国电影最辉煌的年代,但不可否认的是,以探讨社会问题和人生哲学为主的电影潮流在很大程度上是对电影固有的娱乐性的损伤,观众在辛劳的工作之后,还要在电影院接受说教,一次两次尚可,次数多了自然会产生逆反心理,最终,德国电影失去了自己的观众,人们宁愿选择进口的好莱坞大片而不再支持本国电影,这也是导致新德国电影运动逐渐走向式微的原因之一。

---

① 参见【英】罗纳德·海曼:《法斯宾德的世界》,彭倩文译,蔡康永所作序言《法斯宾德永不归还之租界》,广西:广西师范大学出版社2003年版,第3页。

新德国电影运动真正中兴的时间只有短短几年，但却缔造了自20世纪20年代表现主义电影以来德国电影史上最辉煌的时代，四大主将在国际电影节频频获奖，不仅把德国电影推向新的高峰，而且重塑了德国电影在世界影坛的形象，巩固了德国电影在世界影坛的地位，甚至成为一代电影作者的精神食粮和创作源泉，引领了世界性的电影创作潮流。它在高潮之后迅速走向衰微的教训也颇值得所有电影人引以为鉴。

思考与练习

1. 新德国电影运动发生的背景是什么？对中国电影来说，有什么可资借鉴的地方？
2. 新德国电影运动的四大主将及其创作风格是什么？

第六节　美国"新好莱坞运动"：开启新时期的繁华

【本节提要】好莱坞创造了世界电影史上一个又一个神话，这些神话中就包括20世纪六七十年代的新好莱坞运动。以解构美国传统文化观念和主流价值体系为主要特征的新好莱坞运动倡导反映现存社会的危机和年轻人不成形、不明朗的世界观和价值观。这场反响巨大的电影运动既催生了一大批世界级的电影导演，又拍摄出了大量经典的电影作品。作为美国电影史乃至世界电影史上颇具影响力的电影运动，新好莱坞弥补了二战后美国电影在艺术革新方面的欠缺，开启了新时期电影的繁华，其艺术成就和历史影响均不容忽视。

【主要内容】

1. 新好莱坞运动的背景
2. 新好莱坞运动的创作成就
3. 新好莱坞电影的美学特征

一、"经典好莱坞"之后与"新好莱坞"之前

第二次世界大战后，好莱坞突然面临了一个前所未有的发展困境，客观原因包括电视的冲击、国内商业政策的失误、欧洲新现实主义电影的崛起等，除此之外，更重要的是战后美国政府实施了一项名为"麦卡锡主义"的政策，这项在美国发展史上颇为有名的政策简直是美国电影工业的梦魇。所谓"麦卡锡主义"指的是：二战后美国上层出于对苏联势力上升的担心，国内反动力量加强了对进步力量的打击，右派势力日盛。20世纪50年代，来自威斯康星州的共和党参议员麦卡锡在西弗吉尼亚州的惠林市发表演说，虚构"共产主义威胁"和"共产党渗透"论，并含沙射影地指出美国国务院中充斥着共产党人，因此其他行业也有必要检测从业人员的纯洁性。由此，"麦卡锡主义"成为麦卡锡政治迫害活动的

代名词。受麦卡锡攻击的人几乎无所不包，上至总统亲信、高级官员、电影明星，下至一般职员。这场大清洗运动波及政治、经济、文化、艺术等诸多领域，对电影界的影响更是巨大，直接导致了好莱坞电影陷入低谷。

20 世纪 60 年代，美国社会的处境更加严酷，谋杀、越战、民权等一系列问题引发了经济衰退和政治危机。1962 年，第一个主张同劳工对话并被南北方共同认可的约翰·肯尼迪当选为合众国的总统，美国人民充满信心地向往着社会的改革和进步。然而，1963 年肯尼迪遇刺，"美利坚精神信念大厦" 突然坍塌。接着，一系列谋杀事件相继出现：1965 年 4 月，黑人解放运动的杰出领袖马尔科姆·X 遇刺；1965 年 5 月，肯尼迪总统的弟弟罗伯特·肯尼迪遇刺；1968 年 4 月，黑人领袖马丁·路德·金遇刺……

就在肯尼迪总统遇刺的同一年，美越战争爆发。这场美国历史上损失最惨重的战争使得曾经坚信美国政治制度绝对优越的人们开始产生疑问。整个社会信仰的坍塌导致了电影界的低迷和反思，曾以《一个国家的诞生》和《党同伐异》扬名世界影坛的好莱坞电影，在此期间战争片几乎彻底破产。曾经叱咤风云的大公司发生解体，较小的公司则只有在痛苦摸索中另寻出路。

困境中的好莱坞逐渐发现：走出困境的唯一办法就是革命——在这种主观愿望的驱使下，在来自欧洲的电影新观念的冲击下，一场美学革命在好莱坞悄悄酝酿。

二、"新好莱坞电影"的界定和开始

"新好莱坞电影"一般指的是 20 世纪 60 年代末期到 70 年代末期的美国电影。在这个时间段里，好莱坞电影在欧洲各种电影流派的影响下，在超越了自身商业性制作的衰退并走出了来自电视行业的激烈冲击后，对制片厂的规模性质、体制结构以及影片的形式内容等方面进行了大规模的变革。这个时期的影片不仅对曾经风靡一时的类型电影的近亲派生进行了从形式到内容的深刻反思，而且把当时的社会动荡与政治危机、电影旧体制旧观念与新体制新观念的此消彼长，作为这个时期电影革命的社会背景及主要表现元素。

1970 年"水门事件"的发生，使美国人民更加失掉了对政府的信心。种种严酷的社会现实促使"弗洛伊德"思潮在美国盛行，这种崇尚反叛的心理在客观上为美国电影的振兴提供了新的表现内容，嬉皮士、性自由等种种放纵的、超越规则的行为构成了新好莱坞电影的重要主题。

一大批科班出身的电影人走上社会，开始了他们的电影创作。这些青年人大都接受过完整的电影学院教育，因此受"作者观念"的影响很深。他们试图用电影讲述个体的、非主流的甚至边缘的故事，通过这样的故事来表达他们对社会主流文化价值观的对抗、对传统清教徒式的禁欲理念的解构、对常规成长途径的颠覆。在这样的创作热潮中，1967 年，阿瑟·佩恩拍摄的《邦尼和克莱德》公映；1969 年，丹尼斯·霍佩尔的《逍遥骑士》公映。这两部影片既是这股新思潮的产物，也开创了一个全新的类型，拉开了新好莱坞运动的帷幕。

三、"新好莱坞电影"的创作成就

20世纪60年代末,美国电影制作者的观念随着时代和社会环境的变革发生了巨大的变化,开始有意识地利用"青年人与现存社会的矛盾"和"现存社会的危机"来打造新的影片。他们企图以"革命"为主要表现内容,以此作为打入市场、招徕观众的主要资本。这个时期的主要作品有迈克·尼科尔斯的《毕业生》(1967)、阿瑟·佩恩的《邦尼和克莱德》(1967)、丹尼斯·霍佩尔的《逍遥骑士》(1969)、西德尼·波拉克的《杰里迈亚·约翰逊》(1969)、彼得·波格丹诺维奇的《纸月亮》(1972)、乔治·卢卡斯的《美国风情画》(1973)等。

19世纪60年代的美国,青年人中出现了一股反主流文化的热潮,他们认为美国的传统文化已经过时,美国社会一直宣扬的清教徒式的抑制欲望的准则已经成为一种限制人性自由的牢笼,因此他们倡议要对抗和摒弃以往的道德价值体系,倡导一种全新的生活方式,影片《毕业生》(1967)就是反映这种生存状态的标本。该片讲述了一个年轻人在毕业之后找不到自己定位的情况下与母女两人同时发生恋情的故事,反映了当时美国年轻人混乱的价值观和茫然的生存状态。影片中年轻的本恩刚大学毕业却对未来生活感到十分困惑,在为他举行的毕业宴会上,他邂逅了风流的鲁滨孙太太。因为日子的无聊,本恩不久后便开始和鲁滨孙太太约会,也因此结识了鲁滨孙太太的漂亮女儿伊莱恩。伊莱恩的纯洁善良使本恩怦然心动并深深地爱上了她。虽然本恩终于向伊莱恩表白了爱意并得到了回应,但两人的感情遭到鲁滨孙太太的极力反对,而伊莱恩也因此猜到母亲与本恩的关系非同寻常。伤心之余她决定与一个自己并不喜欢的男孩仓促结婚。本恩得知这一消息之后,不顾一切地向教堂冲去。影片至此戛然而止,留给观众一个开放式的结局。《毕业生》以一鸣惊人的姿态震动了美国影坛,成为当时青春片中具有划时代意义的作品。

公路电影是类型片的一种,与西部片有一定的相似之处:两者都是美国文化特有的产物,描绘的也都是对美国边疆的探索。但两者也有很不相同之处:西部片的时代背景是19世纪,片中的英雄们骑马越过辽阔的草原沙漠;公路电影的时代背景则设定在19世纪末到20世纪初,车辆成为冒险探索的工具。公路电影受到现代主义的影响,主人公沿途所遇到的事件与景观,多半是在为自身的孤独疏离作注脚。公路电影里的旅程,大多是主角为了寻找自我所作的逃离,旅程本身即是目的,主人公们往往走不到终点,因为终点也是海市蜃楼般的虚无。这类影片确切地注解了当时美国年轻人的生活方式,既为美国电影走出经济困境和艺术困境提供了一种全新的制作模式,又成为美国新好莱坞运动的代表性著作。其中最典型的是《邦尼和克莱德》与《逍遥骑士》。

这两部影片一直被史学家们认为是六七十年代美国电影史上重要的分水岭,一些评论家认为它们继《毕业生》之后更深刻地引发了美国电影革命的到来。

《邦尼和克莱德》表现的仍是一个英俊潇洒的青年和一个美貌风流的姑娘的爱情故事,但豪华服饰掩饰不住他们的真实身份:两个手持枪弹、抢劫银行的"雌雄大盗"。这是美国银幕上首次出现的与传统好莱坞电影经典形象迥然不同的新型人物,与法国电影新浪潮运动出现的很多形象相似,如《四百下》中的安托万、《筋疲力尽》中的米歇尔,他们是十足的无政府主义者的代表，是现存社会秩序的破坏者、颠覆者，遗憾的是这些破坏者并没有足够的能力来建构一种新的秩序，于是只能在已经毁掉的世界里继续彷徨。影片片头所采用的字幕资料和照片强调了人物的历史传记色彩，表明了影片叙事的真实性和纪录性，这也同影片《四百下》中主人公被询问时所采用的时空非同步的剪辑手段有着异曲同工的效应。当时美国社会的种种现实问题，比如越南战争的失败和阴暗的社会前景等都在影片的结尾有所体现。总之，美国社会的历史在这部影片中得以写实性地再现，这部影片也因此成为回望20世纪六七十年代美国电影发展史的标志性作品。

1969年，《逍遥骑士》横空出世。这部荣获当年戛纳电影节"最佳导演新人奖"的影片讲述了一个充满惶惑、否定、叛逆性质的存在主义式的悲剧故事，就像美国作家凯鲁亚克的《在路上》所描写的那样："……我喜欢交往的只是这类愤世嫉俗的狂人，他们因为疯狂而生活，因为疯狂而口若悬河，也惟有疯狂才能拯救他们自己。同时，他们渴望拥有生活中的一切。这类人从不迎合别人，他们谈吐非凡。相反，他们犹如传说中黄色的罗马蜡烛一样燃烧，燃烧，如穿过行星的蜘蛛那样，迅即爆炸……"①。影片中两个留着长发，穿着奇装异服，带着毒品，骑着巨型摩托四处游荡的主人公，最后也像蓝色烛光一样骤然熄灭在参加完一场吸毒者的聚会之后。他们在向弗罗里达州进发途中，被一个路过的卡车司机莫名其妙地开枪打死。评论界认为，《逍遥骑士》不仅是20世纪60年代美国"垮掉运动"的经典符号之一，更是开创新好莱坞黄金时代的分水岭。《逍遥骑士》的成功，在当时如同一场狂风暴雨席卷了整个好莱坞。各大公司和制片商纷纷请来顾问研究这一现象及对策，发现这一时期将近一半的观众是16岁到24岁的年轻人。调查的结果竟使好莱坞几乎在一夜之间淘汰了整整一代编剧、导演及行政管理人员，而换成了新一代的年轻制作者。实际上，《逍遥骑士》这部低成本影片（三位主角当时还都是无名小卒）是20世纪60年代B级片影响下的产物，最初的制作者并没有预料到这部影片会带来如此大的收益，但因为它的影响超乎想象地深远，于是一大批以年轻人与现存社会的矛盾为表现内容的影片顺时而生，新好莱坞运动瞬间成为一道风景，醒目而热烈。

时代风云的变幻使美国观众原有的"趣味原则共同体"被打破，20世纪六七十年代美国观众的观念，从总体上来说处在一种超越现实的精神状态下。大多数观众已经厌倦了经典好莱坞时期惯用的"大团圆式结局"，于是这个时期的影片开始努力迎合观众的视听需求，创作全新的故事结局。以《邦尼和克莱德》为例，影片结尾邦妮和克莱德被警察们打得千疮百孔的身体与《筋疲力尽》结尾被击毙在巴黎街头的米歇尔何其相似，这种结尾有力地震撼了观众的视听感官，迎合了观众无所依托的彷徨心理。总而言之，这个时代所产生的这些影片之所以取得成功，很大程度上是因为当时的人们开始从心理层面上逐渐接受对原有正面形象的巨大否定。除此之外，有些影片还颠覆了美国传统电影中强盗片和警匪片的类型模式，开辟了一种全新的类型——公路片。

除此之外，在当时引起社会反响的影片还有很多，当然也随之涌现出了一大批大师级的导演，比如多少带有实验性质的影片《出租汽车司机》(1975)，其导演是出生在纽约"小意大利区"的马丁·斯科塞斯，他曾做过短片，从事过剪辑、助理导演等多种职业。斯科塞

① 【美】杰克·凯鲁亚克：《在路上》，文楚安译，桂林：漓江出版社2001年版，第8页。

斯充满苦难的少年时代的记忆成为他投身电影事业的基础，那段经历也是他影片的重要表现内容。在1968年，斯科塞斯拍摄了处女作《谁在敲我的门》，此后他一直坚持走拍摄艺术电影的艰难路途。斯科塞斯的执著追求成就了他在美国电影史上不容忽视的地位。

有着“美国新浪潮旗手”美誉的弗朗西斯·福特·科波拉在新好莱坞电影创作中一直扮演着中坚的角色。这位导演擅长表现人的孤独与暴力，并以此成就了他的伟大。这位多才多艺的艺术家在1962年拍摄了他的处女作——恐怖片《痴呆症》。1967年，他的毕业作品《他已是小伙子了》在电影界引起反响。1970年，他作为影片《巴顿将军》的编剧一举成名，这部获得“奥斯卡最佳编剧奖”的影片为他在好莱坞影坛奠定了不容动摇的地位。1972年，他又凭借影片《教父》创造了2亿美元的票房奇迹。1974年，他拍摄的《对话》让人们看到了“美国新电影中最令人感兴趣的形象”。1979年，他的得意作品《现代启示录》掀起了一股对越南战争反思的热潮。总之，科波拉的电影创作走过了一段辉煌的历程。他曾经发表雄心勃勃的言论表示要彻底地改变旧好莱坞，并立志于“……为电影艺术赔上一生”。的确，这位取得不俗成就的导演是新好莱坞运动的领袖级人物，他的成功是新好莱坞电影运动兴盛的标志。随着他的日益成功，他开始不屑于小成本影片的拍摄，而钟情于高成本、重大题材的制作，在新好莱坞运动之后的创作中依然坚持着这种取向。

这一时期的知名导演还有罗伯特·阿尔特曼、西德尼·波拉克、哈尔·阿什比、米洛斯·福尔曼等等。

总之，在艺术影片的探索中，新好莱坞电影取得了令世人瞩目的成就。与此同时，新好莱坞电影在商业片领域里所作的探索也不容忽视：在喜剧片类型中，涌现出诸如杰里·刘易斯、伍迪·艾伦和梅尔·布鲁斯等知名导演。他们既是喜剧导演又是著名演员，他们打造的“相声滑稽剧”对当时美国的社会问题进行了妙语连珠的嘲讽，并进而探究其社会根源。这类影片既承接了美国强大的喜剧传统精神，又最大限度地融合了现代色彩，颇得当时观众的首肯。另外，这个时期商业片的卓越天才斯蒂芬·斯皮尔伯格开始崭露头角，他在1975年拍摄的科幻片《大白鲨》取得了很高的票房成就。这位天才导演在36岁时就曾有4部影片被列入美国最上座的10部影片之中。斯皮尔伯格影片的巨额票房收入为美国新好莱坞电影运动走向巅峰增添了光彩。

任何一个流派都会有自己的兴衰过程，新好莱坞运动也不例外。20世纪70年代末到80年代初，新好莱坞运动逐渐完成了自己的使命。在新好莱坞运动持续近10年的时间里，美国每年生产200部左右的影片，电影也走出了与电视争夺观众的困境，在相互竞争的此消彼长中达到了一种平衡。资料表明：这个时期的美国电影基本上保持着10亿左右的观众群体，并且有了自己越来越广阔的海外市场。

四、“新好莱坞电影”的美学特征

旧好莱坞电影在三四十年代短暂的黄金发展时期之后，就陷入了来自经济和艺术的双重危机。经过无数电影人的努力，终于在60年代末、70年代初出现了一个历史性的转折，旧好莱坞实现了向新好莱坞的成功转型。第二次世界大战后，迅猛发展的经济、快速前进的科技以及数量众多的西方现代主义哲学思潮的普及，为新好莱坞电影的兴起准备了条件。

20世纪60年代，西方发达国家先后进入了所谓的后现代主义时期，而新好莱坞电影从某种意义上讲，正是后现代主义文化的重要组成部分之一。正如美国著名“后现代”问题学者弗雷德里克·杰姆逊教授所指出的那样：“……到了后现代主义阶段，文化已经完全大众化了，高雅文化与通俗文化、纯文学与通俗文学的距离正在消失。商品化进入文化意味着艺术作品正成为商品，甚至理论也成为商品；……总之，后现代主义的文化已经从过去那种特定‘文化圈层’中扩张出来，进入了人们的日常生活，成为消费品。”①因此，综观新好莱坞电影，它涵盖了诸如解构性、现实性、综合性等许多新的显性特征。

首先，新好莱坞电影完全解构了旧好莱坞戏剧化电影美学观的表现准则，创造了一种全新的表现方式。新好莱坞从一开始就彻底摒弃了戏剧化电影美学观的理念和体系，崇尚向自然真实靠拢，构建了一种全新的叙事模式，并创立了不同于以往的典型人物。新好莱坞时期的电影人物往往不再具有显性的善恶特征，而是复杂的精神空虚和情感失落的个体，这种侧重于心理化的人物形象更加立体化地征服了当时的观众。例如：《现代启示录》(1979) 淡化了戏剧化叙事，或者说是将戏剧冲突进行了分散。旧好莱坞时期的经典西部片《正午》(1952) 体现了戏剧化叙事的典型特征，影片中一个主要矛盾贯串始终的叙事方式在《现代启示录》中嬗变为多个矛盾的生发：原来被通缉的上校一直在期待着有人来杀，上校的世界是另外一个故事的开始。《现代启示录》代表着新好莱坞电影的叙事特点，即在继承旧好莱坞电影善于讲故事的传统基础上，将影片的故事纳入到广阔的社会背景、历史情境中，为影片融入真实性、社会性、历史性、思想性，使好莱坞电影较之以前更加具有社会意义与深度。

其次，新好莱坞电影一直以当时的社会追求和时代需要作为自己的拍摄准则，因此具有鲜明的现实性特征。正如一位久负盛名的理论家所说的那样：“……好莱坞电影风格经久不衰的一个原因是它的弹性。它能顺应经济变革和技术革命……”②新好莱坞电影运动风起云涌的时期正是后现代主义思潮逐渐生发的时期，在这个时期，高雅文化与通俗文化之间的距离变得越来越模糊。新好莱坞所出现的以阿瑟·佩恩、弗朗西斯·科波拉、伍迪·艾伦等一大批优秀导演为代表的美国电影人迅速适应社会思潮的变革，成功地使好莱坞电影完成了商业电影艺术化、艺术电影娱乐化的进程，最大限度地反映了20世纪六七十年代观众的真实需求。

最后，新好莱坞电影的导演们既受到欧洲电影的深刻影响，又扬弃地传承了传统好莱坞电影的手法，因此，新好莱坞电影具有综合性的特征。新好莱坞的电影导演们对于欧洲的艺术电影大师一直怀着崇敬之心，因此，这些导演们一直在实际拍摄过程中借鉴欧洲电影的艺术手法，诸如时间和空间的自由跳动转换、内心独白的大量运用、采用新的镜头语言来加强视觉的表现力等等。总之，许多欧洲艺术电影的处理方法被用于新好莱坞电影中，同时，新好莱坞电影导演们对于各种好莱坞类型片的传统拍摄手法进行了借鉴，使旧

① 【美】弗雷德里克·杰姆逊：《后现代主义与文化理论》，唐小兵译，陕西：陕西师范大学出版社1986年版，第148页。

② 【美】罗伯特·艾伦、道格拉斯·戈梅里：《电影史：理论与实践》，李迅译，北京：中国电影出版社1997年版，第112页。

好莱坞的多种传统得到了扬弃和继承，并随着时代的发展演变为新的表现方式，最终使好莱坞依然保持在一种充满活力的状态，一直具有吸引大量观众的神奇力量。

五、“新好莱坞”之外

尽管新好莱坞运动引起了世界性的反响和关注，但是不可否认的是，在高度尊重电影工业生产性质和商业性质的美国，以卖座为首要目的的娱乐类型片依然占据着绝对主流。“据粗略统计，前者仅占美国影片年产量的1/10弱，而后者则占9/10左右”①。这里我们主要介绍两种类型：

（一）科幻片

从梅里爱的《月球旅行记》以来，科幻片一直是世界观众最喜欢的电影类型之一，美国观众也不例外。早期美国科幻片的主角以“水怪、螃蟹、巨大的蜘蛛之类的类人妖魔”②为主，20世纪70年代以后，逐渐被“太空科幻片”所取代，这与当时的社会背景紧密相关。1969年，美国航天员登上了月球，尽管其后几十年中关于此次登月活动的真伪存在激烈的争议，但是无论如何，这次活动激发了人们对于外太空的好奇和热情，在全世界范围内掀起了太空探索热潮。适应这种热潮，美国导演开始编织太空神话，如库布里克的《2001漫游太空》(1968)、斯皮尔伯格的《第三类接触》(1977) 和《外星人》(1982)、卢卡斯的《星球大战》系列等等。

因为外太空的神秘，电影导演们可以尽情发挥自己的想象力，为观众展现一幅奇妙的太空场景，说到底，这是对电影作为一种“视觉奇观”的尊重。

（二）恐怖片

恐怖是电影刺激观众最有效的原始手段之一，当观众在电影院中被银幕上的场景吓得惊声尖叫时，他们的精神压力也得到了彻底的宣泄，因此，恐布片也是他们最喜欢的传统类型之一，这从当年《诺斯费拉图》(1922) 和《弗兰肯斯坦的新娘》(1935) 的放映盛况即可窥知一二。

在美国，恐怖片也是传统类型，早期恐怖片以直接的视听刺激（如妖魔鬼怪的可怖形象，角色在惊吓中的恐怖叫喊等）为主，而70年代以后的恐怖片则增添了一些新的元素，以适应时代的要求，比如对于暴力场景的强化，反映了当时美国社会的动荡不安，再比如对性场面的添加，适应了当时美国盛极一时的性解放运动，代表作品如乔治·罗梅罗的《活死人之夜》(1968)、约翰·卡朋特的《月光光心慌慌》(1978)、威廉·弗德里金的《驱魔人》(1973) 等。

思考与练习

1. 思考“新好莱坞电影”兴起的原因，并综合考虑其对其他国家的影响。

---

① 邓烛非：《世界电影艺术史纲》，北京：中国广播电视出版社1996年版，第61页。

② 同上，第61页。

2. 试分析“新好莱坞电影运动”的积极意义和消极影响，并阐述其原因。
3. 比较欧洲电影与“新好莱坞电影”在美学观上的异同。

第七节 中国内地：波推浪涌，云起云飞

【本节提要】1949年10月1日，中华人民共和国成立了，政权的更替使中国电影的创作方向也发生了相应的变化。一切唯政治是从的电影创作到“文革”时期达到高潮，第四代电影人在时代政治不断变换的年代做着最后的坚守。“文革”结束后，“解放思想，实事求是”方针的确立，使中国电影开始了真正意义上的百花齐放，在第三代、第四代电影人佳作不断的同时，第五代电影人也陆续绽放出耀眼的光彩。

【主要内容】

1. “前十七年电影”的发展历程和第三代导演的代表作品
2. “样板戏电影”的特征和“文革”时期故事片的发展
3. “新时期”中国电影创作方向的改变
4. 第四代导演的创作特点

一、“前十七年电影”(1949～1966)

新中国“前十七年电影”是一个历史的而非规则的概念，它约定俗成地指新中国成立后到“文革”开始前的十七年这样一个历史阶段，很显然，这是一个政治历史意义上的划分。

(一) 背景分析

第二次世界大战之后世界电影开始酝酿新的美学变革，以意大利的新现实主义电影为基本标志，电影创作开始从成熟时期向创新时期转变，不同的国家都经历了急缓不同的变化。此时的中国正处于新政权刚刚建立的时期，中华人民共和国建立后中国社会的性质决定了电影这种特定的艺术形式不仅要减少商业利益的支配，更要接受主流政治的主宰。

(二) 发展历程

新中国“前十七年电影”的发展特点是艰难曲折，大起大落，概括起来有“四起四落”：在十七年中出现过四个高潮时期，包括建国初期的第一次发展，1956年的第二次发展，1959年的第三次发展以及60年代初期的第四次发展，不过1963年的高潮很快就被“文革”的浪潮淹没了。

1. 建国初期的第一次发展

1946年10月1日，我党在东北解放区建立了第一个人民自己的电影生产基地——东北电影制片厂(“长影”的前身)，并于1949年4月拍摄了新中国第一部故事片《桥》。

1949 年 4 月 20 日建立北平电影制片厂（“北影”的前身），1949 年 11 月 26 日又建立上海电影制片厂。

在各大制片厂建立之后，1950 年，新中国电影迎来了第一个创作小高潮——这一年共出品影片 28 部，其中比较优秀的有《桥》、《白毛女》、《中华女儿》、《南征北战》、《我这一辈子》、《龙须沟》等。这批影片在内容上主要集中于表现旧社会的苦难和民族民主革命过程，大多数影片都洋溢着讴歌战争胜利的激情。但是，1951 年 5 月在全国开展的对电影《武训传》的批判及其后的文艺整风运动很快就结束了这个小高潮。

2. 1956 年的第二次发展

1956 年 5 月，毛泽东提出了“百花齐放，百家争鸣”的方针，对我国科学文化事业的繁荣和发展产生了深远的影响。同年 11 月，法国电影史学家乔治·萨杜尔访问我国，并对我国三四十年代的进步电影给予了高度评价。此时的中国电影人也放开了谨慎的脚步，逐渐从低谷走出，到 1955 年、1956 年，电影的产量和质量都开始上升，出现了歌咏个人在战争中锤炼成长的典型之作《董存瑞》、大胆表现军人爱情的《柳堡的故事》、延续 30 年代现实主义电影风格的《祝福》、讽刺官僚主义的喜剧片《新局长到来之前》等一大批好作品，掀起了新中国第二次电影发展高潮。可惜，这次高潮很快被 1957 年的反右斗争及其后的“拔白旗”运动扼杀了。

3. 1959 年的第三次发展

1959 年是中华人民共和国建国十周年，电影界也迎来了较为宽松的创作环境，加上艺术积累的水到渠成，这一年出品的影片呈现出较高的艺术水准，具体体现在比较规范的创作套式、比较精致的制作过程、比较自如的电影语言运用等等①。无论是《林家铺子》严谨的现实主义、《老兵新传》强烈的个人风格、《风暴》的大气磅礴，还是《我们村里的年轻人》的激情温馨、《林则徐》对民族历史的自觉回顾和反思，都达到了新中国电影发展的最高峰。可惜的是，这一良好的发展势头却被随之而来的“反右倾”和“批判修正主义文艺思潮”运动所阻断。

4. 60 年代初期的第四次发展

20 世纪 60 年代初，电影人完成了对意识形态的适应过程，找到了如何使艺术个性与时代政治、国家利益相协调的平衡点，心态已经比较平和自觉，中国电影也逐渐从“反右倾”的低潮中走出，出现了《红色娘子军》、《李双双》、《早春二月》、《小兵张嘎》、《农奴》等一系列优秀影片。随着“文革”的开展，这个高潮也戛然而止了。

（三）电影分类

1. 正剧

我们把全面贯彻主流意识要求、表现革命斗争过程、塑造主导性正面形象的歌颂式影片称为正剧电影。新中国“前十七年电影”的时代主题最为集中地体现在正剧影片上，《林则徐》、《风暴》、《红色娘子军》、《青春之歌》都属此类。

从剧本创作方面来看，这一时期的正剧很多都贯串着“成长”的主题，即叙述个人成长与革命事业发展的紧密关系，通过个人成长经历表现历史进程，典型的代表性作品如《小

---

① 周星：《中国电影艺术史》，北京：北京大学出版社 2005 年版，第 163 页。

兵张嘎》、《董存瑞》等。

2. 喜剧

从现实基础的角度来看，喜剧是人类本性的一种表现形式；从生存艰难的角度来说，喜剧也是人类对自己生存状态的一种反抗形式。前者是人类对生活需要的一种自然流露，要生存就会产生种种审美的东西，通常它和现实有不小的距离，在现实生活中常见某人自言自语、心花怒放，在他是志满意得、情之所至，在他人看来就不免诧异，觉得莫名其妙——这就有了喜剧的效果；而后者则是指人类对生存的不满催发的某种状态，将无奈的尴尬、无以言说的不满化作喜剧的形式，这就产生了讽刺、批判性喜剧。

“前十七年”中国特殊的时代背景和国情，使得40年代的社会风俗喜剧和讽刺喜剧显得有些不合时宜甚至格格不入，电影创作者急需一种新的喜剧表达方式。纵观整个“前十七年”时期，喜剧电影的发展经历了一段坎坷曲折的历程：

1955年到1958年是喜剧电影探索的活跃时期，其中最具代表性的是吕班导演的“讽刺喜剧”，如《新局长到来之前》、《不拘小节的人》、《未完成的喜剧》等，这类影片大多以讽刺为主要表现手段，批判国家干部身上残存的官僚主义作风，针砭人民内部的不良倾向。

1959年国庆十周年的献礼片中，出现了一种新的喜剧样式——歌颂性喜剧，这种喜剧突破了“没有讽刺就没有喜剧”的框框，主要表现和歌颂社会主义现实生活中的光明面，塑造正面人物形象，以误会、巧合和出奇制胜为主要表现手法，极为不易地创作出了《五朵金花》和《今天我休息》两部歌颂性喜剧的成功之作。

到了60年代初，发展较快的既不是讽刺喜剧也不是歌颂性喜剧，而是介乎二者之间的一种喜剧形式——生活喜剧（又称“轻喜剧”），代表作品有《李双双》、《女理发师》、《大李、小李和老李》、《锦上添花》等。这类喜剧善于挖掘生活中的人际小矛盾，表现的都是“人民内部矛盾”，冲突多发生在父子、母子、夫妻或者恋人之间，往往以皆大欢喜结束。

3. 史诗电影

“前十七年”的大部分史诗电影都从高视点的宏观角度出发，表现革命战争，塑造战斗英雄，也有表现个人在战争中逐渐成长的《红色娘子军》、《小兵张嘎》等，还包括表现人与时代关系的人物传记片（如《林则徐》）。

4. 悲剧

“前十七年电影”在表现旧社会题材时形成了比较统一的方式，即表现旧社会黑暗统治下人们的苦难命运。从人民已经当家做主的新中国回头看那些黑暗的历史，得出的结论必然是定型化的：旧社会的残酷决定了底层人生的悲剧性质，对这样的过去我们必须诀别，更必须批判。《白毛女》、《我这一辈子》、《龙须沟》、《祝福》、《农奴》等都是此类影片的代表作。

5. 散文式电影

在“前十七年电影”中，散文式电影的创作也有了较大的发展，出现了《柳堡的故事》、《早春二月》等优秀影片。在意识形态主导的时代，这些影片勇敢地表现了异性之间朦胧的情感，虽然表达的方式非常含蓄、非常委婉，但毕竟是中国电影恢复人性传统的一种努力。

6. 现实剧

“前十七年电影”中最能体现时代的意识形态要求和艺术精神的是现实题材影片，公私合营、三反五反、人民公社、大炼钢铁等大的历史事件都曾经出现在电影中，可以说，此类影片已经成为社会风习的晴雨表、潮汐图。具体而言，现实题材影片又包括以下类型：

第一种类型，反特题材，此类影片以现实中的敌特破坏事件为素材，编织了一些反特破案故事，如《羊城暗哨》、《冰山上的来客》、《秘密图纸》等，带有一定的类型片色彩；

第二种类型，战争题材，表现建国后军队的斗争生活，带有强烈的英雄主义色彩，如《上甘岭》、《海魂》、《英雄儿女》等；

第三种类型，社会主义建设题材，这是现实题材影片的正宗，从 1949 年王滨导演的《桥》开始，主要围绕 1958 年的大跃进生产运动拍摄。

（四）第三代导演

对“前十七年电影”贡献最大的要属第三代导演。所谓“第三代导演”是用来概括集中创作于 20 世纪五六十年代，为新中国民族电影形态的确立、发展作出杰出贡献的一批同时代的电影导演①。他们中的一些人早在 40 年代就已创作出优秀作品，如郑君里、石挥等，新中国成立后，更在新形态的电影创作中成为艺术传统延续的中坚力量；更多的第三代电影人是和新中国电影艺术的发展同步并进的创作者，如谢晋、水华、崔嵬、成荫、谢铁骊、汤晓丹等。作为时代的呼应者，他们的电影创作不可避免地带有时代赋予的总体特征，如强烈的政治意识和阶级意识，明显的教化意图和拯救倾向等，在艺术风格上具有强烈的民族气息和时代风尚②。

1. 谢晋和他的《红色娘子军》(1960)

谢晋无疑是这一时期最具代表性的导演，精到的电影语言，细致的抒情，处理敏感政治命题时的大胆与适度，使他在同代导演中独树一帜。在他身上，融合了对时代、社会的责任感，对艺术的锐意创新精神以及对电影艺术高水准的不懈追求。

作为“前十七年”正剧电影中的代表性作品，《红色娘子军》成功地描写了一个受压迫女性的反抗与成长经历，在镜头运用上，大量的特写、近镜头凸显了女主角吴琼花倔强的性格。影片充分表现了新中国电影的基本特征：革命理想主义和集体主义对个人英雄主义的胜利。作为革命和集体代言人的洪常青引导吴琼花投奔革命，教育她舍弃小我树立集体理想，并最终带领她完成了从普通百姓到人民战士的蜕变。

2. 水华和他的《林家铺子》(1958)

水华从影的 37 年中只拍摄了 7 部电影：《白毛女》、《土地》、《革命家庭》、《烈火中永生》、《林家铺子》、《伤逝》、《蓝色的花》，数量虽少却部部都是精品。著名评论家罗艺军说他是“在一个缺少个人艺术风格的年代里，显示出了鲜明的个人艺术风格”；著名导演郑洞天则说：“在我们这一代导演的心目中，水华是中国导演的头。”

在《白毛女》中，水华用对比的手法表现了旧社会“把人变成鬼”的黑暗残酷和新社会“把鬼变成人”的光明温暖，开始了独特的银幕追求；在《林家铺子》中，水华深刻地挖掘出

① 周星：《中国电影艺术史》，北京：北京大学出版社 2005 年版，第 167 页。

② 同上。

现实主义背后冷峻而深刻的意蕴，使之成为新中国经典电影的标尺；在《伤逝》中，水华用创新的结构表现了整整一代电影人对电影艺术孜孜不倦的探求和顽强的进取精神……可以说，水华对中国电影作出的最突出的贡献就是建立起以民族情感、民族生活内容支撑而成的富于民族风格的影像，架通了民族化和艺术化的电影桥梁。

3. 谢铁骊和他的《早春二月》(1963)

激情澎湃的诗意风格和细腻精致的语言表达使谢铁骊成为最有人情味儿的导演，从现实苦难中发现对美好感情的渴望，是他的影片吸引观众、打动观众的主要原因。

《早春二月》改编自左联烈士柔石的中篇小说《二月》，是中国名著改编片中的杰作。整部影片用含蓄、细腻的手法刻画了善良而懦弱的小资产阶级知识分子肖涧秋思想的复杂和深刻。他追求真理，厌恶人世的污浊，试图寻求世外桃源，却一次次落入是非之中；他想帮助文嫂，甚至牺牲真爱娶她、救她，最终却害了她。谢芳饰演的陶岚敢于反封建，天真率直，任性而有个性，充满了青春气息；而上官云珠饰演的文嫂隐忍负重，温顺伤悲。影片还采用了民族化的影像表达方式，如肖涧秋听到谣言之后愤怒疾行，伴以风声、雨点击水声，可谓“寓情于景”、“情景交融”，散发着璀璨的诗意光彩，堪称中国电影追求意境的典范之作。

谢铁骊的作品中既有同时代导演共有的鲜明的政治态度，又有充满人性色彩的情感流露，因而在备受观众欢迎的同时，也在政治上遭遇了种种不公平的待遇：《早春二月》因为表现了不满险恶环境却又无法救他人于苦难的善良知识分子而被扣上“资产阶级人性论”的大帽子；《今夜星光灿烂》则因表现了战争残酷而饱受指责；由他编剧的《海霞》更是遭到以江青为首的“四人帮”的无理挞伐……

二、“文革电影”(1966～1976)

在中国电影史上，1966 年到 1976 年的“文革”是一个极其特殊的阶段，从艺术发展的角度看，“文革电影”是中国电影史上的悲剧时期、反艺术时期，电影事业遭到了近乎毁灭性的打击。

(一) 背景

1966 年 2 月，江青与林彪互相勾结，由江青出面在上海主持召开了部队文艺工作者座谈会，会后抛出了《部队文艺工作者座谈会纪要》，提出了江青的“文艺黑线专政论”①，全面否定了新中国成立以来的文艺事业，对大部分新中国电影都以各种罪名加以否定，“前十七年电影”几乎全部被打入冷宫。随之而来的是对电影生产机构的破坏和对电影工作者的迫害，中国电影陷入前所未有的危机之中。4 月 19 日，《纪要》发表的第二天，《人民日报》发表了《破除对 30 年代电影的迷信》的文章，批判程季华主编的《中国电影发展史》是“一株反党反社会主义的大毒草”，程季华本人也由此惨遭迫害。紧接着，《解放日报》、《光明日报》等又先后批判了《抓壮丁》、《红日》、《舞台姐妹》等影片。至此，中国电影人陷入巨大的恐慌之中，“不求艺术有功，但求政治无过”成为电影人公认的至理名言。

---

① 钟大丰、舒晓鸣：《中国电影史》，北京：中国广播电视出版社 2005 年版，第 127 页。

(二)“样板戏电影”

作为江青直接引导的成果,“八亿人民八个戏”的“样板戏”绝对可以被称为“文革”的象征,它极大地普及了极“左”文化观念,向中国观众灌输了先入为主的斗争哲学和集政治符号化之大成的艺术准则,成为绝无仅有的文化传播教材。1970 年开始出现的“样板戏电影”也成为中国电影史上一个独一无二的、畸形的电影品种。

1. 八大“样板戏电影”

(1)《智取威虎山》(1970 年北影厂出品,上海京剧团演出,谢铁骊、钱江导演)

(2)《红灯记》(1970 年八一厂出品,中国京剧院演出,成荫导演)

(3)《沙家浜》(1971 年长影厂出品,北京京剧院演出,武兆堤导演)

(4)《红色娘子军》(1971 年北影厂出品,中国舞剧团演出,潘文展、付杰导演)

(5)《奇袭白虎团》(1972 年长影厂出品,山东京剧团演出,苏里导演)

(6)《龙江颂》(1972 年北影厂出品,上海京剧团演出,谢铁骊导演)

(7)《海港》(1972 和 1973 两年由北影厂、上影厂出品,上海京剧团演出,谢铁骊导演)

(8)《白毛女》(1972 年上影厂出品,上海舞蹈学院演出,桑弧导演)

这些被奉为“经典”的“样板戏电影”大部分是由“文革”前京剧革命现代戏改革实验的成果改编、记录而来,其本质是“舞台样板戏”的延续和扩展。

2. 创作模式

“样板戏电影”在创作方法上形成了中国电影少有的奇特景观:极度的模式化概念化,集中表现为江青所倡导的以“三突出”、“四字诀”为标志的创作理论,使鲜活多变的艺术变成了死板的阶级斗争。

(1)“三突出”原则

“三突出”即在所有人物中突出正面人物,在正面人物中突出英雄人物,在英雄人物中突出主要英雄人物。

围绕“三突出”原则还衍生了一套“三字经”理论,如“高起点”、“三陪衬”、“三特定”、“三对头”、“远铺垫”、“近铺垫”、“多层次”、“多波澜”、“多回合”等。

(2)“四字诀”经验

所谓“四字诀”即:敌远我近:景别表现上敌人用远景,英雄人物用近景;敌暗我明:灯光运用上敌人用暗光,英雄人物用亮光;敌小我大:人物造型上敌人要使其显得小,英雄人物要使其显得大;敌俯我仰:镜头角度上敌人用俯拍,英雄人物用仰拍。

除此之外,还有“我强敌弱”、“我美敌丑”、“我胜敌败”、“我正敌侧”等四字诀。

上述规则比较典型的体现是《智取威虎山》中的“打虎上山”等段落,这些段落无论从内容还是形式上都非常典型地体现了模式化、概念化的特征,实践了“英雄人物近大亮,反面人物远小黑”的创作原则①。“高大全”的英雄塑造模式使得“样板戏电影”充满了政治口号和斗争哲学,甚至牺牲了情节的真实性和人物的真实性,如《海港》、《龙江颂》等片。

(三)“文革”故事片

在“文艺革命旗手”江青的文化专制主义控制下,从 1966 年 6 月到 1972 年的 6 年多

① 周星:《中国电影艺术史》,北京:北京大学出版社 2005 年版,第 210 页。

时间里，中国影坛没有拍摄过一部新的故事片，人民群众的文化生活极端贫乏。1972 年，毛泽东在看了《龙江颂》以后宴请女主角的扮演者时，对文艺状况提出批评，认为电影、戏剧作品太少，称不上百花齐放，要求繁荣艺术创作。1973 年，周总理开始落实故事片创作的恢复工作，第一步就是从农村、工厂召回部分被下放改造的电影工作者。自此，故事片生产开始了艰难的恢复。

从 1973 年到 1976 年"文革"结束的 4 年间，共拍摄故事片 76 部，但大多延续了"样板戏电影"的创作原则和创作方法，以阶级斗争或路线斗争作为主要甚至全部内容，走的依然是一条高度模式化的老路。历经波折后英雄人物必然胜利，觉悟不高的干部肯定是陪衬，阶级敌人肯定极尽丑恶地负隅顽抗并以失败告终。为了表现阶级斗争，一些影片在为政治服务上甚至到了登峰造极的地步，如谢晋导演的《春苗》、李文华导演的《决裂》、刘琼导演的《欢腾的小凉河》等，都直截了当地屈就政治，成为配合政治的附庸之作。

当然，在这个混乱时期也出现了少量相对较好的影片，比如《创业》（于炎夫导演，1974 年长影厂出品）、《海霞》（谢铁骊编剧，钱江、陈怀皑、王好为导演，1975 年北影厂出品）、《闪闪的红星》（李俊导演，1974 年八一厂出品）等。这些影片在创作过程中及完成放映时无一例外都受到了"四人帮"的阻挠和破坏。

以《创业》为例，该片以 50 年代末、60 年代初我国石油会战为背景，反映了中国石油工业艰难多舛而又轰轰烈烈的创业史及以周挺杉为代表的石油工人所具有的博大襟怀、钢铁意志和高度责任感。影片讲述 1949 年秋，裕明油矿工人英勇护矿，迎接解放。青年工人周挺杉在地下党员华程的教育下，决心粉碎帝国主义的封锁，甩掉"中国贫油"的帽子。十年后，周挺杉钻井队以革命加拼命的精神创造了新的纪录，但中国还是没有甩掉石油落后的帽子。专家工作处处长冯超迷信洋人，推行修正主义路线；总地质师章易之被"贫油"论所束缚，无所作为。周挺杉对他们进行了坚决的斗争。不久，北方草原上几口油井喷油，周挺杉带领钻井队来参加会战。他和油田政委华程提出要打破洋框框，走民族工业发展的道路，甩开膀子勘探，拿下大油田，已经是前线会战副指挥的冯超和章易之则主张走老路。冯超用两面派的手法千方百计制造障碍。周挺杉和工人们响亮地提出：有条件要上，没有条件创造条件也要上。他们靠毛主席的"实践论"、"矛盾论"起家，靠艰苦奋斗创业，与冯超进行了坚决的斗争。在油田会战的紧要关头，苏联修正主义背信弃义，断绝了油料供应，冯超又里应外合，制造了停钻和井喷事故。周挺杉在油田党委的领导下，揭露了冯超的历史和现行的反革命罪行，教育了章易之，终于为国家拿下了面积大、产量高的创业油田，粉碎了帝国主义和修正主义的封锁，使我们的祖国基本上实现了原油自给，唱出了一首中国工人阶级战天斗地的正气歌。影片场面宏大，气势雄浑，是我国工业题材影片创作中的一部重要作品，但由于社会政治原因，影片在阶级斗争等方面的描写也不可避免地带有当时的时代政治色彩。

该片上映后引起江青的强烈不满，组织人写文章，列出其十大罪状，主创人员不服，上书毛泽东，毛泽东看过后批示："此片无大错，建议通过发行，不要求全责备，而且罪名有十条之多，太过分了，不利于调整党的文艺政策。"有了最高领导的批示，即使江青等人再怎么耿耿于怀，影片还是得以放映，并且受到相当广泛的欢迎。

另一部影片《海霞》则成为试图控制文艺的黑暗势力与期望艺术突破的电影工作者正

面交锋的标志性作品。故事讲述新中国成立前,同心岛的渔民刘大伯在大海中救出一个女婴,取名海霞。年幼的海霞目睹父亲被渔霸陈占鳌勾结海匪打死,母亲被陈占鳌逼死,海霞家里的破船屋也被强占。海霞心中渴望着报仇。新中国成立后,在解放军方指导员的关怀、教育、培养下,海霞和同志们克服种种困难,组织并发展了同心岛女民兵队伍。解放时逃到台湾的陈占鳌又派遣特务黑风潜回同心岛破坏民兵建设,制造事故。面对这些复杂情况,海霞毫不畏惧地分析事故原因,发动群众查勘敌情。在领导和群众的支持帮助下,在民兵和解放军的密切配合下,终于揪出了暗藏的特务,消灭了来犯的敌人,击毙了匪首陈占鳌,彻底瓦解了敌人侵扰海岛的罪恶阴谋,保卫了祖国的海岛。

该片完成之后,被"四人帮"操控的文化部门就进行了追查和批判,阻挠其正常上映。创作人员不得不通过各种途径向最高领导反映,最终得到毛泽东的批示:由邓小平主持政治局观看此片进行审查。审查的结果是由创作者进行一定修改后在全国放映,这标志着电影工作者在这场没有硝烟的战争中取得了阶段性的胜利。但以江青为首的反动势力依然坚持反对立场,1976 年初把影片定为"右倾翻案风"的典型事件加以批判,直到粉碎"四人帮"后影片才得以再次放映。

总体而言,"文革"时期是反电影艺术的时期,中国电影在这十年遭受的重创需要花费相当长的时间才能恢复。具体而言,"文革"时期电影的特点主要有二:

1. 电影自身的艺术规律遭到严重的忽略和践踏,政治超越一切、主宰一切,那些违背艺术规律的所谓创作原则和创作方法严重地束缚、损害了电影工作者的艺术创造力。

2. 现实主义传统断流,极度夸张、虚假的所谓浪漫主义充斥银幕,电影艺术的本质受到根本性的损害。

三、"新时期"的中国电影(1976～1989)

粉碎"四人帮"之后,中国进入了一个新的时代,这一变化是意义重大的,电影长期所依附的时代政治的改变,必然导致其内容与形式的变化,因此对于电影来说,也开始了一个前所未有的新时代,这一时期的中国电影我们简称为"新时期电影"。在与世界电影隔绝了漫长的十年之后,中国电影开始了大踏步地转向,"转向艺术探索,转向世界潮流,转向百姓娱乐需求"①。

(一) 三个阶段

从观念形态和艺术潮流变化相结合的角度分析,"新时期"中国电影大体经历了以下几个明显的阶段:

1. 恢复时期(1976～1980)

这是"新时期电影"的艺术准备期,包括两个阶段:前期的政治反思—艺术复苏时期和和后期的观念转变—艺术探索时期。

(1) 政治反思—艺术复苏时期(1976～1978)

随着"四人帮"集团的垮台,时代政治的变革开始酝酿。一方面全国人民欢欣鼓舞,另

① 周星:《中国电影艺术史》,北京:北京大学出版社 2005 年版,第 217 页。

一方面积重难返、问题成堆，一时间难以理清，前进的步伐还不是很大。尽管拨乱反正是这一时期的特点，但一切都有待梳理。

这个时期的中国电影在内容上大多从对“四人帮”思想统治和政治迫害的清理入手，包括两大类型：第一类是战争岁月片，其中包括从“文革”时期延伸下来的反特故事片，在当时特定的文化干涸的背景下，反特片很受欢迎；第二类是揭批“四人帮”罪行、反映人民与“四人帮”斗争的影片，由于制作匆忙，这类影片缺乏深厚的生活基础，艺术形象不够鲜活、丰满，表现手法和技巧很少突破，创作套路和“文革”时期的电影没有根本性的区别，也是从政治宣传出发、顺应时代政治变化的“概念影片”。

在上述两大类型之外还有一些影片表现了普通人的生活，比如《青春》(谢晋导演，1977）和《大河奔流》(李准编剧，谢铁骊、陈怀恺导演，1978)，虽然这两部影片在创作上拥有更多的闪光点，但还是无法摆脱“服膺于政治宣传”的固有观念的影响。

(2) 观念转变—艺术探索时期(1978～1980)

1978 年上半年，关于实践是检验真理的唯一标准的大讨论在全国展开。1978 年 12 月中国共产党十一届三中全会召开，结束了以阶级斗争为纲的路线，提出了“解放思想，开动脑筋，实事求是，团结一致往前看”的方针。至此，束缚电影艺术创作的牢笼终于被打破，曾经被禁锢的影片陆续解禁上映，曾经被“四人帮”迫害的电影艺术家如郑君里、蔡楚生、上官云珠、田方、应云卫等被平反昭雪。

这个时期还有两篇文章对电影语言和电影艺术的创新发挥了重要作用，一篇是白景晟 1979 年 1 月发表在《电影艺术》上的《丢掉戏剧的拐杖》，另一篇是张暖忻、李陀 1979 年 3 月发表在《电影艺术》上的《谈电影语言的现代化》。前者从电影是一种综合艺术的角度分析了电影有别于戏剧的美学特征，提出电影艺术的发展应当丢掉戏剧的拐杖；后者则向中国电影的传统形态提出了挑战，被认为是第四代导演的艺术宣言。

这一时期拍摄的影片以《小花》、《生活的颤音》和《天云山传奇》最为突出。

①《小花》(张铮导演，黄健中副导演，1979)

影片《小花》改编自战争题材小说《桐柏英雄》，把传统的战争故事用新锐的电影语言表现得别有意味，堪称这一时期电影艺术形态受电影艺术观念革新的影响发生重大改变的标志性作品。正如副导演黄健中所说：“《小花》的创作和拍摄，从内容到形式的探索都带有一定的‘叛逆’性质。”①

创作者在改编过程中抓住原作中人情味最浓的部分，紧紧围绕何翠姑、赵永生、赵小花三个主要人物的命运，在一个“情”字上大做文章，渲染了兄妹之情、姐妹之情、母女之情、同志之情。叙事方面改变了中国传统电影平铺直叙的方法，大量运用闪回手法将过去的回忆和眼前的现实形成对比，在叙事的同时抒发人物内心强烈的情感，使叙事重点突出，浓淡有别。再如插曲的运用，影片开始时的歌曲《妹妹找哥泪花流》既是叙述——告知当年哥哥逃壮丁的经历，又是抒情——表现小花寻找哥哥的焦灼和对哥哥的强烈思念。

在电影本体方面，影片借鉴外国电影的经验，把色彩作为一种叙述手段加以运用，如彩色片和黑白片的交叉形成对比，沿着人物思想情感的线索结构全片。可以说，本片在电

① 钟大丰、舒晓鸣：《中国电影史》，北京：中国广播电视出版社 2005 年版，第 127 页。

影艺术观念上的开拓和电影语言上的探索，对“新时期”中国电影拓宽创作思路具有积极的示范意义。

②《生活的颤音》(滕文骥、吴天明导演，1979)

《生活的颤音》是一部探索意识较强的影片，导演几乎把当时能看到的所有新鲜的电影技巧悉数采用，如：现实与回忆交叉的叙事结构；黑白片（现实部分）插入彩色片（幻想部分），用以表现人物的意识活动；慢动作、定格等技巧的运用等等。

作为中国电影中比较稀缺的音乐故事片，本片中的音乐运用十分出色，不仅与剧情紧密结合、贯串始终，而且成为渲染情绪氛围的重要角色。影片从一开始就注意了音乐的旋律、节奏与画面的关系及与人物内心思想情感的关系，使音乐构思成为全片不可分割的重要部分。

③《天云山传奇》(谢晋导演，1979)

这是第一部以“反右”扩大化为题材进而揭示“左倾”对一代人造成历史悲剧的深刻剖析之作，是这一时期中国电影的重大收获。无论是对社会历史的思考深度、对女性人物情感世界的深入解剖，还是对电影语言的精到运用，都是那个时代的代表性作品。

主人公罗群被政治历史所拨弄的悲剧命运不仅是个人的遭遇，更牵扯出一代人的历史命运。影片在个体的命运颠簸中表现其心理变化，使整部作品具有宏阔和细腻相结合的优点，而心理结构的运用既深刻地揭示出“左倾”的种种罪恶（对罗群造成的人生磨难，对宋薇的心理摧残，对冯晴岚、宋薇等人情感的残害），又避免了平铺直叙，使不同时空的漫长历史交叉表现，充实了影片的内涵。

总之，该片在艺术思想与表现技巧上都达到了当时中国电影的最高水平，是中国优良的电影传统与新时代、新艺术观念的完美结合，也是谢晋电影的经典代表。

2. 收获时期(1981～1987)

(1) 现实主义回归—纪实美学时期(1981～1984)

这一时期，中国电影人已经从政治宣教的虚假中脱离出来，开始意识到个性经验和独立思考的重要性，并努力融入追求电影真理的世界共同潮流。电影工作者从电影、戏剧、文学三者关系的大讨论中，从对“影戏”传统的审视和争议中，从对“新时期”之初盲目使用新技巧的反思中，逐渐认清了电影的独立性、本体性，并确立起新的电影观念。中国电影从技巧层次的单一革新进入到整体革新的新阶段——纪实美学阶段。

① 郑洞天的《邻居》(1981)

在表现纪实特性上，《邻居》无疑是典型的代表，那种平实冷静的纪实形态令人耳目一新，并对中国电影的新气息产生了深远的影响①。

影片讲述了建工学院一幢单身宿舍楼内邻居们在嘈杂、拥挤不堪中生活的过程。故事围绕房子问题展开，涉及20世纪80年代初期牵涉面最广、中国老百姓最关心的社会问题，如照顾关系户、以房谋私、打击报复、逢迎拍马等不良社会风气。从故事的编织中可以清晰地看出编导者对生活中真实存在的矛盾十分敏感并且具有如实反映的勇气，因此影片具有强烈的真实性和震撼性。

---

① 周星：《中国电影艺术史》，北京：北京大学出版社2005年版，第231页。

在表现手法上，影片一开始就与传统戏剧式电影的表现方式不同，无论音响、画面还是节奏都高度接近生活的本原：中午12点，楼道里拥塞着各种各样的声音——钟表报时声、广播声、呼喊应答声、炒菜滋油的翻炒声等等，人们在狭窄的楼道里擦身来往，一切都是生活原生态的逼真表现。

从电影本体的角度来看，本片已经不再像《小花》那样一味追求复杂花哨的表现技巧，而是回归电影的记录本性，讲究平实、冷静、工整和简洁，从而真实地再现生活本身的平易、繁琐与朴实。

② 张暖忻的《沙鸥》(1981)

这是一部运动题材影片，表现了青年运动员拼搏奋斗、为国争光的心路历程，同时也是一部运动员的人格成长史。与以往的体育题材影片相比，本片具有新的特点，比如对人物心理层面的关注、揭示以及“重含义轻情节，重人物轻事件”的结构特点，这在当时汹涌的纪实美学潮流中也是独树一帜的。

此外，该片还首次启用非职业演员担当主演，大量采用实景拍摄，较多运用长镜头来表现生活流程，使影片更接近生活真实。

(2) 文化批判—影像美学时期(1985～1987)

对于中国电影而言，1985年是一个分界线：1985年以前，电影基本上是沿着传统的现实主义道路前进，同时也吸收了外来的经验；1985年以后，舶来的新潮艺术思想大量涌入，随着眼界的开阔，前苏联电影不再是唯一被推崇的艺术，这一时期的中国电影伴随着我们民族走过的思想解放历程，进入了空前民主、活跃的创作高潮期，非意识形态化、非情节化正是从第五届金鸡奖评选开始的，穿上新装的电影受到广泛的赞扬，被认为是中国电影的生机和未来。

这一时期第五代导演跃上历史舞台，创造了“影像美学”新时代，同时第三代、第四代电影人也在不断推出新的佳作，几代电影人济济一堂，共同为中国电影的新发展贡献力量，造就了中国电影史上少有的辉煌局面。

20多年前，一群怀揣着形形色色梦想的毕业生告别了偏安于京城北郊朱辛庄的北京电影学院，照片上这些衣着像当时那个时代一样朴素的年轻人大概没有料到，他们很快就将穿着锦绣华服频繁出没于世界各地大大小小的电影节颁奖舞台上了。随着时间的推移，他们逐渐凭借自己的实力被人们约定俗成地封为“中国电影第五代”。现在回过头去看，他们的个人奋斗、他们的功成名就、他们的走向世界甚至他们的从被指责到被承认，一切都是那个时代的缩影。

第五代电影人主要是指“文革”时期被耽误学业，落脚在乡村插队或者在工厂从事体力劳动，“新时期”考入电影学院的第一批导演们以及年龄相近、在20世纪80年代开始创作的青年导演们。他们是第四代电影人的学生辈，却赶上了与他们同台竞技的好年代。改革开放的春风让他们的艺术创作有了新的舞台，而刚刚开放的市场也没有对艺术提出过多的限制，专业的电影知识使得他们在电影创作上更加大胆和敢于突破。

电影有其独特的语言系统和表达方式，它产生于工业，用声画组接而成，《红高粱》、《孩子王》、《黑炮事件》、《黄土地》、《一个和八个》等作品都强调了电影造型的重要性，而注重影像本体意义、创造性的影像表达，也成为第五代电影超越传统的最为典型的特征。

《红高粱》景物与颜色对精神表达的意义,《孩子王》镜头语言的别致,《黑炮事件》色彩选择的大胆,《黄土地》构图色块的前所未有,《一个和八个》独特的光影造型,都显示着他们对电影本质的关注和对电影语言的创造性运用。

3. 分化时期(1988 年之后)

1988 年之后,中国电影艺术进入多元文化碰撞的时期,主旋律高歌猛进,类型片初具雏形,娱乐因素得到越来越多的重视,新生代电影渐次浮现,众多元素碰撞出中国电影史上前所未有的热闹局面。在创作人才方面,第四代导演逐渐退居幕后,第五代导演仍是中国电影界最具话语权的创作群体,第六代导演逐渐从地下转到地上……几代电影人济济一堂,在艺术片和商业片之间也游走得越来越娴熟。

(二) 第四代导演

“纪实美学”时期的到来标志着中国电影现实主义传统的回归,这个时期的电影以第四代导演为主导力量。所谓“第四代导演”,泛指在“文革”前接受了电影教育、“文革”中耗费了十年青春、“文革”后开始独立创作的一批电影人,以及另外一些年龄段相近、创作时间相近的导演们①,代表人物有张暖忻、郑洞天、谢飞、黄健中、吴贻弓、滕文骥、杨延晋、吴天明、胡柄榴、丁荫楠、颜学恕、翟俊杰、赵焕章等。他们是伴随岁月磨砺“艰难苦恨繁霜鬓”的一代人,更是中国电影改革开放的见证者和开拓者。被“文革”耽误的十年使他们对自己的艺术生命倍感珍惜,进而迸发出热烈的艺术探索激情,厚积薄发的创作背景使他们迅速成为时代的主角并始终以坚定的毅力应对艺术风潮的变迁和电影市场的起伏,精彩地描绘着自己的创作轨迹。

1. 代表性作品

(1) 吴贻弓的《城南旧事》(1982)

在戏剧式结构占绝对主流的中国电影史上,本片以完美的散文式结构成为经典的艺术作品。散文式结构不追求一条线索贯串全片,也没有强烈的戏剧冲突,外部结构松散,却很好地表现了环境和心理。

影片以主人公小英子的眼光感受世界,结构了三个故事(“疯女人”秀贞的故事,偷儿的故事,宋妈的故事)。三个故事的情节互不关联,情感却一脉相通——同情与期待的落空,离别的眷恋与惆怅。按照导演吴贻弓所述,“淡淡的哀愁,沉沉的相思”是全片构思的内在情感线索,由此串接起发生在旧北京城南的三段旧事。小英子与那些人物一个个认识又离别,最后到“亲爱的爸爸也走了,我的童年结束了”为止,幽怨缠绵的情感绵延不绝,回味悠长。

(2) 吴天明的《人生》(1984)

《人生》非常典型地体现了导演吴天明集大气与细腻为一体的创作特点,在西部粗犷的风土人情中,凸显的却是细致的人性情感追求。

影片的主人公高加林不甘于一辈子待在穷困闭锁的乡野,立志要到都市去追求自己的人生价值。为了实现这个目标,他付出了情感和名誉的代价。女主人公巧珍完美地体现了依顺和仁义的传统妇德,却无法摆脱一厢情愿的低层次情感沉溺。

① 周星:《中国电影艺术史》,北京:北京大学出版社 2005 年版,第 245 页。

影片深入地展示了处于变革中的乡村青年的情感矛盾，在动人的艺术表现之外，也遭到了关于影片内容的争论和批评。很多评论家认为影片对于人物的评判落入了“痴情女子负心汉”的传统模式，对以巧珍为代表的旧社会标准女性形象给予了过多的肯定和同情，而对其爱情基础的脆弱和不合理则未加批判，同时，对高加林在个人价值上的合理追求没有从历史进步的高度给以足够的肯定，反而过多地宣扬了传统的伦理道德，暴露了创作者本身所存在的思想局限。而另一些评论者则认为，影片恰恰如实地表现了当时中国农村社会普遍存在的矛盾：在进步与落后之间，在理智与情感之间，在个人追求与传统伦理之间，都存在着无法厘清的复杂关系，影片对于这些矛盾的表现恰恰超越了传统中国电影表现层面单一的局限，是对农村题材影片的发展和开拓。

(3) 水华的《伤逝》(1981)

《伤逝》是鲁迅创作的一部优秀的手记式小说，其中对人物心理的描述受到广泛的赞誉。导演水华在改编时特别强调“既要忠实于原著的思想内容，也要忠实于原著的艺术风格”，使影片成为独具一格的中国式心理情感电影。主人公涓生的内心独白披露了影片心理结构的内在依据：“如果我能够，我要写下我的悔恨和悲哀，为子君，为自己。”

影片并不把内心视像直接外化，而是对心理状况进行间接描写，最大限度地把人物的情感意识用声画语言予以动态表现，借客观景物渗透人的心理与情绪，从而造就心理状态表现的自然与丰富。如影片开始的十分钟就非常明显地传导着涓生浓烈的情感化的意识流动：他痛悼子君的离世，痛悔失去的与子君相伴的美好时光，恍惚间心灵深处的记忆历历在目。在试图还原的记忆与冷峻的现实之间，影片用音乐、色调进行了鲜明而强烈的对比。

(4) 谢飞的作品

在文化转型、艺术市场转折的当口，谢飞的电影已经成为极富标志性的现象，我们可以从中看到20世纪艺术诗意的残存并听到抗争的哀婉之声①。

毫无疑问，谢飞的作品是难得的中国“作者电影”的典范。在艺术需要守望的年代，谢飞电影一直是艺术思想的主观栖息地。在保持人性文化与诗意审美的谢飞电影中，对商业的抗争不是一种策略，而是发自本能；对于艺术价值的追求也不是强求，而是一种发诸自然的主动。

在第四代电影人身上典型地体现了艺术理想和人生理想合二为一的高度重合，艺术理想起源于他们对现实理想的期求，艺术创造又根植于现实重负之中。谢飞的艺术观是理想充盈的艺术观，越到后来，他对艺术的理解就越接近宽容生活苦难和表达拯救情感的理想程度。如《本命年》(1990) 对主人公内心深处善良犹存、美好萦绕的偏爱，《香魂女》(1993) 对香香嫂不忍束缚无辜的人性本真的揭示，《黑骏马》(1994) 对特定民族情爱、生育、婚姻观念的理解，《益西卓玛》(2000) 对主人公历经沧桑积淀美好回忆的表现等等。从这些电影中，谢飞的艺术观念清晰可见，创作的内涵主线表达集中，艺术与人生追求的关系非常紧密。

---

① 周星：《中国电影艺术史》，北京：北京大学出版社2005年版，第253页。

2. 第四代导演的创作特点

"文章憎命达"。往昔岁月的磨砺没有消磨掉这一代人的精神意志，复苏之时的使命感强烈地促发了他们的创作欲望和创新意识，塑造了他们出手不凡、引领创作主潮的大家风范。

(1) 把生命美学注入现实主义

所谓生命美学，是指电影抛弃了虚假浮华的表象，真实地描绘现实生活及生活中的矛盾，真切地传达普通人的喜怒哀乐，真诚地摹写朴泛人生的感受①。简言之，血肉丰满的人生状态与直面现实的人生态度，构成了第四代电影人作品中真实的生命形态。

(2) 纪实美学与散文诗情的统一

散文式电影和纪实美学构成了二而一、一而二的关系：散文式电影是建立在纪实美学基础上的一种电影结构模式，而纪实美学的电影形态又是通过散文式的结构而重现其特质的。纪实电影在创作风格上追求生活化，缩短银幕与现实的距离，在结构形式上打破了有始有终的戏剧式电影结构，弱化艺术加工的痕迹，构成散文化电影的创作模式。

(3) 对人的命运与人性意识的关注

从"文革"出来的中国电影在面对这段历史时的障碍之一，就是摆脱不了"文革"时期电影对政治的严重依赖，缺乏对活生生的人的平等对待，特别是缺乏对人性的关怀。政治的标尺、事件的评判，压过了对人的关注。如果说第四代电影人得益于现实主义回归的观念，那么对人性的高度关注则是第四代导演取得出色成就的突出原因。

(三) 第五代导演

纵观20世纪80年代的中国影坛，第五代导演所作出的贡献不可小觑，是他们让中国电影在世界影坛有了自己的一席之地。

1984年上半年，中国电影起色并不明显，下半年才陆续出现一些好影片。除了"第三代"、"第四代"导演的作品外，一个重要的历史现象，就是以1982年北京电影学院毕业生为主体的"第五代"导演的作品问世。它们一出现就引起了广泛的争议，这是前几代导演的作品问世时所没有的。由此开始，中国电影创作显现出"第三代"、"第四代"、"第五代"三代同堂的新格局。虽然人们对于"第五代"的作品还存有许多不同看法，但在舆论上和评奖中，他们已开始取得了自己的地位。机遇加上自身的才华使张艺谋、陈凯歌、田壮壮、张军钊、吴子牛等人在中国影坛呼风唤雨，这些"红孩子"是"新时期"电影最大的获益者和推动者，他们的出现使中国电影出现一个明显的上升趋势。

1. 代表人物及其代表作

(1) 张艺谋和他的《红高粱》(1987)

张艺谋是第五代导演中的领军人物，而他在20世纪80年代导演的一些影片，又是他导演生涯中最关键的几部片子。《红高粱》出师柏林电影节就折桂金熊，让张艺谋刹那间成为中国导演在世界影坛的代表。毕业于北京电影学院摄影系的张艺谋不仅在导演领域取得了突出的成绩，而且还凭借《一个和八个》、《黄土地》和《大阅兵》的摄影及《老井》的主演在国内外获得众多奖项。

---

① 周星：《中国电影艺术史》，北京：北京大学出版社2005年版，第246页。

张艺谋的认真造就了他。《红高粱》投入的资金很低,但有足够的震撼力,在电影史上有不可磨灭的地位。影片除了在造型、色彩运用和气氛营造上都有创新之外,还有着更加重要的东西:不顾一切的热情。主人公情感的热烈程度就好像少年的初恋一样,完全没有现实的考虑,甚至到了奋不顾身的境地,它拂去千年积压的封建尘土,让那埋藏的生命之火熊熊燃烧。"个性的张扬,生命的迸发,一句话,让自己的生命之火燃烧得更加炽热"①。

但《红高粱》中表现出的人性观也是一把双刃剑:一方面,它通过表现中国人性格中张扬的一面实现了对国民性中被遮住、或者被忽略的一面的开掘,具有积极而长远的意义;另一方面,它弘扬的人性在思想上有过分崇尚感性和本能的局限,这种生命意志、人生哲学上的偏颇会对观众起到负面的作用。毕竟,人从"自然人"变为"社会人"以后,就成了社会性与生物性、理智与情感的统一,他(她)面对的客体则是本质与现象、内在与外在的统一,社会关系的制约是他(她)生存的必要条件。另外,影片在结构上也不是很完整,前后两大截,上半部分的写意和后半部分的写实在风格上并不统一。

但无论如何,张艺谋的电影暗合了西方人的文化逻辑,与他们的审美取向比较吻合,所以在西方电影节上不断获奖,甚至成了西方观察中国的一面镜子。可以说,张艺谋和他的同学们披荆斩棘蹚出了一条中国电影走向国际的路。

(2) 陈凯歌和他的《黄土地》(1984)

在第五届"金鸡奖"的评奖会上,黄宗英"舌战群儒",要给予陈凯歌执导的影片《黄土地》(张子良编剧) 足够的"名分"。在当时的环境中,很多声音认为它并没有跟上"火热"时代的步伐,没有正面表达"沸腾的生活",而是展示了中国蒙昧落后的一面;但时间证明,《黄土地》完全可以进入最优秀的中国电影的行列,是中国电影文化重建的重要见证。影片的情节很简单,表现了八路军战士顾青为搜集民歌来到陕北,却没能改变黄土地上长大的女孩翠巧的婚姻悲剧。翠巧的希冀和怨恨寄托于回荡在沟谷中久久难以散去的"信天游"中,令人心碎。天人合一的关系思辨,生命哲学的形象思考,文化探寻的关注目光,成为《黄土地》难以分割的主要内涵。

1987 年陈凯歌执导了《孩子王》(阿城原著,陈凯歌、万之编剧),调子和《黄土地》一致,充满对大地的感恩和对民族生存状态的使命感。虽然它不是一部完美的作品,但如果说到忧患意识,没有别的作品能和它相比。这是第五代电影人向他们的过去告别之作,它为这一代作了一个总结发言,把自己想说的话毫无保留地说出来了。

而《大阅兵》(高力力编剧,陈凯歌导演,1986) 则是注重影像的电影,为了迎接国庆大阅兵,352 名战士开始了近乎残酷的训练,有些战士未能坚持到最后,因为各种各样的原因离开了队伍,但他们都用自己的行动筑成了"集体主义"的方阵。影片说到了"规矩",在所信奉的"规矩"上,所有人毫无保留地倾注了自己的感情。

(3) 田壮壮和他的《猎场扎撒》(1985)

田壮壮,1952 年出生,被日本电影评论家佐藤忠男称为"当代中国最有才华、最杰出的电影导演"②。如果说陈凯歌的《黄土地》、张军钊的《一个和八个》还是走革命英雄主义

① 郦苏元:《新中国电影 50 年》,北京:北京广播学院出版社 2000 年版,第 24 页。

② 佐藤忠男:《我想活得很自我》,《文学故事报》2002 年 8 月 19 日。

的路子，是在政府允许的大背景下拍摄的，那么田壮壮的作品则游走在大环境下的边缘地带。

《猎场扎撒》(江浩编剧，田壮壮导演) 是一部表述猎场准则的电影。在大草原上，人们仍然恪守着成吉思汗所制定的古老规条，公平地狩猎、放牧，而年轻的猎手向古老的规条挑战，违背“扎撒”进行偷猎，后果不仅是肉体上的痛苦，还有一段内心的不安和挣扎。这是一个关于社会理想的梦，与其说是对草原平静生活的向往，不如说是对急剧变革的社会现实的一种不适应和逃避。

在田壮壮执导的另一部作品《盗马贼》(张锐编剧，1986) 中，因贫困而成为盗贼的牧民罗尔布受到了牧民们的歧视，佛也不能把他从贫穷中解救出来，他只好又一次铤而走险，结果只能走上不归路。天葬台上，一只雄鹰飞过，似乎在为他漂泊的灵魂祈祷。影片里有近乎狂热的宗教激情，反映了一种现实精神的失落。

(4) 黄建新和他的《黑炮事件》(1985)

黄建新是第五代导演中的特例，他的同辈导演为了避开社会的、政治的制约，策略性地选择了远离时代的故事，而他则没有回避，而是始终根植于现实生活，应该说他的选择更具风险，也更需要智慧和勇气，这也是他赢得尊敬的一面。他的影片虽然对现实题材进行了一些艺术上的加工处理，但还是很明显地触及了大陆较为敏感的制度问题。

《黑炮事件》(李唯编剧，黄建新导演) 根据张贤亮的小说《浪漫的黑炮》改编。工程师赵书信出差的时候在旅馆里丢失了一枚象棋棋子，因为觉得另配一副别扭，就向旅馆发了一封电报要求寻回“黑炮”。就是这样一封电报，引起了保持高度革命警惕性的群众和干部的注意，赵书信被暗中调查，失去了组织的信任，领导甚至阻止他和德国工程师的合作……当真相大白的时候，赵书信为自己连发一封电报都不能自己做主而感到了深深的困惑。影片反映了中国内地在改革开放进程中暴露出来的官僚主义弊端以及它对人们在现代化进程中的无形钳制，用近乎荒诞的艺术手法表现了深刻的思想，是新时期第一部具有黑色幽默意味的电影，也是对以往知识分子题材的逆向推进。

2. 第五代导演的创作特点

第五代导演在艺术上的创新和突破主要表现在两个方面：

(1) 对视听语言的创新

打破了全景构图和传统的电影用光：要么是强烈的黑白对比，要么是大顶光和逆光；要么是大俯大仰的角度，要么是纹丝不动，仿佛像钉子一样钉在地上的固定长镜头，物体占据了大部分的画面，而人反而被挤到了一角。另外，画内空间和画外空间的出色运用也是这种创新的表现。

对电影本性、形式技巧的思考超过对思想、现实的思考，对历史的重新表述既体现在象征似的神话构架上，也表现在原生空间和语言体系上，是文化反思内核和现代电影语态的合一，构成了20世纪80年代国际电影思潮中特定的东方形态。对中国电影传统而言，它提供了一个少有的反传统标本。

(2) 对文学价值的开掘

第五代导演在提升了自己电影作品的地位的同时，也大大提升了中国作家的地位，一些作家因为“触电”，小说被改编成电影后又掀起了观众重新回头看小说的热潮，带动了小说作品的销售量，扩大了它们的影响。虽然出现过几位当红作家放弃小说创作、同时为一位导演创作指定题材剧本的不正常现象，但我们必须承认的是：有实力的作家的加盟，弥补了电影编剧的不足，保证了电影作品起码的厚度，也加强了导演对作品思想、艺术价值的开掘，令导演获益匪浅。

思考与练习

1. 简述新中国“前十七年电影”的发展历史及成因。
2. 什么是“三突出”原则？什么是“四字诀”？“文革”时期的故事片创作情况如何？
3. 谈谈你看过的某一部第四代导演的作品。
4. 你对纪实美学如何认识？
5. 简述《小花》在“新时期”中国电影观念转变过程中的地位。

第八节　中国香港“新浪潮”电影：短暂的激情

【本节提要】香港“新浪潮”电影运动虽然只存在了短短几年时间，但它是香港电影史的一个重要的分水岭和里程碑，它推动了香港电影在创作队伍、美学观念、影片类型、电影形态、视听语言、制作技术等多方面的现代化，对于当代香港电影的发展，对于香港电影跻身世界电影先进行列，都起到了不可低估的作用。

【主要内容】

1. 香港电影的“繁荣期”和“转型期”
2. “新浪潮”的特色
3. “新浪潮”的成就和走向

由于历史的原因，香港在100多年前就游离出了内地母体的怀抱。在独特的政治、经济和文化环境中，香港逐渐发展成为一个举世瞩目的国际化现代都市。香港电影在这个特定的时空内，在多种文化的撞击中，经历了与内地电影从互相延伸到建立独立品格的过程，从而发展成为一个具有现代都市文化特征的中国电影的分支。在中国电影的整体视野中，香港电影无论从工业和美学层面都创造出了诸多神话，形成了鲜明的本土特色。“新浪潮”电影运动更使香港电影在世界电影史上确立了自己的地位和价值。

一、从“萌芽”到“转型”（1913～1978）

由于优越的地理位置，香港是整个中国领土最先接触电影的地区。1896年，也就是法国卢米埃尔兄弟发明电影的第二年，他们派几名技师来远东地区放映电影并拍摄一些风光素材，第一站便到了香港。随后美国人在上海创办的亚细亚影戏公司也来到香港，拍摄了故事片《偷烧鸭》，由香港人梁少坡导演并主演。此后，电影在香港迅速生根发芽。

完全由香港人创作、香港公司出品的第一部影片，是1913年的故事短片《庄子试妻》。这一年，被后人称为“香港电影之父”的黎民伟创办了香港的第一家制片机构——中美影片公司，并且自编自演了这部影片，成为香港电影史的正式开端。

从1913年到1930年，是香港电影创作的“萌芽时期”，这一时期的香港电影有着明显的中国传统文化的烙印。就形式而言，这些电影多和中国传统的戏曲艺术相结合(如《庄子试妻》改编自粤剧)，和内地电影(如《定军山》)一起成为世界影坛独有的片种；从内容上看，香港电影的开拓者们也从“文以载道”的传统出发，主张电影应有劝善惩恶、移风易俗、辅助教育、改良社会的作用，从而使香港电影在萌芽时期就确立了“导人向善”的优良传统。

从1930年10月“联华”成立到1941年12月香港沦陷，是香港电影的“成长时期”。

这一时期香港影人先后成立了“大观”、“南粤”、“全球”等50多家中、小粤语制片公司，使香港电影有了较快的发展，11年间这些公司共拍摄了550多部影片，其中1933年第一部局部有声片《良心》(黎北海导演)的出现，标志着香港电影进入了有声时代。

1941年12月25日日本侵略军攻占香港。香港的电影从业人员一部分回内地参加抗战，一部分转赴南洋或改业经商，电影创作完全陷入停顿状态。1945年8月日本投降后，香港电影才得以复苏。从这一年到1949年底的4年间，是香港电影发展的第三个时期，即“复苏时期”。

从1949年底到1966年中，是香港电影发展的第四个时期，即“繁荣时期”。17年间，共拍摄了4000部影片，平均每年200多部，1961年甚至达到了300部。此时，现实主义传统得到发扬，表现手段日益成熟，呈现出百花齐放、佳作迭出的繁荣景象。

这个时期还出现了一批有影响的、实力雄厚的电影制片机构，如长城电影制片公司、凤凰影业公司、邵氏兄弟有限公司、中联电影公司、电影懋业公司等。这些公司除了具有雄厚的资本外，还拥有(或培养出)一批卓有成就的导演、演员和技术人员。

朱石麟是这个时期最具代表性的导演之一。50年代，在现实主义创作思想的影响下，他为龙马、凤凰、长城等公司创作了一系列在思想上、艺术上都有杰出成就的作品，成为这一时期香港新现实主义电影学派的领导者。他改变了战后香港电影以反映上海等几个内地大城市市民生活为主要内容的畸形现象，把电影带回香港的现实环境之中，把镜头焦点对准香港的现实问题。例如：《误佳期》描写香港下层社会一对青年男女在准备结婚时所遭遇的种种障碍；《中秋月》描写香港一个小职员在中秋节为了送礼、还钱所遭受到的功利社会的层层压力；《一年之计》描写香港一个中产阶级家庭即将陷于解体边缘的困境……这些影片都深刻地反映了香港50年代的社会现实，表现了这个大都会里各种人物的复杂关系及各自的生活轨迹和心态。同时，在创造香港喜剧电影和培养电影人才方面，朱石麟也作出了不可磨灭的贡献。

这一时期另一个堪称“大师级”的导演是李翰祥。1954年他加入邵氏兄弟公司，9年间执导了24部影片。他匠心独运的导演风格包括绚丽雕琢和朴实淳厚两个方面，尤其醉心于描绘古代生活和古代文化，并且创造出适于表现中国风味的民间故事片种——“黄梅调电影”。1958年,他创作了第一部黄梅调电影《貂蝉》,充分利用黄梅调易学易唱、无声不歌、无动不舞等特点,表现出悠远的神韵,获得第五届亚洲影展最佳导演奖。次年,他执导的另类黄梅调电影《江山美人》又荣获第六届亚洲影展的最佳影片奖。1963年,他执导的《梁山伯与祝英台》到台湾展映,吸引了无数观众,在台北创下连映62天、卖座840万新台币的空前纪录,并在这年11月举行的第二届台湾电影金马奖评选中囊括了六项大奖。之后李翰祥便离开了邵氏兄弟公司,带领一班人马到台湾自组国联公司,掀起此后三年台湾拍摄黄梅调电影的高潮,既推动了台湾电影的发展,又促进了香港、台湾的电影交流。正是通过独特的文化想象与深刻的历史感悟,李翰祥在20世纪50～80年代香港和台湾的银幕上重建了一个气韵生动、意趣盎然、魅力独具却又不乏悲情的古老中国的形象,为缺乏家国归属与身份认同的港台电影观众提供了宝贵的情感宣泄与精神抚慰的阵地。除了赋予古装片独特的文化想象与深刻的历史感悟之外,李翰祥还以丰富的电影实践对香港、台湾两地的电影格局及其类型形态产生了深远的影响。

就数量而言,繁荣时期的香港电影仍以粤语片为主,其中自1949年开始拍摄的功夫片《黄飞鸿》在50年代连续拍摄了26部,大部分由胡鹏导演、关德兴主演,到70年代已经拍到84部,创造了世界影坛片集的最高纪录。国语片的数量虽有所增长,但也仅占20%左右。

电影技术方面,赵树燊的大观公司1953年拍摄了第一部立体电影《玉女情仇》,1954年拍摄了第一部宽银幕电影《新玉堂春》,黄卓汉的自由影业公司在1957年拍摄了第一部彩色国语片《龙女》。

从1967年到1978年是香港电影发展的第五个时期,即“转型时期”。

1966年中国内地开始的“文化大革命”,导致了香港社会1967年的动乱,使得曾经在香港电影创作中占主导地位的公司如长城、凤凰、新联等大幅减产,影响力大大削弱。这个时期的制片机构主要有邵氏兄弟、嘉禾、第一、长城、凤凰、国泰、许氏、恩远、恒生、罗维、大荣等公司。

经历60年代的经济起飞阶段,到70年代中期,香港经济已经空前繁荣,原来的转口贸易港已成为极具规模的现代工商业都市,而此时的内地尚是百废待兴,悬殊的经济差距使香港转向西方世界寻觅经济合作伙伴。在日益频繁的接触过程中,西方文化观念经由各种传媒介质大量涌入香港人的视野,逐渐被香港大众尤其是新一代香港人接受,作为香港文化“底根”的传统文化与西方文化发生了剧烈的碰撞。

为适应消费群体观念的变更,香港电影从重视“教化功能”转而重视“娱乐效果”,基本上脱离了过去的社会写实传统,逐渐发展起完全以娱乐为目的的各种类型电影。新派功夫武侠片成为这个时期创作的主流,70年代初曾达到总产量的80%以上,这与注重官能刺激的世界性电影潮流不谋而合。之后,功夫喜剧、小市民喜剧、社会奇案电影、黑社会电影等类型电影相继发展,尽管其中有相当数量的作品粗制滥造、趣味低俗,但不可否认的是,类型电影的繁荣帮助香港度过了电视普及时代的危机,特别是新派武侠片的兴起和不断发展,保证了香港电影的稳步前行。

新派武侠片的第一批经典之作,是1966年至1967年间推出的《云海玉弓缘》(张鑫炎、傅奇导演)、《大醉侠》(胡金铨导演)和《独臂刀》(张彻导演)。与拍法呆板、制作简陋、故事粗率的老派武打片相比，这些新派武侠片以精细独特的技术使影片动感十足，紧凑动人，奔放浪漫。

1975年，胡金铨在台湾执导的上下集古装武侠片《侠女》荣获第35届戛纳国际电影节综合技术大奖。该片取材于蒲松龄《聊斋志异》第二卷中的一则同名短篇小说，但将原著中女鬼杨慧贞的身份改为忠良之后，并增加历史背景，加入了杨慧贞被魏忠贤的宦党追杀的情节，把一则女鬼与书生的情爱故事提升到了忠奸斗争的历史高度。影片充分运用了悬念，并渗透了佛学思想，片中的高潮戏“竹林大战”设计新颖，运镜流畅，剪接精妙，成为武打戏的经典段落。

张彻的武侠电影宣扬的是一种“阳刚美学”，他“以其对男性之间忠肝义胆、深情厚谊的描绘，在传承儒家文化的过程中，将港、台武侠、功夫电影推向一个更具个性化魅力的叙事层面和更具个体写作特征的精神领域，并在很大程度上影响着20世纪80年代以来的香港电影面貌”①。为了借刀剑与拳脚表达阳刚之气和男性情结，张彻选取了一些最能体现男性英雄之间惺惺相惜、最终以身殉义的电影题材，在惨烈的赤膊上阵、盘肠大战或疯狂的血腥杀戮、以暴制暴中，上演了一出出慷慨激昂、义薄云天的电影悲剧。《独臂刀》里，主人公方刚的父亲方诚是大侠齐如风的忠仆，因挺身护主，刀断身亡；为报杀父之仇，也为报师傅之恩，方刚苦练独臂刀法，最后一场血战，长臂神魔用长鞭抽伤方刚并用暗器剁住了方刚的半截衣袖，危急时刻方刚飞身跃起，用父亲遗留的断刀刺死长臂神魔，为师傅和自己的家族化解了生死大患。

从1970年起，新派武打片的主要描写对象由古代的刀剑侠客变为近代的拳脚武师，并演变成闻名世界的“功夫片”，代表人物是李小龙。

李小龙曾是香港粤语片的著名童星，后来到美国读大学、开武馆，1971年重回香港影坛发展。《唐山大兄》(1971)是李小龙主演的第一部武打片，因在影片中展示的综合性打法而一鸣惊人，很快成为国际影星。他主演的著名功夫片还有《精武门》(1972)、《猛龙过江》(1972)和《龙虎争斗》(美国/香港合拍，1973)等。在这些影片中，他塑造了一系列不甘忍受歧视欺凌、要求平等尊严的中国英雄形象。他的武打功夫融民族根底与外国技击的长处于一体，把中国功夫发展成一种以实战效能为本，临阵应变，不拘形式的国际化徒手搏击技艺。正是由于李小龙以“中国功夫”为介质，将动作奇观、东方神秘及人性异化展现在银幕上，成功地满足了这一时期大多数中国观众乃至西方观众的观影渴望，所以他的影片很快便打入了欧美市场，在西方掀起了一股“功夫热潮”。可惜，这个传奇式的著名影星于1973年突然逝世，成为香港影坛的一大遗憾。

无论在场景的安排、人物的身份，还是在动作的设计、情感的表达等方面，李小龙主演的功夫片都有相当鲜明而又固定的特征，正是这些鲜明而又固定的特征，恰到好处地抒发了20世纪70年代初期香港民众内心深处无家无国的漂泊意识和无路可寻的悲怆感。

此后，香港先后兴起了以桂治洪的《大哥成》(1975)为代表的粤语社会暴力片、楚原根据古龙小说改编的新派古装奇诡武侠片以及刘家良具有广东乡土特色的南拳片。

1977年起，洪金宝自导自演了《三德和尚与舂米六》(1977)，袁和平导演，成龙、石天

① 李少白:《中国电影史》，北京:高等教育出版社2006年版，第282页。

主演了《蛇形刁手》(1978) 和《醉拳》(1978),形成了香港电影的一个新片种——功夫喜剧。成龙塑造的人物形象生动活泼,其拳脚功夫和杂技身手又极其出色,很快便成为香港影坛的武打兼喜剧明星。在香港电影乃至整个中国电影史上,成龙的动作片是继李小龙的功夫片之后最具票房号召力的电影类型之一。在成龙参演、主演或导演的一系列功夫喜剧片或警匪片里,始终贯串着善必胜恶、正必压邪的浩然之气与以小搏大、以弱胜强的打斗机趣。跟李小龙功夫片展现的无路的悲怆和嗜血的复仇全然不同,成龙的动作片大多充满着一种有惊无险、随机应变、出奇制胜的喜剧感和轻松感。成龙的出现在很大程度上既是中国传统文化中行侠仗义、惩恶扬善精神的延续,又与20世纪70年代中期以来飞速发展的香港经济、相对乐观的社会心理联系在一起,在两岸、东南亚乃至全球观众中形成了一种屡败屡战、百折不挠的个人英雄主义的梦幻机制。

在此期间,唯一能与武打片抗衡的片种,是许冠文、许冠杰、许冠英兄弟创作的喜剧片。1974年,许冠文自组"许氏兄弟公司",处女作、喜剧片《鬼马双星》(1974) 创造了600多万港币的票房,成为该年度港片票房冠军,刷新了港片的票房纪录,并进一步推动了70年代香港喜剧片的高潮。1976年,许氏兄弟公司又出品了喜剧片《半斤八两》,由一系列高密度呈现的小笑料和噱头(包括造型滑稽可笑的道具)组成,并不讲究情节的合理性,例如劫匪作案时本应速战速决,该片却让劫匪在作案时花不少时间与别人玩轮盘赌,显然不合常理。男主角在厨房中用香肠与敌人打斗的段落,则是对李小龙用三节棍与敌人打斗的戏仿。此片节奏明快,娱乐性强,同时也具有一定的思想性。片尾李国杰离开老板黄若思自立门户,也开了一个私家侦探所,这既暗示了黄若思刻薄对待部下的"恶有恶报",也真实地表现出香港社会行业竞争之激烈,让我们想到了喜剧大师卓别林的"含泪的微笑"。《半斤八两》的成功进一步打破了武打片独霸香港影坛的局面,从此喜剧片开始与武打片平分市场。

从1979年起到现在,是香港电影发展的第六个时期,即"多元化创作时期"。其主要特征是多种多样的类型电影已经发展成熟,形成了多元化的创作格局。1979年,香港影坛兴起了著名的"新浪潮"运动,虽然持续时间不长,但对香港电影影响巨大,下面进行专门论述。

二、香港"新浪潮"电影(1979~1984)

(一)"新浪潮"的缘起

香港电影于20世纪80年代进入了多元化创作的繁荣时期,"新浪潮"运动也拉开了帷幕。香港"新浪潮"电影又被称为"香港新电影",是当代香港电影史上最重要、最具影响力的一次电影革新运动,深刻地影响了此后香港电影的风貌。有评论认为:"'香港新电影'在名义上只存活了短短三四年,但是,'香港新电影'的一些精神和特色却已渗透入香港电影的整体生命之中,至今依然发挥着它们的影响。"①

70年代末,香港经济经过腾飞之后得到了更快的发展,港岛社会多元化、文化本土化

① 梁良:《香港新浪潮与台湾新电影》,《北京电影学院学报》1989年第2期。

进程也日益加快。香港电影在经过转型期的蜕变后加快了本土化进程，特别在电影语言方面已基本摆脱了旧上海电影的束缚，形成了具有鲜明本土特色的电影语言，但在内容上仍有着浓郁的传统色彩，为本土化进程留下巨大的空间。内容和形式的同步本土化，成为当时香港社会对电影文化发展的一种主观心理诉求。另一方面，70 年代末香港影视格局的重大变化为上述主观诉求提供了客观条件。迅速发展的香港电视业培养了一批优秀的青年电视导演，他们一般出生于 1950 年前后，大多数人曾赴欧美深造，攻读电影课程。在电视台经过两三年的磨炼之后，他们积累了丰富的剧情片拍摄的实战经验，熟练地掌握了视听语言，成为更具视听感的新一代“准电影人”。70 年代末“佳视”倒闭后，“无线”没有了竞争对手的压力，于 1979 年解散了“菲林组”（“菲林”即“film”的音译，意为胶片），曾在两个电视台工作的年轻导演们被迫离开电视台，投身电影创作。

70 年代末大批独立制片公司的成立为“新浪潮”的兴起提供了组织上和投资上的保障，这些公司看到了这批年轻导演在电视方面的骄人成绩，大加“网罗”，吸引了很多年轻导演加入，还有一批年轻导演自组独立制片公司拍摄影片。此外“嘉禾”等大公司推行“卫星制”，这些规模较小的卫星公司也为新导演们提供了较大的发展空间。

主客观条件的成熟，使“新浪潮”电影运动应运而生。这批新导演锋芒毕露又满怀热情，他们以敏感的触觉、新锐的影像和创新的理念，将西方现代电影观念融入本土题材，拍出了一批令人耳目一新的影片，为香港电影注入了当代都会气息、现代人的节奏感和生活质感，开创了一个前所未有的新局面，对扼守传统意识的香港电影创作形态、市场形态和工业心态均产生了巨大冲击。当时的新闻媒体和评论界将他们称为香港电影的“新浪潮”。

“新浪潮”并非一次自觉的、有组织的电影美学运动，也不是一场电影革命，它只是一次电影改良运动；然而作为一种新的电影形态，它实现了香港电影的本土化，成为香港电影的转折点。

综上所述，香港“新浪潮”电影运动得以产生和发展，主要有以下几个原因：20 世纪 70 年代中期之后，香港经济步入了快速腾飞的黄金时期，从而为香港电影在制作和包装上的升级奠定了坚实的经济基础。在香港影坛，旧有的类型片已经没落，电影界穷则思变；大制片厂式微，而独立制片公司正蓄势待发，为新人的破土而出提供了宝贵的空间。一批热爱电影的年轻人在国外接受了正规的电影教育，回到香港后，他们在海外学到的先进的电影理念和新颖的叙事技巧，成为香港“新浪潮”电影强有力的思想支柱和技术保障。无线电视台和丽的电视台等机构致力于拍摄电视电影，在客观上为香港“新浪潮”电影训练和储备了人才。香港《电影双周刊》和《中外影画》等电影杂志纷纷创刊，并为“新浪潮”电影摇旗呐喊，促进了社会各界对“新浪潮”电影的关注和认同。《电影双周刊》还创办了香港电影金像奖，“新浪潮”导演方育平的《父子情》（1981）、《半边人》（1983），许鞍华的《投奔怒海》（1982）和严浩的《似水流年》（1984）包揽了第一届至第四届的最佳影片和最佳导演奖，令其他年轻导演备受鼓舞。“新浪潮”的不少影片不仅获得了广泛的好评，而且取得了良好的票房成绩，令众多片商也对“新浪潮”导演们青睐有加，愿意聘请他们来拍片，其中的一部分人迅速在香港主流电影中占据了一席之地。

最先从电视台转投电影界的是“无线”的严浩和余允抗。1978 年，他们和电影导演陈欣健组成“影力公司”，拍摄了被公认为“新浪潮”第一部电影的《茄哩啡》。这是一部喜剧片，表现一个临时演员如何误打误撞成为大明星兼导演、又如何娶得美人归的故事。影片在轻松的背后蕴藏着淡淡的哀愁，对小人物的自卑感予以深切同情，充满了人情味。影片流畅、精致，注重影像，有些画面处理得别具巧思，显示出新导演的清新与锐利。之后，严浩又拍摄了《夜车》(1979)、《公子娇》(1981)、《似水流年》(1984)等“新浪潮”影片。

1979年至1980年，“新浪潮”主将之一徐克拍摄了《蝶变》(1979)、《地狱无门》(1980)、《第一类型危险》(1980)三部题材偏怪、风格奇诡的影片，成为香港电影“新浪潮”中最特别的代表作。女将许鞍华在1979年拍摄了电影处女作《疯劫》，率先以文艺笔触结合现代电影语言追寻一宗谋杀案和鬼故事背后复杂的感情纠葛，对电影叙事手法勇于实践和创新。之后她又相继执导了《撞到正》(1980)、《胡越的故事》(1981)、《投奔怒海》(1982)等经典的“新浪潮”影片。方育平、章国明、谭家明等人也先后推出了《父子情》(1981)、《半边人》(1983)、《点指兵兵》(1979)、《边缘人》(1981)、《名剑》(1980)、《烈火青春》(1982)等影片。蔡继光、冼杞然、刘成汉、余允抗、黄志强、张坚庭、翁维铨、单慧珠、唐基明、于仁泰、卓伯棠、李沛权、吴小云等年轻导演们也都推出了新作。他们的作品迅速在香港影坛掀起了一股奔涌的浪潮，以独特的艺术成就影响着香港电影的整体创作态势。

（二）“新浪潮”的特色

1. 新的题材

“新浪潮”电影体现出的特色，首先是在电影题材上突破原有的范围，大胆创新。电影题材的革新最显著的表现就是内容方面的本土化。这批年轻的影人生长于香港、留学于国外，其成长经验、学历背景、文化熏陶及电影观念使得他们的影片更加关注本土，通过展示多元化的香港社会现实，表现当时港人在多元化时代的民生状态。“新浪潮”运动的参与者、香港浸会大学传理学院电影电视系主任卓伯棠教授在总结“新浪潮”电影的多元化特色时，提出的前五个方面均为其内容上的本土化表现，分别是①：

第一，对社会现实问题的敏锐感知和反映。这批新电影除展现多元化的香港社会现实外，比以往任何时期的影片都更能深入地描摹社会形态、揭示社会矛盾、诠释社会心理，如《第一类型危险》(徐克导演，1980）直指当代香港的现实状况，以一种偏激的观点和手法描写香港社会的阶层矛盾和普通人的被迫害感，将香港这个国际现代大都市描绘成了一个压抑个性、禁锢自由的钢筋牢狱，人人深陷其中都无从逃脱，只能被其压碎、磨灭。徐克的另一部影片《地狱无门》(1980)通过食人村内的荒谬怪行，用黑色幽默的方式影射和讽刺乱世中人们相互猜忌、残害的情状，揭示了人性本恶的现代主义观点，暗喻动荡、压抑的香港社会现实也在催醒人性中固有的残忍、邪恶和嗜血。而谭家明导演的《烈火青春》(1982)中对华人与洋人杂处、贫富共融以及年轻人性爱态度的开放性等方面的表现，在某种意义上正是香港这个现代化大都市的写照。

第二，对本土风貌的展示。有研究指出：“新浪潮”电影最本质的贡献就在于总结了文学、流行歌曲、电视领域内显现已久的香港本土化的趋向，并用电影媒介的影响力将这种文化独立意识向世人明确昭示。所以原则上说，“新浪潮”电影在文化倾向上都致力于反

① 卓伯棠：《香港新浪潮电影》，香港：香港天地图书有限公司2003年版，第13～14页。

映本地区的民生历史，以香港人的立场思考并进行表述①。这批影片大都深入而全面地表现了香港社会的现代风貌，有些影片还较为细致地展示了具有岭南特色的风土人情。如《薄荷咖啡》(冼杞然导演，1982)中对香港现代都市风貌的展示及对都市人生活心态的体察都极其到位；《疯劫》(许鞍华导演，1979) 中的残垣旧巷、火烧冥纸、斩鸡头与秋风落叶构成了一幅具有浓郁本土色彩的画卷；而《撞到正》(许鞍华导演，1980)里的长洲离岛、下乡戏班、冤魂出没、灵符、和尚作法等内容既乡土又传统，拍出了当地的民俗色彩。

第三，对个人经验与集体回忆的记述。这批年轻的香港导演中，许多人专注于在影片中记述个人的成长经历，以此抒发同代人的集体情怀。如《父子情》(方育平导演，1981)讲述的既是自传性质的个人经验，也是五六十年代香港人的集体记忆。

第四，对女性的书写。这批影片中多数都从现代视角出发，立足于香港社会，关注女性的命运。如许鞍华以女性特有的细腻在影片中对女性的婚姻状况、社会地位及悲剧性的命运进行了充分的表现；方育平在《半边人》(1983)等影片中也对女性的感情生活进行了细腻的展示；而谭家明在《烈火青春》、《雪儿》(1984)等片中对女性从觉醒到自主、从传统的弱者到现代的强者的转变过程也给予了肯定等。

第五，对国家、民族以及海外华人的关注。这些年轻导演在影片中从港人的视角出发，对国家、民族及海外华人的命运予以深切的关怀和同情。如《胡越的故事》(编剧：张坚庭，主演：周润发、钟楚红)讲述了越南华人为求生存四处漂泊的经历；《投奔怒海》(许鞍华导演，1982)表现了越南境内的越南人和华人在高压统治下经受的磨难；《似水流年》(严浩导演，1984)则展现了港人在精神受伤后渴望回归故土的心路历程。

此外，香港电影在"新浪潮"时期题材创新的另一特征是敢闯禁区，展现以往传统电影中不敢表露的内容，如《烈火青春》、《柠檬可乐》(1982) 等影片直接体现了青少年性观念的开放和暴力行为，引起了电影界的争论。无论如何，这些影片冲破了传统的束缚，表现了年轻港人真实的生活和心理，成为香港本土文化的一个重要分支，同时也为多元化创作时期题材、内容的多样化奠定了基础。

香港电影历来不以政治为纲，很少触及重大国际事件，而《投奔怒海》开辟了香港电影在这方面的先河，给港片的娱乐风潮带来了一丝思想的沉重。片中林子祥饰演的日本记者芥川前往刚刚解放的越南采访，越共政府安排了很多粉饰太平的假象让他参观，但他却从当地女孩琴娘一家的实际生活中看到悲惨的真相，并帮助他们乘船逃亡。影片以纪实的手法将镜头对准新中国成立后的越南，以新闻记者的视角、新闻报道的态度对整个大环境的萧条败落给予无情的怀疑与批判。影片首映时适逢中英双方就香港主权移交问题展开谈判，一些港人怀疑未来命运或许将会像片中的越南难民般投奔怒海，因而形成评论热潮和观影热潮，并获得第二届香港电影金像奖最佳影片、导演、新人三项大奖，但因其内容问题在海峡两岸禁映多年。

2. 新的类型

"新浪潮"电影打破了此前香港电影的类型藩篱，大胆地对不同的类型元素进行重新组合，从而翻新了一些旧有的类型片，创造了一些新的类型片，使香港电影呈现出类型丰

---

① 赵卫防：《香港电影史(1897～2006)》，北京：中国广播电视出版社2007年版，第295页。

富、形式多元的新格局。在这方面，徐克做得最突出。在《地狱无门》中，他将恐怖片、喜剧片、动作片、惊险片等元素融为一体。“在《蝶变》中，徐克将科幻电影与武侠电影合二为一（有人称之为‘未来主义武侠片’），整个刷新了香港观众对武侠片的观念……令观众耳目一新”①。同样，《新蜀山剑侠》虽然是古装动作片，却被制作得如同科幻片。

谭家明导演的《烈火青春》在电影形态上也比较新颖，很难被归入香港电影已有的类型。影片主要围绕梁龙邦与留日归来的路易士、Kathy 和 Tomato 四个年轻人的感情生活和社会遭遇而展开，真实再现了几个年轻人的情感需求与胶着状态，反映出当时青年人普遍存在的消磨青春、玩世不恭的心态，正如片中他们自己所说“什么是社会，我们就是社会”，青春狂野彰显无余。梁龙邦的年少轻狂，Kathy 奔放的青春热情，路易士对母亲的深深怀恋及对青春的迷茫，Tomato 的单纯懵懂都灵动地成为 20 世纪 70 年代中后期及 80 年代初期特定的历史影像，弥漫着属于那个时代的浓郁的青春集体感伤。到了影片的下半段，Kathy 的日本男友——日本“赤军”逃兵的出现，改变了他们生活的无忧状态，也改变了他们的命运轨迹。梁龙邦与 Kathy 命丧黄泉，路易士与 Tomato 侥幸逃出却也只能远赴阿拉伯避祸。影片前半段着力于对男女情爱场面进行刻画，后半段则着力于对社会问题与暴力问题的描写，前后两段之间的过渡显得有些突兀，但并未影响影片的完整性，直至今日它依然是一部兼具商业性和个人特色的优秀作品。片中那些年轻人内心的无根感和漂泊感（该片英文名 Nomad，意为“游牧部落的人，流浪者”），在九年之后王家卫的影片《阿飞正传》中得到了更加鲜明的表达。导演谭家明在影片中几乎尝试了所有的摄影和剪辑技法：推、拉、摇、移、跟拍、固定镜头、跳切等等，尽管有些技法，尤其是蒙太奇的画面切换还略显稚嫩，但并不影响影片的整体效果，该片在题材上和技术上鲜明的探索性无愧于“新浪潮代表作”的称谓。

3. 新的风格

“新浪潮”的特色还表现在导演们鲜明的个性色彩上。他们特别重视电影叙事模式的改革和电影语言的创新，使用高超的艺术技巧和现代化的电影形式，力图在艺术上表现出跟传统电影迥然不同的面貌。徐克是其中个性最为突出、风格最为多变的导演，其《蝶变》虽然是中国传统的武侠题材，却突破了传统武侠片的美学模式，拍出了西方未来主义的风格。影片中方红叶（刘兆铭饰）和十色旗主田丰（黄树棠饰）等人被沈青（张国柱饰）邀往沈家堡调查蝴蝶杀人奇案。众人抵达不久，沈青却突然被蝴蝶杀死，之后相继有人遇害。究竟是蝴蝶真的杀了人，抑或另有内情？影片让一个不懂武功的书生成为主角，在身怀绝技的武林高手纷纷倒下之际，他仍旧能够行走于江湖之上，突破了中国传统武侠片的格局。该片集传统与现代、神话与科学、东方与西方的对立于一体，各种矛盾激化后，最终现代科技颠覆了武侠神话。影片也以此否定了起源于 20 世纪 20 年代的内地、盛行于五六十年代香港影坛的传统武侠特技。“白光、飞剑、掌心雷等神秘莫测的法术被取代，弹簧箭、钩索代替了轻功，火药代替了暗器，铁甲钢盔代替了金钟罩和铁布衫，总之，现代科技取代了传统的武侠特技”②。徐克也由此开科技电影风气之先河，走上了以现代科技营造

---

① 蔡洪声、宋家玲、刘桂清：《香港电影 80 年》，北京：北京广播学院出版社 2000 年版，第 12 页。

② 赵卫防：《香港电影史（1897～2006）》，北京：中国广播电视出版社 2007 年版，第 295 页。

神奇武侠世界的道路，他之后的武侠片基本上都沿袭了这一路线。

在镜头语言方面，《蝶变》中大量出现俯拍、仰拍镜头及充满张力的视觉画面，武打场面的设计奇特逼真，营造出神秘悬疑的气氛。片中杀人蝴蝶将沈堡主咬死的场面，让我们想起《第一类型危险》中林珍奇将一只猫从窗口抛下，猫惨死在大铁钉上的场面，都是大特写加快速剪接营造出惊险效果的经典场景。这种"徐克特色"的电影叙事方法在以后的香港电影中常被使用。由于其风格突出且具有很强的商业理念，徐克很快就被主流商业电影"收编"，他随后为"新艺城"拍摄的《鬼马智多星》(1981)、《新蜀山剑侠》(1983)等影片已经沦为纯粹的商业制作，失去了早期作品的艺术特色，他本人也融入商业电影的洪流之中，成为香港影坛最为重要的商业导演之一。

女将许鞍华也是具有突出个性的新导演，她在香港影坛以特立独行著称。出于对类型片技巧的圆熟掌握，她无论拍摄惊悚片、伦理片、武侠片还是纪录片，都挥洒自如。更难得的是，在商业市场的巨大压力下，她的多部作品仍渗透着浓浓的"作者电影"气息：对过往历史的执迷、对漂泊人间的关怀怜惜、对个人与城市变迁的重视，可以说，她的作品是香港影坛上稀有的能平衡个人言志与类型取向的最佳示范。无论是借倾城传奇抒发末世感情，还是重现经典写民族情怀，抑或淡然低回地作自传，她都能得心应手，言之有物。通过对其重要作品的回顾，我们不仅可以感受到她独特的感性电影风格，还可以从中细细体味香港人身处变幻年代的百般滋味。

对个人、对女性命运的关注是许鞍华影片在内容上的主要特色，用现代主义手法代替传统剧情模式，以时空交错式的多视点叙事代替顺时序进行的单线和单一视点叙事，则是她的电影在形式上最突出的特点。如在《疯劫》中表现了不同角色对凶杀案不同的陈述角度，有被害者好友女护士的视点，有凶杀案目击证人疯子的陈述，还夹杂着其他人对被害人的回忆等。多视点、时空交错式的叙事使凶杀案愈发显得复杂凌乱，从而营造出更加扑朔迷离的剧情氛围。直到影片结束，凶杀案真相大白，不同人物的视点及行为才得到了合理的阐释，影片多视点叙事的魅力也得到了充分体现。《撞到正》则巧妙地安排主人公既能看到人的世界，还能看到"鬼"的世界，利用人与"鬼"的双重视点进行叙事，强化了表现力，也制造了出其不意的喜剧效果。

许鞍华善用画外音来进行转场，不仅使时空交错的画面更显统一、转场剪辑更显流畅，而且可以更好地交代剧情、表现人物心理，丰富了影片的表现力。如《胡越的故事》在影片开始、中间和结束时均以主人公读信的画外音来交代剧情，这些信都是他写给香港的笔友李立君的，画面则展现了胡越在从越南逃难到香港的船上、和女友在菲律宾、在女友死后再次踏上逃亡之路三个不同时期的情节。通过画外音不仅完成了时空转换，而且拉近了写信人与收信人之间的心理距离，同时又将表现视点集中在主人公身上，引发观众对其命运的强烈关注。这样的技巧使影片内容更丰富，叙事更流畅。在许鞍华以后的影片中，一直遵循着这种"人文主义关怀的主题＋创新性叙事"的创作模式。

导演严浩擅长运动摄影和场面调度，常运用移动摄影来完成镜头内部蒙太奇，表现出现场气氛的连续性，并捕捉最微妙的情绪反应细节，来表现他一贯的对人与人的关系、人与环境的关系以及人如何掌握命运等深层次命题的思考。他导演的《似水流年》(1984)是一部优秀的、具有诗情和乡土气息的散文式电影，被认为是"新浪潮"电影中艺术水准最高的作品之一。“此片最大的特点在于表面上情节的‘淡’与人物之间以及两种文化之间的‘紧张’的巧妙交汇”①。它没有采用戏剧化的模式，而是采用了散文体的叙事方式，以归国游子珊珊的视角结构全片，呈现出一种跳跃、不连贯却又细密交织的特点。幻化出的祖母、妹妹、队长忠叔、港客超伯、归侨汉公与唐公等人则构成了辐射状的情节支线，使整个影片呈现出一种宏大与细腻相结合的风格，表现出社会生活的多样性和难得的哲理深度，可谓内涵丰富，主题深刻。与叙事风格相配合，严浩有意识地尽量减少摄影机的移动、推拉以及较醒目的特写，使本片的镜语风格也显得老练、沉静。影片问世后引起了轰动：在第一届东京国际电影节上，该片参加了“青年导演电影周”的比赛，并获得了决赛资格；在伦敦国际电影节上，该片被评为1985年度的杰出影片；在第四届香港金像奖中，又获得最佳电影、最佳导演、最佳编剧等6个奖项。

“新浪潮”的其他导演也都有着独特的个人风格：

方育平：在写实性表现方面求新求变。他的影片从描写自己的家庭开始，然后到朋友、一般夫妻和其他人，突出了对社会的关注。几乎每部影片都凝聚了他丰富的个人经验和人生阅历，都有自己的思想投射。如《父子情》继承了香港传统粤语电影的写实传统，并在剧情中渗入历史思考，其中对家庭结构、宗法思想的危机意识尤为突出。在电影叙事上，除追求平实外，方育平还进行了写实的新尝试，将拍片与生活、现实与虚构混杂在一起。

章国明：偏爱表现正邪角色的混淆和善恶人性的逆转等主题，以警匪片为主要类型，擅长处理悬疑、紧张和激情的场面，对飞车、枪战、爆炸、追杀等香港电影中最常见的本土商业元素的应用更是得心应手。如《点指兵兵》中那场阿荣手持垒球棒在大厦走廊拼死追杀苏豪的戏，表现得张力十足，让人喘不过气来。这场兵捉贼变成贼捉兵的戏已成为香港枪战片的经典场景之一。章国明后投身邵氏兄弟公司，开始了纯商业娱乐片的拍摄。

谭家明：投身电影之前，他曾创立了颇具艺术性的中产口味电视剧品牌，转拍电影后，他倾心于文艺片，特别注重细节、色彩、场面调度和蒙太奇剪接等电影表现形式的创新。

其他如蔡继光影片中强烈的民族意识、现代社会意识及注重表现社会问题，冼杞然对都市的凝视与体察，黄志强对动作类型的精心营造，刘成汉对人性、欲望及其他相关社会问题的深刻思考，翁维铨作品中体现出的孤独与无奈，于仁泰作品中中西文化结合的烙印，唐基明作品中的孤独与侠义精神等，均体现出“新浪潮”导演在内容和形式求新的统一追求下丰富的创作格局。

（三）“新浪潮”的成就与走向

对于“新浪潮”电影，评价褒贬不一。台湾电影理论家梁良认为：在本质上，香港“新浪潮”只是在体制内进行小规模的改革，它们从未提出要跟现有的电影体制决裂，也从不认为他们所拍的电影不是商业电影②。《北京电影学院学报》副主编王海洲则指出：“（香港）处在20世纪80年代，经济经过70年代的开拓，已经处在一个加速发展的时期，香港人开

---

①　孙慰川：《当代港台电影研究》，北京：中国电影出版社2004年版，第25页。

②　梁良：《香港新浪潮与台湾新电影》，《北京电影学院学报》1989年第2期。

始认识到香港本身的魅力和力量，反映在文化上，就是香港本土意识开始孕育发展，‘新浪潮’的兴起就是本土意识觉醒的表征之一。”①

无论评价如何，“新浪潮”电影至少在三个方面功不可没：

第一，从整体上提高了香港电影的思想性和艺术性。

作为商业电影的一次改良运动，“新浪潮”带动了香港本土电影的复兴，提供了艺术与美学上的新观念，客观上完成了从粤语片传统伦理套路到现代电影关于人性、生命、社会等普世价值观的过渡。西方电影新观念、新技巧的引进很快就融入了主流商业电影，带来主流电影的革新与转型，为整个香港电影业带来了新的活力。同时，香港电影艺术质量的整体提升也把港产片进一步引向欧美、带入国际，使港产片得到了世界影坛的认可和接受，没有“新浪潮”，西方人可能至今仍停留在欣赏功夫片的阶段。

第二，为香港电影业输送了大量优秀人才，并促成了电影机构的新兴和调整。

徐克等“新浪潮”的主将们在运动退潮后成为香港主流商业电影的中坚力量，对香港电影的繁荣发展起到了引导和推动作用。徐克在此后推出的《鬼马智多星》(1981)等动作喜剧片的票房成功直接促成了多元化创作时期重要的制片机构——新艺城影业有限公司的崛起，他还是香港影坛上使用高科技手段表现奇幻武侠世界的第一人和集大成者，监制或导演了新“黄飞鸿”系列、“笑傲江湖”系列以及“倩女幽魂”系列等多元化时期香港武侠电影的代表之作。许鞍华后来的《女人四十》(1994)、《半生缘》(1997)、《千言万语》(1999)等影片继续她的人文电影书写，“这些影片重新思考了六七十年代香港社会与政治话题，表现个人经历，对叙事方式和电影语言进行新的探索，将多重时空倒错更迭”②。许鞍华的影片代表着香港电影多元化时期人文电影的较高水准。在“新浪潮”电影运动中，还有一批新人成长起来，如关锦鹏、舒琪、邱刚健、张坚庭、区丁平、泰迪罗宾、方令正、张志成、王家卫等，日后也都成为香港影坛的重要力量。

一些新兴的电影机构也在香港影坛赢得了一席之地，其中最突出的是麦嘉、石天、黄百鸣在1980年创办的新艺城电影公司，徐克在1984年创办的电影工作室及张坚庭与陈友组建的二友公司等。而原有的一些电影机构则在“新浪潮”电影运动的冲击之下进行了改组或重组，例如1981年世纪影业公司改组，长城、凤凰、新联三家公司合并成立银都机构有限公司等。这一切标志着香港电影市场的格局发生了改变。

很多电影机构在“新浪潮”的冲击之下调整了各自的经营模式、制片方针和市场策略。80年代初，新艺城公司率先尝试了监制主导下的集体创作模式，监制以寡头的地位领导剧组的全体主创人员，对一部影片在各个方面的决定权通常会超过导演。这种创作模式在运作实践中获得了成功，于是其他电影机构纷纷效仿，最终导致整个香港电影业生产方式和管理模式的变化，越来越与好莱坞体制相似。

“新浪潮”电影运动虽仅仅持续了短短五六年的时间，却在一定程度上对香港电影业起到了换血的作用。它对香港电影业影响之大，就像法国“新浪潮”电影对欧洲乃至世界电影业的影响一样，也完全可以与“新好莱坞电影”对美国电影业的深远影响相媲美。另

① 王海洲：《〈无间道〉及香港警察电影的轨迹》，《电影艺术》2003年第4期。

② 赵卫防：《香港电影史(1897～2006)》，北京：中国广播电视出版社2007年版，第299页。

外，香港“新浪潮”电影还对一水之隔的台湾电影业产生了巨大的影响(详见下一章论述“台湾新电影”的章节)。

第三，改善了香港的影视文化环境。

影评等标志电影文化的产物很早就在香港出现，1949 年之前，内地影人两次南下都在香港掀起了大规模的电影文化运动，影评是其主要形式。之后，香港的诸多报纸均有专门版面发表影评，主要承担着对影片进行商业推介的宣传作用。

电影文化真正在香港形成浓厚的氛围是在 70 年代后期，“新浪潮”的电视作品及影片处女作问世之后，带动了一批专门的影视报刊出现，共同在香港影坛营造出浓郁的影视文化气息。1979 年，具有较大影响的《电影双周刊》在良好的影视文化氛围中创刊，继续对港产电影尤其是“新浪潮”电影给予热切关注，进一步营造香港的影视文化氛围。1982 年，《电影双周刊》举办“第一届香港电影金像奖”评选活动，揭开了这一影响深远的香港电影界盛会的序幕，前四届都由“新浪潮”导演独领风骚。“新浪潮”和“金像奖”相互推动，共同促进了香港电影文化的繁盛。

“新浪潮”导演们虽有各自鲜明的美学风格，但如前所述他们基本没有实验性和前卫性的艺术探索，也很少标新立异、走向极端的行为。他们所进行的一切电影语言上的创新，终极目的不是为美学而美学，而是为了进一步提升香港电影的商业价值，继续发扬香港电影重视观众欣赏习惯和市场需求的传统。“新浪潮”电影运动的这一特色，反映出在商业化语境和电影市场激烈竞争的现代社会中电影艺术家求生存的基本法则，他们的探索大部分是在商业类型之内进行，汇入主流商业电影也必将是他们最终的走向。在一切由票房决定的香港电影大环境中，以大众为主要观赏对象的电影，无论作为一种艺术形式，还是作为一种传播媒介，总是要靠票房收入来维持自身的生存和进行扩大再生产的，正是出于对这一规律的深刻认识，“新浪潮”导演始终保持着对观众和市场的关注。

思考与练习

1.“新浪潮”电影在题材上的本土化革新体现在哪些方面?
2. 试分析徐克独特的镜语风格。
3. 举例说明许鞍华电影的风格特色。
4. 香港“新浪潮”电影运动对香港电影的发展产生了什么样的影响?

第九节　中国台湾“新电影”运动：为人生而艺术

【本节提要】20 世纪 80 年代，台湾电影界掀起了一股风起云涌的电影运动。一群年轻的电影工作者走出陈旧的工业制作与叙事模式，在题材上省视台湾历史，企图以影像再现台湾；在美学上则创造出以深焦摄影和长镜头运动为主的美学风格，引起世界影坛的关注，形成了台湾“新电影”运动，这是一次台湾本土电影业自我革新的救亡运动。

【主要内容】

1. 台湾“新电影”运动的背景
2. 台湾“新电影”的艺术特色和成就
3. 侯孝贤和杨德昌的创作

自1895年甲午战争以后，台湾沦为日本的殖民地，20世纪20年代前主要放映日本影片，直到1925年台湾人自己拍摄的第一部影片《谁之过》才问世。

60年代台湾官方“反共抗俄”的制片方针有所松动，给台湾电影带来了新的创作空间，再加上台湾经济的起飞，不仅催生了一批优秀电影如《汪洋中的一条船》(1979)、《原乡人》(1980)、《小城故事》(1979)、《早安，台北》(1979) 等，而且刺激了民营电影的生产制作，从1960年到1970年台湾拍摄的398部国语片中民营片就有349部。民营电影主要分为“言情”和“武侠”两类：“言情类”以1965年的《婉君表妹》、《烟雨蒙蒙》等琼瑶片为起点，之后形成了持久的“琼瑶热”；“武侠类”则以《龙门客栈》为潮头，迅速风行台湾，且长盛不衰，两者共同构成了台湾电影的黄金时代。这个年代不仅出现了以李行、李翰祥、白景瑞、胡金铨四位著名导演为主干的导演阵营，而且涌现出大批明星，促进了台湾电影的繁荣。

早期台湾电影的创立，是一段辉煌的民族文化觉醒和抗争的历史，这种文化觉醒的意识始终贯串并且成为一种内在的底蕴沉淀于台湾电影发展进程中，这或许就是台湾60年代健康写实主义电影出现的土壤，甚至更长远地波及了70年代末的“台湾新电影”，更根本一点来说，历史环境的不同，使得台湾电影和香港电影以截然不同的面貌走向不同的未来。

一、“新电影”缘起

(一) 台湾电影自身穷则思变

在“新电影”出现之前，台湾电影市场承继了70年代末期的电影潮流，沉迷在犯罪、赌博、打斗、青少年嬉闹、滑稽胡闹以及噱头集锦式的电影之中，银幕上不是老套的爱情文艺片便是流于教条的军教片，抑或是假社会写实片，台湾电影已经到了所谓“国产片死亡”的境地。琼瑶的爱情文艺片《彩霞满天》、《金盏花》等在1979年仍受观众欢迎，1981年《燃烧吧！火鸟》和《却上心头》同时上映，《却上心头》票房失利，令琼瑶对电影圈失望，遂在1983年推出《昨夜之灯》后解散了巨星公司，琼瑶式的爱情文艺片时代就此告一段落。到了1982、1983年，台产电影票房逐渐陷入谷底，业界几乎陷入半休业状态。1983年，三位大师级导演胡金铨、李行和白景瑞联合执导了电影《大轮回》，企图挽救濒死的电影市场，可惜票房成绩依然不尽如人意。

在这种情况下，“中影”打破论资排辈的旧制度，起用年轻作家小野、吴念真组成“二人小组”负责选报题材，并审核或参与别人创作的题材，这是战后成长的一代第一次有机会进入电影体制的决策层，对“新电影”的产生和发展起到了不可忽视的重要作用。

（二）欧洲电影的传入和电影新观念的介绍

首先表现在电影刊物对欧洲电影的介绍和对新电影观的宣传。1965 年《剧场》杂志创刊，介绍了欧洲电影，特别是系统介绍了法国的《电影笔记》杂志和“新浪潮”电影运动，如阿仑·雷乃等重要的导演和“摄影机——自来水笔”的个人创作观，“帮助了 20 世纪 60 年代台湾电影青年，认识除了好莱坞与一级商业主流电影以外的影像世界……开始改变知识青年对电影的期待和想象”①。创刊于 1971 年的《影响》杂志也曾持续介绍过法国“新浪潮”电影运动。这些杂志在 20 世纪 60 至 70 年代的推介工作，为 80 年代台湾“新电影”的出现奠定了思想基础和人才基础。

其次表现在影评人对电影变革的宣传和鼓吹。80 年代初，台湾影评人担负起观念引导的重要角色：《工商时报》影剧版抛弃了报道明星绯闻的陋习，积极鼓吹新的电影观念；《联合报》开辟专栏对电影严加褒贬，得到观众和读者的热烈响应。媒体的这些工作也在一定程度上为台湾“新电影”的横空出世铺平了道路。

最后还表现在电影政策的放宽。1977 年底台湾当局开放北欧和东欧影片进口，使得许多高水准的欧洲艺术影片进入电影人的视野。片商为了培养高水准的观众，于 1982 年特别设立艺术电影院，附赠精美特刊，对每部影片的背景、特色和演职人员做详细介绍，还经常邀请学者和影评人讲授电影思潮、分析影片个案。1978 年“中华民国”电影基金会设立的电影图书馆开幕，经常放映电影院不易看到的艺术电影，该馆还从 1979 年第 16 届金马奖开始增加国际影展部分，不但使青年电影工作者获得观摩新电影的机会进而能够摆脱旧的传统，而且还培养了一批高素质的观众。

（三）留学欧美的青年导演带来了新的电影观念

60 年代是台湾电影的黄金时代，吸引了很多年轻人去海外攻读电影专业，如杨德昌（美国南加州大学电影科）、柯一正（美国纽约州雪城大学电影研究所）、万仁（美国哥伦比亚影艺学院电影系）、李祐宁（美国哥伦比亚大学电影学系）、曾壮祥（美国德州大学奥斯汀分校电影制作专业）等，他们在 70 年代末 80 年代初学成归来，为台湾电影带来新的观念和方法；再加上六七十年代进入电影界、曾追随过 60 年代健康写实主义电影导演李行、陈耀圻等人的本土新生代如陈坤厚、侯孝贤、张毅等人的参与，组成了新的电影创作阵营。虽然本土新生代没有海外留学的经历，但经过 50 年代以来台湾媒体对欧洲新潮电影的评介（如《联合报》的欧洲新潮电影连载，《剧场》杂志翻译引进大批新电影新思潮）以及金马奖国际影展对新电影知识、技巧的普及，他们与留学海外的新导演在观念沟通上毫无隔阂。

70 年代末，香港“新浪潮”电影风起云涌，给台湾影人（尤其是中青年影人）带来了巨大的震动和启发。1980 年 10 月，在金马奖活动期间，台湾“新闻局”在电影图书馆举办了“香港新锐导演作品观摩座谈”活动，邀请徐克、谭家明、许鞍华、严浩、梁普智等七位“新浪潮”导演携作品参加，与台湾影人进行交流，大大鼓舞了刚刚起步当导演或刚从海外学电影归来的年轻电影人。

1982 年夏，四个从未拍过商业剧情片的新手——刚从海外留学归来的杨德昌、柯一

---

① 卢非易：《台湾电影：政治、经济、美学》，台湾：远流出版事业股份有限公司 1998 年版，第 127～128 页。

正、陶德辰及从事小说创作的张毅——联合执导了四段式集锦片《光阴的故事》,成为“新电影”的滥觞之作,其低成本的投资减少了商业回收压力,再加上“成长与历史”的主题、写实清新的影像风格,都成为“新电影”的基本特色。

二、“新电影”的艺术特色和成就

(一) 新颖的题材

“新电影的导演与上一代导演最大的不同,是他们彻底抛弃了商业企图的逃避主义,不再强作浪漫地编织爱情幻境,也不依赖钢索弹簧床制造飞天遁地(的)英雄。他们都努力从日常生活细节或是既有的文学传统中寻找素材,以过去难得一见的诚恳,为这一代台湾人的生活、历史及心境塑像”①。“新电影”运动的许多作品,如《光阴的故事》(1982)、《小毕的故事》(1983)、《搭错车》(1983)、《风柜来的人》(1983)、《海滩的一天》(1983)、《冬冬的假期》(1984)、《童年往事》(1985)、《我这样过了一生》(1986)、《我们都是这样长大的》(1986)、《恋恋风尘》(1986) 等,都将个体对于成长的记忆作为影片的题材。出现这种倾向的原因是“新电影制作者成长的二三十年,正是台湾政治、社会、经济变化最剧的时期,自传式的成长回忆,不但展现台湾电影史上未曾有过的现实笔触,也代表着多种角度寻求台湾身份认定的努力”②。《光阴的故事·报上名来》中,女主角忘记带身份证而被公司保安人员阻于门外,男主角忘记带房门钥匙而无法进入自己的家门,这样的情节以及《报上名来》这样的片名,很容易让人联想到台湾在国际上的身份认定这一敏感问题:男女主角在影片中所遭遇的尴尬,暗喻了当时台湾在国际舞台上所遭遇的尴尬,发人深省。《童年往事》中,祖母在不断寻找返回大陆的路,阿孝收集从大陆寄来的信件上的邮票,这些细节也象征着“寻求台湾身份认定的努力”。

“新电影”运动开创的另外一个全新的题材是对台湾历史的反思。《儿子的大玩偶》是根据台湾作家黄春明的三个短篇小说改编的三段式集锦故事片,由侯孝贤、曾壮祥和万仁联合执导。

其中万仁执导的段落《苹果的滋味》在荒唐故事的背后蕴含着导演对于现实的反思。贫穷的台湾人江阿发被美国上校格雷先生的小轿车撞断了双腿,获得一大笔赔偿金,外加资助其女赴美国读书的承诺。这个意外事件引起了一连串的反应:台湾的外事警察说阿发被格雷上校的车撞倒是“运气好”;阿发的工头也对阿发羡慕不已,笑说他是故意去撞车的;阿发在接受了赔偿金之后,更是连声对格雷上校道谢和道歉——肇事者与受害人之间的关系竟变成了施舍者与受惠者的关系,令人在啼笑皆非之余又感慨万千。美国人开着撞伤阿发的那辆小轿车接其家人去医院,受到很多人的羡慕,儿子阿吉也感到很威风。阿发家人进入美国海军医院后,影片用他们的主观视角进行观察,用高调布光和柔光镜营造出“爱丽丝漫游仙境”一般的效果。这些生动的细节,将阿发一家的“崇美”心理表现得淋

① 焦雄屏:《台湾新电影的历史及文化价值》,《北京电影学院学报》1990 年第 2 期。

② 焦雄屏:《寻找台湾的身份:台湾新电影的本土意识和侯孝贤的〈悲情城市〉》,《北京电影学院学报》1990 年第 2 期。

漓尽致。众所周知,1950 年朝鲜战争爆发之后,美国每年为台湾提供 2000 万美元的经济援助,对台湾经济的确起到了推动作用,但同时也控制了台湾的经济命脉,导致台湾对美国产生很强的依赖感,《苹果的滋味》细腻而深刻地展示了这段历史对普通台湾人心理的影响。

曾壮祥执导的段落名为《小琪的那顶帽子》,讲述日本高压锅推销员武雄遇见了一位美丽的小女孩小琪,她总是戴着一顶帽子。后来,武雄摘去了她的帽子,发现她的头顶有一大块很丑陋的疤痕。这则故事颇富象征意味,令人联想到台湾经济繁荣的背后却在遭受着日本的经济侵略,就像女孩头顶隐藏的难以启齿的伤痕。

侯孝贤执导的《儿子的大玩偶》则通过男青年坤树为电影院做活动广告人的故事,展现了台湾从农业社会向工业社会转型之际小人物艰难谋生的境遇。

另外,《光阴的故事・小龙头》中金阿姨一家将赴美国,涉及 60 年代台湾的移民潮;《搭错车》则反思了 50 年代末至 70 年代台湾经济高速发展时期台湾人复杂、迷茫的心态。

女性在社会变迁中所扮演的角色和所处的地位,是"新电影"另外一个热衷表现的内容。很多影片通过描摹台湾女性的生活与心态,提供了台湾女性生存状态的真实画面。其中,有敦厚纯朴、善良温柔的东方淑女形象,如秀琴(《油麻菜籽》)、古玉梅(《老莫的第二个春天》);有思想叛逆、行为怪诞、在追求人性自由的同时又表现出性格畸变的"魔女"形象,如玉卿嫂(《玉卿嫂》);有荒淫堕落、喜新厌旧而自食恶果的"恶女"形象,如刘玛娜(《老莫的第二个春天》);有自尊自爱、自强自立的"女强人"形象,如林佳莉(《海滩的一天》)、阿惠(《油麻菜籽》)等。"新电影"以女性为审美对象主体,塑造了异彩纷呈、各具特色的女性形象,为当代中国的女性银幕画廊增添了新的光彩。

（二）新鲜的结构

"新电影"导演多采用史诗形态的素材,把一整段连绵的历史创痕在章节式的叙事架构中娓娓道来。在叙述的总体格局上大多采取诗化方式,巧妙地避开了政治角度的正面切入。

集锦式电影《光阴的故事》由《小龙头》、《指望》、《跳蛙》和《报上名来》四段构成,除《报上名来》基本采用了传统的戏剧式情节结构之外,其他三段影片都采用了散文式情节结构,这在当时的台湾影坛是比较新颖的。四段影片的时代背景是渐进的,分别表现了成长的四个阶段——童年、少年、青年、成年——对周围世界的感受。其中杨德昌执导的《指望》是全片技巧最成熟、艺术造诣最高的段落,将少女对于异性的幻想描述得格外真诚而细致。13 岁的少女小芬暗恋房客大学生,满怀美好的幻想,却在无意中撞见姐姐和大学生之间的恋情,单恋只能留在心间伴她成长。陶德辰执导的《小龙头》刻画了一个缺乏关爱、终日沉迷于幻想世界的孩子小毛的形象,拍出了童真情趣,同时也表现了父母与儿女的隔膜。由柯一正执导的《跳蛙》以大学生为题材,以自由、奔放的笔调描写一个大学生想干一件轰轰烈烈的大事,像青蛙一样不停地跳动,却找不到自己确定的目标。由张毅执导的《报上名来》讲述了年轻夫妻大卫和芬兰迁到新居后的某个早晨遇到的夸张故事,在描述成年无奈的同时也反映出台北日趋繁华带来的一些社会问题。

此后"新电影"的大多数作品,例如《风柜来的人》、《看海的日子》、《冬冬的假期》、《童年往事》、《我们都是这样长大的》、《恋恋风尘》等,都偏爱散文式的情节结构,因为这样的结构更接近于日常生活的本来面貌，更符合“新电影”所追求的写实主义美学风格。

（三）清新的风格

武打片、琼瑶式的言情片、色情和暴力片大多采用煽情的戏剧化风格，而“新电影”大多追求朴素、清新、自然的写实风格。“新电影”导演惯于运用内在张力强的长镜头和景深镜头，改变了之前台湾商业电影卖弄技巧、矫揉造作的形式，充满客观写实的意味。如《童年往事》中奶奶去世的场面，运用自然光，让摄影机在远处观览全景，给人一种质朴、淳厚的美感。

“新电影”善于吸收西方电影的先进技术和艺术手法，注重用声、光、影像来表达内涵，不强调完整的戏剧结构和情节，而善于用散文方式结构剧情，注重通过平凡普通的生活细节和场景片段抒发情感，表现出一种清淡、雅致的艺术风格，给观众留下充分的思索空间。《儿子的大玩偶》中侯孝贤执导的段落大量使用固定镜头拍摄，叙事风格客观、冷静、含蓄、内敛、平实、不煽情，奠定了他此后电影创作的基本风格（只是该段落极少采用长镜头），也影响了同期及其后大多数艺术电影的叙事风格，如杨德昌、蔡明亮、徐小明、陈玉勋、张作骥、林正盛、张志勇等人的作品都受其影响；曾壮祥执导的段落也较多地使用了固定镜头，以冷静、客观的态度来讲述一个戏剧性的故事，旨在促使观众深思，而不只是激起观众情感上的义愤。当然，“新电影”并非全部都是冷静、含蓄、内敛的写实风格，《搭错车》就采用了戏剧化的煽情风格。

“新电影”对写实风格的追求还表现为：第一，根据剧情的需要，在对白中使用方言；第二，少用甚至不用大明星，喜爱非职业式的表演技巧，甚至大量起用非职业演员；第三，大量采用实景、外景；第四，偏爱自然光效。这一切，都强化了“新电影”真实质朴的美感。

“新电影”的导演常运用缓慢的长镜头讲述人世间平凡的故事，在他们的镜头下，没有虚伪，没有华丽，只有真实。正像有的学者所评论的那样：“新电影的创作者大多以中国知识分子自居，充满忧时伤国精神，企图藉电影的写实性反映民间疾苦，故特别重视写实性的题材，而且喜欢作社会批评甚至政治批评，‘历史感的有无’几乎成为衡量一部新电影是否‘有分量’的一个先决条件。台湾新电影尽管不强调影片的‘主题’，但其创作者却特别重视电影的‘教化功能’，故‘文以载道’的情况相当普遍。……台湾新电影显然属于‘为人生而艺术’的一派。”①

台湾“新电影”后来陷入困境的关键原因在于票房惨淡。导演李祐宁说：“以票房来看，一般观众还没有完全接受新电影，这是目前新电影的困境，如果新电影只在知识分子中谈论，那它的影响力太小了。”陶德辰也认为：“事实上很少人在接受所谓的新电影，由于电影本身反映作者的程度，但作者程度和一般观众的程度有很大的距离；比如侯孝贤拍《冬冬的假期》自认为已经很妥协、很商业了，但实际上不是，‘困难就在这里’。”陶德辰还指出，某些“新电影”不重视促销的功夫，因而导致票房失败。“新电影一定得有某些爆炸性的话题或受到影评人的力捧才会有观众，但……侯孝贤的《风柜》、《冬冬》就几乎没有做促销的功夫”②。“新电影”走向末路的教训主要在于：在追求电影的思想性和艺术性时，

① 梁良：《香港新浪潮与台湾新电影》，《北京电影学院学报》1989年第2期。

② 同上。

没有对电影的通俗性、大众性、娱乐性、商业性和观赏性给以充分的重视。

倘若将香港"新浪潮"电影与台湾"新电影"进行比较，我们就会发现，香港"新浪潮""从一开始就认同商业机制，拥抱商业美学；他们追求的是美学形式的开拓，而这种开拓也是为了加强与观众的对话。相反的，台湾'新电影'采取的是疏离的态度，一开始就没有这样的认同性，面对电影工商业模式的剥削性和庸俗化作法，有着主动的抗拒"①（黄建业语）。这样的根本性差别很快把各自的"新电影"运动推向不同的方向。

三、"新电影"的两大旗手——侯孝贤和杨德昌

都市是台湾人的生存空间，乡土则是台湾人的根。在都市与乡土之间，"新电影"最重要的代表人物侯孝贤和杨德昌做出了自己的选择和书写。侯孝贤在乡土这个起点发力，对台湾自身的"根性"和历史性发出追问，其作品是"台湾意识"强烈外现的重要历史标尺；而杨德昌关注的是一个极为"知性"的问题——现代都市人的处境，这也是20世纪五六十年代欧洲电影大师在战后经济奇迹时代的一个重要"话题"。

（一）记忆与乡土的书写者——侯孝贤

侯孝贤是客家人，出生于广东梅县，1948年移居台湾。1972年毕业于台湾"国立艺专"影剧科，1974年从影，次年任李行的场记、助理，当过副导演、编剧、演员。1975年起从事编剧工作，编有《桃花女斗周公》、《早安台北》、《我踏浪而来》等电影剧本。1980年首导《就是溜溜的她》、《风儿踢踏踩》(1981)成名，1982年执导《在那河畔青草青》引起影坛广泛重视。1983年与万仁、曾壮祥联合执导的《儿子的大玩偶》获西德曼海姆影展佳作奖，并引领台湾电影新浪潮的开端；执导《风柜来的人》获1984年法国南特三大洲电影节最佳作品奖。1984年创作剧本《油麻菜籽》获第21届台湾金马奖最佳改编剧本奖；执导《冬冬的假期》获1985年法国南特三大洲电影节最佳作品奖、第30届亚太影展最佳导演奖。1985年执导《童年往事》获第22届台湾金马奖最佳原著剧本奖、第37届柏林电影节国际影评人奖及鹿特丹电影节、夏威夷电影节、亚太影展作品奖。1986年执导《恋恋风尘》获法国南特三大洲电影节最佳摄影音乐奖、葡萄牙特利亚国际影展最佳导演奖；执导《尼罗河的女儿》获1987年意大利都灵电影节第五届国际青年影展影评人特别奖。1989年执导《悲情城市》获第26届金马奖最佳导演奖，台湾《中时晚报》电影奖最佳作品奖、导演特别奖，第46届威尼斯电影节金狮奖。1993年执导《戏梦人生》获台湾《中时晚报》电影奖最优秀作品奖、1993年戛纳电影节评委会大奖。其后作品有《好男好女》(1995)、《南国再见，南国》(1996)、《海上花》(1998)、《千禧曼波》(2001)、《咖啡时光》(2004)、《最好的时光》(2005)等，亦在金马奖及海外影展上多有斩获。

侯孝贤电影的主要题材包括以下几个方面②：

---

① 卢非易：《台湾电影：政治、经济、美学》，远流出版事业股份有限公司1998年版，第286～287页。

② 孙慰川：《当代港台电影研究》，北京：中国电影出版社2004年版，第81～85页。

1. 对个体成长记忆的书写

在侯孝贤迄今为止导演的15部故事片中,《风柜来的人》、《冬冬的假期》、《童年往事》、《恋恋风尘》、《尼罗河的女儿》和《千禧曼波》等都与个体成长的体验和记忆有关,显示出他对此类题材的情有独钟。

《冬冬的假期》是该片第一编剧朱天文的童年记忆,《恋恋风尘》则基本上是该片第一编剧吴念真对其成长岁月的记忆,《童年往事》是侯孝贤对自己成长岁月的追忆和反思。影片虽名为《童年往事》,实际上却没有局限于童年,还表现了少年和青年时代。影片在书写和重筑个体成长记忆的同时,还探讨了生与死的问题,父亲、母亲、祖母甚至台湾"副总统"陈诚的死,都被侯孝贤一一表现。对生死问题的思索,也就是对生命本身的思索,是在思考生命的目的、意义和价值。

侯孝贤常常对成长的岁月和青春的流逝流露出淡淡的感伤,《风柜来的人》、《童年往事》、《恋恋风尘》、《千禧曼波》均是如此。他用电影胶片观察和记录个体成长的心路历程,目的是为了研究一个具有哲学、社会学和人类学意义的课题:人的生存、成长与社会的发展、进步之间的复杂关系。也许,社会的发展和进步必须以人性的日渐缺失为代价,在社会的发展、进步与人性的完整、完善两者之间,似乎是鱼和熊掌不可兼得,人类这一两难处境显然令侯孝贤深感困惑和矛盾,所以在电影中反复加以表现。

2. 对乡村文明与现代都市文明的比较

《风柜来的人》和《恋恋风尘》表现的都是海边小镇的青少年进入大城市(高雄、台北)之后的遭遇,《冬冬的假期》则相反,片中的两位主角(冬冬和婷婷)离开大都市台北,来到位于乡镇的外公家里度暑假。影片中,乡下的孩子们纯朴可爱,乡间生活充满了童趣,流露出侯孝贤对农业文明及乡村生活深深的怀念和热爱。但他并没有把影片拍成唯美的田园牧歌,而是以较低的机位模拟儿童视角,审视奇奇怪怪的成人世界:冬冬小舅的女友未婚先孕;捉麻雀的男人强奸一位弱智的姑娘;两个年轻人抢一位小伙子的物品,并用石头砸伤了小伙子的头……在该片中,美好的儿童世界与复杂的成人世界之间形成剧烈的反差和对比,是侯孝贤一直关注并偏爱的"农业文明与工业文明、乡村文明与城市文明之间的对比"这一主题的变奏。

在《尼罗河的女儿》(1987)中,侯孝贤第一次完全告别农村,直接描写都市中个体的成长。片中两位主角(晓阳、晓方)无父无母(母亲亡故,父亲被派驻外地)的处境以及农村在叙事空间上的缺席,似乎在传达一种隐喻:乡村是人们精神上永远的父母;一旦远离乡村,人们(现代人)就将陷于无父无母的悲惨境地,形同孤儿。

侯孝贤影片中的城市总是充斥着欺骗、毒品、犯罪、堕落和黑社会大哥的身影。《风柜来的人》中,海边小镇的青少年刚刚进入城市,就被城里人以观看"欧洲成人电影"为诱饵骗去了一笔钱;在《恋恋风尘》中,男主角阿远进入城市不久,摩托车就被窃了;在《千禧曼波》中,男主角小豪吸食毒品,女主角则醉生梦死,迷失在城市之中;而在《好男好女》、《南国再见,南国》和《千禧曼波》中,都有黑社会大哥的形象,而且还是作为主要角色出现。

在侯孝贤的电影里,乡村的生活往往纯朴、悠然而美好,而城市生活虽灯红酒绿,却让人伤痕累累。人们在城市中所受的创伤,只有在乡村才能够愈合。在《恋恋风尘》片尾,男主角阿远受伤的心灵就是在宁静的乡野中得到了抚慰。侯孝贤在电影中设立了乡村与城市二元对立的文化主题，对农业文明和乡村文明充满怀念和眷恋之情，而对工业文明和现代城市文明则持排斥和批判的态度。对此，不能简单地认为侯孝贤是保守和反动的；实际上，自近代以来，在世界范围内，声讨工业文明和现代城市文明、主张返璞归真的呼声就一直没有间断过。

3. 构筑族群对于历史的记忆

倘若说《风柜来的人》和《冬冬的假期》还局限于个体关于成长的记忆，那么到了《童年往事》，侯孝贤已经有意识地在个体成长记忆中融入族群的历史记忆了。《童年往事》系统地记录了国民党在大陆战败、逃到台湾、1958 年“八二三”炮战、1961 年窜犯内地失败、1965 年“副总统”陈诚病逝等一系列重大的历史事件，使该片超越了单纯的个体成长记忆范畴，进入记录和反思群体历史这一更加广阔、复杂而敏感的领域。

侯孝贤对于历史记忆的探索在《悲情城市》中达到了最高峰。该片所表现的中心事件——台湾“二二八事件”——发生于 1947 年，编剧吴念真（1952 年生）、朱天文（1956 年生）和导演侯孝贤（1946 年生）都不可能有亲身体验，他们超越了自我的成长记忆，致力于冲破执政当局的政治禁忌，唤醒并反思被国民党政府压抑了 40 多年的关于台湾现代史上那段最黑暗、最惨痛也最重要的历史记忆。《戏梦人生》（1993）以台湾布袋戏大师李天禄作为台湾历史的一个活标本，用半纪录式的手法把他的个人生命记忆与台湾自清朝末年至日据时期的历史融为一体。《好男好女》（1995）则反思了台湾爱国青年在抗日战争期间的不幸遭遇，再次将批判的矛头指向国民党政府，控诉了国民党对爱国进步人士的迫害，延续并深化了《悲情城市》的主题。

通过这些影片，侯孝贤将摄影机镜头深深地刺入历史中那些最黑暗、最丑陋的章节，力求还原历史真相。

（二）现代都市文明的省思者——杨德昌

杨德昌出生于 1947 年，逝世于 2007 年。他大学期间学习控制工程，后到美国学习电脑并获得硕士学位，1981 年回到台湾。1982 年在张艾嘉受“香港新浪潮”影响筹拍的电视剧《十一个女人》中执导“浮萍”段落，同年执导《光阴的故事》中的《指望》。北京电影学院陈山教授认为，杨德昌的电影作品可以分为几个阶段：首先是“台北三部曲”——《海滩的一天》（1983）、《青梅竹马》（1985）、《恐怖分子》（1986），相当于与侯孝贤同步的“成长电影”；之后的《牯岭街少年杀人事件》（1991）类似于“台北三部曲”的“前传”，代表他电影事业的高峰；20 世纪 90 年代的“新台北三部曲”中，《独立时代》（1994）和《一一》（2000）展示的是“白领阶层”、新城市人的游戏规则，中间的《麻将》（1996）则是边缘化的新人类电影。

概括而言，杨德昌电影的主要题材集中在以下几个方面①：

1. 现代儒者对都市的困惑与思索

在国外以及电影圈外多年漂泊的经历，使杨德昌太容易看到台北这个城市中所有的冷漠、世故和虚情假意，所以他无法让摄影机保持“平视”，而是冷冷地站在摄影机后面低头看下去，用力戳破那些伪善的面具，发掘那些纯粹而天真的东西。从这一点而言，杨德

① 孙慰川：《当代港台电影研究》，北京：中国电影出版社 2004 年版，第 204～206 页。

昌是华语世界中唯一可以与美国导演伍迪·艾伦相类比的导演——他们对于一个城市的热爱和痛恨同时达到极致。

杨德昌在早期的短片作品中已经开始了对台湾都市生态的理性分析，这使他一开始就获得了另一种凝视台北的眼光。在长片处女作《海滩的一天》中，杨德昌的思考开始聚焦于现代人物质生活富裕和精神世界空虚的矛盾、人性的异化之痛和疏离之悲等主题上。作为人类生存状态中的一种现象，"异化"是指在异己力量（主要是金钱）的作用下，人类丧失了自我和本质，丧失了精神自由，人格趋于分裂①。金钱本应给人带来生活保障和幸福感，但是如果过于迷信它的魔力而成为它的奴隶，它就会反过来成为压迫人的异己力量，使人失去快乐和幸福。在80年代的"城市生活三部曲"中，《海滩的一天》反映了物质富裕之后台湾中产阶级的人际关系面貌：林佳莉为了避免重蹈哥哥佳森的婚姻覆辙而离家出走，嫁给大学时代认识的帅气青年程德伟，放弃了自己的工作。然而，德伟日夜忙于工作，留下佳莉独守空房。她在病榻上向丈夫倾诉心声，丈夫却无意倾听。富裕的物质享受难以弥补精神上的空虚，华丽的居室变成了牢狱，生活远非她原来想象的那么美好浪漫，她开始怀疑自己的选择，陷入痛苦、迷茫之中。

其后的《青梅竹马》、《恐怖分子》、《独立时代》、《麻将》和《一一》都从不同角度延续并深化了这一主题，显示出杨德昌对于台湾中产阶级生存状态和精神状态的高度关注和长期思索。作为台湾"新电影"最为重要的代表作之一，《青梅竹马》将台湾现代社会的弊端与人性的沦落联系在一起。女强人阿贞与布店老板阿隆本是青梅竹马的恋人，但却在逐渐拉开距离的文化与社会空间里变得格格不入，在理想与爱情的价值观矛盾中陷入困境。台北道路塞车拥堵，将两人分割在咫尺之间，很清晰地表达了现代化造成两人无法结合的命运，死亡、空虚成为故事的主旋律。

进入90年代，异化之痛在杨德昌的电影中更成了挥之不去的梦魇。《牯岭街少年杀人事件》（以下简称《牯岭街》）讲述了一个60年代的故事。在那个动荡、苦闷、绝望的年代中，正值人生观形成时期的少年不堪其扰，找不到认同感，唯有通过拉帮结派、打架滋事、争风吃醋等极端化的、决绝的姿态向艰难苦涩的青春危险期宣战，学校、街道、冰房、球室成了他们流血的江湖。父亲病故、母亲帮佣、生存处境艰难，使少女小明养成了对男人的依附性，先后在红毛、哈尼、滑头之间游移，其后倾心于小四，复移情小马，结果造成这些男孩子因她纷争不断，流血命案接连发生。小明内心中淤积着混世的绝望，早熟的情感显然已经处于异化状态，人格濒于分裂。

《牯岭街》讲述的是政治高压和经济窘迫的60年代人的情感的异化，那么，经济腾飞之后，情感的异化问题是否有所好转呢？《独立时代》给予了否定的回答。在本片中，杨德昌把关注的目光投向了青年。该片的英文译名为 A Confucian confusion，意即"儒者的困惑"，显然，现代青年在物质生活的富裕与精神世界的空虚之间的尖锐矛盾，令杨德昌这位现代儒者也感到深深的困惑。影片片头打出了这样的字幕："台北在短短20年间，变成世界上最有钱的都市。"并引用了《论语·子路》中的一段话："庶矣，又何加焉？曰：富之。曰：既富矣，又何加焉？"孔子的回答是："教之！"影片没有写出孔子的回答，却试图通过电

① 杨晓林：《现代儒者的困惑与理性反思》，《世界华文文学论坛》2007年第2期，第50页。

影来教化现代人。富裕带来诚恳生活态度的扭曲变形，朋友之间、同事之间、家庭成员之间虚与委蛇，关系紧张得几乎演变成世故奸猾的新虚伪世界。而事实上，每个角色都在逐步被这个富裕虚伪的现实社会所异化，成为受害者。

在《麻将》中，谋财骗色四人组的小头目红鱼是一个被金钱早早腐蚀的身心异化的少年，他继承父亲的生活信条，把世界上的人分为两类：一类是骗子，一类是傻子。他深信现代都市中人与人之间的关系就是骗与被骗的关系，因此，追逐金钱是他唯一的生活目标和生活方式，无论是和父母还是和同辈，他都很难建立一种真正的亲密关系。

《一一》中 NJ 的小康之家表面上似乎风平浪静，内里却千疮百孔、危机四伏，家人之间完全无法交流和沟通，每个人都活得疲惫不堪。

从以上的描述可以看出：杨德昌影片中贯串着一些核心的"母题"：现代城市生活中潜藏的真正危机究竟在哪里？现代社会的伦理道德体系是健全的还是脆弱的？现代都市中人与人的关系是正常的还是病态的？在生活日益富裕的今天，人的精神却极度贫乏，信仰丧失，精神家园被毁，杨德昌用电影的方式将这一人生悲剧揭示出来，目的是让观众反省自身，寻找更为人性和诗意的栖居方式。

2. 两极化的都市人物和道德化的叙事立场

在杨德昌参与编剧或独立编剧、独立执导的影片中，现代人的形象呈现出两极化的特征，大体上可以分为两类：

第一类人物的典型代表有：为了晋升，不惜在上司面前出卖好朋友的李立中(《恐怖分子》)；为了享受丰衣足食的生活而住进当地驻军司令儿子家里的女中学生小明(《牯岭街少年杀人事件》)；已经有妻子和孩子，却还与小风姑娘同居，并又开始追求另一个姑娘的男子 Larry 及为了便于玩弄女性，在自己的一部戏中设立了七位女主角的"戏剧大师"小B(《独立时代》)；为了赚钱竟然打算让纯情的法国少女卖淫，又唆使朋友去实施美男计的"红鱼"(《麻将》)；从事盗版勾当，并且在生意场上不守信用、出尔反尔的 A—Di(《一一》)。那么，这类人物得到快乐和幸福了吗？在影片中，李立中最终并没有如愿以偿地升官，片尾给他设计了两种可能的出路：一是杀人，二是自杀。女学生小明终于成了小四的刀下之鬼。Larry 和"戏剧大师"小 B 不仅没能得到他们所追求的女子，反而丑态百出。"红鱼"开枪杀死了邱董。A—Di 虽拥有豪华宽敞的住房、年轻漂亮的妻子和健康的孩子，并年复一年地努力工作，但他在片尾自己承认："我一点都不快乐。"

第二类现代人的形象以《牯岭街》中的小四、《独立时代》中的男作家、《麻将》中的纶纶、《一一》中的 NJ、婷婷和日本电脑游戏设计师大田为代表。他们在精神和品格上都具有相同的特质：诚实、正直、善良，不做违背良知的事，不为追求一己之私而不择手段。《牯岭街》中的小四没有帮助同学作弊，老师却冤枉他，但他宁愿被处分，也不肯说假话来顺从老师以逃避处分。《独立时代》中的男作家以前专门写一些风花雪月的言情小说，非常畅销，如今却不再创作这种精神麻醉品去赚钱，宁愿住在没有电视、电话和空调的地方，过着清贫、诚实而自在的生活。《麻将》中的纶纶不与"红鱼"等人同流合污，而是偷偷将"红鱼"逼良为娼的阴谋告诉法国少女，并力劝她赶快逃走。《一一》中的 NJ 拒绝董事长和两个副总洽谈软件盗版生意的邀请，愤然离去，当小舅子 A—Di 等人在生意场上背信弃义时，他严词斥责，并毅然决然地退出了公司，宁愿赋闲在家，也不与 A—Di 等人同流合污去赚昧心钱。显然,小四、男作家、纶纶和 NJ 这类人物在拜金主义的污浊社会中属于洁身自好者。他们心存美好的理想,但现实生活却和他们心中的理想存在极大的反差,令他们时时感到迷惑和迷惘,甚至与现实格格不入。

对于第一类人物杨德昌无一例外地设置了悲剧性结局,对第二类人物则寄予了高度的同情和赞美,鲜明地表达了他道德化的叙事立场,并暗示了导致现代人苦恼的一个主要原因:大多数现代人被物欲迷住了双眼,迷失了自我,看不清生活的全部真相,看不清生命的真正价值所在。虽然杨德昌对第二类人物寄予了无限的同情和赞美,但并没有简单地为他们安排一个光明的结局,而是真实、深刻、细腻地表现了他们在现实生活中的痛苦与挣扎,正如《一一》中 NJ 的女儿婷婷所困惑的那样:"为什么这个世界和我们想的不一样呢?"面对这个丑恶而残酷的现实世界,她的选择只能是暂时闭上自己的眼睛,不去正视它:"我现在闭上眼睛看到的世界,好美哦!"婷婷在外祖母怀中所说的这句话,发人深省。

作为一个现代儒者,杨德昌对当代商业社会中的尔虞我诈和贪得无厌的物质欲望给予了尖锐的嘲讽和批判,让那些病入膏肓的丑角一一登场,体现出强烈的批判现实主义精神;但从根本上来说,杨德昌并不是一个悲观主义者,他认为文明就是人和人之间可以和平共处,懂得互相尊重,这样才能够解除很多冲突与不了解。

如果说杨德昌早年创作的《指望》、《青梅竹马》和《牯岭街》等片确实笼罩着一些悲观、苍凉的情绪,那么他后来的作品却在直面现实的同时表现出某种乐观向上的信念。比如《独立时代》的最后一个镜头中,正直、善良的小明和女友琪琪终于破镜重圆,在电梯口紧紧拥抱;《麻将》的最后一个镜头中,纶纶和纯洁的法国少女热烈拥抱于街头,两个结尾都给予观众美好的希望。同样,《一一》也并不压抑、并不消沉,它以婴儿的一声啼哭开场,以婆婆的死结束,或许是要借此告诉观众:生命是短暂而珍贵的,死亡随时随地都有可能发生,所以每个人最应该珍惜的不是其他任何东西,而是宝贵的生命。最后一个镜头中洋洋对着婆婆的遗像说:"我要去告诉别人他们不知道的事情,给别人看他们看不到的东西。"这想必也是杨德昌对于其电影创作宗旨的夫子自道。

思考与练习

1. "新电影"之"新"表现在哪些方面?
2. 怎样理解侯孝贤电影中城市与乡村的二元对立?
3. 杨德昌为何被称为"现代儒者"?
4. 试比较香港"新浪潮"和台湾"新电影"运动不同的走向。

第四章　电影艺术的多元化发展时期

(20 世纪 90 年代至今)

1995 年，世界电影诞生一百周年，几乎全世界都在讨论一个问题：电影是不是已经走向死亡？持这种悲观论调的人有着充分的理由：一百年来，电影已经经历了其他艺术几百年的历史——诞生、发展、成熟、创新、低谷。世纪之交，电影面临着来自兄弟行业的严峻挑战：从二战后就逐渐在观众争夺战中占得上风的电视；日新月异、无所不能的网络文化。凡此种种，无不令电影人忧心忡忡——百岁之后的电影，究竟会走向何方？乐观主义者则认为电影是才刚刚健全了四肢和头脑的青年，他的未来一片光明，不可限量。

如今，这场争论已蒙上了历史的尘埃，而电影依然活着，尽管处境艰难，电影人依然在努力创造银幕奇观，把观众吸引到电影院里。投资巨大、场面惊人的“大片”成为全球性的电影策略，而在这方面占绝对优势的好莱坞顺理成章地延续并扩大了它在全球的统治性地位。

比电影的控制更可怕的，是借着好莱坞电影的东风被输送到世界各个角落的“美国精神”，在欧洲、在拉美、在亚洲，所有富于民族责任感的电影人都开始意识到这个问题的严重性并设法突围。世界电影由此进入到一个“反好莱坞”的多元化时代：年轻的导演们在成长过程中几乎无一例外地吸收过好莱坞电影的营养，但他们在成熟以后，却不约而同地想要凭借自己的智慧和努力从好莱坞的屏障中努力突围。无论这突围能否成功，他们的精神都是值得历史去嘉许的。

第一节　美国电影文化的扩张：跨越世纪的狂欢

【本节提要】任何一种潮流总会走过一个从生发到繁荣再到衰落的过程，“新好莱坞运动”也不例外。随着“新好莱坞运动”的终结，美国电影进入了又一个新的辉煌时期。在这个时期，多种电影思潮纷纷登台并在此消彼长中拍摄出大量优秀的电影作品，其中颇具影响力的流派为后现代电影和独立电影，本节分别从这两个流派的生发流程和主要电影人、电影作品入手，阐述美国电影文化在新世纪前后如何完成了它的扩张，并就它对全世界电影发展所作的贡献进行介绍。

【主要内容】

1. 后现代电影的兴起

2. 独立电影的兴起

3. 好莱坞电影魅力诠释

一、多种电影思潮的相互消长

风起云涌的“新好莱坞运动”很快走向尾声，美国电影的辉煌时期也暂时告一段落。由于经济上的困顿和对越战争的失利，美国电影进入了一个短暂的低潮期；但是这个低潮时间很短，因为已经形成成熟运作机制的好莱坞电影拥有巨大的生命力，而且种种社会变革客观上也为好莱坞电影的发展提供了新的支撑。20 世纪 80 年代开始，美国电影进入一个新的发展阶段。在这个阶段，美国电影开始在政府的大力支持下走征服世界的全球化路线。后来的事实证明，好莱坞电影的确凭借自身强大的竞争力和成熟的商业策略成功地打开了欧洲电影市场和亚洲电影市场的大门；而好莱坞也因此吸引了来自世界各地的优秀电影人，这些人的加盟使好莱坞电影所涵盖的内容更加丰富多彩，也以更强的实力和更多的卖点吸引了全球观众的目光。新世纪以后，好莱坞电影已经在世界范围内形成了完备的院线播映制，而美国电影也名副其实地成为世界电影的霸主。随着好莱坞电影在全球范围内的普及，美国文化顺利地完成了它的扩张。

新世纪前后的美国影坛非常热闹，好莱坞电影从整体上呈现出一种多元化的风格趋势。随着经济的发展，大片、巨片的打造成为好莱坞商业影片的主流趋势，电脑特技的快捷提升为科幻片、魔幻片等新生类型的勃兴奠定了良好的基础，来自世界各地的电影人又为好莱坞影片加入了异域民族的奇观，增加了好莱坞影片的表现形式，丰富了好莱坞影片的内涵。总之，这个时期的美国电影已经呈现出一种前所未有的繁荣景象——多种电影思潮在相互消长中共存(譬如后现代电影的兴起和独立电影的生发)，数量众多的电影人和大量优秀的电影作品纷纷出现。

(一) 后现代电影的兴起

20 世纪 80 年代末期，美国经济开始复苏，客观上为好莱坞电影的发展奠定了良好的经济基础。这个时期，宗教道德、文化价值等方面的分歧逐渐成为美国社会的焦点，成为后现代电影兴起的重要契机，同时也成为后现代电影一直乐于表现的内容。随着科技水平的迅速提升，多种数字立体声录音技术陆续被开发并投入到电影领域，将电影中声音的艺术魅力发挥到了极致。总之，经济、文化及科技的合力为美国后现代电影的兴起奠定了良好的基础，同时，20 世纪末期的好莱坞因为有了后现代电影的出现而增添了新的活力，进入了一个新的发展时期。新世纪以来，虽然多元化的好莱坞作品纷纷出现，但不能否认，后现代电影依然是其中不可或缺的组成部分。

20 世纪八九十年代是后现代电影无限风光的年代，这个时期的世界影坛因为后现代电影的出现而显得非常热闹。在很短的时间内，后现代电影不仅迅速崛起，而且迅速取得了举世瞩目的成果——在美国、法国、加拿大、西班牙等多个国家都有众多有影响力的作品涌现。从严格意义上来说，后现代电影不是一种电影类型，而是一种用影像来阐释的世界观，这种世界观以褒扬个性张扬为核心内容。评论界认为：后现代电影的出现意味着"电影作者"在新时期以一种新的形象盎然再生。这些自命为"电影作者"的电影人以反映世纪交替的特定背景下人们对未知命运的忧虑为己任，他们喜欢也习惯于嘲弄统一的纲领和规则，认为电影的发展不应该局限于统一的宣言或信仰，并认为这个时代最明显的特征是个性的彰显，因此每个个体都有权利表达自己所关怀、所困惑的种种话题，譬如竞争激烈残酷的生存状态以及人类自身无法解决的诸如孤独、无奈、疏离、冷漠以及找不到精神归宿等种种社会问题和心理问题。因此，从总体上来看，后现代电影的主要特征集中体现在影片的后现代叙事风格、前卫的造型及个性化的内容等方面。

这个时期，一些现代主义导演，甚至一些古典主义的导演，都积极顺应时代和观众的需求，拍摄出了大量精彩的具有鲜明后现代特征的电影作品。

1989年，年仅26岁的美国导演斯蒂文·索德伯格带着他的处女作《性·谎言·录像带》出现在戛纳电影节并最终摘取了金棕榈大奖，后现代电影再次用实力赢得了人们的一致喝彩。

1990年，美国导演大卫·林奇凭借一部跨越类型的公路电影《心中狂野》拿走了金棕榈奖。这部具有后现代主义特征的影片以弗洛伊德的心理分析学说为基本依据，再加上公路片的叙事格局和大量的超现实段落，赢得了许多好评。影片粗看貌似一部华丽庸俗的肥皂剧，而且在剧中还加入了多场令人心惊肉跳的血腥暴力场面和色情幻想，但是天才导演林奇用幽默来粉饰了这些极度庸俗的内容，用幽默感来冲淡了大量暴力镜头所引发的心理冲击，给观众带来一种与众不同的观影体验。《心中狂野》里的人物没有社会背景，所有故事都发生在他们的头脑之中，影片中大量地运用了闪回手法来给故事增加悬念和色彩。林奇是一个与众不同的电影制作者，他一直尝试用绘画、雕塑等种种非传统的美学手段和反叙事的试验手法来打造与众不同的作品，终于，林奇凭借他的个性追求成为一个勇敢的超现实主义者、一个后现代电影的延续者和发扬者。

1991年，科恩兄弟的作品《巴顿·芬克》亦是一部兼具艺术性和商业性的后现代风格的综合类型片。影片讲述了一个被雇用到好莱坞的话剧作家在一家旅馆的"历险记"，以一种"情理之中，意料之外"的叙事方式演绎了一个匪夷所思的现代故事。

与《巴顿·芬克》相似，1995年，享有国际声誉的重量级导演伍迪·艾伦拍摄了《百老汇上空的子弹》，以辛辣讽刺的叙事手法嘲弄了当时电影界存在的一些问题，其风格的大胆和影响的深远耐人寻味。这部影片中的舞台导演阴差阳错地受控于一个对电影颇有鉴赏力的杀手，为了保住性命，倒霉的舞台导演只好按照杀手的意愿来修改剧本。杀手生气的原因匪夷所思——他认为电影界充斥着太多情节雷同、风格相似的滥电影，所以眼下这个舞台导演没有任何创意的剧本已经超越了杀手的忍耐极限。被评论界誉为"非常具有知识分子气质"的个性导演艾伦借助一个杀手的嘴巴直截了当地抨击了电影止步不前的根本缘由：因为有了太多滥电影中的滥情节的存在，才有了如此多的滥观众。艾伦的美国式幽默既让人捧腹大笑又引人深思，他用一种貌似嬉戏的态度不经意地揭示出电影创作过程中存在的深刻问题——好的剧本是一个好电影的基础，没有好的故事，好的电影只能是海市蜃楼般的奢望。

著名导演马丁·斯科西斯在1998年拍摄的影片《基督最后的诱惑》也因为以后现代

的方式重新演绎了基督而在西方社会引起轩然大波。斯科西斯在影片中将耶稣世俗化、人性化、平实化的表现手法惹怒了不少观众，他们不能相信神圣的耶稣会贪恋凡人生儿育女的生活；但是这部影片却以它大胆的叙事手法挑战了观众和电影的承受极限，书写了电影史上有个性的纪录，展现了后现代电影的独特魅力。

（二）独立电影的兴起

几乎在后现代电影开始风行的同时，另外一场被称为“独立电影”的运动也在20世纪八九十年代的美国悄然兴起。直到20多年后的今天，独立电影运动仍是一个新兴的、颇有魔力的话题，充满了神秘感和吸引力。由于独立电影产生的时间距今非常近，在很多问题上还没有形成一个系统的概念和说法，所以很多问题现在尚存争议。

独立电影兴起的时代是一个充满遗憾的时代，当时“新好莱坞电影”正在走向尾声。新的影片和类型已经开始迫不及待地登上历史舞台。在那个没有办法确切去定义的时期，孩子们激情洋溢地涌到电影院看的是类似于《星舰迷航记》(1979)的一系列商业大片。当时，已经获得丰厚利益的制片厂头头们兴奋地数着到手的钞票并算计着即将到手的钞票，更加全身心地投入到商业大片的投资拍摄中，于是边缘化的导演如彼得·博格丹诺维奇、鲍勃·拉菲尔森、比利·弗里德金、哈尔·哈什比甚至斯科西斯与科波拉等都被他们远远地丢弃在投资范围之外。随着《外星人》热潮在1982年的夏天引爆，大制片厂以更加昂扬的姿态重新启程上路。这一次，经济收益成为大制片厂拍摄电影的首要动力和唯一目的。

回首刚刚走过的70年代，好莱坞电影一直游走在艺术与商业之间的夹缝中，最终的结果是利益战胜了一切，从某种意义上，我们可以说是商业最终战胜了艺术。接下来的十年，好莱坞开始将捞钱的方向转往大片甚至巨片的打造。在这样的社会情势下，在商业片独霸影坛的氛围中，当时颇受业界人士尊敬的当红影星罗伯特·雷德福于1979年在他的家中召开了以独立电影为中心议题的集会，这次集会向全世界的观众发表宣言：执著于艺术追求的独立电影运动轰轰烈烈地展开了。

实际上，独立电影的机构成立得更早，可以追溯到1978年。在电影制片人桑德拉的大力支持和奔走呼吁下，独立电影专门机构IFP(Independent Feature Project)成立，成为独立电影的第一个机构。随后，IFP尽职尽责地举行了一系列如何在体制外拍片的研讨会，会议的内容大体集中在怎样能够最大限度地为拍摄独立影片筹钱、如何进行体制外的拍摄、如何最大限度地发行才能赢得利润，并最终为独立电影的生存发展赢得更多的机会。IFP这样做的目的很明确，就是为美国独立电影在已经存在的电影发行系统中争得一席之地，但效果并不尽如人意——在好莱坞，属于独立电影的生存空间和发展空间很小。

1980年，约翰·塞勒斯的《西卡柯七个人的归来》终于公映，幸运的是此部影片不仅得到《纽约时报》影评人文森特·坎比的青睐，而且在票房方面的成绩也不错，终于让人们看到了独立电影的曙光。此片总计花费6万美元，是塞勒斯个人出资，独立电影道路的艰难由此可见一斑。万事开头难，此后一股独立电影的潮流迅速形成，一大批颇具影响力的优秀作品纷纷出炉，比如路易·马勒的《与安德雷吃晚餐》(1981，票房190万)、王颖的《寻人》(1982，票房100万)、斯派克·李的《稳操胜券》(1986，票房710万)、大卫·林奇的代表作品《橡皮头》(1977)、《蓝丝绒》(1986) 等陆续获得观众的认可,独立电影逐渐有了属于自己的天空。

与后现代电影相似,独立电影一直没有确切的定义,也没有统一的宣言和纲领,但这些电影人在创作上存在一些共同的倾向和追求。在一定程度上,我们可以认为独立电影人是“新好莱坞”真正的继承者,至少他们在开始拍摄影片时表达了这样的初衷。这些独立电影的倡导者吸收了“新好莱坞”时期前辈们“反好莱坞”的美学思想,具体表现为:凡是好莱坞所否定所拒绝的,独立电影一般都积极地表示认可和接受;当好莱坞执著于白日梦的精心打造时,独立电影就对现实主义热爱不已;假如好莱坞回避边缘话题,那么独立电影就成为各种社会病理问题诸如种族歧视、艾滋病、同性恋等题材的代名词;好莱坞主流影片在拍摄过程中总是一掷千金,独立电影则一直保持一种节衣缩食的小成本风格;明星制一直是好莱坞影片取胜的重要砝码,而独立电影则因为资金短缺只好启用不知名的非职业演员;好莱坞制片人的品味决定着影片的最终面目,而独立电影则是导演自由挥洒的天堂;好莱坞影片使用流水线大批量生产,独立电影则是一种完全个人化的创作;好莱坞一直把赚钱当做拍摄电影的目标,而独立电影人则把艺术追求定位为自己的最高理想;最大限度地吸引观众是好莱坞导演拍摄影片时首先考虑的问题,而独立电影人只跟着自己的感觉走,观众是另一个世界的话题,与他们无关。总之,独立电影生存在好莱坞的夹缝里,他们只能选择好莱坞不感兴趣的题材才能取得自己的一席之地。

任何事情都有两面性,独立电影人经济上的拮据启发了他们独有的美学追求。好莱坞为商业利益所累,在复制传统思维和主流价值的道路上踯躅徘徊,独立电影则没有这样的累赘,它可以轻轻松松地挑战二者。例如:皮尔斯、塞勒斯和斯派克·李等这些出现于20 世纪 80 年代的第一拨独立影人在民权运动、反战运动中迅速成长,有的导演则突破了性禁忌。20 世纪 80 年代,许多成功的独立电影讲述的大都是边缘人(即弱势群体) 的故事,比如愤怒黑人、失业工人、艾滋患者、毒贩小贼等,很多人物都是非常规的,因此很难用常规思维来解读,换句话说,这些独立影片带给观众的是一种在主流影片中不会得到的感受。因为独立电影人对主流电影持轻视态度,所以这些电影人也被主流电影制片人所轻视,即使有些电影人如塞勒斯、斯派克·李、科恩兄弟等曾经向大制片厂进发过,最后结果都不是很好。最根本的原因是再次兴盛的大制片厂不愿放弃已经得到利益的经营模式,不愿冒着巨大的风险去屈从固执艺术追求的独立电影人按照自己的方式去拍摄一些无法预期结果的个性影片。

在新世纪的今天回眸往日,显然 20 世纪 80 年代是独立电影的原始出发点,大家从那里出发,挣扎着冲向未知的明天。达尔文主义弱肉强食的自然法则再次被证明是真理,来自大片和巨片的绝对强势摧毁了 Cinecom 和 Vestron 这样新兴的独立电影公司,但也让幸存下来的年轻团队在历练中获得了生存的经验和力量。正是这些历经考验的公司掀起第二拨独立电影的浪潮,他们在大制片模式中艰难地摸索自己的生存空间。

20 世纪 90 年代的独立电影是多元多样、变化多端的,从拍摄同性恋电影的海恩斯到拍摄大量喜剧的史密斯,独立电影人以张扬的个性随意挥洒着电影的传奇,书写着电影的神话。他们不具备“新好莱坞”电影运动的凝聚力,尤其是晚期的独立电影人更没有集体的概念,彰显个性的表达成为他们津津乐道的主题。集体荣誉感强的“新好莱坞”时代已经成为一个遥远的神话，这个神话挥之不去地萦绕在八九十年代很多独立电影人头脑中，供他们想象也给他们力量和启发。索德伯格说："我整个电影生涯都是在假设自己正处在60年代末、70年代初，我一直在尝试把美国素材与欧洲电影美学融会在一起。我的意思是说，这种方法是他们的伟大贡献。"①现在很容易得出的结论是：在20世纪90年代，独立电影的确又形成了一次运动，它显然与"新好莱坞"不同且不易界定，但这些电影很多都不及前辈们所拍摄的作品来得光辉夺目。毋庸讳言，他们的成就较之于"新好莱坞电影"多少有些逊色。

当独立电影人风头正盛时，推动他们的幕后老板依然非常紧张，因为独立电影人对电影是否赢利不屑一顾，所以幕后老板们的压力是非常巨大的。通常情况下，独立电影因为拍摄预算非常低，所以导演把拍摄日程安排得特别紧凑；即使这样，结果是好是坏仍然很难预测。再加上独立电影人在拍摄过程中基本上不考虑影片的商业收益，所以幕后老板必须重视影片的宣传和发行环节以确保自己能够赢利。这种朝不保夕的运行模式极大地考验了制片人的心理承受能力，因此，愿意为独立电影冒险的终归是少数人。独立电影这种非主流的运行方式注定了它曲折多变的命运。事实是，独立电影因为未来命运的不可知，在具有非凡魔力的同时也注定了其"独走独木桥"的前途。

20世纪70年代是导演主宰的"新好莱坞"时代，到了90年代，好莱坞成为发行商主宰的王国。从电影诞生开始，发行就是电影运作中非常关键的一环，对独立电影而言也不例外。由于没有多余的资金用来做广告，独立电影的宣传大多依赖影评人的评价和观众的口碑。如果影评人的评价和观众的口碑良好，这部影片就能够在少量影院长期地吸引观众入场。例如影片《看得见风景的房间》(1985) 开始不超过150块银幕放映，导演先在巴黎首映一年后再在纽约上映，然后在《纽约时报》买下一个整版做广告宣传，仅此而已。后来的票房成绩证明了这种方法的正确性和可行性。对财力弱小的独立制片公司来说，每一部影片都必须慎重对待，因为它们没有能力去支付两三部影片的赔本。遗憾的是20世纪80年代末发行商遇到瓶颈，没有任何一部独立电影能冲破2500万美元大关，它们显然已经达到了现有条件下观众人数的最大值。富有戏剧性的是，此时韦恩斯坦兄弟迈步进入这块领地，他们最终改变了独立电影的现状，以事实证明了独立电影的生命力。但从总体上来说，90年代的美国独立电影与80年代看上去没有太大不同。新世纪以来，崇尚艺术追求的独立电影仍囿于有限的艺术院线，没有取得突破性的进展。我们唯有祝福独立电影的明天更加美好。

如果说20世纪80年代美国的电影还只是尝试性地在欧洲国家和亚洲国家开辟自己的市场，那么自90年代东欧解体、亚洲国家实施一系列对外开放政策之后，美国电影市场已经在全球范围内形成了一定的规模和成熟的经营机制。为了培养潜在的观众群，90年代以后美国电影拍摄了一系列新类型的影片来紧紧锁定年轻观众。从《惊声尖叫》(1996) 开始，校园恐怖片盛行一时，而像《呆呆向前冲》(1998)、《美国派》(1999) 一类的校园片也获得成功。这些影片大多投资不大，也没有大牌明星，但却能取得惊人的票房。这一切使

① moviegoer：《美国八九十年代独立电影的前世今生》，http://www.mtime.com/my/200939/blog/172883。

得好莱坞纷纷将他们的电影工业战略向年轻化调整。新世纪以后，好莱坞影坛成为世界各国电影人都渴望一展身手的舞台。博得好莱坞的青睐、获取奥斯卡奖项成为无数电影人争相追逐的荣耀，好莱坞的强势魔力由此可见一斑。根植在好莱坞影坛种种辉煌现象背后的本质是美国文化扩张的成功和美国理念宣扬的胜利。

总之，美国电影已经逐渐在各国取得压倒性的优势，因为整个世界政治大环境的变化对美国的"全球化经济战略"发展有利，而美国的电脑科技遥遥领先各国，则增加了好莱坞电影征服全球的筹码。1989 年 11 月 10 日柏林围墙倒塌，引发了一连串的连锁效应，东欧诸国陆续抛弃共产主义、苏联瓦解、两德统一，再加上中国内地自 1993 年底实行"进口十部大片"的政策，允许海外新片以分账方式打入大陆电影市场，使好莱坞电影一下子增加了一大片过去未曾开垦过的电影市场。数以亿计的观众被纳入了美国电影工业的行销版图，好莱坞电影新的格局已经基本形成。新世纪以后，好莱坞电影工业也随之进入了更加完善的发展阶段。虽然一直以来欧洲国家和亚洲国家为了本民族电影的发展而努力抗争，但好莱坞依然把强势继续扩张，好莱坞电影已经成为大多数国家影院的"主人"。

二、好莱坞电影魅力诠释

2003 年 5 月初，美国总统小布什宣布在伊拉克的战事结束，随之美军开始全力搜捕萨达姆。众所周知，无论小布什还是萨达姆都把对方当成不共戴天的仇敌，但富有戏剧性的是这对世界级仇人却拥有一个共同的爱好——对好莱坞影片情有独钟。视美国为头号敌人的萨氏居然热衷于美国电影，由此可见好莱坞电影的惊人魅力——它能吸引不同国家、不同政见、不同文化的人来观赏，这既与美国的传统和文化有关，又同好莱坞顺势应变的观念相连。

从某种意义上讲，好莱坞是美国电影的同义词。米高梅电影制片厂在它的全盛时期，每部影片的片尾都要打出"Made in Hollywood，U. S. A."的字幕。虽然并非每部美国影片都出自好莱坞，但它的生产模式都或多或少地带着好莱坞文化的特质。例如，著名电影人伍迪・艾伦曾公开表示他的作品不属于好莱坞系列，因为从地域上看，由他主演或导演的影片绝大部分是在纽约或纽约周边地区摄制的，但仔细解读其影片就可以发现，无论是影片的形式还是影片的内涵均没有明显区别于好莱坞影片的特征。从这个典型事例上我们可以看出，好莱坞已经超越了一种地域的概念，它体现了美国电影的文化精神和文化理念，是美国电影的象征。

新世纪前后，好莱坞电影以绝对优势在世界影坛上占据着领导者的地位，原因是多方面的，除了外在的运行制度和经营体制的完善促成了美国电影文化的扩张外，还跟好莱坞电影兼容内外、拓展题材的电影文化有关。

（一）外在原因

首先，制片厂制度的运行。好莱坞电影文化能够在世界范围内广泛传播的重要原因之一就是制片厂制度的成熟运行。时代的发展带来电影艺术的复杂化和电影技术的专业化，进而促使电影的制作制度更加完善。从 20 世纪初叶的工厂流水线电影制作方式，到今天各大电影公司广泛采用的大规模生产手段并在内部实行细致分工（编剧、导演、摄影、美工、服装、布景等各司其职,同时严格选择专业化的演职人员)的运作模式,好莱坞影片所宣扬的以真诚的友谊、善良的准则、美丽的爱情等普世价值为核心的美国文化被打造成拥有精美外表的商品,招徕着全世界的买主。我们知道,电影与一般的产品不同,它是无形产品,它的票房是充满悬念的。就每一部具体的影片来说,谁也不敢保证它的上座率。实际上,制片人每拍一部电影就等于在下一次赌注,其结果是无法预测的。实施制片厂制度就等于给电影这一无形产品增加了安全的筹码,减少了它遇到的风险。

在具体运作中,好莱坞各大电影公司一直把明星制和类型片作为制胜的法宝,无论是明星制还是类型片客观上都有助于制片厂制度的完善。100多年来,电影的类型片大致有西部片、歌舞片、科幻片、犯罪片、喜剧片、战争片、爱情片、伦理片、惊险动作片、灾难片、儿童片、恐怖片等等。2000年以后,类型片中最具代表性的西部片、科幻片、歌舞片和犯罪片等依然是好莱坞影片的主体。明星制和类型片逐渐培养了观众看电影的兴趣,他们常常冲着某一明星、某一类型或某一导演而步入影院,这就为电影的赢利提供了保障。除此之外,制片人一直很重视发行这个环节,如今好莱坞的各大电影公司大多建立了制片、发行、放映一条龙的运作体制。

一般说来,创新和变革总是不能够完全脱离传统的。也许是巧合,如今在好莱坞叱咤风云的仍然是八家电影公司,它们是迪斯尼、华纳兄弟、派拉蒙、20世纪福克斯、环球、哥伦比亚、米高梅和梦工厂。数据表明,美国每周上座率最高的10部新片中大约9部出自这八家电影公司。虽然这八家电影公司在经营理念与方式上各有特色,但它们的目的一样:尽可能以最少的投资获得最大限度的利润。事实证明,靠着良好的大制片制度,八大公司在大多数影片上实现了自己的目的,并由此为美国电影在世界范围内得以上映提供了保证。数据表明:好莱坞影视产品的出口创收占美国出口业的第二位,仅次于高科技行业而超过军火业和农业;美国的电影业及其附属产品每年获利接近300亿美元,惊人的数字证明了制片厂制度的成功,也暗示了美国文化的扩张程度。

其次,经营方式的多样化。好莱坞电影文化的成功扩张还因为它的经营方式一直多样化。随着20世纪中期电视这一新媒介的出现,电影失去了娱乐形式的中心地位,这种情况在好莱坞也不例外。但是,好莱坞影片很快就以十分鲜活的姿态再次成为传媒界的“大鳄”。新世纪伊始,好莱坞电影依然红红火火地拍摄着,吸引无数的电影演员和电影导演为之狂热奉献。具体原因分别为:首先,美国电影及时地丰富放映形式,以满足观众的需求。在美国郊区已经或正在建造多厅影院,有的非常壮观,一家影院就能提供数十种选择;其次,好莱坞采用“因地制宜”的经营方式在许多国家进行多样化的宣传和放映。由于好莱坞的这种多样化的经营方式,很多国家的观众都找到了被尊重的感觉,因此好莱坞电影得以强势推广。

(二)内在原因

首先,多种风格电影的共同繁荣。一直以来,好莱坞舞台上上演的是艺术电影和商业电影共同发展的双人戏,而不是商业电影或者艺术电影的独角戏。商业电影和艺术电影在有限的舞台上为了争取更多的空间而努力发展,在两者的相互消长中,好莱坞电影得以全面发展,好莱坞文化随之得到完善和传播。

众所周知,每个时代的商业影片相似性很多,涵盖的文化内容也相对狭窄,而每个时代的艺术电影则都有它不同的表现形式和名称。新世纪前后，好莱坞艺术电影的风华属于独立电影，而独立电影的发展过程也成为美国电影文化强势扩张的标本。解读了独立电影的特征，也就诠释了美国电影文化扩张的一部分原因。

2000年以后，独立影片越来越不愿意在"深闺"中孤芳自赏，而是自觉地去适应"主流电影"的游戏规则，在竞争中求生存。于是好莱坞影坛呈现出"百花齐放，百家争鸣"的繁荣景象。这些独立影片不仅吸引了美国本土观众的眼球，而且也给其他国家的观众带来新奇、刺激的视觉感受。例如，1999年十大最高票房收入影片之一的《布莱尔女巫》是一部赚大钱的小制作，成本仅40万美元，赢利竟达1.4亿！批评家和主流电影人士颇感震惊，他们开始对独立制片另眼相看。

《布莱尔女巫》的成功使得独立制片的形象日益高大，一大批独立影片如《美国美人》(1999)、《选举》(1999)、《搏斗俱乐部》(1999)、《男孩不哭》(1999)、《逃狱三王》(2000)等纷纷出炉。这些影片成就了一批新生代导演。这一代导演是传统的反叛者，他们抓住了独立制片与主流娱乐正处于磨合阶段的全球化特点，顺应了新世纪社会变革过程中观众的审美心理需求。

其次，电影题材的中性化。从电影本身来说，无论是商业电影还是艺术影片，好莱坞在题材的选择上都倾向于中性化，正是这种兼容内外的中性化促进了美国电影文化的传播。长期以来，西方历史学家编撰世界史往往以欧洲为中心，而好莱坞编导则在电影中突显美国中心论。而今，为了稳定美国在世界电影市场上的主导地位，投合国际观众的口味，好莱坞在剧本创作中逐渐趋向中性化。无论是电影导演还是演员，他们的国籍不再重要了，重要的是他们能够提供受观众欢迎的作品。有的影片还把美国演绎成一个理想世界，这在"星球大战"系列、"谍中谍"系列等表现未来战争的影片中得到淋漓尽致地展现——在美国人的领导下，全世界人民为了生存、为了正义、为了前途、为了明天而战。这类影片在潜移默化中实现了美国文化的扩张，而其他国家的观众也在观影时不自觉地受到这种理论的浸染，并逐渐习惯于这种模式的表达。

另外，对观众心理学进行深入学习、系统研究也是美国的编剧和导演的必修课程。为了招徕其他国家的观众，今天的好莱坞影片卖弄语言技巧及在文化上故作高深的现象大为减少，编导们给影片起名时也尽量做到直奔主题，比如第75届奥斯卡颁奖典礼上一些得奖影片的大名《芝加哥》、《纽约黑帮》、《时时刻刻》、《怪物史瑞克》等等，这些名字读起来朗朗上口，能在瞬间给人留下深刻印象。为了最大限度地吸引观众，他们还巧妙地运用感人的细节把一些爱情片制作得非常煽情，让全世界的观众在如痴如醉中幻想自己成为影片中的主角，如吸引了全世界的观众的经典爱情影片《泰坦尼克号》(1998)。

总之，既继承传统又顺应时代要求的好莱坞电影在种种成熟的外在体制的运作下，博得了大多数国家观众的认同。美国文化和信仰通过影片得以宣扬，而宣扬的结果又为美国影片经营好了潜在的观众。因此，美国电影文化的扩张既顺理成章又理所当然。

思考与练习

1. 探讨美国电影能够实现在全球范围内进行文化扩张的原因。

2. 独立电影与后现代电影思潮有何异同?

3. 思考美国电影在新世纪出现新繁荣的原因。

第二节 欧洲电影:世纪之交的绚丽

【本节提要】如果说好莱坞电影是典型的商业电影的话,欧洲电影则常以艺术命名。进入世纪之交,欧洲各国的电影业都遇到了相同的状况,那就是电视和好莱坞带来的冲击,好莱坞影响着、改变着、甚至塑造着欧洲各国观众的审美取向。欧洲各国都日益深刻地感受到了这股强大冲击,开始大力扶持本国电影产业,政府对本土电影的资助力度加大,1988 年甚至出现了以整个欧洲为一体的欧共体成立的新的欧洲电影发行办公室,以促进欧洲电影事业的发展,与美国电影抗衡。"1996 年,欧盟各国总共拍摄了 669 部影片,比上一年多 101 部;法国、英国每年拍片都在 130 部以上。进入 90 年代以来,英国的影片产量增加了近两倍,西班牙增长了一倍。此外,为克服财力和人力上的不足,欧洲各国联合拍片越来越普遍,合作拍摄的影片要占 80%以上"①。尽管面对电视的长足进步和好莱坞电影带来的冲击,欧洲大部分国家仍然坚守自己的艺术阵地,欧洲电影在世纪之交呈现出异彩纷呈的影像空间。

【主要内容】

1. 法国:先锋与多元
2. 俄罗斯:坚守传统,期待辉煌
3. 意大利:类型多样,精彩纷呈
4. 英国:独立电影、主流电影光辉同现
5. 西班牙:电影的革新
6. 德国:复兴与崛起
7. 波兰:在困境中勃发
8. 瑞典:政府扶持下的重新觉醒
9. 丹麦:在复苏中成长
10. 挪威:重整旗鼓,频频获奖
11. 冰岛:热情满溢支持民族电影
12. 匈牙利:写实与隐喻
13. 波黑:战争片的另类书写
14. 捷克:世界电影中的奇葩

欧洲版图上有着大大小小 40 余个国家,本节将对其中主要的电影国家进行分析。

---

① 潘天强:《西方电影简明教程》,上海:复旦大学出版社 2003 年版,第 189 页。

一、法国:先锋与多元

将法国电影作为第一个被探讨的对象有着多重含义,其中不乏它作为第一部电影的诞生地、世界电影的发祥地等原因。法国诞生了太多的"第一"、"先锋"、知名导演和优秀电影作品,从电影艺术的先驱乔治·梅里爱、印象派、新浪潮、左岸派到现今活跃在影坛上的国际知名导演吕克·贝松,都是耳熟能详。

近20多年来,法国电影面对好莱坞电影的挤压和电视业的冲击,仍然坚强挺立,逐渐形成了平稳发展的局面。在日益高涨的电影危机论的呼声下,法国影片年产量基本保持在120或130部以上,且本土票房占有率也始终保持在30%左右。

2004和2005两年,法国电影工业蓬勃发展,年产量连续超过了200部,在法国,非欧洲产影片不得超过播映时间的40%。这种保护措施成果丰硕:国产影片的年均产量达130部,仅有1/4的电影院放映美国电影。当然,该措施也有不利之处:许多电视台因缺乏节目来源,被迫经常复播,或在黄金时间播放二流电影。即便如此,法国在保护民族艺术事业方面仍然获得了根本性的胜利。世纪之交的法国电影涌现出大量优秀的纪录片,出现了新现实主义回归的趋势。同时,法国又是一个类型片发达的国家,但凡在各大电影节获奖的影片多是类型片,这一时期法国的类型片创作在喜剧片、情色片、暴力片上都呈现出浓墨重彩,值得注意。

(一)新现实主义回归　纪录片异彩纷呈

法国纪录片大致经历了这样的历史进程:20世纪20年代末期,"欧洲先锋电影运动进入第三阶段,出现了城市交响乐纪录片的潮流……1930年代,著名导演让·雷诺阿拍过一部融纪录与虚构于一体的影片《生活属于我们》。1940年代末,法国女导演尼克尔·卫特莱制作的《巴黎1900》是法国文献纪录片的重要代表作"①。此外,还有50年代以阿兰·雷乃的《凡高》、《格尔尼卡》、《保罗·高更》和亨利—乔治·克鲁佐的《毕加索的秘密》为代表的美术纪录片。50年代,新浪潮电影的年轻导演还形成了著名的法国纪录片学派30人集团。

法国人本着敏锐的电影嗅觉、聪明的头脑和浪漫的情怀发现纪录片的题材原来可以如此广泛而丰富,大到自然界的各种现象,小到虫虫蚁蚁,近则人类本身、社会纪实,远则动物世界,都可以生趣盎然地摄入影片。例如《亚特兰提斯》(1991)记述了一段愉悦的海底旅程,是一部以海底生物为主角的电影,只有开始的旁白,余下的就是优美的画面和有趣的配乐。

近年来为中国观众津津乐道的法国纪录片包括雅克·贝汉1996年推出的耗时近20年拍成的《微观世界》(又译《小宇宙》、《点虫虫》),加上《迁徙的鸟》(又译《鸟与梦飞行》,2001)和《喜马拉雅》(1999),这三部优秀的纪录片并称为"天、地、人三部曲"。其他著名作品还有尼可拉斯·菲力柏特2002年推出的《山村犹有读书声》,吕克·雅克的《帝企鹅日记》(2005)等。

---

① 单万里:《法国电影史·纪录片研究》,http://www.mtime.com/my/Cinetime/blog/977242/。

《山村犹有读书声》风格自然、静谧。《帝企鹅日记》是一部真实反映企鹅生活的电影，影片所展现的顽强的生命力发人深省，动物伟大的父爱引起了人们强烈的共鸣。该片荣获第 78 届奥斯卡最佳纪录片奖。

曾拿下 1996 年第 49 届戛纳国际电影节高等技术委员会大奖，1997 年第 22 届凯撒电影节最佳摄影奖、最佳剪辑奖、最佳录音奖的《微观世界》用影像诠释了纪录片的魅力，全片多采用微距拍摄，将蜜蜂、蚂蚁、瓢虫、甲虫构成的“小宇宙”展现得淋漓尽致，令人叹为观止，创造了 1600 万人竞相走入影院观看的纪录。

劳伯沙利 1998 年推出的《寻找遗忘的天堂》采用真实的、贴近人性的手法，描写热爱裸体与大自然生活的族群，引起大众对“天体营”这个社会议题的热烈讨论。

2006 年法国著名导演埃里克·侯麦推出的《侯麦和制片人施罗德》延续了其一贯的风格，执著于让人捉摸不定的微妙的情感世界，让观众在非常简练生动的电影对白中体察主人公的心路历程，十分贴近观影心理，看片时仿佛身临其境。2007 年推出的纪录片有《替补队员》、《卡拉的名单 》、《相爱的动物》等。另外，胡伯特·尼格瑞特于 2008 年推出的纪录片《韩国电影发展史》对韩国电影坚持其民族特性、历史文化、宗教根源等特色予以肯定，展现了韩国电影的发展、衰落、重建、危机、挣扎、独立直到再生的全过程。

（二）类型片走向国际

在 20 世纪 80 年代，法国出现了一股“非艺术化”的电影创作思潮。在这一思潮的影响下，法国影片在保持其艺术个性的前提下开始了大众化、商业化的转型。

法国电影在八九十年代的转型和世纪之交所呈现的多样化绚烂色彩是多方面因素造就的。首先，法国政府大力扶持本国电影业，限制美国电影在法国放映的数量，还拨出可观的资金拍摄本土电影。1993 年，在关贸总协定乌拉圭回合的最后谈判中，法国政府提出“文化例外”的贸易原则，试图通过法律手段将好莱坞拒于国门之外。暂且不论该政策对于电影的发展是否有利，法国政府扶持本土电影事业的良苦用心由此可见。其次，作为领头羊的国际知名导演吕克·贝松对法国本土电影业起了良好的带动作用。贝松很有民族意识，他一直努力扶植发育并不良好的法国类型电影。这位对法国电影有重大贡献的国际知名导演于 1994 年推出向商业电影转向之作《杀手莱昂》（又译《这个杀手不太冷》），在许多“作者电影”都面临还未被观众熟知就夭折的困境时，贝松敢于站出来真正为观众拍电影，在推进法国类型片成熟的道路上功不可没。不仅如此，他先后推出的《第五元素》（1997）、《出租车Ⅰ》（1998）、《圣女贞德》（1999）、《出租车Ⅱ》（2000）、《龙之吻》（2001）等影片多是叫好又叫座的佳作。

法国虽然是一个以艺术电影著称的国家，但这并不意味着它远离类型片和商业电影，相反，近年来在国际商场上取得良好票房和口碑的都是类型片，可以说是艺术片、类型片两条腿走路。法国的类型片主要有：

1. 喜剧片

法国喜剧片素来闻名世界，1999 年的《高卢英雄传之抗击凯撒》开了魔幻喜剧的先河；2003 年，其续集《埃及艳后的任务》更是创下了法国影史票房第三的奇迹。这些成功让投资方充满信心，再度启用原先的明星阵容和素材，用足噱头来吸引观众。

“法国人对喜剧传统的青睐，让他们敢于把一部改编自儿童漫画的电影，拍摄成有史以来投资最大的商业巨片”①。7800万欧元的巨额预算,按照现在的汇率换算,超过1亿美元,远远高出了2004年的史诗片《漫长的婚约》的投资,也让贝松的科幻大制作《第五元素》望尘莫及。这部用巨资打造的《高卢英雄传之大战奥运会》趁着2008年奥运会的东风在年初上映了,但并未达到预期的效果。在该片宣传期间,宣传声势不仅覆盖电影院、网站、报刊和电视,公司甚至在巴黎火车站挂出海报,强大的广告攻势意在三度创造票房奇迹,然而,预想中的票房并未达到,公映的效果也不理想。该片的失利有力地证明了电影作为一种商品对票房的强大期待,但艺术大师并不总能保证票房。

由于该片改编自连环画,连环画固有的夸张和散乱被挪至电影,情节过于空泛,关联不明显,观众难以理解。电影与戏剧有天生的联系,无论改编自戏剧、小说抑或连环画,电影拍摄的前提离不开叙述手法的变化与调整,不能一味搬用。

2. 情色片与暴力片

在法国类型片的分类中,我们能够赫然看到情色片和暴力片的名字,对于法国人来说,性和暴力是不需要刻意回避的真实的人性。相对于擅长类型片制作的好莱坞而言,法国人不仅适应了以高投入、高产出的制片模式来回应好莱坞的“坚船利炮”,其“高概念”影片(以好莱坞那种大投入、大制作、大营销、大市场的“四大”为典型代表的商业电影模式)如前述法国知名导演吕克·贝松的多部作品与好莱坞大片相比也毫不逊色。“90年代以来,合拍片的数量已占法国电影年产量的一半以上。这也大大增加了外国投资法国电影的积极性。目前法国电影的集资渠道已形成了本土制作人投资、电视台投资、外国投资等三条渠道”②。

“……精神分析的创见之一,认为性的冲动,广义的和狭义的,都是神经病和精神病的重要起因,这是前人所没有意识到的。更有甚者,我们认为这些性冲动,对人类心灵最高文化的,艺术的和社会的成就做出最大的贡献”③。弗洛伊德的精神分析学把“性”推到了一个很高的位置,客观上为艺术家,尤其是为电影创作者在“性”上大做文章铺平了道路。

电影中对“性”的展示早已有之,早在格里菲斯的《党同伐异》中就有一场神庙中半裸少女的镜头。乘着精神分析学的东风,法国电影人在90年代末把对“性”的书写发挥到了极致,甚至在21世纪初提出了这样一个口号:“告诉我你怎样在影片中描写性,我就可以评判你作为导演的现代性。”在这样的背景下,性爱题材的电影大肆泛滥。这一时期的情色片有大量迎合低俗喜好的纯色情片,也有借情色表情达意的内容较为深刻的影片,比较著名的有凯瑟琳·布雷亚的《非对称情爱》(1996)、《罗曼史》(1999)、《穿越情欲海》(2001)、《性喜剧》(2002)、《老情妇》(2007)等,布雷亚扮演了法国当代情色电影先驱的角色。《罗曼史》中大量对男女性器官的特写及医生对孕妇的身体检查等限制级的镜头令人瞠目,这些镜头不能带来任何愉悦的感觉,只是令人尴尬和不安。《罗曼史》叙述了小学老师玛丽为争取男友的性爱而开始了性冒险,希望以此获取丈夫的爱,不断冒险的玛丽终于怀孕,但是她拧开煤气,结束了丈夫的生命。影片向我们揭露了在我们挣扎着追求欲望的

---

① 董铭:《很法国,很商业……很不幸》,《新民周刊》2008年3月11日。

② 潘天强:《西方电影简明教程》,上海:复旦大学出版社2003年版,第201页。

③ 【奥】弗洛伊德:《精神分析引论》,高觉敷译,北京:商务印书馆1984年版,第9页。

同时，会发现“性”本就是人内在的最丑陋的部分，找寻的最终结果往往是痛苦和幻灭，只有经历了这些，我们才能明了自我的价值。与《罗曼史》相似，《不可撤销》(2002) 在戛纳电影节作为参赛影片制造了戛纳这个海滨小城的最大丑闻，影片不加掩饰地拍摄了对莫尼卡·贝鲁奇饰演的女主角长达 8 分钟的强奸镜头。《魔鬼情人》(2002) 和《新生活》(2002) 在展示强奸镜头、暴力场面上与《不可撤销》如出一辙，略有不同是《魔鬼情人》的导演奥利维尔·阿萨亚斯将暴力、色情与高科技等元素融合一起，在毫无温情的数字世界里戳破了一些高科技的神话，营造出了黑色的现代电影气氛。

如果以商业电影为好莱坞电影定名，那么欧洲电影常冠以艺术电影的名头，而艺术电影则以法国为代表，法国电影几乎成为欧洲电影的代名词。法国作为欧洲艺术电影的代表最早可以追溯到 20 世纪的最初十年，在法国出现了一个自称“艺术影片”的制片公司，它根据当时“电影院取代了集市木棚，高人雅士取代了一般观众”的状况决定拍摄符合形势变化的影片，并成功制作出《吉斯公爵的被刺》(1908)，该片的制作方法得到了意大利、丹麦、英国和美国的学习与模仿。作为电影的发祥国，法国电影自诞生开始就带有深厚的实验性和开创性，它经历了 20 年代的印象派、三四十年代的诗意现实主义、50 年代的优质电影和 60 年代的“新浪潮”，这些思潮都对世界电影产生了深远的影响。不过，从 20 世纪 70 年代以来，很难用一种思潮、风格或者主义来概括法国电影，这一时期的法国电影呈现出多元化发展和多种风格相融合的趋势，进入八九十年代后这种趋势更加明显。这一方面是电影艺术风格发展到一定阶段的必然结果，另一方面则是在全球化的电影环境下，风格的融合和多元发展成为大趋势，尤其是在好莱坞电影的强大冲击下，单纯的法国电影对世界电影的影响力已日渐减弱。

世纪之交的绚丽对于法国而言有着双重的含义：一方面，作为发明电影的国家，它在 19 世纪末的 1895 年创造了电影史上的第一次辉煌；另一方面，进入 21 世纪的法国电影又在先锋与多元的基础上创造出了第二次绚丽。

二、俄罗斯：坚守传统，期待辉煌

前苏联是电影艺术初创时期的一支重要力量，《战舰波将金号》“敖德萨阶梯”运用的蒙太奇手法成为各种电影教材的必讲片段，其实验性、先锋性、经典性、权威性的地位坚不可摧。前苏联不仅有爱森斯坦这样划时代的电影大师，还有与库里肖夫实验室、普多夫金诗电影共同构成的蒙太奇电影学派、电影眼睛学派等耳熟能详的电影流派。前苏联在电影艺术上勇于实践，开创了许多先河，创作出了一部又一部经典的先锋之作。

“八九十年代之交，由于社会的动荡和严重的经济危机，俄罗斯电影经历了有史以来最严重的打击。国家机器对电影业的失控、美国电影的泛滥、发行商的垄断、制片人的随心所欲、创作人员的急功近利、影评人的无奈，致使电影专业水平大幅度滑坡，观众人数急剧下降。昔日令世人瞩目、令国人为之骄傲的俄罗斯电影，渐渐失去了光彩夺目的魅力。”①早在 1989 年欧盟各国就专门颁布了条例，明确规定对美国影片实行限额播映。21

① 潘天强：《西方电影简明教程》，上海：复旦大学出版社 2003 年版，第 186 页。

世纪初，俄罗斯国内曾经展开了一场关于是否要对外国影视产品实行限额制的大讨论。电影界人士提出的“应当对外国影视产品实行进口配额以保护俄罗斯民族电影电视业的恢复与发展”的观点与政府有关部门“不能靠限制外国产品，而应靠加大投资力度来提高国产影视片的数量和质量”的立场发生冲突，最终以取消对进口影片的限额收场。

（一）类型探索的困顿

“从社会主义过渡到俄罗斯式的市场(可以被称做假市场或伪市场)的过程，是一个折磨人的过程”。达·多都列依说，“……很显然，这一类型的经济关系把一切资源都消耗殆尽”①。俄罗斯取消对进口影片的限额规定后，大量质量参差不齐的外国影片，尤其是美国好莱坞影片蜂拥而至。在俄罗斯生产滑坡，物价飞涨，国民生活水平下降的经济环境下，在巨大的商业利益面前，俄本土电影的创作者们纷纷对好莱坞电影进行借鉴或仿造，大批以暴力、色情、强盗、杀人犯为主要内容的影片在满足了人们一时的好奇心以后，便越来越让人感到乏味。这些影片中既有急功近利的粗制滥造之作，也有一些凝结着创作者思想和心血的上乘作品。

1. 爱情片

在爱情片的拍摄上，成功的例子不多，《雨痕》(维·纳哈勃采夫·姆拉德希依导演，1991)是其中之一。影片中年轻的女音乐工作者和归国的中年音乐家在未解的谜团中相识、相爱，直到谜团解开，流露出一种人受不可知的命运摆布的痛苦，书写了一个现代版的希腊神话。《12月的音乐》(德霍维奇内依导演，1996)同样出于商业考虑，跳脱当时阴郁的社会环境，描写了一个出国侨居的男子回国后同一对母女陷入三角感情的故事，影片最后的悲剧结局似乎从一个侧面透露出俄罗斯人当时的阴郁情绪，落于俗套的爱情模式并没有受到观众的欢迎。

2. 喜剧片

前苏联解体后的俄罗斯市场经济运行不畅，特别是1998年8月金融危机再度爆发，俄罗斯经济几乎到达崩溃的边缘。国民生活水平下降，整个社会混乱无序。在强大的现实压力下，俄罗斯观众对喜剧片是充满期待的，可是现实的重压总是让喜剧片带着阴郁的基调或是酸楚的笑容，加上俄国人热衷于荒诞美学，导致本土喜剧充满了原本不应属于喜剧片的抽象影像和符号，它所引发的笑声也多远离会心的微笑，常常是对“个人崇拜”时期的讽喻、对政治的调侃，总难跳脱阴郁的氛围，如《镰刀与锤子》(谢尔盖·里夫涅夫，1994)；或是脱离生活现实，在幻想的空间发笑，让人觉得毫无依托，笑得没有力量，如1996年梁赞诺夫的《你好，傻瓜》。

20世纪90年代俄罗斯出现一股出国的热潮，敏锐的电影导演抓住了这一现象。这一时期的喜剧片如尤里·马明的《通向巴黎的窗口》(1993)表现了俄罗斯人在出国大潮中的心态，通过隐喻的手法——在墙上开一扇窗户，讲述了梦想去巴黎开开眼界的人最后再回到现实中的俄罗斯来的故事。喜剧片中比较优秀的作品有1995年亚历山大·罗果日金的《民族狩猎的特别之处》，导演抓住俄罗斯民族的传统爱好，表现了对俄罗斯本土酒文化的戏谑，植根于社会现实，但它同样不是纯粹的喜剧，影片中渗透着尖锐的讽刺意味。

① 【俄】达·多都列依：《苏联后的俄罗斯电影市场》，《世界电影》1996年第3期，第188页。

另外，同样是跟酒文化相关，1998 年罗果日金推出的《民族垂钓的特别之处》则通过离奇的情节，把人们的视线带到正在进行军事演习的军舰上和非法侵入邻国水域的潜艇中。该片的意义在于它使得俄罗斯喜剧片向纯喜剧的方向迈进了一大步。巴德尔·隆金导演的《婚礼》(2000)叙述一个矿工小镇里好人与坏人"斗争"的故事，影片开诚布公地向观众展示了俄罗斯人民在经济衰退阴影下的生活，通过莫斯科附近一个小镇上一场拮据的婚礼，演绎出俄罗斯人民顽强不屈的、乐观的民族精神，除去过于闹剧化的手法，影片称得上是一部佳作。

3. 黑帮片

在黑帮题材上，1991 年瓦·契诃夫的《俄罗斯轮盘赌》借鉴美国电影《邦尼和克莱德》的情节模式，把批判的触角投向了现实社会，准确地表现了当时俄罗斯社会动荡、混乱的现实，被俄罗斯影评人称为"当代俄罗斯的《邦尼和克莱德》"。还有代表了俄罗斯"第二浪潮"电影创作者风格和趋向的《聋人之国》(1998) 通过两个女孩的前途命运映射俄罗斯当时的社会现实，在简单的故事情节中添加了诸多现代电影的叙事元素如爱情、友谊、金钱等等，还融入了毒品、黑社会甚至脱衣舞等黑帮的代表性元素，进一步增强了可看性。导演亚历山大·泽利多维奇根据昆延·塔伦蒂诺的效仿之作拍摄的《莫斯科》也较为成功，虽然较真正的美国大片略有差距，但也显示出俄罗斯导演拍摄类型片的潜在功力。

尽管俄罗斯的好莱坞模仿之作涉及几乎所有的类型片样式，算得上面面俱到，且有一部分作品颇有深度，但总体来说，在俄罗斯电影史上，长期以来，除了 30 年代的喜剧电影及 60 年代盖达尔的影片之外，基本上没有类型电影的传统。"以那种魅力四射的坏蛋为主人公的类型电影及恐怖电影在我们的电影中没有根基。近年来有人企图尝试这些类型，但多以失败告终"①。

可见，很多尝试类型片的创作和模仿的作品在俄罗斯缺乏成长的土壤，导演缺乏类型片创作的经验与思路，观众缺乏观看类型片的习惯，大量抄袭、仿制的类型片又难以投合观众的口味，俄罗斯的类型电影还有很长的路要走。

(二)"第二浪潮"的勃兴

许多清醒的俄罗斯影人意识到一味模仿美国超级大片、色情片无论是在投入上还是在效果上都难以维系长久，而乐观进取、健康崇高的民族电影传统对社会道德的维系有着不可低估的影响。

1995 年，俄罗斯政府以纪念电影诞生百年为契机，为振兴民族电影采取了一系列措施，如制定电影法，颁布《关于保护和发展国产影片的发行及提高电影服务水平的措施》，建立电影发行基地，充实国产电影基金等。

前苏联在解体之前拥有世界上实力最雄厚的创作队伍，解体后，一批在国内外均享有声望的电影大师，如邦达尔丘克、马特维耶夫、罗斯托茨基、库里让诺夫等大多失去了拍片的机会，取而代之活跃在影坛上的是 20 世纪 80 年代后期开始独立执导影片的 40 岁和 30 岁的一代，他们为俄罗斯影坛注入了一股生机勃勃的活力，这就是被影评家称为"第二

---

① 【俄】B. 托多罗夫斯基等：《俄罗斯电影人的忧虑与期盼》，《电影艺术》1999 年第 3 期，第 145 页。

浪潮”的俄罗斯电影的复兴。

在“第二浪潮”的勃兴和俄罗斯政府为振兴民族电影而采取的一系列措施的扶持下，世纪之交的俄罗斯银幕上出现了多部引人注目的作品，其中较具代表性的有《爱情》(1991)、《烈日灼人》(1994)、《美国女儿》(1995)、《小偷》(1997)、《西伯利亚的理发师》(1998) 等。

《西伯利亚的理发师》是俄罗斯电影的旗帜、俄罗斯联邦“人民艺术家”称号获得者、俄罗斯影协主席尼基塔·米哈尔科夫继《烈日灼人》后的又一力作，该片的重要意义在于它在很大程度上推动了俄罗斯电影的复兴，俄罗斯电影人在客观认真地审视历史、品味现实的基础上重拾了理智的创作思想，也恢复了观众对本国电影的信任和期待。应该说俄罗斯是一个对电影介入比较直接的国家，前苏联时期就有在政府资助下拍摄的弘扬民族精神、激发爱国主义热情的“解放三部曲”，《西》片同样在莫斯科克里姆林宫议会厅举行了规模盛大的首映式，邀请国家领导人、社会名流、各国记者到场。“颇具深意的是，影片导演尼基塔·米哈尔科夫在片中饰演了沙皇这一角色，在视察军队学员的一场戏中，面对盛大的游行队列，眼里泛起了泪光。作为一名俄罗斯导演，同时也是昔日超级大国的一员的米哈尔科夫此时的泪光充满了对昔日辉煌的怀念与对俄罗斯电影复兴漫漫长路的深切企盼”①。1997 年帕维·丘赫莱依拍摄的《小偷》堪称一部现代史，自 90 年代前苏联解体后，俄罗斯电影就充满了哀伤的气氛，格调低沉，甚至布满阴霾。《小偷》将一个时代的更迭叠加于一个失去父亲的孩子身上，小男孩命运的悲喜恰恰是一个民族命运起伏的象征。

前苏联时期，国家有一个庞大而组织严密的发行放映机构，随着前苏联的解体，计划经济向市场经济过渡，电影生产和发行放映体制逐渐发生变化，国家电影委员会不复存在，国家对电影发行的垄断地位也彻底动摇，“统购包销，国家定货”的时代已经结束。前苏联电影曾经的辉煌和对世界电影艺术的贡献已成为历史，新世纪的俄罗斯电影能否走上类型电影的发展道路再创辉煌，这个期待包括两个层面：一是俄罗斯在严酷的经济政治形势下，对类型片的探索有成绩也有教训，期待今后有优秀的作品问世；二是期待这个曾经创造过光辉灿烂的电影艺术史的大国能走出属于自己的独特的电影之路，再创辉煌。

三、意大利：类型多样，精彩纷呈

意大利是一个文化底蕴很深厚的国家，在欧洲的地理版图上，其美丽的形状被称为“意大利靴子”。但无论文化底蕴怎样深厚，电影终难逃脱二战期间极权主义的扼杀和破坏。

进入了 20 世纪 80 年代，意大利经济大衰退，同时电影业还受到电视和录像业的冲击，陷入大萧条。但从 80 年代末 90 年代初开始，意大利电影开始复苏，《天堂电影院》(1989)、《美丽人生》(1997)、《面包与郁金香》(2000)、《儿子的房间》(2001) 等频繁在各大国际电影节上获奖；83 岁高龄的电影大师安东尼奥尼重新出山拍摄了《云上的日子》(1995)，成为电影史上的奇迹；另外还有一系列优秀作品诞生，如《海上钢琴师》(1998)、

① 张栋、马骅：《新青年 DVD2》，北京：新世界出版社 2003 年版，第 33 页。

《西西里的美丽传说》(2000) 等。

总的说来,意大利电影在90年代以后呈现了以下特征:喜剧片闻名天下,新现实主义回归,政治片内容深刻。下面逐一介绍,并对意大利电影大师米开朗基罗·安东尼奥尼、贝纳尔多·贝尔托鲁奇及著名导演朱赛佩·托纳托雷的影片单列一类进行分析。

(一) 闻名天下的喜剧片

同法国一样,意大利素以盛产喜剧闻名于世。意大利经典影片《美丽人生》的导演罗贝尔托·贝尼尼自1977年投身电影创作之后,就大胆将"能够把自己的悲伤、苦难和屈辱融入放声大笑中去"(高尔基语) 的意大利喜剧传统运用到影片中去,其1991年执导的喜剧片《约翰尼·斯特克基诺》是意大利历史上票房收入最高的影片之一,将一个陷入黑社会美人计中的司机演绎得惟妙惟肖。贝尼尼导演的影片在票房上的良好效益与我国的贺岁片导演冯小刚十分类似。冯小刚的贺岁片贴近百姓生活,充满笑料,几乎每年都是贺岁片的票房冠军,冯氏幽默被人们津津乐道,影片中的台词往往成为人们茶余饭后的谈资且迅速流行开来;同样擅长喜剧的贝尼尼导演的影片在《约翰尼·斯特克基诺》之后,还有《顽皮警察》(1993)、《IQ本色》(1994)、《木偶奇遇记》(2002) 等相继问世,他的作品真实凝练,热情洋溢。与冯小刚贺岁片走出国门即遭遇冷遇的情况不同,贝尼尼的影片善于用世界观众共有的情感作为叙述语言,同样受到国外观众的喜爱。

贝尼尼的第六部电影《美丽人生》勇夺多项大奖,除在意大利本土获得法国第24届恺撒电影节最佳外语片奖外,还在1998年获第11届欧洲电影奖最佳影片、最佳男演员奖,法国第51届戛纳国际电影节评委会特别大奖,第71届奥斯卡最佳外语片、最佳男主角金像奖。

《美丽人生》是一部二战题材的影片,拍摄灵感来自一个临刑人雷奥·托洛茨基的一句话:"生命是美好的。"寥寥数字把一个即将面临死亡的人渴求生命的内心世界清晰地呈现出来,这启发了贝尼尼要通过影片展示意大利人面对死亡时坦荡、顿悟、了然的心境的想法。贝尼尼的父亲曾在纳粹集中营度过黑暗的两年,大概是父亲的这段黑色经历也一直影响着他,使他一直有创作冲动,《美丽人生》终于圆了他的创作愿望。

与反映二战题材的几部知名影片如《辛德勒名单》(1993)、《拯救大兵瑞恩》(1998) 相比,《美丽人生》的特色显而易见:同是反映拯救,影片几乎未出现《拯救大兵瑞恩》中那样血腥且长达一个小时的战争场面,两处较为明显的杀戮场面都进行了诗意化的处理。拍摄基多目睹堆积如山的尸体时,镜头像是被蒙上了一层薄雾;基多被杀也是只闻枪声,没有直接的枪毙镜头。战争片是最容易带有意识形态色彩的片种,在《美丽人生》中,我们没有看到前苏联"解放三部曲"《攻克柏林》(1949)、《莫斯科保卫战》(1985)、《斯大林格勒保卫战》(1989) 和作为弘扬美国军威的经典之作《巴顿将军》(1970) 当中的个人崇拜和意识形态至上,也没有感受到《辛德勒名单》沉重的历史反思、压抑的人性反省和令人窒息的战争恐惧,有的是被刻意淡化、略写的战争场面和轻松甚至是黑色幽默式的氛围。作为流行于20世纪60年代中后期的美国的一个文学流派,被评论家以"绞架下的幽默,大难临头时的玩笑"概括的黑色幽默被贝尼尼大胆地运用到这部原本是沉重的二战题材影片中,使得该片在含泪微笑的同时具有一种乐观的人生自救的哲学意味。无怪乎有人如此评价:"《美丽人生》融喜剧形体表演、讽刺、社会评判和超现实主义色彩于一体,是一部带有荒诞色彩而又令人悲喜交加的作品，也是极为大胆的创新之作。它用精巧的形式和构思，耐人寻味的内容和情节，向我们展示了一部优秀影片的魅力所在。”①

同《美丽人生》相似，盖布·瑞尔沙瓦1991年执导的《地中海》同样以二战为叙事背景，讲述了八名意大利军人带着一头驴子奉命驻守在爱琴海中一个希腊小岛上的故事。在这个与世隔绝的世外桃源里，镇上居民根本感受不到战争气氛，这支军队也忘却了他们的任务，跟镇民打成一片。该片不是以故事性取胜，但在战争环境中营造出的闲适的生活氛围和轻松的笑料让人在谈笑间领悟到了导演的良苦用心，明白了其中深刻的反战主题。

（二）新现实主义回归的代表作

电影本是关于人性的书写，具有文艺复兴时期人文主义传统的意大利长期关注人性，在影片中昭示人性的善与恶。意大利电影承继着20世纪50年代末60年代初新现实主义的优良传统，在八九十年代，出现了新现实主义回归的趋向，著名的代表作有：

詹尼·阿梅尼奥的《盗窃童心》（又译《小小偷的春天》，1992）描述11岁小女孩被母亲逼迫卖淫，某次接客时被警察发现，她的母亲和嫖客被逮捕了；年轻警官负责护送未成年的小女孩和她10岁的弟弟到孤儿院，三人在漫长的旅程中感情自然滋长。

弗朗西斯卡·阿奇布基的《大傻瓜》（1993）讲述了12岁的小女孩瓦伦蒂娜（外号波波）在一次癫痫病发作后被送进儿童精神病院接受治疗的故事。年轻医生阿尔图罗出于对波波的好感，尽管已确诊她得的是天生的神经病而非精神病，仍然收留了她住院治疗。在医院这个既令人感到亲切又令人感到冷漠的独特环境中，波波缺乏应有的安全感和亲情，非常孤独，但年轻医生的精心治疗让她心存感激，也增强了战胜自己的信心。

戈里马尔迪1992年推出的《阿克拉降临弗洛里斯泰拉》叙述的是西西里的童工惨遭硫黄矿矿主压榨盘剥的悲惨遭遇，片中里祖托夫妇带着几个孩子艰难地生活在西西里岛中心地带弗洛里斯泰拉的硫矿区，孩子们几乎都进了硫黄矿坑做学徒。该片光和色彩的运用十分切合影片的阴沉气氛，对硫黄矿坑里的情景拍摄得非常逼真，营造出混乱而令人窒息的沉重氛围。

凭借《儿子的房间》获得金棕榈奖的南尼·莫瑞提在1994年拍摄了引人注目的代表作《亲爱的日记》，标志着其电影艺术发展到了一个新阶段。整部影片分为三章：第一章“坐摩托”，第二章“小岛”，第三章“庸医”。它打破了传统影片的线性叙事结构，转而采用非线性的散点式结构，将琐碎的日常生活搬上银幕，在观看第一章时，对习惯于观看故事情节的观众来说，会感到晕头转向，不知所云。但这正是该片的风格所在，这些看似“凌乱”的镜头实际上并不随意，人原本就生活在现实之中，一切琐碎和随意便是生活的真实，无序的生活场景恰恰是为了表现导演有序的思想——对社会的虚假丑恶进行揭批，无时不在的自我的嘲讽和反思，使影片具有“微言大义”的精神内核。影片获得1994年戛纳电影节最佳导演奖、1995年法国恺撒奖提名最佳外语片、1994年欧洲电影奖影评人奖、1994年意大利国家电影协会最佳导演奖。南尼·莫瑞提像是一个画家，用手中的摄影机代替画笔勾勒出了当代意大利众生相。

著名导演马丁·斯科西斯的《我的意大利之旅》（又译《意大利电影课》，1999）以电影

---

① 姜静楠：《意大利电影经典》，北京：对外经济贸易大学出版社2004年版，第246页。

教科书的形式，用4小时的长度再现了意大利的电影史，从新现实主义导演罗塞里尼的《德意志零年》(1948)到费里尼的《八部半》(1963)，向观众展示了他对意大利和意大利电影的感受和热情。

（三）内容深刻的政治片

与战争片类似，政治片具有强烈的阶级意识和政治倾向。战争是政治的继续，从这个意义上讲，战争题材的电影应该归入政治电影的范畴。与其他类型片的分类方法有所不同，一般意义上的西部片、歌舞片、黑帮片、战争片、科幻片、情色片、家庭伦理片等是按照其表现内容进行分类，而政治片则多是根据其作为政治斗争工具和其宣传鼓动作用来命名的。政治片的特点是反映真实的历史事件、政治运动或政治思潮，提醒人们注意某些社会现状及其发展趋势。

意大利有世界上最大的犯罪组织——黑手党，其黑社会势力也异常强大，以黑手党控制的西西里和黑社会势力猖獗的拿波里为最甚。在电影方面，一个突出的现象是意大利政治片对黑手党和黑社会的控诉及对政界腐败现象的揭露。丹尼埃尔·卢凯蒂1991年拍摄的《拎公事包的人》是一部政治讽喻片，“对政界和媒体对观众的联合操纵进行揭批”。这是一部一鸣惊人的作品，公映后曾有政治人物出面澄清自己对影片的态度。片中的人物性格并非二元对立，不是单纯意义上的“高大全”或一无是处，它显得更加真实客观，影片也因此比其他政治片更为深邃独到。另外还有导演葛莱科1991年推出的《一个简单的故事》及托尼亚奇1993年推出的反映政府与黑手党的长期勾结使得黑手党逍遥法外的《保镖》。马可·图利欧·吉欧达纳2000年的电影《意大利教父》(又译《第一百步》)和“教父”系列一样，取材于西西里岛的黑手党，讲述了一个真实的故事：一个反黑手党主义者因为坚持通过电台揭露一个重要的黑手党头目及整个黑手党组织的罪行而遭到暗杀，警方对此的定性竟然是自杀事件，是一起意外，在被害者朋友的一再坚持和努力下，被害者于20年后终于平反。影片获得第57届威尼斯电影节最佳电影剧本奖。

（四）意大利的电影大师及其杰作

1. 米开朗基罗·安东尼奥尼

《云上的日子》改编自安东尼奥尼的短篇小说集《台伯河上的保龄球道——一个导演的故事》，由四个互不关联的片段——费拿拉小镇的故事、海滨小城的故事、巴黎的故事和教堂的故事组成。影片以阳台上的告别开场，以阳台上的悲喜结束，上帝在云端微笑着看着这些人们。影片告诉我们，在纷繁复杂的社会中，每个人都仿佛生活在云雾一样不确定的情感状态中。

2. 贝纳尔多·贝尔托鲁奇

讲到意大利电影，一个导演的名字不得不被着重提起，那就是贝纳尔多·贝尔托鲁奇。1984年，他来到中国拍片，因执导《末代皇帝》而被中国人民所熟知。贝尔托鲁奇出生于1940年，应当说属于较年轻的一代。他的电影是国际性的，我们最熟悉的是得了8个金像奖的《末代皇帝》；此外，他还拍摄了《小活佛》(1993)、《偷香》(1996)、《戏梦巴黎》(又译《梦想家》，2003)等。

《戏梦巴黎》是贝尔托鲁奇2003年导演的影片。年轻的马修以美国交换生的身份来到巴黎学习法语，出于对电影的热爱，他很快就和法国女子伊莎贝尔及她的双胞胎弟弟成为朋友，三人对电影都有着浓郁的兴趣。后来，马修获悉这对双胞胎姐弟之间有乱伦关系，而他自己也陷了进去，三人生活在自己的小世界里。1968 年的学生运动使法国社会发生了巨变，三人不得不面对这个陌生的世界，曾经的关系也随之终结。作品以史诗般的宏大气魄及强烈的阶级分析内涵而著称，并将情色内容升华到相当的艺术高度。

3. 朱赛佩·托纳托雷

托纳托雷 1956 年生于意大利，早年从事摄影工作，1985 年执导首部剧情片《被称为教授的男人》，1988 年执导第二部影片《天堂电影院》，斩获多项大奖，一举成名。该片和他其后拍摄的两部影片《海上钢琴师》(1998)、《西西里岛的美丽传说》并称“回归三部曲”。

《海上钢琴师》中出生在船上的孤儿“1900”从小就显示出惊人的钢琴天赋，长大后成为这艘客轮的钢琴师，一生中从未离开过轮船和海洋。一天他爱上了一个女孩，但终因对音乐的挚爱而放弃了对所爱女孩的追求。无论是片中代表着自由的爵士乐败于“1900”的即兴音符，还是结局主人公终未离开象征他精神追求和艺术生命的船，影片都在表现一种对现代工业文明的反叛。在那个相对隔绝的空间里，主人公只有通过报纸和周围有限的人营造出的社会空间感知现代文明，但这些终归是片段的和“虚拟”①的，从这个意义上来讲，这部电影又是一部具有结构性质的后现代主义影片。

《西西里的美丽传说》记述了战争背景下的一个女人的遭遇和一个成长中孩子的情感历程。战争摧毁了人们原本闲适的生活，马莲娜的丈夫也去了战场，美丽夺目的马莲娜在战争开始后迫于生计沦为妓女。一直对马莲娜爱慕不已的男孩从当初对她的肉体之爱慢慢地转变成了精神之爱，他将马莲娜的去向告诉了从战场回来的她的丈夫，并默默地注视着她，为她捡起掉在地上的东西。这部以孩子的视角展开的影片向人们展示了爱与欲望的纠结，告诉我们肉欲是短暂的，只有精神之爱才是长久的。本片获得第 42 届戛纳电影节评委会特别大奖及第 62 届奥斯卡最佳外语片、第 47 届金球奖最佳外语片等 10 项大奖。

四、英国：独立电影、主流电影光辉同现

(一) 独立电影的趋势

早在二战结束后，法国、意大利等欧洲国家就开始摆脱大公司、大制片厂制度的束缚，相继建立了各种不同形式的独立制片制度。一批电影人摆脱好莱坞“八大电影公司”的控制，自筹资金，甚至自己编写剧本，自己担任导演，拍出了许多与商业电影截然不同的思想性较强的电影，独立电影由此得名。与 20 世纪 50 年代由所谓“八大电影公司”所垄断的好莱坞制片人制度——电影拍摄的运作必须遵循步骤严谨的规范——不同，独立制片制度是以导演为中心的体制。独立电影就是由个人或团体(包含公司)制作的成本相对较低的电影，最大的特点就是不依赖于专业商业公司或制片厂，拍摄制作相对比较自由。独

① 相关知识可参阅《大众传播学》中的拟态环境概念。拟态环境就是我们所说信息环境，它并不是现实环境的“镜子”式的再现，而是传播媒介通过对象征性事件或信息进行选择加工，重新加以结构化以后向人们展示的环境。

立电影在题材、拍摄手法、表达方式上由于受到出资方的影响比较小，所以可以涉及一些主流影片较少涉及的范围，但同时往往由于资金的相对缺乏，影片具体拍摄的各个方面都会受到影响。

单就电影工业而言，英国缺乏像环球、时代华纳等制作、发行、放映网络一体化的大型公司，英国电影的运作往往是一些相对较小的独立制片公司通过一次性合作或者不规范的操作来运行的。20世纪90年代以后，很多英国电影公司纷纷放弃周期较长的制作阶段，转而投身发行业或放映业。就大的社会环境而言，英国独立电影运动的兴起并非"一日之功"，也不是单一原因造就的。在历史层面上，英国本土的苏格兰、威尔士、北爱尔兰的民族主义情绪高涨，客观上影响了制作、发行、放映一体化的大型电影公司实际运作的可能性。在电影市场上，自80年代以来英国电影市场受到好莱坞的巨大冲击，已经日渐萎缩，有数字表明，英国电影的产量曾在1989年时下降到了仅有30部，这样的市场状况使得一体化电影公司的存在失去了应有的坚实基础。这种状况也引起了英国政府的注意，"1998年英国政府在它的报告《更大规模的电影》中抱怨说，制片业似乎还停留在'家庭手工业'的发展阶段，同时号召建立操纵制片、发行和放映一体化的公司"①。

在此种不景气的情况下，英国电影人大批地流向文化背景十分接近的好莱坞发展，原本制作电影的公司也多纷纷转向发行放映业，但尽管电影业形势吃紧，总有坚持的身影亮出其难得的光芒。这些坚持的身影就是英国一道亮丽的风景线——英国独立电影及英国独立电影节。

（二）现状与展望

如前所述，独立电影指的是独立融资，低成本制作，非明星加盟，且题材、风格与主流电影相比都有较大不同的电影。小制作的独立电影很少通过广告进行宣传，大多通过电影节放映及媒体影评的方式来扩大影响。独立电影的发行渠道除由较大的发行公司进行发行外，参加专门的独立电影节是它获得主流认可并最终得以与大众见面的另一种好办法。在世界上众多的独立电影节中，英国最大的独立电影节瑞丹斯紧随美国的圣丹斯电影节之后，在世界影坛上影响同样不小。瑞丹斯电影节加上创立于1998年的英国独立电影奖(BIFA)，这两项主要的活动除旨在给英国本土的独立电影以展示的舞台外，还展映全球最优秀的独立电影，不遗余力地鼓励世界独立电影的发展，这符合电影工业发展的良性趋势，越来越受到从业人员的喜爱与支持。另外，"Vertigo"是英国著名的介绍独立电影的新人、新作，进行独立电影节新闻报道等的专业电影杂志，影响较大。

与美国的独立电影处在大制片公司和大片夹缝中的状况有所不同，英国的独立电影形成气候，不仅在各大独立电影节上崭露头角，且质量也属上乘。这种小投入、低风险和高回报的环形模式为独立电影赢取了更多的投资。20世纪90年代，以《四个婚礼和一个葬礼》(1994)、《猜火车》(1996)为代表的独立电影迎来了短暂复兴。进入新世纪，在电影委员会等电影专门机构的资助支持和英国独立电影节的长期努力下，英国独立电影运动持久开展，声势较大，一批独立影片纷纷亮相各大电影节，屡获佳绩。

---

① 【英】罗伯特·墨菲：《英国1990年代电影概述》，李二仕译，http://fromsilencelove.blog.sohu.com/31833683.html。

英国独立电影的第一个趋势是独立电影的兴盛和其影响的日益扩大，第二个趋势是电影与电视的合流。在英国电视上播放的最受欢迎的前10部英国电影中，有9部是近期制作的英国本土电影，电视中播放的英国本土电影对于鼓舞电影人"士气"，培养观众观影习惯有着良好的"前奏"作用。英国电影协会的首席执行官约翰·伍德沃德曾说过："尽管像《哈里·波特》这样巨型炸弹的成功将成为报纸的大标题，但是，对于我们电影业界来说，中、小型英国电影票房收入的增加既是巨大的鼓舞，也是其聪明才智的明证。"①这在客观上也是对中小型电影制作的肯定，与独立电影的制作思路大体上是一致的。

同国际上《低俗小说》(1994)、《罗拉快跑》(1998) 等大量优秀的独立影片一样，以《猜火车》、《四个婚礼和一个葬礼》为代表的英国独立电影在商业和艺术上取得了巨大的成功。英国独立电影的光辉改写了自90年代以来只有大制作、大手笔、高投入、当红明星才能吸引观众眼球的状况，证明了具有深刻的内涵、独特的风格、超前的意识、新鲜的视听语言的独立电影也同样可以抓住观众的心。多数独立电影的小制作并不意味着粗制滥造，相反，它们在艺术上往往有新颖独到的追求。第9届英国独立电影节的获奖作品《这就是英国》(2006)、《风吹稻浪》(2006) 等都是难得的优秀独立影片。

独立电影运动并不意味着英国电影只能"单打独斗"，相反，英国早先的"007"系列、《发条橙》(1971)，现今的"哈里·波特"系列、"憨豆先生"系列、《怪物史莱克》(2001)、《特洛伊》(2004)、《赎罪》(2007) 等主流影片都具备与好莱坞大片抗衡的能力，在世界影坛占据一席之地。

五、西班牙：电影的革新

西班牙是欧洲历史上的强国，现在仍以其独特的文化风情吸引着世界关注的目光。好莱坞电影对欧洲各国市场的占据是一个不争的事实，西班牙也不例外。

经历了西班牙电影界所谓的"Miro"法令，电影因为某种预设的口味倾斜——意识形态保险而产生了许多与观众的欣赏品味不相符的作品，导致从票房回馈到国家的数目少得可怜，结果是90年代初国家电影基金破产，加之弗朗哥独裁时期对文艺电影大加压制，造成西班牙电影在1994年达到了谷底。在电影业严峻的生存危机下，西班牙政府在1994年底颁布了新的电影保护法，规定新导演拍摄首部作品可以获得政府的资助，还规定放映三天美国电影，必须放映一天西班牙电影。另外，为扩大电影市场，西班牙的电视台与电影制片公司又签订每年投资拍摄八部故事片的合同，将电影市场扩展到了电视领域。种种努力促使西班牙电影在90年代中期出现了可喜的转机，被电影界称为"电影的革新"。革新的效果首先反映在影片的产量上，"从1990年的42部增加到了2000年的104部"②；除产量稳步上升外，影片的质量也得到提高，在各大国际电影节上获得大奖，

① 人民网：《英国电影业的发展与现状——竞争中走向成功》，http://ent.sina.com.cn/m/f/2005-06-16/1113753491.html。

② 贾冀川：《转型期的欧美电影——二十世纪八九十年代欧美电影研究》，北京：中国电影出版社2004年版，第186页。

产生了良好的经济效益和社会效益。

(一) 电影革新时期的优秀之作

1. 毕加斯·鲁纳 1994 年推出的《乳房和月亮》充满了与西班牙女郎一样奔放的西班牙情歌和浪漫的法国乐曲。影片以一个有"乳房崇拜狂"的小孩阿泰为主角,因为新出生的弟弟要吸吮母乳导致自己受冷落,因而祈求月亮,希望能找到属于自己的乳房。这是一部站在孩子的立场上进行叙述的影片,通过孩子眼中的世界编织出西班牙式的热情和幻想,颇具童真的旁白使电影的格调显得乐而不淫,清新可爱。

2. 曼努埃尔·戈麦兹·派雷拉的《爱情有害健康》、乔西·路易斯·库尔达的《蝶恋花》、胡利奥·密谭的《北极恋人》等都是 1999 年推出的优秀作品。《北极恋人》是导演献给自己父亲的影片,充满了偶然和巧合,将戏剧性发挥到了极致,还获得过戈雅电影奖。

3. 2000 年卡洛斯·绍拉的《波尔多欲望天堂》(又译《戈雅》)是西班牙民族艺术的史诗,戈雅的离世象征了一个艺术时代的终结,大画家安德鲁的诞生则象征了一个新时代的开始,影片的隐喻含义十分明显:西班牙伟大的艺术传统将生生不息。

4. 2005 年海梅·查瓦里的《卡麦隆》讲述了弗拉明戈歌手卡麦隆传奇的一生,同年的著名作品还有曼努埃尔·古铁雷斯·阿拉贡的《来自法国的玫瑰》。

(二) 西班牙动画片傲视欧洲

西班牙有史以来最贵的电影不是古装大片《佣兵传奇》(2006),而是一部高达 5000 万美元的动画片《一号星球》(2008),影片被誉为"代表西班牙动画的曙光",目前已经是西班牙最受瞩目的电影。以往西班牙的动画电影产量是每四年一部,现在急速提升到一年半一部,在 3D 动画的总量上更是傲视欧洲。异军突起的西班牙动画电影向世人证明了其雄厚的动画创作实力,本国工作室集体涌入 3D 动画领域对抗皮克斯、梦工场,西班牙的动画产业基地已成为欧洲动画制作中心。

2001 年的《魔法森林》掀起了西班牙本土动画片的热潮。西班牙动画电影厚积薄发,题材丰富,有涉及奇幻题材的《秀逗了》、《迷路的山猫》及木偶动画《僵尸西部片》等,西班牙动画电影还善于模仿,有戏仿《堂吉诃德》的《蠢驴左特》及模仿《龙猫》的《夜曲》等。

西班牙当代国宝级艺术大师路易斯奥特于 2001 年完成的《一只名叫痛苦的狗》是动画片中的一部重要作品,该片共分七章,以一只名叫佩罗的狗作为主线,它仿佛一个精灵贯串于全片的七个故事中。影片主要反映八位艺术大师在特殊的历史背景和社会现实下对自己创作风格的或坚守或转变。作品涉及的不仅有欧洲的八位艺术大师,还出现了 20 世纪许多著名的哲学家、政治家甚至电影导演和明星,其中包括拿破仑、谢尔盖·爱森斯坦、布努艾尔、卓别林、马克思兄弟、奥逊·威尔斯、曼·雷及伍迪·艾伦。更为巧妙的是,导演还在其间穿插西班牙各个时期的历史人物和事件,内容的丰富与全面性丝毫不亚于任何一部翔实的纪录片。因此,与其说《一只名叫痛苦的狗》是一部黑白的二维动画默片,不如称其为用动画的形式辅以导演对早期无声电影大师的敬意的纪录片更为贴切。同时,因其大量内容与哲学、绘画、历史、电影等艺术领域及社会史实有关,影片在客观上对观众提出了很高的知识层次要求,尤其对热爱艺术的观众是一部不可多得的佳作。4000 多幅图片全系导演亲自绘制,所有音乐也都由他一人作曲,在这个数码技术横行于动画制作平台的时代,导演的艺术诉求令人肃然起敬。影片采用二维动画技术将绘画中的素描以电影默片的形式展现出来，在沉静的音乐中，导演将自己对艺术的理解与期待用隐喻和象征的方式展现在观众面前，其崇高的艺术成就使其不失为一部品位很高的超现实主义之作。

（三）电影大师阿尔莫多瓦

阿尔莫多瓦是不可多得的现代导演，被称为布努艾尔以后最有影响的西班牙导演，其作品主题明晰，着重表现女性主义、欲望、暴力、宗教。阿尔莫多瓦 90 年代至今的作品有《高跟鞋》(1991)、《我的神秘之花》(又译《爱火花》，1995)、《活色生香》(1997)、《论尽我阿妈》(又译《关于我母亲的一切》，1999)、《对她说》(2002)、《不良教育》(2004)、《回归》(2006) 等。

《高跟鞋》融伦理、爱情、凶杀等多种类型元素于一体，细腻地刻画了一对母女间的感情，从人性的角度给予并不符合传统伦理标准的人物以善意的包容。

《论尽我阿妈》是一部现实主义题材的女性主义影片，讲述的是一个单身母亲为了完成儿子的遗愿，开始寻找儿子的父亲，却发现千辛万苦找到的孩子的父亲(也是唯一一个存在于影片中的男性）已经通过变性手术变成了女子。影片通过令人震撼的剧情安排对女性心理进行了细致入微的刻画，表达了对女性的崇高礼赞。

《对她说》是一部关于友情、爱情的影片，与以往影片不同的是它没有采用女性的视角，而是讲述面对爱情，两个男性如何成就一段珍贵友谊的故事。

六、德国：复兴与崛起

20 世纪二三十年代欧洲先锋主义电影运动中的重要一支即是德国表现主义。第一次世界大战之后，人们对现实的失望和内心的恐惧、忧虑以一种强烈的主观化的变形形式表现出来，表现主义由此诞生。就电影的艺术性而言，当时的德国起点甚高。与第一次世界大战后的高起点相比，第二次世界大战之后的德国电影因受到法西斯的文化围剿而元气大伤，战后虽慢慢恢复，但是作为二战战败国的德国内部的政治局势同样不容乐观，由于受到东西德分裂的影响而落在英、法、美等战胜国身后。近年来，德国电影又逐渐崛起。

德国电影的生产创作在 80 年代中期一度陷入困境，新电影中有一部分导演转向了商业制作和电视领域，直到 90 年代中期，德国电影才开始复苏，其年产量和票房在 2000 年后稳步增长，2006 年产量达到 174 部，总票房 13.67 亿马克，比 2005 年高出了 7.4%，其中德国本土影片票房占 25.8%(Allemagne FFA 数据)。

第二次世界大战结束后至 90 年代初期，民主德国和联邦德国各自进行自己的艺术电影创作，出现众多反纳粹主义的故事片和纪录片。1989 年 11 月 9 日柏林墙被推翻，两德结束了长达 45 年的分裂终于实现统一。纳粹时期的黑暗统治给德国民众留下的诸多问题并没有冷却二战题材电影的创作热潮，政治上的变更也在影片中有所表现，最直接的例子就是《开路，特拉比》(1990)、《演奏探戈舞曲的人》(1990)、《施泰因》(1991)、《边境检察员》(1994)、《尼古莱大教堂》(1995) 等反映政治变革和社会变化影片的出现，尤其是 1995 年和 2005 年的二战纪念日前后，有关二战、战争、纳粹的电影更是层出不穷。

世纪之交的德国电影出现了三大趋势，其一是以二战为题材的影片大量涌现，其二是出现了以平民视角书写边缘群体的纪实风格电影，其三是衰微的德国电影光辉重现。

（一）二战题材见证历史，诚恳反思

约瑟夫·韦尔斯迈尔先后推出影片《拉玛·达玛》(1990)和《斯大林格勒》(1993)，他的影片将纳粹主义题材同德国乡土电影和战争电影的传统联系在一起，采用群体经历，选取普通德国人的视角进行展现，这一拍摄思想得到社会公众的广泛认同①。

二战带给世界人民、德国人民的伤痛是永难磨灭的，对德国本民族和对世界的责任感让导演有勇气和耐心去涉及这一段敏感沉痛的历史。

《帝国的毁灭》(2004)是第一部正面描写希特勒的影片，片中的西斯贝格·希特勒不是一个众所周知的疯子或魔鬼，一上映就引起广泛关注和巨大争议。本片从希特勒身边最后一任速记员的视角出发，以平实、客观的立场展现了这个战争狂人在掩体中度过生命最后12天的情景。影片再现了苏联红军攻克柏林，希特勒同新婚妻子爱娃·布劳恩自杀于地下掩体等历史事件。影片中的希特勒并不完全是一个独裁者、杀人恶魔，他有时是一个会流泪的孤独老人，喜欢吃巧克力蛋糕、亲吻爱人的嘴唇，经常牵着心爱的牧羊犬散步。

本片引用了很多21世纪才公布的史料，较为平实客观而非妖魔化的立场和处理方式不仅让其与其他同题材的电影截然区分开来，也使其自身的纪录色彩浓厚许多。导演以一种更为强烈的使命感、责任感和更为诚恳的方式回首德国历史上这段最为黑暗的篇章，对历史提出了强有力的质问并试图用电影拷问德国的民族性。剧本创作来自于历史学家约阿希姆·费斯特的著作《希特勒的末日》(2002)和希特勒的私人秘书特劳德·琼格的回忆录《直到最后时刻》(2002)。根据琼格的说明，片中很多希特勒的政策都是符合历史事实的。

该片在德国取得了3000万欧元的骄人票房，同时也引发了来自观众和评论界的众多争议。主要有两种声音：观众普遍认为《帝国的毁灭》对希特勒的描写有美化纳粹之嫌；不过也有为数不少的专家对这部态度冷静客观、以人文主义表现手法拍摄的电影盛赞有加。德国《明镜》周刊的一篇评论认为，《帝国的毁灭》表现出德国在对待二战历史的心态上日趋成熟，在对那段历史的艺术文化表现方面有了更多的自信。评论普遍认为这部电影拍出了德国人痛苦的自省，没有虚饰和隐瞒，让世人了解为何一个政治狂人会导致600万犹太人被杀、各国共有5000万人罹难的悲剧。

电影《希特勒的男孩》(2004)讲述纳粹教育给青年人带来的影响。一名出身贫寒的年轻人由于受到制服与荣誉的诱惑，进入了精英学校，但学校中残酷的训练方式令他渐渐对过去的信念产生了怀疑，他开始意识到自己在被人利用。全片很善于营造气氛，有“大段的对话和近景镜头，几乎看不到任何的肢体动作，让本片深深吸引住观众的同时，产生压抑和紧张的感觉，很好地映衬了当时深陷窃听风暴中的东德柏林。然而政治因素贯穿始终增加深度的同时，它并没有迷失于惯常的政治—惊悚片简单陈旧的套路——时事讽

① 参见安内特·埃贝勒：《媒体和历史》，http://www.goethe.de/INS/jp/lp/prj/wza/muy/zh2281172.html。

刺，而是关照了人们的终极情感以及维斯勒爪牙们的真实生活和普通的情感”①。

《希望与反抗》（又译《索菲·斯库勒最后的日子》，2005）以德国反纳粹女英雄为书写对象。故事发生在1943年春天，纳粹德国在斯大林格勒遭到严重失败，而此时慕尼黑的反希特勒组织“白玫瑰”成员也在紧锣密鼓地活动，索菲·斯库勒和她的弟弟汉斯在慕尼黑大学散发传单时遭到纳粹逮捕。影片随即从全知视角转入索菲的主观叙述，讲述了姐弟俩被捕后受审直到被宣判死刑的过程。与英雄主义的传记片《钢琴家》和《辛德勒名单》中的旁观视角不同，导演采取了通常被极力回避的主观叙述的方式，彰显了女英雄索菲渴望自由、不惧死亡的勇敢精神。影片着重表现索菲被处死前最后几天的情景，如此突出的反抗主题以及尤莉亚·耶特斯成功塑造的人物表明了德国电影界对于战争和暴力的鲜明态度。该片拿下第55届柏林电影节最佳导演、最佳女主角两座银熊，并被提名为奥斯卡最佳外语片。

《窃听风暴》（又译《别人的生活》，2006）的主人公威斯勒是一名斯塔西特工，他每天生活在寂寞和监听别人的生活当中，从来没有自我。但监听德瑞曼及其演员妻子的任务改变了他，最后他竟意外地成为他们生活的一分子，不但喜欢上女演员，甚至为了保护他们而不惜冒险。威斯勒背叛了自己的工作和信仰，也为此付出了代价。影片在德国本土创下了德国国家电影奖“金萝拉奖”提名最多的纪录——11项提名，并最终获得包括最佳影片奖在内的7项大奖，虽然错过了柏林和戛纳电影节，但在奥斯卡上也有相当惹眼的表现，获得了第79届奥斯卡最佳外语片奖。在2006年年底的欧洲电影节上甚至还战胜了西班牙电影大师阿尔莫多瓦的《回归》（2006）获得最佳影片、最佳男演员和最佳剧本奖。

丹尼·雷维的《我的元首》（又译《拜见希特勒》，2007）是一部黑色喜剧片，与动辄刻画这么一个战争魔鬼的思路不同，片中希特勒的形象有时候甚至是可笑、可怜的，总是尿床，沉溺在毒品里不能自拔，是一个幼稚爱哭的可怜虫。影片让人们在观看时自然而然地联想到卓别林的《大独裁者》，边笑边思。

（二）以平民视角书写边缘群体的纪实风格电影

自二战结束后，反映二战题材的电影就层出不穷，关键在于如何将其拍出新意。《再见，列宁》（2003）在宏大的叙事背景——柏林墙的倒塌——下描绘小人物的生存状态，将对历史的反思和感慨寄于母子情深之中，在家庭轻喜剧的反衬下立现忧伤情怀，构思新颖。生活在东德的主人公阿里克斯有一个逃往“敌对国”西德的父亲和一个忠诚积极的社会主义活动家的母亲，为保护心脏病发的母亲，阿里克斯编织善意的谎言，决定让民主德国在79平米的家里延续。《再见，列宁》成为德国影史上的票房冠军，又在有“德国奥斯卡”之称的德国国家电影奖中勇夺9项大奖，还获得了6项欧洲电影奖。

克里斯·克劳斯的《四分钟》（2006）讲述了年近80的克鲁格夫人有极深的钢琴造诣，她60年如一日地在一所女囚监狱教授钢琴。替男友顶罪的叛逆女孩杰妮要求学钢琴，这个几乎被社会抛弃的女孩因为举止粗鲁而遭到克鲁格夫人的拒绝。杰妮自顾自地弹下流畅、激情的音符，受到感动的克鲁格夫人答应教她，又强迫她去参加一个专门挖掘21岁以

① 张旭辉：《资料：德国电影的复兴和崛起之〈窃听风暴〉》，http://ent.sina.com.cn/m/2007－11－07/16451782643.shtml。

下的天才钢琴师的大赛。慢慢地，音乐冲破了两人巨大的年龄差距，她们曾受过深重创伤的心灵也渐渐通过彼此的交往获得慰藉，克鲁格夫人用荣誉和心血照亮了一个年轻女孩的生命之路，这也是一部书写边缘群体的佳作。

《在人生的另一边》(2007) 讲述了一个特殊家庭的故事：内雅特竭力反对他的鳏夫父亲和妓女耶特同居。一个偶然的机会，他发现耶特把挣的钱都寄回土耳其资助女儿上学，这让他改变了原先的看法。然而耶特的突然去世却造成父子间的巨大隔阂，内雅特决定去土耳其寻找耶特的女儿阿伊坦，岂料身为政治激进分子的阿伊坦早已从土耳其逃到了德国，在一见如故的洛特家中避难，引起了洛特保守的母亲苏珊的不满。最终，阿伊坦不幸被捕，被遣送回土耳其监狱；洛特也来到了土耳其，为营救阿伊坦四处奔波。

在很多欧洲国家，外裔移民是最能够体会到边缘和失落的人群，本片导演费斯·阿金是德国第二代土耳其移民的后代，本片是其"爱、死亡、魔鬼三部曲"的第二部。"爱、死亡、魔鬼三部曲"很自然地把镜头对准了他所熟悉的边缘人群，其第一部《勇往直前》曾赢得2004年柏林电影节金熊奖。片中镜头来回穿梭于德国和土耳其之间，将一些小人物的命运微妙地联系起来，构成了导演对人生、对生命的思考与探索。阿金对边缘群体的关注是超越政治和民族的，这种现实主义的人性关怀视角让观众更加清楚地看到了德国社会的现状，德国、土耳其两国不同文化背景擦出的火花让人们感到了真挚的情感回归。他的影片更说明了一个道理：与人性和生存有关的主题从来都是不分国界和民族的。

（三）德国电影光辉重现，举世瞩目

90年代中期，德国电影开始显示出与好莱坞影片相抗衡的能力，一批年轻导演以传统的戏剧电影和一批喜剧片重新赢得了德国的观众。1995年，德国成为全球第二个观众人次最多和票房收入最高的国家。

2001年5月，原先担任柏林电影节财务长一职的科斯利克(柏林电影节主席) 一上任就喊出了振兴新德国电影的口号。同样是在美国电影的强大冲击下，与韩国、法国类似，德国开展了一系列保护和扶持民族电影工业的措施：一是公共电视台主要播放德国电影，二是政府给予财政补助，德国的"国家电影资助机构"是全国最大的联邦资助机构。

在80年代后期，许多德国年轻导演尝试实验型的表现手法，从早期的表现主义中寻找灵感。自1990年以来，德国有几部电影在世界上获得很高荣誉，如后现代主义电影的代表作品《罗拉快跑》(1998) 颠覆了传统的叙事结构，将命运的游戏性展露无遗。该片叙事结构与昆汀·塔伦蒂诺的《低俗小说》相似，但与《低俗小说》对一个事件三段式的反复表现不同，它将一个事件进行三次相同开端的叙述，却通过不同结果的展示，揭示了生命的多种可能性。

在影片中，罗拉和男友曼尼是一对年轻的恋人，曼尼是一个不务正业的小混混，而罗拉则是相信"天大的事情有爱情顶着"的爱情至上主义者。曼尼在一次贩毒中弄丢了黑帮老大的10万马克，慌了手脚的曼尼向罗拉求救，罗拉必须在20分钟内弄到10万马克，否则曼尼性命难保，于是罗拉展开了全片的中心叙事——奔跑。

全片的镜头语言具有鲜明的MTV风格，大量的电子音乐加上罗拉狂奔的脚步，使整部影片都体现着MTV的游戏精神。

这部具有MTV风格的影片书写了三种可能的结局：

第一次奔跑(正常):超市抢钱,罗拉身亡。

第二次奔跑(推迟):银行抢钱,曼尼身亡。

第三次奔跑(提前):赌场赢钱,成为富人。

《罗拉快跑》颠覆了好莱坞的经典叙述模式,采用了三段式的格局,通常意义上追逐奔跑带来的"最后一分钟营救"并未出现在影片中。该片的电影语言也值得称道,作为一部十分优秀的后结构主义影片,出现了大量多角度运动镜头、抽跳格剪接,运用定格镜头化抽象为具象,影片还颇具新意地插入手绘动画,运用绘画的思维去书写电影的某些段落,彰显了电影作为第七艺术的魅力。影片的后结构主义风格并不影响其整体的统一性和连贯性,相反,大量新颖电影语言的运用使得累积的细节毫无琐碎、杂乱之感,反而充满了玄机,引人入胜。

该片导演汤姆·提克维的成功主要表现在电影技术、电影语言方面,新颖叙事、电子音乐、动感节奏在精神层面上与当代德国青年的生活相呼应,全片充满了紧张的戏剧张力,三种假定性——命运的不可预知的结局让人不断观照自身,自然地将日耳曼民族的冷静融入其中,浑然天成。罗拉作为一名身无长艺的女子对男友的营救所表现出的强烈的女权主义成为影片获得好评的助推剂。该片不仅吸引了2300万观众进影院观看,还成了很多导演效仿的对象,《蝴蝶效应》(2004)就是受《罗拉快跑》激发的灵感之作。拍摄《罗拉快跑》时年仅34岁的青年导演提克维因该片的成功被预测会成为德国的吕克·贝松。

如果说法国电影的传统是"作者电影",美国电影的传统是大制片厂制度,那么德国电影的传统一开始就是"作家电影"。世纪之交,德国电影已经慢慢向"作家电影"告别,开始朝着类型片与商业化的方向发展。90年代末至世纪之交,涌现了一批以《罗拉快跑》为代表的优秀作品,这一时期的重要作品还有诺夫·舒贝尔的《布达佩斯之恋》(1999),另外还有一些轻松幽默的轻喜剧广受观众喜爱,如荣克·沃特曼的《伯尔尼的奇迹》(2003)等。在"新德国电影"时期的一些有声望的老导演也推出新作,如赫尔措格的《来自一个阴暗国度的回声》(1900)、《我的魔鬼》(1999)、《纳粹制造》(2001),文德斯的《直到世界尽头》(1991)、《咫尺天涯》(1992)、《里斯本的故事》(1995)、《乐满夏湾拿》(又译《乐土浮生》,1998)、《百万美元大酒店》(2000)、《别来敲门》(2005),施隆多夫的《女仆的故事》(1990)、《航海者》(又译《玻璃玫瑰》,1991)、《乱世启示录》(又译《残暴的人》,1996)、《矮棕榈》(1998)、《白钻石》(2004)、《灰熊人》(2005)等。

2003年,依据施特凡妮·茨威格同名自传体长篇小说而拍摄的故事片《情陷非洲》(又译《无处为家》,2001)获得最重大的国际荣誉——奥斯卡最佳外语片奖。此外《柏林苍穹下》(1987)的续篇《既远又近》(1993)获得戛纳大奖;《再见,列宁》获欧洲电影奖;《窃听风暴》获德国国家电影奖11项大奖。

这个时期的德国电影的确举世瞩目。

七、波兰:在困境中勃发

(一)世纪之交的波兰电影概况

波兰地处波罗的海南岸,广阔无垠的平原占整个国土面积的90%。在东欧,波兰是仅次于俄罗斯的电影大国。波兰电影人的执著求索精神赋予电影强烈的忧患意识,波兰电影关注现实,力图从现实中挖掘生活的复杂和人性的奥秘,培养了许多杰出的电影大师,其中的代表有瓦依达、波兰斯基和基耶斯洛夫斯基。

80年代中期以后波兰经济开始衰退,80年代末国家政治变革后,电影的衰退迹象也日益显现。在八九十年代之交,同欧洲绝大部分国家一样,面对好莱坞影片的大举进攻,波兰观众的口味被左右,国家对电影的拨款也逐渐减少,在此情况下,本国电影几乎完全被挤出了电影市场。除去以好莱坞为代表的西方电影的挤压,电视也将电影挤至一个狭小的空间,甚至成了电影导演的避难所。对风雨飘摇的波兰电影业而言,电视不仅挽救了曾经欣欣向荣的波兰电影的剩余部分,也因此挽救了格丁尼亚电影节。

进入90年代以后,在政府有关部门和电影界人士的共同努力下,波兰电影虽然取得了令人瞩目的进步,但依然举步维艰。除了根据著名作家亨里克·显克微支的小说改编拍摄的影片《十字军骑士》取得了佳绩外,令全体波兰影人和人民骄傲的是,“导演尤利乌斯·马胡尔斯基的现代强盗喜剧片《杀手》不仅在国内保持了长达一年的高上座率,而且被好莱坞作为创作样板买走”①,更令人称道的则是波兰电影大师基耶斯洛夫斯基享誉世界的《蓝》、《白》、《红》“颜色三部曲”。

1997年,由于奥德河发生洪灾,国家断然取消了对电影节的资助,是私营电视台的救助才使电影节的活动得以继续。

波兰有罗兹和弗罗茨拉夫两个故事片制片厂,它们培养出来的电影人才散布在许多国家,为世界电影艺术贡献着自己的力量。毕业于罗兹学院的波兰电影的传奇人物波兰斯基凭2002年推出的《钢琴师》一举夺得第55届戛纳电影节“金棕榈”大奖和第75届奥斯卡“最佳导演”奖。该片讲述了犹太音乐家在德军集中营的遭遇,一方面是导演波兰斯基对自己犹太人身份的深刻反思,另一方面,他实现了自己长久以来的一个理想:通过影片深入探讨人在特定历史现实中的生存命运。与基耶斯洛夫斯基朴素精练的电影语言和对人性道德的深入思考不同,波兰斯基的影片恐怖诡异,对人性的剖析大胆,批判尖锐。

(二)《蓝》、《白》、《红》等经典作品

基耶斯洛夫斯基深受卡夫卡、陀思妥耶夫斯基、加谬等存在主义文学大师的影响,善于通过朴实精练的电影语言展示人性,探讨个人在这个世界中的生存状态,他90年代的作品《维罗妮卡的双重生活》(1991)和享誉世界的《蓝》、《白》、《红》“颜色三部曲”(1993~1994)就是最鲜明的代表。

《维罗妮卡的双重生活》(又译《双生花》)荣获戛纳电影节最佳女演员奖。两个不同国度的少女,一个在法国,一个在波兰,却拥有同样的名字、同样的年纪、同样的音乐爱好和美妙的嗓音。波兰的维罗妮卡在舞台上表演音乐剧时因心脏病突发而死去,法国的维罗妮卡感到黯然神伤。这个经典的桥段后来成为很多电影模仿的对象。影片还通过金黄的色调,营造出法国式的神秘感。在火车前行时,透过光滑圆润的玻璃球看到的景物都异于平时,变幻的形象甚至让人误以为那是巫师具有魔力的水晶球,这个隐喻的形象提示了影片的主题——宿命,就像是舞台上神秘的线偶人一样,人的命运仿佛隐隐中有根丝线在

① 《波兰电影的历史》,http://www.mtime.com/group/11815/discussion/43515/。

牵引。基耶斯洛夫斯基自己也说：那是一个纯粹关于感觉与敏感性——而且还是无法用电影表达的敏感性的故事。

"颜色三部曲"的片名取自法国国旗的三种颜色——蓝色（自由）、白色（平等）、红色（博爱），从自由、民主、和平几个方面对人类自身从心理到社会行为、从情感到政治、从性爱到阴谋都进行了深入的思考，具有高度的思想性和艺术性，获得威尼斯、柏林等电影节的主要奖项。

《蓝色》是三部曲的第一部，旨在探讨自由的欠缺。朱丽叶是一个有艺术气质的女性，丈夫是作曲家，他们有一个女儿。一个偶然的车祸在宁静秀丽的大自然陪衬下打碎了幸福，朱丽叶的丈夫和女儿都在车祸中丧生。饱受刺激的朱丽叶在医院里吞了一大把药但没有死去，因为医院制度不允许自由选择的死亡，只认可不自由的死亡。直到有一天，朱丽叶偶然得知自己的丈夫曾有情人，她才不再在心底呜咽，沉静、坦然地面对自己的过去。

白色在法国三色旗中象征平等，影片《白色》通过婚姻这一最私人的层面去观察平等。卡洛在身处异国的不适应和工作带来的压力下萎靡不振，变得性无能。他的妻子以婚姻有名无实为由提出离婚。卡洛努力重振旗鼓以期妻子能重新回到自己身边。妻子提出了一个简单的要求：证明性能力。婚姻成了争取平等的私人性斗争。卡洛偶然发了一笔横财，于是装死请人发了讣告，请妻子回来接收财产。她回来后发现卡洛没有死，而且发现卡洛的性能力意外地恢复了。但正当爱情恢复时，妻子却因卡洛设的那个圈套的意外差错而入了狱。在监狱墙外，卡洛双眼含泪，悲哀的眼神投向囚窗旁的她，性能力的恢复被另一种不平等打破了。

红色在法国国旗中是博爱的象征，基耶斯洛夫斯基曾经说过：最接近人道精神的是博爱。《红色》就是一部对现代人生存状态进行思考的影片。导演基耶斯洛夫斯基为我们构建了一个红色的世界：红色的夹克、红色的酒吧、红色的吉普、红色的椅子、红色的房门。在电影语言的使用上，色彩和蒙太奇、音响、构图、调度等具有同样重要的作用。在"颜色三部曲"中，颜色是一种重要的叙事要素，其作用甚至超过了蒙太奇和音响、剪辑。

八、瑞典：政府扶持下的重新觉醒

拥有北欧电影艺术旗帜之称的瑞典，曾一度是北欧电影的领袖。瑞典电影以理性探索见长，在电影诞生后的半个多世纪以来在世界影坛上享有很高的声誉。但这种状况到20世纪80年代有了改变，在瑞典电影大师英格玛·伯格曼之后后继乏人，其领袖地位被厚积薄发的丹麦所取代。

在20世纪60年代电视对电影业的强大冲击之后，瑞典电影在政府的强力扶持下艰难行进。瑞典政府对本国电影事业的发展起到了积极的促进作用。"早在1963年，瑞典政府与电影界代表签署了一份文化政策协议，就开始了影响深远的瑞典'电影改革'，瑞典政府定期为扶持瑞典电影拨款，并免征电影院票房收入的娱乐业税（原为票价的25%），电影院的股东们则承诺把票房收入的10%拨入新建立的电影基金会——瑞典电影学会中，该基金主要用于制作优秀的瑞典影片"①。

在电视和好莱坞的挤压下，80 年代，瑞典政府适时地鼓励电影与电视、音像制品等媒介紧密联系以拓宽发展空间。这种做法使需要巨额资金的电影投资通过多元投资的形式最大限度地降低风险，电影业开始有了休整和发展的机会。

瑞典政府、电影学会、电影从业人员共同构成了瑞典民族电影的忠实护卫力量，在政府的组织协调下，社会各方都纳入到电影学会的理事会中，每四年签署一份协议，为未来几年瑞典电影业的发展制定总的规划。60 年代成立的电影学会的理事会由政府任命，电影学会的主要任务是推进瑞典电影产业，促使电影与瑞典大众的文化生活紧密联系，并扩大其国际影响。"现在作为学会工作指导原则的协议是 2000 年签署的，协议方主要有瑞典政府、电影业界代表和电视公司等。根据该协议，政府每年拨款 2 亿零 50 万克朗给电影学会，瑞典电视台每年拨款 3800 万瑞典克朗给电影学会，电视四台则拨款 720 万瑞典克朗。另外，电影院票房收入的 10%也是电影学会的重要资金来源。协议还规定了这笔电影基金的主要用途：一是补贴瑞典电影制作，包括补贴电影放映、鼓励为儿童和青少年拍摄影片、鼓励短片和纪录片的拍摄等，并对电影剧本作家进行适当补贴。二是支持瑞典电影在全国的发行与放映。三是支持与电影有关的其他文化活动，包括资助瑞典电影在国际上的推广，推动电影与电视的合作等。此外，电影学会还负责其他相关工作，如建立电影图书馆、电影档案馆、电影俱乐部、电影修复室等"②。

20 世纪 90 年代，把瑞典电影带入一个新时代的新一代电影人特罗尔以探讨暴力本质的《一首瑞典的挽歌》，赢得了 1992 年柏林电影节的银熊奖。

2000 年，特罗尔完成了描写瑞典历史上第一个女飞行员的影片《洁白如雪》，并再次获得了奥斯卡最佳外语片奖的提名。该片描写了女飞行员埃尔莎短暂却精彩的一生，影片中如诗如画的北欧风景令人心旷神怡。需要提出的是，瑞典比法国和美国好莱坞更早地发展了电影的表现技巧，运用"叠印"、"倒叙"和"闪回镜头"叙事，把自然景色作为一种戏剧元素运用于电影，并最终发展成瑞典的电影传统，博得了瑞典及欧美各国观众的青睐。

九、丹麦：在复苏中成长

面对好莱坞电影的冲击，"在 60 年代后期丹麦政府已经开始资助电影工业，这种制度在 70 年代初期逐渐完善成型。1972 年，丹麦电影基金会正式成立，经过了 80 年代和 90 年代的长期支持，丹麦电影重新恢复了生机。除了政府的支持，全欧洲电影界对于欧洲电影复兴的合作计划也巩固了丹麦电影在 90 年代取得的成功"③。

新世纪，丹麦加快了向国际影坛迈进的步伐，经历了 90 年代本土电影市场份额的起伏，从 1996 年开始，丹麦本土电影的票房销售开始稳步上升，1996 年为 17%，1997 年为

① 刘仲华：《瑞典——让电影发扬光大民族文化》，《人民日报》2003 年 3 月 31 日第 7 版。

② 同上。

③ "丹麦电影"词条，http://baike.baidu.com/view/785015.html? wtp=tt。

19%，1999年开始达到28%，而近年来已经上升到一度接近40%。现在丹麦国内的票房基本上非常稳定地保持在30%到40%之间①。在1998年4月，丹麦电影基金会的董事局主席和总经理开始和丹麦文化部讨论支持丹麦电影的四年计划，其结果是每年增加5000万克朗资金支持丹麦电影，从1999年的5000万克朗，2000年是1亿克朗，2001年增至1.5亿克朗，之后每四年讨论一次的扶持计划总是按照一定的百分比来增加资金投入。

（一）道格玛宣言及道格玛运动

从1990年开始是丹麦电影的国际化突破时期，最能代表丹麦电影国际性突破成绩的无疑是1995年的"道格玛95运动"，或者叫道格玛运动。发起这场运动的是四位丹麦年轻导演拉斯·冯·特里耶、托马斯·温特伯格、瑟瑞·克拉夫·杰克布森和克瑞斯蒂安·莱伍瑞。1995年3月13日，四位导演联合发表了道格玛宣言。该宣言的主要内容包括实景拍摄，手提摄影，不采用固定脚架，禁止使用类型电影范式，禁用光学器材和滤色镜，导演名字不得出现在演职员表上等。

在道格玛宣言的指引下，被誉为"天才导演"的拉斯·冯·特里耶交出了第一份答卷——"良心三部曲"《破浪而出》(1996)、《白痴》(1998)、《黑暗中的舞者》(2000)，其中《破浪而出》在戛纳电影节上获得评委会大奖。他90年代的作品还有1991年的《欧洲特快车》("欧洲三部曲"之三)、1994年的《医院风云》等。此外，托马斯·温特伯格于1998年推出了《那一个晚上》，瑟瑞·克拉夫·杰克布森1999年执导了《敏郎悲歌》，克瑞斯蒂安·莱伍瑞2000年导演了《国王还活着》。道格玛运动由此形成。

"良心三部曲"之一《破浪而出》描写一个纯真的苏格兰女孩贝丝疯狂地爱上了钻油工人杰，两人结婚后，杰却在一场钻油事故中意外受伤，颈部以下全部瘫痪，两人因此无法再享受夫妻生活，于是杰要求贝丝去找别的男人，将他们寻欢的情形描述给他听。为了让杰康复，贝丝心甘情愿地牺牲自我与别人亲热，以满足丈夫的要求。导演借贝丝的善良，来讽刺"宗教"与"家庭"的伪善无知。

"良心三部曲"之二《白痴》描写一群正常人每天假装成白痴集体出动，借此表达对社会的批判，同时试探他人对白痴的眼光与反应；白痴的所作所为造成旁人的困窘、混乱与悲惨的下场。导演借本片向这群假扮的白痴提出问题：当他们回到正常的社会，是否还能不顾舆论压力，继续一辈子装白痴呢？

"良心三部曲"之三《黑暗中的舞者》描写一个可怜的单身母亲莎玛独自承担抚养孩子的重担，同时还忍受着渐渐失明带来的无边痛苦，她把对现实的美好憧憬幻化至梦幻的幻觉中而翩翩起舞。莎玛早先从捷克偷渡到美国，在充满噪音的工厂里辛苦地省吃俭用凑得了2056元1角的美金，为的是给同样患眼疾的儿子一个治愈的希望。一个有拜金思想、被生计压得喘不过气的美国警察比尔偷取了那笔救命钱，莎玛一阵慌乱，失手打死了警察，旋即进入梦幻之中。拉斯创造性地将纪录片的风格运用到歌舞片中，在表现歌舞场面时用100多部手提数字摄影机多方位多角度拍摄，"抓住黄金的瞬间，达到一种采用普

① "丹麦电影"词条，http://baike.baidu.com/view/785015.html? wtp=tt。

通方法永远无法达到的逼真效果"①。影片被称为同现实激烈碰撞的质朴而伟大的音乐剧，一首关于执著信念的赞美诗。

拉斯的"良心三部曲"在影片要表达的思想上极具反讽意义，宗教的虚幻伪善、家庭的无知、社会道德的虚伪都成了被讽喻的对象，主题深刻，切合现实，充满了悲天悯人的人文关怀色彩。拉斯曾讲过一个古老的丹麦童话，其中那个乐观而极具奉献精神的小女孩的形象就是其"良心三部曲"中三个女主人公的原型。"良心三部曲"中的三位女主角贝丝、凯伦、莎玛都像是童话中那个无怨无悔、牺牲奉献的小女孩。

道格玛运动成功的意义远不止影像语言和思想范式上的创新，更重要的是，在当时除美国电影这一成功模式外，少有成功的范例，道格玛运动给丹麦电影，甚至是北欧电影一个启示：成功不再局限于大量的资金投入和自由的创作空间，电影创作在严格的规定性下同样可以成功，"家庭作坊式"的生产一样吸引眼球。

丹麦因为安徒生童话而颇具神秘色彩。就像安徒生童话创造了童话的奇迹一样，丹麦自 80 年代起取代瑞典成为北欧的电影领袖，创造了电影史上的奇迹。

（二）童话国度的童话

安徒生的童话创造了不可逾越的经典，当代丹麦电影人将童话再度书写出了绚烂的别样色彩。迈克尔·维克在 2001 年推出了《飞翔的祖母》，该片风格轻松幽默，大批音乐制作人的名字列在长长的演职员名单上，大量精美的音乐为影片增色颇多，成人童话演绎出了天真的童趣。

2006 年维克还拍摄了《从前有个男孩》，讲述一个叫卡勒的小男孩为了让自己刚出生的长着翅膀的小妹妹恢复正常而走上了探索之路，他和乐于帮忙的朋友阿尔法一起开车寻找一个传说中的地方以便求得帮助。这既是一部儿童片，又因为小男孩卡勒的探索之路而颇具公路片的特色，人物不仅要面对惊奇与冒险，还完成了性格的重塑与成长。

著名的童话片还有 2004 年安德斯·麦德森执导的《公仔总动员：校园惊魂记》。11 岁的塔克是小学六年级的学生，和同学杰森是好朋友。班上的坏同学西装头和黑煞星总是对塔克看不顺眼，终于在斗争、恐慌中塔克慌慌张张地跑去向老师贾斯汀求援，没想到真正恐怖的意外才刚刚开始……与一般意义上的儿童动画片不同，影片添加了许多悬疑、恐怖的元素，这也是丹麦童话、动画片成长的一个标志。

（三）新类型与新写实

不仅仅在动画片上有所创新，丹麦还出现了第一部成人动画《公主》(2006)，诞生了第一部吸血鬼电影《午夜天使》(1998)。《午夜天使》讲述的是主人公的曾祖父变成一个吸血鬼又失踪的故事。电影按照剧本的陈述展开，在现实和故事之间交错，赢得了丹麦电影学院的罗伯特最佳特效奖。影片中有多处我们似曾相识的情节，如吸血鬼先祖被家族的灵魂们扯进坟墓里挣扎等。与好莱坞大篇幅的特技和数字成像技术不同，影片运用的特技较少，比较简单朴实。不仅在具有幻想色彩的电影中有写实的趋向，《一短一长》(2001)还向人们展示了理想中的丹麦社会，导演怀着一种理想主义的态度对待爱情。丹麦社会的基本道德原则是不在性别、种族血统、肤色、宗教信仰、政治立场、性取向或行为能力等

① 范志忠：《世界电影思潮》，浙江：浙江大学出版社 2004 年版，第 199 页。

方面歧视任何人，强调人和人之间的相互尊重和理解。《一短一长》成了丹麦社会基本道德准则的准确注脚，十分精确地反映出了丹麦社会的理想状态，导演的现实主义思辨能力可见一斑。

十、挪威：重整旗鼓，频频获奖

挪威濒临挪威海，人口约为460万，是一个面积不足40万平方公里的北欧小国。挪威政府十分注重对电影事业的扶持，全国由政府管理的电影中心主要有挪威北部电影中心、挪威西部电影中心和挪威中部电影中心等。其电影生产资助机构包括：1993年重组的挪威电影机构，主要负责电影产品的保存、发行和销售；挪威电影基金会，负责分配拨款；挪威电影发展委员会，负责专业技术的发展；另外还有为音像制品产权所有者合法复制产品提供补偿的音像制品基金会。挪威政府对电影从业人员的培训亦十分重视，挪威电影发展委员会就是专门为专业电影工作者提供进一步培训机会的组织。

（一）对儿童电影的重视

挪威政府十分重视对少年儿童的文化熏陶，挪威青少年可以将自己的作品参加挪威电影机构举办的阿曼都斯电影节，赢得人人向往的阿曼都斯奖。除此之外，北欧于2006年投入使用的网站 www.dvoted.net 是一个网上媒体论坛，向年轻人讲授如何制作电影和音乐，如何撰写文章和评论等知识。2001年，挪威开始实施名为"文化背包"的全国性计划，向小学生提供接触电影文化的机会，世纪之交的挪威儿童电影因此大放异彩。

挪威位于北欧斯堪的纳维亚半岛西部，在地理位置上，东邻瑞典，东北与芬兰和俄罗斯接壤，南同丹麦隔海相望，西濒挪威海。由于地理位置的接近，挪威和瑞典等北欧国家都深受丹麦童话的影响，以盛产优质儿童电影著称。20世纪90年代以来，挪威电影从80年代的衰落中重整旗鼓，具有代表性的儿童片有导演贝里特·内什姆拍摄的三部描述即将步入成年期的少女的影片：《芙莉达——发自内心的故事》(1991)、《超越蓝天》(1993)和《另类星期天》(1996)。

进入新世纪以来，挪威儿童片显现出了越来越浓重的商业色彩，表现为生产上的商业化，数量有所增加（从2000年到2006年共生产了17部儿童影片），同时影片宣传也更加专业化。

（二）纪录片、电影短片及其他佳作频频获奖

克努特·埃里克·简森的《北极星》(1993)、埃里克·古斯塔夫松的《电报员》(1993)、尤妮·斯特罗美的《梦幻游戏》(1994)、爱娃·伊萨克森的《鹳的愤怒目光》(1994)、马利乌斯·霍尔斯特的《祈祷死亡》(1994) 和本特·哈默的《卵》(1995) 等一批佳作使挪威电影观众人数在八九十年代后期达到高峰。

另外一个值得注意的现象是挪威电影短片在世界各地的电影节上屡获成功，并发行了一批优秀纪录片。电影短片较一般电影投资少、周期短，成了许多欧洲小国的重要拍片手段。挪威的电影短片经常在国际各大电影节上获奖，如艾温德·图洛斯的短片《爱情法则》在2003年戛纳电影节评论家影展周上获胜；纪录片方面，克努特·埃里克·简森2001年拍摄的《冷静与疯狂》和伊文·贝内斯塔2002年拍摄的《老爸全传》也在国际上分

别获奖。

在挪威第一位女导演爱迪丝·卡尔玛最后一部影片《任性的女孩》(1959) 中担任主演的乌尔曼是挪威最著名的女演员和电影导演,她2000年拍摄的影片《失信》获得当年戛纳电影节提名。安雅·布赖恩是另一位令人印象深刻的女导演,她分别拍摄于1975、1985和1996年的“身为人妻”三部曲记录了三位妇女在30年中的生活经历,获得巨大成功。

另外一些电影作品也值得注意:贝利特·内什姆的《另类星期天》(1996) 于1997年2月获得奥斯卡最佳外语片奖提名;保尔·斯雷陶纳执导的《垃圾邮件》(1997) 在戛纳电影节评论家影展周获得主要大奖;埃里克·斯柯比约格的《失眠》(1997) 在戛纳引起国际关注;2001年佩特·内斯的《艾灵》获得奥斯卡最佳外语片提名……近年来,又有莫兰的《美丽的国家》(2004)、奈斯的《莫扎特与鲸鱼》(2004) 和哈默的《大管家》(2005) 等一批优秀挪威影片受到国际关注。

十一、冰岛:热情满溢支持民族电影

冰岛日短夜长,是一个地处极地边缘、人口只有30多万的北欧小国,冰岛人有自己的语言,极其热爱民族文化。冰岛电影产业虽然面临严峻的经济困难,但1944年脱离丹麦殖民统治的冰岛人民创造了电影的奇迹:冰岛人民可以为支持本土电影业全民出动,甚至一人多次购买电影票重复观看同一部影片。每个冰岛人平均一年要看11部电影,这个数字比世界上任何一个国家的平均数都高。尽管对于要靠大量观众支撑的电影工业来说冰岛是一个先天不足的环境,但是冰岛人用热烈的民族感情支持着本土的电影业。

2001年10月28日至31日,中国电影资料馆在馆内艺术影院举办冰岛电影周,播放了风格独特的7部冰岛电影,分别是:《爱情的追忆》(1991,曾在1991年获蒙特利尔电影节最佳艺术贡献奖、1992年获奥斯卡最佳外语片奖提名)、《女仆的命运》(1995)、《我要爸爸》(1997)、《不留痕迹》(1998)、《家族的荣誉》(1999,根据冰岛诺贝尔奖获得者哈多拉克斯尼斯的小说改编而成,并由作家的女儿搬上银幕,曾入围奥斯卡奖,并荣获最佳女演员奖)、《一个精神分裂症患者的生活》(1999,根据伊娜·玛·戈德曼德森同名小说改编,讲述一位精神分裂症患者帕乌的生活故事)和《冰雪友情》(2000,主人公是一个漂到了冰岛北部迷信村庄的爱斯基摩小男孩,由于他奇怪的装束而被村民当成了魔鬼派来的间谍)。

此外,巴塔萨·科玛库2002年的影片《渔门恩怨》也是值得一提的佳作。影片讲述的是后工业时代的新兴科技对传统产业的强大冲击和由此带来的观念转变,具有强烈的时代性和现实意义。家住冰岛海边小镇的素多一家历代以打鱼为生,面临着被大公司收购的局面,素多不甘心将祖传基业拱手让人,大儿子却只顾盘算自己的事情,出嫁的女儿也漠不关心,刚刚大学毕业的小儿子面对重重压力也日益感到沉重的责任与负担。该片以一个家庭中所有成员的归属和反应来折射整个社会,基调亦庄亦谐,发人深思。

十二、匈牙利：写实与隐喻

世纪之交的匈牙利有两个电影代表人物，伊斯特万·萨博和乔治·巴勒菲，他们分别代表了写实和隐喻两种电影表现手法。

伊斯特万·萨博于1992年推出的《甜蜜的艾玛，亲爱的伯贝》讲述在政治巨变后两个青年俄语女教师的真实生活和命运，揭示了国家的政治变革给人民生活带来的巨大影响。该片获得第42届柏林电影节评委会特别奖。1999年推出的《阳光》与此片在叙事背景上十分相似，描述了一战后奥匈帝国崩溃，二战后匈牙利共产党掌权，政治剧变改变了一个匈牙利家庭四代人的生活轨迹，将家族命运同国家命运交织在一起，宛如一部动荡的20世纪匈牙利史诗。

乔治·巴勒菲的《人体雕像》（又译《追求不朽的人》、《百年癫狂》，2006）是一部极度刺激感官的另类电影，就像电影节预告上的评论一样——很难想象你会接受它。

《人体雕像》采用三段式的隐喻结构叙述祖孙三代的故事，共有三个主题：精液、唾液和血液，将一个人的出生、成长、衰老和死亡统统纳入叙事，以隐喻式的交接手法将身为独裁军官的祖父、以吃为竞赛目标的父亲及一心自我牺牲成就艺术人体雕像的儿子大胆而风格化地呈现出来。祖孙三代对性、对食物、对艺术都体现了偏执狂倾向，从头贯串至尾的猪的形象比比皆是：澡盆里的猪肉，带猪尾巴的男婴，猪一样的进食比赛，猪一样的对食物的热衷，猪一样的体态，甚至像杀猪一样地把自己解剖并取出内脏。正如当代法国著名的结构主义大师和文化人类学家列维·施特劳斯所说：人类社会和文化是以性和食为两大主轴，影片通过第一段的精液和第二段的唾液隐喻人类文化的两大支柱。与德国的超现实主义一脉相承，片中出现的满眼的污秽、肮脏的肢体、肥硕的肉身、开剖的牲口、呕吐物、红白蓝相粘连的器官组织，相比于《一条安达鲁狗》中的断手、爬满蚂蚁的手掌、被剃刀割开的眼球有过之而无不及，不同的是，除却视觉上强大的冲击力，《人体雕像》并不侧重于对人的潜意识和梦境的表现，而是通过人与猪的隐喻，展现人对性欲、食欲、艺术的偏执追求。影片获得2006年匈牙利电影节最佳影片、男女配角、影评人奖。

十三、波黑：战争片的另类书写

波黑是波斯尼亚和黑塞哥维那的简称，这是一块在现代社会中非常不安宁的土地，1992年4月～1995年12月爆发的波黑战争是二战后欧洲规模最大的一次局部战争。在这样的背景下，战争片成为波黑不能回避的影片类型。

与通常战争片常有的意识形态色彩不同，也有别于对战争残酷景象的大量展现和宏大叙事，丹尼斯·塔诺维奇在他的处女作《无主之地》（2001）里给我们讲述了一个战争中的小人物的故事。影片没有明显的意识形态色彩，血腥残酷的战争场面也几乎没有，成为一部充满黑色幽默的优秀反战片。敌我双方的士兵一个波斯尼亚人与一个塞尔维亚人阴差阳错地被困在波黑战争中两军封锁线间一个三不管地带的壕沟里，身边还有一个因躺在地雷上无法动弹的伤员，闻讯赶来的联合国维和部队营救小组及无孔不入的新闻记者把营救活动变成一出十足的闹剧:联合国维和小组在无法拆除地雷后编造了一个谎言并用障眼法匆匆离去,而闹哄哄的新闻记者们终究被蒙在鼓里。影片讽刺了交战的每一方,甚至连联合国也未能幸免。全片从创意到细节处理均闪烁着智慧的光芒,但又表现得十分低调,不露声色,跟传统的战争片截然不同。影片获 2002 年度奥斯卡最佳外语片奖和 2002 年度金球奖最佳外语片奖。

在第 56 届柏林电影节上获得金熊奖的《格巴维察》(又译《旅行之歌》,2006)讲述了萨拉热窝被围困过程中妇女被强奸后引发出的一段故事。格巴维察在萨拉热窝城郊,影片主人公是一个 12 岁的女孩和与她相依为命的单身母亲,女孩一再追问自己的父亲是谁,母亲总是跟她说父亲是在和塞族游击队作战时阵亡的英雄,最后母亲终于承认女孩的父亲是一个集中营里的强奸者,现在还逍遥法外。该片以一个女性的视角重新审视战争的罪恶,也告诉我们已经过去 13 年的波黑战争带给人们的伤痛是难以磨灭的。如果说《无主之地》埋下的是无法拆卸的地雷,那么《格巴维察》就像是原子弹带来的遗毒,给战争中无辜的民众留下永久的伤痛。《格巴维察》由 31 岁的波斯尼亚女导演亚斯米拉·兹巴尼奇执导,并由澳大利亚、波斯尼亚、德国、克罗地亚四国联合制作。

十四、捷克:世界电影中的奇葩

捷克共和国原属捷克斯洛伐克联邦共和国,是欧洲中部的内陆国家,东连斯洛伐克,南接奥地利,北邻波兰,西与德国相邻,面积约为 79 万平方公里,人口 1100 多万。从 1993 年 1 月 1 日起,捷克斯洛伐克成为两个独立的国家。

在欧洲电影版图上,无论是 20 世纪 80 年代耳熟能详的"鼹鼠"系列,还是新世纪前后的《青青校树》(1991)、《疯狂疗养院》(2005),捷克一直不乏电影佳作。捷克电影被称为世界电影的一朵奇葩,是超常的智慧、离奇的想象和尖锐的戏谑的集合体。尖锐的戏谑体现在黑色电影上,超常的智慧通过捷克导演父子档向世界展示,离奇的想象则由史云梅耶的梦幻手法书写在生动的动画片中。

(一)捷克影坛父子档

正是应了那句话,越是民族的就越是世界的。捷克影坛上有这样一对电影人,他们既是生活中的父子,又是事业上的好搭档,那就是在国际上屡获殊荣的泽丹内克·斯维拉克和扬·斯维拉克父子。他们的影片游走在历史与现实之间,将温婉动人的故事和对捷克历史与现实的反思结合起来,在保持了捷克风味的基础上又符合当代观众的欣赏情趣,因此能够不断取得广泛的国际影响。扬·斯维拉克以首部作品《青青校树》(1991)入围奥斯卡最佳外语片奖,1994 年又拍摄了《旅行》,同年还拍摄了具有科幻片色彩的《聚敛者》,成为捷克有史以来投资最大的影片。延续《青青校树》童趣的是父子齐上阵的《柯利亚》(又译《给我一个爸》,1996),影片将一对没有血缘关系的父子的感情放置于东欧剧变的政治背景下,把个人命运同政治动荡结合在一起,基调温暖,立意深邃。另外,父子俩还有二战题材的《深蓝世界》(2001),该片颇具艺术性,仍然保有父子俩一贯的平民主义色彩。

(二)杨·史云梅耶的梦幻动画

被法国极具影响力的电影杂志 Positif 誉为"当代电影界的天才"的捷克导演杨·史

云梅耶几十年来以他超现实的梦幻般的动画创作令世界着迷。

《极乐同盟》(1996) 十分诡异,影片中所有的人物都在通过各种各样奇异的方式满足自己的性欲,每个人都疯狂地沉浸在变态的精神世界里。

《贪吃树》(又译《树婴》,2000) 故事来源于捷克民间童话,采用真人和黏土动画相结合的手法,讲述了一个离奇又恐怖的树婴吃人的故事。一对夫妇渴望得到孩子,丈夫挖出人形树根当做孩子,当人形的树根变成真的婴儿时,开始了始料未及的噩梦。人性中的丑恶面不加掩饰地展示在动画当中,颠覆了惯常动画片中温馨可爱的形象,取而代之的是肥胖而木讷的邻居小女孩、有恋童癖的老头子、体型巨硕的社会福利工作者……树婴吃了公寓里的访客和邻居。本片是一部成人动画,又是一个不折不扣的关于欲望的黑色寓言,让人窥见自己的内心,不寒而栗。

法国《电影手册》对史云梅耶作出如此评价:以超现实风格对人生和世界进行悲观诠释的人,文学界只有卡夫卡可以和他媲美。

史云梅耶深受德国超现实主义和卡夫卡文学作品的影响,关注人们的生存环境和生存状态,以动画电影为手段探讨了欲望、文明、社会习俗、社会阶层及其相互作用的命题。他的象征主义和视觉结构超越了传统动画片代言人迪斯尼对于卡通美学的观念,努力拓展对动画的传统定义。

思考与练习

1. 欧洲电影在世纪之交的总体形势是怎样的?
2. 按照国别或思潮流派简要梳理北欧电影概况。
3. 通过搜集到的材料,总结出电影产业对资助扶持的依赖性。
4. 以《第五元素》和《天使爱美丽》为例,分析法国类型片成功的原因。
5. 俄罗斯“第二浪潮”的勃兴跟早期前苏联电影的实验先锋性存在联系吗?
6. 分析意大利政治片的社会成因。
7. 思考英国独立电影兴盛的原因所在。
8. 西班牙动画片傲视欧洲的资本何在?
9. 分析《罗拉快跑》的后现代风格。
10. 按照自己的理解对德国二战题材影片按叙事风格、主题走向、影像风格或是否纪实等标准进行分类。
11. 以波兰为例,分析国家政治局势对电影的影响。
12. 简要分析瑞典、丹麦、挪威三国政府对电影的复苏与崛起所起的重要作用。
13. 黑色幽默作为叙事元素在《无主之地》中是如何展开叙事的?
14. 分析捷克的动画片传统。

第三节 中国电影：在混乱中建立秩序

【本节提要】进入20世纪90年代，中国改革开放的步伐逐渐加快，与80年代相比，90年代的中国人对于西方种种经济、文化现象的认识和理解更趋理性。电影方面也逐渐走出80年代盲目的“创新”激情，开始寻找更适合中国国情的制作模式和艺术风格。十余年来，除了电影产量稳步提高，在电影创作方面也逐渐形成了非常“中国式”的创作布局：从国家和政府立场出发的主旋律电影+从观众角度出发的商业电影+从知识分子立场出发的人文电影。

【主要内容】

1. 主旋律电影
2. 商业电影
3. 人文电影

20世纪90年代以来，中国电影所面临的环境比历史上任何一个时期都更加复杂，变化也更加剧烈。迄今为止，恐怕还没有哪本著作、哪位专家敢自称摸准了中国电影的发展倾向，敢为当下的中国电影做出结论，因为，一切还在变化之中，一切皆有可能。本节所作的论述只是一项尝试性的工作，难免存在这样、那样的疏漏或不足，只有等待时间去验证和补充。

90年代以来的中国电影，在一片喧嚣和混乱中，逐渐建立起自己的秩序，形成了主旋律电影、商业电影、人文电影共存共荣的创作格局。

一、主旋律电影的确立与发展

（一）主旋律电影的界定

1987年1月，中共中央发出《关于当前反对资产阶级自由化若干问题的通知》，各地开始批判资产阶级自由化的言论、思潮。3月，时任电影局局长的滕进贤在全国电影会议上提出了一个口号：“突出主旋律，坚持多样化”，这是“主旋律”概念的第一次明确提出；同时被提出的还有另外一个口号：“三性统一”，即艺术性、思想性、观赏性统一。这两个口号奠定了整个90年代中国电影的创作基调，主旋律电影便在这样的背景下逐渐登上历史舞台。7月，经中共中央批准，成立了“中央重大革命历史题材影视创作领导小组”，丁峤任组长，徐怀中任副组长，规范了相关的管理工作程序。

所谓主旋律电影，至今也没有一个权威的定义，考察十多年来被冠以“主旋律电影”名头的众多影片，可以发现它们至少在以下两方面显示出共性：首先，在题材内容方面，多为配合国家政治生活或者政府决策、意志的“应和之作”。从这一点来看，主旋律电影在本质上并不是一个新事物，而是新中国成立后中国电影施行多年的“创作规划”制片方式的延续。早在新中国建立之后,中国的电影创作就已经高唱“主旋律”,17 年间无论是战争片还是生活片,无论是城市片还是农村片,无论是正剧片还是喜剧片,都紧紧围绕着建设社会主义新中国的“主旋律”进行,只不过作为规划的制定者,政府意志从“显性”状态(以文件的形式进行直接命令)变为“隐性”状态(以建议的方式提供给各制片机构),但是本质上还是一样的。其次,在创作方法方面,虽然政府部门没有提出具体要求,但是囿于题材的严肃性和重大性,一般主旋律电影的创作大都呈现出中规中矩、四平八稳的状态。

主旋律电影的概念诞生 20 年来,关于它的阐释和理解多有分歧,大部分观众都把主旋律电影等同于重大革命历史题材影片。1988 年 1 月,国家开始在拍摄经费上对主旋律影片提供支持,广电部、财政部决定建立摄制重大题材故事片的资助基金,四年里资助了《开国大典》、《百色起义》等 6 部影片,总金额为 1005 万元,这个举动直接佐证了“主旋律电影＝重大革命历史题材影片”的观点。

1989 年的全国故事片创作会议上,电影领导部门分成两个阵营,在“主旋律还是娱乐片”的侧重上各执一词:电影局局长滕进贤强调主旋律创作,广电部副部长陈昊苏则支持娱乐片主体论,并且强调娱乐片主体不会与社会主义文艺主旋律构成矛盾,应当纠正对主旋律的狭隘理解。现在看来,陈昊苏的观点显然更符合电影的商品生产规律,并且正逐渐在中国电影界得到验证、变成现实,但是在当年的政治形势下,这“出格”的言论却让他陷入孤立。这场争论以第二年陈昊苏调离广电部调入中国人民对外友好协会画上休止符。

1989 年 10 月 1 日,《开国大典》作为庆祝新中国成立 40 周年的献礼片,在全国范围内公映。此后,《大决战》、《焦裕禄》、《巍巍昆仑》等一大批主旋律电影作品公映,中国电影市场正式成了主旋律的天下。

1994 年 1 月 24 日,江泽民在全国宣传思想工作会议上发表讲话,重申“弘扬主旋律,提倡多样化”。

最近几年间,适应市场经济和国家形势的发展,关于“主旋律”的界定逐渐走出“重大革命历史题材”的狭窄范畴,趋向多元和丰富。

2006 年 10 月,国家广电总局副局长赵实在全国电影创作会上表态:一切反映真、善、美的影片都属于主旋律影片。这一表态进一步扩大了主旋律电影的范畴,用人性层次的真善美取代了国家意志,把后者更加巧妙、深入地隐蔽起来。它模糊了主旋律电影和主流电影①的界限,把二者合而为一。在这样一个扩大化的概念下,几乎所有取材比较正面的影片都可以归入到主旋律电影的范畴中来了。

虽然主旋律电影在很大程度上是政府意志的产物,是电影作为一种宣传工具的延伸,但是对广大民众来讲,仍然有着它积极的意义;另外,从客观上来看,对于主旋律电影的重视和扶持也在一定程度上起到了保护本土电影的作用。

(二) 主旋律电影的两种主要类型

1. 重大革命历史题材:用影像书写历史

所谓重大革命历史题材,是指以中国革命过程中的真实事件或者人物作为主要创作内容的电影作品,也可以指一切有利于国家进步、政府执政、社会发展的电影创作题材。

---

① 主流电影一般指在价值观、取材、创作方法等方面均能被最广大的观众认可和接受的影片。

20世纪90年代以来，该题材的创作形成了三次高潮：1991年纪念中国共产党建党70周年，1995年纪念世界反法西斯战争胜利50周年，1999年纪念中华人民共和国成立50周年。为了配合这三次意义重大的纪念活动，先后推出由李前宽、肖桂云执导的《开国大典》(1989)、《重庆谈判》(1993)，丁荫楠执导的《周恩来》(1992)，李俊、翟俊杰、韦廉等联合执导的《大决战》(1991年《辽沈战役》、《淮海战役》，1992年《平津战役》)，韦廉执导的《大转折》(1996年《挺进大别山》、《鏖战鲁西南》)、《大进军》(1997～1999年，共四部八集) 等影片。

此类题材一向是中国电影发展的重中之重，也可以说是中国特色的"主流电影"，它是贯串中国电影近20年历史的一条主线，是国家投入最多、关注最多、限制也最多的电影类型。主流政治期待着这些影片发挥历史教科书和政治教科书无法比拟的意识形态宣传功能，加强人们对党政领导的信任和信心。

1992年1月18日至24日，中宣部文化局、重大革命历史题材影视创作领导小组等6个单位在京联合召开"重大革命历史题材影视创作会议"，对五年来重大革命历史题材影视创作经验进行了认真深入的总结。

2003年4月2日，广电总局举行重大革命历史题材影视创作座谈会，对重大革命历史题材创作领导小组成立15年以来取得的成绩做了一个阶段性的总结，组长杨伟光在4月15日《人民日报》第14版发表题为《繁荣发展重大革命历史题材影视创作》的文章，指出："据不完全统计，15年来拍摄电影《开国大典》、《大决战》、《大转折》、《大进军》、《周恩来》、《邓小平》等59部……这些作品遵循历史唯物主义原则和影视艺术创作的规律，生动形象地塑造了毛泽东、周恩来、刘少奇、朱德、邓小平等老一辈无产阶级革命家的光辉形象，再现了中国人民在中国共产党领导下，中国革命波澜壮阔、雄伟壮丽的历史画卷，展示了革命战士百折不挠、为国为民、不怕牺牲的革命精神。重大革命历史题材影视作品题材重大，思想深刻，热情歌颂了中国共产党，热情歌颂了爱国主义精神和革命英雄主义精神，代表着先进文化的前进方向。"①文中还指出了此类影视作品的几个特点："一是始终坚持思想性和艺术性的有机统一。艺术家们一方面重视核实重大史实和重要历史评价，另一方面对艺术性提出较高要求，对剧本进行反复修改……二是认真贯彻'大事不虚，小事不拘'的创作原则，在处理历史真实与艺术虚构的关系上努力做到有所创新，有所前进……三是特别注重通过现象反映人物的本质特征，塑造符合历史真实的典型人物形象。"②同时，文章也指出了此类影视作品存在的问题，比如优秀作品不多，有些重要演员选择不当，投资大而收回难等。

2004年，广电总局党组调整、充实了原重大革命历史题材影视创作领导小组，徐光春部长担任组长，制定下发了《重大革命和历史题材影视创作领导小组工作制度》和《关于加强和改进重大革命和历史题材影视剧创作的若干意见》。《意见》要求加强对重大革命和历史题材影视剧创作的立项、创作、审查、发行、播出等环节的引导和管理，确保正确的创

---

① 杨伟光：《繁荣发展重大革命历史题材影视创作》，北京：《人民日报》，2003年4月15日第14版。

② 同上。

作导向，并就创作方面提出了具体要求：不得歪曲篡改重大历史事实，不能胡编乱造重要历史人物生平；不得丑化农民起义和农民起义领袖；对于涉及历史上民族关系的影视剧，创作中要特别注意审慎处理，避免伤害少数民族感情，产生不良影响；对于经典名著和家喻户晓的民间传说，不能肆意篡改、扭曲名著的精神实质，亵渎传说的美好情感；表现党和国家领导人的影视剧，要反映历史真实，不要刻意拔高；健在的党和国家领导人的生平活动，一般不拍摄影视剧，等等。

近年来，重大革命历史题材影片也在市场的考验下不断地完善自身，努力与观众沟通，与市场接轨。比如2004年的《张思德》(尹力导演)、2005年的《我的法兰西岁月》(翟俊杰导演)、2005年的《太行山上》(张健、韦廉、沈东导演）等影片以及冯小宁的系列战争片，都尝试在重大革命历史题材中加入商业元素，令观众感到更加平易亲切、真实可信。在今后相当长的一段时期内，重大革命历史题材还将是主旋律电影中重要的一支，希望它在与市场结合的道路上走得越来越顺，最终形成既能体现“中国精神”又让观众喜闻乐见的创作风格。

2. 当代英雄题材：用影像雕塑偶像

为了引导民众树立正确的政治观、价值观、人生观，除了通过重大革命历史题材影片进行意识形态的直接灌输和教育之外，还须要为他们树立起可资仿效和学习的榜样性形象。毕竟，重大革命历史题材中刻画的政治领袖、军事领导人、战斗英雄、历史人物距离一般百姓有点遥远，观众们更须要当代的、鲜活的、几乎可以触摸到的英雄人物。

(1) 公仆英雄

作为执政党、中央政府与普通民众进行沟通的桥梁，基层党、政干部在国家治理过程中发挥着重要的作用。改革开放以来西方的种种思想泥沙俱下，冲击着中国的基层干部们，很多人在新的形势面前失去了正确的方向，导致民众对执政党、对政府产生了质疑和不满。要扭转这种局面，必须推出正面的典型，重建民众对于党和政府的信心。为配合这一需要，90年代以来，中国银幕上反映“好官”的电影层出不穷。

1990年王冀邢导演了《焦裕禄》，采用了商业电影常用的煽情美学，刻意加强主人公伦理道德层面的光辉，减弱其意识形态色彩，获得了观众的热烈欢迎，被认为是主旋律电影“政治伦理化”的开山之作。

后继的《孔繁森》(1995，陈国星导演)、《生死抉择》(2000，于本正导演)、《法官妈妈》(2001，穆德远导演)，直到2004年的《郑培民》(郑洞天导演)，2005年的《生死牛玉儒》(周友朝导演)、《任长霞》(宋江波导演)，2006年的《村支部书记郑九万》(王坪导演）等影片，都延续了这一策略，通过对主人公克己奉公、无私奉献、忠于职守和鞠躬尽瘁的伦理精神的强调来对普通民众进行爱国主义和集体主义教育，重申国家主导意识形态的合法性并强化其凝聚力。事实证明，这一策略是成功的，它改善了观众与主旋律电影之间的关系，为主旋律电影的市场化打开了新的局面。

(2) 科技英雄

建设科技强国是几代中国人的共同梦想。在2002年的两院①院士大会上，中国科学

---

① 中国科学院和中国工程院。

院院长路甬祥提出了中国科技发展“三步走”的战略目标：力争在2010年前后使中国科技水平进入发展中国家前列，在2021年前后达到世界科技强国的中等水平，在2049年前后跻身世界科技强国前列。为了推动这些目标顺利实现，中国科技界要付出几代人甚至十几代人的努力，作为电影人，通过创作以科技人物为主角的电影来普及科技知识、鼓励民众参与科技活动也是贡献力量的方式之一。

1992年，以著名光学家蒋筑英为原型的电影《蒋筑英》(宋江波导演) 公映，影片同样采用了“政治伦理化”的策略，强化蒋筑英和其家人的伦理亲情，并大量调动电影的特殊表现方法(特写、慢镜头等) 强化角色的情绪，达到感染观众的目的。时值蒋筑英去世10周年，在全国范围内掀起了一波接一波的观影热潮，走进影院的观众常常是红着眼睛走出来的。

1999年建国50周年之际，北京电影制片厂推出了由陈国星执导的《横空出世》，表现五六十年代中国科研人员克服科技手段落后、物资极度匮乏、前苏联撤走专家等重重困难，终于建成原子弹发射塔的真实历史。影片中塑造了新中国第一代原子弹专家们的群像，鲜明、丰满、立体、生动，也受到了观众的欢迎。

(3) 平民英雄

主旋律电影的另外一个策略是“在平凡中挖掘伟大”，通过讲述老百姓身边的好人好事、刻画平易近人的正面人物来达到社会教化的目的。这个策略起始于1996年由雷献禾、康宁联合执导的影片《离开雷锋的日子》。

当雷锋精神在市场经济突飞猛进的20世纪末逐渐淡出人们视线的时候，这部取材于雷锋“周边题材”的影片却再次激活了人们对于雷锋的记忆，对于崇高的信念。影片的主人公乔安山是雷锋的战友，也是导致雷锋牺牲的“肇事者”，在雷锋牺牲以后，他承受着巨大的负罪感，同时也在努力延续着雷锋的精神。这样一个特别的切入点，这样一段鲜为人知的内容，再加上感人的故事情节、极具冲击力的台词，都为影片的成功奠定了基础。

除了创作上的市场化运作之外，紫禁城影业公司在发行上更是下足了功夫：一是争取各级政府部门的大力支持；二是发挥制、发、放三位一体的整体效应，市场运作者全程参与影片拍摄过程，牢牢把握市场命脉，以最高的市场保险系数进行运作；三是在保证质量的基础上，用“倒计时”运作保障每一生产环节的如期完成，确保了最佳的上映档期；四是超大规模的宣传声势；五是极好的口碑宣传；六是科学而灵活的运作方式，根据市场形势变化，审时度势，及时调整市场运作策略。最终，《离开雷锋的日子》一片在当年造成了全国热映的喜人局面，在主旋律电影创作领域第一次实现以小投资收获大回报，成为同行竞相参照和学习的对象。

与《离开雷锋的日子》一片的成功形成鲜明对比的是2007年俞钟执导的《香巴拉信使》，这同样是一部表现平民英雄的主旋律影片，取材自“感动中国”的人物、优秀共产党员王顺友的事迹。王顺友是一个常年行走在深山老林的邮递员，他在尽职尽责完成本职工作的同时，还历尽千辛万苦圆了一个女孩的大学梦。影片在制作方面非常成功，可以说是做到了思想性、艺术性、观赏性“三性统一”，可惜的是，由于市场运作力度不足，导致这部具有相当艺术水准的小成本电影票房惨淡。看来，主旋律电影要补好市场这一课还任重而道远。

同类塑造平民英雄的影片还有阿年执导的《中国月亮》(1995)、张慧中执导的《男妇女主任》(1998)、黄宏执导的《二十五个孩子一个爹》(2002) 等等。

二、既向前看,也向钱看:商业电影的重生与勃兴

由于中国特殊的国情,90 年代以来主旋律电影一直在中国影坛占据绝对主流,80 年代风起云涌的商业电影浪潮则逐渐失去了空间。1994 年,为改变电影市场的萧条局面,时任中影公司总经理的吴孟辰向电影局提议以国际通行的票房分账形式,进口最新的一流外国影片,以发行的收入扶持老、少、边、穷地区电影事业。当年年底,广电部电影局批准了这个建议,提出每年可以进口十部“基本反映世界优秀文明成果和表现当代电影成就”的影片,这就是后来人们惯称的“十部大片”。

萎靡的电影市场果然如预想那般被迅速激活,然而接踵而来的却是弥漫整个电影界的恐惧情绪——“狼来了”!进口大片以十部的数量打败了上百部的国产电影,收获了超过一半的国内电影票房。国产电影生死存亡的危机感迅速加剧。然而,担忧也好,抗拒也好,无奈也好,一切都无法阻挡历史的脚步。中国的电影人逐渐意识到:要对付“狼”,不能只靠消极的“防守”和“逃避”,而要主动出击,用实力打垮对方。

(一)“救市主”冯小刚

第一个站出来向“狼”宣战的,是已经在电视圈小有成就的冯小刚。

在成为一名电影导演之前,冯小刚做过很多工作:文工团的舞美设计、电视剧美工师、电视剧编导等等,参与过的电视剧包括《大林莽》、《凯旋在子夜》、《便衣警察》、《北京人在纽约》、《好男好女》、《遭遇激情》、《编辑部的故事》、《一地鸡毛》等,特别是《编辑部的故事》风靡大江南北,也奠定了冯小刚创作的基本方向——冷喜剧。

所谓冷喜剧,与砸蛋糕、玩追逐的热闹喜剧不同,与周星驰脱离现实生活、天马行空的无厘头喜剧也不同,讲究的是故事的荒谬感和台词的犀利,当然,荒谬中要有对于现实社会的折射,犀利之余又要呼唤人与人之间的脉脉温情,在不动声色之间把一个社会浓缩到一部电影、一段故事、几个人物之中。与冯小刚有过多年合作的作家刘震云在为《我把青春献给你》所作的序言《我把解闷儿还给你》中这样写道:“冯小刚对中国电影有开创性的贡献……他的电影,开创了中国电影的另一种话语系统和叙述方式。”①

这种冷喜剧的风格经过多年的酝酿和发酵,在 1997 年终于惊艳亮相,这一年,冯小刚推出了新中国电影史上的第一部贺岁片《甲方乙方》,通过一个“小品串联”式的故事表达了普通百姓的光荣与梦想、欢乐与哀愁,让观众在或捧腹或莞尔的欢笑之余又平添了几分感伤与惆怅。影片最终打败了成龙的大片《我是谁》,夺得 1998 年中国电影票房冠军,并且为中国电影人确立了“贺岁档”的概念。其后几年间,虽然一直没有人能与冯小刚在贺岁档平分秋色,但是至少,作为中国电影市场化进程的一大进步,“贺岁档”的概念已经深入人心。

《甲方乙方》改编自王朔的小说《你不是一个俗人》,在此之前冯小刚导演的电影处女

---

① 冯小刚:《我把青春献给你》,湖北:长江文艺出版社 2003 年版,第 15 页。

作也是改编自王朔的同名小说《永失我爱》，再加上《编辑部的故事》里的合作，冯小刚的成长过程处处映射着王朔的影子，在某种程度上甚至可以说王朔是冯小刚的精神导师，对这一点冯小刚毫不讳言，他曾说过这样一段话：王朔小说中"这种与时俱进的视野和观察生活的角度，对我日后的导演生涯产生了深远的影响，成为指导我拍摄贺岁片的纲领性文献"①。他们两人的这次合作，宣告80年代曾热闹一时的商业片创作在经过了将近十年的断裂时期之后，终于有了下文。我们都清楚地记得，1988年，在商业片浪潮最汹涌的年代，王朔的四部小说被搬上银幕，并且都取得了良好的市场反应，那一年在中国电影史上被称为"王朔年"，也有评论家用"王朔现象"来形容当时的盛况。

除了迎合市民观众的口味，冯小刚"对上"的策略也十分鲜明："只触及社会问题，不触及体制问题"，正是这个原则让曾经饱尝电影审查之苦的冯小刚逐渐在体制与作品之间找到一个最佳平衡点，变得游刃有余了②。

1997年之后，冯小刚连续推出了贺岁片系列，包括1998年的《不见不散》、1999年的《没完没了》、2001年的《大腕》等，开创了国产电影在市场方面最激动人心的局面，甚至可以说力挽狂澜，拯救国产电影于市场崩溃的边缘。

至此，在21世纪的开始，冯小刚完成了他电影创作生涯的第一个阶段，紧接着，他开始向正剧甚至悲剧挑战，这是他电影创作生涯的第二阶段，作品包括2000年的《一声叹息》、2003年的《手机》、2004年的《天下无贼》、2006年的《夜宴》。第一阶段电影作品中"大喜小悲"的情感基调在这些影片中变成了"小喜大悲"，特别是《夜宴》，完全变成了一出莎士比亚笔下哈姆雷特式的性格悲剧。除了情感基调的转换之外，第二阶段的影片在拍摄方法上也有所改变：更复杂的摄影机运动、更趋繁复华丽的造型、更大牌的明星，这些都使得冯小刚的电影散发出大师作品的味道，凸显出冯小刚"走出北中国③，冲向全世界"的野心。

2008年，冯小刚昂首迈入了电影创作生涯的第三阶段：挑战主旋律电影的创作。他把自己多年电影创作实践所积累的商业片创作／运作经验注入20年来观众始终不甚待见的主旋律电影，尝试建立一种"新主旋律电影"，拍摄了《集结号》。影片放弃了气势恢宏的全局视角，而是从个人角度描写战争，实现对于历史的反思和对于人性的探讨，努力在主旋律价值观与公众价值观、集体价值和个体人性之间找到一种富有张力的平衡。影片投资巨大，制作精良，获得了良好的市场反馈和专业评价，甚至重建了观众对主旋律电影的信心。

（二）大片崛起

从1994年开始，随着10部分账大片的进口和热映，"大片"的概念逐渐出现在中国观众和电影人的视野。对于国产电影来说，这些进口影片投资大、明星大、场面大，在实力上处于压倒性的优势，迅速挤占了电影市场的绝大部分空间。国产电影在经历了恐惧、绝

① 冯小刚：《我把青春献给你》，湖北：长江文艺出版社2003年版，第44页。

② 1996年，王朔编剧、冯小刚导演的影片《过着狼狈不堪的生活》开机不到十天被电影局勒令停拍；同年，由王朔导演、冯小刚主演的《我是你爸爸》也被"枪毙"。

③ 由于大量使用京味儿对白，冯小刚的电影在市场上一直面临"北热南冷"的问题。

望、迷茫的阵痛之后，逐渐开始探寻自我救赎之路。冯小刚用喜剧片打响了第一枪，张艺谋则“以毒攻毒”，以高达3000万美元的巨额投资拍摄武侠电影《英雄》，打出“新世纪中国电影第一巨制”的猎猎大旗，吹响了用国产大片对抗进口大片的集结号。须要注意的是，《英雄》问世的2002年，正是进口分账大片从10部增加到20部的第一年，刻意也好，无心也罢，在生死未卜、危机重重的关键性时刻，张艺谋用《英雄》为国产电影注入了一剂效力强劲的强心针。

随后几年间，《英雄》投资“第一”的纪录被后来的国产大片一再刷新：2004年的《十面埋伏》投资2.5亿人民币（张艺谋导演，另有一说2.7亿人民币），2005年的《无极》投资3亿人民币（陈凯歌导演，另有一说3.4亿人民币），2007年陈可辛执导的《投名状》投资也超过了3亿人民币，而2008年由吴宇森导演的《赤壁》投资更高达8000万美元，位列国产电影投资榜榜首。

巨额投资究竟被用在了什么地方？正如前文所言，用在了观众想看的地方：大明星和大场面。这种做法其实是使电影回归到最初的本质——为观众展现“视觉奇观”，满足观众的好奇心理或曰“奇观情结”，所以这些影片不仅能在国内通行无阻，在国际市场的销路也相当可观，大部分大片尚未公映就已经靠售卖海外版权收回了投资。如《英雄》仅北美一地的版权就卖出2500万美元，海外总收入达到10多亿人民币；《十面埋伏》海外版权也达2亿人民币。尽管很多人质疑这些数字中的水分，但是无论如何，国产电影靠大片争取到了更多的国内电影市场已经成为不争的事实：2002年至2007年，国内电影票房冠军分别是《英雄》、《手机》、《功夫》、《无极》、《满城尽带黄金甲》、《变形金刚》，可见，国产大片已经比较稳固地占据了国内电影票房的优势地位。

除了经济上的成功，大片的另一个作用是“文化输出”，我们完全可以像好莱坞那样，把我们独特的“中国精神”通过电影输送到世界各地，这既是对好莱坞全球策略的反攻，也是对中国电影国际影响力的扩展。

与经济和文化输出意义上的成功相比，大片策略在创作方面存在的问题也非常明显，其中特别严重的是编剧问题。从《英雄》、《十面埋伏》到《无极》，在故事逻辑上都存在这样那样、或大或小的硬伤，在思想内涵和文化底蕴方面则呈现出日益苍白、贫乏的倾向，导致影片仿佛一个灵魂与精神极度萎缩的人，徒留一副华美的外壳，引发观众和评论家们的强烈不满。其实，这种批评在很大程度上与张艺谋、陈凯歌的创作历史有关，在20世纪八九十年代，他们曾经用自己的摄影机书写中华民族的历史，或沉重或热烈，或昂扬或悲壮，对平凡的中国人造成极大的精神冲击，也使观众建立起对于他们的期待——用电影进行历史反思、民族反思的电影大师。然而，进入新世纪以后，大师们好像忽然换了脑子，竟然开始拍摄这些虚有其表的快餐文化——“大片”，难免让大家难以适应和接受。此外，“明星策略”导致了外聘演员的大量增加，在语言上造成了一些问题，港式普通话和台式普通话夹杂在内地演员的标准普通话中，显得格外不协调。

当然，这些问题电影人自身也已经有所认识，并且在逐渐改进。希望随着国产大片在创作方面的强化，随着两岸交流的频繁、加速，这些问题能迎刃而解。

（三）疯狂的宁浩

与国家财政支持的主旋律电影、大公司支持的超级大片不同，年轻的导演宁浩带着他的《疯狂的石头》(2006) 经过另一条道路——小额个人投资通向了成功的圣殿。

2005 年 3 月 23 日,香港著名影星刘德华领衔的“映艺娱乐有限公司”发起“亚洲新星导”计划——拿出他个人三部电影的片酬计 1250 万港元作为辅助资金,支持来自新加坡、马来西亚及中国两岸的 6 位年轻导演拍摄 6 部华语高清电影。目前这些作品已经陆续面世,包括台湾地区李芸婵导演的《人鱼朵朵》、香港地区林子聪导演的《得闲饮茶》、大陆地区宁浩导演的《疯狂的石头》、马来西亚何宇恒导演的《太阳雨》、新加坡唐永健导演的《爱情故事》以及香港地区李公乐导演的《师奶唔易做》。这个着眼亚洲区、力推新导演的计划,对于当前华语电影乃至亚洲电影的发展都具有积极的推动意义。

《疯狂的石头》一片投资不到 300 万人民币,收入却超过 2000 万,被称为国产电影的票房奇迹。它究竟靠什么来吸引观众呢? 当然是出色的编剧。

剧本剧本,一剧之本。这句被嚼烂了的行话在很长时间内几乎已经被中国的电影人遗忘了,然而,在新世纪刚开始的这几年,一堆国产大片相继在编剧方面栽了跟头之后,这句老话就又被提上了台面。《疯狂的石头》成功的主要原因,就是坚实的剧本基础。一个环环相扣、逻辑缜密的故事,几个面目并不那么可憎的笨贼,加上新潮叙事技巧的插花使用,就做出了一道令人回味无穷的爽口小菜。

先说人物。艺术是写人的,只有树立起生动形象的人物形象,才能通过他/她传达创作者的意图和理念。在本片中,最讨喜的是反面形象的刻画,代表黑暗势力的土贼(道哥三贼组) 和洋贼(麦克) 给我们带来了中国电影中鲜见的喜剧美感。他们的喜剧美感首先来自于他们的“笨”,观众们总是乐于看到反面人物出丑,所以在看到三贼组上演“可乐罐中奖”的戏码失败时都会发出痛快的笑声,就像当初看《小鬼当家》和《笨贼一箩筐》那样。其次来自于他们自身既对立又统一的个性,以道哥为例,他虽然只是个贼,却常常把素质、专业等词汇以及一些古训挂在嘴上,打谢小盟的时候他心狠手辣,发现女朋友背叛自己时却那么愤怒、伤心,显示出对于爱情忠贞度的诉求。再次,来自于他们的“不幸遭际”,比如被装在垃圾桶里接垃圾、因为汽车压住下水道盖子而被困多时、因为偷一个面包而被狂追、因为买的绳子缺尺少寸而功亏一篑,如此等等的桥段、噱头,都具有强烈的喜剧感。

再说叙事。虽然中国电影人在更新电影观念、实验新技巧方面并不落后于西方电影,但是由于特殊的国情,他们的实验一般处于地下状态,与传统的地上电影之间始终隔着一层厚厚的壁垒,二者无法沟通。在《疯狂的石头》中,宁浩大胆地在商业性的故事里加入新锐的叙事技巧,虽然让一些年纪稍长的观众看得有点小糊涂,但是对于广大的年轻观众来说,却是自然而然就接受了。举例来说,影片一开始就是一段实验性十足的“多角度、重复式的拼贴叙事”(也可叫做“缝合式叙事”),讲述了与一个可乐罐相关的四个场景:缆车上的谢小盟,冒充搬家公司作案的劫匪,练车的包世宏,刷标语的秘书。在这个开始段落中,可乐罐是中心道具,两车相撞是核心情节,由此引发的连锁反应被完整呈现,仿佛“拼图游戏”,拼成了一幅完整的、超越个体单一视角的“事故图”。虽然在国际电影界对于这种“多角度、重复式”的叙述方式早已经多有先例(比如日本的《罗生门》),在华语电影界也有王家卫(《重庆森林》)、陈可辛(《甜蜜蜜》) 吃过螃蟹,但是,在中国内地电影界还是具有相当大的创新意义。这种方式可以说是“闪回”手法的直接化,同时也正呼应了中国传统民间文艺形式——评书的叙述方式:“花开两朵,各表一枝”或“话说从头”,除了叙述本身给观众带来自助式“缝合”、“拼接”的乐趣之外,更使叙述的内容妙趣横生①。

从电影风格的角度来看,本片可以说是中国内地第一部真正体现“黑色美学”的作品,这个名字包括了犯罪美学、暴力美学、社会批判、解构主义、黑色幽默等诸多因素。各种因素不是各自为政、互不牵涉的,而是你中有我、我中有你、完美融合的。比如包世宏追黑皮时配的锣鼓点音乐,把紧张的追逐变成了精彩的戏曲表演,是对京剧名段《三岔口》的戏仿。影片最后麦克与冯董的对决更是充满了美学的味道,令观众想起《东方不败》和《天生杀人狂》里被分解的子弹动作以及《黑客帝国》中精彩的特技。道哥小组的行骗像是一场分配角色的舞台表演,麦克盗翡翠时摆出阿汤哥在《不可能的任务》里的酷帅姿势,还有包世宏拔火罐拔出的“干”字,都令观众发出会心的大笑。除此之外,摄影方面也呈现出强烈的实验性,比如 MTV 式的手法、特技长镜头、意念镜头、定格手法以及大量采用变形的人物特写来反映其内心状态等手法,在中国电影中都是比较新的尝试。

《疯狂的石头》一片不仅是宁浩向“亚洲新星导”计划交上的一份优秀的答卷,更是给中国电影观众带来全新刺激、给中国电影开拓崭新方向的成功之作。随后出现的《爱情呼叫转移》(2007)、《婚礼 2008》(2007)、《我叫刘跃进》(2008) 等片,其实都是对《疯》片风格的延续和拓展。我们有理由相信,在未来的中国电影版图上,宁浩和他开拓的这种低成本黑色幽默片将会占有相当显著的位置。从这点来说,宁浩和他的这部作品对于中国电影的意义,足以媲美昆廷·塔伦蒂诺和《低俗小说》对美国电影的意义,盖·里奇和《两杆大烟枪》对英国电影的意义以及汤姆·提克维和《罗拉快跑》对于德国电影的意义。

三、人文电影的盛况

如果说主旋律电影是中国电影发展的主干道,商业电影是中国电影发展的辅道,那么立足于知识分子立场的人文电影则是主干道和辅道之间的隔离带,它一方面填补了主旋律电影和商业电影之间的空白,另一方面又是二者的点缀。其特点是:制作成本一般比较低,发行规模较小,个人风格比较突出,放映范围也比较有限。由于意识形态方面的原因,新中国成立后 17 年和“文革”期间的中国电影在人文电影方面几乎是一片空白,而 90 年代以来是人文电影发展最为快速的年代,堪称百花齐放,争奇斗艳。

(一) 农村电影

20 世纪 90 年代的中国,虽然正在经历工业文明和城市化的冲击,但不可否认的是,中国最广大的社会阶层依然是由农民构成的,中国绝大部分的地域依然处于农业文明的时代或处于从农业文明向工业文明转型的过渡期。在这样的背景下,关注农村、关注农民就成为中国电影人责无旁贷的“分内事”。除了主旋律电影对于农村的“正面化”刻画之外,中国电影人还选择从以下三个角度关注农村:

1. 第五代导演的“新民俗电影”

此类影片定位于电影展示“奇观”的本质,通过把中国特定历史时期农村的一些习俗

① 燕俊:《像石头那样疯狂——看〈疯狂的石头〉》,《电影文学》2006 年 8 月下半月刊。

(一般是陋习)进行提炼、修改、放大甚至杜撰,来满足西方观众对东方情调的期待视野,以获得国际奖项的回报。以张艺谋的两部影片为例,1990年的《菊豆》表现了染坊奇观和乱伦奇观,1991年的《大红灯笼高高挂》则展示了中国特有的"大院文化"中妻妾成群、点灯临幸的奇观。同属此类的还有何平的《炮打双灯》(1994)、王新生的《桃花满天红》(1995)、刘冰鉴的《砚床》(1995)、陈凯歌的《风月》(1996)以及黄健中的《大鸿米店》(1995)、《银饰》(2005)等影片。

此类影片的故事场景一般设置于远离现代文明的偏远农村,这些地方经济落后,风俗奇特,常常伴随着人性的压抑和阉割——这正是西方普通民众对于中国的先验印象。虽然影片的主题一般定位于人性的复苏与张扬,但是影片的大部分篇幅却是对于民俗场景的铺排式展现,巨细靡遗,乐在其中,创作者借用民俗之力实现走向国际的诉求昭然若揭。

"民俗策略"在中国电影的大行其道,可以追溯到1984年陈凯歌的《黄土地》,其中"腰鼓"、"祈雨"的场面给很多观众留下了深刻印象。到了1987年,张艺谋凭借电影《红高粱》中激情四溢的"颠轿"、"酿酒"、"野合"等民俗场景夺得柏林电影节金熊奖,成为电影领域的民族英雄,更加促进了"新民俗电影"的繁荣。

关于此类影片评论界存在很大的争论,有人认为这些影片把中国最丑陋的一面展示给西方观众看,是"卖国求荣";也有人对此不以为然,认为只要通过这种方式能够打入国际市场也未尝不可,等到打入以后再拍摄影片改变西方人的看法就可以了,这场争论直到现在还在继续。面对好莱坞超前数十年的电影制作水平,似乎除了"剑走偏锋"之外别无他法,"新民俗电影"就是这样一条通向西方的捷径,导演们顺水推舟地加以利用也无可厚非,毕竟,中国电影迈出国门的第一步不是给西方人"看什么",而是尽量让他们"看到";只有看到了,看得足够多了,西方观众才会逐渐理解中国电影,理解中国文化。

2. 现实的渐近线:写实主义农村片

法国电影理论家巴赞曾说过:电影是现实的渐近线。它虽然永远不可能与现实重合,但是至少可以最大限度地接近现实。在90年代以来的中国农村题材电影中,有许多走了"写实主义"的道路。如1992年由谢飞导演的《香魂女》,将主人公香二嫂、环环放置在改革开放转型期的农村,表现由于经济的充裕和思想的滞后而导致的发生在两者之间以及她们各自内心的激烈碰撞和挣扎,从而"探索时代、社会、文化与人的精神世界之间的众多关系"①。1994年由范元执导的《被告山杠爷》则从山杠爷的封建家长式统治与现代法律之间的冲突反映了我国从人治社会向法治社会转变的艰难过程。

这种写实主义风格并非写实主义农村片的终极类型,在张艺谋和李扬等导演的手里,它又结合了艺术创新精神,演变为一种颇具实验性的"极端写实主义"风格。

所谓极端写实主义,是指用纪录片的方式拍摄故事片,让影片最大限度地接近现实生活的原初面貌。具体来说,此类影片一般具有以下几个特征:实景拍摄,长镜头为主,非职业演员为主,方言演出,即兴演出等。应该说,此类影片对于当下中国农村和农村人的生活状态、精神状态的表现是最真实的。

张艺谋1992年执导的《秋菊打官司》有一半以上的镜头均由偷拍完成。"……三台摄

① 郑雪来:《世界电影鉴赏辞典》(续编),福建:福建教育出版社1993年版,第837页。

影机同时进入现场。导演事先不做精确的分镜头，表演者事先不知道准确的机位，摄影师也事先无法设计拍摄中的活动路线。现场的群众不知道有人给自己拍电影。这样做的结果，有些画面固然光线不够细致，构图不够严谨，然而却能捕捉到极为质朴、生活化的银幕形象。”①

此外，张艺谋执导的《一个都不能少》(1999)，杨亚洲执导的《美丽的大脚》(2002)，李扬执导的《盲井》(2003)、《盲山》(2007)，王全安执导的《图雅的婚事》(2006) 等等都属于此类影片。

3. 诗意乡村

除了“新民俗”和写实主义之外，关于农村题材的第三种处理方式是“诗化”演绎。与前两种处理方式相比，这种方式是最为主观化的，它迎合的是曾短时间有过农村生活的特定人群对于农村生活的怀恋，是一种有距离的“美”的观望。在此类影片中，农村在经济上的贫困、农民在文化上的落后甚至文明上的不足，都被淡化甚至完全忽略，凸显的是唯美的画面和在其中生活的人的情感，弥漫着天人合一的人文气息。应该说，这是另一种“东方情调”，在满足部分中国人之外，也能满足一部分外国观众对于中国的想象和预设。

霍建起 1999 年执导的影片《那山那人那狗》可以说是此类影片的代表作。影片表现的是一对农村邮递员父子交换工作也交换精神的过程，人物简单，节奏缓慢，几乎没有什么可以称之为“戏剧性”的元素，唯一可以称道的就只有影片中唯美的乡村风光了。影片在国内市场遭到冷遇，在日本市场却获得了意外的回报——日本片商花 8 万美金购得版权，却收获了 800 万美元的票房！2003 年，霍建起又执导了影片《暖》，同样是农村题材，同样是诗化演绎，同样是简洁风格，不同的只是主题情感由亲情变成了爱情。

此类影片的其他代表性作品还包括张艺谋执导的《我的父亲母亲》(1999)、戴思杰执导的《巴尔扎克与小裁缝》(2002)、吕乐执导的《美人草》(2003)、姜文执导的《太阳照常升起》(2007) 等等。

（二）第六代导演的转变

“第六代”导演群体的划分基于以下共同特征：大约都出生于 20 世纪 60 年代，生理／心智成熟于 80 年代，深受 80 年代活跃的(同时也是混乱的) 社会、思想、艺术氛围熏陶；大部分毕业于专业的艺术院校，接受过系统的电影专业教育，对于中外电影历史、理论知之甚多。因为有了这些共同点，所以其早期作品虽千姿百态却也有相似的蛛丝马迹可寻。概括来说，第六代群体早期创作的特点主要有两个：内容上的叛逆性和形式上的刻意创新。具体而言，第六代早期的创作在题材选择上比较个人化，要么是表现个体肉体和精神的成长史，要么是关注一些社会边缘人物(比如妓女、黑社会成员、小偷、孤独的邮递员等)的生活状态和精神状态，弥补了中国电影在“底层／边缘题材”上的空白；在形式方面则刻意摒弃经典的戏剧式叙事，追求“新浪潮”式的形式实验，甚至有人把形式拔高到艺术本质的高度。

举例来说，张元早期的作品包括两部分：纪录片系列——《妈妈》(1989)、《儿子》(1993)、《广场》(1994) 及表现边缘人物的故事片——“愤怒电影”《北京杂种》(1993) 和

① 郑雪来：《世界电影鉴赏辞典》(续编)，福建：福建教育出版社 1993 年版，第 835 页。

同性恋电影《东宫西宫》(1996)。这些影片因为内容敏感、违规参赛等问题均被下了禁令，无法与普通观众见面，以至于冯小刚曾说过这样一句话："张元是地下电影的代表人物，政府怎么看他都别扭。"①

政府看着别扭的还不止一个张元。贾樟柯通过短片《小山回家》(1995)奠定了"极端写实主义"的风格，获得了拍摄长片《小武》(1997)的机会，并凭借娴熟的叙事、真实的环境再现和精彩的表演获得了多个奖项；王小帅1992年的《冬春的日子》关注当代中国人的精神崩溃，1994年的《极度寒冷》讲述了行为艺术家齐雷体验死亡的故事，1996年的《扁担·姑娘》则聚焦于农民工"扁担"和歌女阮红努力找寻生活出路的故事，从中折射出中国经济发展的表象之下底层群体经受的精神阵痛；章明的《巫山云雨》(1996)以三峡建设为背景，表现了一个充满孤独和欲望的故事；还有王超的《安阳婴儿》(2001)、《江城夏日》(2006)，路学长的《长大成人》(1997)，娄烨的《危情少女》(1994)、《周末情人》(1995)、《苏州河》(2000)、《颐和园》(2006)，何建军的《悬恋》(1993)、《邮差》(1995)等等。

其实，政府看不惯他们的原因也不仅仅是内容或形式，或许更多的是态度问题。年少气盛的导演们对政府提倡的主旋律不屑一顾，完全无视各项电影审查和管理条例，私自拍摄，偷偷制作，违规参赛，确实让政府颜面尽失，只能用禁映、禁赛甚至禁拍来进行警告和惩罚。

双方充满对抗和对立的关系一直持续到2003年11月13日，贾樟柯、王小帅、张元等20多位青年导演被电影局请到了北京电影学院，与电影局局长童刚，副局长张丕民、吴克等对话，对话的主题是"解禁"。吴克宣布了广电总局18号令：一般影片只要提供千字故事梗概就可以进行拍摄，重大革命历史题材影片则必须提供足本剧本。应该说，这次谈话为第六代整体浮出水面、成为中国电影创作的一支中坚力量起到了巨大的推动作用。

其实早在这次谈话之前，部分第六代导演就已经通过调整自己的态度和创作，从地下成功地转到了地上。被认为第六代首部地上作品的是1999年张元导演的《过年回家》。这部影片通过一个女警察护送女犯人回家过年的过程，探讨了犯罪与忏悔、仇恨、亲情的关系，直指人性深处。影片一举夺得威尼斯国际电影节最佳导演奖，标志着第六代导演终于咸鱼翻身，名正言顺地风光登场。

进入21世纪，第六代导演群体大多已经接近甚至过了不惑之年，在电影圈摸爬滚打的时间也都在十年以上了。他们在人生阅历、社会经验、艺术经验等方面都有了更加丰厚的积淀，看世界的目光已然不同，表现世界的角度也变得更加从容和成熟。总的来说，他们在90年代对于形式实验的热情逐渐降低，对于自身成长史的关注也达到极限，而曾经被他们刻意忽略的社会责任感重新被唤回，很多导演转而拍摄形式平实的社会影片，用影像记录普通大众的柴米油盐、喜怒哀乐，年轻时的愤怒情绪只是偶尔在电影中一闪而过。

张元继《过年回家》之后，推出了《我爱你》(2003)、《绿茶》(2003)、《看上去很美》(2006)等多部影片，除了《看上去很美》被认为有影射体制的嫌疑之外，其他两部都把主题定位于格局较小的爱情，保证了足够的安全系数。

王小帅则在继续撒野的《十七岁单车》(2001)之后拍摄了充满怀旧意味的《青红》

① 冯小刚：《我把青春献给你》，湖北：长江文艺出版社2003年版，第78页。

(2005)，获得戛纳国际电影节评委会大奖，2007 年又推出题材敏感但手法平实的《左右》，通过一个充满道德悖论的故事来关注当前普通中国人的精神世界。

路学长在 1999 年推出的《非常夏日》集犯罪、悬疑、心理分析之大成，获得好评如潮，遗憾的是没有进入院线放映。2002 年的《卡拉是条狗》一反《非常夏日》片的“险韵”，转而用平实的电影语言勾勒出一介平民的精神肖像；2005 年的数字电影《租期》探讨了现代文明与传统观念之间的碰撞冲突以及不同阶层之间人与人的关系，被某些评论家称为“路学长最具人文精神的人性之作”。

虽然人文电影数量不多，成本低廉，受众有限，但不可否认的是，它在丰富中国电影的类型、实践新的电影观念和电影技艺等方面，都具有主旋律电影和超级大片不可比拟的优势。

中国电影步入新世纪已经整整九个年头了，九年来中国电影经历的变化比新中国成立后几十年还要大：DV 的普及消除了影像的神秘感，推动了民间影像力量的发展；电视电影的出现和繁荣让电影的定义不得不重新修订，也为电影和电视的和解提供了一条“双赢”的路子；网络文化的兴起则使得电影的放映和传播方式也发生了翻天覆地的变化……面对这一切新的元素，中国的电影从业者须要更加理性的分析，电影制度须要更大幅度的开放，电影创作须要更加特别的创意。我们期待 21 世纪的中国电影绽放出更令世界惊异的美丽。

思考与练习

1. 20 世纪末中国电影的格局发生了什么样的变化？是什么造成了这些变化？
2. 如何看待第五代导演纷纷拍摄大片的潮流？
3. 你认为 21 世纪中国应该拍摄什么样的电影？

第四节　亚洲电影的崛起：百花齐放，满园芬芳

【本节提要】20 世纪 80 年代，以大陆第五代、香港“新浪潮”、台湾“新电影”为代表的亚洲电影在国际影坛大放异彩，吸引了诸多关注的目光，为其后亚洲电影的发展奠定了良好的基础。进入 90 年代，亚洲电影的创作格局和市场格局都发生了巨大的变化，其中最引人注目的是韩国电影的兴起，形成了世界性的电影现象，而其他主要电影生产国则在原有基础上进一步开拓了创作领域，形成百花齐放、满园芬芳的热闹局面。

【主要内容】

1. 印度电影热闹依旧
2. 韩国电影异军突起
3. 日本电影辉煌再续

4. 伊朗电影剑走偏锋

5. 越南电影悄然盛放

在电影艺术诞生和成长的过程中，欧美国家是全程的参与者，而其他几个洲的国家主要以旁观者的身份参与，这使得亚洲国家始终难以进入电影史册。直到1951年，日本黑泽明执导的《罗生门》获得威尼斯国际电影节最佳影片金狮奖，西方国家的人们才开始意识到亚洲电影的存在。其后，日本的“新浪潮”电影运动、大陆的第五代创作群体、香港的“新浪潮”电影运动、台湾的“新电影”运动、印度的宝莱坞歌舞片，都向世界展示了独特的亚洲／东方文化。时隔40年，在20世纪最后十年和21世纪的最初几年，亚洲电影再度散发出耀眼的光芒，令世人瞩目。

一、印度电影热闹依旧

（一）整体发展情况

2006年，作为“中印友好年”的系列活动之一，“印度电影节”于8月25日至9月1日在北京举行，展映了《洛加》、《一场虚惊》、《安贾丽》、《战胜“自我”》、《母子情深》、《真爱》、《眼中沙》、《小岛特威巴》、《双人秀》、《心归何处》等10部精彩电影。色彩缤纷的画面、似曾相识的故事、贯串全片的歌舞，仿佛又把中国观众拉回了万人空巷观看《流浪者》(1951)的年代。虽然时隔半个多世纪，印度电影却依然保持着最初的那份单纯和美好，他们在自己的世界里且歌且舞，用赏心悦目的形式传播真善美、鞭挞假恶丑，从来不知疲倦，也从来不觉枯燥。在他们的电影中，我们完全忘记了现实生活的种种不如意，全心全意地接受影片理念的洗涤。

印度一直是亚洲地区重要的电影力量之一，然而我们对于它的态度却往往不自觉地陷入到自相矛盾的境地：

一方面，我们赞叹印度电影——每年近千部的产量几乎相当于好莱坞的两倍，是名副其实的世界第一，被称为“电影王国”。其中孟买宝莱坞公司稳固地占据着出品量的头把交椅，安得拉邦的海得拉巴公司和泰米尔纳德邦的金奈电影公司紧随其后，位列第二、第三；除此之外，还有许多规模比三大公司较小的制作，如马德拉斯的南印度影片、卡拉拉邦与加尔各答的民族电影等也很有特色，仅一地的产量就几乎超过中小电影生产国的全国产量，可以说，印度是好莱坞电影全球化战略的最后一块禁地。

另一方面，“不少电影研究者往往对印度电影持一种不屑一顾的态度，甚至把它看成一个既有好莱坞的糟粕又有印度文化中使人迷茫不解的东西的大杂烩”①，在电影学科研和学术著作中，要么一笔带过，要么根本不提。

其实，印度电影坚强生命力的背后，隐藏着很多地域、民族、文化的元素，值得我们去深入研究和挖掘。这里我们所进行的回顾和梳理充其量只是管中窥豹，期待更多专业化、深度化的研究。

① 邓烛非：《世界电影艺术史纲》，北京：中国广播电视出版社1996年版，第161页。

印度电影始自19世纪末期萨维·达达的两部表现摔跤表演和训练猴子的短片，1912年德·巴吉尔拍摄了神话题材的《哈里什昌德拉国王》，被认为是印度电影史上第一部故事片，巴吉尔也被称为"印度电影之父"。20世纪20年代，印度电影工业初步形成，尤以孟买、加尔各答、马德拉斯三地的电影产量最高。之后的几年间，印度电影产量呈现快速增长的状态，1931年甚至达到207部，堪称印度无声电影时期的顶峰。

第二次世界大战期间，因为胶片奇缺，加上英殖民政府加大审查力度，使得印度电影产量下滑，但是电影艺术家们还是克服困难，拍摄了一批兼具思想性和艺术性的优秀影片，如《不可接触的人》、《新世界》、《邻居们》、《命运》等。二战结束后，印度电影产量迅速回升，只用了一年时间就达到200部，但囿于当时的艺术和技术限制，水平普遍不高，值得一提的只有《大地之子》、《贫民区》、《柯隶华医生的不朽事迹》等几部影片。

1950年，印度人民经过多年艰苦卓绝的斗争，终于实现了独立，印度电影业随之迎来崭新的时代：国际电影节的举办(1952)、国家电影奖的设置(1953)、电影金融公司的建立(1960)、国立电影学院的创办(1961)等等一系列的成果，缔造了印度电影新的辉煌。1971年，印度电影产量达到433部，超越美国、日本成为"世界第一"，1990年更创下了948部的惊人纪录！然而，20世纪90年代以后，印度开始推行开放政策，取消了外国电影制作印度配音版的禁令，美国大片乘虚而入，一度给印度电影带来很大冲击。但是很快，印度电影就以自己雄厚的实力重现辉煌，以2006年为例，印度各电影院上映的本土电影达到1091部，又一次刷新了自己所保持的电影年产量世界纪录①。

印度电影一般分为两种类型："一种是单纯追求票房价值的商业片，另一种是票房价值不高但具有社会意义的艺术片"②，其中前者占据绝对主流地位。印度电影最显著的标记是音乐与内容的水乳交融，其歌舞场面普遍编排精巧，制作优良，拍摄手法新颖，场面唯美，具有鲜明的民族特色，同时又与剧情紧密相关，堪称"世界一绝"。须要说明的是，印度的商业片并不像很多人印象中那样只有歌舞片，还有武侠片、警匪枪战片、都市生活片、农村题材的现实主义作品以及仿好莱坞商业大片等多种类型。

(二) 代表性导演米拉·奈尔

百年印度电影史，诞生了很多优秀的电影大师，如维·森达拉姆(《光辉的时代》、《邻居们》、《沙恭达罗》、《柯隶华医生的不朽事迹》等)、德·博斯(《盲神》、《钱狄达斯》、《虔诚的布伦王子》、《生活就是舞台》等)、柯·阿巴斯(《新世界》、《大地之子》、《旅行者》、《黑夜笼罩着孟买》等)、拉杰·卡普尔(《雨》、《我是一个小丑》、《流浪者》等)、比·罗伊(《领袖》、《两亩地》、《美丽的新娘》等)、萨·雷伊("阿普三部曲"、"政治三部曲"等)等等。在新生代印度导演中，最具国际眼光和国际声誉的是女导演米拉·奈尔。

米拉·奈尔出生于奥里萨邦，少年时代是激进实验剧场及街头剧场的演员，在新德里大学学习期间获得奖学金赴美深造，在哈佛大学学习社会学，后发现作为演员思想常被导演所控制，转而投身电影导演工作。最初从事纪录片创作，1985年的《印度脱衣舞娘》引

① 参见中国新闻网：《印度电影业再创新纪录 2006年电影产量达1091部》，http://www.chinanews.com.cn/gj/yt/news/2007/02-25/878385.shtml。

② 邓烛非：《世界电影艺术史纲》，北京：中国广播电视出版社1996年版，第164页。

起影评人的注意。

1988年拍摄第一部剧情片《孟买，你好》，获得了包括戛纳国际电影节“金摄影机奖”在内的25个国际奖项，同时获得奥斯卡最佳外语片提名。作为从纪录片到剧情片的一个过渡，本片在很大程度上还带有纪录片的纪实痕迹，具有高度的生活实感。

1996年的《爱经》展示了古代男女的性爱故事，片中出现大量裸露和性爱镜头，在保守的印度社会引起强烈的争议，奈尔最终借助法律的力量维护了影片的完整性。

2001年的《季风婚宴》堪称奈尔个人创作的最高峰，影片以旁遮普省的一个大户家庭为切入点，通过五个独立成章但又互有关联的小故事，为观众展示独具印度民族风情的婚礼习俗，描绘了一幅现代印度人的世情百态图。在当年的威尼斯国际电影节上，该片以压倒性的优势夺得最佳影片金狮奖，并在美国获得超过1300万美元的票房，成为美国历史上最卖座的外语片之一。影片也巩固了她作为印度最有声望的国际级导演的地位。

她的作品还有1991年的《密西西比马萨拉》、1995年的《旧爱新爱一家亲》、1996年的《欲望与智慧》、2004年的《名利场》、2006年的《同名同姓》等。

奈尔曾一再表示自己不愿意被贴上“印度导演”的标签，不是因为不爱祖国，而是因为不想给别人造成狭隘的印象。她承认印度给了她很多东西，比如那种满不在乎、泰然自若的“马戏团式”的杂耍精神，但是她说自己更感兴趣的是普遍意义上的“人”的生存处境。当然，她毕竟是印度的女儿，对祖国怀有深沉的情感，她希望通过包括自己在内的所有印度电影人的共同努力，向西方人展示出印度人民多层次、立体化的存在影像。

（三）展望

印度电影之所以具有抵抗好莱坞的能力和魄力，一方面当然与其自身较强的电影生产力有关，另一方面也与印度政府对本土电影的激励和保护措施有着密切的关系：印度政府不仅为电影业注入了大量的资金，而且直到20世纪90年代之前不许外国电影制作印度语配音版，也不允许外国资金投资本土电影业。但是，这种封闭的态度像一把双刃剑，在保护了印度电影业的同时也伤害了印度电影业，使得这个电影王国的出品长期以来形式单一、缺乏新意，更缺乏与世界接轨的契机和能力，无法像好莱坞那样推广到全世界，只能在本国国内和亚洲部分地区流通。

这种封闭的状况在21世纪初略有改观，不但出现了米拉·奈尔那样的国际化导演，而且还出现了更多国家化的制作，其中最典型的例子就是2009年的奥斯卡热门影片《贫民窟的百万富翁》，虽然这部影片打上了西方国家的标签，但是无论如何，大量的印度本土艺术家参与了创作，如演员和作曲者。特别是独揽最佳混音、最佳配乐、最佳电影歌曲三项大奖的本土音乐家拉曼，像一股强劲的印度风暴横扫奥斯卡颁奖典礼，让西方影人刮目相看。可以说，这部影片的成功是一个开始，也是一个启示，预示着印度电影将踏上越来越开放、越来越宽广的国际化道路。

二、韩国电影异军突起

韩国电影的崛起，堪称20世纪90年代亚洲影坛乃至世界影坛最引人注目的现象之一。这不仅体现在韩国电影在各大国际电影节上的屡屡获奖，也不仅体现在韩国电影剧本频频被好莱坞选中重拍，更体现在一种独一无二的“韩国电影模式”的形成。所谓“韩国电影模式”，指的是韩国电影所体现出的独特风格：糅合了商业电影文化、艺术电影文化和韩国本土文化（历史／民族／社会）的“文化综合产品”。研究这一电影模式产生的机制，对中国电影的发展能起到一定的参考作用。

（一）90 年代之前的韩国电影

在最初的几十年间，无论是技术还是艺术方面，中国电影一直走在韩国电影之前（参见下列图表）①：

	最初的放映	最初的拍摄	最初的故事片	最初的有声片	最初的彩色片
中国	1896	1905《定军山》	1913《难夫难妻》	1931《歌女红牡丹》	1948《生死恨》
韩国	1910	1919《义理的仇讨》②	1923《月下盟誓》	1935《春香传》	1949《女人的日记》

第二次世界大战以后，韩国电影和中国电影一样，在政治、历史的影响下经历大起大落，始终没有获得一个良好的发展环境。直到 50 年代中后期，韩国电影逐渐走出战争的阴霾，进入中兴年代，主要拍摄以中年观众为对象的情节剧。但是 1961 年朴正熙的五一六军事政权对电影实行严格的审查制度，对电影公司实行统一合并政策并取消了独立制片公司，使电影制作背负沉重的负担，再加上电视业的挤压，韩国电影陷入低迷状态。

70 年代末期维新政权崩溃，新的军事政权登上舞台，继续进行独裁统治。作为对抗，民间的民主运动蓬勃开展（如著名的光州事件），双方的持续冲突使韩国社会动荡不安，同时也为韩国电影带来了新的变化，即社会意识、民主意识的增强。80 年代出现了李长镐、裴昶浩等社会派电影导演，拍摄了诸如《流浪天涯路》（1981，李长镐导演）、《寡女之舞》（1983，李长镐导演）、《喜悦年少岁月》（1987，裴昶浩导演）、《上帝，您好》（1987，裴昶浩导演）等反映社会问题的影片。

1987 年，韩国政府颁布外国电影进口自由化的政策，在迎来挑战的同时，也迎来了本土电影发展的机遇。

（二）1999 年：转折的一年

1993 年，金泳三当选总统，着手在韩国进行一系列改革措施。这一连串的政策、事件促使韩国经济走上平稳发展的道路，社会日趋安定，反映在电影中，立足于表现社会问题的“愤怒电影”逐渐减少，而立足于娱乐大众的商业电影逐渐完善。

1999 年，电影界爆发了著名的“光头运动”：为抗议韩国政府因加入世贸组织而取消电影配额制、开放外国电影配额，韩国电影人发起大规模示威游行，不少男性影人甚至剃光头在首尔国厅、光华门等地静坐抗议。由于剃光头在韩国是极强烈的抗议形式，而此活动又为全韩国影人集体参加，所以被世界舆论高度关注。韩国政府在极大的舆论压力下决定继续电影配额制，令韩国电影人士气大振，成为韩国电影发展的一个契机。

“光头运动”之后韩国制作的第一部大型影片，是姜帝奎根据朝鲜南北分裂这一真实

---

①　参考【韩】朴焕模：“南方网”专题《韩国电影百年》（2003 年）及《韩国电影史》，陈梅译，《世界电影》1999 年第 4、5 期。

②　又译《正义的复仇》、《义理的仇斗》。

事件改编的电影《生死蝶变》，该片上映 22 天后打破韩国电影有史以来最卖座纪录，上映 57 天后打破《泰坦尼克号》在韩国的电影票房纪录，为韩国电影注入了一支强心剂，引发了韩国人对本土电影的热情，使得进入电影院看国产电影的观众从原来的 15％增加到 37％，直接促使了韩国电影重整旗鼓，被视为"带动了韩国百年影业迈向新里程"的代表作品，也被看成是"光头运动"胜利的标志，是使电影配额制继续存在下去的动力。

到了 90 年代末期，韩国已经建立起一套坚固的电影产业壁垒，保护着本国电影在好莱坞的冲击下依然坚挺。

（三）世纪末的崛起

下表反映了 1999 年至 2005 年韩国本土电影和进口电影在市场占有率上的消长变化①：

	韩国电影			进口电影		
	观众数（万）	占有率	人均观看次数	观众数（万）	占有率	人均观看次数
1999 年	2,172	39.70％	0.50	3,300	60.30％	0.70
2000 年	2,271	35.10％	0.41	4,191	64.90％	0.89
2001 年	4,481	50.10％	0.96	4,455	49.90％	0.94
2002 年	5,082	48.30％	1.07	5,431	51.70％	1.13
2003 年	6,391	53.49％	1.32	5,556	46.51％	1.15
2004 年	8,019	59.33％	1.65	5,498	40.67％	1.13
2005 年	8,544	58.71％	1.75	6,008	41.29％	1.23

从上表至少可以得出两个结论：其一，韩国电影市场整体呈现逐年增长的趋势，也就是说，本土电影和进口电影的消长并不是在一个固定的市场范围内，而是在不断扩大的市场之中，可见，良性的市场竞争是可以推动整个电影产业发展的；其二，在这争夺市场的关键 7 年间，韩国电影虽然不是始终占据上风，但是从总的趋势来看，从 1999 年的 39.70％到 2005 年的 58.71％，韩国电影在这场民族电影保卫战中获得了无可争辩的、决定性的胜利。

下面通过几位代表性的导演及其创作，一窥韩国电影的面貌：

1. "国民导演"林权泽

林权泽 1936 年出生于全罗南道长兴县，1962 年拍摄影片《图们江，再见》（又译《再见豆满江》）一举成名。70 年代之前拍摄了 50 余部商业电影作品，因故事老套、拍法陈旧而被林权泽自称为"低级电影"。

1973 年执导的《杂草》实现转型，风格趋于古朴、苍凉、典雅。此后电影类型丰富，涵盖了战争片、历史片、言情片、启蒙片、文艺片等多种类型，内容上多以人性、文化为主题，注重画面构图、色彩搭配，并吸收了古朝鲜的文化艺术传统，体现出悠远的民族神韵，被称为韩国"诗电影"的引路人。

他的主要作品有：

《悲歌一曲》（1993）：影片以古朝鲜民间流传的潘索里音乐作为内在线索，串联起一个

① 宋世锋：《韩国国内电影票房现状分析》，《当代电影》2007 年第 2 期。

震撼人心的亲情与艺术传承的故事。纯熟流畅的叙事、几近完美的画面、令人动容的音乐、艰难残忍的生活，打动了无数观众，被认为是林权泽风格最为圆熟和完备的一部作品。

《春香传》(2000)：改编自家喻户晓的同名名著，原著曾被多次搬上银幕，甚至可以说是一部浓缩的“韩国电影史”——1923 年的朴承弼版是韩国最早发行的影片；1935 年的李弼雨、李明雨版是韩国第一部有声电影；1955 年的李圭焕版则挽救了当时非常不景气的韩国电影市场。在前人改编的压力之下，林权泽交出了一份令韩国观众满意的答卷。他的改编既忠实于原著的精神，又融入了他个人对于历史与文化、人生与爱情的体认，特别是影片表现出的纯正、浓郁的古朝鲜风情，不仅打动了韩国观众，也打动了当年戛纳国际电影节的评委们，成为韩国电影史上第一部入围最佳影片竞争的影片。

《醉画仙》(2002)：影片通过对朝鲜王朝时期大画家张敬业一生的描写，传达出林权泽对艺术、人生、历史的态度。全片画面精致优美，气度空灵飘逸，在戛纳国际电影节上大放异彩，获得最佳导演银棕榈奖。

《下流人生》(2004)：林权泽的第 99 部电影，一改他过去对古朝鲜传统文化的迷恋和钟爱，把镜头对准了一段残酷的韩国黑帮历史。在影像风格上也不重复从前的唯美苍凉，而趋向于阴暗凌厉，被称为韩国版的《教父》。对于林权泽而言，也仿佛是年近古稀的他对于自己电影生涯的一次总结。

其他作品还有 1979 年的《明日复明日》，1980 年的《歪鼻子》、《没有旗帜的旗手》，1981 年的《曼陀罗》，1982 年的《被污染的孩子们》，1983 年的《雾中乡景》，1986 年的《接种》，1987 年的《白痴阿达》，1988 年的《燕山日记》，1990 年的《将军的儿子》，1996 年的《祝祭》，1997 年的《娼》，2007 年的《千年鹤》等等。

2. 导演出身的文化部长李沧东

原为作家，曾撰写过多部小说，1992 年荣获《韩国日报》的创作文学奖。从编写剧本踏入电影界，1997 年首次独立执导影片《绿鱼》，一举成名。2002 年凭借描写残疾主人公情感生活的影片《绿洲》获得威尼斯电影节最佳导演奖。

他最为人们所关注的经历，是 2003 年至 2007 年间出任韩国文化部长，这是韩国历史上第一个以导演身份出任文化部长的人，即使在世界历史上也属罕见。由于公务繁忙，这四年间他没有什么新作问世，这让人们对于他的导演功力不免产生了许多猜测和担忧。2007 年，卸任后的李沧东在第一时间推出电影《密阳》，通过一个先后失去丈夫和儿子的女性在宗教中寻求安慰最后却以失望告终的故事，表达了自己对于宗教的质疑和对于生活的理解。虽然影片中女主人公申爱勾引牧师、向上帝挑战的场景在宗教界引起了巨大的争议，但是影片赢得的诸多荣誉却让人们转移了关注的焦点——该片不仅把演员全度妍推上戛纳国际电影节影后的宝座，成为韩国电影史上第一个获此殊荣的女演员，而且李沧东本人也凭借这部影片赢得韩国国内和亚洲地区的多个电影奖项，向世人证明了自己一如既往甚至更加成熟的导演功力。

3. “问题导演”金基德

只有初中学历的金基德堪称韩国电影界的一个传奇人物，贫困的童年、复杂的生活经历(当过兵，在残疾人收容所做过体力劳动)、执著的求知精神(30 岁时只身去法国学习两年)成为他电影创作的最好积淀。从法国归国后他开始创作电影剧本，并且获得奖项。

他1996年首度执导筒，把自己的剧本《鳄鱼藏尸日记》搬上银幕，正式成为一名导演。

或许是个人经历所致，金基德的电影在貌似沉默的外表下，总是从骨子里迸发出愤怒的力量。边缘人物、离奇故事、极端影像是他电影的主要构成元素，也为他的电影打上鲜明的个人烙印。性、欲望、禁忌、暴力、残酷、绝望成为人们描述金基德影片时最常用的字眼。电影《雏妓》(1998)、《漂流欲室》(2000)、《坏男人》(2001)都以妓女为题材，《撒玛利亚女孩》(2004，获得柏林国际电影节最佳导演银熊奖)以敏感的少女援助交际为题材，《弓》(2005)表现了畸形的人物关系，《空房间》(2004，获得威尼斯国际电影节最佳导演银狮奖)讲述了一场被诅咒的、悲伤的爱情，《春去春又来》(2003)则涉及宗教与欲望的冲突。

正因为他的影片都以社会问题为出发点，所以很多评论家都叫他"问题导演"。其实这个名号还有另外一层意思：金基德的电影取材大胆，某些场景甚至到了惊世骇俗的地步，这引起了很多正统批评家和观众的不满，把他看做是一个不易驯化的"问题人物"。其实，对于歌舞升平的当代韩国社会来说，金基德这种冷眼旁观式的尖锐表现或许是最有参考价值的。

金基德的其他主要作品还有1996年的《野兽之都》、2000年的《真相》、2001年的《收件人不详》、2002年的《海岸线》、2006年的《时间》、2007年的《呼吸》、2008年的《悲梦》等。

（四）韩国电影启示录

2000年5月15日至21日，北京电影学院举办了"韩国电影学术会"，展映了1996年以后在韩国本土票房较好的12部韩国影片，在学院和整个中国电影界引起了巨大的震动。人们纷纷发出这样的疑问：韩国电影为什么能拍得这么好看？韩国电影何以在艺术和商业之间拿捏得如此恰到好处？年轻电影人的技艺和观念从何而来？探讨这些问题，或许可以对中国电影的发展起到一定的借鉴作用。

1. 政府有力的保护和扶植措施

来自政府的支持力量，是韩国电影坚强的后盾和有力的支撑。政府对于电影的支持主要体现在以下几个方面：

(1) 电影配额制

从金泳三开始的历任韩国领导人都特别重视电影业的发展，1993年至1998年担任韩国总统的金泳三曾发出这样的反问："如果迪斯尼一年的营业额跟全球计算机巨擘IBM旗鼓相当，那么，为何不全力发展影视工业呢？"他的继任者、1998年至2003年担任韩国总统的金大中甚至把电影政策作为自己竞选总统的"秘密武器"，他在竞选纲领中明确表示："电影配额制将持续到韩国电影在市场上的占有率达到40%。"

所谓电影配额制又称"义务上映制"，指的是韩国政府为保护本国电影做出的强制规定：韩国的电影院每年每个厅必须上映146天的本土电影，电视台也必须播放一定时数比例的国产电影。虽然对于这项制度一直存在争议(经济部一直要求降低甚至取消配额的比例)，但不可否认的是，这项制度的确对韩国本土电影起到了很好的保护作用。

但是，非常可惜的是，从2006年7月开始，韩国政府屈服于美国的压力，把每年的电影配额缩减一半，为韩国电影的发展笼罩上一层阴影。

(2) 辅导金制度

电影辅导金是指由政府交给电影振兴委员会①分配的电影拍摄辅助资金，主要发放对象是电影学院的学生和进行独立电影制作的年轻导演，用于拍摄实验短片、纪录片或者艺术独立电影，最高申请额度可达4亿韩元或全部制作费的30%，资金无须归还，也无须以奖项和内容上对政府的附和作为回报，主要目的是增加年轻电影人成长学习的机会。

至于一般商业电影的拍摄制作，虽然没有辅导金资助，但是也可以用申请无息贷款或者低利率融资贷款的方式筹集资金。

(3) 以电影分级制取代电影审查制

1998年韩国取消"电影剪阅制度"，以电影分级制取而代之。该制度借鉴美国电影分级制，并结合韩国国情，在法律上规定电影分为5个等级：全民可以观看；12岁以上可以观看；15岁以上可以观看；18岁以上可以观看；限制放映。每部电影由民间组成的"影像物等级委员会"进行评级，对色情、恐怖、政治等题材也不再加以限制。

这项制度的制定除了拓展常规电影的制作思路之外，还为韩国情色电影的发展开辟出一条新路，出现了诸如《美人》(2000，导演吕钧东)、《爱的色放》(2001，导演朴在浩)、《交换温柔》(2001，导演金在秀)、《周末同床》(2002，导演刘河)、《色即是空》(2002，导演尹济均) 等游走在性与爱之间的情色电影，并且形成了制作精细、画面唯美且"言之有物"的韩国特色，逐渐成长为亚洲地区继日本、香港之后又一个情色电影的重要产地。

2. 电影从业者强烈的自我保护意识

除了政府的支持之外，电影从业人员自身强烈的行业保护意识也是韩国电影取得巨大成就的原因之一，比如前面提到的"光头运动"就是一个鲜明的例子。

多年来，韩国电影人为了保护电影配额制所进行的斗争从来没有停止，甚至还带动了其他行业人士也参与到保护本国电影的斗争中来。2006年3月7日，韩国国务会议通过了缩减电影配额制的试行令改进案，规定从7月1日起每年的电影配额由146部缩减到73部。之后，规模不等的示威游行持续不断。7月1日，在缩减配额命令施行的当天，大约3000人走上首尔街头，抗议政府的决定。抗议人士中除了韩国最著名的影星崔岷植、李秉宪、李俊基、文素利等之外，还有大学学者、宗教界人士以及普通的市民。长信神大学社会科学和伦理学教授金岷旺说：我们拒绝屈从于美国的非正义要求，我们不会跪倒在好莱坞巨人脚下。

3. "东西融汇"的创作思路

无论是政府的扶植政策还是电影从业人员的自我保护，都只是韩国电影发展的"外因"，真正促使韩国电影获得本国民众支持和国际性声誉的"内因"，当然是电影制作水准的提高。

在韩国年轻导演所吸取的艺术营养中，除了韩国民族电影传统之外，还有另外三个重要的来源：美国好莱坞电影、欧洲艺术电影、香港电影。好莱坞电影的影响是世界性的现

① 韩国非官方性质的最高电影主管机构，其主要资金来源包括电影票税收及政府预算，每年约有4200万美元的预算收入。该委员会下设秘书处、首尔综合影城和韩国电影学院3个主要单位，其下再分成9个委员会，主要执掌政策拟订、产业振兴、辅助金审核执行、人才培育、教育研究和国内外行销推广等业务。20世纪90年代初该委员会因协调政府和电影人之间的矛盾而威望大增。

象，无须赘述。欧洲艺术电影的冲击则始于1995年，作为纪念电影诞生一百周年的庆祝活动，韩国电影院开始放映世界级电影大师的艺术电影佳作，如塔尔科夫斯基的《牺牲》、基耶斯洛夫斯基的《关于杀人的短片》等，不仅开拓了电影从业人员的视野，而且也满足了一般电影爱好者的需要，培养了他们的艺术品味。对于香港电影，韩国观众从来都不陌生，从成龙的功夫片到周星驰的喜剧片再到王家卫的文艺片，香港电影哺育了一代韩国人。我们经常可以从韩国电影中看到对香港电影有趣的"致敬"，比如《我的野蛮女友》(2001，导演郭在容）中就用武侠片段落的方式对王家卫的《东邪西毒》进行了"戏仿"，而《首尔星期天》(2005，导演 Sung-hun Park）中则用了香港演员梁朝伟的剧照作为道具。

除了借鉴欧美电影和香港电影的技术、艺术之外，韩国电影人还特别注重在电影中注入本民族的历史／文化元素和意蕴，特别是《丑闻》(2003，导演李在容)、《王的男人》(2005，导演李俊益)、《淫乱书生》(2006，导演金大宇）之类的古装影片，在服装、道具、美工设计、表演等方面都力求做到对于历史的精确还原，而在主题意识上则融入了充满现代感的新思想、新观念，从而达到了历史与现实的完美结合，彰显出独一无二的"韩国特色"。2009年的戛纳国际电影节在某种程度上可以称之为"韩国年"，共有9部韩国影片获邀参加，包括朴赞郁执导的《蝙蝠》、奉俊昊执导的《母亲》、洪尚秀执导的《不是很明白》和郑柔美执导的《灰尘孩子》等等。与2008年仅仅一部相比，这次"集体闯戛纳"的盛况堪称韩国电影的一次"飞跃"，《朝鲜体育》发出了这样的感叹："这足以让韩国电影扬眉吐气。"①对于韩国电影的关注和研究，将为中国电影的发展提供某种借鉴。

三、日本电影辉煌再续

1951年，黑泽明的《罗生门》斩获威尼斯国际电影节最佳影片金狮奖，这是第一部获此殊荣的亚洲电影，不仅成为日本电影走向世界的开端，也成为亚洲电影走向世界的开端。经历了几十年的发展，日本电影逐渐形成自己的风格，在国际影坛熠熠生辉，特别是"新浪潮"电影时代更是吸引了全世界的目光。然而，和其他国家一样，20世纪八九十年代之交的日本电影也面临着重重困难，不得不求新求变。

（一）独立制片的兴起

20世纪80年代，日本电影业遭遇了自1958年电视台开播以来的第二次巨大冲击，家庭放像机的普及、录像店的兴起、模拟卫星频道的开播，三大事件令日本电影业在1989年跌至产量和观众数量的最低点。几年后的1996年，电视多频道时代的起步又对电影业造成了第三次冲击，可谓雪上加霜。面对严峻的市场情况，日本电影业拿出了三大对策②：影院设备改革，制片方式改革，放映方式改革。其中特别值得一提的是制片方式的改革：打破大公司垄断电影制片的格局，鼓励独立制片。

所谓独立制片是指"80年代后，主要在东京等地小影院上映的、影片个性与导演风格

---

① 余秋：《韩国电影集体闯戛纳》，《环球时报》2009年5月5日，第12版。

② 钱有珏：《走向21世纪的日本电影》，《电影评介》2000年第6、7期。

都十分鲜明的影片”①，包括小独立制片（以单独的独立制片公司为主的制片方式，如1995年《电影旬报》“十佳”第一的《午后遗书》）、大独立制片（由多行业赞助或投资组成的制片委员会进行制片，如1996年《电影旬报》“十佳”第一的《谈谈情跳跳舞》、1997年《电影旬报》“十佳”第一的《鳗鱼》、1998年《电影旬报》“十佳”第一的《花火》）和与正在崩溃的大制片厂协作制片。其中，最成功的方式是大独立制片，这种方式把大企业良好的资金条件和创作者独特的创作理念进行了完美的结合，杰作频出。

电影业的改革措施改善了日本电影的创作环境，并迅速掀起了日本电影发展史上的又一个高潮：1995年岩井俊二的《情书》获得柏林国际电影节最佳亚洲影片奖，《幻之光》（导演是是枝裕和）获得威尼斯国际电影节新人导演奖；1996年《图画中的美丽村庄》获得柏林国际电影节银熊特别奖……到了1997年，今村昌平的《鳗鱼》和北野武的《花火》分别荣获戛纳国际电影节最佳影片金棕榈奖和威尼斯国际电影节最佳影片金狮奖，标志着日本电影已经登上了世界之巅。

（二）爱与死：永恒的主题

如果说50年代日本电影（以《罗生门》、《雨月物语》、《地狱门》等经典影片为代表）的成功是源于西方对于东方神秘情调的向往、想象和崇拜，那么90年代的日本电影则让“西方观众认为日本离得近了，东方正与世界同步，有着共同的、易于理解的情感”②。

认识日本电影，要从认识日本的地理环境说起。从本质上讲，日本是一个岛国，国土狭小，资源匮乏，自然灾害（台风、地震等）频发，这样的国情造就了大和民族鲜明的性格特征：缺乏安全感，特别渴望来自外界（特别是异性）的温暖；对生命抱有无常感，常常思考生与死的问题；参透了生命的无常，索性完全放任自己追求现世的肉体欢乐而放弃所谓的精神追求等等。

从某种程度上来说，电影艺术正是通过刻画一系列的人物形象来书写一个民族的性格特征，日本电影也是如此。在日本电影中，关于爱与欲、生与死的主题讨论甚多，这在老一代日本导演大岛渚、今村昌平的作品中表现得非常明显，在新一代日本电影人的作品中更是成为主流。无论是岩井俊二电影中美仑美奂、至真至纯的初恋（《情书》），还是周防正行电影中瞻前顾后、似有若无的中年躁动（《谈谈情跳跳舞》），抑或森田芳光电影中极端压抑又极端奔放的不伦之恋（《失乐园》），甚至被正统批评家们所不齿的情色电影，都在特定的观众群体中引起了巨大的共鸣。而北野武的电影则通过对暴力和温情的对比描写，阐述他对于人性的理解和对于生死的感悟，正如他自己所说的那样：我所要拍的是一个人中弹倒下而生命渐渐离去的无奈和悲伤。除此之外，还有一群被称为“异类”的导演，如三池崇史、冢本晋也等，则以荒诞、暴力、诡异的方式阐述着他们对于日本社会、文化、人性、死亡的理解。

（三）主要导演及其创作

1.“导演中的人类学家”今村昌平

作为日本“新浪潮”电影的先锋派代表，今村昌平摆脱了日本传统电影的束缚，通过对

① 李彬：《管窥日本独立制片电影》，《北京电影学院学报》2001年第4期。

② 钱有珏：《走向21世纪的日本电影》，《电影评介》2000年第6、7期。

人性善恶交织、情欲冲突等复杂性的表现，对日本民族的性格剖析达到前所未有的高度，被称为“导演中的人类学家”，也被国际影坛看做黑泽明之后最有声望的顶级日本导演。

他在90年代以后的主要作品有：

《鳗鱼》(1997)：影片改编自吉村召的获奖小说《黑暗中的曙光》，讲述一个犯了杀妻罪的男人如何重建自己的精神家园。影片形式简洁，节奏缓慢，但是在沉郁的电影形式下展开的主人公的精神世界却堪称跌宕起伏，摄人心魄，为今村昌平赢得了戛纳国际电影节最佳影片金棕榈奖，重现了《楢山节考》时期的辉煌。

《赤桥下的暖流》(2001)：影片延续了今村昌平对于女性命运的关注及对于女性力量的肯定，他曾经在谈到此片时说了一番这样的话：21世纪来了！有人讲过，21世纪是属于科学与科技的，我完全同意。不过，我想另外再加一句注脚，就是——21世纪也将是女人的天下！在过去的一个世纪内，我执导的电影……当中描绘的，都是些坚强的女性，纵使她们生于一个从属于男人、又或者在社会上全无实际地位的时代，她们都以坚强勇敢的态度去迎接命运……透过对见庸的原著作品《赤桥下的暖流》的阐释，我希望了解女性本质下、最深层的秘密。可以看出，世纪末和女性力量是他拍摄此片的两个出发点。影片中，世野阳介和奈保子曾一起参观一个科研基地，在那里用中合子和超纯水混合，可以产生粉蓝色的光。奈保子在参观的过程中不断地感叹：这就是21世纪的科学！后来，在一条已经干涸的河流中，阳介也发出慨叹：希望21世纪会更好。影片拍摄于2001年，不可避免地沾染上了“世纪病”的气息。在那特殊的时刻，全世界的人都沉溺在对于已然过去的20世纪的反思、缅怀和对于新世纪的憧憬、幻想之中。

2. 北野武

北野武出生于东京浅草，艺名彼得武，曾就读于东京明治大学，但因成绩不佳中途退学。70年代与兼子清组成对口相声组合“TWO BEATS”进军娱乐界，到80年代已经成为日本著名的相声演员和搞笑主持人。

1983年他第一次作为演员出演著名导演大岛渚执导的影片《战场上快乐的圣诞节》，1989年导演处女作《凶暴的男人》，其后相继导演了《3－4×10月》(1990)、《那年夏天，最宁静的海》(1991)、《奏鸣曲》(1993)等影片，成为日本90年代以来最重要的导演之一。

1994年8月，他遭遇了人生的重大变故：深夜骑摩托车滑倒，造成包括右脸颊在内的多处严重骨折。休养7个月后，他带着无法治愈的面瘫重返电影界。这次起死回生的体验让他对生死、对人生、对生活有了新的体认，相继拍摄了《性爱狂想曲》(1995)、《坏孩子的天空》(1996)、《花火》(1997)、《菊次郎的夏天》(1999)、《座头市》(2003，获威尼斯电影节最佳导演奖等四项大奖）等影片，获得了更大的成功。

《花火》讲述一个警察陪同妻子走完人生最后旅程的故事，影片中既有火爆血腥的暴力场面，又有温馨的情感交流细节，还有美丽的插画和自然风景，这互相对立又互相衬托的一切交织在一起，呈现出奇特的美感。片名用美丽夺目的鲜花和熊熊燃烧的烈火来象征爱与暴力，体现生与死的主题。影片获得威尼斯国际电影节最佳影片金狮奖，奠定了北野武的国际地位。

北野武电影的一个明显特点是他的自导自演，几乎所有作品都由他自己主演，至少也参与演出。另外一个明显的特点是暴力美学，他的影片充满了残酷的格斗和枪战等血腥场面，但是这种暴力并不是无缘无故的，而是来自于他对人生苦难和社会残酷的体认，在表现这些暴力的同时，他也不遗余力地表现人与人之间尚存的脉脉柔情，最终形成了暴力与温情并存的美学风格，被称为“世界影坛三大暴力美学大师”之一①。

3. 宫崎骏

宫崎骏幼年时喜欢看书、看漫画，在中学时代就定下了成为漫画家的目标，并且开始积极练习漫画。1963 年参加东映映画，与高畑勋、小田部羊一等前辈们一起进行动画创作。1977 年获得机会担任《未来少年柯南》的导演，表现出丰富的想象力和较强的表现力，也奠定了宫崎骏动画片以少男少女题材为主、基调明亮的特点。

他的主要作品包括 1984 年的《风之谷》、1986 年的《天空之城》、1988 年的《龙猫》、1989 年的《魔女宅急便》、1992 年的《红猪》、1997 年的《幽灵公主》、2001 年的《千与千寻》、2004 年的《哈尔的移动城堡》等。

宫崎骏的动画片绝不仅仅是拍给孩子们看的，在他的动画世界中，充满了对世界、对社会、对情感、对人类自身的探索和追问，具有很高的人文价值，堪称“动画里的思想者”。正是在他的手里，动画片真正变成“成年人的童话”。最具代表性的作品是《千与千寻》，这部影片表现了现代日本小女孩千寻为了拯救双亲，在神灵世界中经历友爱、成长、修行等冒险过程，最终重返人类世界的故事，被很多人认为是宫崎骏探索入世道路的寓言。也正是凭借深刻的寓意，影片获得柏林国际电影节最佳影片金熊奖，创造了世界电影史上由动画片获得三大国际电影节最高奖项的纪录。

四、伊朗电影剑走偏锋

20 世纪末期亚洲影坛另外一个重要现象是伊朗电影的崛起。

（一）伊朗及伊朗电影简介

伊朗具有 5000 年文明历史。公元前 6 世纪，古波斯帝国盛极一时。19 世纪以后，伊朗沦为英、俄的半殖民地。1925 年巴列维王朝成立。1979 年 4 月 1 日，宗教领袖霍梅尼领导伊斯兰革命成功后，建立了伊朗伊斯兰共和国。

在伊朗，与人们生活密切相关的有三个关键词：宗教、战争和自然灾害②。

电影进入伊朗的时间和进入中国的时间差不多，但是由于历史和政治的原因，直到 20 世纪 70 年代初期，外界对它还毫无所知。除了受文化霸权的压迫忽视外，作为伊斯兰国家，宗教也是电影在伊朗受到排斥的原因之一。很多宗教界人士认为电影“有伤风化”，会给社会带来不良影响，甚至还出现过焚烧电影院的过激行动。伊朗的电影检查制度非

① 另外两位是香港导演吴宇森和美国导演昆廷·塔伦蒂诺。

② 伊朗国徽由四弯新月、一把宝剑和一本古兰经组成。新月象征宗教——伊斯兰教；古兰经位于顶端，象征伊斯兰教高于一切，是共和国行为准则的依据；宝剑象征坚定与力量。四弯新月和古兰经书本组成阿拉伯文的“安拉”（真主），而整个图案呈圆形，象征地球，表示“安拉”的伊斯兰思想遍及全球。伊朗和伊拉克长期存在着边界、教派和民族争端。20 世纪 80 年代以后两国关系恶化，1980 年 9 月爆发了两伊战争，持续 8 年之久。伊朗是高原国家，海拔一般在 900～1500 米之间，特别容易发生地震，导演阿巴斯的《生生不息》就以 1990 年伊朗北部大地震为故事背景。

常严格，电影不能涉及政治、宗教、性等多个领域。为了避免影片在检查中被扼杀，即使是有追求的导演也只能随大流拍摄充满陈词滥调的商业电影。

1979 年对伊朗电影来说是关键的一年，当年发生的社会革命也给电影带来了新的生机，政府对电影转而采取扶助的姿态，为电影的拍摄提供资助。到 80 年代后期，伊朗新电影成为国际影坛最出风头的势力之一，频频在各大国际电影节上获奖。

（二）代表性导演及其电影创作

1. 精神领袖阿巴斯·基亚鲁斯塔米

阿巴斯出生于德黑兰，早年制作商业广告片，是伊朗新电影崛起的创始人和中坚人物。

1987 年他凭借朴素的儿童题材影片《何处是我朋友的家》获得瑞士洛迦诺国际电影节大奖。1990 年的《特写》进一步确立用纪录片手法拍摄故事片的创作风格，模糊了纪录与虚构之间的界限，给伊朗电影乃至世界电影注入了新的生命力。

1997 年的《樱桃的滋味》是阿巴斯创作风格的集大成者。影片用纪录片的方式记叙了一个想结束自己生命的人驱车到各地寻找自杀帮手的故事，主人公在旅途中遇到许多人和事，对于人生、生活、生与死的看法都发生了潜移默化的变化。该片在朴素到极致的外表下蕴藏着深刻的哲学力量，为阿巴斯勇夺戛纳国际电影节最佳影片金棕榈大奖，开创了伊朗电影在三大国际电影节上获最高奖的纪录。

其他主要作品有《生生不息》(1991)、《橄榄树下的情人》(1994)——这两部影片与《何处是我朋友的家》合称“三部曲”，还有 1995 年的《白气球》、1999 年的《风将把我们带向何处》(获威尼斯国际电影节评委会大奖）等。

阿巴斯所开创、并为伊朗导演广泛学习和推广的“极简”(或曰“纪录片式”）故事片风格在世界影坛独树一帜，为伊朗电影赢得了荣誉和尊重，甚至令法国“新浪潮”运动的中坚人物戈达尔发出了“电影始于格里菲斯，止于阿巴斯”的感叹。

2.“伊朗之光”马基德·马基迪

马基迪出生于德黑兰，早年担任演员。1992 年执导第一部电影《手足情深》，1996 年以《后父》一鸣惊人。1997 年的《小鞋子》大量采用了纪录片式的长镜头，又以固定长镜头为主，代表着观众眼睛的摄影机就像一个冷静的旁观者，默默地看着兄妹间发生的一切；但影片也不排斥戏剧性，如音乐的使用、赛跑时的慢镜头和画外音，对于调动观众情绪的参与起到了很好的助推作用。影片获得蒙特利尔电影节最佳影片奖，并代表伊朗首次入围奥斯卡最佳外语片奖，奠定了其国际地位。1999 年导演《天堂的颜色》，再次在蒙特利尔电影节上夺取大奖。

其他作品还有 2001 年的《巴伦》、2005 年的《风吹柳树静》、2008 年的《麻雀之歌》等。

马基迪以自己的电影实践着自己的电影文化观：文化比政治重要，希望电影可以消除人与人、国与国之间的疑虑和误解，改变他人对伊朗的想法。

3. 贾法·潘纳希

潘纳希毕业于德黑兰电影与电视学院，曾担任阿巴斯的助导，深受其风格影响。与阿巴斯、马基迪相比，潘纳希的作品更侧重对于女性（包括成年和未成年）生存状况及伊朗社会问题的表现，并且具有强烈的敏锐性和批判性。

主要作品有1995年的《白气球》、1997年的《谁能带我回家》、2000年的《生命的圆圈》（获威尼斯电影节最佳影片金狮奖）等。

（三）伊朗新电影的风格

1. 内容上的新现实主义

第三世界很多国家在复兴本国电影的时候基本上都是先以新现实主义的面貌出现，这一方面是本国各方面基础薄弱所致，另外一方面这样的电影确实也容易在发达国家举办的各种电影节上获奖，毕竟获奖是电影弱国的电影工作者走向成功的捷径，伊朗电影也是如此。

在伊朗电影中，可以看到伊朗人民的真实生活，没有修饰也没有丑化，只是客观地展现；然而表现贫穷并不是导演们的目的，在局促的住房、狭窄的街道、窘迫的处境中隐含的人性亮点才是他们要表现的重点。

2. 格调清新的"手工电影"

波兰已故电影大师基耶斯洛夫斯基有一句关于电影的名言流传甚广：电影是个手工活。他所说的"手工"显然并不是指向技术层面，而是指向创作意识层面，他认为电影不应该被技术所左右，而应该在立意上下工夫。但是，20世纪的最后十年，以好莱坞为代表的技术主义浪潮席卷了全世界的银幕。观众在经过了对技术主义最初的好奇和兴奋之后，很快就丧失了新鲜感，对挤满银幕的"大片"感到厌倦，呼唤格调更加清新的电影出现，就像一个人吃厌了油腻腻的鸡鸭鱼肉，特别想吃几口清爽的小菜。在这样的背景下，伊朗电影横空出世，吸引了全球观众的目光。

伊朗的电影工作者正像是一群朴实的手工艺者，在不大的铺子里，用样式、数量都有限的原材料，精心制作出质朴而感人的电影作品。

借用1970年古巴导演菲南多·索拉纳斯与奥大维·杰提诺合写的《迈向第三世界电影》一文中的概念①，伊朗电影属于"第三电影"，在这里，"第三"不仅指伊朗的国情属于第三世界国家，更是指一种介于主流商业电影和前卫艺术电影之间（或者说"之外"）的"第三种风格"。

其实，无论是鸡鸭鱼肉还是清爽小菜，都是观众所需要的营养，更何况观众的口味也是多变的，只有把两者合理搭配起来，才能牢牢抓住观众。

五、越南电影悄然盛放

（一）整体发展情况

越南电影制作的历史开始于1959年7月的《同一条江》，在之后的很长一段时间里，越南电影大都围绕着两方面的内容进行创作：卫国战争和建设新社会。虽然也有不少作品在国际电影节上亮相和获奖，但是从来没有真正进入世界电影市场。1975年南、北越统一，为越南电影的发展创造了新的契机，产量大幅增加。然而，1986年越共第六次全国代表大会之后，国家拨款的电影制作方式宣告结束，制片机构只能获得少量的国家资助，

① 范志忠：《世界电影思潮》，浙江：浙江大学出版社2004年版，第297页。

再加上全国范围内的经济困难，越南电影业陷入了严重的困境。当80年代末电视普及之后，电影业更是举步维艰。据统计，1993年越南故事片只生产了5部，电视连续剧则高达90部①。

电影业苟延残喘、濒临死亡的严峻形势迫使政府采取措施，1993年，越南电影部门提出了巩固和发展越南电影的计划，采取包括改造电影院、国家订购、加强基础设备、培养专业人才等多种措施挽救越南电影，再加上越南电影人自身的努力，使得越南电影逐渐从谷底反弹，走上了复兴之路。

1999年，由陈文水导演的纪录片《美莱弦乐之声》获得第44届亚太影展最佳纪录片奖；2000年，故事片《沙之乡》获得第45届亚太影展三项大奖（最佳故事片、最佳女主角、最佳女配角）。此外，一些越南影片也开始走出国门，到国外进行放映，如2000年由女导演越灵执导的《共居》和由王德执导的《伐木工人》均在法国上映。这些导演和他们风格清新的作品形成了越南新电影的浪潮。

在这个浪潮中，最受瞩目、最具代表性和国际性的导演是陈英雄。

（二）代表性导演陈英雄

陈英雄1962年出生于越南，14岁移居法国，定居于巴黎。最初在法国研读哲学课程，后因看到一部让他感动的越南裔导演的电影作品，决意改学电影，进入著名的路易·卢米埃尔学院学习摄影技术。

1988年拍出短片《南雄的妻子》。1991年的短片《望夫石》获得里尔国际电影节评委会大奖，开始受到国际影坛的关注。1994年拍摄了长片处女作《青木瓜之味》，以从容不迫的叙事节奏、简约内敛的台词、美不胜收的画面讲述了一个美丽幽怨的爱情故事，获得了国际电影界的一致好评，夺得包括戛纳电影节"金摄影机"奖、恺撒奖最佳外语片奖在内的多项大奖，此外还获得了奥斯卡最佳外语片的提名，令他一举成名，成为越南新电影的扛鼎人物。

在《青木瓜之味》成功之后，陈英雄推出了第二部长片《三轮车夫》(1995)，并邀请香港演员梁朝伟担任主演。本片中呈现的景象一反《青木瓜之味》中的怀旧、宁静、温馨，而是充满了黑暗、堕落与罪恶——黑帮贩毒、杀人放火、变态的性，可谓触目惊心，有人曾用"坚硬的力度、残酷的美感、血腥的诗意构筑了一个辛辣而令人晕眩的世界"来总结本片。虽然两部影片对于越南的描述截然相反，但并不是自相矛盾的。《青木瓜之味》表现的是陈英雄童年记忆中的越南，或者说是他理想中的越南，是美好、青涩和温暖的，而《三轮车夫》表现的是"现时"的越南，是混乱无序、令人失望的。在这一美一丑的对比中，陈英雄对于过去越南的怀恋、对于现实越南的不满，立刻显露无遗。或许，越南人民可以用他的电影作为一面镜子，照到自身的不足，谋求进步。《三轮车夫》再次为陈英雄赢得至高荣誉：威尼斯国际电影节最佳影片金狮奖。

陈英雄的其他作品还有2000年的《夏天的滋味》、2008年的《伴雨行》。

20世纪90年代以来，全世界在经济上的"地球村"化趋势越来越明显，然而，文化上的隔阂却始终没有消除，即使在亚洲地区之内，许多国家之间也因为经济发展速度、政治

① 张巍：《外国电影史》，北京：中国电影出版社2004年版，第236～237页。

制度以及文化的不同而存在着诸多交流的盲区。作为一种重要的文化交流形式，电影无疑是最有效的沟通工具之一。90 年代以来亚洲电影的崛起和繁荣不仅使得亚洲各国之间的文化交往更加频繁深入，而且也在一定程度上促进了东西方之间的交流、沟通和理解。欧美各电影大国在本质上都是以基督教文明为基础的，只有在加入了亚洲电影之后，才“意味着 90 年代世界电影文化呈现出真正意义上的丰富性和多元性”①。

思考与练习

1. 20 世纪末亚洲电影的格局有哪些变化？是什么造成了这些变化？
2. 韩国电影崛起的原因是什么？对于中国电影有哪些启发？

第五节　其他国家电影：独特绚丽的另类风情

【本节提要】很少有一种艺术形式能像电影这样在世界范围内引起轰动，世界各国都在努力通过电影这种全新的艺术形式来诠释本民族的精粹，但并非所有的努力都能见到成效。虽然好莱坞的电影早已跨入极度繁荣的时代，但来自拉美、澳洲和非洲的影像风景却由于起步较晚、政治干预、经济落后等原因，一直单薄得让人叹息。然而，无论如何单薄，拉美电影、澳洲电影、非洲电影依然以其强烈的民族特色和异域风情丰富着世界电影地图——“光影”巴西、“魅力”墨西哥、“风情”阿根廷以及来自古巴的“风景”等均无例外。回望它们或辉煌或暗淡的电影历程，我们唯一能做的就是祈祷他们的明天更加美好。

【主要内容】

1. “光影”巴西
2. “魅力”墨西哥
3. “风情”阿根廷
4. 来自古巴的“风景”
5. “激情”澳大利亚
6. “魔幻”新西兰
7. 南非电影的独立性与多样性
8. 埃及电影的命运图景

相对于欧洲、亚洲及好莱坞电影而言，拉丁美洲、澳洲、非洲的电影在世界影坛上一直以一种颇为羞涩甚至沉默的姿态存在。纵观这三个洲的电影发展历程，影片数量很少，而且迄今为止也没有形成有影响力的电影流派，但依然可以从中看到其独特的异域风情和

① 江晓雯：《当代世界电影文化 1990～2000》，北京：中国电影出版社 2004 年版，第 141 页。

民族特色。

一、“光影”巴西

1900年对于巴西来说是具有重大意义的一个年份，经历了近五年的观摩学习其他国家的电影作品之后，巴西开始有意识地构建自己的民族电影事业。最初，巴西电影企业的兴起方式十分独特，它以多个城市同步进行为特征，并没有像好莱坞一样形成一个固定的电影发展中心，比如里约热内卢、圣保罗、累西腓、贝洛奥里藏特等多个城市都有自己的电影制片厂。这种过于分散的电影拍摄格局在一定程度上促进了巴西电影短时间内的迅速普及，但也导致了巴西电影发展的缓慢。十多年后，巴西终于出品了第一部有影响力的长片《巴尼奥斯的犯罪》（导演弗兰塞斯科·桑托斯，1913）。随后，巴西电影人孜孜不倦地努力拍摄了一些具有一定思想性和艺术性的电影作品，如路易斯·德·巴罗斯在1915年拍摄的《死或生》，卡佩拉罗在1916年拍摄的《瓜拉尼人》，何塞·梅迪纳在1919年拍摄的《上帝的惩罚》等等。这些作品记载了巴西电影早期的辉煌，也为巴西电影的理论发展和艺术拓展奠定了良好的基础。

20世纪20年代中期到30年代，随着欧洲先锋派电影思潮的普及，巴西电影人开始有意识地在电影艺术领域内打造具有自己民族特色的电影艺术表达模式。1925年，一帮充满热情的巴西电影人在圣保罗创立了巴西历史上第一个电影俱乐部，既为巴西电影人提供了一个交流思想的空间，也为巴西电影理论的发展提供了一种有效的途径。这个时期温贝托·莫罗以崭新的电影风格令整个巴西影坛为之惊异。他的作品如西部片《瓦拉达奥火山口》（1926）、《灰下火》（1928）、《矿工血》（1929）以一种罕见的独创性和反映现实的倔强姿态开辟了巴西电影的新内容，表达了一种新的情绪，给观众耳目一新的视听感受，同时也把巴西无声电影的发展推向了高潮。

30年代有声片时代来临。有声片的出现增加了好莱坞电影的魅力指数，也为好莱坞电影在世界范围内的普及增加了竞争力。但声音元素的加入没有给巴西电影带来福音，反而因为不能成功地运用声音元素而导致巴西电影进入了前所未有的低谷，电影产量急剧下降，仅存的为数不多的影片大都是依照好莱坞歌舞片模式而拍摄的一些歌颂盛世太平的音乐片，如《哈罗，哈罗，巴西》（1935）和《哈罗，哈罗，狂欢节》（1936）。这些脱离了本民族内涵的电影作品引发了巴西观众对于电影事业的逆反，加快了巴西电影的衰落。但有责任心的巴西电影人依然在为巴西电影的振兴不遗余力。导演路易斯·德·巴罗斯带头拍了几部影片，温贝托·莫罗随之摄制了《我的情史》（1935）、《妇女城》（1936）、《巴西的发现》（1936）等一系列电影，导演奥德瓦尔多·维安也拍摄了《绸娃娃》（1935）等片。遗憾的是，这些电影人孜孜不倦的努力还是没能挽救巴西电影衰落的命运。40年代到来的时候，巴西电影作品的年产量已经经常在个位数上徘徊了。

巴西电影的低迷引起了政府的关注，为了挽救本民族电影的发展，当时的国家总统热图利奥·瓦加斯颁布了一项鼓励本民族电影发展的法令，在法令的推动下，巴西短片产量大量增加，不过质量都很一般，主要以宣传片、政治演说片和官方典礼影片为主。

正所谓“有心栽花花不开，无心插柳柳成荫”，政府的努力虽然没能彻底改变巴西电影的命运，却促进了巴西电影纪录学派的形成。热尼尔·瓦斯康塞洛斯的长片《内地》和彼德罗·利马的纪录片《东北地区》都展现了巴西东北部贫瘠酷旱的土地，把巴西民族的自然苦难表现得淋漓尽致，引发了关于贫民生活状态的探讨，反映了当时社会底层人民的生活苦难现状，引人思索，令人叹息；导演利马·巴雷托在《彩画》一片中纪录了画家波蒂纳里所绘的壁画，在影片《神庙》中则对阿莱亚丁荷①在殖民地时代制作的巴罗克式雕像进行了细致的反映和描绘，今天看来，这些影片仍然具有深刻的历史意义和不容忽视的学术价值。

与此同时，导演路易斯·德·巴罗斯、卡门·桑托斯、温贝托·莫罗等一直在用自己的创作为本民族电影艺术的发展进行努力，如巴罗斯拍摄的《庭院》(1946)、桑托斯拍摄的历史片《不能信任的米内拉》(1946)、莫罗自导自演的《索达德之歌》(1952) 等，都凭借杰出的镜头语言备受关注。另外一位颇具号召力的电影人阿尔贝托·卡瓦尔康蒂提出了一个振兴民族电影的口号——“创立为巴西人服务的巴西电影”，并把这个口号作为自己的工作纲领。事实证明，他所导演、监制的影片或在他启发影响下摄制的影片，基本上都实践了这一纲领，例如影片《卡伊萨拉》(阿多尔弗·塞利导演)、《土地永远是土地》(汤姆·潘恩导演) 均具有浓厚的巴西民族气息。总之，这些导演为巴西电影的繁荣付出了努力，也为巴西电影带来了一些兴盛气息。但以导演为核心的拍摄制度与好莱坞大工厂制度遭遇时，导演核心制的脆弱淋漓尽致地凸显出来，巴西电影院里受欢迎的依然是来自好莱坞的声画宴会，巴西电影人的前进之路任重而道远。

20 世纪 50 至 60 年代，巴西年青一代导演兴起，究其原因分别为：首先，处于转型期的美国电影进入了整顿时期，这使得巴西电影市场得到喘息的机会，巴西本土电影得到了一个相对宽松的发展空间。这个时期，顺应市场的需求，巴西每年摄制的影片达 20 多部，其中令人注目的成功作品有导演兼摄影师沙洛芒·斯克利亚尔摄制的半纪录性故事片《北风》、涉及贫民区黑人生存境遇的《里约四十度》(多斯·桑托斯导演)、显示出导演塞萨尔·梅莫罗丰富想象力的滑稽片《骨头、爱情和风筝》、记载了导演利维奥·纳尼细致观察力的儿童片《黑仆人》、带给观众真实感的影片《路》(奥斯瓦尔多·桑巴约导演) 等。其次，欧洲现代电影思潮的兴起也为巴西年青一代电影人提供了学习的机会和理论上的参考，因此这个时期出现了具有伯格曼意识流风格的影片《奇遇》(华尔特·乌戈·库利导演) 等。这些优秀作品宣告了巴西新一代电影人的崛起，掀开了巴西电影史的新篇章，并使得巴西电影登上了国际舞台。1962 年，巴西电影《诺言》(安塞尔莫·杜亚尔特导演)在戛纳电影节上夺得大奖；同年，戛纳电影节还放映了若奎·佩德罗·德·安德拉德的《马库纳伊玛》和内尔森·佩雷拉·桑托斯的《艰辛岁月》，前者讲述了一个带有超现实与荒谬剧意味的传奇旅程，后者则运用新现实主义手法讲述了一个逃荒的家庭在旱灾地区拼搏求生存的故事。这些难能可贵的电影作品生发于人才稀少、力量分散、资金短缺的巴西电影界，让我们了解到了巴西电影人的精神可嘉，也为巴西电影工业的再次低落埋下伏笔。60 年代末，巴西电影再次出现“沉默”的局面。

电影的沉寂并没有影响到巴西电视工业的兴盛，20 世纪八九十年代，巴西的电视工

① 阿莱亚丁荷(1738～1814)：巴西著名建筑师、雕刻家。

业开始蓬勃发展，制作豪华的电视肥皂剧一度风靡全国甚至整个南美地区，随之也影响了电影工业的整体走向。受益于电视工业的发展，这个时期的巴西电影作品在形式上带有喜剧风格，在制作上得到知名的电视演员、电视导演的资助，总体上技术制作水平和艺术表现手段均得到了大幅度的提升。于是，巴西电影的复苏气象在世纪之交呈现出来，著名的影视公司 Globo TV/Filmes 凭借它在电视界技术与人才的领先，领导几家电影公司拍出了一些既有艺术性又兼顾了票房成绩并获得世界影坛认同的电影，如《中央车站》（华特·沙勒斯执导，1998）、《上帝之城》（费南多·梅瑞列斯执导，2002）、《监狱淌血》（又译《卡兰迪鲁》，2003）等。随着这些有影响力的影片问世，巴西本土影片的市场份额大幅攀升，不仅本土观众人次有所增加，也因为《中央车站》等影片在奥斯卡影展上的突出表现而吸引来了好莱坞制作公司的重视。几家好莱坞制作公司（例如索尼哥伦比亚、福克斯、迪斯尼等）都与巴西电影公司建立了合拍项目。同时，巴西的里约与圣保罗两大电影节近年分别设立电影交易平台，每年都吸引上万名买家参与。总之，近年来的巴西电影已经进入一个全新的发展阶段，不时给我们带来一些惊喜、一点期待、一种感触。

与中国相似，巴西也是一个拥有多元自然景观的国度。在巴西的本土影片中，辽阔的亚马逊热带雨林、西部的沙漠、美丽的海港、奇异的海滩景观等都是影片画面不可或缺的重要元素。这些具有民族特色的异域风光既增加了巴西影片的看点，也为巴西电影人提供了独特的创作环境。因为受到资金方面和技术方面的限制，巴西电影没有奢华的特技效果，因此，它的风格倾向于真实、自然的表达，非常贴近生活。总之，众多的巴西影片为我们提供了不一样的风景，为我们更深层地了解巴西的社会状态、人文历史及宗教信仰提供了一个灵动的载体，给我们带来视听感官的冲击和撼动灵魂的思考。简而言之，极具民族特色的巴西电影关注了充满挣扎和苦难的社会现实，坚守了人文立场，虽然来自这个民族的光影资料不多，但这个民族特有的力量已经得到淋漓尽致的体现。

二、"魅力"墨西哥

1896 年，卢米埃尔兄弟早期拍摄的《工厂大门》、《火车到站》等影片就传到了墨西哥，为墨西哥本土电影的产生提供了参考的范本。墨西哥人民以一种超乎寻常的热情关注着电影这种全新的艺术形式，于是大量电影院在墨西哥境内建立。大量电影院的出现意味着需要更多的影片，单纯依赖进口法国影片已经无法满足墨西哥观众的需要。于是，墨西哥第一部短故事片《唐胡安·特诺里奥》（导演托斯卡诺，1898）应运而生，工程师出身的电影导演托斯卡诺毋庸置疑成为墨西哥民族电影业的奠基人。在这位导演的影响下，一大批墨西哥工程师纷纷变身为电影人。这些人的加盟使得墨西哥逐渐形成了具有独特民族风格的电影拍摄模式，他们的努力奋斗铸就了无声电影时期的辉煌。这个时期大量的作品出现，诸如：M. 德拉班德拉拍摄了墨西哥第一部长故事片《光》（1917），E. 罗萨斯拍摄了风格细腻清新的《灰色汽车》（1919），M. 孔特雷拉斯·托雷斯拍摄了《工头》（1921）、《黄金、血和太阳》（1925）等。因为对于电影的热爱和社会变革为影片提供素材等内外因素，墨西哥电影从产生就显现出强大的生命力。较之于巴西的影片，墨西哥以更为丰富的作品书写了拉美电影史上无声片时期的骄傲。

不同于有声片对巴西电影的伤害，有声片的到来开启了墨西哥电影的黄金时代。从20世纪30年代到40年代中期，墨西哥电影无论在技术手段探索还是在艺术手段发掘上均取得不俗的成绩，电影人才建设上也有突出的成就。良好的电影创作氛围吸引了很多国家电影人关注的目光。1931年，重量级人物前苏联电影大师爱森斯坦等人拍摄了《墨西哥万岁》，为墨西哥本土有声片拉开了成功的序幕。1932年，A.莫雷诺导演的有声片《圣洁的女人》大获成功。资料显示：1933年，墨西哥电影年产量高达21部，此后逐年上升。在电影探索期能够取得这样的成就，墨西哥电影人实属不易，其中代表性作品有《门多萨老兄》（导演德富恩特斯，1933）、《两个修士》（J.布斯蒂略·奥罗执导，1934）、《渔网》（E.G.穆列尔和奥地利人齐纳曼联合导演，1934）、《玛丽娅·坎德雷利娅》（费尔南德斯执导，1943，此片曾在戛纳国际电影节获奖）等。这些影片为墨西哥电影开辟了新的市场，也为墨西哥电影赢得了数量可观的异域观众，墨西哥影片成功地走出国门。

这个时期墨西哥电影的辉煌是多种元素的合力使然。首先，因为战乱的原因，欧洲各个电影强国和美国都或多或少地忽视了电影工业的发展，而此时相对稳定的墨西哥拥有良好的经济基础，这为电影工业的发展提供了绝佳的契机。其次，墨西哥国内政治环境相对稳定，吸引了在好莱坞工作的墨西哥电影工作者纷纷回国拍片，为墨西哥电影事业的勃兴提供了人才上的优势。与此同时，墨西哥政府也颁布实施了几项有利于电影发展的政策，如要求放映单位必须放映国产片、建立国家电影银行贷款支持制片人等一系列优惠政策扶持本土电影发展。在良好的发展环境下，许多电影制片厂和电影公司纷纷成立，其中规模最大的当属墨西哥电影公司和克拉萨影片公司。另外，墨西哥成立了极富本土特色的电影机构，为本土电影的发展提供了一个交流的平台和竞技的场所。1948年，墨西哥艺术和电影学院效仿美国奥斯卡奖的形式，设立了一年一度的阿列尔奖。这个奖项的设立不仅鼓励了墨西哥本土电影人创作电影的积极性，而且扩大了本土电影在国际上的知名度。总之，在这个阶段，墨西哥影片在拉美市场上占据了明显的优势并取得了不俗的成就，堪称墨西哥电影史上的黄金时代。

随着二战的结束，美国及欧洲各国的电影开始复苏，墨西哥电影的发展重新遭遇到强劲的阻力，黄金时代宣告结束。为了能够与好莱坞和欧洲影片抗衡，墨西哥电影工作者做了很大的努力，比如在20世纪60年代进行了诸如实验电影竞赛、独立电影运动等多种形式的努力和尝试。这些努力和尝试让一些勇敢的电影人得以在墨西哥电影发展史上崭露头角，例如阿尔科利萨执导了影片《特拉尤坎》（1961，在卡罗维发利国际电影节和旧金山国际电影节上获奖）、《捕鲨鱼的人》（1962，在阿根廷马德普拉塔国际电影节上获奖）和《塔拉乌马拉》（1964，在戛纳国际电影节上获奖）等等。但由于自身经济基础和电影艺术实力的薄弱，墨西哥影片的国际市场和国内市场日趋萎缩。于是从20世纪60年代开始，墨西哥电影年产量迅速下降，1963年下降到25部，外来商业片在竞争中取胜并逐渐占领了墨西哥本土电影市场。

70年代到80年代末期，墨西哥电影的总体走向是在没落中努力挣扎，但又在挣扎中无可奈何地更加没落。为了挽救日益下降的电影年产量，墨西哥政府任命电影演员R.埃切韦里亚为墨西哥国家电影银行行长，期望依靠业内人士的经验来为本国电影工业的发展提供便利条件。政府的努力的确带来了一些成效，一些有责任心的中青年导演开始有意识地在题材和表现手法等方面进行新的探索，以期推动本民族电影进入一个新的发展时期。这个时期的影片题材多样、内容丰富，既有反映社会问题、政治事件的影片，也有家庭伦理片，还有喜剧、凶杀、色情等类型片，标志性的作品主要有轻喜剧《有生力量》(阿尔科利萨执导，1975，获第4届拉科鲁尼亚国际幽默片电影节最佳导演奖)、《卡诺阿》(F.卡萨尔斯执导，1975，在柏林国际电影节获银熊奖)、《泥瓦匠们》(J.丰斯执导，1976，在柏林国际电影节获“银熊奖”)。此外，80年代，墨西哥电影人还尝试了与外国合拍影片，主要作品有：F.卡萨尔斯导演的《路斯的动机》(1984)，在1985年的圣塞瓦斯蒂安国际电影节获“银壳奖”；P.莱杜克执导的《弗里达》(1985)，在“新拉美电影节”获大奖等等。合拍片政策的本意是为本国电影的发展寻找出路，但合拍的结果是墨西哥本土文化被外来文化所同化，具有好莱坞风格的商业片最终占据了墨西哥国内的大部分电影市场。总之，这一时期的墨西哥电影虽有一定发展，但由于种种条件的限制并未达到预期的辉煌。后来，墨西哥影片的质量每况愈下，有不少影片以描写色情、乱伦等不入流的内容为主，虽然能够在短期内获得票房收益，但对整个墨西哥电影艺术来说是一种倒退。同时，墨西哥电影院也在逐渐减少，外国影片垄断了电影市场。

21世纪以来，一位传奇性的墨西哥导演阿加多·冈萨雷斯凭借影片《爱情是狗娘》获2000年戛纳电影节评委会奖和2002年英国电影学会最佳外语片奖而引起世人的关注。随后，这位导演又获得多种重量级奖项：影片《911事件簿》获2003年威尼斯电影节UNESCO特别奖，影片《21克》获2003年威尼斯电影节金狮奖和2004年美国独立精神奖特别奖，影片《巴别塔》获2006年戛纳电影节最佳导演、最佳影片金球奖。这位导演让我们惊叹墨西哥电影人的智慧，但少数的智者毕竟没有能力挽救一个国家电影工业的命运。

长久以来，评论界一致认为墨西哥电影最大的特征是“多变”。所谓“多变”，指的是墨西哥电影发展史上一直存在着比较明显的潮汐性起伏，而这种起伏造就了墨西哥电影独有的发展模式。具体来说，促成该模式的主要因素包括：北方邻居——美国强大的电影工业始终对墨西哥电影的发展产生着无孔不入的影响；国内频繁的社会革命、严重的经济危机等在影响社会结构和人民生活的同时，也理所当然地影响了电影产业的发展；摇摆不定的政治制度导致国家文化政策的断裂，作为文化事业一部分的电影业也惶惶然找不到自己的定位。直到21世纪的今天，这种情况依然没有太大的改变。虽然有《浓情巧克力》这样经典的影片和阿加多·冈萨雷斯这样天才式的电影人来诠释墨西哥电影的民族魅力，但先天的不足和命运的多舛注定它只能在浮浮沉沉中继续着本民族特有的动荡梦幻。

三、“风情”阿根廷

与墨西哥和巴西民族电影的诞生相似，阿根廷在法国电影的影响下很快就有了自己的民族电影。但富有戏剧性的是，阿根廷第一部具有本土特色的影片是由法国人E.皮伊拍摄的短片《阿根廷的旗帜》(1887)，即使这样，这部影片仍然里程碑似的拉开了阿根廷本土电影的序幕。随后，1908年，一部真正代表阿根廷民族特色的影片《枪决多雷戈》(意大利侨民M.加洛拍摄)出现，阿根廷的民族电影开始在多变的政治环境和激烈的周边竞争中步履艰难地书写自己的民族神话。

1915年，阿根廷影片《加乌乔人的尊严》（H. 凯罗执导）获得空前成功。它的成功宣告了在经过了10余年的奋发图强之后，阿根廷影片已经开始了努力与好莱坞影片争夺本土市场的征程。随后，随着阿根廷最大的电影企业索诺影片公司成立，电影年产量逐渐增加。一大批热衷于反映真实生活并进行深刻思想探索的影片纷纷出炉，比如影片《没有衣服的胡安》（H. 基罗加与G. 贝诺伊特拍摄，1919）因其反映社会问题的真实性和深刻性而备受关注，影片《死亡的探戈》（J. A. 费雷拉拍摄，1917）因为表现富有人情味的城市平民生活而颇受人们喜爱。

20世纪30年代到40年代，阿根廷电影人从好莱坞类型片的成功效应中汲取经验，开始开发迎合本土观众口味的类型样式，其中影响较大的有情节剧、喜剧、社会剧等。今天看来，这些影片类型虽然还带着浓重的好莱坞色彩，但阿根廷电影人的努力为这些影片在内容和形式上或多或少地加上了一些阿根廷民族文化的特色，这些特色增强了阿根廷影片在拉丁美洲市场上的竞争力。具有影响力的影片有早期有声片《探戈》（导演L. M. 巴尔特，1933）、《发生在三点钟的罪行》（导演L. 萨斯拉夫斯基，1937），喜剧片《鸽子大院》（L. 托雷斯·里奥斯拍摄，1936），家庭伦理片《归巢》（1938），运动片《布球》（1943），情色片《北风》（M. 索菲西拍摄，1937）、《111公里》（M. 索菲西拍摄，1938），社会剧《灰色平民区》（1954），历史题材的影片《加乌乔之战》（L. 德马雷拍摄，1942）等。这一系列根植于阿根廷社会现实、对阿根廷的民族问题和社会弊病给予深刻披露和剖析的社会正剧和以轻松诙谐的格调诠释阿根廷风土人情的喜剧片，代表了这个时期阿根廷电影的辉煌成绩，也折射了阿根廷电影人自力更生的奋斗精神和不容忽视的智慧。

二战是许多国家电影事业的转折点，阿根廷也是如此。战争结束后，阿根廷电影在数量和质量上均开始下降。外在原因是周边国家电影的迅猛发展在一定程度上抢占了阿根廷国内的电影市场，加上阿根廷政府因为在二战期间有过亲纳粹的政治表现而招致同盟国美国停止供应胶片，使依赖进口胶片的阿根廷电影遭受了毁灭性打击；内在缘由是阿根廷电影因为起步时期过于依赖外援而没有重视适合本民族电影工业的经营管理模式的打造，所以，面临二战后的整合期，阿根廷电影工业的“先天不足”导致了它没有能力应对新的发展机遇。20世纪40年代末到50年代中期，贝隆政府为了挽救民族电影业制定了一些保护措施，但由于长期以来对意识形态的严格控制，电影工作者无法进行自由创作，他们中有的选择出国发展，有的则被迫退出影坛，当时的阿根廷影坛很少出现优秀的电影作品。

50年代后期至60年代初期，随着阿根廷政府放宽对电影审查的控制，一大批流亡国外的电影工作者返回祖国，使阿根廷电影出现了短暂的繁荣局面。这个时期，阿根廷成立了导演协会和实验电影协会，并建立了电影学院为民族电影的振兴培养新的人才。这个时期的影片关注和反映阿根廷人民的生存状态和精神追求，以影像的方式演绎阿根廷风情，代表性的作品有德马雷的《寂静之后》（1956）、《大墙后面》（1957）、《沙福拉》（1959），H. 德尔卡里尔的《白土》（1959）、《这是我的土地》（1961），S. 菲尔德曼的《大生意》（1959），J. M. 苏亚雷斯的《破裂》（1960），R. 库恩的《年轻的老人》（1961），L. 穆鲁亚的《阿利加斯·加德利托》（1961），D. J. 科恩的《安娜的三个故事》（1961），M. 安廷的《奇数》（1961），F. 比利的《被大水淹没的人们》(1962)等等。这些影片追求艺术结构的完美，表现阿根廷人民的孤独心理和迷茫心态，被评论界认为是在法国“新浪潮”影响下产生的“阿根廷新电影”。

好景不长，这个拥有深厚的军国主义传统理念的国家很快就不能够容忍电影艺术的自由表达，不久，阿根廷政府加强了对人民意识形态上的控制，很多电影人的创作活动被迫从地上转移到地下。于是在60年代末期，阿根廷出现了若干地下电影小组，其中由5名导演(R.贝切尔、N.帕特诺斯特洛、H.H.斯塔格那罗、A.菲舍尔曼和R.德拉托雷)组成的“五人小组”最为有名，这些导演倾向于创作远离现实的实验性电影。另外，极度关注阿根廷和整个拉丁美洲政治形势的“解放电影小组”以反映和参与人民的解放战斗为主要使命，这个小组的代表人物F.E.索拉纳斯和O.赫蒂诺拍摄了历史巨作《燃火的时刻》(1968)，尖锐深刻地映射了阿根廷的政治问题。70年代初，“地下电影”转型为“政治电影”，代表性作品有R.格莱塞尔的《墨西哥:冻结的革命》(1970)、H.德龙的《屠杀行动》(1972)、H.奥利韦拉的《动乱的巴塔戈尼亚》(1973)、R.乌里切尔的《克布拉乔》(1973)等，这些影片都具有揭露社会现实的进步意义。这些电影人的艰难拍摄并没有改变阿根廷民族电影走向没落的趋势，70年代末期，阿根廷民族电影因为政权的更换再次被迫退出历史舞台，而外来商业片又因为种种政治原因限制进口，导致阿根廷很多影院因无片上映而倒闭。阿根廷的电影业遭遇了前所未有的生存困境，政治环境对于电影艺术的影响程度在此可见一斑。

20世纪80年代，阿根廷军政权的倒台终于为阿根廷的电影业带来了希望的曙光。这个时期，意识到电影这种艺术形式具有重要价值的阿根廷政府颁发了补贴本土电影的“电影法草案”。在这样的有利条件下，阿根廷的民族电影事业逐渐复苏，特别是一系列触及社会弊病和意识形态斗争的影片既有深刻的内容，又有优秀的质量，在赢得国内观众掌声的同时，也获得了国际声誉，如《不再有痛苦，也不会忘却》(1984，H.奥利韦拉导演)、《参议院谋杀案》(1984，J.J.胡西德导演)、《醒悟》(1984，A.多利亚导演)等。另外，M.L.本贝格的《卡米拉》(1984)获得奥斯卡最佳外语片提名。还有一部分影片对历史进行了反思，比如L.普恩索的《官方说法》(1985)因触及了阿根廷社会最敏感的“失踪者”问题而获1986年奥斯卡最佳外语片奖；索南纳斯的魔幻现实主义杰作《南方》(1988)获戛纳国际电影节观众评选最佳影片大奖、最佳导演金棕榈奖提名，是80年代阿根廷电影的经典之一；阿里斯塔雷恩的代表作《世界上的某个地方》(1992)质量和艺术均属上乘，却因题材的敏感性与奥斯卡最佳外语片奖失之交臂；加布里拉·大卫拍摄的《出租车，一场遭遇》(2001)摄影极其出色，把夜幕下灯火中布宜诺斯艾利斯的街道小巷展现得迷离朦胧，极富诗意，获巴黎国际电影节最佳影片、最佳摄影等奖，被认为是最好的阿根廷电影之一；2007年戛纳电影节“电影基石”单元奖一等奖也被阿根廷的短片《每人都快乐》获得。阿根廷民族电影的实力在国际舞台上得到充分的证明。

阿根廷电影人留给后世的不仅仅是这些优秀的电影作品，还有他们的敬业奉献精神。正因为有了他们，世界电影史上才有了阿根廷电影的一席之地，才让我们有理由相信来自阿根廷的异域“风情”会拥有美好的明天。

四、来自古巴的“风景”

1913年，恩里克·迪亚斯·克萨达拍摄了古巴第一部长故事片《曼努埃尔·加西亚》，古巴电影的历史也由这部影片正式开始。1930年由拉蒙·佩昂执导的《仁慈的圣母》是古巴无声电影时期的代表性作品。

与巴西电影的命运相似，有声电影初期是古巴电影的噩梦时期。在这个时期，资金、技术、艺术等多个方面的巨大差距让古巴电影人见识到了电影这种新兴艺术形式的昂贵和“势利”，经济基础薄弱、技术发展落后的古巴电影在20世纪30年代到50年代期间历经艰辛，举步维艰。这个时期出现的为数不多的古巴电影作品在类型上主要集中于模仿好莱坞的歌舞片和喜剧片，如J.萨尔瓦多尔的《哈瓦那风光》(1939)和《古巴歌手》(1939)。这些影片无不因为受到表现形式的限制而没有能够把古巴文化的精髓反映出来，所以其社会影响力和观众缘相对一般。

20世纪50年代末期，古巴革命取得胜利，在政府的支持下成立了古巴电影艺术与工业委员会。为了宣传和保卫革命胜利果实，古巴政府鼓励古巴电影人拍摄以歌颂新政权为主题的宣传片。在宣传片的带领下，60年代中期至70年代初期，古巴电影迎来了自己的繁荣时期，出现了一些具有创造性、富于幽默感的影片，代表性作品有反映古巴革命进程的影片《土地改革》(古铁雷斯·阿莱亚，1959)、歌颂古巴人民革命勇气的影片《革命的故事》(古铁雷斯·阿莱亚，1961)、颂扬古巴人民坚韧的生命力的长故事片《古巴在跳舞》(加西亚·埃斯皮诺萨，1960)等等。这些影片以影像的方式记载了古巴人民的愿望，也成就了拉美电影史上难得的风景。作为在意识形态上明显区别于其他国家的古巴，其电影作品也因为与众不同而更显珍贵。

20世纪80年代初，古巴电影业实行国有制，然而与国有制的支持同时降临的还有严格的意识形态控制，这使古巴电影陷入了发展危机。好在出现了一些热衷于拍摄风俗喜剧片的新导演，才为古巴电影注入了新的发展元素。后来，为促进本国和拉美电影的发展，古巴每年在哈瓦那举办“新拉美电影节”，这是拉美地区影响最大的电影节。即使这样，拉美本土电影的声音依然微弱。

世纪之交，古巴电影发展到一个新的阶段，不但拥有了自己的电影工业，还形成了自己的美学风格，但是由于种种条件的限制，总体来说实力不强。

古巴最重要的电影导演之一托马斯·古铁雷斯·阿莱亚是古巴电影的标志。他执导的《对不发达的回忆》(1968)将故事片和纪录片的叙事风格巧妙地融合在一起，创造了一种新的意境。《草莓与巧克力》(1993)是阿莱亚最重要的作品，该片获柏林电影节“银熊奖”，成为古巴有史以来最具轰动效应的国产影片。纵使阿莱亚的影片内涵丰富，有较高的艺术性，但由于古巴电影人的队伍人单力薄，古巴的优秀影片委实不多。

总之，作为拉美唯一的社会主义国家，古巴电影被国内业界人士认为是社会主义特色的艺术。其实，古巴电影是否具有社会主义特色并不重要，重要的是古巴电影尽力在拉美电影中表现出了自己的特色。

五、“激情”澳大利亚

自电影诞生之日起，求知欲很强的澳大利亚人就对这种全新的媒体表现出浓烈的兴趣和巨大的热情，因此，澳大利亚早在20世纪初期就成为世界上最强盛和最多产的电影生产国之一。1905年，澳大利亚出品的《凯利帮的故事》被业界人士认为是世界上第一部长故事片，澳大利亚电影人也凭借着这些在国际影坛上有一定影响力的影片而展现出一种势头迅猛的创作激情，譬如享誉全球的澳籍导演查尔斯·查威尔、肯·黑尔和雷蒙德·朗福德都当之无愧地成为默片时代电影领域的领袖式人物。他们所摄制的影片如《多情小子》、《终生监禁》等至今仍为人们所称道。如果按照最初的发展势头推测，澳大利亚影片应该顺风顺水地跻身在世界电影强国的行列中，理所当然地扮演着领军的角色。但现实总是充满各种各样的意外，来自美国好莱坞的商业片和近乎完美的管理模式使热情有余而实力相对欠缺的澳大利亚本土电影很快就失掉了竞争力，一战后，澳大利亚本土电影业迅速趋于衰退。

这种衰退趋势的猛烈与最初电影产生时的状态相似，即使有声片时代的来临和政府有意识的干预也没有能够改变这种状况。这个时期的主要影片有以澳大利亚殖民背景为主要内容的影片《父亲和戴维》及《马修的儿子》。另外，一些与国外合制的影片如《累赘》、《夕阳西下》等为澳大利亚电影建立了一种新的运作模式，但依然无法阻止澳大利亚本土电影业的继续下滑。

50年代末期，澳大利亚政府借助电视的普及要求电视广告必须加入澳大利亚元素（即所有在澳大利亚播映的广告必须由澳大利亚人在澳大利亚本土制作），这样一种政府保护措施的实施的确为澳大利亚的电影制作人获得更多实践经验和电影业的发展提供了一定的条件和机会。但闭关锁国毕竟不是一种根治的方法。很快，澳大利亚政府的保守和来自美国的强权文化入侵，彻底打破了澳大利亚民族电影振兴的美梦。资料表明：50年代至60年代末期，澳大利亚没有制作出一部本土故事片，仅有一定数量的合制片出现，但这些直接由外国人（多数是英格兰人）导演的影片并没有给澳大利亚电影带来福音，相反，这些作品因为外来元素的加入而消解了澳大利亚电影的民族色彩。

20世纪七八十年代，电影的宣传效应和国际影响力在很多国家开始被重视，澳大利亚政府也不例外。为了鼓励本土电影的发展，政府出面设立了一个实验电影基金，目的是培养有创造性的电影人才，借此机会澳大利亚电影业逐渐复苏。此后虽然政权一再更迭，但是对电影业的支持政策却得以延续，电影业获得大量资金，不仅建立了电影电视广播专业学校，还设立了一个联邦电影基金组织刺激本土的电影制作。同时，充满热情的年青一代澳大利亚电影人从国际电影节以及一系列富有争议性而当局又允许放映的本土和外国影片中获得巨大的灵感，开始了新一轮的合作制片热潮，彼得·威尔、乔治·米勒、布鲁斯·博斯福德、弗雷德·切比西和吉里安·阿姆斯特朗等都制作出了既获得本土支持、又受海外尊敬的影片。他们的作品主要集中在两种类型：第一种是蕴含着浓重的欧洲色彩又镌刻着澳大利亚本土电影人智慧结晶的艺术电影，此类电影通常改编自文学作品，故事节奏相对缓慢，但角色常常具有深刻意蕴，彼得·威尔的《悬崖上的野餐》(1975) 和阿姆斯特朗的《我的璀璨生涯》(1979)就是这种流派的代表作品；第二种就是我们通常意义上所讲的商业片，这类影片大都以赢利为主要拍摄目的，所以无论从内容还是形式上均具有强烈的大众文化时代的特征，比如米勒的《疯狂的麦克斯》(1979)、博斯福德的《疯狂派对》(1976)以及蒂姆·波斯特的《阿尔文紫色》等均属于此类，它们成功地使澳大利亚电影再次得到大众的赏识和认可，为澳大利亚电影年产量的回升提供了一种可能性。后来的事实证明，在这个时期，澳大利亚电影在产量上超越了之前的任何一个时期，澳大利亚电影初创时期的激情得以再现。但美好的事情总是伴随着一定的负面影响，在商业片利益的驱使下，澳大利亚出现了大量非专业的电影人投资拍片的热潮，从而导致这个时期的澳大利亚影片质量下滑严重。

90年代，澳大利亚的电影业再次获得提升的机会。这个时期，澳大利亚涌现出诸如简·坎皮恩、J.胡根、乔瑟林·默里豪斯、贝克斯·鲁赫曼和乔弗里·莱特等一大批科班出身的优秀电影人，他们既崇尚个人风格又紧跟时代潮流，创作了一批质量较高的电影，书写了澳大利亚电影史上最成功的一笔，如《舞出爱火花》(1992)、《无法无天》(1992)、《穆丽尔的婚礼》(1994)、《钢琴别恋》(1993)、《沙漠妖姬》(1994)和《闪亮的风采》(1996) 等，在本土和国外都获得了很好的票房收益。如果说澳大利亚电影一直因为澳大利亚电影人的激情而让世人遐想无限的话，这个时期的澳大利亚电影人的确用激情的创作点亮了属于澳洲的美丽景象。

21世纪初澳大利亚电影依然杰作不断：《爱与信任》(2001，多伦多国际电影节闭幕电影)把镜头对准中产阶级，表现了中年人的情感与婚姻危机；《上帝也被告》(2001)通过主人公史迪夫粗犷幽默的性格流露出对主流社会的讽喻，是一部温暖人心的、反映人民与社会制度之间矛盾的喜剧；《生命奇色》(1999)充分调动了澳大利亚电影戏谑、调侃的叙事魅力，讲述了一个厄运缠身、倒霉透顶的男人积极寻找生命意义的故事，曾在戛纳电影节、蒙特利尔电影节和爱丁堡电影节上获奖，并在2000年新加坡国际电影节上荣获最佳影片、最佳女演员和最佳编剧三个奖项。这些在国际上获得首肯的影片既是澳大利亚电影人的骄傲，也是世界电影史上具有巨大价值的财富。

除了选送影片参加国际电影节，举办本土电影节也是澳大利亚电影走向国际的渠道之一。澳洲最大的电影节——悉尼国际电影节是澳大利亚每年最大的电影盛会，1954年开始举办，之后每年五六月之间举行一次，为期两周，每届评出十部最佳影片和十部最佳短片，其宗旨是放映世界各国优秀的、新的及有创意的影片，不仅使本国观众大饱眼福，而且也为其他国家的人们了解澳大利亚电影文化提供了一个很好的平台。悉尼电影节明确规定只有澳大利亚优秀影片方可获奖，其中以1974年以后颁发的“罗本·马莫良奖”尤为著名，该奖主要授予青年电影制作者。另外，每年一届的墨尔本国际电影节也是澳大利亚重要的电影节，18天内放映大约300部影片，展现了澳大利亚和国际影坛的最新动向，为观众提供一系列内容广泛的包括故事片、短片、纪录片、动画片、实验电影等多种类型的影片，既新鲜又具争论性，深受观众们的喜爱。

承接这个良好的发展势头，21世纪以来澳大利亚本土电影制作逐渐走向繁荣，并且越来越受到国际影坛的关注，很多杰出的电影导演和演员也由此走向国际影坛，活跃在世界大银幕上，比如以影片《加里波底》(1981) 获得澳大利亚电影协会最佳导演奖的彼得·

威尔,1985 年前往美国发展,并拍出了《证人》(1985)、《死亡诗社》(1989)、《楚门的世界》(1993)、《怒海争锋》(2003) 等有影响力的电影。

六、"魔幻"新西兰

世纪之交,随着经典影片《钢琴课》(1993) 的风靡,新西兰电影受到越来越多的关注。曾经轰动全世界的电影"'指环王'三部曲"也是由新西兰导演彼得·杰克逊在新西兰境内拍摄完成的,这部具有魔幻色彩的电影的成功证明了新西兰电影在向世界电影进军的过程中又迈开了坚实的一步,也向世人展示了新西兰民族与众不同的想象力。众所周知,想象力是电影艺术不可或缺的必要元素,而新西兰民族的电影发展史也因为这个民族独特的想象力而具有一种奇特的"魔幻"色彩。

令人惊奇的是,今天新西兰电影取得的辉煌成就与它相对薄弱的电影发展历史不很相符,也正因为这种不相符使得新西兰电影的"魔幻"特性尽显其合理性。新西兰电影的诞生可以追溯到 1920 年。对于澳大利亚来说,这个时期电影已经初具规模,而此时新西兰电影刚刚萌芽。因为基础的单薄,所以 20 世纪 20 年代到 40 年代期间,新西兰只摄制了二三十部影片。这些作品主要以地方喜剧和毛利人的传说为题材,向观众展示了新西兰当地的风土人情,其中最好的一部当数描写毛利人与移民战争的影片《雷威的最后防线》,由新西兰电影的创始者达尔·海华德导演。1936 年,新西兰政府尝试着创办了第一家新闻纪录制片厂,每年生产十几部短新闻片。对于新西兰来说,这个时期已经属于战果累累了,因为接下来的 20 多年,新西兰电影进入了休眠期。

20 世纪 40 年代到 60 年代末,新西兰虽然只生产了 6 部故事片,但都具有一定的影响力,如表现土著人与欧洲人爱情故事的《冲破障碍》(1952,R. 米兰斯和约翰·奥谢导演)、刻画新西兰青年形象的《私奔》(1964,约翰·奥西亚导演) 和描写冒险活动的《不要让这难为你》(1966) 等。这些影片既具有深刻的洞察力,又是新西兰现实社会的缩影,也是今天我们研究新西兰电影的重要参考资料。这个时期,被誉为"新西兰电影之父"的导演约翰·奥谢用开山之作《冲破障碍》(1952)对当地政府所采取的种族歧视政策给予了抨击。由于这个时期新西兰导演大都是个人进行创作,而且影片数量非常少,所以此时的影片在国内基本上处于收不回成本的状态。

20 世纪 70 年代后期到 80 年代,好莱坞电影与澳洲国家电影之间的交流加强,一股合拍片的风潮随即出现,在新西兰亦是如此,因此新西兰的电影创作取得了突破性的进展。除此之外,新西兰政府也对电影业增加了资助,并成立了电影委员会。种种有利的外部条件和内部条件把新西兰的电影工业带到了春天。在很短的时间内,大量优秀作品纷纷出炉,如《熟睡的狗》(1977,R. 唐纳森导演)、《独舞》(1977,T. 威廉姆斯导演)、《野人》(1977,G. 墨菲导演)、《皮下》(1979,G. 史蒂文导演)、《中世纪的盖布》(1979,D. 雷德导演)、《旧车宫殿》(1982,R. 唐纳森导演)、《报复》(1983,G. 墨菲导演)以及《钢琴课》、《导航者》、《天生此物》、《曾为勇士》、《恐吓者》、《桌上天使》等。这些影片无论在国内还是国际上均有较好的口碑。这种国际合作的模式为新西兰电影工业的发展注入了新鲜的活力,同时也为新西兰电影培养了一批优秀的专业人才。新世纪前后,在新西兰拍摄的故事片有近百部，这些影片出口到40多个国家，并且在各大国际电影节上荣获了90多个国际奖项。短时间内创造出如此大的奇迹，我们不得不惊叹新西兰电影业的“魔幻”转身。

随着时代的发展，新西兰电影的题材也在走向多样化：晴日海上的风帆、静谧农场里的奶牛、围巾族的大学城文化、露营拖车的生活方式等都成为电影的素材，如1994年由李·塔玛霍利导演的影片《战士奇兵》曾被美国《时代周刊》评选为年度十大最佳影片之一，1999年女导演凡尼沙·亚历山大的《玛姬和罗丝》毅然举起了“女性电影”的大旗，2000年哈利·辛克莱尔导演的影片《牛奶的代价》讲述了男人、女人和100多头奶牛的故事，诙谐幽默，充满喜剧风格，成为国际影展上的常客。

影片的成功为新西兰电影人打开了走向世界舞台的大门。2000年以后，越来越多的新西兰裔电影工作者奔向好莱坞发展。在发展空间更加广阔的今天，这些优秀电影人除了自身获得荣誉外，也把新西兰民族特色的影片带给了全世界的电影观众，为世界电影史书写了新的一笔。比如，新西兰裔演员罗素·克劳获得了73届奥斯卡最佳男主角的荣誉，被本国总理称赞取得了“突出的成就”；以《战士奇兵》成名的导演李·塔玛霍利到好莱坞后拍摄了《CIA惊世大行动》、《1997势不两立》、《全面追击令》以及第20集“007”影片等作品，名正言顺地成为好莱坞的热门人物。在新西兰电影史上取得最高成就的彼得·杰克逊也取得了一系列的国际荣誉，他1994年的影片《罪孽天使》获得威尼斯电影节银狮奖和奥斯卡最佳原创剧本的提名，1998年开拍的魔幻影片“《指环王》三部曲”凭借大胆的幻想风格和敏锐感觉以及全新的电脑科技制作呈现给全世界观众一个充满神秘幻想色彩的史前中土世界，其中第一部拿下了包括奥斯卡13项提名在内的20多项荣誉，无疑为本就处在良好发展势头的新西兰电影锦上添花，激励更多的新西兰导演向世界影坛进军。2006年安德鲁·亚当森导演的《纳尼亚传奇》再次表现了这个崇尚魔幻传说的民族特有的魅力。这些导演凭借新西兰与国际电影工业间众多的合作机会，向世界展示了日渐崛起、蓬勃发展的新西兰电影，同时，他们利用良好的英语环境，又迅速吸收最先进的电影技术，将自己溶入世界化的潮流之中。

探究近年新西兰电影辉煌的原因，主要有以下几个方面：首先，从地域上来说，新西兰交通发达，有利于先进科技的传播，拥有代表当前最高技术水平的世界一流电影设施和一些在国际上得到认可的手绘动画及电脑特技制作公司；其次，新西兰政府对民族电影事业也十分关心，采取各种措施扶持民族电影业的发展，如作为政府电影主管部门的新西兰电影委员会每年以上千万的预算大力支持国产影片的拍摄和国际推广，而宽松的审查制度意味着电影人拥有自由开放的创作空间，吸引了一大批富有创新精神和高水平的电影人来新西兰制作影片；再次，新西兰电影一向具有创意构思灵活、工作及时、成本控制较好等优点，并与国外建立了良好的投资关系；最后，新西兰有成熟的电影消费环境，大多数影院设施先进，环境幽雅，吸引了众多观众，全国300万人口，平均每人每年看5场电影，电影院观众人次在全世界排名第四，这也在一定程度上刺激了电影业的迅速发展。总之，新西兰电影事业的发展是一种融天时、地利、人和等诸因素在内的合力驱使下的必然。

新西兰电影所取得的成就以及新西兰人在电影制作中所体现出来的智慧值得其他国家和民族借鉴学习。

七、南非电影的独立性与多样性

（一）非洲电影概况

20世纪50年代末到80年代，非洲基本上完成了创建民族独立国家的任务，开始了起伏曲折的现代化历程。1963年塞内加尔导演奥斯曼·桑宾拍摄的《车夫》被认为是第一部真正的非洲电影。该导演1966年拍摄的《黑女孩》是第一部真正意义上的非洲黑人长片，获得1966年法国的“让·维果奖”，也令非洲电影首次获得国际影坛的注目。1966年，非洲制片人成立了泛非电影制片人联合会，并设立了两个电影节：迦太基电影节和瓦加杜古电影节。1976年，14个非洲国家成立了非洲国家电影发行联合会和非洲国家制片联合会。

虽然电影相关人士在不断付出努力，但由于政治与经济环境的动荡不安，非洲电影业的发展依然缓慢。最初的非洲电影内容多偏重于城乡对立或嘲讽殖民主义，在质量和市场上处于劣势。20世纪80年代初，非洲电影工作者借用法国的技术和资金拍摄了以非洲人为主体的电影，使非洲本土文化得到关照。70至80年代的非洲进步电影主要趋向于对社会、政治、文化习俗的追问，特别是对个人价值的探索以及对不平等和压迫的控诉等。一方面，电影对动荡的社会环境的反映以及对民族独立后国家发展和传统文化的反思等都对非洲文化起着推动作用，如塞内加尔著名导演乌斯曼·桑本的影片《哈拉》(1981)揭露了塞内加尔独立的表面性；另一方面，虽然有些电影获得了一定的票房，但作为一个需要大量资金投入的文化产业，同时还要应对电视业的冲击，非洲电影的发展仍受到极大束缚。

到20世纪90年代，非洲影片预算被削减，制片基金逐渐减少，资金匮乏严重。私有化政策使很多影院被改作其他用途，电影院日见稀少。非洲制片业、发行业、放映业陷入危机。在这种形势下，非洲电影人努力将泛非电影制片人联合会改造为一个活力更大的团体，一个非洲电影的代言人。在马里电影人苏莱曼·西塞及其他电影人的发起下，又成立了西非创作者和文化企业联合会。同时，非洲电影人也意识到，电影是一种文化消费，获得最广泛的观众才是电影业继续发展的动力。苏莱曼·西塞执导的《伊伦》(1987)拍摄于80年代后期，在非洲电影发展史上是一部里程碑式的作品。《伊伦》成功之后，非洲电影出现了多样化的新动向。

20世纪90年代末以来，非洲影片的故事、风格、技巧、主题更趋向于多元化。1995年凭《贡巴》一片获得瓦加杜古泛非电影电视节大奖的马里电影人谢赫·奥马尔·西索科认为，对于非洲电影业，普遍性和多样化是唯一的振兴之路。《贡巴》讲的是暴力、权力的滥用以及对暴力的抗争，涉及许多社会题材。另外，在影片的制作发行上，非洲电影人开始尝试联合制片和其他合作形式。2005年的泛非电影节提出推动非洲裔美国人与非洲人之间交流的口号，希望借助海外力量来发展非洲的电影事业。

（二）南非电影业与创作新方向

南非电影发行的历史与种族主义和种族隔离政策相伴。南非电影是以巡回放映的电影视镜的形式于1895年到1909年逐渐出现的。1909年，第一座电影院由“电戏有限公司”在杜尔班建成。1913 年，各家发行公司重组，由“非洲电影公司”统一控制，为其后民族电影工业的发展奠定了基础。从 20 世纪 10 年代至 50 年代初，南非电影一直默默无闻。50 年代，由杰米·尤伊斯等主要来自南非的荷兰血统白人投资的独立电影得到了政府的资助。1956 年以来，政府和大的私营企业联合起来制作南非电影，主要为南非白人拍摄，以讲荷兰语为主。影片既不触及社会政治问题，也不涉及黑人的生活现实。这种电影到 80 年代才逐渐消失，南非电影在这段时间内一直停滞不前。直到 1985 年，南非发行商才在几家电影院取消了种族隔离政策，改变了黑人观众和白人观众被严格分开的状况。80 年代中期，电影税收大量减少，投资电影制作能带来较高的利润，商业电影在这个阶段获得了快速发展。当时的影片大部分都是模仿美国类型电影，且都没有触及社会政治或民族文化。80 年代末，减少税收的政策被取消；1995 年，政府对电影业不再进行资助。

南非的电影由 Ster - Kinekor 电影公司、Nu Metro 电影公司和联合国际影业公司等三家公司控制发行，大的院线都由这几家公司掌控，放映什么影片由他们安排，一般不放映进步影片，主要播放美国电影。但是，20 世纪 90 年代，南非已经有了 200 家左右的独立电影院，反对种族隔离政策以及国内外观众喜爱的南非影片主要在这些影院放映，但它们无法得到减税政策与政府津贴，发展艰难。

还有一些自筹资金拍摄的低成本影片，大多由一些“左派”组织筹资拍摄。这些电影反映大多数南非人的生活现实，却无法进入市场，大多数只能在电影节、大学、教堂和家里放映。

20 世纪 80 年代的长故事片，如《麦邦苏拉》(1983) 的出现，标志着南非新批评电影的开端，构成了民族电影的基础。这些影片以南非黑人为视角反映现实，描写一个发展中国家人民的日常生活和斗争，而且与为了创建没有种族主义的南非进行斗争的自由运动相联系。另外，南非从 80 年代开始至今还生产了几百部民族电影短片。这些电影在 80 年代主要表现反对种族隔离制度等敏感性较强的社会问题，进入 90 年代以后，题材和内容更加多样化，以表现南非非洲人生活状态为主要内容，通过对南非社会多元文化复杂性的展示来彰显主题。如 1994 年上映的罗泽尔·沃杰尔曼的短片《辩护》讲述了一所学校的学生面对一桩堕胎事件的反应；1995 年上映的马尼·冯·伦斯堡的《开往索韦托的出租车》则以轻松的喜剧形式反映了种族与归属问题在南非出现的新特点。

南非种族隔离政策解除后，电影制片业、发行业和放映业出现了新的机遇，电影业的合作机构和形式变得多样化。新的制片厂和与电影有关的企业、媒体纷纷出现，电影从业者获得了更多的拍片机会，其他国家和地区的电影人也获得了在南非拍摄影片的机会，如津巴布韦电影人齐齐·丹加莱姆比加的第一部影片《每个人的孩子》、伊萨克·马比克瓦的《更多时间》等影片都是在南非拍摄的。南部非洲电影节聚集着该地区和非洲其他地区以及来自海外的非洲电影人，后来还加入了迦太基和瓦加杜古的泛非电影电视节。

非洲电影的希望很大程度寄托在南非身上。1998 年发行了第一部由南非黑人拉马丹·苏莱曼执导的重要故事片《有头衔的傻瓜》。本片由南非制片公司、自由的原住民公司和莫桑比克的伊巴诺多媒体公司等数家公司联合出品。此外，南非国际休闲公司在 90 年代末与黑南非投资集团开始合作，施特一莫里博院线主要在南非的黑人居住区经营影院。非洲大陆其他地区的电影人及电影公司采取的联合制片及其他形式的合作制片方式中，与南非的合作越来越多。“电影人逐渐倾向于跨越各种界限，在本国之外的地点与语言环境中拍摄，聘用那些国家的技术人员和男女演员，同时还要利用可以在当地获得的其他资源与设备。”①

南非有着非洲国家中最为发达的经济环境，但又同时承受着种族主义、暴力、艾滋病等社会问题的困扰。进入21世纪，“非洲电影人关注自身命运、反映民族题材的共同理念使得非洲电影具有深沉和尖锐的社会艺术价值，接连获得奥斯卡最佳外语片奖和金熊奖的南非电影就是极为重要的代表”，他们的影片“着力表现非洲大陆游离于主流世界之外的集体遭遇和感受”②，南非电影和其他非洲电影独有的视角在世界电影中获得了一席之地。2005年，由达雷尔·鲁德拍摄的南非电影《昨天》（又译《永不遗忘的美丽》）获第77届奥斯卡最佳外语片提名。2006年，加文·胡德的《救赎》（又译《黑帮暴徒》）获第78届奥斯卡最佳外语片奖。在2005年的第19届泛非电影电视节上，南非导演佐拉·马塞科成为首位赢得耶纳加金马奖的南非人。在2009年的第21届泛非电影电视节上，约翰·卡尼导演的南非电影《真相》赢得耶纳加银马奖。

（三）主要导演及其代表作品

佐拉·马赛科是南非著名导演，曾在斯威士兰与坦桑尼亚等国居住，后移居英国。1994年毕业于英国国家电影电视学校，第一部影片是纪录片《亲爱的阳光》（1992）。1994年移居南非。其主要纪录片有描写民族隔离和与仇外心理有关的《外国人》（1997），讲述一个非洲女人在法国受到的歧视和迫害、抨击殖民时代种族偏见的《莎拉·波特曼的生命与时代》（1998）获得了1999年泛非电影节最佳纪录片奖等多种奖项。马赛科的第一部故事片是《鼓》（2004），故事在20世纪50年代约翰内斯堡的几家爵士音乐俱乐部展开，描写一位记者一直为南非种族隔离制度的废除而斗争。他的电影写实主义风格鲜明，大多展示南非历史与人民的生活，揭示社会问题。在2005年的第19届泛非电影电视节闭幕式上揭晓了一个最大的奖项“耶纳加金马奖”，马塞科成为首位赢得这一大奖的南非人。

达雷尔·鲁德是近年在南非很受欢迎的电影导演、编剧和制片人。他的主要作品有：《莎拉芬娜》（1992），表现了南非年青一代黑人学子对民族自尊的正视，对自由的渴求以及对未来的期望；《哭泣的大地》（1996），改编自南非作家艾伦·帕顿1948年初版的小说，表现种族隔离制度造成的影响，涉及黑人遭受的不公正待遇、道德及犯罪问题；《昨天》（2004）是南非第一部用祖鲁语拍摄的故事片，反映了艾滋病对南非造成的威胁，获得2005年第77届奥斯卡最佳外语片提名、威尼斯国际电影节人权电影奖、第三届印度浦那国际电影节最佳影片奖。鲁德作品的主题大多反映南非的各种社会问题和南非人民的生存现状，在揭示这些深刻主题的同时，导演也把南非美丽的自然风光展现在观众面前。他的影片自然朴实，有着强烈的美感，在触摸社会顽疾的同时，又体现了乐观、顽强的精神。2007年的《狮口惊魂》借鉴了希区柯克的手法，将人类与狮子、与灾难顽强抗争的精神巧妙地融合在一起，也是他导演多元化电影的一种尝试。

---

① 【南非】姆比亚·查姆：《九十年代非洲电影》，吉小倩译，《电影艺术》2001年第4期。

② 磊子、李玮：《电影，人与大陆的命运》，《每日新报》2006年11月9日。

八、埃及电影的命运图景

埃及电影是世界电影的一个重要组成部分，在北非和中东都有突出的影响力。1927年11月26日，在开罗首次上映埃及故事片《莱依拉》，宣告了埃及电影的诞生。20世纪20年代末开始，埃及出现了一批以名演员为主的私人电影公司，但拍摄的影片内容庸俗，缺乏艺术内涵。在埃及民族经济的奠基人托勒阿特·哈尔卜的资助下，埃及向国外派遣了学习导演、摄影的留学生，1934年成立了"埃及电影制片厂"，奠定了埃及电影工业的基础，使埃及电影事业得到迅速发展。1943年，"专业电影工作者工会成立"。同年，穆罕默德·凯里姆导演了埃及第一部彩色故事片《我不是天使》。在这期间，出现了以反映社会问题为主的现实主义影片，形式多样，有情节片、喜剧片、歌舞片等，还出现了音乐片和改编片的艺术形式。1963年，埃及建起了6个电影制片厂和萨达特艺术城，成为埃及艺术事业发展的基地。从20世纪70年代中期开始，一些艺术家开始涉足政治，这是埃及电影题材的一大突破。

1976年8月16日，由埃及剧作家和评论家协会主办的首届开罗国际电影节开幕，开罗逐渐成为中东地区的"好莱坞"。1985年，开罗国际电影节成为一个独立的机构，每年举办一届，最高奖项为"金字塔"奖。

（一）电影产业与电影创作进程

从20世纪80年代中期开始到90年代，埃及电影业的发展状况十分复杂。在80年代中期的一两年，电影年产量在70到80部之间，而在80年代末到90年代中期，影片年产量大幅度下滑，1994年仅为20部左右，少见优秀影片。产生这种现象的原因主要是：第一，从70年代中期开始，埃及影片在阿拉伯国家遭到了抵制，出口数量急剧下降；第二，由于电视业的发展，电影不但失去了很多观众，也失去了很多从事电影创作的人才；第三，80年代以来，拍摄成本越来越高，受资金的影响，影片质量下降，电影市场竞争能力降低；第四，优秀电影导演艾布·塞伊夫、阿蒂夫·塔伊布先后去世，年青一代的电影人才又不断流失；第五，埃及电影在这一时期仍以娱乐喜剧片为主，内容与拍摄手段没有多少创新与明显的进展，不能满足更多观众的欣赏要求，因此，埃及电影出现了新片首轮持续上映时间变短的情况，加上政府为了保护电影业而采取的一些措施，如在一级院线禁映一些类型的其他国家电影或者提高票价，这在保护本地电影的同时缩小了观众选择的余地，提高了消费成本，虽然发挥了一些积极作用，却也带来了不少负面效应，让埃及的电影进一步失去了观众。

20世纪90年代以来，来自其他阿拉伯国家的竞争压力越来越明显，虽然开罗国际电影节仍位列世界11大电影节之一，在国际上具有重要影响力，但阿联酋的迪拜电影节、阿布扎比电影节和摩洛哥的马拉喀什电影节近年来异军突起，大有赶超开罗电影节之势。这些都成为影响埃及电影发展的主要问题。

面对这些问题，埃及电影人及相关企业积极设法应对。80年代末，政府采取了对国产片的保护性政策，并进行投资。在政府资助下，埃及建成了一座拥有9个现代化摄影棚的电影城。1994年，埃及虽然仅生产了20部影片，但影片质量有不少提高，影院经营情况好转。90年代末，埃及电影重新有了繁荣的迹象。目前，埃及电影公司正致力于在著名的红海旅游度假胜地沙姆沙伊赫打造中东地区最大规模的电影节。埃及电影公司著名电影制片人亨卡迈勒·阿布·阿里表示，公司将制作各种题材的优秀影片，包括商业片、动作片、浪漫爱情片和社会题材片等。

在20世纪80年代中期到90年代初期众多的娱乐片之外，埃及又出现了一批新写实主义导演，掀起了一股写实新浪潮。他们以走私和官员的滥用职权、边缘人群的生活境况等社会问题为题材进行创作，如阿什拉夫·法赫米的两部代表作《魔鬼的警告》和《流血的花园》描写了开罗两个拳社间的斗争祸及百姓和出卖国家利益等问题。与老一辈现实主义导演不同，他们对社会的批判较为含蓄，手法更加丰富多样。影片很多倾向于针对妇女、家庭等切身的实际问题，对埃及社会的描写更细致，人物更真实，生活气息更浓，透过日常生活中的情境与人物的遭遇间接地批评政治和社会现状。新现实主义导演的影片有的还兼有娱乐性和商业性，有些影片票房成绩可观。代表人物有沙里夫·阿拉法、阿提夫·埃泰叶、卡·比沙夏、萨耶德·撒德、艾娜沙·爱德哈迪等人，他们是埃及电影发展中真正的中坚力量。

（二）主要导演及其代表作品

约瑟夫·夏因是埃及近几十年来最具代表性的导演。1947年到美国洛杉矶学习电影，1948年回到埃及，1950年，第一部作品《阿门爸爸》问世。50年代中期，夏因等写实主义导演一改埃及电影以歌舞片和通俗喜剧为主的状况，掀起了写实主义的高潮，埃及电影开始得到国际重视。夏因关注现实，通过电影创作与社会不公进行抗争，一生共拍摄了40多部长片，在很多作品中以知识分子的立场分析批判社会与国家制度及拜金主义思想，背负着强烈的使命感和责任感。1978年的影片《亚历山大…为什么?》曾先后参加了墨尔本、柏林、伦敦等国际电影节，并获得了1979年的柏林国际电影节评委会特别奖及同年的法国奥里安电影节大奖。夏因用超写实手法创作了自传体三部曲《埃及故事》(1982)、《永远的亚历山大》(1990) 和《命运》(1997)，其中《命运》在1997年获得了戛纳电影节50周年特别大奖。影片讲述20世纪一名法官因思想开明而被伊斯兰教徒非难，被流放甚至被处死，抨击了伊斯兰教的教义。2001年他执导了风格完全不同的音乐喜剧《亲爱的，好戏上场》和纪念“911”的纪录短片，2007年又推出了《混沌》，入围第64届威尼斯电影节主竞赛单元。他的影片以独出心裁见长，在影片中常常能看到导演本人的影子，将自己的过去和人生经历，通过主人公的故事展现给观众。受埃及和欧美文学的影响，他的多部电影都改编自欧洲或埃及的文学作品，文化味浓厚，题材选取通常宏大而深远。

沙里夫·阿拉法是埃及有名的作家、编剧和导演。1982年毕业于埃及高等电影学院，他的父亲和兄长都是电影导演。阿拉法的很多电影都与埃及的历史有关，如《黑鸟》(1995)、《黑手党》(2002)、《哈利姆》(2006)。《遗忘》(2004) 曾在2004年中国国家广播电影电视总局和阿拉伯埃及共和国文化部主办的“埃及电影节”中展出，描述了埃及改革过程中守旧势力和既得利益者对改革的阻挠。《黑鸟》曾在1995年的米兰电影节与威尼斯电影节中获得奖项，《哈利姆》在2007年赢得了国家最佳电影奖。《岛》(2004) 曾参选第81届奥斯卡最佳外语片奖。他是20世纪80年代出现的写实主义新浪潮的杰出代表。

非洲电影的发展始终与非洲社会文明的现代化进程紧密相连。继承历史与传统，反思非洲文明的发展历程，建立民族自信心等是非洲包括电影的整个文化产业面临的不可逃避的责任。长期以来，非洲的电影题材都与社会环境的变化密切关联，电影主要作为一种大众文化现象而存在，在艺术电影领域少有触及，除了夏因等已故的几位电影导演外，其他新一代有潜力的创作者们还正在形成或塑造着个人的风格与特色。另外，跨国合作，对他国资金、技术与人才的利用以及全球化的创作取向等虽有助于非洲电影的发展，但归根结底，非洲电影的发展还必须立足于本土的文化环境，充分发掘本土的电影资源，以现实主义电影为突破，发展多种风格的电影创作，才能真正实现有特色的“既是非洲的，也是世界的”民族电影。

思考与练习

1. 总结巴西电影发展的特征，并思考巴西电影给中国电影带来的影响。
2. 解析新西兰电影走向世界的密码。
3. 同为社会主义国家，比较古巴电影与中国电影发展的异同。
4. 观看一部阿根廷的“政治电影”，探讨政治电影在新世纪世界影坛的发展趋势。
5. 分析南非为振兴电影做出的努力。

延伸阅读

一、电影史

1. 邓烛非.世界电影艺术史纲.北京:中国广播电视出版社,1996.

2. 王晓玉、黄文达. 世界电影史纲. 上海:上海古籍出版社,2003.

3. 王宜文.世界电影艺术发展史教程.2 版. 北京:北京师范大学出版社,2004.

4.【美】克莉丝汀·汤普森、大卫·波德维尔.世界电影史.1 版. 陈旭光、何一薇译. 北京:北京大学出版社,2004.

5.【法】乔治·萨杜尔.世界电影史. 徐昭、胡承伟译.北京:中国电影出版社,1995.

6. 黄文达.外国电影发展史.上海:华东师范大学出版社,2004.

7. 张巍.外国电影史.北京:中国电影出版社,2004.

8. 郑亚玲、胡滨. 外国电影史. 北京:中国广播电视出版社,1995.

9. 潘天强.西方电影简明教程.上海:复旦大学出版社,2003.

10. 邵牧君.西方电影史概论.北京:中国电影出版社,1984.

11. 华明.西方先锋派电影史论.北京:中国电影出版社,2006.

12.【法】乔治·萨杜尔.法国电影. 徐昭译.北京:中国电影出版社,1987.

13. 焦雄屏. 法国电影新浪潮. 南京:江苏教育出版社,2005.

14. 丁朗朗. 百年好莱坞. 北京:金城出版社,2004.

15. 苏联科学院艺术史研究所.苏联电影史纲. 北京:中国电影出版社,1992.

16.【日】岩崎昶. 日本电影史. 钟理译.北京:中国电影出版社,1985.

17. 李少白. 中国电影史. 北京:高等教育出版社,2006.

18. 李道新.中国电影史.北京:首都师范大学出版社,2000.

19. 周星.中国电影艺术史.北京:北京大学出版社,2005.

20. 尹鸿、凌燕.新中国电影史.湖南:湖南美术出版社,2002.

21. 郦苏元等.新中国电影 50 年.北京:北京广播学院出版社,2000.

22. 陆绍阳.中国当代电影史:1977 年以来. 北京:北京大学出版社,2004.

23. 皇甫宜川.中国战争电影史.北京:中国电影出版社,2005.

24. 郦苏元、胡菊彬.中国无声电影史.北京:中国电影出版社,1996.

25. 赵卫防. 香港电影史(1897－2006). 北京:中国广播电视出版社,2007.

26. 蔡洪声、宋家玲、刘桂清.香港电影 80 年. 北京:北京广播学院出版社,2000.

27. 中国台港电影研究会. 香港电影回顾. 北京:中国电影出版社,2000.

28. 石琪. 香港电影新浪潮. 上海:复旦大学出版社,2006.

29. 卓伯棠. 香港新浪潮电影. 香港:香港天地图书有限公司,2003.

30. 石竹青. 流年光影——香港电影:“七九新浪潮”之后. 北京:中国传媒大学出版社,2006.

31. 陈飞宝. 台湾电影史话. 北京:中国电影出版社,1988.

32. 孙慰川. 当代台湾电影(1949—2007). 北京:中国广播电视出版社,2008.

33. 宋子文. 台湾电影三十年. 上海:复旦大学出版社,2006.

34. 焦雄屏. 台湾新电影. 台北:时报文化出版公司,1988.

二、电影理论

1. 周星.电影概论.北京:高等教育出版社,2001.

2. 张凤铸.影视艺术新论.北京:北京广播学院出版社,2000.

3.【美】路易斯・贾内梯. 认识电影. 胡尧之、胡晓辉、富澜等译.北京:中国电影出版社,1997.

4.【法】安德烈・巴赞.电影是什么.崔君衍译.北京:中国电影出版社,1987.

5.【德】维姆・文德斯. 文德斯论电影. 孙秀蕙译. 北京:人民文学出版社,2005.

6.【德】赖纳—维尔纳・法斯宾德. 法斯宾德论电影.【德】米夏尔・忒特贝尔格编. 林芳如译. 北京:人民文学出版社,2004.

7.【苏】爱森斯坦.蒙太奇论.富澜译.北京:中国电影出版社,2003.

8. 邓烛非.电影蒙太奇概论.北京:中国广播电视出版社,1998.

9.【美】罗伯特・考克尔. 电影的形式与文化.郭青青译.北京:北京大学出版社,2004.

10.【美】约翰・霍华德・劳逊.电影的创作过程. 齐宇、齐宙译.北京:中国电影出版社,1982.

11. 沈国芳. 观念与范式:类型电影研究. 北京:中国电影出版社,2005.

12. 范志忠.世界电影思潮.浙江:浙江大学出版社,2004.

13. 游飞、蔡卫. 世界电影理论思潮. 北京:中国广播电视出版社,2002.

14. 罗慧生. 世界电影美学思潮史纲. 山西:山西人民出版社,1985.

15.【美】尼克・布朗.电影理论史评.徐建生译. 北京:中国电影出版社,1994.

16.【美】罗伯特・艾伦、道格拉斯・戈梅里.电影史:理论与实践.李迅译.北京:中国电影出版社,1997.

17. 江晓雯.当代世界电影文化 1990—2000.北京:中国电影出版社,2004.

18. 钟大丰、梅峰.东方视野中的世界电影. 北京:中国电影出版社,2002.

19. 贾冀川. 转型期的欧美电影:二十世纪八九十年代欧美电影研究.北京:中国电影出版社,2004.

20. 周黎明. 好莱坞启示录. 上海:复旦大学出版社,2005.

21. 朱红. 本质好莱坞. 北京:东方出版社,2003.

22. A.卡拉甘诺夫.苏联电影·问题与探索.傅保中译.北京:中国电影出版社,1988.

23. 顾峥.新时期中国电影论.北京:中国电影出版社,2004.

24. 孙慰川.当代港台电影研究.北京:中国电影出版社,2004.

25. 李幼新.港台六大导演.台北:自立出版社,1986.

26.【美】大卫·波德威尔.香港电影的秘密.何慧玲译.海口:海南出版社,2003.

27. 卢非易.台湾电影:政治、经济、美学.台北:远流出版事业股份有限公司,1998.

28. 陈儒修.台湾新电影的历史文化经验.台北:万象出版社,1993.

29. 陈飞宝.台湾电影导演艺术.台湾电影导演协会、亚太图书出版社,2000.

三、电影鉴赏

1. 周涌、张希.亚洲电影分析.北京:中国广播电视出版社,2007.

2. 饶曙光.中国电影分析.北京:中国广播电视出版社,2007.

3. 左芳.法国电影经典.北京:对外经济贸易大学出版社,2006.

4. 陈旭光等.美国电影经典.北京:对外经济贸易大学出版社,2005.

5. 虞吉.德国电影经典.北京:对外经济贸易大学出版社,2004.

6. 姜静楠.意大利电影经典.北京:对外经济贸易大学出版社,2004.

7. 郑雪来.世界电影鉴赏辞典(1～4).福建:福建教育出版社,2003.

后　记

这是我主编的第一本书,以前总是看到母亲伏案忙碌,没想到自己终也成了其中的一员。可是不知为什么,尽管这本四十余万字的书稿有望出版,却再没有中学第一次发表文章时的心情了。年少时写东西是爱好,课堂上、走路时、看电视时随时都会冒出几句,夜深人静时独坐窗前思索也不觉得累,如今早没了那种兴致,有的是一份沉甸甸的责任感和使命感。

本以为教师就是传道授业、教书育人,多年后才明白作为高校教师,不仅仅是传前人之道,也不仅仅是讲授自己的见解,还得写出自己的见解,要有自己的创新。于是开始科研,开始写作,将多年积累的一些见解与思考诉诸笔端,希望有更多的人了解,与更多的人切磋,并取得一些社会效益。写稿累,统筹策划累,一遍遍统稿也累,其间还遇到了一些意外的波折。好在一年多过去,书稿终于完工,仍是相信,付出了艰辛终会有收获,雨后总是阳光灿烂。

对于世界电影史,前辈们有诸多论著,本书在博采众长的基础上提出自己的看法,以时间为线索,将电影自诞生至今分为初创、成熟、创新、多元化发展四个时期,力求简明扼要地把一定历史条件下出现的重要现象、电影流派、理论思潮、著名编导及主要作品清晰展现,以便后来者沿着他们的足迹创造明日的精彩。

这本《世界电影史概论》由十人合作完成,具体分工如下:

曹毅梅:河南大学新闻与传播学院副教授,主编。负责统筹全书,拟订写作方案,进行初稿指导与修改。具体撰写:第二章第一节、第二节、第三节。

燕俊:河南大学文学院讲师,副主编。协助主编统筹全书,拟订写作方案,进行初稿指导与修改。具体撰写:第三章第五节,第四章第三节、第四节。

齐浩:华中科技大学新闻与信息传播学院博士生,副主编。协助主编进行部分初稿的修改工作。具体撰写:第四章第五节七、八部分。

王轩:河南大学新闻与传播学院讲师。具体撰写:第一章第一节、第二节、第三节。

张成:河南大学新闻与传播学院教师。具体撰写:第一章第四节。

张海欣:商丘师范学院讲师。具体撰写:第二章第四节,第三章第八节、第九节。

张永洁:黄河科技学院新闻与传播学院讲师。具体撰写:第三章第一节、第二节、第三节、第四节。

赵红玲:中原工学院讲师。具体撰写:第三章第六节,第四章第一节、第五节一至六部分。

冯莉颖:信阳师范学院传媒学院讲师。具体撰写:第四章第二节。

范晓丹:文字编辑。具体撰写:第一章第五节,第二章第五节,第三章第七节。

这本书原定篇幅40余万字,到后来总感觉不够充分,于是越写越多,又增加了10来万字,但限于水平,难免疏漏失当,恳请诸位专家及广大读者指正。

书稿凝聚了许多人的心血。非常感谢参加编撰工作的各位同仁,感谢在此书编撰过程中给予帮助的各位老师,感谢河南大学出版社的大力支持,感谢赵海霞编辑的悉心编校。

写这篇后记的时候正是农历己丑年正月初六,又忙碌了整整一年。再想想,从读书到教书,在这扇窗前已经坐了二十余载,多少文字从这书桌上涌动而成,如今电脑打字几乎取代了笔墨书写,但我仍喜欢手中握笔的那种感觉。

再过四天就是立春,春天即将来临,书稿也近乎完成。院中的腊梅再度吐露芬芳,招引着往来的行人。每每路过,我总会深吸一口气,感叹我们身边总有许多美好存在,比如窗外,是正孕育着生机的树木,即将有新一轮的成长。在这美好的时节,我放飞这部书稿,也放飞新的希望。

曹毅梅

2009.1.31